Pearson

资助项目：公安技术"十四五"江苏省重点学科；
江苏高校品牌专业建设工程二期项目
（PPZY2020081）。

（原书第四版）

犯罪现场
调查与重建

著者：[美] 小罗伯特·R.奥格尔（Robert R. Ogle, Jr.）
　　　 莎 伦·L.普洛特金（Sharon L. Plotkin）
译者：张飞　胡辰辰　马艺宁　唐乐　杨蕾　朱丹浩

Crime Scene
Investigation &
Reconstruction
(Fourth Edition)

南京大学出版社

图书在版编目(CIP)数据

犯罪现场调查与重建：原书第四版 /（美）小罗伯特·R. 奥格尔，（美）莎伦·L. 普洛特金著；张飞等译. — 南京：南京大学出版社，2022.6
书名原文：Crime Scene Investigation and Reconstruction (Fourth Edition)

ISBN 978-7-305-24256-4

Ⅰ.①犯… Ⅱ.①小… ②莎… ③张… Ⅲ.①犯罪现场—现场勘查 Ⅳ.①D918.4

中国版本图书馆 CIP 数据核字(2021)第 038239 号

本书版权登记号：图字 10-2020-40

出版发行　　南京大学出版社
社　　址　　南京市汉口路 22 号　　　　邮　编　　210093
出 版 人　　金鑫荣

书　　名　　**犯罪现场调查与重建(原书第四版)**
著　　者　　（美）小罗伯特·R. 奥格尔　（美）莎伦·L. 普洛特金
译　　者　　张　飞　胡辰辰　马艺宁　唐　乐　杨　蕾　朱丹浩
责任编辑　　张淑文　　　　　　　　编辑热线　　(025)83592401

照　　排　　南京南琳图文制作有限公司
印　　刷　　南京玉河印刷厂
开　　本　　787×1092　1/16　印张 28.25　字数 687 千
版　　次　　2022 年 6 月第 1 版　2022 年 6 月第 1 次印刷
ISBN 978-7-305-24256-4
定　　价　　99.00 元

网址：http://www.njupco.com
官方微博：http://weibo.com/njupco
官方微信号：njupress
销售咨询热线：(025) 83594756

序

2004 年，我鼓励好友和同事罗伯特·奥格尔在培生教育出版公司出版他个人出版的著作《犯罪现场调查与物证手册》。我们这些从事法庭科学教育的人都知道这本出版物是多么珍贵。事实证明，我的判断是正确的，罗伯特的这本著作在他生前已推出了第三版。罗伯特去世后，我推动培生教育聘请莎伦·普洛特金作为新版合著者。据我所知，没有人像她那样专注和精通于犯罪现场调查工作。罗伯特·奥格尔和莎伦·普洛特金合著的《犯罪现场调查与重建》第四版的成功发行再次证明了这本教科书的受欢迎程度。该书受到广大犯罪现场调查员的欢迎，并且持续用作培养新一代刑事调查员的教科书。第四版以第三版为基础，大部分的章节已做更新，为了阐述清楚有关犯罪现场调查的要点，书中补充了大量新图片，还增添了收集物证的有关法律规范要求的大量信息。

人们对现代犯罪现场调查技术的兴趣不仅是由一系列流行的电视剧激发的，还根源于新技术对提高犯罪现场调查效率的认识。最近的研究表明，由于接触 DNA 的检出率提高，入室盗窃和其他侵财案件的破案率有了显著提升。这一消息已经使警方重新振作起来，对过去低优先级赋值的现场进行重点勘查。

犯罪现场调查员在案件侦破中起着至关重要的作用。他或她必须能够准确划定犯罪现场的范围，并熟练而迅速地制定从犯罪现场提取所有有用信息的策略。与此同时，犯罪现场调查员必须非常熟悉物证实验室检验的科学基础。因为事实上，无论法庭科学实验室多么尖端，无论法庭科学家多么训练有素，如果犯罪现场调查员无法识别犯罪现场中具有证据价值的物品，并且不知道这些物品必须如何包装和固定以用于随后的实验室检验，那么对整个调查都会产生致命的影响。可以举出很多因现场处置不当最终导致案件侦破失败的糟糕案例。

当然，要想成为一名合格的犯罪现场调查员，仅仅阅读这本教科书是远远不够的，还应参加各类专业培训，接受专业的教育以及实战经验的指导。但是本书恰如其分地介绍了现场记录规程、现场物证收集和固定的技术方法，以及实验室分析策略。本书还介绍了如何将犯罪现场调查中收集的所有数据和勘查结果进行最优综合，以重建犯罪期间发生的事件经过。因此,《犯罪现场调查与重建》将被证明是犯罪现场调查人员、教师和学生的宝贵资源和必不可少的教学工具。

理查德·萨弗斯坦(Richard Saferstein)博士

(《法庭科学导论》作者)

莎伦·普洛特金教授为本书带来了独特的元素。莎伦的观点是独特的,她将课堂内外的实践应用与学术研究相融合。她是来自南佛罗里达的一名经过认证的犯罪现场调查员,在该领域拥有20年的犯罪现场处置经验。莎伦利用各种犯罪现场技术处理了从入室盗窃到复杂死亡调查的各种案件,这其中包括枪弹痕迹检验技术、血迹重建技术、化学增强技术以及最新的现场照相技术。她还从事法庭科学领域的教学工作。她对法庭科学领域有突出的贡献。除了在大学的教学工作外,她还在美国和加勒比地区培训了数百名执法专业人员。莎伦·普洛特金极具创新精神,并强调对现场进行彻底调查的重要性。

李昌钰(Henry Lee)博士

前　言

本版新增内容

作者普洛特金在北迈阿密担任犯罪现场调查员近 20 年,处理从入室盗窃到各种类型的死亡调查案件。她的观点和知识已呈现于新版本中,以便给大家提供实战工作中的犯罪现场调查经验。新版更新的内容包括:

第二章

- 证据收集和处理方法的最新信息
- 犯罪现场搜查表格范本

第三章

- 最新的数字照相技术
- 现场照相技巧
- 补充具有挑战性的照相技术,如化学增强和强光照相方法

第四章

- 更新了现场草图绘制方法
- 增加了不同类型的草图示例图片

第五章

- 利用图片和照片的指纹识别最新技术

第八章

- 描述枪弹现场重建技术的最新信息、图片和照片

第十二—十四章

- 更新了收集和提交证据的实验室标准
- 更新了现场勘查文档材料的信息

第十五章

- 血迹重建中的术语最新信息,以及有关现场重建技术和证据收集的其他信息

第十六章

- 增加了对犯罪现场昆虫进行研究和现场分析的新章节,因为这有助于犯罪调查

关于作者

小罗伯特·R.奥格尔①

小罗伯特·奥格尔早年就读于加州大学伯克利分校,主修动物学,获文理学士学位。他曾在加州州立大学系统攻读生物学和犯罪学硕士学位。著有《O.J.辛普森:以精神病为名而无罪》(*O. J. Simpson: Not Guilty by Reason of Inanity*),与米歇尔·J.福克斯合著《人类毛发微观特征图谱》(*Atlas of Human Hair Microscopic Characteristics*)。在担任私人执业法庭科学顾问之前,他曾是加利福尼亚州康特拉科斯塔县的一名犯罪学家、警长及验尸官,并先后担任加利福尼亚司法部的犯罪学家和首席犯罪学家。他在多起凶杀案中担任辩护律师的法庭科学顾问,其中包括美国审理的最大的连环谋杀案"兰迪·卡夫"公诉案(*People v. Randy Kraft*)。他还是加州几所社区大学和执法培训中心犯罪现场调查课程的客座导师。奥格尔先生有数篇论文在法庭科学会议上宣读,并在法庭科学期刊和执法出版物上发表多篇论文。

莎伦·L.普洛特金

莎伦·普洛特金获佛罗里达国际大学社会工作理学学士学位和布劳沃德社区学院心理学双学士学位,在佛罗里达国际大学获刑事司法理学硕士学位,辅修心理学。

莎伦·普洛特金于2006年通过国际鉴定协会认证,从事犯罪现场工作近20年。她处理了从入室盗窃到凶杀和可疑死亡等数千起各类案件。

莎伦对教学工作充满激情,热衷于激发和鼓励学生从事执法领域的工作。她在大学任教近13年。她在全美国规模最大的社区学院(迈阿密戴德学院)担任全职教师,教授犯罪现场技术学位课程,该校目前有在校学生共165000名。

莎伦接受过犯罪现场调查各个领域的专业培训,包括血迹重建、犯罪现场拍照、犯罪现场重建、指纹提取和鞋印制模等。她曾在美国和中国台湾参加过由著名犯罪现场专家举办

---

① 本书中的小罗伯特·(R.)奥格尔、罗伯特·(R.)奥格尔为同一人。

的犯罪现场研讨会,这些专家包括李昌钰博士、迈克尔·巴登(Michael Baden)博士、文森特·迪梅约(Vincent DiMaio)博士、弗农·格伯思 Vernon Geberth)、比尔·巴斯(Bill Bass)博士、保罗·基士(Paul Kish)和理查德·萨弗斯坦。

莎伦有机会与李昌钰博士一起参与案件工作,协助重建犯罪现场。她参与的一些案件也出现在电视法庭上(美国有线电视网专门转播审判以及律师和法学专家评述的节目)。

莎伦还为李昌钰博士及全美现场调查员授课。她曾在全国各地数个悬疑作家会议上担任讲师,协助他们对案件的描述"保持真实"。

莎伦还是灾难停尸房行动响应小组(DMORT)的成员。

莎伦有五个很棒的女儿和一个外孙诺亚。她热爱把每一个教室和犯罪现场当作一种新的冒险,并从新的角度看待每一个现场。她热爱等待她的未知的每一天。她认为培训学生和执法是她最大的灵感。

致　谢

作者感谢犯罪学领域内外的许多人,他们为这项工作提供了材料和支持。特别感谢萨克拉门托县地方检察官,法庭科学实验室的犯罪学家布鲁斯·莫兰(Bruce Moran);亚利桑那州无忧法庭科学服务中心,犯罪学家吕西安·(路加)·哈格[Lucien (Luke) Haag];犯罪现场重建师亚历山大·贾森(Alexander Jason),加利福尼亚皮诺尔市安耐特制品公司(ANITE Productions);加利福尼亚州监察长办公室副监察长,法学博士布鲁斯·贝克勒(Bruce Beckler);犯罪学家史蒂夫·奥耶纳(Steve Ojena);理查德·萨弗斯坦博士;法医顾问[新泽西州警察实验室主任(退休)];以及加利福尼亚州康特拉科斯塔县治安官沃伦·鲁普夫(Warren Rupf)和犯罪学实验室工作人员。感谢他们对这项工作的诸多贡献。

作者要感谢审稿人玛丽山学院达纳·C.德威特(Dana C. DeWitt);纽约州立大学坎顿分校史蒂文·吉尔伯特(Steven Gilbert);西南俄勒冈社区学院凯文·奥·费尔海尔(Caoimhin O Fearhail);三县技术学院桑德拉·K.罗伯逊(Sandra K. Robertson);凯泽大学大卫·德·汉(David De Haan);玛丽鲍德温学院道格拉斯·戴维斯(Douglas Davis);马蒂山学院达纳·德威特(Dana DeWitt);丹佛大都会社区学院斯泰西·赫维(Stacey Hervey);以及科罗拉多大学科罗拉多斯普林斯分校,他们的许多有见地的建议为本人撰写第三版提供了巨大的帮助。上述诸位的建议不仅表明了他们在犯罪现场调查和法庭科学领域追求卓越的承诺,还表明他们在这些领域的敏锐度。

最后,同样重要的是,作者感谢康特拉科斯塔县治安官-验尸官犯罪学实验室前任主任杜艾恩·狄龙(Duayne Dillon)博士;康特拉科斯塔县犯罪学实验室前任主任,加利福尼亚州核桃溪市美国烟酒火器与爆炸物管理局实验室枪弹检验人员约翰·默多克(John Murdock);以及犯罪学教授(退休)约翰·桑顿(John Thornton)博士。在本书的每一页中都可以看到上述专家对作者的积极影响,如存在任何错误,都是作者的全部责任。

罗伯特·奥格尔

法庭科学专家

我的人生旅程中有许多很棒的人陪伴同行,这成就了现在的我,并使我成为一名调查员。我要感谢以下人员,如果没有他们的支持和指导,这本教科书是不可能完成的。

我的丈夫瑞克、我们的女儿和大卫原谅了我所有错过的夜晚和假期,在最艰难的时刻站在我身边,支持我对犯罪现场调查的热爱。我爱你们,谢谢你们。艾丽和安迪,你们是我最大的成就和灵感。

我还要感谢最近去世的州检察官大卫·瓦克斯曼(David Waksman),他对我有信心,知道我心中对犯罪现场的热情,他给了我第一次教学机会,让我终生热爱与他人分享知识。

我还要感谢贾森·伯德(Jason Byrd)博士,他对本书昆虫学一章的贡献为这本书带来新的知识。他的知识、智慧和教育技能使他成为我终生的朋友和导师。我确信你有一天会成为市长。

特别感谢克里斯汀·克鲁斯(Christine Kruse),她一直是我的朋友和犯罪现场调查的合作搭档,我们组成了一支强大的团队!

我还要感谢理查德·萨弗斯坦博士,如果没有他和他的友谊,我将没有机会在这本教科书中撰写和分享我的调查知识。

作为作者,我还要感谢李昌钰博士。他总是说,如果你在讲课时能让人们发笑,他们就会一直听到你的声音。我从你身上学到了很多,也笑了很多次。

最后,我要感谢我有幸加入的大学的学生。是你们——我的学生们与我分享了我的教育旅程,让我成为犯罪现场调查员和教育工作者。只有当我看到你们成长并成为你们自己希望成为的调查员时,我才会如此义无反顾。感谢迈阿密戴德学院的学生能够成就自己并且与我分享进行现场调查的热情。

莎伦·普洛特金

获认证的犯罪现场调查员

目 录

第一章 物证导论

有些环境证据非常有力,就如你在牛奶中发现一尾鳟鱼。

——亨利·戴维·梭罗(Henry David Thoreau)
(《传记素描·未出版手稿》第10卷)

关 键 词

洛卡德转移交换原理,犯罪学,比较分析,公认的,收集的,保存的,重建的,关联,关联概况,调查线索,物理性质,检查的类型,检查员的分支,指纹(摩擦脊纹证据),种类特征,种属,个别特征,鉴定,个性化,比较分析过程,有疑问,未知来源,已知来源,比较标准,参照标准,范例,控制,目标,管理,监管链,污染。

学 习 目 标

■ 定义并列出物证的类型、价值和类别。
■ 识别物证的类型。
■ 描述物证的种类特征和个别特征之间的区别。
■ 解释收集证据的道德、法律和科学要求,包括同意书和排除规则。

引 言

1.1 法庭科学的简要历史和物证的检验

物证的现代法庭科学检验始发于法国、瑞典、德国和西班牙的毒理学(毒物的科学检验)领域,开始于18世纪70年代至19世纪初期,以法国人福代雷(Fodéré)、瑞典人谢勒(Scheele)、德国人罗斯(Ross)和西班牙人马蒂厄·奥尔菲拉(Mathieu Orfila)等人为先驱。奥尔菲拉的毒理学专论将法医毒理学确立为合法的科学工作。[1]19世纪中叶,开发了鉴定精子的显微检验法、血液的推断检验方法和血红蛋白的微晶检验法。[2]19世纪后期,法国的阿方斯·贝蒂荣(Alphonse Bertillon)开发了他所谓的人体测量学,即一种用于个人识别的身体测量系统,后来该方法被更简单、更准确的指纹识别方法所取代。[3]

　　奥地利检察官兼法官汉斯・格罗斯(Hans Gross)于 1893 年在 *Handbuch fur Untersuchungsrichter als System der Kriminalistik* 一书中首次描述了对物证的科学检查及其在刑事调查中的应用(此书后来以英文版《刑事调查》出版)。[4]格罗斯的这本书标志着"犯罪学"和各种法庭科学作为专业的开始。

　　20 世纪,科学的物证检验法发展速度大大加快。[5]意大利的莱昂内・拉特斯(Leone Lattes)博士开发了一种识别血迹中 ABO 血型的方法。在法国,里昂刑法研究所所长埃德蒙德・洛卡德(Edmond Locard)提出了一种理论,即当两个物体接触时,将发生物质的交叉转移。他的理论被称为洛卡德转移交换原理,是法庭科学(尤其是涉及微量证据如头发、纤维、土壤等的法庭科学)的核心理论。美国陆军上校加尔文・戈达德(Calvin Goddard)通过使用比较显微镜来比较犯罪现场提取的子弹和犯罪嫌疑人枪支击发的子弹,从而大大提高了对枪支的识别能力。后来比较显微镜被用于比较头发、纤维和其他类型的微量证据。

　　对犯罪现场调查和物证检验产生主要影响的事件之一是:瑞典人斯文森(Svensson)和温德尔(Wendel)在 19 世纪 30 年代出版了《犯罪现场调查技术》一书,该书已有多个版本,现在的版本是第八版,由巴利・费舍儿(Barry Fisher)修订。[6]查尔斯・E. 奥哈拉(Charles E. O'Hara)和詹姆斯・W. 奥斯特堡(James W. Osterburg)于 1952 年撰写了另一本对犯罪现场调查和犯罪学非常重要的教科书《犯罪学入门:将物理科学应用于犯罪侦查》。[7]莱莫恩・斯奈德(Lemoyne Snyder)博士所著的《命案调查》(1977 年,第三版[8])一书为犯罪现场调查员和其他负责凶杀案调查的调查员提供了有用的信息。

　　1953 年,加州大学伯克利分校的生物化学和犯罪学教授保罗・L. 柯克(Paul L. Kirk)博士出版了《犯罪调查》[9]一书。该书的面世对于法庭科学(也被称为犯罪学)在 20 世纪中叶的发展具有里程碑式的意义。柯克博士因此被称为"犯罪学之父",他将伯克利大学的学生培养为第一代专业的犯罪学家。柯克博士(及其学生)组建了第一个专业的犯罪学组织——加利福尼亚犯罪学家协会,该协会培养了当今大多数专业犯罪学家,并制定了专门从业人员的伦理、道德和科学标准。

　　随着柯克教科书的出版,法庭科学家开发了许多技术来确定血液和精液中的遗传标记,这标志着英国的亚历克・杰弗里斯(Alec Jeffreys)爵士进行 DNA 检测的革命取得了里程碑式的飞跃。DNA 测试的另一个里程碑是聚合酶链反应(PCR)技术的发展,该技术用于分析法医样品,由塞特斯公司的埃尔利赫(Erlich)博士、樋口(Higuchi)博士和法庭科学协会实验室的爱德华・T. 布雷克(Edward T. Blake)博士共同开发。[10]20 世纪后半叶,计算机技术发展迅速,计算机能够以惊人的速度将潜指纹与指纹数据库(AFIS)进行比较,将血迹和犯罪现场的其他组织污渍中的 DNA 与数据库进行比较。而这两项成就在 20 世纪中叶均被认为是完全不可能实现的。

1.2　物证的类型、价值和优点

　　本章开头的梭罗名言中包含两种类型的证据:(1)物证(鳟鱼)和(2)间接证据(鳟鱼在牛奶中,这提出了用溪水稀释牛奶的假设)。证据通常分为:(1)直接证据;(2)间接证据;(3)证词证据;(4)物证。这些类别的证据可能会重叠,就像前面提到的梭罗名言中所说的那样。物证的价值来自其提供的数据,这些数据可用于:犯罪现场的重建,确定是否发生犯罪,将个人与另一人或犯罪现场联系起来,调查线索,将一系列强奸、凶杀或入室盗窃联系起来。物证相对于其他类型证据的优势包括其有形的特性,这意味着陪审团可以查看和触摸实物并可以将这些物品带入陪审团房间,在某些案件中如果没有物证将无法侦破。此外,被告不能歪曲物证,物证也不会丧失记忆力,被告可以让其选择的专家对证据进行检验。综上所述,这些优势表明,物证是现代刑事和民事调查的重要组成部分。物证的类型、价值和优点将在随后的章节中详细说明。

1.3 物证的类型

根据进行检查的类型(化学检查、物理检查、显微镜检查等)或构成证据的材料类型(枪支、工具痕迹、生物材料等)的不同,可以将物证分类。在大多数辖区,法庭科学实验室根据所检查材料的类型不同进行分类,相关介绍见常见物证类型部分。

1.4 物证的实验室分析

物证的实验室分析涉及多学科的方法理论,是从化学、物理和生物学等基础科学中借鉴并改编而来的。实验室检验包括识别受害人、犯罪嫌疑人和犯罪现场证据的种类和个人特征。通常,这些方法适用于物证的比对分析(稍后在图1-1中详细介绍)。例如,在汽车肇事逃逸案件中,将受害者衣服上发现的汽车油漆的化学分析与犯罪嫌疑人车辆上的油漆的化学分析结果进行比较;在强奸案件中,将从受害人阴道拭子中提取的DNA与犯罪嫌疑人的DNA进行比较。稍后将在每种物证类别的章节中介绍针对各种物证的实验室分析技术。

1.5 证据的类型

一般来说,可以把证据分为直接证据和间接证据或者言词证据和非言词证据,非言词证据也就是俗称的物证。

1.5.1 直接证据

直接证据是指无须进行推断或推论就能单独、直接证明案件事实的证据。在推断或推论准确的情况下也可以用来证明案件的事实。比如一个完全可靠的证人的证词就能直接证明证词中陈述的事实。

1.5.2 间接证据

间接证据涉及一系列事实,尽管这些不是案件中的事实,但通过推理往往可以证明案件中的事实。这类证据通常是一连串的情形,可以根据这些情形就所涉事实的有效性做出公正的判断。

1.5.3　言词证据

证词是非专业或专业证人提供的证据,此类证据的主要检验标准是证人的可信度。法院程序中的事实审验人(法官或陪审团)评定证人的信誉,并因此评定证人提供的证词的可信度。这一点不能过分夸大,因为事实审验人可能会(经常会)忽略不可信证人的证词。证词的存在是执法人员和专家证人必须勤于树立公信力的主要原因(请参阅附录Ⅱ:《法庭证言》)。

1.5.4　物证

物证包括与犯罪或侵权行为有关的实物。在刑事调查中,几乎任何类型的实物都可以成为物证。本章中列出了刑事调查中遇到的主要物证类型,但调查人员需要保持警惕,本书或其他与物证有关的书籍中未提及的实物都可能成为调查中有价值的证据。

1.6　物证的价值

物证可以定义为与犯罪或侵权行为有关的实物。对物证的分析和解释可以在许多方面帮助调查犯罪或侵权行为。为了使物证具有价值,必须将物证确认为潜在证据,以适当的方式收集,并妥善保存,以便送交实验室(见附录Ⅳ:《特证表:物证的收集、保存和特殊说明》)。未能识别、收集或保存物证可能会损害或毁灭证据,从而妨碍调查。在最坏的情况下,未能保存关键证据可能导致对无辜方的错误定罪或无法对有罪的一方定罪。未能收集证据也可能妨碍为受害方进行后续的民事诉讼。

物证在许多刑事调查中可能起着至关重要的作用。物证在犯罪调查中的主要作用包括以下几个方面。

1.6.1　犯罪现场重建

重建犯罪现场是收集物证的主要目的之一。这一程序可能涉及单个事件的重建,例如枪击案中确定枪口到目标的距离,也可能涉及确定一系列事件的顺序,如犯罪现场血迹形态的分析。犯罪现场的重建常常使调查员能够确定证人陈述的准确性:证人的陈述可以通过犯罪现场的重建得到证实,或者证人的陈述可能被证明是虚假的。

> **实例**
>
> 在一个监狱杀人案中,几名犯罪的"证人"都主动提出作证,以换取减刑。通过使用血迹形态分析和血迹的实验室分类结果来重建犯罪,证明了每一个"证人"的陈述都是错误的。每个"目击者"都把两名被刺伤的受害者安置在袭击过程中不可能出现的地方。一位"目击者"表示,袭击发生在一楼的一端,实际上那里没有血迹(血迹形态证明袭击发生在该层的另一端)。

1.6.2　确定是否发生犯罪

物证也可以证明犯罪是否发生。例如,枪击事件的重建可以帮助确定枪击事件是意外、自杀还是凶杀。

实例

在一起涉嫌凶杀案中,一名妻子说,她坐在楼下读书时,听到楼上有枪声,跑到楼上,发现丈夫躺在床上,头部有枪伤。她表示,她用一只手拿起丈夫头旁边的左轮手枪,转移到另一只手上,然后放在床头柜上,最后报了警。对丈夫手上的射击残留物(GSR)进行的测试表明,丈夫右手背面的 GSR 含量很高,但手掌或左手背面没有残留物。妻子手上的 GSR 测试显示,每只手掌上都有中等程度的枪击残留物,但每只手的背面都没有残留物。按照妻子陈述的条件重复实验并测试,结果显示,妻子手上的 GSR 水平和其已故丈夫手上发现的 GSR 水平相同,证实了妻子的说法,从而证实了死亡是自杀。

1.6.3 串并人员和案件

许多类型的证据可以用来将犯罪嫌疑人与被害人、犯罪现场或犯罪嫌疑人所犯的其他罪行关联起来。这些类型的证据通常被称为"连锁""关联"或"转移"证据。也就是说,证据可能倾向于显示个人之间或嫌疑人与犯罪现场之间的接触,从而导致涉案个人之间的证据转移或从个人转移到犯罪现场,反之亦然。这一移交痕迹证据的过程遵循前面讲述的洛卡德转移交换原理。图 1-1 显示了在嫌疑人、被害人、犯罪现场和其他犯罪现场之间建立联系的证据转移,该图显示了嫌疑人、被害人、犯罪现场和同一嫌疑人实施的其他犯罪之间可能交换物证的关联概况。

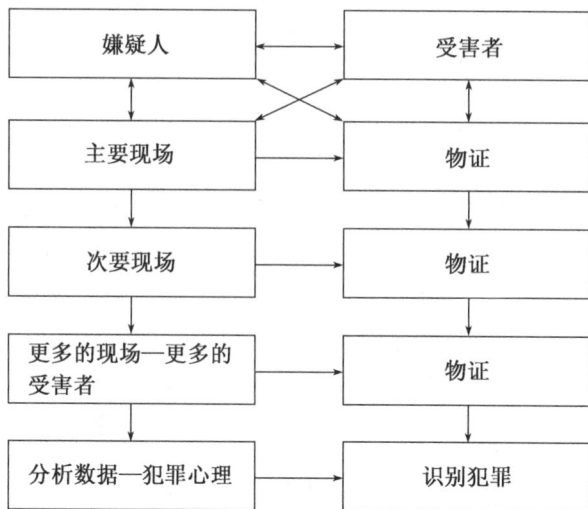

图 1-1 关联概况:物证

1.6.4 为调查人员提供调查线索

犯罪现场调查员的一个重要作用是向负责调查犯罪的侦探和其他调查人员提供调查线索。例如,在凶杀案中发现的一种特定的头发类型,可能会提供攻击者头发颜色和种族群体的信息。[11]在作者所知的一个案件中,一根头发的种属特征导致抢劫杀人案嫌疑人被迅速逮捕(见下文的案件实例)。如果没有这一重要的调查信息,任何其他关键证据(犯罪人持有的带有受害人血迹的货币)都不会被取回。通常,对犯罪现场的物证进行初步检查,虽然这不是确凿的证据,但可以为调查人员提供足够的线索,以便后续调查能够发现关于犯罪者身份的确凿证据。

案　　例

一根头发破案

康特拉科斯塔警长犯罪学实验室的犯罪学家约翰·E. 默多克(John E. Murdock)被呼叫到加州康科德一家酒类商店的抢劫/凶杀案现场,后来同一实验室的犯罪学家米托辛卡(Mitosinka)也加入进来。默多克和米托辛卡以及康科德警察局的证据技术人员对犯罪现场进行了彻底和系统的处理。为了避免运送死者到太平间的过程中可能丢失死者的痕迹证据,默多克从死者的身体和衣服上转移了明显附着的痕迹证据。其中一件特别有趣的物品具有头发的物理特性,这种特征表现为非洲传统个人头发的典型外观。

唯一与这家酒类商店老板有关联的非洲血统的人是他家人的熟人。康科德警探到这个对象的住处进行采访。当他们抵达时,被告知该名男子已于凌晨前往加利福尼亚州的长滩。这名男子随后成为头号嫌疑人,嫌疑人的车辆也将受到搜查。现场处理及受害者尸检结束后,默多克和米托辛卡回到了犯罪学实验室。他们与地区检察官办公室进行了电话交谈,那里正在准备嫌疑人车辆的搜查令。在获取了搜查令后,康科德警探和犯罪学家米托辛卡前往长滩执行搜查令。在搜查的过程中,从目标车辆上发现了抢劫的货币,车上有与受害者血型相同的新鲜血迹。嫌疑犯被逮捕,随后在审判中被判犯有抢劫/杀人罪。尽管毛发证据不能识别个体,但其种族类型的确定提供了使该案件成功结案的调查线索。

1.6.5　向陪审团提供事实以协助判定有罪或无罪

在杀人案、性侵案和其他犯罪案件中,对物证的分析通常是为了提供被告有罪或无罪的证据。在作者经历的一宗"连环强奸"案件中,对头发、精液的分型和潜在指纹鉴定的结果证实了被告是无罪的,与此同时识别出了案件中真正的强奸犯。对精液的分析在三起受害者案件中排除了被告,而对头发进行的分析在其中两起案件中排除了被告。通过指纹自动系统识别出其中一个受害者案件中的潜在指纹证据,最终确定了真正的强奸犯。

1.6.6　提供用于串并连环杀人或强奸案件的证据

在连环杀人案或连环强奸案的调查中,物证往往是一系列犯罪和行凶者之间最有力的联系。在杀人案中,枪弹证据和微量物证往往提供了犯罪和行凶者之间的联系,就像在韦恩·威廉姆斯(Wayne Williams)案中,纤维提供了受害者和嫌疑人之间的联系。在连环强奸案中,微量物证和精液的分型(特别是DNA分型)都可能将犯罪者与每一项罪行联系起来。

1.7　物证的优点

由于物证是有形的,相比较言词证据而言具有许多优点。这些优点包括以下几个方面。

第一,为陪审团提供可见的实物

与言词证据不同,陪审团可以看到物证,因此物证能够在视觉效果上对陪审团产生额外的影响。

第二,可将物证带入陪审团室

物证的影响与证据一起进入陪审团室,因此在陪审团审议中继续发挥其论据作用。

第三,被告不能歪曲物证

物证不言自明,被告不能歪曲事实。通常物证能有效地反驳被告的陈述,甚至在某些情况下能证明被告的陈述是虚假的。

第四,有些案件没有物证就无法破案

许多犯罪案件都是通过在案件中收集和分析的物证来破案的。有些案件可以通过犯罪现场收集的单个潜在指纹来侦破。自从引入了自动化的潜在指纹识别系统后,识别的结果尤其准确,利用该系统,潜在指纹检验人员能够在庞大的数据库中进行检索以寻找与潜在指纹匹配的信息。

第五,物证不会丢失记忆

证人证词的缺点之一是会随着时间的推移产生不可避免的记忆丧失。案件在审判前有时会经历长时间的拖延,这可能会模糊证人的记忆,从而削弱其证词的影响力。对物证的适当收集和分析会产生一个永久的记忆记录,这种记忆不会丧失。

第六,证据可以由独立专家检验

增加物证可信度的因素之一是被告有能力让外部专家审查证据。被告专家与控方专家意见相矛盾的情况很少见。

1.8　物证的主要类型

物证可以用几种不同的方式进行分类。物证可以根据证据的**物理性质**(例如,血液、潜在指纹、枪弹证据等),根据对证据进行的**检验方式**(例如,显微的、宏观的或仪器),或根据对证据进行检验的**检验人员分支**(例如,法医化学家、文件检验人员、枪弹检验人员等)来分类。证据的分类因地理区域而异,但大多数司法管辖区根据以下条目对物证进行分类:

(1)指纹(摩擦脊纹证据);

(2)枪弹证据(发射痕迹、枪支零部件、工具痕迹);

(3)生物物证(血液、精液、其他体液);

(4)微量物证(显微、相互转移、残留物);

(5)文件物证(可疑的笔迹、打印文件、纸张、油墨等);

(6)整体分离物证(匹配破碎的物体各个部分);

(7)毒物(体液和组织中的药物、毒物);

(8)毒品证据;

(9)其他类型(前面清单中未包括的各种证据类型)。

为了成功调查一起重大刑事案件,调查人员利用许多不同类型的证据是很常见的。可能有必要综合使用证人证词、犯罪特征分析和受害者分析、物证和嫌疑人审讯,以及测谎仪测试来解决特定的案件。正是这些调查方法的融合给现代调查人员带来了挑战,也提高了解决原本可能无法解决的犯罪问题的能力。

1.9　物证的种类特征和个别特征

犯罪现场调查人员必须理解"种类"和"个别"特征的概念,才能解读来自刑事实验室的报告。**种类特征**是类型中所有成员所共有的特征。因为种类特征是由一种类别的所有成员共有的,所以那些只有种类特征的物证类型不能被识别为单一来源。这些类型的证据被称为**只有种类特征**的证据类型。例如,一件衣服上的纤维将只具有"种类特征",因为用于生产服装的纤维和用于染色纤维的染料都是大量生产的。人类头发是仅具有"种类"特征的证据类型的另一个例子[12]。用于比较的人类毛发特征受遗传控制,因此在一些群体中存在大片段共享(例如来自亚洲群体的毛发),而在其他群体中,毛发特征由小得多的群体共享(例如欧洲群体中的淡红色金发)。当来自犯罪现场的毛发与来自个人的毛发"匹配"时,检验人员可以声明毛发证据"可能来自该人",因为所考虑的人群中的其他个人也可能具有与证据相符的毛发。然而,只有种类特征的证据可以决定性地用于排除可疑来源。例如,淡红色的金发不可能来自一个只有黑色头发的特定亚洲人。种类特征可以用来快速排除而不是识别个体。

同一性被定义为"特征的组合,通过它,可以确定一个事物是可识别或已知的"[13]。这组特征("模式")包括该对象所属类别的所有种类特征,此外,还包括用于将该对象与其类别中的所有其他对象区分开来的那些个别特征。因此,种类和**个别特征**的组合确立了特定对象的特性。当种类和个别特征的组合,如果只对类别中的一个成员是唯一的,则可**识别**出证据类型中唯一的个体来源,这一过程称为**"同一认定"**。当检验人员能够将在被审查的客体中找到的种类和个别特征组合与已知样本中的特征组合进行匹配时,被审查的客体实现了同一认定(参见"比对的标准和对照"一节)。在许多情况下,客体的种类和个别特征组合被转移到物证中,例如,枪管内部的种类和个别特征被转移到枪支中发射的子弹的表面。子弹上的特征作用在于通过将这些特征与已知可疑枪支中发射的子弹上的特征进行比较来识别枪支,而不是试图将枪管内的特征与疑似在该枪支中发射的子弹上的特征直接进行比较。

那些具有个别特征的证据类型可以确定为单一来源,也就是说,可以"同一认定"。潜在指纹就是可以进行同一认定的物证类型的一个例子。虽然用于识别潜在指纹来源的每个特征(细节点)是种类特征,但是细节点的出现和空间关系的组合被认为是为给定区域的摩擦脊纹建立了唯一模式,进而实现潜在指纹的同一认定(术语"识别"和"同一认定"有时可互换用于某些类型的证据,如指纹和枪弹痕迹)。

表1-1列举了只有种类特征的证据类型,以及使检验人员能够确定证据客体的个体来源,具有个别特征的证据类型。

另一类具有个别特征的证据为"整体分离"证据。当一个物体被撕裂或断裂时,断裂的边缘通常可以通过"拼图游戏"的方式来匹配。这类证据的例子包括油漆或玻璃碎片、用于捆绑的胶带和断裂的撬棒。

注意,一些仅具有种类特征的证据类型仍可通过其他方式进行个体识别。从头皮上拔下的头发可能附着有发根上的肉质部分(根"鞘"),并可能被用于分析其DNA类型,因此该头发可能进行同一认定(尽管从技术上讲,DNA是头皮组织的产物,而不是头发本身)。如果没有头皮组织附着在头发根部,头发中的线粒体DNA还是有可能被分析出来。其他类型的证据,比如土壤,可能具有一组特定的种类特征,若其中这组特征非常罕见,几乎是唯一的,则其可被认为是识别特征。在一些缉获毒品的案件中,毒品生产过程中所使用的稀释剂和副产物的不同构成了特定的特征组合,检验人员能够以不同程度的可信度将缉获的毒品与较大的毒品来源联系起来。此外,利用所审查证据中的种类特征,检验人员能够快速筛选证据项的可疑来源。如果可疑来源的种类特征与被审查项目的种类特征不匹配,则检验人员将不再考虑该可疑来源。

表 1-1　具有种类特征或个别特征的证据类型

只有种类特征	同时具有种类特征和个别特征
毒品	指纹
纤维	射击弹头弹壳痕迹
毛发	工具痕迹
血迹(血型)	血迹(DNA)
玻璃	穿鞋足迹
土壤	笔迹
油漆	

在某些情况下,"个别特征"栏中的一项具体物证可能没有足够数量的个别特征来进行肯定的识别(例如,模糊的潜在指纹或损坏的子弹)。分析人员通常会注意到实验室报告中的证据项缺乏足够的细节特征。例如,指纹检验人员可能会说,从犯罪现场提取到的潜在指纹"缺乏足够的细节特征,无法进行肯定的人身识别"。在这种情况下,检验人员指出潜在指纹中没有足够的细节特征(用于比较的特征点),无法对潜在指纹的来源提出无保留的意见(请参阅本书附录 III)。

将不同的证据类型分为仅具有种类特征的类别和具有个别特征的类型,是对不同种类证据的分类方案的简化。在所有的证据类型中,物证可以按照等级体系进行分类,但是目前很少有人为所有的物证提供一个全面的分类体系。迄今为止,分类工作仅限于由专家尝试的某些类型的证据,如枪支证据。表 1-2 举例说明了枪支证据的一些分类级别。这些分类级别和子级别通常只能引起各自专业的研究人员的兴趣,对研究人员理解种类和个别特征几乎没有影响。在这里提出它们只是为了让调查人员熟悉在法庭科学文献中可能遇到的术语。

表 1-2　枪支的种类特征和个别特征

大类	枪支
中类	38 口径左轮手枪,6 条阳线和 6 条阴线,右旋
小类	38 口径左轮手枪,6 条阳线和 6 条阴线,右旋,阳线和阴线宽度尺寸相同
个别特征	枪管内部子弹留下的条状痕迹(枪支的"标记")

表 1-3 列出了犯罪现场调查中常见的其他类型物证的一些种类特征和个别特征,这些物证除了种类特征外,还具有个别特征。注意,DNA 图谱的"个别"特征是基于证据样本中发现的图谱的统计分析,而不是基于法庭科学血液专家的综合经验。

表 1-3　不同物证类型的种类特征和个别特征

证据类型	种类特征	个别特征
指纹	基本纹型	细节纹线
工具痕迹	工具的尺寸	痕迹中的线条
血迹	ABO 血型、酶类型	DNA 图谱
足迹	尺寸、鞋底花纹	鞋底穿着破损
笔迹	系统性的笔迹特征	系统性的变化

1.10　物证的实验室分析

实验室分析的通常目的是识别物证。同一认定被定义为对证据客体的个别来源的识别。此过程通常涉及将受审查的(未知来源)客体与已知客体(来自已知来源的事物)进行比较。图 1-2 说明了比较的过程,俗称比较分析过程,无论证据类型如何,所有物证的检验人员都使用该比较过程。

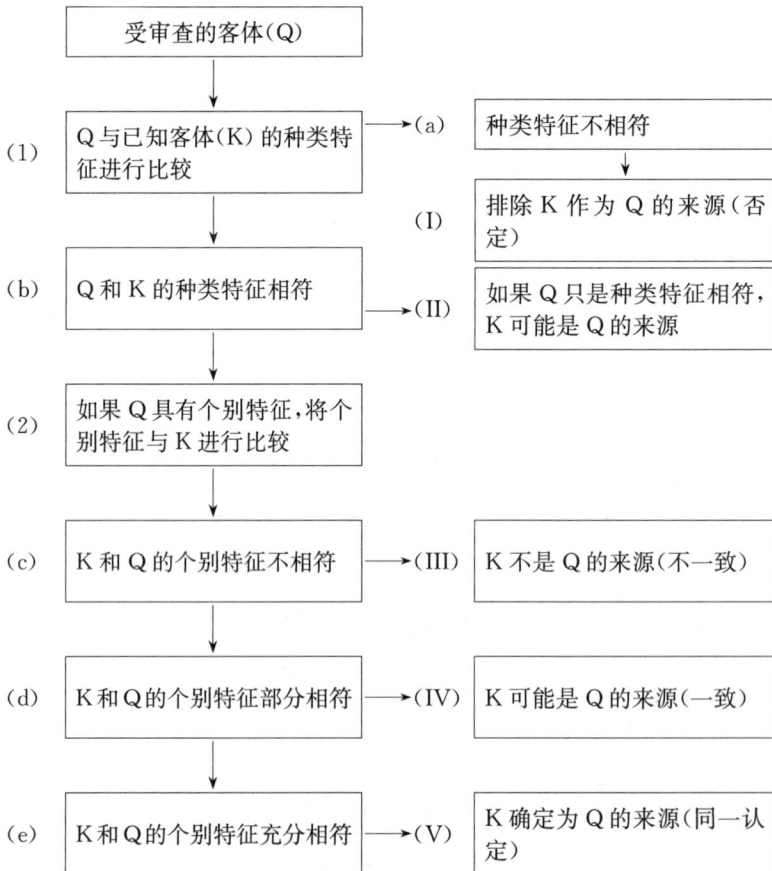

图 1-2　物证的比较分析过程

1.10.1　比较分析的步骤

在将嫌疑客体与已知客体进行比较之前,使用以下技术中的一种或多种来完成对嫌疑客体的彻底检查:肉眼观察、放大镜检查、立体显微镜检查,并且通常使用替代光源进行检查。检查技术的选择取决于嫌疑客体的特定证据类型。首先进行初步检验,以确定是否存在可能的任何微量物证。任何微量物证都将被提取和保存以备进一步检验。初步检验的第二个目的是了解嫌疑客体的全部性质,并对该客体的种类和个别特征进行初步评价。在对嫌疑客体进行初步检验以后,可以将其与被怀疑为嫌疑客体潜在来源的任何已知客体进行比较。

比较分析过程的第一步(见图 1-2)涉及将嫌疑客体的种类特征与已知客体的种类特征进行比较[图 1-2,(1)]。如果种类特征不一致[图 1-2,(a)],则可以排除已知客体作为嫌疑客体的来源[图 1-2,(Ⅰ)]。如果发现种类特征一致[图 1-2,(b)],并且嫌疑客体的特征类型只有种类特征,检验人员可以得出结论,已知客体可能是嫌疑客体的来源[图 1-2,(Ⅱ)]。

如果嫌疑客体和已知客体的种类特征一致,并且嫌疑客体是具有个别特征的证据类型,那么检验人员将嫌疑客体的个别特征与已知客体的个别特征进行比较[图 1-2,步骤(2)]。如果检验人员发现嫌疑客体和已知客体的个别特征之间不一致[图 1-2,(c)],那么检验人员可以得出结论,已知客体不是嫌疑客体的来源(不一致)[图 1-2,(Ⅲ)]。如果检验人员发现已知客体和嫌疑客体的个别特征之间存在某种一致性[图 1-2,(d)],那么检验人员可以得出结论,已知客体可能与嫌疑客体的来源一致,但两者之间的一致程度不足以确定已知客体是嫌疑客体的来源[图 1-2,(Ⅳ)]。

如果检验人员发现已知客体和嫌疑客体的个别特征之间有足够的一致性[图 1-2,(e)],那么检验人员可以确定该已知客体为嫌疑客体的个体来源[图 1-2,(Ⅴ)]。这种将已知客体确定为嫌疑客体个体来源的过程在法庭科学中,特别是在被称为犯罪学的法医学学科中被称为同一认定。

嫌疑客体通常是在犯罪现场从受害者或嫌疑人那里收集的物品。已知客体是已知来源的客体或从已知来源客体中制备的"样本"(关于嫌疑客体和已知客体的示例,参见表 1-4)。

表 1-4　物证构成要件的比较

嫌疑客体(Q)	样本(K)	已知来源(K)
潜在指纹	油墨指纹	嫌疑人的手指
现场的毛发	人体毛发	嫌疑人的毛发
鞋印	采集的鞋印	嫌疑人的鞋子
受害者体内弹头	试射的子弹	嫌疑人的枪支
受害者身上的纤维	衬衫上的纤维	嫌疑人的衬衫
血迹	血液	嫌疑人的血样

1.10.2　比较分析过程的结果

将嫌疑客体(Q)与已知客体(K)进行比较(见图 1-2),可以得出以下比对结果(及其典

型结论):

(1) 嫌疑客体(Q)的种类特征与已知客体(K)的种类特征不一致。

结论:排除 K 作为 Q 的来源。

(2) 嫌疑客体(Q)的种类特征与已知客体(K)的种类特征一致。

结论:如果 Q 只有种类特征,K 可能是 Q 的来源(对 Q 进行种类识别)。

(3) 已知客体(K)和嫌疑客体(Q)的种类特征一致,但个别特征不一致。

结论:K 不是 Q 的来源(不一致)。

(4) 已知客体(K)和嫌疑客体(Q)的种类特征一致,已知客体(K)和嫌疑客体(Q)的少数个别特征一致。

结论:K 可能是 Q 的来源(一致)。

(5) 嫌疑客体(Q)和已知客体(K)在种类和个别特征上有足够的一致性,从而确定 K 是 Q 的来源。

结论:K 是 Q 的来源(同一认定)。

1.11　比对的标准和对照

由于大多数实验室分析都涉及将嫌疑客体与已知客体进行比较,因此实验室分析的质量在很大程度上取决于收集和提交适当的标准和对提交的每个客体的把握。术语"嫌疑客体"是指来源不明的客体。其他用来描述嫌疑客体的术语包括"未知""证据""犯罪样本""潜在的"(指纹),以及来自不同专家的其他术语。所有这些术语都指的是具有未知来源的客体,将该客体与来自已知来源的客体进行比较,以便确定嫌疑客体和已知客体是否为同一来源。"Knowns"(同时包含原始样本和衍生样本)通常用大写字母"K"表示,嫌疑客体称为"Q"样本。

Knowns 包括两类:(1)标准品和(2)样本。标准品由已知来源的材料组成,可以是比对标准或参照标准。比对标准品是从已知来源收集的用于与嫌疑样本进行比较的材料,以确定嫌疑样本是否与对照标准品来自同一来源。比对标准的一个例子是来自已知个体的血样,用于将其血型与血迹类型的证据进行比较。血液标准品通常是从特定案件的当事人那里获得的,例如受害者和嫌疑人。比对标准的其他例子是来自已知个人的油墨指纹,用于与来自犯罪现场的潜在指纹进行比较;来自嫌疑人的头发样本,用于与在犯罪现场发现的头发进行比较;来自犯罪现场地毯的纤维样本,用于与在嫌疑人鞋子上发现的纤维进行比较;以及从嫌疑人身上缴获的枪支,用于与从枪击受害者身上获取的子弹进行比较。从这些标准衍生出来的用于实验室与嫌疑客体比较的客体被称为"样本客体"[①]。

参照标准是由不同实验室保存在参考集合中的样本。这些标准包括从不同来源收集的样本,并且已经过来源和成分的鉴定。这些参照标准用于验证在个案工作中获得的已知样本的类型和组成。参照标准的例子包括从制造商处获得的涂料样本集合,从已知种族组成的个体的特定身体部位获得的毛发样本集合,从制造商处获得的药物标准以及从已知血型

---

① 不同的专业可以用不同术语来指代样本客体(指纹检验人员的"油墨指纹",枪支检验人员的"试射子弹"等)。

的个体获得的血样。

样本是用来描述从比对标准中收集或制备的用于与嫌疑客体进行比较的比对标准(已知)样本(见表1-3),或用于与嫌疑客体进行比较的整个比对标准品。样本必须是已知样品的真实反映,只有这样才能在比对过程中发挥作用。使用的样本应该同时包含已知的种类特征和个别特征(如果该类型证据具有个别特征的话)。对于犯罪现场调查员来说,考虑为实验室分析而收集的任何标准品中存在的变化是很重要的,确保收集的标准品代表了"已知"中存在的变化(例如,地毯纤维样本应该包含被取样地毯中的所有颜色)。

对照是指那些与嫌疑客体同时进行测试的客体,用以揭示与证据或测试方法的完整性相关的任何问题。对照包括前面提到的标准和将在嫌疑客体上显示"背景效应"的客体(背景对照)。背景效应可能是嫌疑客体与出现嫌疑客体的材料之间相互作用的结果。例如,衣服上的血迹可能被衣服上已有的化学试剂损坏。对血迹部位附近的衣服对照区域(未染色)与染色区域同时进行测试。任何与衣服上的化学物质有关的问题都会在对照品的分析结果中显现出来。已知的标准样本和背景对照品进行与证据血迹相同的测试,以确定所采用的血型鉴定技术对分析所测试的血型给出了正确结论。如果标准品或对照品在测试过程中显示错误的结果,分析人员需认识到测试系统中存在一些错误,必须在重复分析之前进行系统故障排除。实验室可能不再需要对照棉签,请和他们联系以确认是否需要对照棉签。每种物证的具体信息,包括其适当的收集程序、储存要求以及实验室分析所需的标准和对照类型,将在该类证据的章节中介绍。如果对所需标准品或对照品的收集存在任何疑问,犯罪现场调查人员应联系分析该特定证据的实验室,以获得关于首选收集方法以及该实验室所需标准品和对照品的详细说明。

1.12 证据收集的伦理、法律和科学要求

1.12.1 伦理要求

在对犯罪现场进行科学处理时,首先要考虑的是犯罪现场调查人员必须在识别、记录和收集任何现场的物证方面保持客观。犯罪现场调查的目的始终是确定与犯罪现场发生的事件有关的事实。犯罪现场调查人员的职责不是收集数据来支持一种理论,用以证明嫌疑人有罪或者免除嫌疑人的责任。相反,犯罪现场调查人员有责任收集所有相关数据,而不考虑这些事实可能对案件的任何结论产生何种影响。这一伦理要求同时适用于犯罪现场调查人员、实验室法医以及任何试图重建犯罪现场的个人。任何其他方法都是不科学的,也经不起科学或法律的审查。

为了有效地利用证据并使其在法庭上被采纳,所收集的证据必须既符合法律要求,又符合科学的证据收集要求。如果一项证据是合法收集的,但其收集方式不符合为检验目的而保存证据完整性所必需的科学要求,则实验室可能无法对证据进行有意义的检查。反之,如果证据收集符合收集的所有科学要求,但无法通过法律对其可采性的检验,则可以在法庭上排除该证据。

1.12.2 法律要求

1. 搜查和扣押法律规范

相关《美国宪法修正案》,美国宪法中最适用于搜查和扣押法的两项修正案是《第四修正案》和《第十四修正案》。

法 规

《第四修正案》

人民对人身、住宅、文件和财物享有不受不合理搜查和扣押的权利,不受侵犯;除非基于经宣誓或具有所保证的适当理由,并且特别地指定搜查的地点,否则不得签发搜查令,并不得扣押其人身和物品。

《第十四修正案》

第一款　所有在美国出生或加入美国

国籍并受其管辖的人,都是美国及其居住州的公民。任何州都不得制定或实施限制美国公民的特权或豁免权的法律;不经正当法律程序,不得剥夺任何人的生命、自由或财产;在州管辖范围内,也不得拒绝给予任何人以平等法律保护。

关于搜查和扣押案例的法律,调查人员应熟悉美国宪法《第四修正案》和《第十四修正案》。大多数搜查和扣押判例法都是从这些修订条例中衍生出来的。

无证搜查　定义:政府在搜查某个区域时,如果当事人对该区域有合理的隐私理由,那么执法人员一般需申请搜查令,相应地,对该区域的无证搜查可能会侵犯美国宪法《第四修正案》的适当保护。财产扣押是指当政府执法人员通过没收财产["霍顿诉加利福尼亚州案"(1991年),载于《美国最高法院判例汇编》第496卷,1990年,第128页]而对个人在该财产中的占有权益进行某种有意义的干预。《第四修正案》并没有禁止所有州发起的搜查和扣押行为;它只是禁止那些不合理的搜查和扣押["佛罗里达诉吉门诺案",载于《美国最高法院判例汇编》第500卷,1991年,第248,250页]。该案件中最高法院认定政府的干预行为并不违反《第四修正案》。个人"要求《第四修正案》保护的能力取决于……声称受修正案保护的人在受侵害地是否有合理的隐私理由"["明尼苏达州诉卡特案",载于《美国最高法院判例汇编》第525卷,1988年,第83,88页]。换句话说,个人必须与政府搜查的地方有足够的联系,才能断言受到《第四修正案》的保护。

如果在公共财产上发生犯罪,则无须搜查令,执法部门可以根据需要的时间和频率对其进行搜查。但是,如果在私人财产上发生犯罪,执法人员有权根据法院认可的紧急情况(称为"紧急情况",请参阅下文和附录1中的相关列表)进入该私人场所,例如寻找犯罪嫌疑人或受害者。一旦导致紧急情况(紧急进入私人场所)的情形不复存在,或完成了对嫌疑人和受害者的搜寻,执法人员就必须停止在现场寻找犯罪证据,直到:

(1) 执法人员已经从具备搜查资格授权的人那里获得了进行现场搜查的许可;

(2) 地方法官已经签发了对该房屋的搜查令。

无须搜查证而进行的搜查　美国最高法院对《第四修正案》的搜查令要求提出了几个例外,证明未经许可侵入受《第四修正案》保护的区域是正当的,以保证公共安全和警务人员安全。未经许可或未取得搜查令,不得在犯罪现场进行搜查,除非存在法院承认的与搜查令等值的例外情况(称为紧急情况)。以下是影响犯罪现场搜索的法院认可的主要紧急情况:

(1) 保障人的生命或健康;

(2) 防止证据被销毁;

(3) 制止正在进行的犯罪;

(4) 追击逃跑中的嫌疑人;

(5) 进行保护性大搜查。

证据排除规则 根据证据排除规则,在紧急情况停止之后,但在获得同意搜查或对房舍的搜查令得到治安法官批准之前发现的任何证据,在审判中将不予采信。非法证据排除规则是一项司法创建的法律程序,要求在违反《第四修正案》的搜查中获得的证据必须作为不利于被告的证据排除在刑事审判之外。这种证据只能作为弹劾证据提出,以证明出庭作证的被告作了伪证。这项排除规则没有出现在美国宪法的任何地方,证据排除规则的创建是为了劝阻执法人员做出违反宪法规定的行为,故任何违反宪法的证据在审判中不被采信(关于该规则的历史案例,请参见附录1)。证据排除规则既适用于联邦和州执法人员,也适用于州和联邦法院["马普诉俄亥俄州案",载于《美国最高法院判例汇编》第367卷,1961年,第643页]。由于有可能因在需要时未能获得搜查令而排除证据,因此,调查人员中的领队必须精通搜查和扣押法律,这一点至关重要。此外,在调查杀人案等重大犯罪案件时,最好有一名检察官作为应对小组的成员。

"毒树之果"原则 显然,通过直接侵犯宪法权利或特权而获得的证据受排除规则的约束。但是,作为侵犯个人宪法权利的证据而取得的证据又如何呢?根据排他性规则,这个证据是否也是不可接受的?美国最高法院在多起案件中裁定,如果政府进行非法搜查或逮捕,并利用获得的信息获取其他证据,那么这一新证据也必须被排除在外。关于根据法院裁决中所确立的"毒树之果"原则的讨论,请参阅参考文献。

已经征得同意的搜查 美国最高法院裁定,"依据有效同意进行的搜查是宪法允许的"["施奈克洛特诉布斯塔蒙特案",载于《美国最高法院判例汇编》第412卷,1973年,第218,222页]。仅出于这个原因,每次在需搜查私有财产时,即使已经获得了搜查令,也最好先征得同意后再搜查该处所。如果征得了同意,则可以消除对辩护人今后可能提出的有关搜查令的有效性或其宣誓书的准确性的任何质疑。虽然一个人的宪法权利在任何时候都要受到执法部门的严格保护,但每个人都有权放弃他或她的宪法权利,包括享有的《第四修正案》的权利。但是,为让一个人有效地放弃其《第四修正案》的权利,他们必须首先自愿同意搜查。此外,必须证明给予同意的人拥有给予这种同意的权利(或"表见代理")。再者,执法部门不能超出双方同意的搜查范围,无论是允许他们搜查的物品,还是允许他们搜查的区域。为了避免对自愿给予同意的人产生任何疑问,"同意搜查"的表格必须经由给予同意的人填写和签名。"已完成的搜查表"作为上述同意搜查表的补充表格。该表格能够证明,执法部门在搜查过程中没有带走任何物品。此表格能够提供确凿的推定证据,证明警方在搜查过程中没有带走任何物品,以保障进行搜查的警务人员不会在稍后的民事诉讼中被指控提取了有价值的物品,并且从未归还。

同意必须是自愿的 为了使同意搜查被认为是自愿的,必须是自由意志的结果,而不必担心被拒绝给予这种同意。同意不能是任何形式的胁迫、威胁、诡计、承诺或其他虚假陈述的产物,无论这种程度多么轻微。检方有责任证明这种同意是自由和自愿给予的(关于搜索同意是自由和自愿的决定的进一步解释,见附录1。)

同意权　任何保管和控制某些场所或物品的人有权同意对该区域或物品进行搜查。然而,如果多于一人保管或控制要搜查的区域,或要求扣押的物品时,则只有在给予同意的人有权进入和控制该物品或区域的范围内,才允许同意搜查该物品或区域。

"表见代理"的同意权　如警务人员合理而真诚地相信同意方有权同意搜查,则法庭一般会维持同意搜查的意见,这被称为"表见代理"。如果有任何关于同意人的同意权限的问题,执法人员应该提出更多的问题,以确定给予同意的权限是否存在,并准确地记录下问题和对问题的回答。如果可能的话,所有的问题和回答都应该准确记录下来。如果这以后成为一个问题,记录将成为明显权威的实质性证据。如果在盘问过程中,执法人员对同意方的权威有任何疑问,该人员应选择申请搜查令,以确保证据的可采性。

同意的范围　可以搜查的地方和可以搜查的物品受到所给予的同意的限制。当要求获得同意时,警务人员需要具体说明他们要搜查的是什么,以及他们想要在哪里搜查这些物品。附录1提供了有关搜查范围的更多详细信息。

第三方对搜查给予的同意　在某些情况下,警官会遇到这样的情形,即第三方是在场的唯一能够同意搜查的人,因为他们被赋予了共同的权利,有时被称为共同权利。共享或共同授权是指个人拥有不受限制地进入相关区域或使用相关物品的权利(有关同意权的更多信息,请参见附录1)。

默示同意　搜查还有一种形式的同意被称为默示同意。这种情况发生在拥有物品或场所的人报告犯罪并请求帮助时。例如,当车主报告他的车辆被盗时,车主默示同意警方在车辆找到时对其进行搜查。此项搜查仅限于肯定其为被盗车辆、警方安全找回车辆以及保护可能识别偷车责任人的任何证据所需的范围。如果在搜查过程中发现了违禁品,可根据"一目了然"规则予以扣押,随后将对其进行解释。

被拘留人同意进行的搜查　当已被逮捕或已被拘留的人被要求搜查其个人财物、车辆或房产时,执法人员能够获得搜查同意的情况就大不相同了。如其所要求的搜查是为了找到对被告不利的有罪证据,获得同意这一点尤其重要。如果嫌疑犯已被逮捕,而执法部门要求获得搜查同意,法院认为在提出这样的请求之前,必须得到权利方面的意见,法院虽然没有具体裁定,但也暗示要向被告发出警告,说明他/她有权拒绝同意,而不会产生任何不良后果。

拘押同意书是否需要单独的权利建议和忠告,即被告有权拒绝给予同意并强迫警务人员尝试取得搜查令,这仍是一个有待商榷的问题。这一点最高法院还没有做出明确的裁决。因此,为了确保案件不会因为压制动议而败诉,如果嫌疑人被拘留,最好在其被逮捕后和被要求同意搜查之前,警告被告有权拒绝这种同意。而且,只有在被告已经阅读了宪法权利并放弃了这些权利的情况下,才应该提出这样的请求。

"一目了然"规则　仅凭"一目了然"规则并不能证明无证扣押证据是正当的,因为在没有紧急情况时,无论有多少可能的原因都不能证明无证搜查或扣押是正当的。任何在普通视野下观察到的证据都可以被合法扣押并在刑事诉讼中使用,执法人员只要能够清楚地说明是什么事实使他/她相信存在紧急情况,证明它们的存在是正当的。"一目了然"规则对依据该原则扣押证据有两个限制:首先,对象(证据)的牵连性质必须直接而明显;第二,有关人员必须拥有接触该物品本身的合法权利。

由于"一目了然"规则适用于保护性搜查,保护性搜查期间在平视中发现的任何证据都将被法庭接受,只要它位于一个人可能合理隐藏的地方。这将排除抽屉和小橱柜,但不包括壁橱或床下等。类似地,在被带进监狱之前,当警察陪同被捕者进入另一个房间穿衣服时,法院支持在明显可见的地方发现证据。

"开放领域"原则 "开放领域"一词并没有充分说明法院如何解释其在这一司法上为搜查令要求设立的例外情况下的含义。术语"开放领域"是指在宅邸之外的任何无人居住或未被开发的区域。宅邸被定义为紧挨着住宅的相对较小、定义明确的区域。法院已将家庭的私人活动扩展到这一地区。为了使一个地区符合开阔领域原则,它不必是开阔的,也不一定是一片开阔的田野。由于在这些领域没有隐私可言,《第四修正案》不适用于这些领域。因此,进入任何被确定为"开放领域"的区域都被认为是进入公共土地,因此不需要搜查令。开放的领域不受《第四修正案》的保护。因此,如果任何路过的人、公民或执法人员可以不受阻碍地查看该区域,即使该区域被"禁止侵入"的标志、栅栏或树木所包围,该区域也可被视为"开放领域"。进入开放的领域,虽然从技术上来说是非法侵入,但无论是谁进入,都不会构成搜查。开放领域原则的基础是,某些土地区域经开发,拥有土地的人放弃了在这些区域的隐私权,甚至含蓄地邀请公众观看土地。开放领域原则是由美国最高法院在"海丝特诉美国案"(《美国最高法院判例汇编》第 265 卷,1924 年,第 57 页)中确立的。在该案中,最高法院声明,"《第四修正案》给予的特殊保护……不会延伸到开放的区域"。

定义"住所"相对容易。它通常是为人类居住而设计的结构。紧邻该住宅的区域通常是居住者可以建立合法隐私期望的区域,虽然低于住宅内部的预期,但高于开放场地的预期。这种隐私的期望是通过竖起栅栏、树木或灌木丛来包围家附近的院子,居住者可以在那里建设花园,开挖游泳池,或者开辟一个地方让孩子们玩耍,远离公众的窥探。这个地区被称为宅邸。这一地区和在该地区发生的活动受到与实际居住相同的《第四修正案》保护。确定什么是用于搜查和扣押的宅邸考虑了该地区与住宅的距离;它是否被栅栏包围或是否已采取措施放置其他障碍物以保护其免受公众观看;以及该地区的用途["美利坚合众国诉邓恩案"《美国最高法院判例汇编》第 480 卷,1987 年,第 294 页]。如果被搜查的区域非常接近住宅,并且是发生"正常"家庭活动的区域,则有合理的隐私期望(即"宅邸"),该区域是受保护的。

搜查令 定义:搜查令是一种书面命令,在治安法官确定有可能有理由相信某些人或物品位于特定地点后,由其签署,指示执法部门在该特定地点搜查某人、实物或犯罪的书面证据。

美国最高法院裁定,根据搜查令进行的搜查在定义上属于《第四修正案》规定的合理搜查。法院还确定了对逮捕令要求的某些例外情况是合理的搜查,并且在《第四修正案》中是允许的,例如因逮捕而附带进行的搜查,同意进行搜查以及各种紧急情况(请参阅"紧急情况")。除非存在这些例外中的一种,否则任何对私人财产的搜查都只能由政府进行,且是在政府特工拥有搜查令的前提下才能进行。任何时候,根据搜查令进行搜查,搜查都被推定为合法的,举证责任转移到被告身上,以证明并非如此。

搜查令的申请附有一份单独的文件,称为宣誓书。它是在宣誓的情况下做出的,并为"可能的原因"提供了基础,使人相信被寻找的具体证据或个人位于某一特定地点。宣誓书可以是口头的,也可以是书面的,但是搜查令必须是书面的。宣誓书在大多数情况下是书面的。宣誓书的格式因司法管辖区而异,但确立"可能的原因"的宣誓书的内容是类似的。建议检察官办公室在司法审查和签署之前审查该宣誓书。

从嫌疑人尸体中搜查和扣押证据 嫌疑人可能试图通过吞咽或将其放入体腔来隐藏证据;证据可以自然储存一段时间(如酒精、药物),也可以永久储存(如 DNA);或者证据可能不自然地存储在那里(例如,子弹)。在这些情况下,恢复证据构成了对嫌疑人尸体的"搜查",如果不是"扣押"的话["施默伯诉加州案",载于《美国最高法院判例汇编》第 384 卷,1966 年,第 757,767 页]。而且,由于这种搜查可能具有很高的侵入性、令人尴尬,有时甚至是危险的,法院已施加一些特别规定,规定警务人员必须符合这些规定,才可进行人身侵入搜查,或授权医疗专业人员或技术人员这样做。有些侵犯人身的搜查必须有搜查令或法院命令的授权,而其他的一些搜查,例如合法逮捕有关的搜查,则不需要搜查令。然而,在任何一种情况下,都必须始终有进行搜查的理由;搜查的需要必须大于其侵入性;警方在进行搜查时必须采用合理的程序(同上,第 757,768 页)。最高法院裁定,如果这种强制性测试仅限于血液、呼吸或尿液,而它们是受《第四修正案》管辖的"搜查",如果"令人信服的政府利益"超过了隐私权的考虑,那么这种强制性是"合理的"。

人身侵犯令 搜查令可以授权人身侵入搜查,但必须明确说明。因此,仅仅授权搜查嫌疑人的住所、车辆和人身的搜查令不涵盖或包括人身侵入搜查。就像每一份搜查令一样,人身侵入搜查令必须有宣誓书中所包含的事实支持。然而,与标准搜查令不同的是,人身侵入搜查令需要的不仅仅是通常的可能理由。这种额外的表现被称为可能的附加原因。

可能的附加原因是指,除了证明该搜查将导致发现犯罪证据的合理可能性外,誓言书还必须表明对证据的需求超过了合理可预见的程序损害和侵入性["温斯顿诉李案",载于《美国最高法院判例汇编》第 470 卷,1985 年,第 753 页]。为了证明对身体进行搜查的强烈需求,并表明搜查既不危险也不对他人造成不适当的侵扰,誓言书应述及以下内容:

(1) 可能的原因,即搜查将导致发现相关证据的可能性;

(2) 犯罪的严重性;

(3) 证据的重要性,即判定有罪的必要程度;

(4) 使用其他不那么具侵入性的手段(如果存在的话)确定犯罪的可行性;

(5) 搜查可能威胁到嫌疑人的健康和安全或造成心理伤害的程度;

(6) 搜查可能侵犯嫌疑人的尊严和隐私利益的程度(同上,第 761 - 766 页)。

血液测试许可 警方通常需要寻求授权来对嫌疑人的血液进行酒精或药物测试。DNA 分型测试也很常见。如果证明有可能有理由相信检测结果将构成犯罪证据,并且血检将由受过训练的医务人员按照公认的医疗惯例进行,那么有血液检查证明的宣誓书通常就足够了。不需要更多的证据,因为证据的"转瞬即逝"特性自动提供了紧急情况。

"布莱迪"材料要求 [参见"布莱迪诉马里兰州案",载于《美国最高法院判例汇编》第 373 卷,1963 年,第 83 页]1963 年,美国最高法院在布莱迪案中裁定,检察官有责任向刑事被告披露在针对他/她的刑事调查中发现的证据,这些证据影响到他们的罪责和/或将因他们的行为而受到惩罚的严厉程度的问题。这仅涉及刑事诉讼。有利的信息必须是犯罪的实质性信息,而不是被告的性格等内容。这方面的底线是,美国的任何检察官都有责任向刑事被告披露影响被告罪责和/或犯罪处罚的证据。控方的披露义务由有利于辩护的所有未公开证据的累加作用确定,而不必逐项评估证据。此类评估是检察官的责任,如果有"合理的可能性"表明诉讼结果可能受到其披露的影响,则检察官有责任评估所有此类证据的净效力并披露有利的证据。此外,法院认为,无论执法部门是否未能将有利于被告的证据提请检察官注意,控方都应承担责任。因此,法律要求检察官有责任主动寻找可能存在的布莱迪材料。这将包括在犯罪现场发现的任何东西,或对在犯罪现场发现的证据的任何合理解释。

2. 现场记录

法律对任何犯罪现场调查的第二个要求是提供有关犯罪现场和证据收集的适当文件。虽然每个犯罪现场都有一些独特的特点,使其有别于其他所有的现场,但为了适当地记录现场的情况和处理现场所采取的行动,每个现场都有一些必须满足的要求。适当的现场记录包括足够的笔记、照片和草图,这些都是在任何司法程序中调查员、律师、法官和陪审团心目中重现犯罪现场所必需的。笔记可以手写,也可以用手持式录音机记录口述,也可以两者兼而有之。摄影可以用静止相机、数码相机、录影机或这些设备的组合来完成(关于静止和录像摄影的优缺点讨论,请参阅关于摄影的章节)。重要的是,应将现场记录在发现现场的条件下,而不是试图替换在到达现场之前已移动的任何物品。现场记录应该是一个持续的过程,包括在调查过程中做笔记、准备草图和拍照。这种方法使犯罪现场搜索具有一致性,并避免了不得不回去填补空白。

3. 对收集到的物证的鉴定

证据收集的第三个法律要求是,必须使用足够的信息正确识别收集到的每个证据,以确保收集者将来可以随时识别该证据。物品/密封包装应在物品或其包装上粘贴以下最低限度的信息(在本文全文中称为"标准识别数据")[14]:

(1)调查机构的案件编号;

(2)收集的日期和时间(例如2006年12月24日,星期四);

(3)物品编号(可能会加上收集者的徽章/ID号,例如187/1=徽章♯187,物品♯1);

(4)收集者的姓名缩写(或个性化徽标),注意:最好打印收集者的姓氏,而不是添加带有代理商代码的缩写或徽标;

(5)收集者签名的证据封条,以确保物品没有被篡改。

当这些收集和鉴定物品的条件得到满足时,收集者才能明确地将该物品与研究人员收集的物品进行鉴别。这些预防措施将大大有助于确立收集者的报告或证词的可信度,并将有效避免任何关于物品受到错误识别的暗示。通常,司法程序是在现场处理很长时间之后才进行的,在此期间犯罪现场调查人员将会处理许多具有类似证据的现场。在收集证据时对证据立刻进行正确的记录,可以防止在收集证据与证词的时间跨度内,将证据项目与犯罪现场调查人员收集的任何其他项目相混淆。

4. 保管链条(监管链)

在法庭上引入实物证据的另一个基本法律要求是,在调查中收集的证据和最后上交给法院的证据需要证明是同一个证据,而且该物理证据没有以任何重大方式被更改。通常,对证据的处理和分析将对证据或其包装产生某些更改。因此,建立并保存证据的监管链至关重要,确保证据的任何表面上或实际上的变更都可以由实施变更的人来解释。此人可以证明进行这些更改的必要性(例如,通过实验室分析)。收集人员的记录和报告应反映证据类型,以及何时向谁移交证据(如将物品提交给实验室的血清学部门进行分析)。同样重要的是要确定证据保存在安全的环境中,以便能够识别出任何可能接触到证据的人员,以消除任何篡改的可能或任何其他被用来试图以法律理由排除证据的手段。妥善维护的证据室保管就能够符合这一要求,而物证存放在个人储物柜或办公桌上可能会被质疑缺乏对物证保管的完整监管链。

专家证词的可采性要求科学。专家证词的可采性由判例法管辖(完整的案例引用见附录 1),该判例法确立了法院用来确定该证词可采性的标准。多年来,科学证据的可采性的确定是基于 1923 年哥伦比亚特区巡回法院在弗莱诉美国一案中的裁决。这一判决通常被称为"弗莱判决",要求证据检验中所涉及的科学技术和原则必须得到相关科学界的"普遍接受",从而确立了检验的基本原则和技术。新的《联邦证据规则》,特别是 1975 年通过的"第702 条规则",也被用作确定专家证词可否受理的依据,该规则列出了专家证词被受理所必须满足的三个标准:

(1)证词必须以充分的事实或数据为基础;

(2)证词是可靠原则和方法的产物;

(3)证人已将这些原则和方法可靠地应用于案件事实。

1993 年,美国最高法院在道伯特诉梅雷尔·陶氏制药有限公司一案中裁定,"普遍接受"不是科学证词可接受性的绝对要求,因为初审法官通过确定科学证词的相关性和可靠性从而扮演"把关人"的角色。道伯特案件中增加了评估科学证据的四个标准[哈格,洛杉矶,2006 年,《枪击案件重建》,伯灵顿:学术出版社(爱思唯尔出版社)]:

(1)科学原理的可验证性;

(2)已知或潜在错误率;

(3)同行评议和发表或出版情况;

(4)在特定的科学团体中得到普遍的认可。

1999 年,锦湖轮胎有限公司诉卡迈克尔一案的判决扩大了道伯特案件判决的范围,裁定初审法官的把关作用不仅适用于科学证据,也适用于所有专家证词。锦湖轮胎有限公司方面认为道伯特案件适用于技术性质的证词或来自其他专业知识领域的证词,道伯特案件中列出的具体因素(见上文清单)并不一定适用于所有案件中的所有专家,因此将可受理性的确定权归于初审法官的把关职能。

1.12.3　科学要求

与法律要求同等重要的是证据收集的科学要求,而要使证据在法庭上被采信,也必须满足科学要求。证据收集的科学要求是保证所收集的物证科学完整性的基本因素,包括以下内容。

1. 防止证据受污染

为了防止证据受到污染,需要在收集证据之前对现场的证据进行适当的保护。预防措施包括只允许调查小组中有合法需要进入现场的人员进入现场,防止在现场随意检查物证,保护物证免受恶劣天气的影响,以及妥善包装物证。遵守这些措施将有助于确保从现场找到的物证的科学完整性。

2. 保存已发现证据的原始状态

通过对特定类型的证据使用适当的收集和包装技术,进一步确保证据在传送到实验室之前得到适当的存储,从而保存已发现证据的原始状态。在存储过程中需要冷藏或冷冻的物品应在包装的外面清楚地标明所需采用的存储类型,以便物品管理人员可以采取适当的行动保存证据。

3. 收集足够的比对样本

所收集的比对样本应充足并适用于预期的实验室检验(参见样本的收集和有关特定证据类型的相应章节中所需样本的部分)。实验室检验的质量和完整性在很大程度上取决于收集人员收集的比对样本的质量。样本必须有足够的大小和数量,并且必须准确地表示样本的来源。

总 结

1. 法庭科学的历史
 奥尔菲拉的毒理学专论
  贝蒂隆人体测量学
  格罗斯的刑事调查
  洛卡德转移交换原理
  斯文森和温德尔的犯罪现场调查技术

2. 犯罪学史
 奥斯特堡和奥哈拉的犯罪学概论
 保罗·柯克的犯罪调查
 加州犯罪学家协会的成立
 杰弗里斯对基因测试的发展
 埃尔利赫、樋口和布雷克:PCR 技术在法医学 DNA 检测中的应用
 指纹和 DNA 的自动指纹识别系统(AFIS)和联合 DNA 索引系统(CODIS)
 计算机数据库

3. 物证:类型、价值和优点
 物证的类型
  直接证据
  间接证据
  言词证据
  物理证据
 物证的价值
  犯罪现场重建
  提供调查线索

  向陪审团提供案件事实
 关联曲线(见图 1–1)
  嫌疑人与受害人
  受害人与嫌疑人
  嫌疑人与犯罪现场
  连环杀人强奸案件之间
 物证的优点
  让陪审团看到的有形物品
  陪审团可以进入陪审团室进行观察
  有些案件没有物证就无法解决
  物证不会丧失记忆
  可以由独立的专家进行测试

4. 物证的主要类别
 指纹
 枪弹和工具痕迹
 生物物证(血液、精液等)
 微量物证(毛发、纤维、土壤等)
 文件
 整体分离物证
 毒理学
 毒品
 其他类型

5. 种类特征和个别特征
 种类特征:一类客体所共有的特征;可以用作种类识别

个别特征:一组特征组合用以识别某一
特定客体

6. 物证的实验室分析

比较分析的步骤(图 1 - 2)

已知客体

嫌疑客体

变量

空白

背景

7. 比对过程与结论(图 1 - 2)

Q 和 K 的种类特征不一致

排除 K 是 Q 的来源

Q 和 K 的种类特征一致

K 可能是 Q 的来源

个别特征不相符,K 不是 Q 的来源

个别特征一定程度上相符

K 可能是 Q 的来源

种类和个别特征都相符

K 确定为 Q 的来源(同一认定)

8. 证据收集要求

道德伦理方面

调查人员必须客观

确定的事实,不支持理论

法律方面

第四和第十四修正案

搜查和扣押的法律

现场记录

识别每一类客体

监管链

无证搜查

搜查令

科学性方面

防止污染

保持发现时的原始条件状态

收集适当的比对样本

用合适的容器包装

在适当的条件下保存

9. 专家证词可采性要求

弗莱判决

联邦证据规则

规则 702(三个标准)

道伯特判决(四个标准)

锦湖判决(弱化了道伯特判决,增加了
法官把关职能的技术和专业领域)

复习题

1. 物证可以定义为与犯罪或侵权行为相关的<u>实物</u>。
2. 为了发挥物证的价值,必须对其进行恰当的<u>识别</u>、<u>收集</u>和<u>保存</u>。
3. 收集物证的一个主要目的是<u>重建犯罪现场</u>。
4. 物证可以帮助确定是否发生<u>犯罪</u>。
5. 物证可以将不同的人或个人与某一案件<u>关联</u>起来。
6. 洛卡德转移交换原理指出,当两个物体接触时,将产生物证的<u>转移交换</u>。
7. 物证可以向陪审团提供<u>事实真相</u>,以协助判定嫌疑人有罪或无罪。
8. 关联三角形理论揭示了在<u>嫌疑人</u>、受害者和<u>犯罪现场</u>之间可能的物证转移。
9. 种类特征是<u>类型中所有成员</u>所共有的特征。
10. <u>同一认定</u>定义为对证据客体的个别(单一)来源的识别。
11. 玻璃、土壤、纤维只有<u>种类</u>特征。
12. 术语"已知"一词是指客体(事物)的<u>来源已知</u>。
13. 术语"样本"一词是指<u>从已知来源中制备</u>的客体。
14. 为了使物证有效并被采纳,证据的收集必须既符合<u>法律</u>要求,又符合<u>科学</u>要求。

15. 标准识别数据包括：调查机构的案件编号、收集的日期和时间、物品编号和收集者签名的证据封条。

延伸阅读参考文献

Jackson，A. R. W.，and J. M. Jackson. 2004. *Forensic Science**. Essex，England：Pearson Education Limited.

Kirk，P. L.，and J. I. Thornton，eds. 1974. *Crime Investigation*，2nd ed. New York，NY：John Wiley & Sons.

Osterburg，J. W.，and R. H. Ward. 2000. *Criminal Investigation：A Method for Reconstructing the Past*，3rd ed. Cincinnati，OH：Anderson Publishing Co.

Richard，S. 2009. *Forensic Science：From the Crime Scene to the Crime Lab*，Upper Saddle River，NJ：Pearson Education Inc.

White，P.，ed. 1998. *Crime Scene to Court**. (The Essentials of Forensic Science.) Cambridge，UK：The Royal Society of Chemistry.

附录 1　搜查与扣押

美国宪法《第四修正案》

人民对人身、住宅、文件和财物享有不受不合理搜查和扣押的权利,不受侵犯;除非基于经宣誓或具有所保证的适当理由,并且特别地指定搜查的地点,否则不得签发搜查令,并不得扣押其人身和物品。

我们的搜查和扣押法起源于英国法律。这是一个国王和他的士兵在没有法院搜查令的情况下搜查房屋和企业的时期。英国的法律也适用于殖民地。这个国家的开国元勋们厌倦了国王滥用权力的历史,他们将上述语言写进了《第四修正案》。这反映了他们对个人隐私神圣性的关注(David Waksman and Debbie Goodman,2009. *The Search and Seizure Handbook*)。

每一个执法人员或政府代表都应该规定基本的前提,并完全理解"一个人的家就是他的城堡"这一事实。这个过于简单的陈述是避免《第四修正案》犯错误的关键,这些错误可能会危及你的案子。简而言之,这就是《第四修正案》的信息。这个前提相当于在每个执法基础培训学院中教授的"搜查和扣押 101 条"。但毫无疑问,执法人员会继续在没有搜查令或搜查时出现必要的搜查令例外的情况下搜查私人场所。

《第四修正案》主要由两部分组成:禁止不合理搜查和扣押的条款和搜查令条款。权证并不总是必需的,有几个法院承认的例外情况。这些例外情况特别限于警察在事件发生时所遇到的情况(David Waksman and Debbie Goodman,2009. *The Search and Seizure Handbook*)。

这些例外情形常常会发生变化而失效,这时就适用于权证要求。存在例外情况且可能进行无证搜查的情况需要完整的文件记录。如果没有警方报告中的细节,无证搜查的依据在受到质疑时通常经不起法院的审查。许多适当的无证搜查在报告中记录不够详细,并受到辩护律师的质疑。如果搜查时的全部情况没有得到适当的描述和记录,证据可能会被隐瞒或排除。

对权证要求的常见例外情形

1. 紧急情况(紧急情形)

是指包括(但不限于)需要执法部门立即做出反应的事件的情况。等待获得搜查令不仅不切实际,而且还可能导致受害者死亡或受伤,造成证据销毁,危及执法人员或其他急救人员的安全,紧急情况搜查可以对其他受害者或罪犯的住所进行保护性搜寻,防止危险罪犯逃脱等。这些事件是动态的,数量太多,无法一一列举。没有单一的定义来描述紧急情况。事件必须有可描述的事实,这些事实可以被记录下来以描述紧急情况。应当指出,根据这一规定进行搜查时,执法本身不能造成紧急情况或成为紧急情况的一部分。参见"施默伯诉加州案",载于《美国最高法院判例汇编》第 384 卷,1996 年,第 757,770 - 771 页。

2. 同意

这是搜查令要求的另一个例外。同意必须是知情和自愿的。执法人员在寻求同意许可时不得使用托词、威胁和胁迫。同意书(如有可能)应采用书面形式,并采用检察官办公室批准的形式。国家有义务证明同意是自愿和知情的。在获得书面同意时,建议该执法人员从授予搜查许可的人员处获得额外信息。如果有人对同意提出质疑,此时这些信息可能对案例至关重要。

根据实际情况,在某人被拘留的时候,米兰达原则(警察必须告诉被拘捕者其权利,包括有权保持缄默,以及他所说的话可能用作对他不利的证据)必须被提及。当确定此人在知情的情况下同意时,此人能够阅读和书写这一事实是很重要的。个人的教育水平是至关重要的,同样重要的是他们在学校获得的分数等级。在获得他们的同意时,最好也要确定他们是否受到毒品或酒精的影响。通过询问相关人员这些相关问题并在警方报告中记录他们的回答,可以快速确定这些信息。如前所述,文档记录非常重要。

给予同意的人也必须有给予同意的权限。该人必须保管和控制被搜查的场所。如果房舍与室友共用,在场人员可以同意共享公共区域。他们也可以对他们拥有专属控制权的区域给予同意。

在获同意书后搜查时,需要注意的是,同意可能会在任何时候被给予同意的人撤回。当这种情况发生时,执法人员必须在撤回同意时离开该场所。在这一点上取得的证据可以被缴获,但继续搜查需要搜查令。取得搜查令的一个好处是,执法部门可以在没有事先提出问题的情况下进行搜查。另一个好处是签发逮捕令的可能原因在搜查前已受到司法审查。永远记住,你的行为在法庭看来必须是合理的。

3. 立即追捕重罪犯权

对逃跑的重罪犯进行立即追捕,是为了在申请和送达逮捕令时,防止罪犯逃跑。在这种情况下,法院考虑的合理性问题取决于犯罪的严重程度以及如果不立即抓获罪犯,罪犯对社会造成的危险。

4. 卡罗尔原则

是汽车搜查的例外[《卡罗尔诉美国最高法院判例汇编》第 267 卷,1925 年,第 132 页][U. S. 132(1925)]。例外情况发生在运输途中的机动车被执法部门拦截,并且有可能有理由对车辆进行搜查,而且该车辆"随时可以移动"时。如果符合这一标准,根据卡罗尔原则,可以在没有搜查令的情况下搜查车辆。法院认为,如果车辆被"扣押"是为了获得搜查令,或者如果车辆在现场被搜查(可能的原因必须存在),根据《第四修正案》,这两种做法都是合理的。

非法证据排除规则

在侵犯一个人的宪法权利的情况下获得的证据通常被称为"毒树之果",参见《黄孙诉美国最高法院判例汇编》第 371 卷,1963 年,第 471 页。它包括因非法搜查或逮捕而找到的其他证据。"非法证据排除规则"是在司法实践中创立的(1914 年),因为《第四修正案》没有对违反其规定的处罚。联邦和州两级的执法部门都受到这些证据排除规则的制约,参见《马普诉俄亥俄州美国最高法院判例汇编》第 367 卷,1961 年,第 643 页。对违反宪法的执法人员来说,民事后果也应引起关注。

案例汇编

以下是执法部门在收集和保存证据时应熟悉的具有里程碑意义的案件的部分清单:

Terry v. Ohio 392 U. S. 1 (1968) Stop and Frisk

Mapp v. Ohio 367 U. S. 643，655 (1961) Exclusionary Rule

Katz v. U. S. 389 U. S. 347，354 – 356 (1967) Reasonable Expectation of Privacy

Mincey v. Arizona 437 U. S. 385 (1978) Crime Scene Searches

Chimel v. California 395 U. S. 752 (1969) Search Incidental to a Lawful Arrest

Gant v. Arizona 566 U. S. 332 (2009) Vehicle Searches Incidental to a Lawful Arrest

Carroll v. U. S. 267 U. S. 132 (1925) Carroll Doctrine – Vehicle Searches

New York v. Belton 453 U. S. 454 (1981) Vehicle Searches

Wong Sun v. U. S. 371 U. S. 471 (1963) Fruit of the Poisonous Tree

Smallwood v. State 113 So. 3d 724 (Fla. 2013) Cellular Phone Searches

Riley v. California 2014 U. S. LEXIS 4497 Cellular Phone Searches

Fernandez v. California 134 S. Ct. 1126，1130 (2014) Consent for Shared Premises

Schmerber v. California 384 U. S. 757，770 – 771 (1966) Imminent Destruction of Evidence

Harris v. U. S. 390 U. S. 234 (1968) In Plain View Doctrine

United States v. Chadwick 433 U. S. 1 (1977) General Warrant Requirements

Michigan v. Tyler 436 U. S. 499 (1978) Warrant Requirements for Fire Scenes

Frye v. U. S. 293F. 1013 (D. C Cir 1923)

附录参考文献

Waksman，D. and D. Goodman. 2009. *The Search and Seizure Handbook*，3rd ed.，Pearson Publishing.

犯罪现场搜查的原则

"最重要的是，"他喊道，"不要让你的判断被个性所左右。"
——阿瑟·柯南·道尔(Arthur Conan Doyle)《四签名》,Bibliolis Books，© 2010

关 键 词

安全,第一响应者,路径,周长,初步调查,脆弱的证据,现场数据,记录,拍照,现场绘图,细节草图,放大的草图,单独的区域,带状搜索法,网格(双带)搜索法,区域搜索法,螺旋搜索法,事后汇报。

学 习 目 标

■ 解释第一响应者的角色。
■ 描述系统的搜索方法。
■ 了解犯罪现场的巡查和最终调查。
■ 解释如何记录犯罪现场。

引 言

本章开头所引用的小说人物夏洛克·福尔摩斯的话体现了犯罪现场调查人员一个正直的核心属性:调查人员的判断不能带有偏见。毫无偏见也是批判性思维的一个重要方面,而批判性思维对犯罪现场勘查任务至关重要。

影响犯罪现场搜查质量的因素包括该部门的一般命令,其中规定了谁有权和有责任指挥犯罪现场搜查。此外,该部门需要确保完成犯罪现场设备、人员和所有培训需求的规划和组织工作,以便给犯罪现场单位为应对所有犯罪现场做出充分和适当的反应提供框架。

在犯罪现场,第一响应者有责任首先确定任何受伤者的任何医疗需求,并安排医疗响应小组对该受伤者进行护理。与此同时,第一响应者必须确保现场响应人员的安全。这一责任延伸至承担搜索权限的个人,并在整个搜索过程中作为优先事项。

一旦解决了现场的安全需求,就必须以有序和系统的方式进行犯罪现场搜查,以优化搜查的效率和效力。在接下来的章节中,处理犯罪现场的系统方法是按照每项任务在现场完成的大致顺序来呈现的。这些任务包括(但不限于)适当的现场记录、适当的现场拍照和现场草图,以及响应团队成员与团队负责人召集到现场的任何专业人员之间的持续沟通。

2.1 关于犯罪现场的部门政策

决定犯罪现场调查质量的最重要因素之一是部门政策的保证,这些部门政策规定了犯罪现场调查工作该如何进行。[1]这些政策的核心是对犯罪现场进行权限和责任的划分。

2.1.1 授权

至关重要的是,每个执法部门都要有一项明确而全面的政策,规定负责进行犯罪现场调查的个人或级别。没有适当的授权,犯罪现场调查员可能无法以上级调查所需的系统方式进行犯罪现场搜查。该政策还应规定高级官员以及可能在现场负有辅助职责的其他官员遵行这一权力的方式。如果有必要由高级警官评估犯罪现场,高级警官应由负责犯罪现场的主管人员陪同,确保犯罪现场调查员建立的通道用于任何此类评估。和所有进入犯罪现场的其他人员一样,高级警官的进入也应该写入犯罪现场人员出入记录中。

2.1.2 责任

负责进行犯罪现场调查的调查人员必须有必要的权力履行这项责任。例如,如果现场有几个场址需要额外的人员和设备,那么调查人员必须有权将额外的场址指派给其他人员,以便完成对这些场址的处理。如果这一权力没有与处理犯罪现场的责任一起授予,则在不影响工作质量的情况下很可能无法处理该现场。在管理科学中,必要的权力必须与分配的每一项责任一起下放,这是不言自明的。

2.2 现场第一响应者

2.2.1 安全

确保在犯罪现场和现场周围的执法人员和其他个人的安全和身体健康是第一响应者的第一优先事项。[2]第一响应者应扫描该区域,寻找可能对人员造成危险的场景、声音和气味(例如,汽油、天然气等危险物质)。如果现场涉及秘密毒品实验室、生物武器或放射性或化学威胁,则应在进入现场之前联系相关机构。第一响应者应以减少受到伤害的风险的方式接近现场,同时最大限度地保障受害者、证人和该地区其他人员的安全。第一响应者应调查现场是否有危险人员,并控制现场情况,通知主管人员,必要时呼叫支援。[3]

2.2.2 急救护理

在控制任何危险情况或人员后,第一响应者的下一个职责是确保为受伤人员提供医疗护理,同时最大限度地减少对现场的污染。初始响应人员应采取以下行动[4]:
(1)评估受害者的生命迹象和医疗需求,并立即提供医疗护理;
(2)呼叫医务人员;

（3）引导医务人员找到受害者，尽量减少对犯罪现场的污染或改变；

（4）向医务人员指出潜在的物证，指导他们尽量减少接触此类证据（例如，确保医务人员保存所有受害者的衣物和个人物品，而不破坏上面的弹孔、刀伤），并记录医务人员对现场人员或物品的移动情况；

（5）指导医务人员不要"清理"现场，避免移除或更改来自现场的物品；

（6）如果医务人员最先到达，请获得主治人员的姓名、单位和电话号码，以及受伤人员将被带往的医疗机构的名称和地点；

（7）如果受害者有可能死亡，尝试获得"临终声明"；

（8）记录受害者、嫌疑人或证人在现场所作的任何陈述/评论。

2.2.3　接近现场

第一响应者在现场所采取的行动可能会对犯罪现场调查的质量产生深远的影响。第一响应者应迅速但谨慎地接近并进入现场，保持对所有人员、车辆、事件、潜在证据和环境条件的观察。[5]在采取必要的紧急行动后，例如确保为所有受伤者提供医疗救护或逮捕或拘留所有犯罪嫌疑人，第一响应者都应在可能的情况下尽快保护现场。确定犯罪现场的范围，并用犯罪现场警戒带划定周边界限。周边界限一旦固定，就必须保持界限的安全，直到完成犯罪现场搜索和记录工作。现场所有人员和进入现场人员的记录应该用到"犯罪现场人员进出情况记录表"，记录工作应在第一时间开始并持续进行，直到完成犯罪现场搜索。犯罪现场记录对于建立现场完整性和为后续调查人员提供可能对现场某些物品负有责任者的姓名（例如潜在的指纹或鞋印）至关重要。

重要的是，任何嫌疑人/证人不得进入现场，以避免来自嫌疑人/证人的任何转移证据污染现场，例如潜在的指纹、鞋印、毛发和纤维等，这些证据原本可用以关联嫌疑人与现场。如果嫌疑人被允许进入现场，那么任何将嫌疑人与现场联系起来的证据都将由嫌疑人做出"无辜安置"的解释，而失去作为证据的效用。

一旦现场被保护起来，第一响应者应巡视犯罪现场，并记录现场的情况。应特别注意嫌疑人的任何可疑出入点、门道和窗户的情况，以及是否有任何需要提请调查人员注意的证据的存在。第一响应的执法人员需要为那些进入和离开现场的人，如紧急医疗人员、其他警官、侦探和犯罪现场调查人员，建立一条通道。这一通道将有助于减少证据被破坏的可能性，也将建立一个有序的犯罪现场搜查。该通道应记录在执法人员的笔记中，以便为后续调查人员提供永久记录。执法人员应持续记录调查的进展，直至有其他人员协助，以尽量减少细节资料的丢失。

在调查人员到达前，第一响应者要准备回答如下问题：（1）发生了何事？（2）犯罪现场覆盖了哪些空间区域？（3）涉及了何人？（4）事故是何时发生的？（5）何人进入了现场？（6）现场哪些物品被破坏了？（7）如果有什么东西被移走了，它现在在哪里，由谁保管？（8）如果被害人已经被移走了，那么被害人在哪里？预先考虑这些问题将有助于第一响应者开展事件调查。

第一响应者应假定，在调查小组到达之前在现场采取的所有行动都需要在法庭上解释。因此，执法人员的行为记录对调查结果非常重要。大多数调查都是从犯罪现场开始的，而最初采取的行动可能会对案件产生深远的影响。没有什么可以替代现场精确的记录文件，包括对犯罪现场行动的充分记录、现场图,以及准确并完整填写的犯罪现场数据表格等。成功的犯罪现场调查取决于第一响应者和他们保护现场防止污染现场的责任。

2.2.4 第一响应者应采取的行动

1. 确定是否需要生命救助程序和医疗急救人员

任何犯罪现场的第一要务是救治所有受伤人员和召集急救医疗人员。要牢记现场医务人员的行动可能会导致证据丢失。只要可行,第一响应者应建立一条间接通道,让医务人员接近需要紧急治疗的受害者,并进而将其运送到医疗机构。使用通往受害者的间接通道并将他/她转移到救护车上所花的几分钟时间可以保存有价值的证据,同时不会对受害者的治疗造成任何危险。

为医务人员建立的路径也应被第一响应者和后续调查者用于现场的初始调查。这一程序将避免对现场证据造成任何进一步的损害。间接通道的出现可以避免使用在住宅内巡视时的普通通道或从室外环境通向受害者现场的直接通道,因为这些通道往往是犯罪行为人通常采用的路径(见图2-1)。

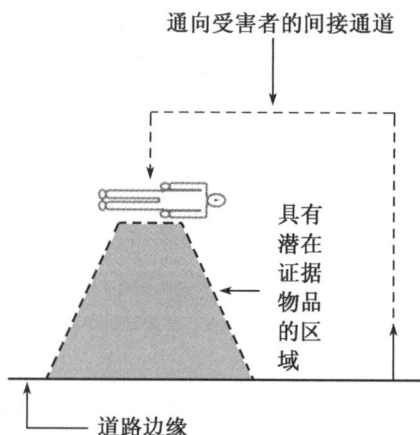

图2-1 道路旁通往受害者的间接通道

2. 将证人和嫌疑人带离现场

应尽快将证人和潜在嫌疑人带离现场。在任何情况下都不应让潜在的嫌疑人进入犯罪现场,因为这样会使现场和嫌疑人在印痕证据和微量证据方面产生交叉影响,从而为现场出现这类证据提供一种"无辜"解释。应从每个证人那里获得适当的数据信息,以便指派给该案件的调查人员进行后续联系。

3. 保护现场并划定现场范围

在采取完紧急行动、明确证人和嫌疑犯并将其带离现场之后,为了更好地保存现有的证据,需要保护犯罪现场。保护犯罪现场需要确定犯罪现场的范围,并利用犯罪现场警戒带建立实物屏障。划定较大的犯罪现场保护范围相较于划定较小的范围更有优势,因为这样可以防止证据所处的位置出现在所划定的初始范围之外。一般情况下,始终都是从较大的现场范围开始,然后经过搜索和场景覆盖将其范围不断缩小。对于室内犯罪现场,住宅或建筑物通常会作为现场边界,但在某些情况下,建筑物中的财产也是犯罪现场的一部分。在室外犯罪现场,第一响应人员需要对现场的范围做出恰当的判断,记住要谨慎行事,并在确定现场保护范围时提供安全余量。现场应使用犯罪现场警戒带或其他标记物加以保护。重要的是确保只有在犯罪现场有合法任务的人员才被允许进入所划定的保护边界。

4. 编制现场数据

一旦现场安全,第一响应者就应开始汇编与现场响应有关的必要数据,并启动犯罪现场记录,列出所有进入犯罪现场的个人,包括抵达现场时在场的人员。大多数部门都有用于这些任务的表格(参见犯罪现场调查人员标题下的相关数据列表)。

5. 初步调查犯罪现场

应以系统的方式对现场进行初步调查,记录可能存在的证据、已移除的任何证据、负责该证据的人员以及后面有关章节中列出的相关数据的观察结果。在现场拍照并根据发现的情况绘制草图等工作完成之前,不能对现场有任何破坏。不要试图替换在犯罪现场记录之前已经移动、损坏或收集的证据,而是要记录证据是如何以及为何被毁坏的。

对现场的初步调查应以问题为导向,并且应根据调查的工作原则,基于现场的潜在证据进行评估:发生了什么? 谁干的? 为什么? 这些事件是在哪里发生的? 事件的先后顺序是什么? 出入口在哪里? 这些问题和工作原则应有助于为确定潜在证据的存在提供依据。重要的是,对工作原则持开放的态度,根据新的事实进行调整。

我想说的是,作为犯罪现场调查人员,如果在事先明确了如何进行调查的原则后再进入一个现场,那么证据本身就能说明问题,不要试图使证据符合你可能听到的情况。

6. 采取措施保存现场的任何脆弱的证据

脆弱的证据包括可能被恶劣天气或室外环境破坏的证据。可能是暴露在雨水中的物品,如鞋印,应该用纸箱或其他保护性覆盖物覆盖,以避免证据丢失。

其他类型的易丢失证据包括微量物证,如可能被风吹走的毛发和纤维,可能无法及时看到以避免被踩到的小物体,以及阻碍通道从而可能被移出位置的物品。

2.3　犯罪现场调查人员

2.3.1　犯罪现场调查人员的职责

犯罪现场调查人员的主要职责是用适当的方法记录现场,通过口头和书面报告形式将现场调查结果传达给调查小组的其他成员和那些不在现场的人员(见本书附录Ⅰ),并在法庭上就现场调查结果作证。这些方法包括但不限于:(1) 持续记录所有观察结果;(2) 准备基本草图;(3) 使用适当的摄影设备拍摄现场位置和证据客体;(4) 使用适当的收集和包装方法提取每种类型的证据;(5) 编写关于现场采取的所有行动的综合报告。犯罪现场调查人员在履行这些职责时所表现出的积极态度对整个调查工作的管理将有很大的帮助。犯罪现场调查人员应牢记,在现场所采取的所有行动都需要在法庭证词中报告,以便将现场调查的质量有效地传达给法庭。最后,根据调查人员的教育、培训和指导经验(见第十五章),犯罪现场调查人员可能会被要求在报告和法庭证词中对事件进行重建。

2.3.2　选择犯罪现场调查人员

犯罪现场调查人员可以是了解详细案情信息的巡逻警察,可以是来自犯罪现场调查组的犯罪现场调查员或收到案件指派任务的侦探。指派处理犯罪现场的人员的选择通常是根据犯罪发生的类型,部门对这些犯罪的响应水平的指导方针,机构的规模以及要处理的犯罪现场的规模开展的。在重大案件中,犯罪现场通常将由一组调查人员处理。无论犯罪现场人员的数量或分类如何,都必须对犯罪现场进行有序、系统的处理。对于谁负责犯罪现场,涉及的各相关人员的职责是什么,要执行什么程序,以及最重要的是允许谁进入现场,都必须有明确的部门命令。

2.3.3　立即记录相关数据

大多数部门都有记录现场数据的部门表格,这些表格必须在犯罪现场填写,表格中将详细说明以下部分列出的信息。用于记录现场数据的表格包括具有所有必要的标题、用于数据检索的标准化格式、用于所需细节的方便的辅助记录,以及用于有序积累犯罪现场数据的格式。你所在的机构如果需要这些表格,犯罪现场调查人员应在接到电话后立即开始关注表格中所有相关信息。

1. 被电话呼叫到现场的时间/打电话的人

呼叫到达现场的时间应该准确,因为不在场证明是基于时间和地点的。虽然大多数部门都会有一个电话呼出记录,但是在你的笔记中记录时间是一个很好的做法。为了完整起见,在注释中还应记录发出呼叫的个人信息。

2. 到达现场的时间

对于第一响应人员和犯罪现场调查小组成员来说,准确到达现场的时间非常重要,这是准确记录现场的第一步。

3. 为保护犯罪现场而采取的行动

现场的第一响应者应该在你到达之前保护好现场。如果没有执行这一程序,则应立即保护现场,并用犯罪现场警戒带划定保护范围。如果整个犯罪现场都在一个住宅内,那么可以把门关上并让一名警官在门口维持安全以保护现场。如果不知道犯罪现场的范围,则应使用犯罪现场警戒带保护住宅的整个地块。

4. 现场人员情况记录

该记录应该是第一响应者启动的犯罪现场人员进入日志的补充,以便建立所有进入犯罪现场的个人的完整记录。在完成犯罪现场处理之前,第一响应者通常需要对其他细节做出响应,犯罪现场调查人员的"人员进入日志"将补充第一响应者启动的日志,从而提供犯罪现场从头到尾的完整记录。

5. 涉及的所有相关部门所有案例文件数据

记录涉及的部门、案件档案编号以及每个涉及此案件的部门的联系人。重要的是要有每个人的电话号码和通常的工作时间,以便进行后续调查。

6. 当时已知的所有受害者和嫌疑人的名字

如果当时知道此信息,请在部门犯罪现场表格或你的记录中填写受害者和嫌疑人的姓名。如果没有,请在现场响应时注明姓名未知。

2.4　联系现场第一响应人员

2.4.1　获取已知情况的概述以及响应人员的观察结果

第一个到达现场的响应者将在任何变更之前获得关于现场条件的信息以及关于当时已

知事件的其他信息。

2.4.2 在不破坏潜在证据的情况下,确定可以穿越的区域

如果尚未建立进入和调查现场的通道,此时则应建立。从第一响应者那里获得关于哪些区域被哪些人进入的信息,以便在需要时可以从他们那里获得排除样本。

2.4.3 和第一响应者一起巡视现场

与第一响应者一起巡视现场,确保遵循已有的既定路线。与第一响应者一起记录巡视期间的所有相关观察结果,并与执法人员就可能出现的物证类型所做的观察结果进行比较。在调查组到达之前,应注意现场状况的任何变化。特别要注意现场第一响应人员收集到的任何证据,记录收集了哪些物品以及由谁收集,是否启动了监管链,以及由谁负责将证据登记送到证据室。

2.5 建立行动指挥中心

指挥中心可以简单到在现场留出的一个临时区域,以便在小场景中放置处理场景所需的设备,或者是大型复杂场景中复杂的指挥中心。对于大多数犯罪现场,包括凶杀现场,犯罪现场设备应包括完整的犯罪现场勘查工具箱,至少包含附录 2 中 C 节列举的物品。对于复杂的犯罪现场,例如涉及多个受害者的凶杀现场,指挥中心可能需要配备齐全的犯罪现场勘查车,该车辆既可以由相关部门人员自主设计和装备,也可以是市售的犯罪现场勘查车。在此期间,首席侦探需确定是否要在进入犯罪现场之前获得犯罪现场的授权或同意。

2.6 制定现场勘查计划

与所有协助搜索的个人进行协商。告知所有人,任何证据都只能由负责取证的团队成员收集。在将所有证据用文字、草图和照片记录在案之前,以及对潜在指纹进行适当处理之前,协助搜索的人员不得移动或干涉任何证据客体。制定现场勘查计划,确保每个团队成员明确其在搜索中的角色及进行搜索的方式。这一步对于那些有多个区域需要由不同的团队或个人负责的犯罪现场来说是至关重要的。

犯罪现场勘查计划还应考虑搜查小队的安全。对于那些涉及危险物质的现场,应由受过培训、具有适当经验和设备的人员负责处理。请注意关于潜在指纹(第五章)和凶杀现场(第十四章)章节末尾的安全预防措施。秘密实验室犯罪现场存在特殊危险,只能由受过危险材料知识培训和具有专门设备的专门人员勘查。一定要利用其他资源,如消防部门的危险品小组、电子公司等,以确保犯罪现场所有人员的安全。

案　　例

斯蒂芬·哈马克公诉案涉及三名凶杀受害者,其中两名男性在一个地点(主要犯罪现场)被发现,一名女性在距离主要犯罪现场 20 至 30 英里的萨利纳斯河(Salinas

River)被发现。其他犯罪现场包括嫌疑人的面包车、嫌疑人的住所、每个受害者的尸检，以及女性受害者的第二次尸检。多名调查人员在每个现场都发现了大量证据，包括血迹和组织污渍、受害者的衣物，以及在嫌疑人面包车中发现的女性受害者头骨的一部分。在嫌疑人的面包车里发现了许多证据，包括女性受害者的部分头骨，这些物件都装在大垃圾袋里。

在调查开始时，参加调查的每个机构的成员举行了一次组织会议。现场的数量、受害者的人数、调查机构的数量以及大量物证的复杂性都由在场的机构来确定。每个现场都有一个识别号，每个调查员都有一个识别字母，每个证据都有一个识别编号，其中包括找回物品的调查员的识别字母和每个物品的物品编号（例如，编号"B-15"是指由调查员B收集的15号物品）。会议建立了一套严格的系统，对每件物品的监管链进行完整的记录。因此，在审判中，法庭、检方和辩护律师以及每个调查员都有每件物品的监管链的完整记录，记录涉及从识别收集物品的个人、收集物品的现场，以及从一个现场到另一个法庭对每件物品的保管。

调查开始前的这一组织会议避免了证据项目之间的任何混淆和关于证据完整性的任何问题。因此，每一项证据的引入都顺利而有效地完成了。如果参与调查的机构没有在一开始就组织证据处理系统，那么引入证据对检方来说就会是一项烦琐的任务。

斯蒂芬·哈马克公诉案是一个很好的例子，说明了偶然性有时在刑事调查中所起的作用。在主要犯罪现场（两名男性受害者尸体所在地）的一名证人打电话给凶杀案发生后不久与她面谈的调查员。她问调查员是否回忆起她描述的在现场看到的一辆面包车。调查员给予肯定的回答后，她回答说，"好吧，我现在就停在它的后面，"促使调查人员冲到她停的地方。调查员注意到面包车后保险杠上有血迹。

调查人员随后联系了笔者管理的司法部犯罪实验室。笔者对现场做出反应，对保险杠上的血迹进行了检测，并得到了血迹检测的阳性结果。在接到搜查嫌疑人面包车的搜查令后，在面包车内发现了许多带有血迹的物品，其中包括一部分女性受害者的头骨。随后，嫌犯因谋杀罪被捕，并获得了更多的搜查令，从而查获了更多有助于定罪的证据。多亏了这名证人，避免了对哈马克的身份查验可能出现的延误，并且在他能够销毁证据之前，就查获了对起诉至关重要的证据。

2.7 采集前要编录的数据

可以在适当的表格中输入以下数据，如果不存在部门表格时，应在犯罪现场调查人员的笔记中输入相关数据。

1. 异常气味的存在

异常气味的存在可能是短暂的。在疑似纵火的情况下，应注意助燃剂的气味。

2. 血迹的存在和状况

任何血迹的情况都应该注意，特别是如果血迹构成"飞溅"形状。还要注意大量的血液和血液凝固的迹象。

3. 挣扎的痕迹

注意有没有家具放错地方或被打翻。在对现场进行彻底记录之前，不要移动现场的物品。请注意,如果出现任何血迹污迹,可能表明受害者受伤后仍存在挣扎迹象。

4. 进出口位置

进出口位置可能存在有助于识别肇事者的证据,包括潜在指纹、毛发和纤维等微量物证、鞋印,以及在强行进入的情况下遗留的工具痕迹。

5. 门窗的状况

在现场勘查过程中,偶尔需要打开或关闭门窗。重要的是要关注门窗的状况,以便记录在现场发生的任何更改。

6. 垃圾桶/烟灰缸或任何其他垃圾箱/杂物的状况

垃圾桶中每层垃圾的摆放顺序有助于反推现场事件发生的时间顺序。应该记录每层垃圾的摆放顺序以及任何过期的材料。

7. 烟灰缸的状况和内容

记录烟灰缸中是否存在香烟以及香烟的品牌。记住,可能需要尝试对烟灰缸中的烟头进行 DNA 分型测试,因此应该用戴手套的手或镊子处理烟头。

8. 饮酒和/或吸毒的证据

记录是否有酒瓶和玻璃器皿,以及每个酒瓶和玻璃器皿的大致内容物。瓶子和玻璃器皿为潜在的指纹遗留提供了极好的表面,因此应该进行相应的处理。对吸毒装备也可以进行潜在痕迹的处理,并对感染源采取预防措施。

9. 抵达前受到干扰或收集的证据

对犯罪现场调查人员到达之前受到干扰或收集的任何证据都应该进行记录。确定谁收集了这些证据,并且证据的监管链也已被记录在案。

10. 电灯开关的状况

记录电灯开关的状况。在拍照过程中可能需要打开或关闭电灯开关,尤其是在法庭光学检查期间的照片或鲁米诺处理过的血迹的照片中。但是,应该记录现场的原始状态,并且在更改现场的任何内容之前应采取预防措施。

2.8　犯罪现场搜索:系统化

犯罪现场搜查被定义为对犯罪现场的任何物证进行系统、有条不紊的搜索。为了确保已采取一切必要步骤来实现物证的潜力,以及确保证据可被法庭接受,系统地记录现场和收集现有物证就变得至关重要。用系统的方法处理犯罪现场还具有以下优点:可以最有效地利用调查小组的时间和资源,同时最大限度地利用现场存在的物证。建议在现场按照下面的顺序执行相关操作。

2.8.1　详细记录现场采取的行动

在整个犯罪现场搜索过程中,应做详细的记录,以反映在现场采取的所有行动,记录中应包括以下注释:(1)所拍摄照片的清单,(2)收集的证据清单,(3)准备的任何草图,(4)在现场处理过程中观察到的情况。记录必须与正在进行的调查同时进行。

2.8.2 犯罪现场拍照

1. 概貌(概览/整体)照片用以说明现场的整体状况

在开始处理和收集证据之前,应拍摄照片以记录发现的现场情况。有关犯罪现场摄影的深入讨论,请参阅第三章。

2. 从所有目击证人的角度拍摄照片

应从目击者的角度拍摄照片,以记录证人是否能够看到证人证词中记录的区域和物体。在草图中记录摄像机的垂直和水平位置。这些照片将帮助调查人员确定证人证词的准确性。

3. 现场中心拍照

应拍摄中心照片,以说明所有证据的空间关系以及它们与整个现场的位置关系。

4. 物证的细目照相(特写照片)

拍摄每个证据的特写照片,用以说明所有证据的位置和状况(在为相关证据拍摄完第一张照片后,应根据需要拍摄包含项目编号标记和/或比例尺的照片)。这些照片还需要以 90 度角拍摄,以防止变形。证据的位置和状态对于重建犯罪现场可能很重要。为每个证据的照片加上适当的文字记录和草图,将可以为重建工作提供准确的场景。对于那些空间特征(大小尺寸)在重建中非常重要的项目(例如血迹形态和子弹撞击),拍照过程中比例尺的使用至关重要。

2.8.3 犯罪现场绘图

1. 现场概览草图

这些概览草图说明了不同犯罪现场区域之间的关系,并有助于报告读者了解犯罪现场及其组成部分的性质。概览草图不一定是测量的,因为这些草图的目的是为详细地测量草图和拍摄的照片提供视觉框架。有关犯罪现场草图的详细说明,请参阅第四章。

2. 相关区域的详细草图

应该对相关区域进行测量并绘制详细草图,草图中应该显示该区域的所有测量结果和证据物品的确切位置。包括大型物品,如家具等,用以显示彼此的空间关系。

3. 大比例("放大")草图,也称为分解视图草图(见第四章图 4‑3)

准备那些需要更多细节的大型草图:

(1)血迹形态

每个含有血迹形态的区域都需要准备草图。用显示每个草图区域的照片来补充草图。在绘制草图时,使用"网格坐标""角标签"或"周长比例"方法(参见第四章"犯罪现场草图")会很有用。

(2)子弹进出孔

仔细测量每个弹孔的位置,并描述其外观。用放置在弹孔旁的测量标尺拍摄每个弹孔(包括入口和出口位置)(参见第十五章子弹轨迹的记录)。

(3)印痕证据的位置和方向

绘制鞋印和工具痕迹的位置,在草图中显示其位置和方向特征。

（4）有大量小型证据客体的区域

对于每一个包含大量小型证据客体（例如膨胀套管）的区域，均需要准备放大草图。在测量的时候使用辅助参考点方法（参见第四章图 4 - 11）会很有帮助。

2.8.4　犯罪现场搜查

1. 使用系统的搜索方法

（1）用于室外现场的带状搜索法（见图 2 - 2）；

（2）用于室外现场的网格（双带）搜索法（见图 2 - 3）；

（3）用于室内或室外现场的区域搜索法（见图 2 - 4）；

（4）用于大型室外现场中大型物体的螺旋搜索法（见图 2 - 5）。

图 2 - 2　带状搜索法

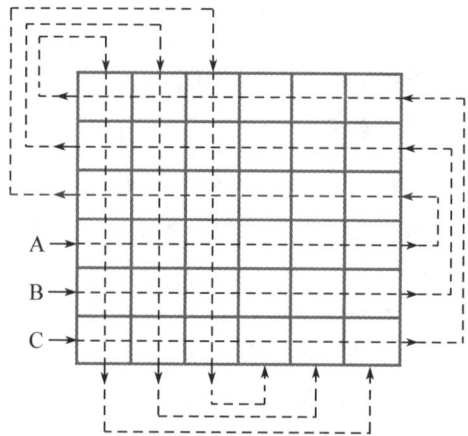

图 2 - 3　网格搜索法

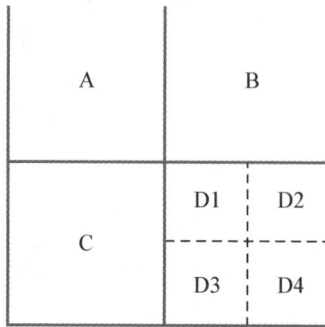

图 2 - 4　区域搜索法

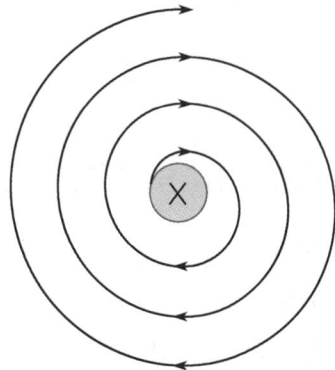

每个区域可分成若干小区域

图 2 - 5　螺旋搜索法

2. 证据的记录

在收集证据之前，要确保每件物品都被拍照并记录在草图上。强烈建议至少有两个人找到并标记每件物品，以便在其中一人无法作证的情况下，另外一人可以在法庭诉讼中就证据的记录和收集作证。

尽可能在收集物品的时候处理上面的指纹（注意：务必确保对于指纹的处理不会破坏微

量物证)。如在现场没有处理物品上的潜在指纹,需要仔细包装并贴上大写的标签注明"需处理微量物证/潜在指纹"。

在收集证据时,需在证据清单上标记并记录每一件物品。这一程序将避免混淆证据物品的编号。检查物品编号,以确保物品编号与在草图上使用的编号系统生成的编号相对应。

将每一项证据安全地包装起来,这样任何存在的微量物证都不会被干扰、丢失或污染。在用纸袋或信封包装之前,需确保含有生物污渍的证据物品彻底干燥(参见第七章干燥和包装说明)。

2.9　独立区域/独立容器

可以用字母或罗马数字对独立区域或独立容器进行编号,以避免在完成清单时出现混淆。这一程序在大规模区域或调查中特别有用,在这些区域或调查中,有许多场景,也有多人参与了物证的搜索和收集。编码系统应该在实际搜索和收集工作开始之前,在制定搜索计划期间确定下来。

实例

涉及三个独立区域和三个搜索小组的大规模搜索可以被编码为区域 A、区域 B 和区域 C。每个区域应该有一个人被指定为该区域的证据收集员。然后,每个证据物品将使用对应于特定区域的字母前缀进行编码(物品 A-1,A-2,A-3;B-1,B-2;C-1,C-2;等等)。对于非常大规模的搜索(例如,一个连环谋杀案中的多个掩埋地点),可能有必要进一步细分证据收集责任。在这种情况下,编码可以遵循大纲形式来完成,用罗马数字标记较大的区域,大写字母标记每个较大区域的子部分。每一个收集到的证据物品都有一个罗马数字代表主要部分,一个大写字母代表较小的部分,还有一个数字代表该地点的物品编号(Ⅰ-A-1,Ⅰ-A-2;Ⅰ-B-1,Ⅰ-B-2;Ⅱ-A-1,Ⅱ-A-2;等等)。预先制定的证据编号系统将为调查人员和检察官提供证据具有一致性的汇编清单。

2.10　系统性搜索方法

系统地搜索犯罪现场有几种不同的方法,使用这些方法的优点是能够彻底搜查犯罪现场。方法的选择取决于现场的大小和数量,要搜查的犯罪现场的类型以及可供搜查的人员数量。使用的主要方法包括条带法、网格法、区域法和螺旋法。此外,还有轮子法或半径法,即调查人员沿着一条从场景中心到周边的直线,返回到中心,然后沿着另一条半径线,直到圆被覆盖。由于最后一种方法非常耗时,可能会导致搜索过程中丢失一部分"饼图",因此不建议使用这种方法(参见第十二章车辆为犯罪"现场"的情况下搜索车辆)。

2.10.1　带状搜索法

带状搜索法(见图 2-2)涉及设置通道或条带,每个条带由一个搜索者进行搜索。通道应尽可能窄,以使每个搜索者都可以从一侧到另一侧彻底扫描通道,而不会遗漏任何证据。

这项技术特别适用于室外现场,尤其是在要搜索的区域很大且涉及一组搜索者的情况下。搜索通道的宽度不应大于每个搜索者可以容易看到的区域。搜索通道的最大宽度应该不超过搜索成员一臂左右的宽度。需要标记通道,以免遗漏现场的任何部分。可以通过在通道的每一端架设木桩并将粗麻线绑在木桩上来界定每个通道。当到达每个通道的尽头时,桩子及麻线以平行方式移动,以保持通道在待搜索区域中的连续性。

带状搜索法特别适合在室外现场寻找相对较小的物品,例如弹射出去的弹壳。对于那些中等大小的物品(例如手枪、鞋印或嫌疑犯在逃离现场时丢弃的物品),此方法同样适用。找到证据后,将标记放置在证据上以指示其位置。带状搜索法也可以用于室内现场,其中要覆盖的区域具有较大的地面空间,例如在大型仓库中找到的现场。在住宅或小型建筑中的室内区域内通常更容易使用区域搜索法进行搜索。

2.10.2　网格搜索法

网格搜索法,有时被称为双带搜索法(见图2-3),需要像带状搜索法一样进行第一次搜索。通过将通道与第一次搜索的通道定向成直角来完成第二次搜索。使用桩绳法建立要搜索的通道,通道宽度的指导原则与带状搜索法相同。

网格搜索法相对于其他方法的优势在于搜索的彻底性。网格的每个区域都被有效地搜索了两次,从而大大减少了在搜索中遗漏物证的可能性。对于很难找到的证据物品,例如在高草丛中的弹壳,搜索小组可能必须用手和膝盖进行搜索,以确保在搜索过程中不会遗漏任何物品。尽管烦琐耗时,但这种技术将确保搜索团队不会遗漏任何项目。

2.10.3　区域搜索法

区域搜索法(见图2-4)是指将现场划分成要搜索的"区域"。这种方法有时被称为"扇形"搜索法或"橱柜"搜索法。每个区域可以按照实际需要再次细分。例如,大型室内现场或室外现场可以分成大的区域,由不同的团队进行搜索。为了提高整体搜索的效率,搜索团队可以将每个区域细分。这种方法也是记录血迹形态、枪弹轨迹或其他类型证据的位置和形状的一种选择,其中该区域的每个组成部分的相互关系是最重要的考虑因素。

2.10.4　螺旋搜索法

在螺旋搜索法(见图2-5)中,搜索团队从现场的指定中心开始,沿着从中心向外的螺旋路径搜索,直到到达现场的周界(不推荐用于室内现场或较小的室外现场,因为区域搜索法和带状搜索法对于这些区域更有效)。螺旋搜索法可以有效地用于在大型室外现场搜索,搜索团队寻找容易看到的非常大的物体(例如,倾倒的尸体)。通道的大小应该保持在最小。

2.11　结束犯罪现场搜索:汇报

犯罪现场搜查结束时,应在释放现场之前组建犯罪现场汇报小组。汇报小组应包括负责犯罪现场的调查人员、其他调查人员和证据收集人员,例如摄影师、证据技术人员、潜在痕迹显现人员、专业人员和最初的响应人员(如果仍然在场)。汇报使成员可以共享有关特定场景发现的信息,并对后续调查、特殊协助请求以及确定后现场责任等方面提供意见。[6]汇报团队应讨论以下主题和问题：

(1) 所有区域都被记录和搜索了吗？

(2) 证人证词是否提供了表明需要进一步搜查的信息——额外的区域、其他证据等？

(3) 各方都完成任务了吗？

(4) 是否收集了所有证据，并进行适当包装和说明？

(5) 是否对现场进行了重新搜索？再次仔细检查现场，寻找任何遗漏的证据物品。注意：夜间搜索的场景几乎总是应该在太阳升起时重新搜索。

(6) 现场应该保留或保护吗？通常，在凶杀尸检或性侵犯案件的医学检查中获得的信息将指明在犯罪现场需要采取哪些额外的保护。在尸检或医学检查完成之前，通常应该持续进行现场保护。请记住，如果现场没有受到保护，它将永远不再是原来的样子，任何额外的搜索都可能需要额外的搜查证。

(7) 启动现场搜索汇报会中所确定的完成犯罪现场调查所需的任何行动。

(8) 讨论需要进行的可能的法庭科学测试以及相关测试执行的顺序。

(9) 完成指定的犯罪现场任务后，向负责人做简报。

(10) 确立执法人员和其他响应者的后现场职责。

(11) 对犯罪现场进行最终调查。

2.12　犯罪现场的最终调查

在搜索犯罪现场，已经做了情况汇报之后，在将现场交给适当的个人或机构之前，应对现场进行最终的调查。此项调查是为了确保已经收集到的相关证据，调查产生的证据、设备或材料不会被无意中留下，并且任何危险材料或情况均已得到报告和处理。负责的调查人员应进行巡查，并确保对犯罪现场的每个区域进行目视检查。在汇报会和最后的巡查结束时，调查员将根据管辖权要求释放现场。

总　结

犯罪现场搜查

第一响应者需要采取的行动

确定是否需要启动被害人的救助程序以及是否需要应急人员

将证人和嫌疑人带离犯罪现场

保护现场并建立犯罪现场周界

汇编现场数据

对犯罪现场进行初步调查

- 为后续人员建立通道。
- 准备关于现场观察的记录。

采取措施保存现场的任何易碎易消失证据

犯罪现场调查人员应采取的行动

立即记录相关数据

- 接听到现场的时间/由谁召集。
- 到达现场的时间。
- 为保护犯罪现场而采取的行动。如果没有这样做，立即保护现场！
- 记录现场人员/到达时在场/到达前离开现场/到达后到达现场（人/次）。
- 记录所有相关部门的所有案例文件数据。
- 记录当时已知的所有受害人和嫌

疑人的姓名。

联系现场第一响应者

- 获取已知情况的概述以及响应人员的观察结果。
- 确定在不破坏潜在证据的情况下可以跨越的区域。

建立行动指挥中心

制定现场处理计划

在收集程序开展之前,编制必要的数据

- 是否存在异常气味。
- 血迹的存在和状况。
- 挣扎的迹象。
- 入口和出口位置。
- 门窗状况(锁定、解锁、打开、关闭)。
- 垃圾箱状况(尤其是垃圾放置的层序)。
- 烟灰缸的状况和内容物。
- 饮酒和/或吸毒的证据。
- 在抵达前受到干扰或收集的证据;负责该证据的人员。
- 照明灯的开关状况。

犯罪现场搜查的行动/责任

充分记录现场采取的行动

拍摄现场(在现场受到干扰之前进行)

- 概貌(布局)照片。
- 说明现场情况的一般照片。
- 从所有证人的角度拍摄照片。
- 显示所有相关物体和证据项目位置的中距照片。
- 证据项目的照片。

用现场草图记录任何存在的证据

- 布局(概览)草图。
- 相关区域的详细草图。
- 大比例("放大")草图。
  1. 血迹形态
  2. 子弹进出孔
  3. 印痕证据的位置和方向

4. 有大量小证据物品的区域

用系统方法搜索现场

- 用于室外现场的带状搜索法。
- 用于室外现场的网格(双带)搜索法。
- 用于室内或室外现场的区域搜索法。
- 用于大型室外现场针对中大型物体的螺旋搜索法。

记录证据

- 确保在收集前,每个物品都已拍照并记录在草图上。
- 在可能的情况下,在收集物品前对上面的指纹进行处理。
- 收集时,需在证据清单上标记和记录每一项物品。
- 将每项证据妥善包装,以确保任何存在的微量证据不会受到干扰、丢失或污染。
- 在用纸袋或信封包装之前,确保含有生物污渍的证据物品已彻底干燥。

独立区域/独立的容器

- 用罗马数字或字母对每个单独区域进行编号。
- 指派一个小组或个人处理每个单独的区域;确保收集的所有证据项目都用现场代号和物品编号进行统一编码。

结束犯罪现场搜索时要完成的操作

是否对所有区域进行了记录和搜索

证人证词是否提供了表明需要进一步搜查的信息——额外的区域、其他证据等

各方是否完成了任务

是否收集了所有证据,并进行适当包装和说明

重新搜索现场

现场是否应该继续保留/保护

启动现场搜索汇报会中所确定的完成犯罪现场调查所需的任何行动

讨论需要进行的可能的法庭科学测试以及相关测试执行的顺序

完成指定的犯罪现场任务后,向负责人做简报

确立执法人员和其他响应者的后现场职责

对犯罪现场进行最终调查

复习题

1. 现场的第一响应者应为医疗人员和调查人员建立一条通道。

2. 第一响应者应将证人或嫌疑人带离现场。

3. 在犯罪现场处理完成之前,现场应该保留。

4. 应该进行现场搜查,以确定现场可能出现的证据。

5. 第一响应者应该采取措施保护现场任何易被破坏的证据。

6. 第一响应者应该建立犯罪现场人员进出情况记录表,以记录在场的人员或者那些在调查人员到达前离开的人员。

7. 应以系统的方式对现场进行初步调查,记录现场观察结果。

8. 犯罪现场调查人员应联系第一响应人员以获取现场已知情况的概述。

9. 调查人员应在不破坏潜在证据的情况下,确定可以穿越的区域。

10. 调查人员应与第一响应人员巡视现场。

11. 调查人员应制定现场勘查计划以处理现场。

12. 通常,记录现场的第一步是照相。

13. 三种系统性搜索方法是条带法、网格法和区域法。

14. 完成犯罪现场搜索后,调查人员应与其他参与人员参加汇报会,以确定是否已经搜索并记录了所以区域。

15. 带状搜索法涉及设置通道或条带,以供搜索者进行搜索。

延伸阅读参考文献

Osterburg, J. W., and R. H. Ward. 2004. *Criminal Investigation*, 4th ed. Cincinnati, OH: Anderson Publishing.

Rynearson, J. 2002. *Evidence and Crime Scene Reconstruction*, 6th ed. Redding, CA: National Crime Investigation Training (NCIT).

U. S. Department of Justice, Office of Justice Programs. 2004. *Crime Scene Investigation: A Guide for Law Enforcement*. Washington, DC: GPO. http://www.ncjrs.org.

附录2 定制的犯罪现场搜索工具包

所需的犯罪现场搜索工具包的级别

犯罪现场工具包的复杂程度不同,有为单一执法人员量身定制的简单工具包或工具盒,也有用作移动犯罪现场处理单元和实验室的大型面包车,车内装有大量各种设备。

在本附录中,描述了四个级别的犯罪现场工具包:(1)单个执法人员使用的个人工具包[7];(2)第一响应者(通常是分配到巡逻队的巡警)的工具箱,放置于每一个轮班的巡逻车中或警长的车上;(3)供犯罪现场调查人员或证据技术人员使用的工具箱;(4)收集特定类型证据的专用工具包。[8]需要注意的是,所有犯罪现场都是不同的和动态的,因为它们可以不断变化。一个好的犯罪现场调查人员总是会根据需要构建他们的犯罪现场设备套件。

A. 巡逻人员个人犯罪现场工具箱(见图2-6)

图2-6 潜在指纹处理套件
(图片由莎朗·普洛特金提供)

1. 包装材料
   a. 马尼拉信封(4×6;$2 \times 3\frac{1}{2}$)
   b. 证据标签
   c. 财物表格
   d. 纸巾
   e. 财物袋(大中型)
   f. 小盒子(药盒型)
2. 书写用品
   a. 额外的墨水笔,铅笔
   b. 不褪色的墨水笔
   c. 木蜡笔(黄色)
   d. 黄色粉笔
   e. 草图用直尺

　　　f. 草图用剪贴板

3. 指纹识别用品

　　　a. 玻璃纤维刷

　　　b. 磁性刷套件

　　　c. 指纹粉容器

　　　d. 充足的潜在指纹提取卡片(3×5)

　　　e. 指纹胶带数卷

　　　f. 外科手套

　　　g. 放大镜

4. 犯罪现场表格(部门)

　　　a. 犯罪现场响应

　　　b. 犯罪现场访问日志

　　　c. 财物表格

　　　d. 现场报告封面页

　　　e. 照片日志

　　　f. 同意/搜查表格

5. 测量用品

　　　a. 钢卷尺:25 英尺和 100 英尺规格

　　　b. 测量尺(公制和英寸)

　　　c. ABFO(美国法医牙病学家委员会)
　　　　比例尺

　　　d. 轮式步行机

6. 工具

　　　a. 十字螺丝刀,两种尺寸

　　　b. 刀片螺丝刀,两种尺寸

　　　c. 带有切割刃的钳子

　　　d. 钳子、止血钳、镊子

　　　e. 小剪刀

　　　f. 小金属探针

　　　g. 小铅笔磁铁(潜在指纹磁性刷适用)

　　　h. 小型新月形扳手

　　　i. 小金属划片器

　　　j. 橡胶头金属钳

7. 杂项

　　　a. 温度计(0～250 ℉,含有摄氏刻度)

　　　b. 独立包装的无菌棉签

　　　c. 犯罪现场周界胶带卷

　　　d. 小订书机

　　　e. 抽取方便的湿巾

　　　f. 提供消毒湿巾

　　　g. 小容量的蒸馏水

　　　h. 无菌纱布垫

　　　i. 射击残留物提取工具包

　　　j. 定向罗盘

B. 巡逻车(或警长车辆)上用的犯罪现场工具箱

1. 必备物品(注:这些物品应放在警车内或随时可供第一响应人员使用)

　　　a. 同意书/搜查表

　　　b. 犯罪现场警戒带

　　　c. 急救箱

　　　d. 照明弹

　　　e. 手电筒和备用电池

　　　f. 纸质袋子

　　　g. 个人防护设备(PPE)

2. 选配物品

　　　a. 磁带录音机

　　　b. 配备闪光灯和备用胶卷的照相机

　　　c. 粉笔

　　　d. 方向定位仪/指南针

　　　e. 消毒剂

　　　f. 地图

　　　g. 便携小刀

　　　h. 反光背心

　　　i. 卷尺

　　　j. 防水布(防止证据受天气影响)

　　　k. 锥形交通路标

　　　l. 免洗洗手液(杀菌剂湿巾)

　　　m. 无线电话

C. 犯罪现场调查人员/证据技术员用工具包（见图 2-7）

图 2-7　300 型犯罪现场工具箱
（图片由 Lightning Powder 公司提供）

1. 必备物品（注：这些物品应放在警车内或随时可供第一响应人员使用）
   a. 纸包裹
   b. 生物危害品袋
   c. 体液采集装备
   d. 配备有闪光灯/胶片/三脚架的相机（35 毫米）
   e. 制模材料
   f. 同意书/搜查表
   g. 犯罪现场警戒带
   h. 切割工具（匕首、美工刀、手术刀、剪刀）
   i. 方向定位仪/指南针
   j. 消毒剂
   k. 证据收集容器
   l. 证据标签
   m. 证据密封袋/密封条
   n. 急救工具箱
   o. 手电筒和备用电池
   p. 强光灯
   q. 潜在指纹收集工具箱
   r. 放大镜
   s. 测量装置
   t. 永久不褪色记号笔
   u. 个人防护设备（PPE）
   v. 摄影设备
   w. 拍照比例尺（直尺）
   x. 嫌疑血液测试用品
   y. 素描纸
   z. 工具箱
   aa. 钳子/镊子

2. 选配物品
   a. 录音机
   b. 血型检验装备
   c. 名片
   d. 化学显现增强试剂
   e. 昆虫学采集装备
   f. 加长电线
   g. 照明弹
   h. 法庭科学光源（备用光源、紫外线灯、激光、护目镜）
   i. 发电机
   j. 射击残留物提取工具包
   k. 激光轨迹工具包
   l. 地图
   m. 标线涂料/雪蜡
   n. 金属探测器
   o. 镜子

p. 电话簿(含重要的号码)　　　　犯罪嫌疑人)

q. 防护屏　　　　　　　　　　y. 鞋印提取设备

r. 突出杆组　　　　　　　　　z. 模板(场景和人)

s. 反光背心　　　　　　　　　aa. 温度计

t. 制冷或冷却设备　　　　　　ab. 锥形交通路标

u. 带过滤器的呼吸器　　　　　ac. 轨迹杆

v. 细线卷　　　　　　　　　　ad. 录像机

w. 橡胶手套　　　　　　　　　ae. 便携式电话

x. 性侵犯证据收集工具包(受害人和

D. 专业的犯罪现场工具包

1. 血液收集
   a. 物证袋
   b. 硬币信封
   c. 一次性手术刀
   d. 蒸馏水
   e. 乙醇
   f. 证据标签
   g. 乳胶手套
   h. 摄影用比例尺(ABFO 比例尺)
   i. 推定测试化学品
   j. 无菌纱布
   k. 无菌拭子
   l. 试管/试管架

2. 血型检测
   a. ABFO 比例尺
   b. 计算器
   c. 镭射指示器
   d. 永不褪色记号笔
   e. 分度器
   f. 细线
   g. 胶带

3. 挖掘
   a. 锥形交通标/标识
   b. 证据标签
   c. 金属探测器
   d. 喷涂刷
   e. 铁铲/园艺泥铲
   f. 细分筛
   g. 细线
   h. 称重器
   i. 木质/金属桩

4. 指纹
   a. 黑白胶卷
   b. 指纹刷子
   c. 化学增强试剂
   d. 氰基丙烯酸盐粘合剂(超强力胶水)棒包
   e. 手电筒、备用电池
   f. 法庭科学光源
   g. 指纹提取卡
   h. 指纹提取胶带
   i. 测量标尺
   j. 一对一照相机
   k. 粉末

5. 印痕
   a. 碗/混合容器
   b. 盒子
   c. 人造石
   d. 证据标签
   e. 测量标尺
   f. 永不褪色记号笔
   g. 雪蜡
   h. 水

6. 痕迹提取
   a. 化学增强试剂
   b. 静电灰尘提取器

c. 痕迹提取凝胶片

d. 宽幅面提取胶带

7. 工具痕迹

    a. 制模材料

8. 微量物证收集

    a. 醋酸纤维护板

    b. 纸包裹

    c. 透明胶带/胶粘提取带

    d. 手电筒(斜角照明)

    e. 镊子/钳子

    f. 细颈瓶

    g. 滑动器和滑动器收发器

h. 带有一次性收集过滤器的微量物证真空吸尘器

9. 轨迹

    a. 计算器

    b. 罐装烟雾

    c. 人体模型

    d. 激光发射器

    e. 镜子

    f. 量角器(分度器)

    g. 细绳

    h. 轨迹杆

配备有现场设备的犯罪现场勘查面包车(见图 2-8)。

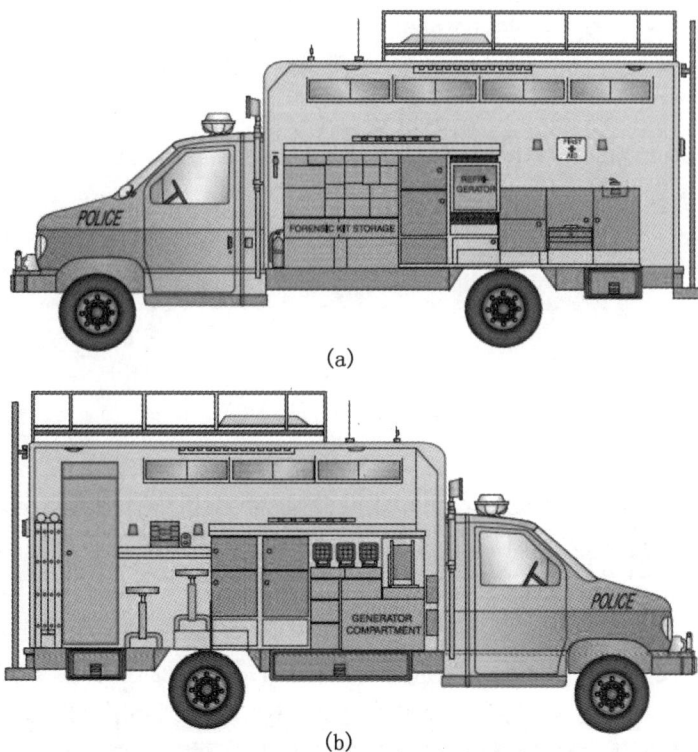

(a)

(b)

图 2-8 犯罪现场勘查面包车,带有用于犯罪现场处理的所有必备和选配用品

(图片由 Sirchie 指纹实验室提供)

第三章 | **犯罪现场摄影**

关 键 词

数码单镜反光(DSLR),拍摄,帧,曝光,存储卡,自动对焦,拍摄照片的顺序,照片记录卡,概览,中距照片,特写,视角,夜间照片,图像稳定(IS),潜在印痕,创伤,高品质镜头,分辨率,正确曝光,数字图像,图像传感器,图像处理器,像素,单个感光单元,液晶显示器(LCD),光学取景器,安全数字(SD),安全数字高容量(SDHC),图像分辨率。

学习目标

■ 说明摄影和录像在记录犯罪现场时的重要性。
■ 描述曝光三角形,以及它如何在光线不足的情况下拍摄现场。
■ 总结在犯罪现场工作中拍摄的照片类型。
■ 在法庭作证时讨论数字图像的可采性。

引 言

犯罪现场摄影与业余摄影爱好者及专业摄影师的典型摄影有很大不同。业余摄影爱好者和专业摄影师努力创造艺术照片,而犯罪现场摄影则试图避免犯罪现场的艺术渲染,并准确描绘犯罪现场的特征和其中的任何证据。例如,摄影师通常会将照片中的主要对象放置在镜框的一侧,以使合成的照片更具艺术感,但是犯罪现场摄影师需要将主要对象放置在每张照片的中央,以便为照片的主要对象进行对焦拍摄,最大限度地使对象清晰。

近年来,数码摄影的出现,尤其是数码单镜反光(dSLR 或 DSLR)相机的发展,对犯罪现场摄影产生了重大影响。在傻瓜数码相机中增加数码单反相机,创造了一系列在分辨率、易用性和灵活性方面可与单反胶片相机相媲美的相机。随着新型数码相机中像素数量的大幅度增加以及数码单反相机可更换镜头的出现,数码相机的图像质量得到了提高。数码单反相机在图像质量上重大改进的同时,相机的价格也在稳步下降,高品质的数码单反相机现在非常实惠。数码单反相机的高质量和可承受的价格,以及所具有的更大灵活性的诸多功能,已使许多执法机构使用数码单反相机取代胶卷相机。这种模式可能会持续到可预见的将来。

3.1　犯罪现场摄影的目的

犯罪现场摄影的目的是在发生变化前记录现场的情况,记录所收集证据的地理位置和空间位置,记录当事人和潜在证人的观点,记录相关物品的空间关系。摄影可以提供犯罪现场的视觉图像,并且具有以接近人眼(人眼的视野为 50 毫米)的方式描绘实物的明显优势,尽管照片缺乏人眼所能提供的深度感知能力。现场照片,特别是与录像一起拍摄时,捕捉到了现场视觉方面的内容,这些都是需要向调查人员、律师和陪审员传达的现场外观情况,他们不像犯罪现场调查人员一样有机会直接查看现场。

现场摄影不能代替现场记录或草图,而是对其他犯罪现场记录方式的必要补充。这些照片将是后续调查过程中现场情况的重要视觉记录,同时也是进行任何重建工作的宝贵工具。将照片与现场和证据物品的记录和草图相结合时,照片将有助于犯罪现场调查人员在法庭证词期间绘制犯罪现场的准确图片。准确描绘犯罪现场及其中物理证据的能力有助于建立犯罪现场调查人员的信誉。

现场摄影在重建犯罪事件中也起着重要作用。结合现场草图,现场照片捕捉了犯罪现场证据的物理方面性质,这些方面可以由合格的专业人员进行重建。血迹形态的照片对于重建产生这些图案及其顺序的事件至关重要。为了准确地重新确定证据物品的大小,这些照片都是带比例尺拍摄的。子弹轨迹的照片是在探测器就位的情况下拍摄的(见第八章)。

由于胶片摄影要么用途有限,要么根本不使用,因此本章的其余部分主要涉及数码摄影及其组成部分。重要的是要记住,你所工作的警察局制定的任何协议或程序都是要遵守的。

3.2　现场照片的数量

在处理犯罪现场时,无法确定需要在犯罪现场拍摄的照片数量,因为随着调查的继续,将会出现更多的信息和问题。因此,拍摄尽可能多的照片是一个更好的策略,因为拍照的机会通常局限于手头的时间。鉴于拍摄数码照片的成本较低,最好拍摄比你认为需要的数量更多的照片。

证据物品的位置在移动后永远无法准确再现,因此必须尽可能在任何可能干扰现场的情形出现之前拍摄照片(紧急医疗行动等通常会干扰现场,但是这种情况是不可避免的)。通常,为了更全面地捕捉现场情况,需要同时拍摄现场的录像和静态照片(请参阅本章后面的"犯罪现场录像"中的讨论)。在某些情况下,犯罪现场调查人员除了需要拍摄静态照片外,可能还需要使用即时摄影,特别是在现场没有录像的情况下[请参阅"数码单镜头反光(DSLR)相机"一节]。

3.3　现场拍摄的条件

犯罪现场可能小到浴室或壁橱,也可能大到覆盖数平方英里。较常见的现场是住宅、汽车、部分地段或街道。拍摄犯罪现场的条件可能会有很大的差异。对于犯罪现场摄影师而言,现场的照明、天气和安全性是最大的挑战。由于存在摄影师无法控制的某些因素,尽快记录现场是非常重要的。拍摄时必须使用能用到的照明或其他方式提供的照明。在拍摄现场物体的照片时,应问以下问题:我为什么要拍这张照片？被拍摄的物体是否显示或与整个场景有任何关系？该物体是否与其他具有潜在价值的物品有任何关系？这张照片能代表我所看到的吗？该物体是否会被拍摄变形或在现场中不可见？该物体是否被正确曝光？窗户、镜子或是光滑墙纸的反光会影响照片吗？冲洗后我能认出这张照片吗？我能向陪审团解释这张照片描绘了什么吗？考虑这些问题将有助于获得犯罪现场的最佳照片文档。拍摄犯罪现场时,记住你在现场,而其他人不在现场,这一点很重要,完整的现场记录对于其他人理解你现场观察到的情况很重要。

3.4 选择犯罪现场的照相机类型

3.4.1 单镜头反光(SLR)胶片相机

最适合犯罪现场摄影的相机类型是单镜头反光(SLR)相机。单反相机非常紧凑,并具有多种模式,包括从手动对焦的单元到具有自动对焦、自动闪光设置和自动上链的全自动单元。其镜头种类繁多,质量足以满足拍摄远距离和近距离(宏观)照片的需要。在犯罪现场特别有价值的是具有微距功能的变焦镜头。一个35～70毫米具有微距功能的变焦镜头加上一个80～200毫米的长距离变焦镜头足以拍摄几乎所有的犯罪现场照片。一些特殊的照片(例如,需要大幅面底片的航拍照片)可能需要使用更大尺寸的相机,但是除了这些特殊情况外,35毫米单反相机均可以提供出色的照片。具有自动对焦和自动曝光功能的单反相机通常能在犯罪现场提供出色的照片,但在某些情况下,相机可能会受到现场的条件影响。因此,犯罪现场调查人员需要熟悉相机以及可能影响照片质量的因素。

3.4.2 数码单镜头反光(DSLR)相机

第一代数码相机(称为"傻瓜相机")缺乏单镜头反光胶片相机的高分辨率,但是各大制造厂商推出的数码单镜头反光(DSLR)相机(见图3-1),由于图像传感器中的像素数量更多并且这些相机可使用许多格式的高质量自动对焦镜头(包括变焦镜头),已经提高了相机所产生图像的分辨率。大多数制造商提供价格实惠的单反相机,这些相机分辨率均超过1 000万像素,其图像几乎可以与使用传统胶片的单反相机媲美。这些相机现在有许多镜头可供选择,包括广角,短变焦(28～70毫米),长变焦(80～200毫米,80～400毫米等),以及微距镜头,包括带有微距功能的变焦镜头。目前,数码单镜头反光(DSLR)相机在许多重要方面均优于胶片单反相机。

图3-1 数字证据拍照系统
(照片由Sirchie指纹实验室提供)

　　数码相机的一个显著优点是能够在电子显示器上显示图像。当调查人员向陪审团或检察官或其他调查人员出示证词时，此功能就非常有用。当向其他人说明犯罪现场或证据物品的特征时，电子显示器上整个图像的刻画增加了演示的便捷性和清晰度。使用屏幕上的箭头轻松地向观众指出现场的某些特征，可以使观看者明确调查人员所指出的内容。

　　数码相机的另一个优点是调查人员可以很容易地准备案件中照片文件的副本。这些图像可以很容易地传输到 CD 可写磁盘或 U 盘上进行存储或传输到其他机构。这些媒体还提供了一种简单的方式，将现场照片传送到法庭以供作证。此外，图像可以通过电子邮件传输到其他计算机。

　　数码相机的一个缺点是图像可以被熟练的计算机操作人员用适当的设备和计算机软件来修改。然而，这一缺点并不是致命的，因为将照片作为证据引入在历史上一直依赖于宣誓证人的证词，即所提供的照片准确地描述了拍摄的物品或场景。然而，人为修改图像的能力给犯罪现场调查人员带来了更大的负担，即在摄影日志和调查人员笔记中记录每张照片，以便调查人员能够轻松地向法庭或陪审团保证，照片是调查人员所看到的现场的准确表示。保护图像的另一个关键是各机构应具备计算机软件，用以确保捕获图像的真实性。诸如 VeriPic、Foray 就是此类程序。许多这样的公司将允许演示和访问这些计算机程序来了解它们，并帮助满足特定机构的需求。也可以向其他当地警察局查询他们目前使用的计算机软件，结合他们的信息，选择合适的程序，这样可能不仅高效，并且会节省不少时间。

　　对于那些使用胶片单反相机系统用于犯罪现场摄影，但缺乏购买数字单反相机资金的部门来说，一个不错的策略是购买"傻瓜数码相机"（500 万像素或更多像素）用以增强胶片相机系统。现在傻瓜数码相机在价格上非常合理，所以购买它们不会给部门预算带来负担。通过这种方式，犯罪现场调查人员有能力在对现场进行任何更改之前，先验证是否已成功拍摄到那些有疑问的有关证据。

　　所有数码摄影应有一个标准的操作程序。最有可能的是，警察局需要将操作程序从胶片摄影更新到数码摄影。该程序中的内容应包括数码摄影术语、对犯罪现场人员/摄影师的培训以及如何拍摄和存储图像。为了防止该机构违反自己的程序规定，这项程序的某些部分可以写得有些粗略。为了说明这一点，有关如何拍摄现场的部分可以这样描述：基于摄影师接受的培训、知识和经验，现场将被完整准确地记录下来。数字图像在法庭上的准入遵循以下标准：

　　第一，拍摄的图像必须是实质性的且相关的。第二，所拍摄到的图像不得引起陪审团的情绪或偏见。第三，图像必须准确地描绘现场，并且不得失真或歪曲现场或证据。前两项标准规范不是摄影师的责任。笔者经常被问道，尤其是在含有大量血液的图片现场中，是否会将相机设置为黑白模式以拍摄这些类型的现场。笔者的回答是否定的。看到的是彩色的，就有责任照原样拍摄现场。然而，把刀子放在凶杀嫌犯的手中，并拍下那张照片，是有偏见的。检察官和辩护律师有责任决定哪些照片可以在法庭上被采纳。最后一点，规范标准是摄影师的责任。重要的是，所有犯罪现场和证据都要准确描述，而不是歪曲事实。这是通过正确使用测量设备（比例尺）、适当的照明、曝光、聚焦和角度来完成的。

3.5　犯罪现场录像

许多机构可能需要对犯罪现场进行录像。与静态照相机摄影相比,录像带既有一些优点也有缺点。犯罪现场录像带的优点是向观看者提供逼真的视角,实际上是带观看者"游览"犯罪现场,同时也避免了频繁更换摄像机中的胶片(建议在拍摄犯罪现场时,始终关闭音频,除非调查人员将现场口述录到磁带上)。这一措施将避免团队成员随意发表评论,并将其永久记录下来,而这种情况可能会使调查人员感到尴尬。录像师也应避免在录像时录入现场设备或调查人员。录像的缺点是:在拍摄过程中增加了不必要的细节;与静态摄像机相比,录像机的分辨率较低(除非使用非常昂贵的摄影棚质量级别的设备),很难从录像带中获得高质量的静态照片,以便在法庭上演示。当使用摄像机记录犯罪现场时,录像过程中应增加所有证据物品的静态摄像机摄影,尤其是重建工作可能需要的那些物品(血迹飞溅形态、子弹轨迹、火药气体作用痕迹等)。

拍摄犯罪现场使用录像带的另一个显著优点是摄影师能够即时查看现场的录像带。录像带的这一特点在以下情况下非常有用:在对现场进行任何改动之前,有必要确保犯罪现场的关键特征已被充分拍摄,就像使用数码相机可以预览所拍摄的照片一样。

当对一个现场进行录像时,重要的是要记住在整个现场中缓慢地进出和移动,以便获得信息而不会迷失方向和造成混乱,从而获得具有视觉吸引力的现场视频。

3.6　建议的系统方法

犯罪现场摄影的首要考虑是遵循一个系统的程序,确保在采取任何可能损害现场完整性的行动之前,在现场拍摄所有必要的照片。犯罪现场调查人员在拍摄各类犯罪现场方面积累了丰富的经验后,不断完善系统化的方法可以在不牺牲拍摄彻底性的前提下优化照片的信息内容。当我们系统地、重复地执行任务时,我们会把这些信息提交到记忆中,进而犯的错误也会减少。

拍照的顺序应该紧跟草图制备的顺序,从外围到中心,并根据需要继续拍摄其他照片。这种方法反映了犯罪现场在调查人员心目中的记录方式,并将有助于在法庭上展示照片,为陪审员提供现场的整体视图,从而为随后的中心照片和特写照片建立一个框架,使陪审员能够将每一张证据照片与现场的整体图像联系起来。

3.7　所有拍摄照片的记录卡

执法机构可能要求保存照片记录卡,数码摄影必须记录每一张照片的所有信息,包括摄影师、时间和日期(基于相机设置)以及相机设置。计算机软件程序可将这些信息与所有捕获的图像一起存档。如果你的机构要求一份照片记录卡,那么应该保留每一个现场拍摄的所有照片。照片记录卡应包括有关照相机、胶片类型和用于拍摄照片的镜头的数据。此外,记录卡应包含有关曝光数据的信息和对每帧内容的描述,以便在显影后能够正确识别每张照片。照片记录应作为永久记录保存在案件档案中。如果可能的话,最好由两人组成的团队来拍摄照片。由两人组成的团队比单个摄影师的效率更高,一名成员拍摄照片,另一名成员负责时刻更新记录卡的内容,同时协助放置证据标记架、标尺、做笔记等。

在拍摄犯罪现场照片之前,摄影师应提前拍摄包含案件编号、案发地点、日期、时间和摄影师姓名的照片标贴。笔者会用一块干擦板来显示照片标贴的信息。请记住,即使正在处理一个案件,也可能有多个场景和不同的时间,在这种情况下,请始终使用最新的照片标贴来描述这些新信息。

3.8 犯罪现场的照片类型

3.8.1 概貌/布局照片(远距离)

拍摄的第一组照片应该从相关的角度和距离传达犯罪现场的性质。从四周拍摄的现场照片(概貌或布局照片)将为后面的照片提供与现场空间关系的框架。近距离拍摄的照片可参考概貌/布局照片和布局草图,以确定现场方位。街道标志和其他参照点对于显示现场位置至关重要,因为许多房屋或区域看起来可能很相似。

应特别注意肇事者的进出口位置,仔细记录可能是证据转移地点的任何迹象。在某些情况下,例如为了说明射击者在枪战中的位置,可能有必要用航拍照片来扩大概貌照片。

图3-2展示了住宅正面的布局照片。注意,镜头(a)、(b)和(c)重叠,这样就可以看到住宅的整个正面,而没有任何间隙。

(a)　　　　　　(b)　　　　　　(c)

图3-2　住宅正面的概貌/布局照片。注意三个镜头(a)、(b)和(c)重叠。
(照片由小罗伯特·R.奥格尔提供)

图3-3描绘了图3-2中的住宅后方(a,b,c,d)以及侧面(e,f)的概貌/布局照片。请注意,这些照片也存在重叠,共同描绘了整个住宅的后方和侧面的情形。

务必确保记录了位置、建筑和结构的所有侧面,以及包括门和窗这样的开口。即使在门和/或窗上没有任何撬动的标记,用照片记录和显示这些部位的信息也依然很重要。

图 3-3　住宅背面和侧面的概貌/布局照片

(照片由小罗伯特・R.奥格尔提供)

3.8.2　中距照片

概貌/布局照片拍摄完成后,应从更近的范围(中等范围的照片/建立证据)拍摄照片,以显示现场中较小的区域布局,例如房间或犯罪现场的中心位置。因为现场与现场之间的接近程度不同,所以摄影团队应该尝试用拍摄照片的方式来"绘制"现场中的画面,这样观看照片的人就可以像拍照的人一样看到现场。为了更好地显示证据物品的空间关系,应考虑在适当位置拍带有证据标记的其他照片。随着调查过程中不断发现新的证据物品,该程序是一个持续进行的过程。这些照片对于显示单个证据的空间关系是必不可少的。

当犯罪现场位于住宅的某个房间时,该中距照片应包括来自该房间四个角落中每个角落的重叠照片(参见图 3-4)。调查人员应确保照片的重叠部分能覆盖角落的整个 90 度(参见图 3-5),以便照片可以从那个角落显示出完整的景象(参见图 3-5 以及 3-6)。使用广角镜头(28~35 毫米焦距镜头)或变焦镜头(具有 35 毫米至 55 毫米的变焦镜头)是有帮助的,因为这些镜头的视角更宽。

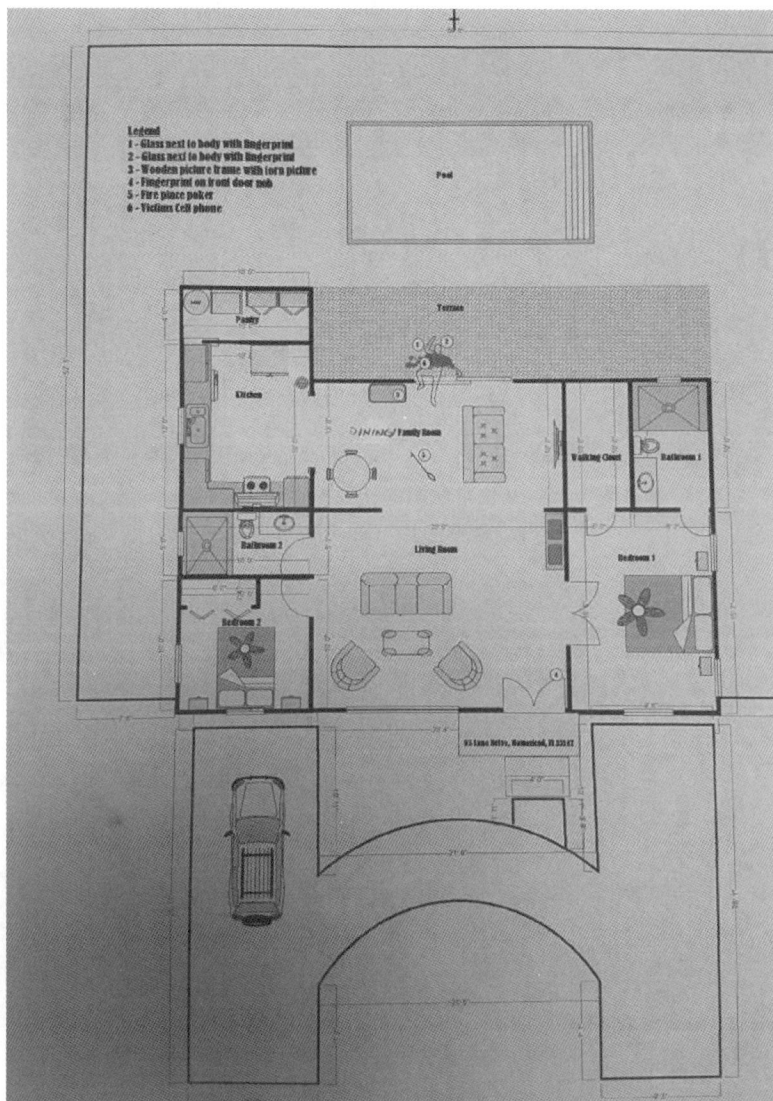

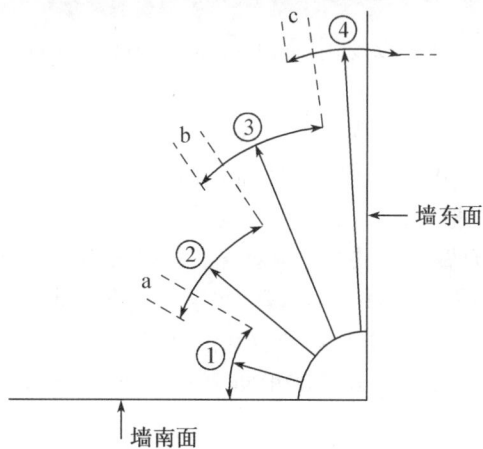

图 3-4　从一个住宅房间的角落描绘现场布局(1-4)的素描图,从房间的每个角落开始绘制

(图片由莎伦·普洛特金提供)

图 3-5 从住宅房间的一角拍摄的重叠照片
(图片由小罗伯特·R. 奥格尔提供)

图 3-6 从一个角落拍摄的重叠照片拼接在一起以显示房间的一面墙
(图片由小罗伯特·R. 奥格尔提供)

来自每个角落的重叠照片可以使用"剪切和粘贴"方法,或者使用"电子照片管理"程序进行组合(参见图 3-6)。

展示证据物品的特写照片时首先需要在其上下放置证据物品的一张中距照片(参见图 3-7)。图 3-7(a)描述了在被盗住宅阳台玻璃推拉门上的一个工具痕迹的位置。图 3-7(b)是阳台玻璃推拉门框上的工具痕迹的特写照片。图 3-7(c)显示了门框上的工具痕迹与图 3-7(d)中用剪刀做的测试痕迹的对比。一定要有一个标尺或其他度量设备来描绘尺寸,并协助重建任何工具痕迹或压痕,以便可能与实际证据相匹配。

在拍摄完中距照片之后,在证据物品旁放置证据编号牌,然后在原来的位置把证据编号牌拍摄进去(见图 3-8)。证据照片编号牌的重要性在于保护证据,以免其以任何方式被篡改或改变。

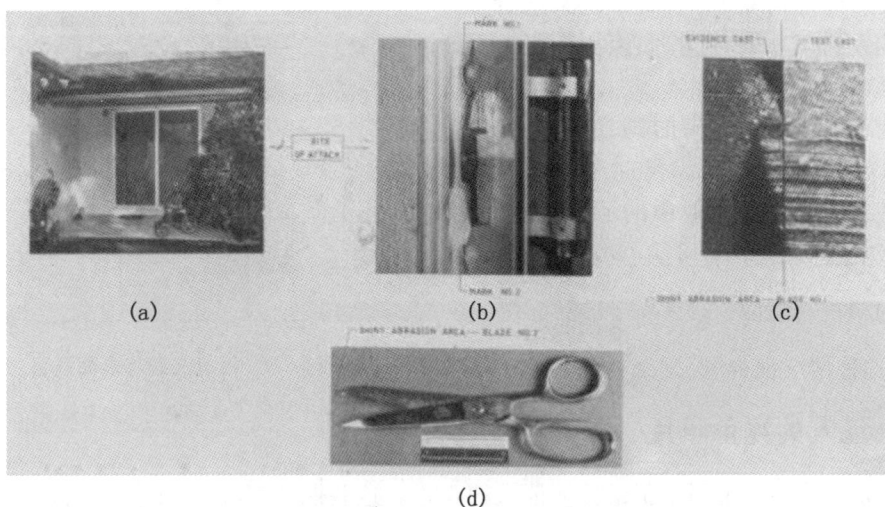

图 3－7　法庭展示中距和特写照片，以说明被害人住所的工具痕迹的位置，并将证据工具痕迹与剪刀制作的测试工具痕迹进行比较

［图片由杜艾恩·狄龙(Duane Dillon)博士提供］

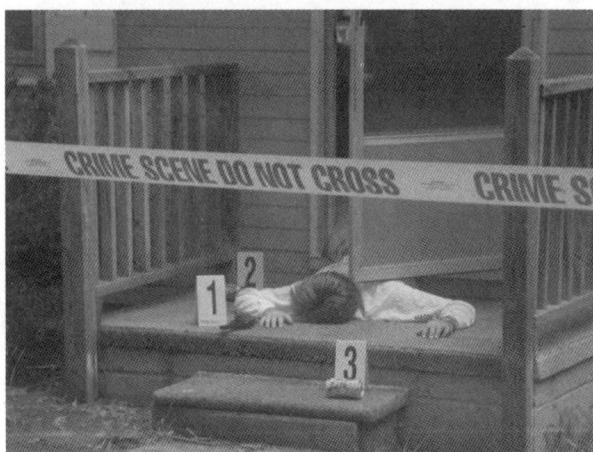

图 3－8　受害者在门廊上的照片
（摆放有证据牌的照片由 Sirchie 指纹实验室提供）

3.8.3　特写照片

对于需要多细节的证据,应该拍摄特写照片。对于需要精确记录其尺寸的物品,需要尽可能在靠近物品的地方放置一个标尺进行拍照,标尺不要掩盖证据中的任何细节。每件物品都应先在没有标尺的情况下拍照,然后在标尺就位的情况下重新拍照。这种安排是必要的,以避免任何重要证据被掩盖。为了尽量减少任何扭曲或变形,使用直尺拍摄的照片必须在相机居中的情况下拍摄,保持相机与表面"垂直"(与表面成 90 度,胶片平面平行于表面的平面)(参见图 3－9)。拍摄鞋类或轮胎印痕时,请务必使用三脚架(请参阅第九章)。

使用测量比例尺可以精确地复制物品的尺寸,或者放大到已知的尺寸,以便进行详细的研究。特写照片需要一个相机/镜头组合,才能够在放大到(8×12)英寸时还保持足够的分辨率。

具有变焦/微距镜头的高质量 35 毫米 SLR 或 DSLR 相机足以满足此要求,并且几乎可以满足常规现场作业中的所有需求。对于需要极端放大的情况,可能需要使用较大胶卷格式的相机,例如($2\frac{1}{4}×2\frac{1}{4}$)或(4×5)英寸,但是这种情况很少见。

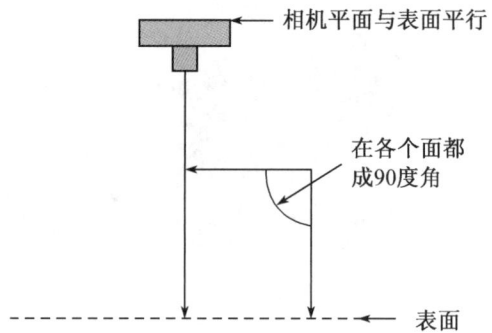

图 3‑9   相机法线与表面垂直

3.8.4   证人的视角照片

拍摄现场照片以说明主犯或任何证人的观点。这些照片应在现场受到扰乱之前拍摄,以便能够支持或反驳主犯或证人的陈述(此人是否确实能够看到他/她声称看到的东西)。确保犯罪现场草图显示了视角照片中描述的确切距离,这样就可以证明照片中显示的确切距离。调查人员可以向陪审团证明从证人的视角能看到什么。

3.8.5   夜间拍摄的照片

犯罪现场可能发生在夜间,而摄影师是否能够立即记录现场的原始状态,这取决于摄影师的专业能力。为了做到这一点,需要讨论一下相机的操作以及如何在可利用的光源下捕捉现场。然而,这只是相机操作的介绍,应利用更多的摄影教材和课程来帮助新手摄影师变得更专业。

3.8.6   如何使用可用的光源

当在弱光环境下工作时,重要的是要记住闪光灯只能在有限的范围内移动,所以必须在场景中借助灯光。如果我们的眼睛能看到,那么照相机也能看到。

从曝光三角形开始(参见图 3‑10)。

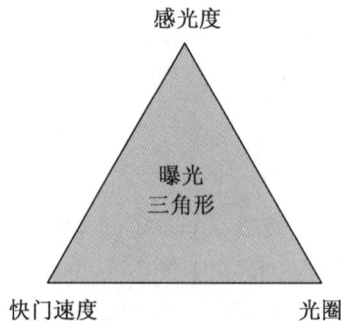

图 3‑10   曝光三角示意图

当摄像机处于手动设置时,利用以下三种设置来使用场景中的可用灯光。

1. 设置1:胶片速度/光线敏感度(俗称感光度)

胶片速度是一种测量感光度的方法。胶片越"快",对光越敏感。目前有两种常见的测量系统:

(1) ISO[国际标准化组织(与美国标准协会相同)],该胶片速度值基于算术标度;

(2) DIN(德国标准化研究所),该胶片速度值基于对数标度。

在 ISO 系统中,设置为 ISO 200 是额定值为 ISO 100 的两倍(即需要一半的曝光时间)。在 DIN 标度中,增加 3 个 DIN 相当于速度加倍。因此,25DIN 的速度是 22DIN 的两倍。各种 ISO 速度的范围可分类如下:(1) ISO20~50,慢的 ISO;(2) ISO 80~200, 中等 ISO;(3) ISO 400~1250,快的 ISO。

控制可用光时,需要进行 ISO 设置。ISO 可设置的范围从 80 到 1600 或更高,具体取决于相机的型号。这是传感器对光的灵敏度。ISO 设置越高,对光的灵敏度就越高,从而使图像传感器在弱光条件下可以更好地工作。ISO 设置过高时出现的一个缺陷称为噪点。当我们使用胶卷相机时,这种现象被称为颗粒感。噪点是图像放大时看到的图像像素化,看起来像是图像中的红点和蓝点。当拍摄指纹、鞋子磨损或其他图像时,重要的是不要使噪点影响捕获到的证据或现场的信息或细节。

2. 设置2:快门

快门机制有两种基本类型:

(1) 焦平面快门,位于胶片的正前方(因此得名),几乎只用于单反相机。

(2) 叶片式快门,位于透镜外壳内部靠近光圈处(对于复合透镜)或位于透镜后面(对于简单透镜)。

快门的主要功能是在拍摄前防止光线照射到胶片上,按下快门后,让光线照射到胶片上的时间仅为几分之一秒。大多数现代相机上标记的速度都遵循一个顺序,就像 f 值的顺序一样,是基于每一步曝光量减半(1、$\frac{1}{2}$、$\frac{1}{4}$、$\frac{1}{8}$、$\frac{1}{15}$、$\frac{1}{30}$、$\frac{1}{60}$、$\frac{1}{125}$、$\frac{1}{250}$、$\frac{1}{500}$、$\frac{1}{1\,000}$秒等)。

快门速度也称为帘幕,这是由摄像机控制的。当我们按下按钮拍照时,听到的声音就是快门。快门速度以分数表示。所以,当显示 500 时,这实际上意味着快门速度为$\frac{1}{500}$秒。快门速度越快,进入的光线就越少。笔者向学生讲授这个概念时,喜欢把快门速度和比萨饼进行比较。如果我订购了两个大比萨(大小相同),并告诉餐厅将一个比萨切成四片,将另一块比萨切成八片,哪一块比萨会给你更大的一片? 切成四片的比萨每一片更大($\frac{1}{4}$大于$\frac{1}{8}$)。理解分数的概念对于理解快门速度是相同的。因此,考虑到这一点,如果想让图像中有更多的光线,我们将要确保使用较低的快门速度,并通过打开"快门"抓取所有可用的光线($\frac{1}{250}$比$\frac{1}{500}$"慢")。快门打开的时间数值,表示在胶片平面上帘幕开闭的速度。另外,如果数值显示为"数字"后面带分号(″)标记的形式,则表示数字对应的单位是秒(例如,1″表示快门速度为 1 秒)。灯泡设置在整个数字范围的末端,这意味着摄影师可以保持快门打开所需的任何时间。当使用这个功能时,摄影师必须使用快门线,因为相机的任何移动都会造成相机抖动(模糊图像),这条线方便操作者在不接触相机本身的情况下按下快门。

快门速度太慢的一个缺陷是,相机可能会抖动。人的手可以在不晃动相机的情况下保持相机稳定五十分之一秒(模糊图像)。相机抖动(震颤、振动)是无意识的手抖或身体颤抖传递到相机的运动,这会导致照片清晰度变低。这种现象可以从很多方面改进。对于具有长焦距镜头的长距离照片,必须将其安装在三脚架上,因为"长焦距镜头"会大大放大相机的抖动。对于较短的焦距镜头,许多相机在其镜头(基于镜头)或相机机身(基于机身)上设有防抖功能,可以补偿手的抖动。对于胶片相机,感光更快的胶卷和/或更快的快门速度可以完全弥补手的抖动。

3. 设置 3:光圈/光圈系数

眼睛会迅速调整进入眼睛的光强度,并且只有当眼睛从一个极端光线条件移动到另一个极端时,才能够很明显地感知每天都有很宽范围强度的光进入人眼。实际上,眼睛具有一种自动光圈("虹膜"),通过打开或关闭该光圈,调节到达视网膜的图像的亮度。

对于拍摄图像而言,要想得到一张理想的照片同样需要获得一个相当准确的光量,除非有某种减少或提高亮度的设备,否则相机将被限制为只有在光线保持不变的情况下才进行拍摄。几个因素会影响到达胶片的光量,主要是曝光时间和光圈直径。光圈已根据镜头筒上的 f 数值进行了校准。数值的范围从 1.2 到 22。光圈系数越大,光圈就越小;光圈系数越小,光圈就越大。例如参数条件 1(光圈系数为 f/8,快门时间为 $\frac{1}{60}$ 秒)的曝光量与参数条件 2(光圈系数为 f/11,快门时间为 $\frac{1}{30}$ 秒)的曝光量相同。

光圈又称为光圈系数(在显示屏上看到的是字母 F 后带有数字编号,例如 F4.0),它是开口的膜片,决定了通过镜头的光线量。笔者喜欢把光圈与眼睛进行比较,当我们处于低照度的情况下,为了能够看得清楚,我们的瞳孔会膨胀(扩大)。同理,当我们打开光圈时,就可以让更多的光线进入。根据镜头焦距的不同,光圈的范围为 2.8 至 22。但是,光圈数值设置越高,能够进入的光线就越少,并且膜片开口更小(F22 会比 F8 处于更少的光线下)。值得注意的是,光圈设置将直接影响景深。

3.8.7　景深

当一个镜头聚焦在一定距离的某个点上时,在这个点的前面和后面都会有一个区域,这个区域在胶片上表现出明显的清晰感,这个区域称为"景深"。景深是可以控制的,因为它会因光圈大小的变化而改变。光圈完全打开,镜头的景深最小,并且镜头停止的位置越远,景深将变得越大。例如用 50 毫米镜头在 2 米处聚焦时,光圈设置为 f/16 将确保在 1.5 米到 3 米(5~10 英尺)的所有位置都处于聚焦状态。但是,光圈设置为 f/2 时将按百分比减小原始深度 2 米两侧的"景深"。值得注意的两个基本原则是:首先,距离越大,景深越大;因此,在很近的距离下,浅景深成为一个非常尴尬的问题。其次,精确对焦对象之后,后景深大于前景深。

景深还受镜头焦距的影响(请参见前面的讨论)。短焦距的镜头比长焦距的镜头具有更大的景深。镜头焦距和光圈大小的选择为摄影者提供了确保清晰对焦特定照片中物体的能力。

景深是指从镜头到被摄物体之间聚焦的区域。较小的光圈/光圈系数(f/2.8)与较大或较宽的光圈大小相关,这导致景深变浅。较大的光圈/光圈系数(F22)导致较小的光圈,使得景深更深。

举一个在街上拍摄场景的例子。在该场景中,笔者放置了15个圆锥体,用以显示景深。在狭窄或较小的景深下,1~4号圆锥体(几乎)将被聚焦,而5~15号圆锥体未聚焦。当缩小光圈(将光圈数字提高到F16)时,我们将聚焦到更多的已编号圆锥体。在拍摄伤痕和印痕时,必须记住这个规律,因为我们需要通过照片的方式记录所有印痕或伤痕的深度。经验丰富的摄影师还知道,通过缩小光圈/光圈系数,减少了光量,因此必须通过提高ISO或降低快门速度(从$\frac{1}{250}$降低至$\frac{1}{100}$)来补偿这一点,以便获得更多的光。还需要注意的是,当聚焦于一个主题区域时,最好将焦点集中在场景的三分之一处,而不是在场景开始处(例如,在1号圆锥体处),以便获得最佳聚焦。

笔者总是使用数码相机上的手动设置,它允许调整相机中的所有参数,以便捕获最佳图像。应该由人来拍摄照片,而不是由自动设置的相机。在调整设置时,建议只更改三个设置中的一个而保持另外两个设置不变(如将F8调整到F5.6以允许更多光线进入),而不是同时更改全部三个设置(ISO、快门和光圈)。当对某些东西过敏时,医生总是告诉我们,要改变一件事,而不是改变一切,以确定罪魁祸首是什么。这也被称为包围曝光,意味着我们拍摄同一事物的多张照片,可以改变某一设置,以捕获到最好的图像。

这里有一个提示:通过设置培训课程和夜间模拟犯罪现场来练习在这里学到的东西,以尽可能有效地获取信息。熟能生巧,以便减少在犯罪现场犯错误。

能够用闪光灯"描绘"犯罪现场的能力通常是摄影专家具备的。然而,在某些情况下,可能需要黑暗才能达到最佳的摄影条件(例如,拍摄荧光染料增强指纹或鲁米诺处理过的血迹的照片时,来自物品的光强度非常低,需要一个黑暗的背景来进行延时摄影)。

配备可以为几乎所有现场提供充足照明的照明设备。在设置照明设备期间,应监测专业人员的活动,以免其干扰或破坏现场的证据。

3.8.8 潜在印痕的拍照

在大多数情况下,作为一种安全措施,在尝试提取之前拍摄任何已显现的指纹是一种很好的做法。某些情况下,在特定的一些表面上提取指纹时,由于表面的特性潜在指纹信息可能会丢失或遭破坏。潜在指纹可以用潜指纹照相机、带35毫米微距镜头的单反相机或数码相机拍摄。通过使用适当的相机设置和适当的滤镜可以获得高质量的照片,尤其是使用有色潜在指纹显现粉末时。拍摄潜在印痕的图像应在与潜在印痕同一平面的视野中放置测量比例尺和物品标识符。照相机的方向应垂直于潜在印痕的表面,相机胶卷平面与潜在印痕的平面平行,构图中应涵盖潜在印痕、比例尺和标识符。相机镜头应设置较高的光圈值,以增加照片中的景深。当潜在痕迹位于弯曲或不规则表面时,这一步骤尤其重要。闪光灯组件应保持在一侧,以避免潜在痕迹照片中出现强反光点,并增加潜在痕迹与客体表面的反差。如果压痕是凹陷状痕迹,或者表面相对多孔或具有反光特性,则斜射光是必不可少的。可以通过使用手电筒从不同角度照亮印痕,来预览闪光灯组件的最佳摆放角度。

血液中明显的印痕应该拍照记录下来。如果要用鲁米诺/蓝星或酚酞等血液测试试剂显现,则可能需要在图像显影时拍摄一系列照片,以获取印痕与客体背景之间具有最大反差的图像。犯罪现场调查人员需要对鲁米诺/蓝星试剂处理过的着色物进行摄影实验,以便增强针对这些显现技术的专业摄影知识。参见附录 3-C 和 3-D,以了解如何用光和鲁米诺摄影进行刻画。

3.8.9　伤口的拍照

对于活体上的创伤,在医护人员清洗创伤之前和之后都应对伤口进行拍照,对于尸体上的创伤,应由法医病理学家给伤口拍照。清洁伤口前应彻底检查伤口部位和周围是否有任何痕迹。如果是咬痕,应在开始清洗之前对伤口部位和与每个痕迹相邻的部位进行唾液采样。调查人员可能无法重新拍摄伤口,因此为了确保调查人员能够对创伤的记录结果满意,选用数码相机拍摄伤口可能是较好的方法。应首先拍摄伤口的中距照片,以便将每个创口定位到创伤发生的身体部位。对创伤的摄影应始终使用彩色胶卷拍摄,并且应在伤口附近放置测量比例尺进行拍照,同时,在不放置测量比例尺的情况下重复上述操作进行拍照。相机镜头方向必须"垂直"于伤口的皮肤表面(即胶片平面与伤口平面平行),以尽量减少形变。大多数身体表面是弯曲的而不是平坦的,因此摄像机应以伤口为中心进行拍摄,身体表面在伤口周围所有方向上的曲率大致相等(参见图 3-11)。创伤应每隔一天照相一次,因为组织的瘀伤会在持续数天内发展,并且瘀伤的发展可能会大大增强创伤的细节。对于一般的创伤,尤其是咬痕,建议使用 ABFO(美国法医牙医学委员会)2 号比例尺作为测量比例尺。拍摄时伤口应放置于 ABFO "L"形比例尺的水平和垂直轴线之间,并且镜头应放置于创伤的中心。

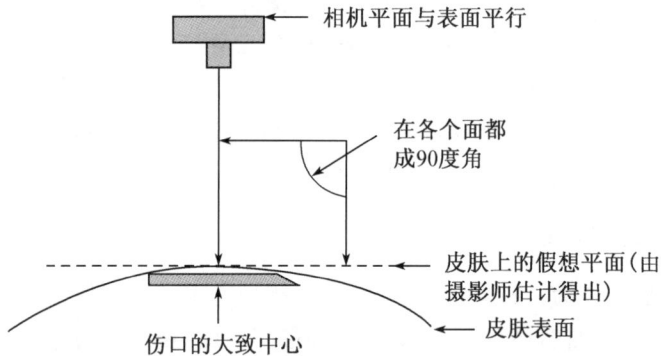

相机平面与表面平行

在各个面都成90度角

皮肤上的假想平面(由摄影师估计得出)

皮肤表面

伤口的大致中心

图 3-11　"垂直"于表面拍摄伤口

用于拍摄创伤照片的闪光灯组件应放置在一侧,以便为伤口提供倾斜(侧面)角度光源。斜射光将突出伤口的凹陷状形态(请参见第九章图 9-7)。如果伤口是咬痕,斜射光可能对伤口特征的再现至关重要。

建议在拍摄创伤照片时加上曝光时间或光圈值设置,因为伤口可能需要比周围皮肤表面更多或更少的曝光时间,并且测量比例尺应放置在相机镜头视野内。数码相机在这方面非常好用,它可以在视窗中预览伤口的外观。

总　结

1. 系统地工作

犯罪现场摄影应该是一个有序而系统的过程。这种方法将有助于确保调查的效率和效力

2. 从外围现场到中心现场开展工作

这种方法反映了现场在调查人员头脑中的显示方式、现场笔记和现场草图的记录方式

3. 把所有拍摄的照片都记录下来

照片记录卡对于确保有关犯罪现场照片的证词的准确性至关重要

4. 记录相关数据

观察时要做笔记,以免记忆力减退。在使用数码相机时,为了在法庭上对数码照片进行证实,这一步骤至关重要

5. 尽可能使用两人小组

一个两人的团队比一个人的效率和效力要高得多。额外的时间投入被效率的提高和两个人经验的增强效果所抵消,这在确定为充分记录现场所需的照

片类型和数量时经常表现出来

6. 根据需要继续拍摄其他照片

尽量在现场多拍照片,而不是之后再去尝试稍后"补齐"

7. 从每个犯罪现场的主犯或证人的视角拍摄照片

这些照片对于确定证人的可信度至关重要

8. 照片太多总比不够好

有太多的照片总比错过一张重要的照片要好,因为调查人员在以后的日子里无法准确地再现现场的情况

9. 离开现场前,查看照片日志

所有的概览和中景照片都拍了吗?
是否对所有证据物品进行了拍照,有无证据标记?
是否需要其他照片? 与其他团队成员一起查看照片日志

复习题

1. 犯罪现场摄影的目的之一是在发生<u>变化</u>之前记录现场情况。
2. 摄影相对于草图,具有以接近<u>人眼</u>的方式观察现场的明显优势。
3. 现场摄影不能代替<u>现场记录</u>或<u>草图</u>,而是对其他犯罪现场记录方式的必要补充。
4. 拍摄尽<u>可能</u>多的照片而不是<u>太少</u>是一个更好的策略,因为调查人员无法在以后的时间里回到现场以原始状态拍摄现场。
5. 犯罪现场摄影的最佳选择是<u>单镜头反光相机</u>。
6. 通过<u>照片记录卡</u>记录现场每一张照片的所有信息。
7. 在犯罪现场拍摄的第一组照片称为<u>概貌</u>或布局照片。
8. 完成概貌或布局照片后,应该在犯罪现场的较小区域拍摄<u>特写</u>照片。
9. 对于那些需要精确记录尺寸的特写照片,需要在<u>放置</u>和<u>未</u>放置标尺时分别进行拍摄。
10. 拍摄现场照片以展示主犯或任何证人的<u>视角</u>。
11. 如果可行的话,对于夜间发生的现场最好等到<u>白天</u>再重新拍摄。

12. 在尝试用指纹胶带提取之前拍摄任何已显现的指纹是一种很好的做法。
13. 拍摄创伤时,相机镜头平面应该与创伤面平行。
14. 犯罪现场摄影应该是一个有序的、系统的过程。
15. 在调查人员离开现场之前,为了完整性需要查看照片日志。

延伸阅读参考文献

The editors of Petersen's PHOTOgraphic Magazine, and M. Stevesvold. 2002. *The Complete Idiot's Guide to Photography Like a Pro*, 2nd ed. New York, NY: Alpha Books.

McDonald, J. A. 1992. *The Police Photographer's Guide*. Arlington Heights, IL: Phototext Books.

Staggs, S. 1997. *Crime Scene and Evidence Photographer's Guide*. Temecula, CA: Stagg Publishing.

附录 3 – A　犯罪现场摄影基本设备清单

1. **相机**
   (1)"傻瓜"数码相机
   (2)数码单反相机
   (3)摄像机
2. **镜头**
   (1)普通镜头
   (2)广角镜头
   (3)变焦(35~70毫米)镜头
   (4)微距(特写)镜头
   (5)补充微距镜头
3. **滤镜**
   (1)偏光滤镜
   (2)色彩滤镜
4. **外部光源**
   (1)外部光源
   (2)快门线
   (3)备用电池
5. **测量比例尺**
   (1)标准六英寸尺子
   (2)背胶尺子
   (3)美国法医牙医学委员会设计的2号比例尺
   (4)折叠尺子
   (5)卷尺
6. **比色刻度尺**
   (1)灰度

(2)色阶
7. **物品标记**
   (1)有编号的展台
   (2)3×5规格的卡片
   (3)毡头笔(常规,不褪色)
   (4)户外旗帜
8. **照明附件**
   (1)五芯手电筒
   (2)石英卤化物灯
   (3)备用光源
   (4)长波紫外灯
   (5)短波紫外灯
   (6)激光灯
9. **三脚架**
   (1)适用于35毫米照相机
   (2)平移摄像机
10. **相机包**
    (1)数码相机及配件
    (2)镜头(11.1和11.2)
11. **备用电池**
    (1)相机
    (2)外部光源
    (3)电池充电器(闪光灯,相机)

附录 3 - B　常用摄影术语

视角(覆盖角):特定镜头拍摄的现场的大小,用度数表示。镜头焦距越短,视角越宽。

光圈镜头:镜头光阑上的一个固定的或可调的窗口,可让光线穿过胶片。自动曝光相机会自动调整这个窗口的尺寸,称为光圈系数,以控制曝光。

最大光圈:镜头最大的可用开口,大开口。

光圈:透镜光阑开口的大小,表示为焦距的分数,即 f/数。

自动曝光:相机自动设置镜头光圈和快门速度以使胶片或(在数码相机中)图像传感器获得正确的光量的系统。

自动闪光:一种闪光模式,相机自动决定是否需要开启闪光,在昏暗的灯光下打开闪光灯,在强光下关闭闪光灯。

自动对焦:相机自动对焦;在大多数相机中可能会关闭该功能以进行手动对焦。

背光补偿:当光线从被摄体后面照射时,调整曝光以防止被摄体变暗。

反射光:远离拍摄对象的光指向附近的一些带有光的表面,该表面会反射和散射光,以避免在拍摄对象中出现强反光点。

包围曝光:要进行许多次具有不同曝光时间或光圈系数的曝光,有的是正常曝光时间,有的是较高的曝光时间,有的是较低的曝光时间,以确保获得一个适当的曝光条件。

曝光过度:印刷图像中缺少细节的区域,通常是由于底片严重过度曝光所致。

相机抖动:通过不自觉的手和身体的颤抖传递到相机上的动作,从而导致照片不够清晰。

电荷耦合器件(CCD):电子图像传感器,相当于大多数数码傻瓜相机中的胶卷。CCD使用成排的微小单元来测量和记录光能,并将它们创建的图案存储为数字信息。CMOS(互补金属氧化物半导体)是数码相机中使用越来越多的另一种图像传感器技术。

特写镜头:一种正辅助镜头,它缩短了透镜的焦距,允许比正常(宏观)对焦更近。

反差:在胶片底片、彩色幻灯片或数字图像中,相邻物体或被摄体的明暗差别。

打印日期:将日期打印在照相底片或数字图像上的照相机术语,即日期图像本身。

默认值:更改特定镜头或一卷镜头的设置后,相机返回的一种模式或一组模式。

景深:围绕被摄物位置周围的可接受的锐利聚焦区域,从最锐利的聚焦平面向相机延伸并远离相机。景深的边界被称为近边界和远边界。

横膈膜:薄金属片的组合,通常与透镜筒或快门结合在一起,可以通过调节来控制镜头光圈的大小。与虹彩光圈相同。

数字:与计算机语言和操作有关。数码相机不需要胶片就可以捕获和存储图片,直接用于计算机软件和打印应用程序。

变形:指的是相机镜头不能记录准确的图像,不能与透视(所谓的畸变)相混淆。

下载:将图片文件从数码相机传输到计算机的过程;同样,也指将数字文件从互联网传输到个人计算机的过程。

正确曝光:必须照射给定胶片或图像传感器以产生最佳图像质量的特定光量;曝光时

间、光圈值和光源强度的函数。

曝光:使光敏材料经受光的作用;在胶卷底片、幻灯片或图像卡上一次拍摄的过程中,大量光照射到光敏材料上。

光圈系数:镜头光圈孔径的数值表达式,是焦距的一部分(例如 f/2.8,f/5.6,f/11 等)。f/数字刻在镜头上,代表可以设置相机镜头的光圈系数。每个相邻的光圈系数使通过镜头的光量增加一倍或减少一半(例如,光圈系数为 f/2.8 时,光射入胶片或图像传感器的量是光圈系数设置为 f/5.6 时的两倍)。

强制闪光(也称为闪光灯开启):一种闪光模式,在这种模式下,相机每次拍摄都会闪光,用于在明亮的室外光线下用光线填充阴影或直接射入被摄对象的阴影区域以降低照明对比度。

慢速胶片:对光的敏感度相对较低的胶片,表现为较低的感光度(ISO)等级,通常为 ISO 200 及以下的胶片。

胶片幻灯片:在原始胶片本身上产生主体正像透明图像的胶片。尽管可以直接从幻灯片进行打印,但主要用于投影或扫描而不是打印。

胶片速度:胶片对光的敏感性的度量,胶片速度用 ISO 编号表示,例如 ISO 400。数值越高,胶片对光越敏感。

快速胶片:对光有很高的感光度的胶卷,表现为高的感光度(ISO)等级,通常为 ISO 400 及以上。

滤光片:由塑料、玻璃或其他材料制成的薄片或圆盘,通常是有色的,可以用来吸收透射光中选定的成分。

电子闪光灯:对犯罪现场摄影极为有用的光源;闪光在一个动作中突然爆发,并且通常具有几种不同的模式。

焦距:表示镜头在画面中所包含的景物部分的宽或窄(视角),和/或与被摄物的大小相关(放大倍数)。

正常焦距:35 毫米机型的焦距设置通常在 55 毫米左右,而 APS 机型的焦距设置通常在 40 毫米左右,这有助于重现场景中最自然的尺寸关系(例如,与眼睛的感知相似)。

焦距范围:变焦镜头提供的焦距,用最短和最长的毫米数表示,例如 38~90 毫米。

对焦点:自动对焦取景器或观察屏中间的小括号、线或圆圈,指示相机对焦的位置。

帧编号:印在纸背条上,沿着胶卷边缘,以及 35 毫米胶片带穿孔之外的数字,可用以识别单个图片(或帧)。

框线:取景器框内的亮线或暗线或括号,指示将在胶片上记录的场景区域。

帧计数器:该显示器显示了在胶卷或数码相机上拍摄的照片数量。

框架:(1) 通过"相机的取景器"或"取景器"屏幕查看时看到的"矩形";(2)调整摄像机的位置和角度,以达到在取景器边界内构图的目的;(3) 图像(图片)本身;(4)在胶片或数码卡上的一次曝光。

强反光点:拍摄对象在某个区域上的光浓度过高,这通常是由于闪光灯不倾斜于对象表面而引起的。

图像传感器:数码照相机中的"电子"胶片,利用这一"矩形"显微镜、"光敏"细胞,照相机实现对图片的记录(参见电荷耦合器件)。

图片:拍摄对象的"呈现"。曝光和显影照相乳剂的可见结果;在数码相机中,通过相机的内存捕获和/或显示的可见结果;并可从胶片或数字记忆卡中打印出来。

平方反比定律:物体表面上的照明强度与从光源到被照亮表面的距离平方成反比。例如,将被拍摄物体和光源之间的距离加倍,被摄对象接收到的光量是原来的$\frac{1}{4}$。

ISO编号:表示胶片对光的特定敏感性的编号。现在,它也被用来描述数码相机中图像传感器的(可调)灵敏度。

液晶显示屏:液晶显示屏幕,位于数码相机的背面,用以合成照片和查看结果图像;在DSLR中,可以从相机背面查看屏幕以查看来自曝光的图像;在某些DSLR中,它也可以作为LCD面板用于相机设置。

LCD面板:通常会在相机的顶部找到它,指示相机的状态和设置。请勿与彩色LCD屏幕(也称为LCD监视器)混淆,后者用于在傻瓜数码相机中拍摄和查看照片。

镜头卡口:相机机身的一部分,用来固定镜头。

长镜头:比普通镜头焦距长的镜头;长焦镜头。

可互换镜头:可以将其作为完整的单元从相机机身上取下并由另一个镜头代替的镜头。

微距镜头:有时也称微型镜头。用来描述一种镜头的术语,尤其是在短距离拍摄物体时使用的镜头。前缀"宏"或"微"通常出现在"镜头"名称中。变焦镜头可能具有宏设置。

变焦镜头:可调焦距的镜头。相机操作人可以通过缩放来增加或减小镜头的放大倍率,从而使主体在框架中变大或变小(请参见放大和缩小)。

普通镜头:任何镜头的焦距长度大约等于胶片镜架的对角线测量值,通常在整个35毫米相机的胶片镜架对角线上大约有50~55毫米。

遮光罩:一种用以遮盖镜头前部元件的装置,可以屏蔽对象区域外部的直接光,以防止或减少外部光源产生的眩光。

远摄镜头:又称"长焦距镜头"。镜头的焦距为70毫米(带35毫米相机),或者大于该数值。所拍摄的物体被放大,就像用望远镜一样。

广角镜头:具有短焦距的镜头,在整个场景中镜头的横截面相对较大(例如,28毫米镜头和35毫米镜头);与"普通"镜头相比广角镜头具有更大的角度覆盖率。

镜头:在相机前部的一个由玻璃或塑料制成的异形圆柱体;它将对象的图像投影到胶片或图像传感器上。

测光表:相机用以测量光线水平并确定照片的正确曝光设置的内置装置。

微距摄影:以适当的缩小或放大倍率拍摄物体。

兆字节:一百万字节的数字信息,通常用以描述图片文件大小的度量单位(一个字节是创建或复制一个彩色像素所需的信息量)。

百万像素:一百万像素(见像素),用以描述数码相机分辨率的度量单位。

存储卡:大多数数码相机用来存储照片的小型塑料和硅晶片;它具有各种类型、物理尺寸和容量(以兆或吉字节为单位)。

模式:使相机执行特定功能或操作的设置。

模糊的:指印刷品缺乏细节、对比度和色彩鲜艳度的术语。

中性密度滤光片:由玻璃、塑料或明胶制成的薄片或圆盘,具有平面和平行的表面,调成某种均匀和特定的灰色,在曝光时用在相机镜头上,以减少曝光的强度而不改变其颜色。有时称为钕滤镜,它们的校准密度可以精确到从 0.1 到 4.0。

曝光过度:是指光线过多的摄影图像。

视差误差:镜头所看到的与相机操作人通过相机的取景器所看到的差异;在较长的焦距和较近的拍摄对象下尤其明显。

透视:拍摄一个场景或一个物体,就像在眼前看到的那样;不同焦距的镜头所提供的不同视角。

显微摄影:通过显微镜拍摄。

图片文件(也称为图像文件):与文本文件等效的照片,它是数字文件,通过它可以在计算机上显示照片和/或将其复制为打印件。可以使用数码相机在没有胶卷的情况下创建,也可以通过扫描胶卷底片、幻灯片或打印件来创建。

像素:图像传感器中对颜色敏感的小型组件。图像传感器由数百万个像素(一百万个像素等于一个百万像素)组成,它们共同作用将光图像转换为电子文件,即数字图像。数字图像在 LCD 屏幕上可视化,并通过计算机打印机转换为图片。

正片:色调或颜色与被摄对象相似的图像。

打印机:台式计算机外围设备,用来从图片文件中打印照片;是用于摄影目的的"照片质量"模型。

随机存取存储器(RAM):计算机中的活动数字存储量,RAM 必须相对较高,才能使用照片和数字成像软件。

分辨率:用以测量照片清晰度的术语;它适用于数码相机中的镜头、胶卷和图像传感器。数码相机的分辨率通常以兆像素为单位进行描述,例如 4、6、10 或 12 兆像素。

扫描:将照片(负片、幻灯片或打印件)转换为计算机可使用的电子形式的过程。

清晰度:在照相底片、印刷品或数码影像中,物体清晰可辨的细节呈现的程度。

拍摄,摄影:用照相机拍摄一张照片的典型术语。其他一些相关词是"曝光""画面""图片"等,以及照片或图像本身。

快门按钮:按下按钮以拍摄照片。在"自动聚焦"相机上,按下"一半"时,"快门"按钮也将激活并锁定"聚焦"。

快门速度:(1) 使快门在相机的镜头上保持打开的时间的长度(通常是一秒的小片段),以使光线直射到胶片上;(2) 曝光间隔的持续时间;(3) 快门拨盘上标记的设置。数字代表分数的分母,其中 1 是分子。例如,"100"的"设置"等于曝光时间为每秒的 $\frac{1}{100}$,"400"的"设置"等于曝光时间为每秒的 $\frac{1}{400}$。

侧光(斜光):"光"从一侧射向对象,极大地增加了对象的纹理,并在法庭科学中广泛使用,用于显示对象的深度特征以进行比较。

单镜头反光:是一个"反光照相机",其中的取景器图像是由该相机的镜头形成的,并由一个倾斜的镜面反射到通常安装在顶部的观看屏幕上,该镜头通常倾斜在镜头的后面。在胶片曝光期间,镜子会翻转到密封玻璃底盖的开口处,使图像光可以穿过胶片室。在大多数设计中,都使用了焦平面快门。

幻灯片:将"透明胶片"安装在纸板、金属、塑料或玻璃上,以便将其投影到屏幕上进行查看。

SLR:"单镜头反光"的缩写。

缩小光圈:减小镜头的光圈大小(例如,将 f/5.6 更改为 f/22)。

拍摄对象:被拍摄的"事物"或"景色"。

辅助镜头:一个简单的镜头或镜头系统作用于相机镜头上,目的是改变有效焦距,例如用于拍摄特写镜头的微距镜头(有时以透镜的形式存在于滤光片中,用于快速连接)。

缩略图:在胶片或记忆卡的快照中的小参考图像,出现在计算机屏幕上的索引打印或索引中。

定时曝光:特指通过设置快门拨号盘上的"T"来进行相机曝光,但通常用以指代任何主要是定时的曝光,定时时长大于一秒以上。

时间(快门时间):在大多数快门上标明的速度。按下快门释放按钮时,快门时间设置将打开,释放时将关闭。对于超过一秒的曝光间隔,这是一种方便的设置。

透明度:参见幻灯片。

三脚架:一个三脚形架子,通常可调节高度,并带有可倾斜和旋转的头部,可以将相机固定在其上以在使用过程中提供支撑和稳定性。

紫外线:通常的名称是指短波、高频电磁辐射,在可见光谱的边界超出了紫色光的范围。

USB(通用串行总线):用于将数码相机、读卡器和其他外围设备通过 USB 电缆连接到计算机的通用系统。

取景器:在"照相机"上的视窗,通过它可以查看和构成对象的矩形框架。

显示屏(又称液晶屏或液晶显示器):"小的"类电视屏幕,位于"数码相机"的背面,通过这一屏幕可以构建图片,查看已拍摄的图片,并调整菜单。

缩小:在变焦镜头上设置更短的焦距,以便在图片中包括更多的场景。

放大:在变焦镜头上设置更长的焦距,以使照片中的对象更大。

附录 3 - C　夜间摄影

摄影师使用多个光源来照亮黑暗区域,这些光源可包括手电筒、聚光灯和闪光灯。需要这样做的可能是傍晚时分出现多个证据的街道场景。

当摄像机保持在一个位置时,光源是可移动的。

所需用品

相机,三脚架,长快门线,光源(闪光灯、手电筒),在快门打开时覆盖镜头的黑色硬板和备用电池。

步骤

- 快门线可在不接触相机的情况下打开和关闭快门(因此可防止相机晃动)。
- 相机的视角是镜头所见的相机前方的视角。
- 三脚架:相机必须安装在三脚架上。这是由于长时间的快门曝光,人的手只能握住相机约 1/50 秒而不晃动相机。任何低于这个时间的快门速度都会造成相机抖动,导致图像模糊。因此需要一个三脚架。

提示:在黑暗中拍摄时,在三脚架的支架周围贴上发光胶带,可以防止人被绊倒。也可以在三脚架的中心挂一盏小灯。

- 事先制定计划将避免在拍摄过程中出现更多问题。请注意区域、可用的环境照明和证据位置。让照明人员在预设位置分散光线。

步骤 1　将相机放在三脚架上。

步骤 2　连接快门线。

步骤 3　如果相机设置为手动对焦,请在场景的 $\frac{1}{3}$ 处对焦。一个较宽的焦距(F5.6 或 F8)应该能提供足够的景深(F8 更好)。一旦设置了焦点,请确保将焦点设置从自动移到手动模式。

- 根据要获取的景深设置(光圈系数)F-stop。光圈(F-stop 为 1.4,2.8)打开得越宽,获得的景深越小。在设置光圈系数时,一个很好的起点数值可以是 F5.6 或 F8。
- 使用的光圈越小,每次关闭光圈都会使画面和曝光时间增加一倍。因此,在 f/5.6 下 60 秒的曝光变成在 f/16 下 8 分钟的曝光。
- 白平衡(WB):如果使用手电筒,则 WB 应该设置为钨。利用适当的白平衡可以防止在捕获的图像中出现色偏。这将确保准确描绘照片的色彩平衡。
- 设置 ISO。ISO 越高,创建的噪点(像素化)越多。选择最低的 ISO,一个很好的起点大约为 ISO 400。

步骤 4　如果拍摄过程中只有一个操作人员,那么将快门放到灯泡上并保持打开状态 60 秒钟。该人员绕着场景进行多次闪光照射现场,然后返回并关闭快门。如果有一个以上的操作人员,则 1 号人员留在相机旁,打开快门,将黑卡放在镜头上(请勿触摸镜头),而 2 号人员绕场景跑动将场景四周点亮。在闪光灯闪光之前,让照明人员(2 号人员)大声通知相机操作人员(1 号人员)以取下遮盖镜头的黑卡;闪光灯熄灭,并将黑卡放在镜头上。根据需要重复照明场景。完成后,让 1 号人员关闭快门。利用快门线使快门保持打开状态,因为这可以防止相机抖动,并确保固定相机带。

- 闪光的次数取决于要照亮的区域的大小。提示:使用闪光灯组件时,请勿使闪光灯回到相机中。不要让自己置身于相机和光源之间(会挡住光线)。请勿对准反射源,如镜子、窗户等。站在诸如汽车和树木等物体后面,闪烁光源可防止发生这种情况。分配光源时请保持移动,因为这样可以防止鬼影出现在照片中。穿深色衣服会有所帮助。

平方反比定律

当一个物体距离一个点光源的距离是它的 2 倍时,它将获得原来 $\frac{1}{4}$ 的照明。所以,这意味着如果把拍摄对象从大约 10 英尺的距离移到大约 20 英尺的距离,将需要 4 倍于同样曝光量的光线(2 倍的距离意味着接收到 $\frac{1}{4}$ 的光,因此需要 4 倍的光)。访问网址 http://www. geofflawrence. com/inverse_square_law. html

附录 3–D 鲁米诺摄影

鲁米诺是一项推定性测试,在血液曾经出现但已经不再可见的情况下使用。鲁米诺与血液中的血红蛋白发生化学反应,这个过程产生化学发光(发光)。在使用鲁米诺的现场中,在擦拭前记录这些区域是很重要的。其他化学发光材料包括蓝星和荧光素。

通常,鲁米诺会提示犯罪现场的工作人员某个区域可能有血迹。然而,家用化学品,如漂白剂,会产生所谓的假阳性结果。这意味着该区域会发光,但反应会有所不同。这些区域往往会很快强烈发光,并很快消失。这些区域也可能表现出火花型效应。有经验的犯罪现场人员可以根据反应发生的速度做出可靠的鉴定。当这种情况发生时,还需要借助其他血液定性测试,如酚酞。值得注意的是,鲁米诺不会破坏 DNA。无论选择使用什么化学增强试剂,一定要知道测试过程是否会破坏 DNA 样本。众所周知,酚酞可以破坏 DNA,所以每个区域都要使用两个拭子。如果发现推定血液呈阳性,一个用于检测,另一个送往实验室进行分析。

血迹越陈旧,效果越好。

注意:这是一个团队的工作,需要至少三个人来完成。

所需物品

照相机、三脚架、快门线、隔离所有外部环境光的遮光材料(黑色垃圾袋或黑色垂布的效果良好)、强力胶布、油漆工用胶带、硬币(用以测试假阳性反应)、发光尺(通常在鲁米诺包中)、闪光灯(白色而非黄色)、秒表或其他计时装置、鲁米诺或其他化学试剂和喷雾瓶,或肥料分配器(拉推枪栓式的罐)和蒸馏水。磁力搅拌器(费希尔科学)在确保化学药品充分混合方面效果最佳。个人防护设备,如手套、护目镜、口罩和靴子也必须包括在内。

设置两台照相机是记录现场的最佳方式。一个照相机用来拍摄发光,而另一台照相机则设置为不仅捕获发光,而且还捕获添加入射光时拍摄的方向。如果不是在双三脚架上,则需要将两个照相机相邻放置。

注意:在进入犯罪现场之前,一定要测试所有化学品,以确保化学品正常工作。

步骤

步骤 1 在原始状态下通过草图和照片记录现场,寻找清理的痕迹以及其他证据。

步骤 2 关闭所有可用的外部灯(关灯来达到目的),这包括出口标志、电脑上的灯、窗户和门发出的光,任何光源进入摄影体系都会影响拍摄结果。完全黑暗是达到最佳拍摄效果的必要条件。

步骤 3 一套摄影设备。测量三脚架和墙壁之间的距离,三脚架到拍摄区域的距离,以及三脚架到地板的距离。在拍摄的区域加上硬币(硬币上的假阳性反应)。让两台照相机并排放置。

相机设置

• 相机必须设置为手动模式(M)。

• 连接快门线(这样可以防止相机抖动)。

• 固定相机皮带,防止移动(相机的任何轻微移动都会导致相机抖动和图像模糊)。

- 光圈开得很大(F-stop 值设置为 1.4 或 2.8)。景深在这里不是一个问题,但允许发光是一个问题。
- 快门位于灯泡处(这可以一直保持快门打开的状态)。
- ISO 设置为 400 到 1000(这取决于每张照片的结果)。

步骤 4　将化学物质混合(得到每 16 盎司混合物可能需要花 10~20 分钟)。始终遵循制造商的说明。如果只向预先确定的鲁米诺化学品中添加 16 盎司的水,请勿将其加倍添加进去制备新的一批试剂,因为这可能会降低化学品的有效性。注意发光材料有有效期,在混合化学品之前把一切都安排好。

提示:可以一个人混合化学品,一个人喷洒试剂,两个摄影师摄影。一个人在喷洒化学物质时,另一个人可以制造另一批化学材料。

步骤 5　穿戴个人防护装备。

步骤 6　在使用化学药品后摄影师开始拍照。

首先,在房间的灯光下拍照。然后关闭房间灯,打开两个快门连接相机上的灯泡。喷洒化学药品。第三个人可以选择两分钟的时间作为一个起点。两分钟后,关闭一台相机的快门。随后,当第二台相机快门仍处于打开状态时,请人从天花板上反弹一束光(非常短的光束,以显示光的方向)。紧接着关闭第二个快门。查看完两个相机的图像后,如果需要更多或更少的光线,请进行调整(请参阅"如何使用可用的光线"一节)。

可以将鲁米诺重新应用到同一区域,但是使用的次数越多,稀释的样品区域就越多。该区域会发光一段时间,然后开始褪色,因此要注意把握时间。如果有发光区域,请人用油漆工的胶带标记该区域。这样可以在打开灯时看到该区域,并且可以进行其他推定测试(如酚酞)。这也允许对标记出的区域进一步用照片进行记录(在光照下)。

请记住,任何进入场景的光都会影响发光区域的结果。这包括一部手机或其他可能带有指示灯的设备。如果是这种情况,应确保该人在摄影师后面。

步骤 7　在所有区域继续执行步骤 1~4,直到犯罪现场处理完成。

第四章 犯罪现场草图

据说一张图片胜过千言万语,但在犯罪现场调查中,如果附有一张准确而详细的草图,图片就更有价值了。

——罗伯特·奥格尔

关 键 词

准确定位,系统的,关键区域,同一精度,两个人换手测量,布局草图,粗略草图,详细草图,放大草图,分解视图草图,海拔视角(侧视角)草图,最终草图(成品图或定稿图),显示草图,计算机绘制草图,临界精度,直角坐标,三角定位,辅助参考点,横断面基准线。

学 习 目 标

- 讨论现场草图的重要性。
- 解释现场草图的目标。
- 总结绘制草图的准备工作。
- 列出并解释绘制现场草图时的不同测量技术。

引 言

犯罪现场草图的价值来源于它们能够在没有外来细节的情况下呈现大量的现场信息,从而为犯罪事件的重建和再创造工作提供重要的数据。犯罪现场草图的目标包括展示一个清晰的场景框架,补充笔记和照片,并显示现场物体的位置和关系。必须以系统的方式准备草图,从而最大限度地发挥其对调查的价值。

4.1 现场草图的价值

犯罪现场草图是对调查人员犯罪现场笔记和照片的必要补充。尽管照片提供的场景与眼睛所见相似,但它们是二维的,并且缺少所见物品的精确空间信息。犯罪现场草图可以精准地提供有关这些空间关系和场景几何特征的信息。这些几何属性对于重建工作以及在法官或陪审员心目中重新创建场景至关重要。犯罪现场草图还提供了一个视觉模型,以说明调查人员在法庭上的证词。笔者喜欢将草图与要购买的房屋的平面图进行比较。这些"楼层平面图"显示了位置的布局,并允许你查看房间的位置。草图提供了相同的信息,并使观看者有机会查看房间、建筑物和结构的位置以及证据在这些结构中所处的位置。

草图提供了一个"鸟瞰"的视角,想象一只飞过头顶的鸟正俯视着现场。如果这是在一个住宅内,请移开屋顶,并直接向下看。所有对象都显示为图形,并且是二维的(宽度和长度)。这里的重点是提供入口/出口点的布局以及物品、家具和证据的空间关系。

4.2　犯罪现场草图的目标

4.2.1　呈现出犯罪现场的清晰"头脑"图

草图与照片的不同之处在于,它消除了现场没有证据价值的物体。草图应包括诸如家具之类的主要特征,以便进行重建工作,并为照片中的物品提供准确的空间关系数据。

4.2.2　补充调查人员的笔记和照片

尽管照片具有一个"正常"的视图,现场笔记增加了在照片或草图中不明显的观察细节。犯罪现场草图是对调查人员的笔记和照片的补充,但不会取代它们。

4.2.3　显示证据项目的准确位置和关系

草图提供了一种方法,通过精确的记录测量,记录证据物品和其他物品的准确位置。测量值应放在草图上,或放在同一页上的单独图例中,或放在标记清楚的附件上。

4.2.4　刷新调查人员的记忆

许多调查需要数月甚至数年才能完成。尽管场景的细节最初可能在调查人员的脑海中清晰可见,但仍需要草图在日后进行现场重建,特别是对于司法程序而言,清晰而准确的证词取决于草图中的准确细节。无论调查人员的记忆力有多强,都需要在现场绘制好草图,以便将来重建现场,并在法庭诉讼过程中增加调查人员证词的可信度。

4.2.5　说明证人的证词

除非有一个框架来说明证人所指的区域,否则对法官或陪审团来说,证人的证词将显得模糊。此外,根据草图中显示的现场的大小以及证人所陈述的位置,可以评估证人是否能够看到证人所作证的行为。

4.2.6　为犯罪现场重建提供实际的数据

重建犯罪现场的事件及其顺序是收集和分析物证的主要目的之一。任何重建工作都必须依赖现场物品和证据的确切空间关系。绘制良好的草图是提供重建工作所需事实数据的最有效方法。

4.3　草图的经验法则

4.3.1　系统规划现场草图

与在犯罪现场进行的其他操作一样，调查人员应该清楚地知道准备什么类型的现场草图，才能够将现场的主要细节传达给案件的其他调查人员、负责起诉的律师，以及最终可能会审理此案的法官和陪审团。制定一个系统的计划可以提供最佳的方法，以确保调查人员准备足够数量和类型的现场草图。

4.3.2　首先大致展示现场的整体布局

这些布局/概览草图提供了显示后续详细草图之间关系的框架。这些草图还将为现场照片和调查人员有关犯罪现场处理的报告提供独特的参考框架。在准备这些草图和其他类型的草图时，使用方格纸会很有帮助。

4.3.3　通过测量准备有关区域的详细草图

绘制布局草图后，应紧接着绘制带有相关区域测量值的详细草图。绘制的每个区域都应易于参考布局草图。

4.3.4　根据需要准备放大草图

可以根据情况绘制关键区域和测量的放大草图。血迹形态、子弹轨迹，以及包含大量证据的区域都是放大草图需要绘制的情形，对于上述每个有需要关注的区域，通过绘制放大草图可以更好地说明这些情况。

4.3.5　附加草图

在调查期间，应根据需要准备附加草图。最好有许多清晰的简单草图，而不是只有一两个草图，其中对象和测量数据塞满草图中可用的空间。但太多细节在一个小区域可能会使草图无法阅读。重要的是保持草图简单，提供现场和现场内物品的布局，并在草图上放置所有有证据价值的物品。

------ **实例** --

如果现场有很多房间，请确保将每个草图放在单独的页面上，但是要有一个大的草图来显示现场的整个布局。笔者通过在正确位置上同时将多个页面粘在一起做到这一点。陪审员和其他不在现场的人员需要了解一个人如何进入和离开现场，以及该人在整个现场和房间中的运动轨迹。如果现场是两层结构，则将每个楼层放置在单独的草图上，并确保草图中包含如何进入每个楼层的信息（即绘制楼梯、电梯的位置）。

4.4   需要记住的其他要点

1. 在草图上显示指北针

在草图上画向北的箭头是一种传统做法,尽管这种做法几乎没有用,除了在没有街道定向的室外乡村现场中。调查人员将需要一个用于乡村现场的磁罗盘确定(磁性)北向。在指北时,使北向上很重要。因此,在绘制草图时一定要确保指北针总是在草图顶部。

2. 对所有证据物品进行精确测量

显示测量的精度(例如 $28'$ 表示 28 英尺,$6\frac{1}{2}''$ 表示 6 英寸半)。"$\frac{1}{2}$"表示测量精确到半英寸。由于使用直角坐标测量法很难获得精确的 90 度角,或者对于三角测量法很难获得精确的零度,因此很难使测量结果比最接近的半英寸精确。如果犯罪现场的测量需要极高的精度,可以由调查团队或基于激光的测量系统进行测量。

3. 使用同一精度测量同一草图上的物品

对同一草图上的所有测量使用相同的精度是一个很好的做法。如果现场中的某些物品需要更高的精度,那么为这些物品准备单独的放大草图,可使观察者更容易理解,同时物品也更清晰。

4. 使用基本方法进行测量

由于现场各不相同,可以在现场使用许多不同的测量设备。笔者使用轮式测距仪和长度从 25 英尺到 250 英尺不等的卷尺,还有激光设备。在使用激光测量设备之前,要确保这个设备被校准过且是准确的。可以同时使用钢卷尺和激光测量装置进行检查,以确保测量结果一致。轮式测距仪可用于长距离测量(这些设备也应定期校准)。避免使用复杂的测量设备或方法,尤其是那些只有你能理解的设备或方法。测量单位应为英尺、英寸(公制测量国家/地区除外)和英寸的分数。使用英制测量单位规则的一个例外是在血迹形态重建中对血迹进行的测量,按照惯例,此时应以公制单位进行测量。由于血迹滴落状形态很小,血迹尺寸必须使用公制测量方法,如果使用英制测量系统对其进行测量会造成不便。

5. 测量时确保卷尺笔直且不下垂

卷尺在悬空测量时发生下垂会引入很大的测量误差,尤其是在测量长距离时更为明显。如果卷尺不平直,则会出现测量错误。水平仪是防止这种情况发生的另一种有效工具。

6. 避免以下常见错误

(1)颠倒读取数字(把 6 读成 9)。

(2)读错脚印。

(3)混淆卷尺的零点。

(4)将一英寸读取为十分之一英尺(工程师的卷尺)(一英寸实际上为十二分之一英尺)。

(5)不将所有信息写在一个方向上。要避免陪审员或其他人在阅读草图时不得不从各个方向转动草图,或者不得不转头或伸长脖子来理解所画的内容。草图要易于阅读和理解,这一点非常重要。

7. 两人换手测量对测量值进行复核

让两个人验证每个草图中的所有测量值是一个很好的做法。这种措施允许两人中的任何一个人在法庭诉讼中验证草图和尺寸。如果任何一个人不能在法庭上作证,另一个人可以提供必要的证词,以便使对犯罪现场的素描和测量结果被认可。

4.5 现场草图的类型

4.5.1 现场粗略草图

1. 方位(概览或一般区域布局)草图

方位布局草图(见图4-1)说明了犯罪现场发生的大致区域。方位布局草图用以确定现场中准备的其他草图的定位方向。方位布局草图是一个粗略的草图,旨在提供犯罪现场地点的概览,以将犯罪现场中各区域的空间关系"放置"在头脑中,并且方位布局草图应该在犯罪现场发生时完成。对现场进行测量并将测量结果放置在草图上,但是草图中的房间是在没有测量的情况下绘制的,仅估计各个区域的相对大小。

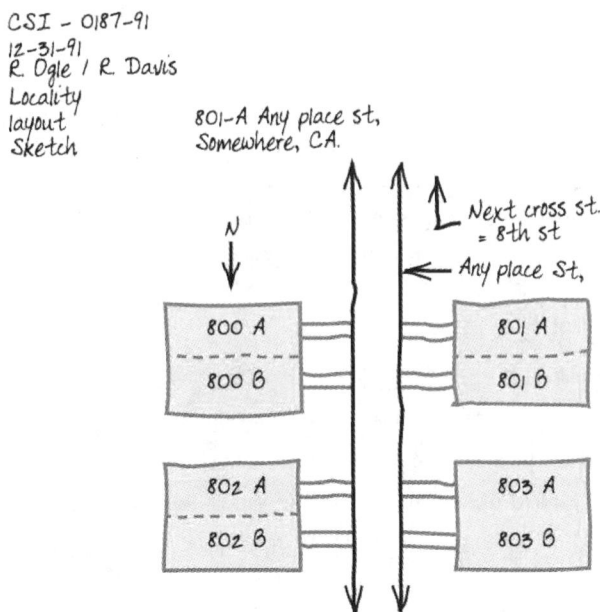

图4-1 方位布局草图

2. 带测量值的详细草图(不按比例)

在描述犯罪现场草图时通常会使用"草图"或"示意图"这样的术语,而"草图"或"示意图"通常所指的就是详细草图。在现场手绘的草图中包含所有证据物品的位置和其他相关物体(例如家具)的测量数值。这些草图未按比例绘制,因此允许存在很小的误差,但是使草图中的比例与现场的比例尽量接近是很有用的,这将使草图具有"正常"的外观。首先通过以大致成比例的方式绘制所要区域的草图。其次绘制该区域中的对象和物理证据,对每个对象和证据物品进行测量并将测量结果放置在草图上。在测量现场和现场中的物品时,请使用永久性参考点,例如外墙就可以作为永久性参考点。外墙有 10 英寸厚,而内墙只有 5 英寸厚,因此外墙被认为是更永久的。不要跨房间测量物体,而是要测量形成矩形点的两个点(例如,从东墙和北墙或南墙和西墙进行测量;见图 4 - 2)。使用这两个相同的点来衡量该房间中的所有证据。

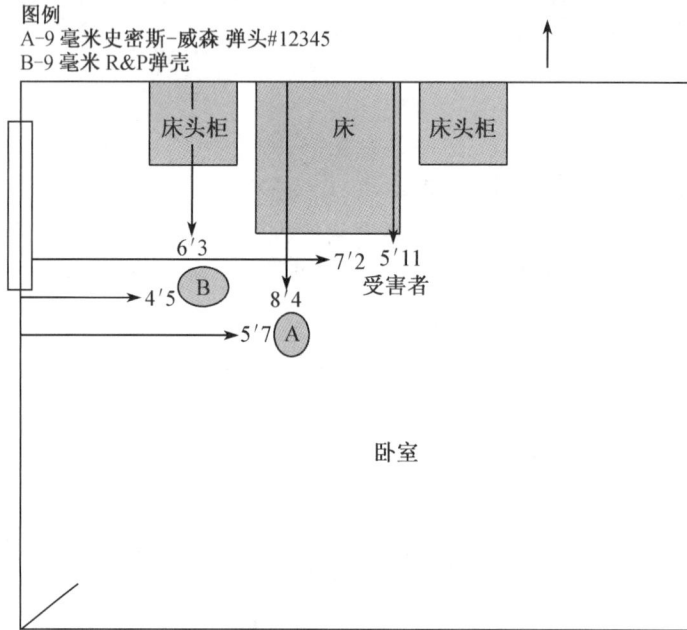

从房间(外墙)的两个永久点对证据和受害者的位置进行测量

图 4 - 2　测量时选取的永久参考点

3. 具有更多细节的放大草图

血迹图案、子弹轨迹或其他形态证据在大尺寸草图中的测量精度比在放大草图中的低。放大草图(参见图 4 - 3)可以实现对血迹形态、子弹轨迹或其他形态证据更高精度的测量。放大草图是较大草图中小区域的详细草图。放大草图用于有大量证据物品或需要通过非常精确的测量来记录图案的情形(例如,多个弹孔、血迹飞溅在地板或墙面上的形态)。使用"辅助参考点"的方法建立"辅助参考测量点"以在详细区域草图中对每个物品进行测量(参见图 4 - 10)。

4. 展示平放墙面的现场分解视图草图

分解视图草图(参见图 4 - 4)可说明血迹飞溅、子弹弹孔、弹道和其他有重要意义的证据之间的相互关系。这种类型的草图展示了平放(向下折叠)的墙壁(有时是天花板),就好像"爆炸"使墙壁都倒塌了一样。请设想一下纸板箱,当将纸板箱放平并拉出箱子的侧面时,整个箱子各个面全部都放平了。这些扁平面中的每个面都可以代表每一面墙壁。确保为每面墙贴上标签。这是由场景中粗略草图绘制的最终草图。分解视图草图的使用仅限于以下情形:需要显示墙壁上的细节特征(例如"子弹弹孔")的空间关系,且这些空间关系需要与地平面上的布局同时显示出来。

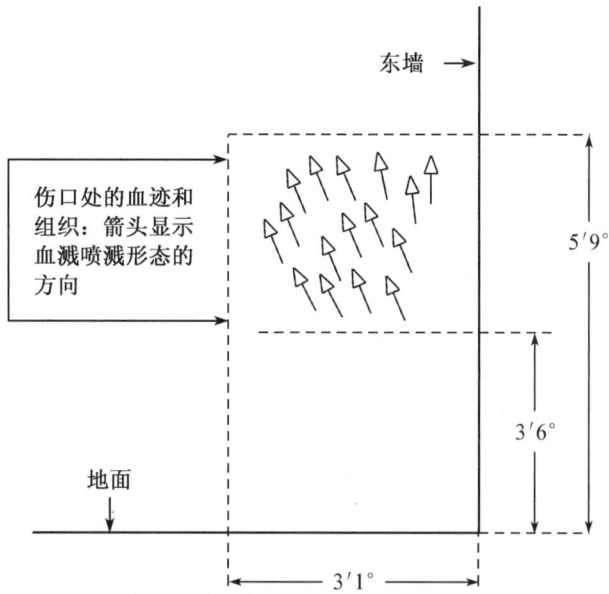

图4-3 放大草图

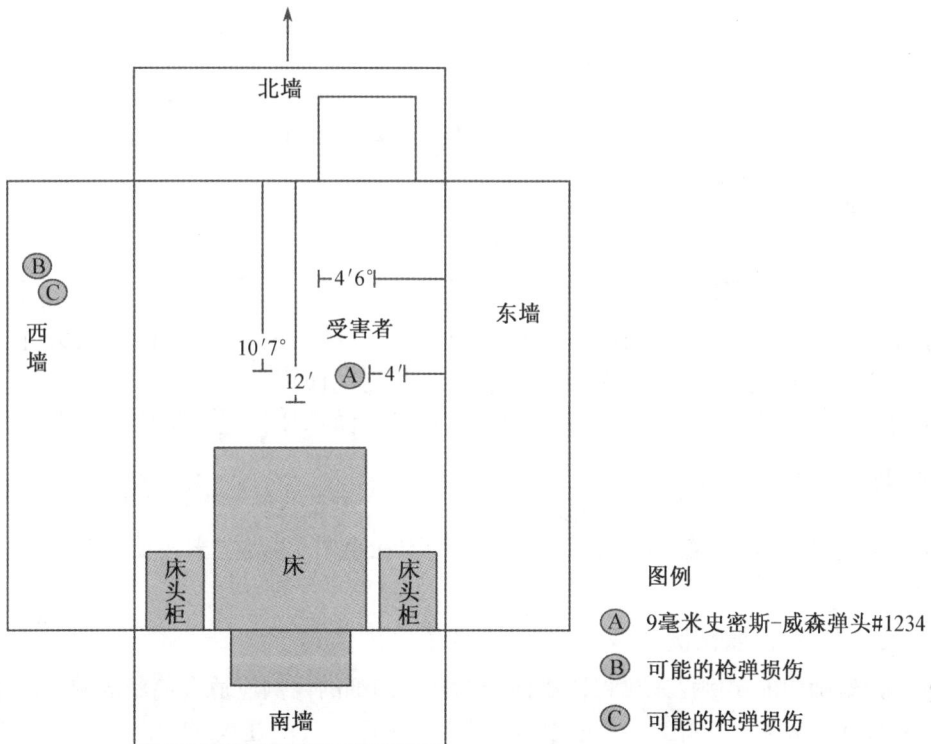

图4-4 分解视图草图

5. 海拔视角草图

海拔视角草图(参见图4-5)用以显示现场中当前的坡度。海拔视角草图是粗略草图,是用来显示犯罪现场的高程图。海拔视角草图是不经过海拔测量的地形的粗略表示,是对照片的补充。如果需要精确的海拔视角图,可以由测量人员或其他专业人员使用测量员的设备进行绘制。

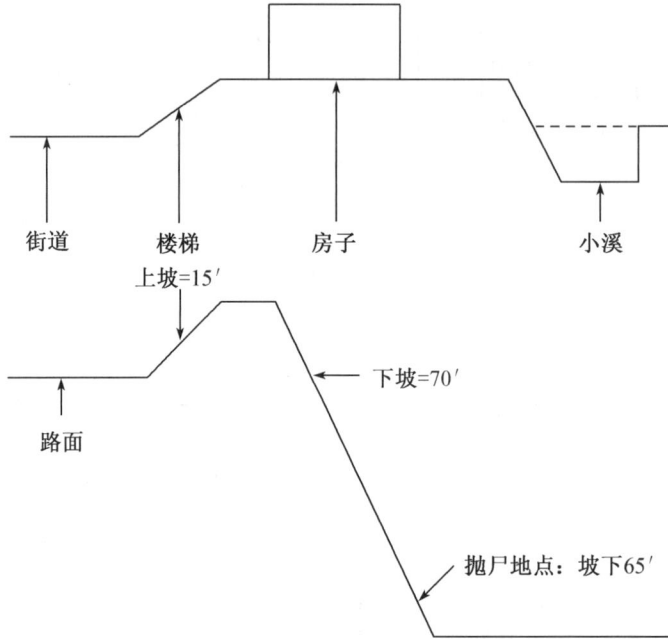

图 4-5 海拔视角草图

4.5.2 最终草图

1. 最终草图(未按比例)

最终草图(参见图 4-6)是在粗略草图的基础上绘制出来的,其画面应该保持干净整洁。最终草图上不应反映出任何测量方法,但是绘制时的面积应该与它们的测量值成比例。举例说明一下,如果编号 SE 的卧室是十英尺乘十英尺的房间,笔者将使用固定的比例尺(例如方格纸上的一个正方形)来代表一英尺(这也将在草图上注明)。这意味着将用十乘以十个正方形绘制这一房间,以显示该区域的比例。此比例尺将统一用于草图中的所有区域。确保所有相关对象和数据都出现在草图中。清楚地在草图上标注"未按比例",以便读者知道比例只是近似值。

2. 最终草图(按照比例)

使用建筑师用的比例尺来确保图纸的准确性。图纸的比例应适合绘制区域的尺寸和所用纸张的尺寸。表 4-1 列出了在按比例绘制草图时比例尺的建议准则。按比例绘制的最终草图应首先用铅笔绘制;在完成铅笔绘图后,可以使用专为最终草图设计的绘图笔在铅笔线上画线,并用白色橡皮擦擦除多余的铅笔线。图例和其他数据应使用字母指南或转移刻字的方式添加进草图中,以使草图具有最终外观。

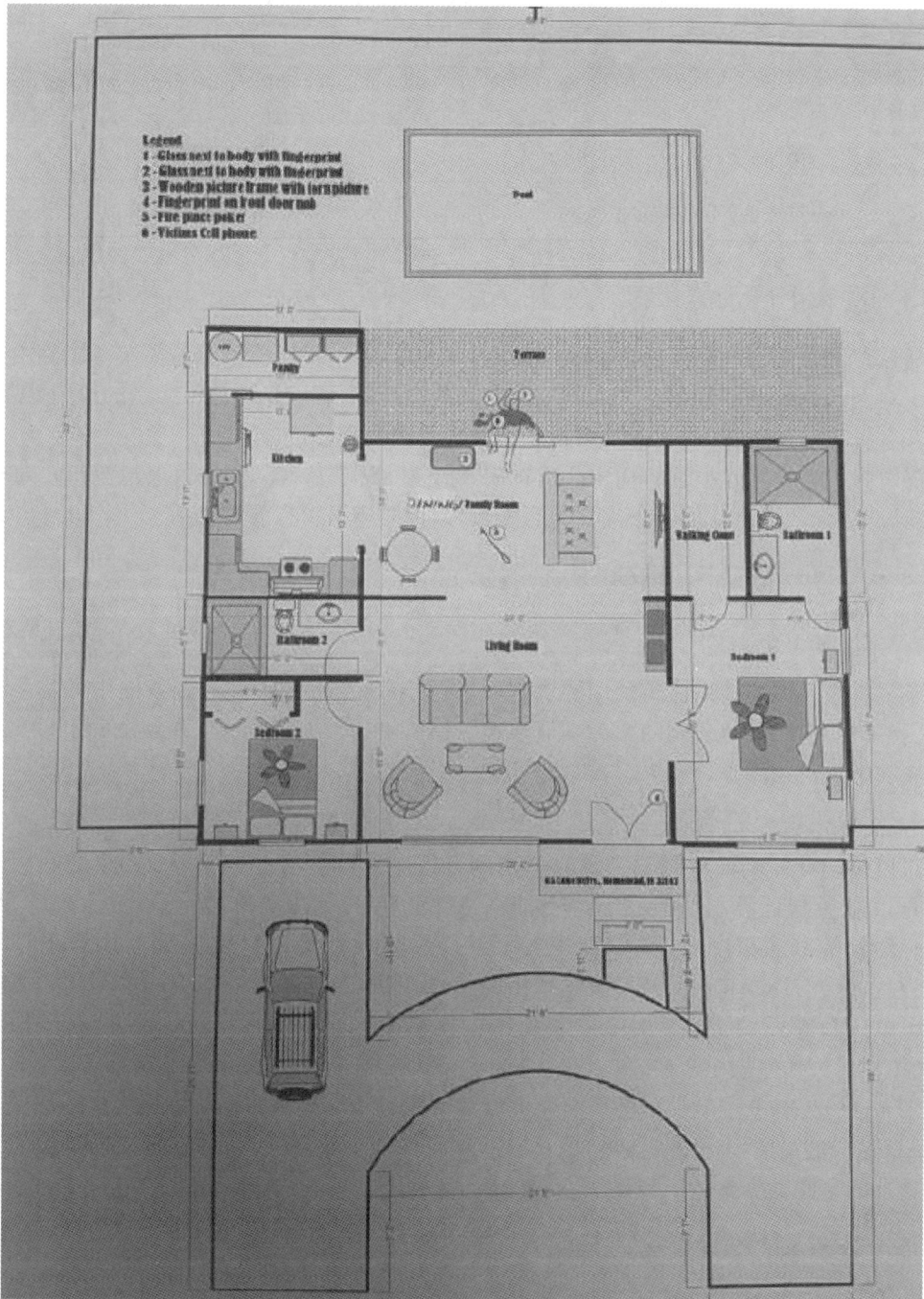

图 4‑6　最终草图(不按比例)
（图片由莎伦·普洛特金提供）

表 4-1   按比例绘制草图的比例建议准则

比例	绘制的面积
$\frac{1}{2}$英寸=1英尺0英寸	小房间
$\frac{1}{4}$英寸=1英尺0英寸	较大的房间
$\frac{1}{8}$英寸=1英尺0英寸	公寓楼、室外区域

4.5.3   法庭上展示的草图

显示草图仅用于法庭展示,代表了各种各样的草图,从按比例绘制的简单草图到由建筑师或专业图形画家绘制的彩色大图;或者,在某些情况下,可以是计算机绘制的草图,可将其打印在各种尺寸的纸张上,或者投影到非常大的法庭视频显示屏上。

随着计算机技术在执法机构中应用越来越普遍,视频显示草图将越来越流行。对于法庭展示,应该使用大尺寸的纸张或大的磨砂板,以便陪审员可以看到细节。

4.5.4   临界精度草图(重建、法庭展示)

1. 手工绘制的草图

临界精度草图应使用建筑师用的比例尺进行绘制,用以测量和放置草图中的物品。然后,子弹弹道角度、血液飞溅图案和其他重建工作所需的数据可以能反映现场确定事实的方式放置在缩放的绘图上。

2. 计算机绘制的草图

可以使用计算机辅助制图和设计(CADD)程序在计算机上绘制草图(此处使用缩写CADD以避免与计算机辅助设计程序的 CAD 混淆),有许多价格合理的 CADD 程序。CADD 绘制的草图精度可以很高,并且可以投影到大屏幕上以供法庭使用。还有一些CADD 程序带有用于将物品放置到草图中的符号库,这些符号库可用于许多不同的 CADD程序。CADD 草图的优点是易于在草图中使用精确的测量值。此外,CADD 草图易于编辑,为了报告或法庭展示需要,可以在草图中轻松地添加额外的数据或细节。

图 4-7 和 4-8 也展示了利用商业上可获得的基于计算机的绘图程序绘制的草图。类似 CAD 这样的绘图程序不仅成本低可负担,而且操作简便,还能满足犯罪现场单位为法庭展示适合的草图的需要。

4.5.5   计算机绘制的三维草图

还有多种计算机绘图程序可提供现场的三维视图。这些程序对准备犯罪现场重建的个人特别有帮助,因为程序允许从许多不同的角度观察现场,如从侧视图到俯视图。另外,有几个程序能以动态化的形式呈现犯罪活动中的一系列动作。某些程序还允许绘制人员插入符号库文件,并允许绘制人员将数字配置到适当位置以展示犯罪现场的重构。

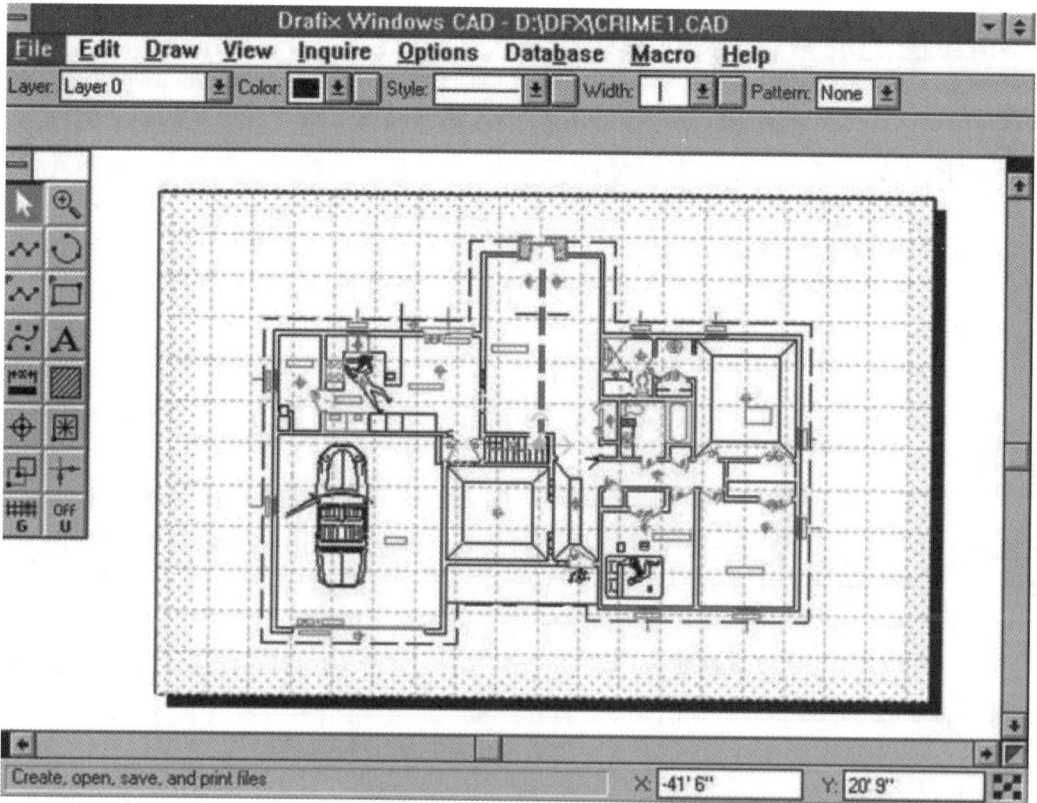

图 4-7 CAD 绘图程序的屏幕视图，显示住所的计算机绘制草图
（图片由 Sirchie 指纹实验室提供）

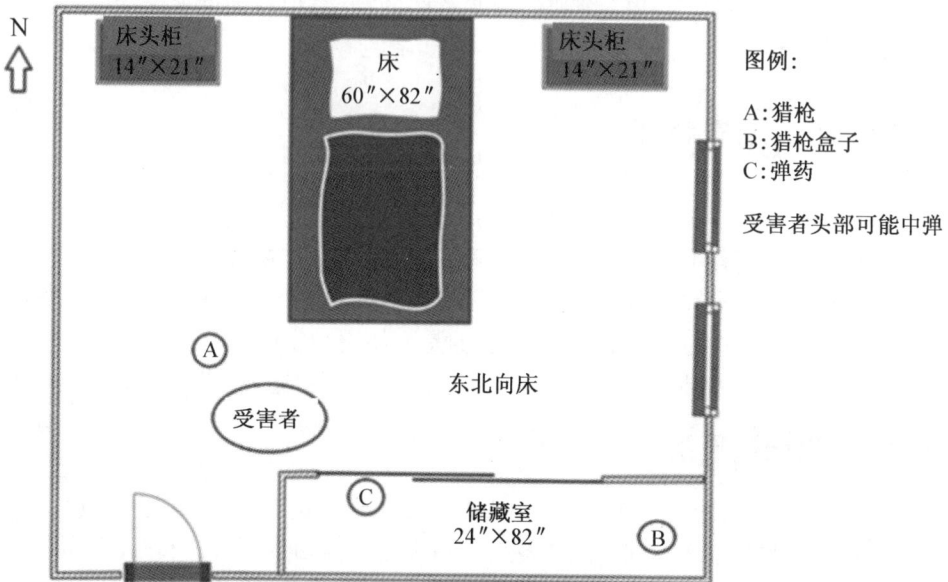

图 4-8 利用 DesignWare 三维可视化计算机辅助设计程序创建住宅的比例草图
［尼娜·萨拉查（Nina Salazar）/培生教育公司提供］

4.6　草图的准备：建议的系统程序

犯罪现场草图的准备应遵循与现场初步调查、拍照和现场笔录的准备相同的顺序。犯罪现场调查人员应首先准备布局(概览)草图，为准备的详细草图提供框架。一旦布局草图绘制好了，就应该为每个包含相关对象或证据的区域绘制一个粗略草图。如果要绘制一个以上的区域，则应按顺序绘制这些区域。如果需要一个较小面积的放大草图，那么一旦完成较大面积的草图，就可以绘制该小面积的放大草图。准备草图时，应牢记以下几点：

（1）精确测量每个区域的尺寸。

（2）两个人换手测量以验证所有测量值。

（3）每个证据项目在测量时需要参考至少两个固定点(相关适当的测量方法见图4-9至图4-14)。

（4）测量家具和其他与现场相关物体的尺寸和位置。测量家具和证据物品时，应该使用相同的两个参考点，请勿使用相对的两面墙，而是以南/北朝向的墙和邻接的东/西朝向的墙作为两个测量参考点。

（5）测量门窗的位置；显示开门的方向。

（6）用字母标注家具等物品，或者直接在草图中进行标注；用数字或字母标记证据项目；并将带有标签的项目放置在图例中。此图例位于最终草图的前面。

（7）在收集证据之前，检查每个草图的准确性和案件数据的完整性，以及家具物品和每个证据物品的位置。

（8）将标题放置在最终草图前面，标题中包含以下信息：现场类型、现场位置、日期和时间、机构和绘制草图的人员，此外还需在此处注明"未按比例绘制"。

（9）此处笔者的意图是提供一个如何绘制草图的指南，但任何时候都应该根据你所在机构的资源和建议来完成草图。

4.7　犯罪现场测量技术

现存的测量技术有许多，但对于犯罪现场草图中的测量，最好使用那些常用的技术，这些技术可被在随后的调查中查看草图的人所理解，包括直角坐标测量法、三角测量法、辅助参考点法测量和横切基准线测量法。另一种极坐标测量方法很少使用，但为了完整起见，这里也对其进行了说明。进行任何测量时，重要的是要使用固定的参考点，如灯柱(外部现场)或外墙(内部现场)，这些外墙比内墙厚(与5英寸厚的内墙相比，外墙一般为10英寸厚)。

4.7.1　直角坐标测量法

直角坐标测量法(见图4-9)最适合用于有四面矩形墙的室内现场。请注意，要对现场的每个物品到相邻的两堵墙之间的距离各进行一次测量(即北和东，北和西，南和东，或南和西)。这种方法也可以在具有矩形格式的固定区域(即车道、人行道内的区域等)的室外使用，在这个区域内可以进行两次彼此成直角的测量。特别要注意的是，必须对墙壁尺寸、人行道尺寸等进行测量，以提供用于对该区域中的物理对象进行测量的框架。

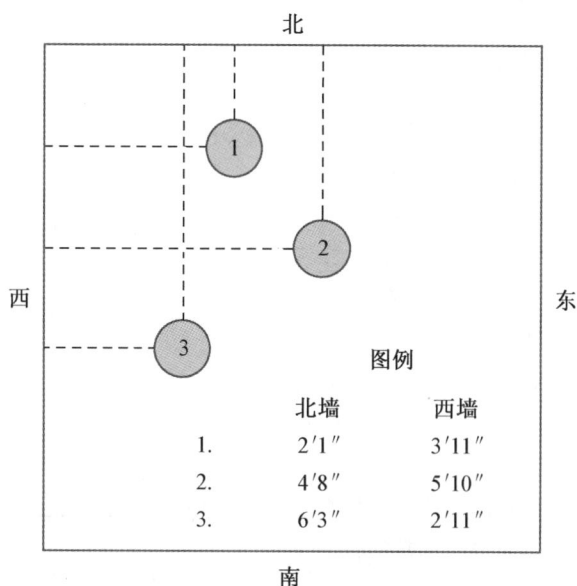

图例

	北墙	西墙
1.	2′1″	3′11″
2.	4′8″	5′10″
3.	6′3″	2′11″

图 4-9 直角坐标测量法

4.7.2 三角测量法

三角测量法(见图 4-10)可用于任何地方,室内或室外。它的主要优点是测量容易,无论场景是小房间还是大型户外区域都适用。这种方法需要一个两人小组(或者更好的是一个三人小组)来进行测量(卷尺的两端各安排一个人)。从第一个参考点开始的所有测量可以一次完成,然后位于卷尺零刻度的团队成员可以移动到第二个参考点,从第二个参考点开始进行所有测量。为了根据这些测量值来准备按比例绘制的草图,调查人员必须知道如何使用指南针和建筑师的标尺来测量草图中每个项目的准确位置(一些计算机草图绘制程序能够直接使用这些测量值)。请记住使用固定的物体作为参考点。使用三角测量法测量时,

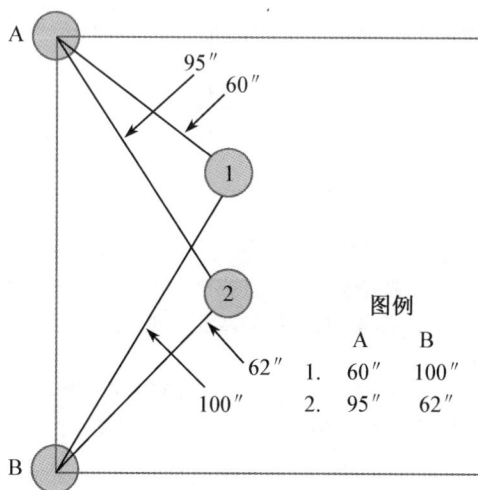

图例

	A	B
1.	60″	100″
2.	95″	62″

图 4-10 三角测量法

知道测量时的角度有时很重要,因为证据可能不在房间或区域的中心。

4.7.3 辅助参考点测量法

辅助参考点测量法(参见图4-11)是直角坐标方法或三角测量法的扩展。当要绘制的区域与主要参考点相距较远时,可以通过从主要参考点(A和B)进行测量来建立次要参考点。然后可以利用这些辅助参考点(在此示例中为X和Y)提供对每个物理对象或证据项目的两次测量。从主要参考点可以建立的次要参考点数量没有限制(允许在不进行许多长距离测量的情况下绘制多个区域)。这种方法对于绘制需要测量许多小物件的小区域或需要精确测量的区域(例如血迹图案)非常适用。

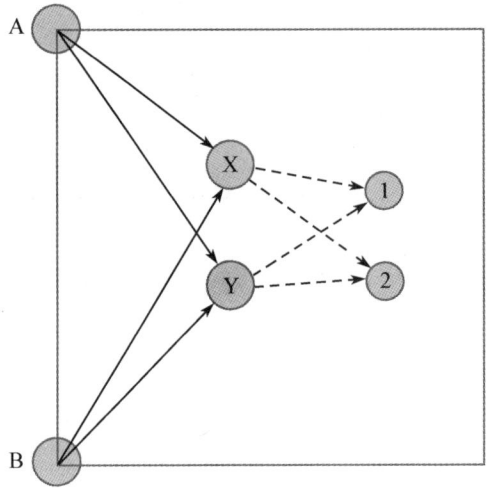

图4-11 辅助参考点测量法

4.7.4 横切基准线测量法

横切基准线测量法(参见图4-12)要求在两个固定点(本图中的A和B)之间的直线上放置一根钢卷尺。对每个项目的测量均与卷尺(基准线)成90度角,测量并记录到基准线的长度,从而为最终草图上每个项目位置提供所需的两次测量(分别为距离基准线和A的距离)。这种方法对于大的室外区域是可以接受的,但是对于室内现场,不如直角坐标或三角测量法有效。

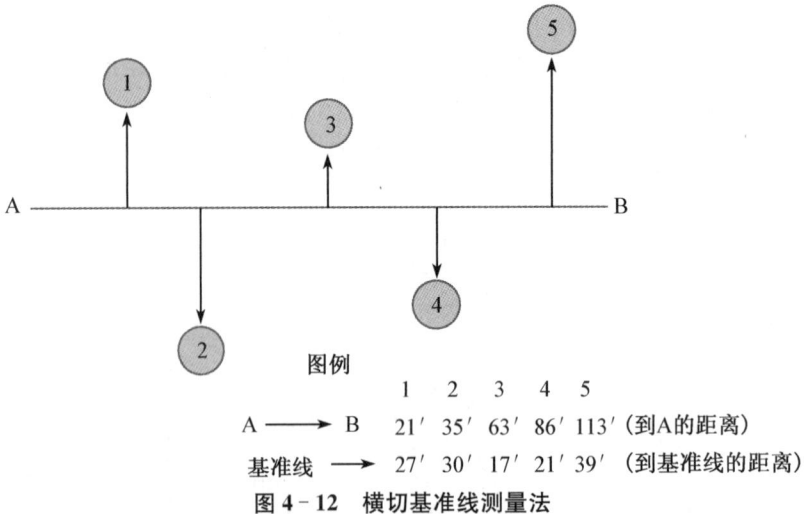

图例

	1	2	3	4	5	
A → B	21′	35′	63′	86′	113′	(到A的距离)
基准线 →	27′	30′	17′	21′	39′	(到基准线的距离)

图4-12 横切基准线测量法

例如,在使用路灯杆(将其拍摄下来并作为固定参考点)的室外现场中,路灯杆也被称为侧线,路灯杆上的信息应该表示在草图和报告中。为了从路灯杆创建两个参考点,笔者用一根测量卷尺,以该侧线为起点从北向南(反之亦然)拉一条线,然后再用另一根测量卷尺,以该侧线为起点从西向东拉一条线(反之亦然,最终呈现L形)。放好这些测量卷尺,然后从每条卷尺线上进行测量以获得两个测量点(参见图 4 - 12)。这称为基准线测量。

4.7.5　极坐标测量法

极坐标测量法(参见图 4 - 13)是一种基于激光的绘制(测量)方法,用以测量现场中物体的位置。仪器测量从每个物体到测量装置(A)的距离以及从固定线(A 到 B 间的线条)到每个物体的角度。该方法提供了确定现场中物体位置非常精确的手段。图 4 - 13 展示了证据物品在现场的二维位置。也就是说,每个对象都是参照其在平地表面(平面)上的位置,比如住宅房间的地板。激光测量设备还可以测量每个项目的垂直高度,以便通过与测量设备配套的计算机程序以三维方式显示现场项目(参见图 4 - 14)。

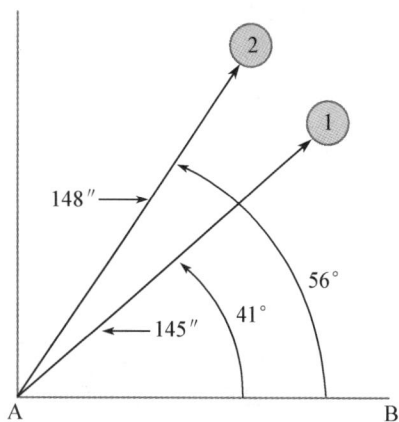

图 4 - 13　极坐标测量法

图 4 - 14　犯罪现场草图绘制方法:利用地图现场测量技术绘制草图
(图片由微软公司提供)

当必须在没有固定参考点/固定装置的农村地区测量证据和犯罪现场时,可能需要创建固定点/固定装置。首先,重要的是测量任何道路或通道指向犯罪现场之间的距离(航空摄影也可以帮助实现这一点)。一旦在犯罪现场进行上述测量,可以借助一根金属杆(比木桩维持的时间长)创建固定点(侧线),并将其部分沉入地下。从杆的顶部获取全球定位系统坐标读数,并用照片在报告中表示这些测量值。然后,可从该参考点创建基线和/或网格。进行测量时,请务必同时拍摄所有物品和被测量的现场。在完成草图绘制和现场测量工作后,将该金属杆压入第一次立桩的地下。如果该地区仍然是农村地区且尚未开发,那么应该能够返回到这一相同的确切位置(基于 GPS 坐标)并找到该金属杆。

4.7.6　人员要求

三人小组是准备草图的最有效方法。在三人小组中,一名团队成员准备草图,另两名成员负责使用卷尺或其他测量设备进行测量。准备草图的人员和在卷尺末端查看测量结果的成员都可以很容易地验证每个测量值。两人小组的效率比三人小组低,因为两个人需要频繁地放下卷尺将测量结果记录在草图上。然而,在许多情况下,犯罪现场草图将由一个或两个人准备,这取决于现场的大小和所呈现的物证的复杂程度。

4.7.7 所需设备

1. 卷尺

钢卷尺是必不可少的,因为它们具有最佳的精度,下垂的程度最小,并且最容易操作。只有在极端情况下,才应该用布卷尺来测量犯罪现场。高质量的轮式测距仪可用于长距离测量,但应使用高质量的钢卷尺对其进行定期校准。犯罪现场工具包应同时包含一根 25 英尺的卷尺和一根更长(100 或 150 英尺)的卷尺,用于测量更长的距离。25 英尺长的卷尺应该尽可能宽(通常为 1 或 1.5 英寸),因为较宽的卷尺更易于操作,较薄的尺条容易摆动,并且在悬空测量时不能跨越很长的距离。

2. 绘图材料

绘图材料包括书写材料、纸张、直尺以及写字夹板或活页本。这些物品应具有良好的质量,在犯罪现场车辆或巡逻车辆中保持充足供应。线条纸或方格纸有助于绘制草图区域的轮廓,但这不是必需的。直尺(例如尺子)有助于在草图中绘制线条并画出图例框。作为准备草图的便携式绘图平台,写字夹板或活页本或“文件盒子”是必不可少的。

3. 三角测量法:使用指南针

使用三角测量法进行草图测量后,必须使用指南针将测量结果放置在最终草图中。对于那些没有使用指南针的人来说,测量结果将以图 4 - 15 所示的方式放置在草图上。

草图区域轮廓需要放置在草图上,其轮廓是借助建筑师的比例尺按比例绘制的。该技术为后续通过三角测量法进行测量提供了参考点。圆规的针头放置在标尺的零点上,铅笔芯尖头放到标尺上与精确测量值相等的点。然后将圆规的指针放在第一个参考点上,并画出一条弧线。以相同的方式从第二个参考点进行测量。完成相关步骤的结果是两条弧线在比例尺图纸上相交,交点与测量点正好重合。以相同的方式确定每个测量点,直到所有

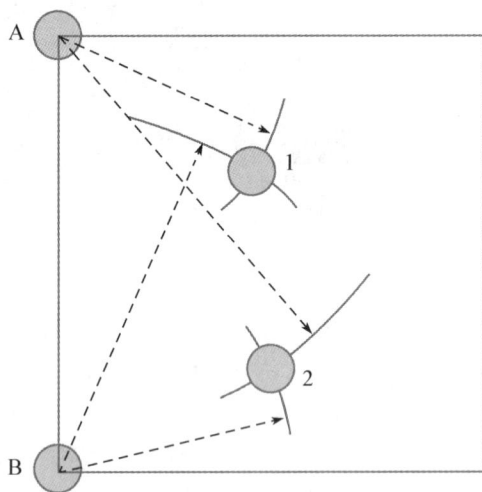

图 4 - 15 将三角测量法的测量结果放置在草图上

测量点都出现在草图上。然后将每个项目放置在草图上,遵循这一方法用铅笔完成这些测量。一旦在草图中绘制完所有项目,最后一步绘制操作是用绘图笔在铅笔项目上画图,然后用白色橡皮擦除多余的铅笔痕迹,留下最终形式的草图。

总　结

犯罪现场草图

绘制布局(概览)草图,为后续详细草图做好准备

、绘制包含测量值的区域粗略草图

准确测量每个区域的尺寸

用两人换手测量的方法对测量值进行复核

请记住,每个证据项目都需要至少测量两个固定参考点(相关测量方法,参见图 4 - 9 至 4 - 13)

测量家具和其他现场相关物体的尺寸和位置

测量门窗的位置;显示开门的方向

用字母标记家具和其他物体,或直接在草图中标记;用数字标记证据项目;并将带有标签的项目及其尺寸放置在图例中

在收集证据之前,检查每个草图以确保案件数据的准确性和完整性,检查家具物品的位置以及每个证据物品

现场处理结束时,在汇报期间重新检查所有草图

复习题

1. 草图不能代替现场记录和照片,而是各种犯罪现场记录方式的补充。

2. 草图提供了记录证据项目准确位置的方法。

3. 犯罪现场草图可用于说明证人的证词。

4. 草图为犯罪现场重建提供实际的数据。

5. 调查人员应该系统地规划现场草图。

6. 第一组草图应该是布局草图,用于展示现场的整体布局。

7. 带有相关区域测量值的详细草图用以显示现场证据物品间的精确位置关系。

8. 放大草图用于记录关键区域和包含较多数量证据的区域。

9. 使用同一精度测量同一草图上的物品。

10. 测量者仅能使用常用的测量方法进行现场测量。

11. 如果测量卷尺下垂,测量时将会引入很大的测量误差。

12. 两人换手测量的方法用于对测量值进行复核。

13. 每个证据项目测量时都需参照固定参考点。

14. 直角坐标测量法要求对彼此相邻的两堵墙进行测量。

15. 分解视图草图展示了平放(向下折叠)的墙壁。

潜在指纹证据

每个人都携带自己的签名,自身的生理学签名在全球众多的人口中,没有重复的现象……这个签名由大自然在手掌和脚掌内侧留下的精致线条或褶皱组成。

——马克·吐温(《傻瓜威尔逊的悲剧及那些非凡的双胞胎的喜剧》)

美国出版公司①

关 键 词

油墨捺印指纹,潜在指纹,显在指纹,加层痕迹,减层痕迹,指纹遗留时间,指纹沉积,汗腺,小汗腺,大汗腺,污染物,无损,激光,多波段光源,长波紫外光,水溶性,荧光,水不溶性,系统方法,潜指纹粉末,氰基丙烯酸酯,碘熏法,小颗粒试剂(SPR),茚三酮,二氮芴酮(DFO),潜在指纹显现,非渗透性表面,渗透性表面,氨基黑,四甲基联苯胺(TMB),消退印痕,个人防护设备(PPE)。

学 习 目 标

■ 讨论指纹和印痕的类型。
■ 解释潜在指纹的显现。
■ 理解不同的表面类型以及其对指纹识别的影响。
■ 列出并解释不同的指纹识别技术。
■ 叙述如何向实验室提交指纹证据。

引 言

在刑事案件中使用指纹作为识别个人身份的手段有一段错综复杂的历史,这段历史被弗朗西斯·高尔顿(Francis Galton)严重歪曲了。1858 年,英国人威廉·赫歇尔(William Herschel)在印度开始试验指纹[1]。1877 年,他还在印度的时候,开始使用指纹作为地契和狱

---

① 摘自 *Fingerprints* (*The Origins of Crime Detection and the Murder Case that Launched Forensic Science*),2001,Colin Beavan,Hyperion,New York.

卒证上的签名[2]。1878年,在日本的苏格兰传教士亨利·福尔兹(Henry Faulds)博士在古代陶器上发现了令人印象深刻的指纹,并根据所有十个手指的指纹,开始对指纹进行广泛的实验,以确定它们是否有助于作为个人身份识别的工具。在1880年科学杂志《自然》上发表的一篇快报中,他第一个建议使用指纹进行个人识别[3]。1886年,福尔兹开始试图说服苏格兰场采用指纹来识别罪犯。1888年,高尔顿开始用指纹进行实验,以确定指纹是否可以作为确定一个人身体和智力能力的手段。虽然高尔顿不能确定这些特征之间的相关性,但他后来窃取了福尔兹关于指纹作为确定个人身份的一种手段的概念[4]。

1892年,阿根廷的侦探胡安·吾茨迪斯(Juan Vucetich)在犯罪现场使用指纹,从一位杀害了自己两个孩子的母亲那里获得了供词[5]。这个案件的消息几年内都没有传到欧洲。1893年,孟加拉的警察局长爱德华·亨利(Edward Henry)开始在他使用了一年的贝蒂隆人体测量系统上添加拇指指纹,作为识别罪犯的一种手段。亨利的助手阿齐祖尔·哈克(Azizul Haque)设计了一个全面的指纹分类系统,这是一个在没有人体测量的情况下使用(十个手指)指纹的系统,是一个识别罪犯的有效系统。高尔顿窃取了福尔兹的想法,并把它们作为自己的想法提出来,哈克从高尔顿那里借用了其中的一些来发展他的系统,爱德华·亨利(哈克的老板)在1899年英国科学进步协会的会议上把分类概念作为自己的想法提出来;因此,该系统被称为"亨利"分类系统[6]。

阿根廷的吾茨迪斯最早使用犯罪现场的潜在/显在指纹来识别嫌疑人。第一次在法庭上使用潜在指纹作为证据是在1902年英国的哈利·杰克逊(Harry Jackson)案件中。在1905年晚些时候,斯特拉顿(Stratton)兄弟因谋杀托马斯(Thomas)和安·法罗(Ann Farrow)被判有罪并处以绞刑。指纹鉴定人员在全球范围内认可单个指纹识别人身的有效性(当时并没有科学验证),这使得人们认可了仅通过单个指纹就足以确定该指纹来源的身份这一事实。

美国身份管理局于1904年建立了指纹采集系统。美国第一个根据指纹证据被定罪的人是托马斯·詹宁斯(Thomas Jennings),他在1911年被判谋杀罪。指纹的使用在美国变得很普遍,最终导致在联邦调查局安装了自动指纹识别系统(AFIS)计算机(美国第一台AFIS计算机在旧金山警察局安装,并且该计算机在确立杰克逊公诉案中囚犯无罪方面发挥了关键作用,杰克逊公诉案件是笔者经历的一起案件,在第六章中有引用)。

1938年,苏格兰法官乔治·威尔顿(George Wilton)发起了一场运动,支持应承认福尔兹建立了指纹用于识别罪犯的开创性工作。威尔顿的努力成功地揭示了福尔兹对接受指纹作为确定罪犯身份的有效手段的根本贡献。此外,威尔顿法官的努力促使两名美国指纹专家:加利福尼亚州的詹姆斯·莫克(James Mock)和俄勒冈州的迈克尔·卡里克(Michael Carrick)[7]找到了福尔兹的坟墓,并在英国指纹协会的帮助下,修复了坟墓,为一位为世界刑事司法系统做出如此宝贵贡献的人竖立了一块合适的墓碑。此外,由于福尔兹死后身无分文,他们的努力使他两个女儿成功地获得了政府的资助。

潜在指纹是物理证据中较常见的类型之一,当然也是最有价值的一种。指纹是一种积极的个人身份识别形式,通常在没有任何其他类型证据的情况下提供肇事者的身份。随着诸如AFIS之类的计算机指纹搜索系统的出现,潜在指纹的价值已快速上升。可以将犯罪现场的清晰指纹与庞大的数据库进行快速比对,并可以产生识别效果,比如对"夜行者"理查德·拉米雷兹(Richard Ramirez)的识别。在一起笔者经历的系列强奸案中,利用指纹自动系统识别出了真正的强奸犯,使得另一名先前被判有罪的嫌疑人得到释放。

潜在的指纹有些脆弱,在犯罪现场一个不小心的行为就能将其破坏。应该努力培训第一响应者在犯罪现场谨慎行事,以避免在犯罪现场调查人员到达之前丢失这一宝贵的证据。许多痕迹是"看不见"的,这要求执法人员谨慎行事,以便调查人员能够找到这些痕迹。

每个人,除少数例外,手指、手掌和脚掌上都有摩擦脊纹。摩擦脊纹的某些特征使其适合于个人识别。指纹识别利用三个基本原则使其成为一门科学:首先,指纹是大约七个月的时候在子宫里形成的。其次,指纹是个人所独有的,具有独特性。最后,它们是永久性的,除非皮肤的山脊形成层被永久破坏。

根据潜在指纹检验者的经验,不同人或同一人不同区域的摩擦脊纹均不相同。由于这些原因,单个手指的印痕可以用来识别出形成该印痕的人。因此,一个人手指形成的油墨捺印指纹就成了识别这个人的永久记录。指纹是在犯罪现场发现的最常见的证据类型,原因是指纹可以在犯罪现场的某些区域保持不确定的时间。这基于现场的条件和人们居住或聚集在可能发现指纹的区域这一事实。潜在指纹是重要的证据,调查人员应尽一切努力在每个犯罪现场找到它们。需要特别注意可能被肇事者触摸过的物体,例如入口和出口处的表面、可能发生清洗的区域、厕所、门把手、电话以及肇事者移动或带到现场的任何物品。彻底处理现场寻找潜在指纹的努力能在用其他方法无法解决犯罪证据时得到回报。

DNA血迹分析技术的快速发展不仅使潜在血痕的显现更有价值,而且产生了犯罪现场分析人员与法庭科学人员在显现血指纹(被认为是显在指纹,意思是可见的指纹)方面密切合作的需要。这些专业人员之间的团队合作将增强血迹印痕的信息内容。

5.1 指纹和印痕的类型

5.1.1 油墨捺印指纹

油墨捺印指纹是指用指纹墨水将个人的五个手指(远端关节以外的摩擦脊纹)直接记录下来的印记,并放在标准格式的指纹卡上。油墨捺印手掌印痕是手掌区域的摩擦脊纹的印痕。一般案件中的指纹包括手面上的所有摩擦脊纹,其中还包含手指侧面和指尖(滚动时从指甲一个侧面到指甲另一个侧面)和手掌侧面的摩擦脊纹。这些区域在标准指纹卡片上不做记录。其他区域,例如脚趾和脚底,也可以用这种方式记录。尽管我们没有将脚印归类为指纹,但脚上有一些特征也可以进行识别。油墨捺印指纹卡片使用统一的标准进行分类,并且可以将其输入计算机数据库中,以便与从犯罪现场获取的潜在指纹进行比较。采集的油墨捺印指纹是从已知来源获取的,因此也可以称为标准参考指纹。

图5-1显示了手指摩擦脊纹的主要形态。

图5-2说明了用于比较和识别潜在指纹的摩擦脊纹的特征(细节特征)。

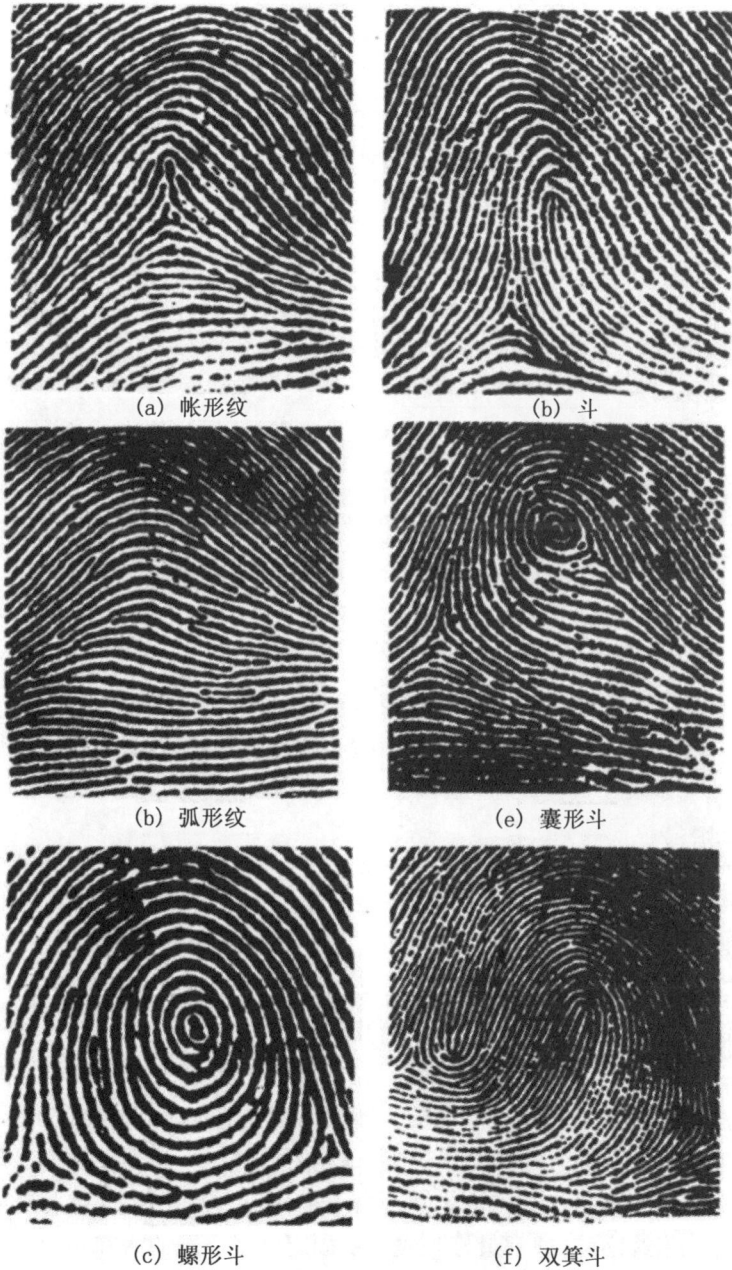

(a) 帐形纹

(b) 斗

(b) 弧形纹

(e) 囊形斗

(c) 螺形斗

(f) 双箕斗

图 5-1　指头摩擦脊纹的主要形态

（资料来源：摘自《指纹科学：分类与用途》，美国司法部）

摩擦脊纹特征

────	纹线端点
──	短线
●	细点
──┐	小勾
──╮	小桥
─○─	小岛(小眼)
──┐	分歧点
──┐┐	双分歧点
──╡	三分歧点

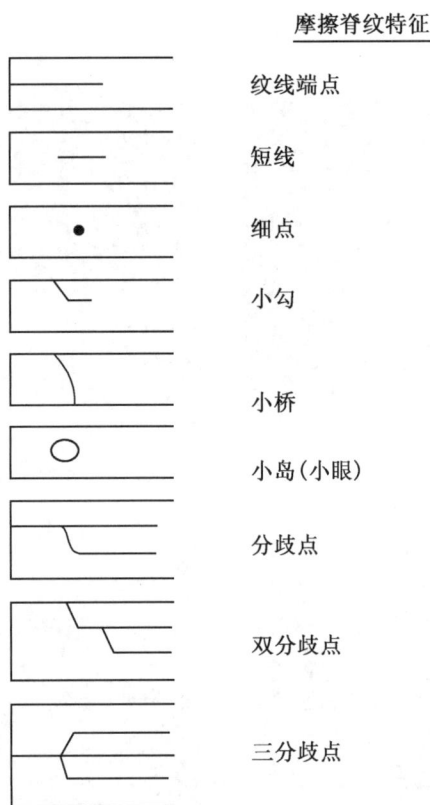

图 5‐2　潜在指纹与油墨捺印指纹(已知样本)比较中使用的摩擦脊纹特征(细节特征)

5.1.2　潜在指纹

　　潜在指纹是通过与摩擦脊纹接触而留在表面上的那些印痕。这些类型的印痕是"不可见的",需要使用合适的媒介进行显影以使印痕可视化,例如用于非渗透性客体表面的粉末或用于渗透性客体表面的茚三酮就是显现潜在指纹的媒介。无论是否使用了用以增强图像的化学物质,都可以借助激光束或其他高能光源来显现潜在的指纹。其他用于显现潜在指纹的技术包括:氰基丙烯酸酯(强力胶)熏显法、结晶紫的染料染色法、DFO 试剂显现法、小颗粒试剂显现法等。显现试剂的选择取决于存在的客体表面的性质、潜在沉积物的化学性质以及印痕所处的历史环境。在某些情况下,可能需要使用一系列技术来显现潜在指纹,以最大限度地提高显示出可用指纹的可能性。由于在提取过程中可能会丢失指纹,因此在尝试用指纹胶带提取指纹之前,通常最好是先拍照固定已经显现的潜在指纹。拍照时,请务必使用比例尺(标尺)测量指纹(指示指纹的原始大小),并使用箭头指示已处理指纹的指尖方向。

5.1.3　显在指纹

　　显在指纹是指那些不需要预先使用粉末或其他方法进行处理就能用肉眼观看到的指纹。这些印痕可以是手指、手掌、脚或皮肤的其他区域。犯罪现场发现的显在指纹分为不同类型。每种类型的印痕都是皮肤表面与留下可见印痕的材料接触的结果,或者是由于带有污染物的皮肤表面接触客体表面时将皮肤表面上的污染物转移到客体表面上的结果。

第一种类型的显在指纹是由于皮肤表面上的污染物(例如血液、油脂、污渍等)转移到痕迹承受客体表面而形成的印迹。这种类型的显在印痕被称为加层痕迹,类似于由涂有油墨的橡皮图章表面印压形成的印痕。收集这种类型印痕的步骤首先是使用特写镜头或指纹照相机拍摄印痕。在可能的情况下,带有指纹的物体随后被收集并运送到实验室进行额外的测试(例如,血液测试和用染料对血液进行染色,以提高指纹的清晰度)。如果显在指纹是在运输过程中可能丢失的材料上,则应通过用胶带在印痕上制成纸板"帐篷"来保护指纹,或者用潜在指纹提取胶片将指纹覆盖。

第二种类型的显在指纹是通过摩擦脊纹与材料的接触来去除表面材料,从而产生的减层痕迹。印痕的可见部分是指没有被指纹纹线接触到的区域,因此这种类型的印痕被称为"减层痕迹"。收集这些指纹首先是对指纹拍照,然后收集带有指纹的物体,并根据存在的污染物类型将其运送到实验室进行指纹显现。无孔客体表面上灰尘中的显在指纹可以用指纹提取胶片、潜指纹胶带,或者静电灰尘印痕吸附器进行提取。

第三种类型的显在指纹是由于皮肤表面与诸如粘土、新鲜涂料等与之类似的柔软物质接触而产生的,在这些物质上,摩擦脊纹被压入表面,形成了脊纹结构的减层印痕。这些指纹被称为立体指纹。在进行进一步处理之前,这一类型的指纹应该在打侧光条件下利用相机特写镜头进行拍照固定。在可能的情况下,应收集带有该类型指纹的物体运送到实验室。可以在实验室或现场制作指纹模型,方法是先用脱模剂喷涂指纹,然后再用有机硅制模材料(Mikrosil 或 Duplicast)制作指纹模型。

5.2　潜在指纹遗留时间

目前,没有可靠的方法来确定潜在指纹在特定表面上的持续时间。只能通过明确清洁表面的时间来确定指纹遗留时间,清洁表面时可以消除以前存在的任何潜在印痕,从而推断出表面被清理后出现物品的遗留时间。这方面的一个例子是,入室盗窃的受害者在驱逐室友后购买了一件物品(一台电视),如果属于前室友的指纹在那台电视上出现,那么指纹是在室友被驱逐以及电视机被放置于住所后留下来的。估计表面上潜在的指纹遗留时间的尝试充其量不过是猜测,因为除时间以外,许多因素都会改变潜在指纹的外在形态。

5.3　潜在指纹遗留物质的性质

潜在指纹由多种物质混合而成,可能包括摩擦脊纹中汗腺的分泌物和摩擦脊纹表面存在的各种污染物,包括从皮脂腺转移到皮毛表面上的皮脂。构成潜在指纹的材料统称为潜在指纹"沉积物"或"遗留物"。指纹遗留物质中通常包含水溶性或水不溶性的物质。指纹由大约 86% 的水组成,其余 14% 由油、氨基酸和其他材料组成。在那些潜在指纹已经暴露于水的情况下,潜在沉积物的水不溶性成分通常会保留下来,而水溶性成分会损失。因此,处理方法的选择将在很大程度上取决于带有指纹的表面是否已经暴露于水中。

1. 皮肤腺体对指纹证据的作用

皮肤上的汗腺有两种类型:外泌汗腺(又称小汗腺)和顶泌汗腺(又称大汗腺)。皮肤(包括摩擦脊纹表面)上的外泌汗腺分泌大量水分,这里面含有沉积物中的许多水溶性成分(氨基酸、尿素、氯化钠等)。顶泌汗腺存在于腋窝、腹股沟和乳头中,对于潜在指纹的沉积贡献较少。皮脂腺存在于除手掌、脚掌和某些其他区域之外的皮肤上,皮脂腺分泌皮脂,皮脂主要包含不溶于水的成分,包括脂肪。皮脂腺在头部、面部、颈部和上肢分布非常多。手接触这些区域会将皮脂分泌物转移至摩擦脊纹上。大多数潜在的指纹包含来自外泌汗腺和皮脂腺的成分。正是这些腺体以及摩擦脊纹上污染物(由于摩擦脊纹与污染物的接触)构成了潜在指纹的化学性质。

2. 污染物的作用

摩擦脊纹上构成潜在沉积物的污染物可能源自多种物质,因此污染物可以由与检测遗留物质的水溶性成分或水不溶性成分的处理方法反应的材料检测。污染物还可能包括具有固有荧光特性的物质,可通过使用紫外线、激光或多波段光源进行检测。这使得在使用其他检测技术之前用紫外线、激光或多波段光源搜索可疑表面成为潜在指纹处理程序中必不可少的步骤。

5.4　潜在指纹的显现

警告:粉末、化学药品、激光灯和其他高能光源的使用对犯罪现场调查人员构成潜在的安全隐患。使用任何类型的粉末(包括常见的潜在指纹粉)时,都应始终佩戴呼吸面罩。在使用所有化学药品之前,应先确定化学药品的安全隐患,并应严格遵守所有安全预防措施。化学药品都应在通风橱内或通风良好的区域内使用,并佩戴专门的防有机蒸气面具,因为这些化学药品可能有毒、易燃或潜在致癌。只有当包括使用者在内的所有附近人员都戴着专门为激光观察设计的安全眼镜时,才能操作激光器和其他高能灯。由于这些技术涉及潜在的危险,因此应始终在有资质的教师的指导下学习潜在指纹的化学和高强度光学显现方法(有关适用于潜在指纹显现技术的安全建议,请参见附录 5 - B)。

5.5　显现潜在指纹的一般注意事项

现场首要考虑的是在场人员的安全,包括犯罪现场调查人员。用以检测潜在指纹的许多技术存在安全隐患。高能灯对视力有潜在的危害,所有使用的化学物质可能具有腐蚀性、易燃性或潜在致癌性。这些技术只能由有操作资质的人员使用,他们完全了解每种技术的安全隐患以及为确保研究者和附近人员的安全而必须采取的适当预防措施(有关安全指南,请参阅附录 5 - B)。

选择现场显现技术第二个考虑的是常识问题。在选择显现潜在指纹的物理和化学方法之前,应始终优先使用非破坏性的方法处理指纹:(1) 使用充足的照明进行彻底的光学搜索,以发现立体指纹和任何可能存在的微量物证;(2) 使用激光或多波段光源以及长波紫外光进行搜索。这些非破坏性手段可能会检测到潜在的指纹或微量物证,而其他处理方法可能会破坏或丢失这些证据。

在犯罪现场,遵循特定的显现指纹的技术方法程序可以大大提高发现和显现潜在指纹的机会。遵循的具体顺序将取决于以下几个因素:(1) 现场人员的安全;(2) 待处理的特定表面类型,包括多孔/无孔或渗透性/非渗透性(如多孔意味着表面可以呼吸并允许空气通过);(3) 表面是否已暴露于水中;(4) 研究人员可以使用的设备;(5) 表面是否暴露于高温下。在尝试显现潜在指纹之前,需要考虑所有这些因素。

水溶性成分的检测通常通过以下方法来完成,可以单独使用或以指定顺序使用:(1) 指纹粉和刷子用于非渗透性(无孔)表面;(2) DFO、磁性粉或茚三酮用于检测渗透性(多孔)表面;(3)非渗透性(无孔)表面(金属、塑料)上使用氰基丙烯酸酯熏显方法;(4) 渗透性(多孔)表面上使用硝酸银显现法;(5) 渗透性(多孔)或非渗透性(无孔)表面上使用荧光显现法。

水不溶性成分的检测通常通过以下一种方法完成,可以单独使用或以指定的顺序使用:(1) 刷子和粉末;(2) 小颗粒试剂;(3) 碘熏;(4) 有或没有发光染料制剂情况下使用的荧光显现法。水不溶性组分通常在暴露于水或湿气后仍能保留,并且那些检测潜伏沉积物中水不溶性组分的技术可能会为显现潜在指纹提供最佳的机会。

对于这些技术中的每一种,表面的性质都会影响所使用方法的选择。光滑无孔表面上用的技术可能不适用于粗糙无孔的表面(例如,粗糙无孔的表面通常不适合粉末,应使用小颗粒试剂或氰基丙烯酸酯熏显法处理)。在大多数情况下,按照一定顺序选择使用不同方法为检测潜在沉积物提供了更好的机会。犯罪现场指纹显现建议的技术使用顺序将在各种表面类型的章节中讲授。对潜在指纹处理的详尽程序感兴趣的读者,包括适合在现场使用或仅在实验室使用的先进方法,请参考玛戈特和伦纳德(Margot and Lennard)的《犯罪现场指纹显现技术手册》,或李和盖恩斯林(Lee and Gaensslen)的《指纹技术的进步》[8]。

在对任何表面进行潜在指纹处理之前,分析人员应仔细检查要处理的表面是否有可见印痕以及是否存在微量物证,例如头发、纤维、油漆和血液等。不考虑潜在的其他类型证据的存在而对潜在指纹进行处理可能会因丢失或污染而永久破坏其他证据。如果存在其他类型的证据,通常最好将该物品提交给实验室,并附上处理微量物证和潜在指纹的具体说明,从而可以收集所有存在的证据类型。

重要的是要使用系统的方法在犯罪现场检测和收集指纹证据,最大限度地提高发现和收集可用印痕的可能性。采取的行动顺序应确保顺序中的每个步骤不会干扰流程中的后续步骤,遵循已经在实验室中测试过的顺序,了解每个步骤对后续步骤的影响。对于每种表面类型和污染物的推荐操作顺序在关于表面类型的章节中介绍。重要的是,犯罪现场分析初学人员(犯罪现场技术人员)必须在合格的潜在指纹检验人员的监督下,对各种类型的表面/污染物组合和推荐的操作顺序进行试验,然后再对实际案件材料尝试使用特定的操作顺序。

分析人员(犯罪现场技术人员)应在可行的情况下处理现场物品以获取潜在的指纹。这种方法的优点是以系统的方式处理现场,避免将大量物品运送到实验室进行处理。但是,由于所需的专用设备和所用方法的危险性,许多物品只能在实验室中使用专门技术进行分析。犯罪现场技术人员/分析人员应在现场对要采用的特定方法和顺序的选择做出正确的判断。当务之急是犯罪现场技术人员/分析人员应在使用各种技术之前进行各种表面和技术的试验,以备不时之需,积累必要的经验和判断力,从而最大限度地在犯罪现场恢复可用的潜在指纹。

除了表面类型以外,犯罪现场所用方法的选择还取决于其他因素。首先,对犯罪现场的反应程度通常取决于所犯罪行的程度。对于更严重的犯罪,通常会向犯罪现场派遣一个包括法庭科学犯罪现场专家的调查小组。当然,法庭科学专家拥有在犯罪现场执行潜在指纹处理的先进技术所需的设备和知识。相比之下,不太严重的犯罪现场通常由巡逻警察来调查,对巡逻警察的培训和配备的装备只允许其开展基本的潜在指纹收集。幸运的是,使用粉末和刷子的基本程序足以应付大多数不太严重的犯罪情况。事实上,许多犯罪案件的解决得益于巡逻警察收集到的证据,特别是潜在的指纹证据。

其次,有关机构的规模常常限制了可用于犯罪现场调查的资源。较小的机构可能没有法庭科学犯罪现场专家,而是依靠巡逻人员或侦探来处理最严重的罪行以外的所有其他犯罪现场,对于最严重的犯罪,外部援助是可用的。然而,缺乏专门的犯罪现场调查单元并不能妨碍他们在犯罪现场调查中做出更大的努力。事实上,根据笔者的经验,一些最好的犯罪现场处理工作是由规模较小的部门完成的,这些部门有专门负责高级犯罪现场调查的人员。

5.6　适用于犯罪现场的技术

本章概述的用于收集犯罪现场潜在指纹的技术和程序基于不会遇到异常情况的假设。对于那些需要用到先进的潜在指纹处理技术的情况,要求在现场具备训练有素的法庭科学专家进行现场潜在指纹的处理,或者收集带有潜指纹的物体,以便将其传送到潜在指纹处理部门。潜在指纹处理部门配备了专业设备和训练有素的人员以使用先进的技术进行潜在指纹处理。

如前所述,犯罪现场选择使用何种方法取决于若干因素。在犯罪现场调查人员可用的技术中,以下技术适合现场常规使用:(1) 激光和多波段光源检测;(2) 用刷子和各种潜在的指纹粉显影;(3) 氰基丙烯酸酯(强力胶)熏显(尤其是使用便携式弹药筒式熏显枪);(4) 小颗粒试剂显影;(5) 碘熏显影;(6) 在某些情况下会用到茚三酮或其类似物或替代品,例如 DFO。这些方法便携且成本低,可以考虑在现场常规使用。其他方法的使用将受到专业人员的可用性、预算限制和安全因素的限制。

5.6.1　激光、多波段光源和紫外光

可以使用激光、多波段光源和紫外线检查来揭示非渗透性或渗透性客体表面上的潜在指纹。化学粉末可增强潜在指纹的荧光,以用于显现和照相。潜在指纹中的荧光是皮脂分泌物中某些天然成分及任何在激光下发出荧光的污染物引起的。这些独特的光学检查方法的优点是具有非破坏性,并且除了可以产生可识别的摄影形象之外,还可以在其他任何显现方法之前用作快速检查。注意:使用这些光源和化学药品有潜在的安全危险,因此应始终在有资质的教官指导下学习如何使用激光灯、备用灯、紫外线灯和增强染色剂。

多波段光源有多种尺寸和型号,包括从带有多个(用以显现固有发光)波长滤光器的大型设备到小型手持式手电筒设备(参见图 5-3)。当用指纹刷将指纹粉末和化学药品施加到潜在指纹上时,这些设备将

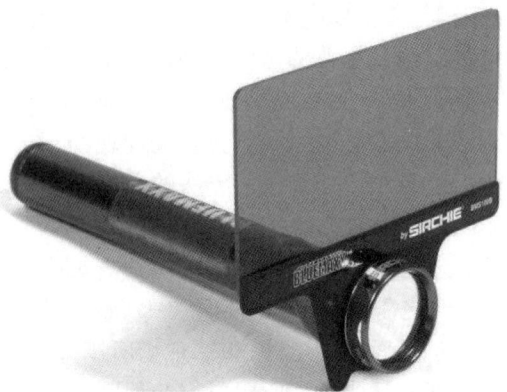

图 5-3　带有观察屏的手电筒形式的多波段光源
(图片由 Sirchie 指纹实验室提供)

使潜在指纹在特定波长下发光。然后对产生的发光指纹进行拍照,以永久记录下该指纹。

5.6.2　用粉末和粉末刷显现指纹

在光滑、无孔的表面(例如玻璃、油漆、光滑的塑料和其他抛光的表面)上遗留的指纹通常可以使用潜在指纹粉末(基于石墨/碳的粉末)进行显现。粉末刷子需保持清洁,并且没有油脂或其他可能影响刷显效果的物质。使用的粉末刷子应保持干燥。潜在指纹工具包中最好始终有一个以上的粉末刷子。应迅速转动刷子以去除多余的粉末,然后轻轻地旋转沾上粉末,提起粉末刷,再次转动,最后再轻轻地在客体表面旋转刷显。一旦开始出现纹线,就应沿纹线的方向轻轻刷动,直到纹线全部清晰可见。一定要避免过量使用粉末,因为过多的粉末可能会把指纹刷毁。如果显现时用粉过度(过度处理),犯罪现场技术人员可以进行所谓的二次提取操作。提取第一个粉末过度显现的指纹,紧接着,如果潜在指纹中仍然存在足够的油脂或其他材料,那么犯罪现场技术人员可以在该潜在指纹上轻轻刷上粉末,随后如果出现了第二个指纹,那么将其标记为第二次提取的指纹。这将提醒潜在指纹检查人员,相同的潜在指纹已经被提取了两次,而不是提取了两个指纹。显出的指纹使用指纹胶带提取,然后将其粘到专门的潜在指纹卡片上,并立即在卡片上做好标记。一些机构可能要求在卡片上放置一张草图,以说明指纹遗留的位置和方向。在现场给潜在指纹卡片(背面)做好标记可防止它们在标记前发生混乱,从而避免混淆哪枚指纹来自哪个客体的情况。在试图对犯罪现场进行处理之前,对不同表面的众多客体上遗留的指纹进行粉末显现操作练习,以了解显出清晰指纹所需的最佳用粉量。

出于以下几个原因,建议使用较大的宽口(约8盎司或更大)塑料瓶(参见图5-4)来有效地供应指纹粉。首先,在宽口瓶子中放入约二分之一英寸深的粉末。如果粉末在使用过程中被污染,则可以把这些少量粉末丢弃,并迅速清理宽口瓶,重新装入新粉末。仪器公司现在提供一次性使用的粉末和一次性指纹刷,以防止污染的发生。其次,有了这种大尺寸的

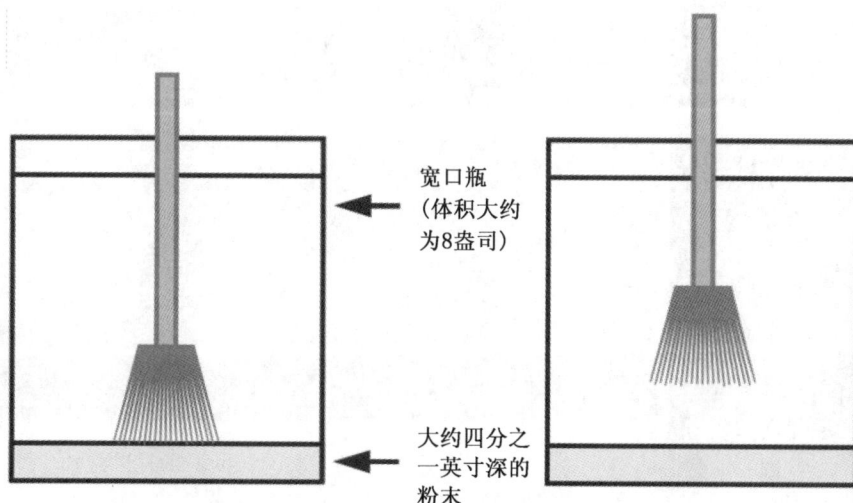

宽口瓶
(体积大约
为8盎司)

大约四分之一英寸深的粉末

1.将刷子轻轻地接触粉末。2.轻轻地旋转刷子以粘上粉末。
3.提起刷子离开粉末表面。4.旋转刷子除去多余的粉末。

图5-4　宽口塑料瓶,指纹刷转移粉末的方法

宽口瓶,需要使用玻璃纤维刷子连续转移粉末时,在操作间隙可以将刷子固定在敞开的宽口瓶中,而无须将其平放到某个客体表面上。第三,宽口瓶的尺寸大,分析人员能将刷子轻轻地浸入粉末中,并旋转刷头将粉末转移到刷子上。第四,刷子在宽口瓶中粉末层上方旋转来清除多余的粉末,从而避免粉末污染现场或分析人员的衣服。这些瓶子非常便宜,特别适合装配到巡逻警察的潜在指纹工具包中。

犯罪现场技术人员/分析人员可以选择使用带有磁性粉末的磁性刷代替标准刷。在某些情况下,磁性刷显现效果好于标准刷。在使用磁粉的情况下,磁性刷应作为现场工具包中的标配,并且使用磁性刷更易于操作。磁性刷和磁性粉末在多孔表面(例如木材和人体皮肤)上有很好的显现效果,同时也可以在塑料和玻璃表面上使用。

指纹胶带应充分压实,以免有气泡。用指纹胶带卷或橡皮擦的边缘来帮助消除气泡。如果移动胶带会破坏指纹,那么将胶带覆盖在所提取的客体表面上提取该物体。如果胶带能够被取下来,那么应该将胶带从胶带卷的一端拉起,然后将其粘到指纹卡片上。犯罪现场的技术人员负责用胶带提取,在这个过程中不能使用刀具。在胶带末端折一个三角形作为记号,以确保技术人员不会触摸胶带的粘性面(该动作会污染现场指纹或在这些区域上遗留自己的指纹)(参见图 5-5)。

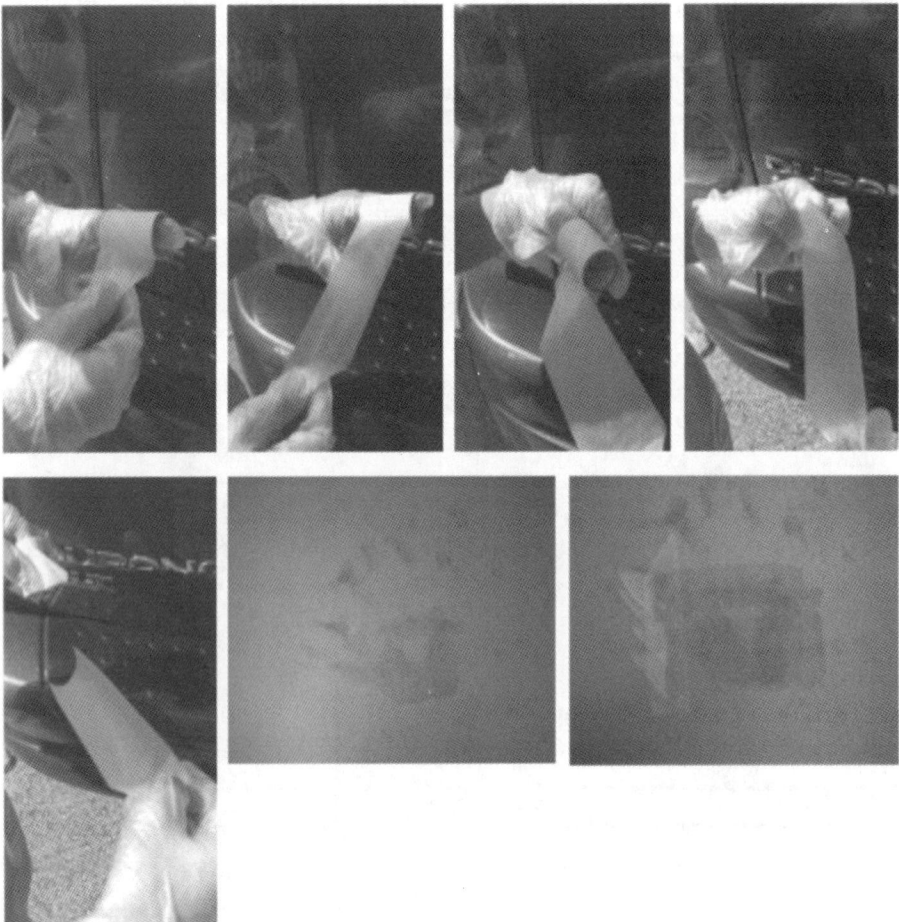

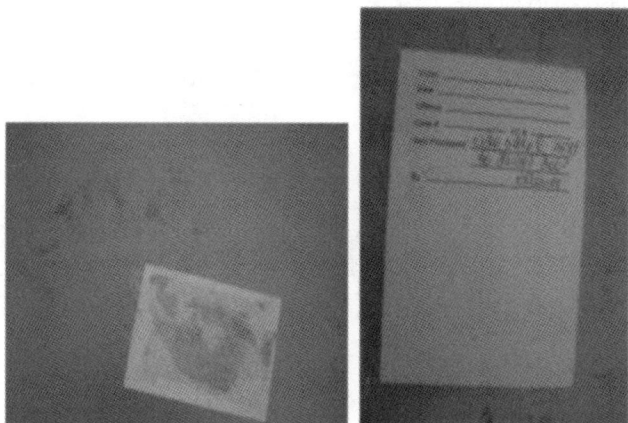

图 5-5 撕指纹胶带的方法
(图片由莎伦·普洛特金提供)

处理较大区域(汽车外部等)时,使用较大尺寸的刷子(参见图 5-6)将提高处理效率。对于奇形怪状的表面,可以用液态橡胶套件提取显出的指纹(参见图 5-7)。

图 5-6 大号(清扫器)毛刷,用于刷显较大区域,例如汽车的表面
(图片由 Sirchie 指纹实验室提供)

图 5-7 用液态橡胶套件提取显出的潜在指纹
(图片由 Sirchie 指纹实验室提供)

5.6.3 氰基丙烯酸酯显现法

使用氰基丙烯酸酯熏显试剂显现指纹的操作方法有多种。可以将要处理的物品放置在熏显室(或类似带有气密盖的塑料箱这种更便宜的容器)中,然后使用多种市售套件或犯罪现场技术人员/分析人员制作的套件进行熏显。熏显室可以在市场上买到,也可由犯罪现场技术人员/分析人员搭建。调查人员应咨询犯罪现场设备和用品的供应商,了解此类设备和用品的技术更新情况,比如用于氰基丙烯酸酯熏显的强力胶水熏显枪的开发。这种技术使得调查人员在现场可以毫不费力地进行熏显。也可以订购添加了荧光染料的氰基丙烯酸酯试剂盒,使用荧光灯就能够显出指纹,从而省去使用荧光染料处理的额外步骤。大多数犯罪现场产品经销商都可提供氰基丙烯酸酯熏显枪(参见图 5-8)。

图 5-8　氰基丙烯酸酯便携式熏显枪
(图片由 Sirchie 指纹实验室提供)

5.6.4　碘熏显现法

使用碘熏设备可以在现场完成碘熏显现指纹的操作。碘熏是显现潜在指纹的经典技术,犯罪现场调查人员仍在使用这一技术。碘由固态晶体组成,当加热时,碘可以从固态直接转变为气态,而不会先变成液态,这一过程被称为升华。升华产生的烟雾可以与潜在的指纹发生反应,产生一种暂时的颜色(当熏显结束时开始褪色),必须及时拍照来保存显出的指纹图像。在显出的指纹上喷洒 1% 的淀粉水溶液可以使指纹图像保存更长的时间,喷洒淀粉水溶液后指纹图像变成蓝色并能够持续数周或数月稳定不变。在犯罪现场通常使用"熏显枪"来完成碘熏操作,"熏显枪"通常是一种商用的碘熏管(参见图 5-9)。操作人员向吹气管用力吹气,呼气的热量使碘升华产生碘蒸气。将碘蒸气喷向怀疑遗留有潜在指纹的表面,显出的指纹应该立即拍照固定,因为显色的碘/指纹沉积复合物(该复合物的确切性质未知)持续的时间很短。碘显色的复合物可以用碘固定剂(例如淀粉喷雾剂)或苯并黄酮试剂(最常用的)固定,从而延长图像的持续时间。随后拍照将固定后的图像永久记录下来。

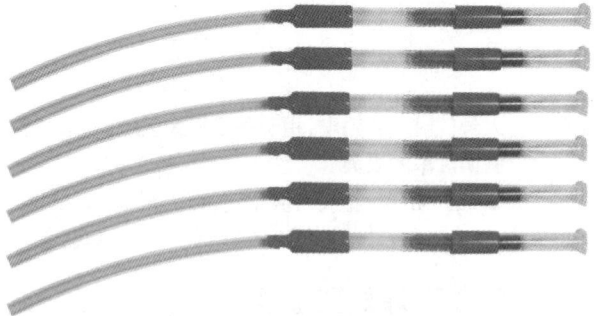

图 5-9　市售的碘熏管
(图片由 Sirchie 指纹实验室提供)

5.6.5　小颗粒试剂显现法

小颗粒试剂(SPR)是含有表面活性剂的二硫化钼的水悬浮液。二硫化钼颗粒吸附到指纹遗留物中的油脂成分上面,因此通过喷涂的方法可将其用于潮湿的物体表面而无须事先干燥,或者将小颗粒试剂处理穿插到特定表面类型的显现方案中(参见特定表面类型章节中的显现程序)。使用前先摇动小颗粒试剂使二硫化钼颗粒均匀地分散在溶液中,然后将其喷洒到怀疑遗留有潜在指纹的客体表面上(参见图 5-10),再在客体表面喷上干净的蒸馏水以去除多余的试剂。对显出的指纹进行拍照,或者在干燥之后用指纹胶带提取。显现结束后,相比于等待其表面变干,使用吸水纸巾吸干(而不是擦拭)客体表面的水分可以更快地使该区域干燥。在大多数情况下,其他显现方法的灵敏度更高,因此小颗粒试剂最好按照特定的显现方法顺序进行使用或用于处理在显现之前无法干燥的物品[9]。

图 5-10 小颗粒试剂显现的操作方法
(图片由莎伦·普洛特金提供)

5.6.6 茚三酮、茚三酮类似物或 DFO 显现法

在现场某些情况下(例如原木表面、纸张),可能需要使用茚三酮、茚三酮类似物或 DFO(1,8-二氮杂-9-芴酮)。茚三酮附着在指纹中的氨基酸上,反应后指纹变成紫色(参见图 5-11)。研究人员在使用茚三酮试剂时只能将其溶解在非易燃性溶剂中,并且只能在通风良好的区域中,穿戴了适当的个人防护设备(手套和面罩)后才能使用。使用易燃或有毒化

学品茚三酮制剂时,必须在实验室通风橱中或远离任何火源的室外,并为研究人员配备足够的安全设备。如果同时选择使用 DFO 和茚三酮显现方法,DFO 方法必须在茚三酮显现法之前进行。

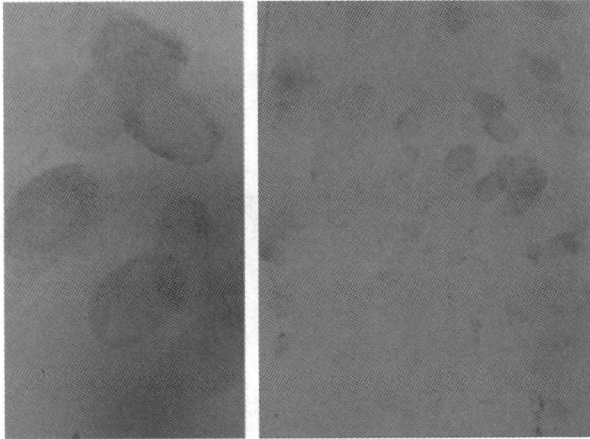

图 5-11　茚三酮显现结果
(图片由莎伦·普洛特金提供)

本文的重点是犯罪现场调查,因此,对于犯罪现场常见的每一种客体表面,我们总结了建议使用的技术类型及其在现场处理的适当顺序。为了进一步详细讨论这两种在现场中有效的显现技术以及那些更适合在实验室中采用的技术,请参阅本章末尾列出的参考资料。

5.7　潜在指纹检测和收集的顺序方法

本文所描述的犯罪现场所采用的方法首先是考虑选择易于在犯罪现场使用的技术,而不是在实验室中表现更好的方法,或者那些从设备、人员和安全考虑而只能在实验室中完成的方法。以下介绍针对现场中每种客体表面类型的处理程序顺序,以便提高可用潜在指纹的显出率。

对所有表面/潜在沉积物组合进行潜在指纹处理的最佳方法应遵循以下操作顺序。

1. 在自然光下观察之后,可以使用激光、多波段光源、紫外光进行观察

寻找潜在指纹时应该优先选择那些无损的方法,这些方法应保护潜在指纹、显在指纹和其他可能在现场出现的物理证据(尤其是微量物证),这些证据和信息可能因为潜在指纹的处理而丢失或损毁。指纹发现的第一步是对可疑客体表面进行光学检验,使用足够强的光照以显现可见印痕和其他可能被指纹处理过程破坏的物理证据。应使用强光照明、激光照明或多波段光源来增强搜索范围,这些光源可能会显现出没有照明就看不见的指纹或微量物证(许多纤维在这些光照下会发出荧光)。

2. 在转移或利用胶带提取指纹之前,拍照固定所有显在指纹以及指纹中的其他证据

对于初步搜索过程中发现的任何显在指纹,在进行进一步处理之前都应该拍照固定下来。在可能的情况下应收集凹陷的指纹以在实验室中对其进行处理。如果不方便将遗留有指纹的物体运送到实验室,那么犯罪现场技术人员/分析人员必须在现场对印痕进行处理。对于凹陷的显在指纹,应该使用倾斜(侧向)光源将痕迹拍摄下来,并且可以利用硅树脂材料制备痕迹的立体模型。血液中的显在指纹应该使用血迹显现方法进行处理。

3. 使用物理方法或者化学方法处理

现场中潜在指纹处理方法的选择取决于要进行潜在指纹处理的表面类型、沉积物的化学性质以及印痕所处的历史环境。犯罪现场技术人员/分析人员应选择最有希望从每个处理过的表面检测和收集到潜在指纹的方法或方法序列。在接下来的章节中,我们将介绍针对不同客体表面类型和潜在沉积物组成的显现技术方法。分析人员需要熟悉每种类型的表面的最佳方法,并考虑潜在指纹物质成分的性质。

此外,遗留有指纹的物体所处的历史环境对于确定选择哪种方法以及方法顺序至关重要,因为润湿或暴露于湿气中可能会破坏指纹中的水溶性成分,但对指纹中的水不溶成分(油)几乎没有影响。使用错误的显现方法顺序可能会破坏现有的任何指纹,并可能妨碍其他技术的进一步处理。

4. 显出潜在指纹之后要进行拍照

安全起见,拍摄每一步显现后的潜在指纹是一种很好的做法,特别是在那些可能部分剥落或碎裂的表面,该类型表面一旦剥落或碎裂将导致部分或全部指纹模糊。此外,在法庭证词期间,现场显现潜在指纹的照片有助于说明潜在指纹在胶带提取前的位置和状况。

5. 在提取卡片或者勘查记录本上画出潜在痕迹的方向和位置草图

根据所在机构的要求完成记录工作。这些关于所提取潜在指纹的方向和位置的文件,将可以用来检验犯罪嫌疑人关于遗留潜在指纹的陈述,为重建现场提供详细资料。

5.8 潮湿表面:室温下干燥;视为干燥表面

通常,潮湿的物品或表面在处理指纹前应该让其自然晾干,而不是使用高温或强风进行干燥。温度高于 30 ℃(86 ℉)时可能会损坏潜在的指纹。在用粉末进行显现之前,对于冰冻天气中的物品应该让其升温至室温。当不能进行干燥操作时,可以使用那些适用于潮湿客体表面的技术,特别是小颗粒试剂显影,对物品进行潜在指纹处理。潮湿表面的替代处理方法将在表面类型的相应章节中进行介绍。

指纹中水溶性的成分在受潮后可能已经损失,因此只有那些检测脂溶性成分的方法才可能有效地检测潜在指纹。普通的指纹粉末能够检测出脂质成分,因此在大多数情况下,用粉末刷显法能够检测出指纹。但是,当证据客体表面潮湿时,不能使用刷子和粉末进行显现。如果分析人员决定继续处理潮湿的表面,那么可以使用小颗粒试剂而无须先对表面进行干燥。如果犯罪现场分析人员决定不在现场处理这些物品,那么应在室温下干燥这些物品,并在工作站或者将其送往实验室,使用仅能在实验室开展的技术方法来处理。

5.9 潜在指纹显现方法的次序

在每种表面类型的标题下均给出了针对特定表面类型的显现方法的建议。重要的是,犯罪现场调查人员必须先确定要处理的物品所处的历史环境,然后再确定要使用的方法顺序。潜在指纹显现的方法通常分为三类:(1)检测潜在指纹中水溶性成分的方法;(2)检测潜在指纹中非水溶性成分的方法;(3)针对特殊条件下指纹的显现方法,例如血指纹、粘合剂表面的指纹以及塑料保鲜膜上的指纹。使用什么方法来显现一枚指纹需要考虑这样几个因素:指纹所遗留客体的表面类型、指纹所在客体所处的历史环境以及所选方法对后续显现方法的潜在影响等。针对不同表面类型给出的显现方法顺序建议改编自《犯罪现场指纹显现技术手册》(1993年,伦敦:内政部警察科学发展处),该书中仅介绍用于犯罪现场的显现技术方法,不包括只适用于实验室的方法。对实验室潜在指纹显现方法的详细步骤感兴趣的读者,请参阅本章末尾列出的参考资料。

对于每种表面类型,在完成以下初步检验步骤后,将给出显现该表面上指纹的建议方法或方法序列。步骤1和2是非破坏性的(过度使用激光的情形除外),不会干扰后续方法的使用,并且有时会显现出可能受后续步骤影响的印痕。

对于每种表面类型,完成了步骤1和2的操作后,调查人员需要选择一种方法或一系列方法来显现可疑表面上存在的任何潜在印痕。应根据目标表面的特定表面类型、压印沉积物的化学性质以及目标表面的历史环境(例如表面湿润或暴露于过热环境)来选择合适的方法,以进一步显现潜在印痕。按照正确的顺序执行一系列方法非常重要,这样序列中的每个步骤都不会干扰任何后续步骤。

步骤1. 用充足的照明进行视觉检验,然后用激光/多波段光源进行检查。寻找现场存在的潜在指纹和其他类型的物证,特别是可能因潜在指纹显现而丢失或毁坏的微量物证,应首先在良好的光线下进行视觉检验,然后用激光、多波段光源和紫外线进行检查。这些方法是非破坏性的,是防止潜在指纹或微量物证丢失的有效措施,这些潜在指纹或微量物证可能由于用物理或化学技术对潜在印痕的过早处理而丢失。

步骤2. 在移动或胶带提取之前,拍摄所有显在指纹、显现出的潜在指纹和印痕中的其他证据的照片。强烈建议在尝试收集或提取之前拍摄增强或显现后的印痕,以便在印痕未恢复的情况下,获得印痕的永久记录。每个阶段显现的印痕都应该进行拍照,因为早期阶段形成的印痕可能优于后期阶段形成的印痕。

在接下来的章节中,对于每种表面类型,一旦步骤1和2已经完成就进行下一个步骤。因此,以下各部分的建议技术从步骤3开始,对要处理的每个表面/沉积物组合进行步骤3之前,均假设步骤1和2已经完成,或者进行了适当的考虑。

5.9.1 所有表面类型/潜在沉积物的组合

对于犯罪现场所有表面类型/潜在沉积物组合(包括非渗透性表面和渗透性表面)的初始显现程序建议如下:

步骤3. 根据指纹遗留物体表面的类型、潜在沉积物的性质及其所处的环境历史,选择以下的物理和/或化学显现方法或方法序列。

步骤4. 在显现指纹的过程中将显出的指纹拍照固定下来。

步骤5. 在现场勘验笔录和草图中记录恢复的潜在指纹。

5.9.2　非渗透性客体表面

光滑无孔表面（玻璃、油漆、清漆、光滑的塑料）

步骤 3a. 用指纹粉末和刷子处理。

现场常见的遗留有指纹的客体是光滑无孔的表面。这些表面大部分都可以用指纹粉末和刷子刷显，这通常是这类表面最有效的处理方法。在某些情况下（例如表面潮湿或被弄湿，或潜在指纹中含有血迹或油脂），最好使用其他替代法来处理这类表面上的指纹（参见表面类型的部分）。

步骤 3b.（1）强力胶显现（也称氰基丙烯酸酯或 CA），（2）拍照显出的印痕，（3）显出的指纹用粉末法进行处理。

氰基丙烯酸酯熏显后再进行拍照和粉末显现，有时能够显出单独粉末法所显现不了的指纹，因此是需要进行的常规操作，或者仅当分析人员确定单独使用粉末法可能无效时进行氰基丙烯酸酯熏显。

步骤 4. 小颗粒试剂显现。

在前面的处理过程结束后可以使用小颗粒试剂，或者在潮湿客体干燥前可以使用小颗粒试剂。

粗糙无孔表面（纹理粗糙或颗粒状表面的塑料）

通常，无法使用潜在的指纹粉末对粗糙无孔的表面进行处理。这些表面中的大多数需要用到化学方法才能显出潜在印痕。所使用的化学方法取决于可能遗留有指纹的物体的表面类型。对于大多数潮湿无孔的表面，需将其干燥后再进行处理，此时就可以视其为干燥的表面，或者不进行干燥直接使用小颗粒试剂。

步骤 3. 氰基丙烯酸酯熏显。

在这些类型的表面上氰基丙烯酸酯熏显法可能比粉末法更好。使用添加了荧光染料的氰基丙烯酸酯试剂进行熏显，避免了氰基丙烯酸酯熏显后再次进行荧光粉刷显的复杂操作。

步骤 4. 小颗粒试剂（尤其适合于潮湿的表面）显现。

塑料泡沫（聚苯乙烯杯子、石膏天花板、包装泡沫）

步骤 3. 小颗粒试剂显现。

在托盘中显现小型物体上的指纹，用喷洒的方式显现大型物体上的指纹。

步骤 4. 拍摄显出的印痕。

塑料包装材料（大部分聚乙烯袋和其他包装塑料、聚乙烯、聚乙烯吡咯烷酮、醋酸纤维素、塑料涂层或纸板层压材料，但不包括塑料保鲜膜）

步骤 3. 强力胶熏显（尤其是带有荧光染料的强力胶）。

如果用激光/多波段光源检查时没有观察到印痕，则应使用氰基丙烯酸酯对物体进行熏显。熏显枪中放置荧光染料浸渍的氰基丙烯酸酯对于显现上述物品上的指纹特别有帮助，但对已经暴露在水中的物品无效。

柔软的乙烯基塑料（PVC）、橡胶、皮革、塑料保鲜膜（仿真皮革装饰、支票簿票据夹、运动包）

步骤 3. 强力胶熏显，拍摄显出的印痕。［在其他处理过程结束之后，也应尝试进行激光/多波段光源检验（荧光可能会增强）[10]］。

在这些表面上氰基丙烯酸酯熏显法比粉末显现法更为有效，这些表面本身可能会吸附粉末并会使显出的任何指纹变得模糊。

步骤 4. 粉末方法显现，拍摄显出的印痕（对塑料保鲜膜、柔软的乙烯基塑料显现效果很差）。

粉末在这些表面上可能无效，但是在没有其他手段或者不保证能将这些物品送到实验室的情况下可以尝试使用。

步骤 5. 小颗粒试剂（潮湿物品）显现。

用喷洒的方法显现大型物体上的指纹，在托盘中显现小型物体上的指纹。

未经处理的金属（即未上色或喷漆）

步骤 3. 强力胶熏显。

在这些类型的表面上氰基丙烯酸酯熏显法可能比粉末法更好。拍摄显出的印痕，粉末显现熏显出的指纹，并用指纹胶带提取。

步骤 4. 指纹粉末。

步骤 5. 小颗粒试剂（潮湿物品）显现。

用喷洒的方法显现大型物体上的指纹，在托盘中显现小型物体上的指纹；拍摄显出的印痕；待显出的印痕干燥，可以通过指纹胶带进行提取。

蜡和打蜡的表面（蜡烛、蜡纸和蜡纸盒）

步骤 3. 苏丹黑染色。

拍摄显出的印痕。

步骤 4. 强力胶熏显。

拍摄显出的印痕。

步骤 5. 小颗粒试剂显现。

用喷洒的方法显现大型物体上的指纹，在托盘中显现小型物体上的指纹；拍摄显出的印痕；待显出的印痕干燥，可以通过指纹胶带进行提取。

被油脂污染的物品

步骤 3. 苏丹黑染色。

苏丹黑对表面的染色优于水晶紫，因为水晶紫的毒性很高。拍摄任何显出的印痕。如果表面被油脂严重污染，那么粉末和小颗粒试剂通常会覆盖在表面上，使得潜在指纹与背景之间缺乏明显的反差。

步骤 4. 氰基丙烯酸酯熏显[11]（如果没有苏丹黑试剂）。

或者可由调查人员将物体移送至实验室，由实验室人员进行苏丹黑染色。

步骤 5. 小颗粒试剂（潮湿物品）显现。

用喷洒的方法显现大型物体上的指纹，在托盘中显现小型物体上的指纹。

5.9.3　渗透性客体表面

对于遗留有潜在指纹的渗透性客体表面，应戴塑料手套仔细处理，包装好以便运送到实验室，并清楚地贴上"潜在指纹"的标签。化学处理应始终在通风橱中进行，以避免着火或分析人员暴露在可能有毒的气体中。如果要在现场尝试进行化学处理，调查人员必须了解并严格遵守这些化学药品的所有安全预防措施，许多这些化学药品可能是易燃、易爆、有毒或致癌的。

　　用于处理渗透性材料上潜在指纹的最常见的化学物质是茚三酮,有时简称为"nin"。这种化合物通常溶解在非常易燃的溶剂中,所以使用时应始终在通风橱中或室外,并且远离任何火花或火源。当茚三酮溶解在不可燃的溶剂中时,可在室内进行使用。处理渗透性客体表面的新方法包括 DFO(二氮杂芴酮,用于代替茚三酮或在茚三酮之前使用)、改性茚三酮和茚三酮类似物。使用任何化学药品时,必须戴抗化学腐蚀的手套和护目镜。当这些客体表面上遗留有新鲜的指纹时,粉末方法也可能将指纹成功显现出来,但是一旦指纹变干,粉末法就可能检测不到潜在的指纹。在实验室中,有许多潜在指纹的化学和物理检测方法,本文不做介绍,因为此处的重点是在犯罪现场使用的方法。有兴趣的分析人员可以参考本章末尾的参考资料,以获取有关这些先进实验室方法的信息。

　　注意:用于溶解茚三酮的化学药品和其他化学检测试剂通常能够轻松溶解墨水,因此,在使用化学显现技术进行处理之前,应将要处理的任何文件始终用彩色胶片拍照。在进行茚三酮处理之前,请确保照片质量良好,或者使用专门设计的配方以避免溶解墨水。这些预防措施将有助于避免在经过化学处理后因文件不复存在,良好的潜在指纹消失。

　　纸张和纸板物品[12]

　　步骤 3. DFO(二氮杂芴酮)法。

　　利用激光/多波段光源进行检验并且拍照记录显出的印痕。

　　步骤 4. 茚三酮法。

　　拍照记录显出的印痕。

　　注意:如果同时使用 DFO 和茚三酮法,在茚三酮法处理之前,请务必先使用 DFO 方法进行处理。

　　本色木(未经处理的)

　　步骤 3. DFO 方法处理。

　　拍照记录显出的印痕。

　　步骤 4. 茚三酮法(用 DFO 方法替代或者补充)。

　　织物(仅限于精细、光滑的面料)

　　对于织物上的潜在指纹的显现方法目前并没有经过验证。如果潜在指纹在血液中,请使用血液中指纹的处理方法[13]。

5.9.4　胶带

　　胶带粘性面

　　依据胶带的类型在处理完非粘性面(磁性粉在胶带的非粘性面上显现指纹的效果很好)后,胶带粘性面上的指纹通常用结晶紫(龙胆紫)(**注意**:结晶紫毒性很大)或粘性粉末或Wetwop 混合液法(参见图 5-12)处理。对于纸质胶带,用物理显影剂处理非粘性面时也会在粘性面上产生潜在的印痕(**注意**:物理显影剂处理法只能在实验室由有资质的人员使用适当的安全设备进行操作。物理显影剂法会干扰其他显现方法)[14]。笔者还会特意联系潜在指纹检验人员,与他们讨论案例和证据以及他们了解的会产生最佳显现效果的技术,或者直接将证据发送给他们,而不进行处理。

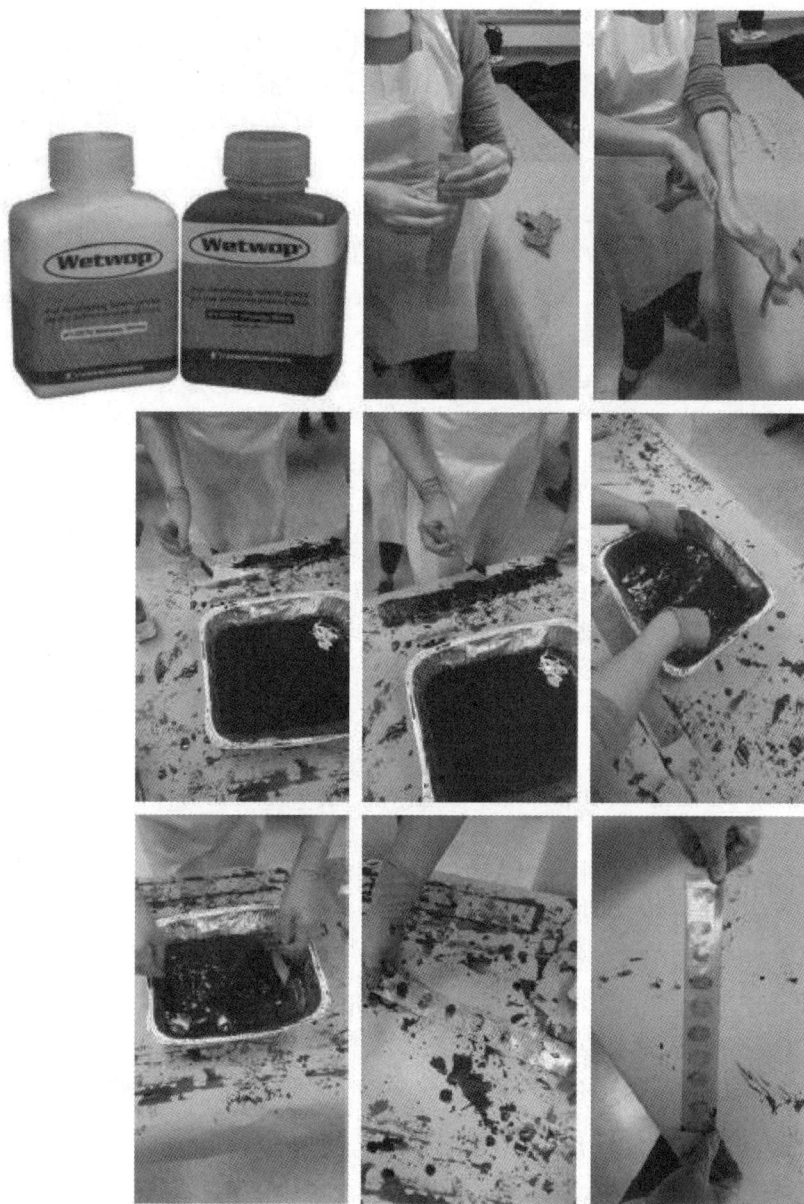

图 5 - 12 用 Wetwop 混合液显现胶带粘性面上指纹的操作方法及显现效果
(图片由莎伦·普洛特金提供)

胶带非粘性面

(1) 光滑的塑料胶带[15]

步骤 3. 指纹粉末法。

(2) 柔软的乙烯基胶带[16]

步骤 3. 强力胶(CA)熏显(只有当胶带粘住时),拍照记录显出的印痕。

(3) 布胶带

对于布胶带上的潜在指纹的显现方法目前并没有经过验证。如果潜在指纹在血液中,请使用血液中指纹的处理方法。[17]

（4）纸质胶带(如果没有弄湿的话)

步骤 3. DFO,激光/多波段光源检验,拍照记录显出的印痕。

步骤 4. 茚三酮,拍照记录显出的印痕。

（5）纸质胶带(如果弄湿的话)

步骤 3. 物理显影剂(仅限于实验室使用),同样会显现出粘面上的印痕,对后续的显现方法和血液的检验有干扰[18]。

步骤 4. 拍照记录显出的印痕。

5.9.5　血液中的指纹

血液中的潜在指纹可以通过以下两种方式之一来显现或增强:(1)用蛋白质染色剂如氨基黑染色;(2)用血迹检测试剂(如四甲基联苯胺)处理,这些试剂与血红蛋白中的血红素反应生成有色化合物。血迹检测方法的灵敏度大约是染色方法的 10 倍,并且可能会显示出"看不见的"血迹,因此最好使用血迹检测法来检测血液中的指纹,而不使用任何一种蛋白质染色剂[19]。对于蛋白质染色剂来说,氨基黑优于结晶紫,因为结晶紫是有毒的,只能由有资质的分析人员或化学家在实验室中使用,并且要有适当的安全设备。重要的是,无论使用何种指纹显现技术,都不能破坏其他证据(例如 DNA)。

多孔表面

步骤 3. TMB(四甲基联苯胺),拍照记录显出的印痕。

步骤 4. 茚三酮,加热显现指纹;拍照记录显出的印痕。

替代方法:氨基黑染色,拍照记录显出的印痕。

无孔表面[20]

（1）如果整个指纹被血液污染

步骤 3. DFO,激光/多波段光源检验,拍照记录显出的印痕。

步骤 4. 氨基黑染色,拍照记录显出的印痕。

步骤 5. 物理显影剂(仅限于实验室使用),拍照记录显出的印痕。

（2）如果指纹部分有血,且部分是潜在的

步骤 3. 指纹粉末法,拍照固定(勿用指纹胶带提取)。

步骤 4. 氨基黑染色,拍照记录显出的印痕。

步骤 5. 物理显影剂(仅限于实验室使用),拍照记录显出的印痕。

5.9.6　皮肤上的潜在和显在指纹

潜在指纹通常不能在活体皮肤上显现,因为指纹会被皮肤的水解脂肪层吸收。表 5-1 中是显现方法的顺序,本章的参考文献中描述了皮肤上的潜在指纹的显现方法(技术细节见参考文献)。注意:在所有其他技术被使用之前,应先使用激光或多波段光源对显在指纹/微量物证进行搜索。在进行下一步显现操作之前,拍照固定所有显出的指纹。

表 5 - 1　皮肤上潜在和显在指纹的显现

保存条件或指纹类型	参考[1]	参考[2]	参考[3] **
新鲜/室温	(1) 强力胶熏显,荧光染料*	(1) 用熏显室* 覆盖体表	(1) 强力胶熏显*
	(2) 激光/多波段光源		(2) 荧光染料
	(3) 磁性粉末	(2) 强力胶熏显* ,加湿	(3) 激光(或多波段光源)
	(4) 玻璃板转印法		
	(5) 碘熏,转印至银板紫外光照 14 小时	(3) 熏显 0.5～1.0 小时 (4) 罗丹明 6G	
	(6) 强力胶熏显,碱性黄 40	(5) 激光或多波段光源	
	(7) 四氧化钌		
低温保存时	(1) 碘熏		(1) 碘熏
	(2) 转印至银板		(2) 转印至银板
	(3) 四氧化钌		(3) 四氧化钌
可见指纹	(1) 拍照		(1) 转印至光面纸
	(2) 转印至光面纸		(2) 碘熏
	(3) 碘熏,转印至银板		(3) 银板
	(4) 四氧化钌		(4) 四氧化钌
凹凸不平的指纹	(1) 拍照		(1) 拍照
	(2) 硅胶牙科材料		(2) 硅胶牙科材料

＊强力胶熏显枪的使用可以避免用熏显室覆盖体表的操作。

＊＊使用所有方法之前先用法庭科学光源进行处理。

英文首字母缩略词:请参阅本章末的首字母缩略词词汇表。有关皮肤上的潜在和显在指纹的更多信息,另请参见参考文献 1～3。

5.10　向实验室提交潜在指纹证据步骤[21]

运送到实验室进行潜在指纹检测的所有包装都应标有"注意:潜在指纹部分"。就像在任何情况下只要提交了枪支,都应始终确保其是卸载了弹药的空枪状态,并在包装上清楚地标明装有空枪。

5.10.1　标记证据

(1) 提交给实验室的证据或其密封包装应标有标准的识别数据,就像任何其他类型的物证一样。

(2) 已经显现且被提取的潜在指纹也应在带有标记的信封上标记或密封,并注明提交者的姓名、日期和案件编号。

（3）当拍摄已经显出的潜在印痕时,应在印痕附近放置一个识别标签,并拍摄该标签,以便在底片上显示出来。如果没有使用1∶1的指纹相机,照片中应包含一把尺子或其他物品来显示放大倍数。

5.10.2 收集排除性指纹

排除性指纹是那些可能在现场留下潜在指纹的人的油墨捺印指纹。理想情况下,排除性指纹可以用便携式指纹排除工具包在现场采集(参见图5-13)。工具包套件具备提取高质量油墨捺印指纹所需的所有用品。如果调查人员没有可用的排除性指纹工具包,可以用一个小的"口袋型"墨盒和潜在指纹卡片背面作为替代品来制备排除性指纹。

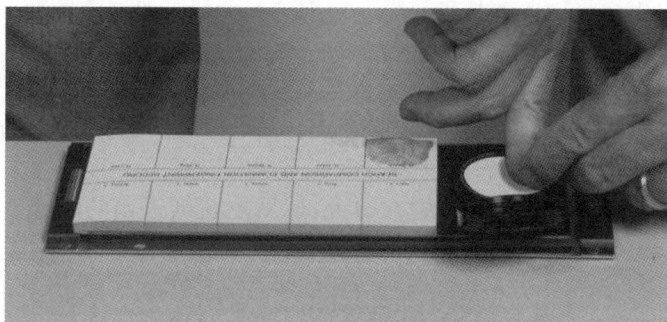

图5-13 便携式排除性指纹工具包
(图片由Sirchie指纹实验室提供)

5.10.3 提交油墨捺印指纹以供比对

无论是用标准墨水和指纹卡还是通过捕获指纹图像的扫描仪,获得高质量清晰的手指和手掌油墨捺印样本十分重要。当要求进行指纹鉴定时,应将当前一套已识别主体对象的油墨捺印指纹和掌纹转交给法庭科学实验室(潜在指纹科)。遵守该程序还需确保以下事项:

（1）提交机构能够提供一名证人,证明油墨捺印指纹属于所讨论的特定嫌疑人。

（2）如果这个案子被提交到高级法院或大陪审团,要能够准备一份可被接受的法庭证据。

（3）案件中的嫌疑人与档案中的油墨捺印指纹提供者是同一个人(通常,由于档案中有大量指纹,不同的人可能有相同的姓名、出生日期和体貌特征)。

（4）提交进行比较的油墨捺印指纹必须是:

① 着色均匀,区域完整。

② 并附上以供比对的受试者的全名和描述。

③ 由提交机构中进行样本采集操作的个人签名并注明日期,并且该人可以在法庭上证明指纹的来源。

④ 如果之前的工作已经完成,将潜在指纹发送给当前分配到该案件的指纹分析人员。

5.10.4　证据的保存

（1）在任何情况下,最重要的是防止潜在指纹证据被后续处理过程所污染,避免损坏已经存在的指纹。

（2）提取的大部分指纹都是遗留在纸张、玻璃、金属或其他表面光滑的物体上的。当必须提取可能含有潜在指纹的物品时,应尽可能少地触摸它们(戴手套也不能保证印痕不被擦涂)。

（3）金属物品和枪支应放在木头或厚纸板上,然后用细绳或铁丝牢固固定,以防止其发生移位或与运输中的其他物体接触。当此类证据需要频繁移交时,应使用一种木钉板(洞洞板)进行固定保存,可以根据需要在木钉板上移动木钉来包围需提交的物品从而起到固定的作用。

（4）即使可以使用手套或手帕来收集证据,也应避免与物品进行任何不必要的接触。这种处理物品的方法将防止在物品上留下额外的印痕,但也要格外小心,否则所用的手套或手帕可能会破坏本来存在的印痕。

（5）可以将瓶子和玻璃杯垂直放置在板上,然后放在纸板箱的底部。瓶子的底部可以用弯曲的内托围起来,以将其固定在适当的位置,并且可以通过一块带孔的硬纸板穿过瓶口将瓶口固定。

（6）包含潜在指纹的纸张和文件应单独放置在马尼拉信封或塑料容器中。这样的容器可以放置在两张硬纸板之间,并包装或放置于用于邮寄的盒子中。

（7）如果无法移动包含指纹的物体或将该物体提交到潜在指纹处理部门,请使用合适的指纹粉末对指纹进行显现,然后使用潜在指纹提取胶带提取。可以将提取的指纹放在潜在指纹提取卡片上进行保存。

5.10.5　排除性指纹

提交所有可能与犯罪现场相关人员的指纹卡,这些人可能在犯罪之前或之后处理过要检查的物品,也包括任何可能意外接触过证物的调查人员的指纹卡。这一步能够快速排除这些人留下的任何潜在指纹。

5.10.6　潜在指纹证据的法庭陈述

在法庭上潜在指纹证据最经典的呈现方式是一侧放置潜在指纹照片,另一侧放置犯罪嫌疑人的油墨捺印指纹照片。潜在指纹(Q)和油墨捺印指纹(K)都具有各自细节特征的编号,且彼此的细节特征及编号能够相互对应。图5-14是法庭上展示的在犯罪现场窗框上显出的潜在指纹,该指纹与入室盗窃案中犯罪嫌疑人的右手中指相匹配。图5-15展示了在另一个案件中潜在掌印与犯罪嫌疑人油墨捺印掌印的匹配情况。

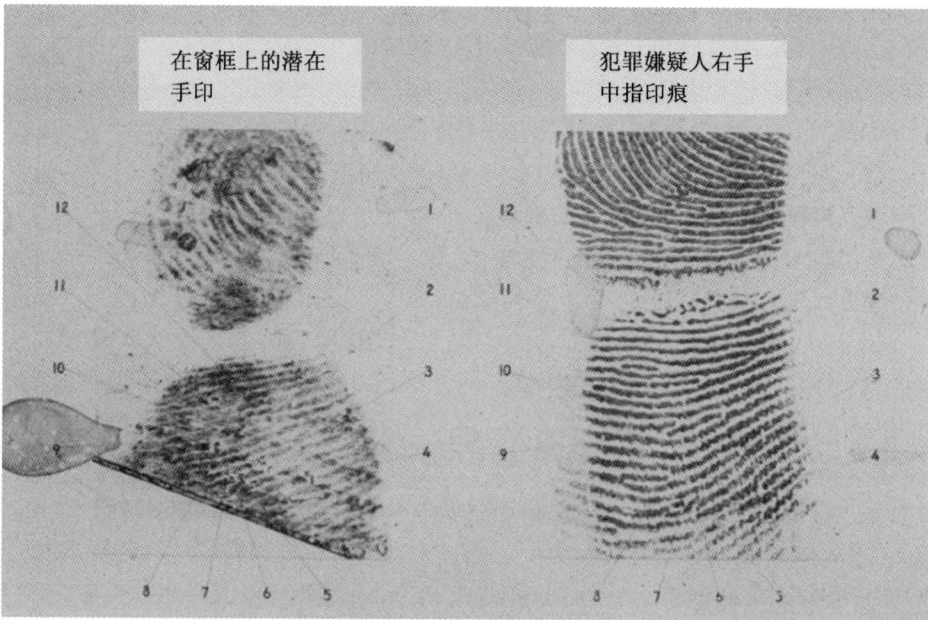

图 5 - 14　法庭上展示的潜在指纹鉴定结果(同一认定)
(图片由杜艾恩·狄龙博士提供)

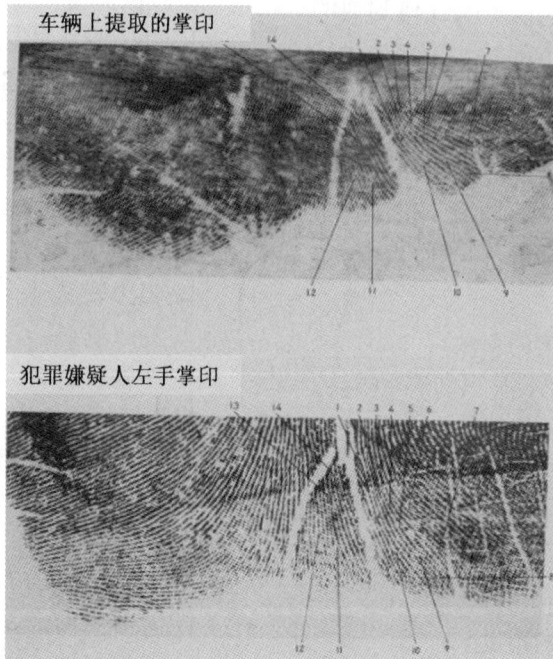

图 5 - 15　法庭上展示的潜在掌纹鉴定结果(同一认定)
(图片由杜艾恩·狄龙博士提供)

5.10.7　特别考虑

在任何情况下,如果对潜在指纹处理有任何疑问,请在处理之前联系当地实验室潜在指纹部门以获取建议。多显现出一份指纹可能为解决犯罪调查多提供一个方法。

总 结

注意:

对于可以运输的物体,调查人员最好将物体运送至实验室进行潜在指纹的显现(建议使用化学方法进行处理)。

1. 系统的程序:对于所有表面类型/潜在沉积物的组合

对于所有类型的表面在进行步骤 3 及后续的步骤时,必须先完成步骤 1 和步骤 2。

1. 借助足够的光源进行光学(视觉)检验,包括激光/多波段光源/紫外光源。
2. 在进行转移或提取操作之前,将印痕中所有显在指纹以及任何其他的证据拍照固定下来。
3. 依据表面类型、指纹沉积物的性质,以及指纹所处的历史环境,选择物理的或化学的方法或方法序列显现指纹。
4. 在显现的过程中时刻拍照记录显出的指纹。
5. 绘制显出的印痕的草图。
6. 在笔录中记录已经显出的潜在指纹。

2. 无孔客体表面

光滑无孔的表面

1. 用指纹粉末和指纹刷处理,或者选用下面方式。
2. 氰基丙烯酸酯熏显处理。
3. 拍照固定显出的指纹。
4. 显出印痕后用粉末法刷显。
5. 拍照记录氰基丙烯酸酯熏显/粉末显现后的指纹。
6. 对于潮湿(或者干燥)的表面使用小颗粒试剂进行显现。

粗糙无孔的表面

1. 氰基丙烯酸酯熏显。
2. 小颗粒试剂(尤其对潮湿客体表面显现效果更佳)。

塑料泡沫

1. 小颗粒试剂(在托盘中显现小型物体上的指纹,用喷洒的方法显现大型物体上的指纹)。
2. 拍照固定显出的指纹。

塑料包装材料

1. 激光或多波段光源检验。
2. 强力胶熏显。

柔软的乙烯基塑料(PVC)、橡胶、皮革、塑料保鲜膜

1. 强力胶熏显,拍照固定显出的指纹。
2. 粉末刷显,拍照固定显出的指纹。
3. 小颗粒试剂(潮湿的物体)。
4. 用喷洒的方法显现大型物体上的指纹,在托盘中显现小型物体上的指纹。

未处理的金属

1. 强力胶熏显。
2. 粉末刷显。
3. 小颗粒试剂(潮湿的物体)。

蜡和打蜡的表面

1. 苏丹黑染色;拍照固定显出的指纹。
2. 强力胶熏显,拍照固定显出的指纹。
3. 小颗粒试剂。

被油脂污染的物品

1. 苏丹黑染色;拍照固定显出的指纹。苏丹黑比结晶紫(毒性很大)更好。
2. 强力胶熏显 *(没有苏丹黑的情况下)。
3. 小颗粒试剂(潮湿的物体)。用喷洒的方法显现大型物体上的指纹,在托盘中显现小型物体上的指纹。

* 苏丹黑染色和强力胶水熏显后指纹
的荧光会增强。

3. 渗透性客体表面
纸张以及纸板物体表面
1. a. DFO;拍照固定显出的指纹。
   b. 激光/多波段光源;拍照固定显
   出的指纹。
2. 茚三酮;拍照固定显出的指纹。
本色木(未经处理的)
1. DFO;拍照固定显出的指纹。
2. 茚三酮;拍照固定显出的指纹。
织物(仅限于精细、光滑的面料)
没有经过证实的方法;如果潜在指纹
在血液中,请使用血液中指纹的处理
方法。

4. 胶带
非粘性面(优先显现)
光滑的塑料胶带:粉末显现法。
柔软的乙烯基胶带:强力胶(CA)熏
显(只有当胶带粘住时);拍照固定显
出的指纹。
布胶带:没有经过证实可用的方法。
纸质胶带(不潮湿的情况下)
1. DFO。
2. 激光/多波段光源;拍照固定显
   出的指纹。
3. 茚三酮;拍照固定显出的指纹。
纸质胶带(潮湿的情况下)
1. 物理显影剂(仅限于实验室条
   件下使用);同样能把胶带粘
   性面的指纹显现出来(会对后
   续的显现方法和对血液的检
   测造成干扰)。
2. 拍照固定显出的指纹。
粘性面
1. 结晶紫(注意:结晶紫毒性非常大),

Wetwop混合液法,粘性粉末法。
2. 纸质胶带:物理显影剂。
   a. 只能在实验室由有资质的人员进
      行操作。
   b. 对其他显现方法有干扰。

5. 血液中的指纹
一般方法
1. 在处理指纹前先拍摄指纹。
2. 可以显现或增强指纹反差的手段:
   a. 用类似于氨基黑的蛋白质染色剂
      染色。
   b. 用血迹检测试剂进行处理。
   c. 拍照固定显出的指纹。
多孔客体表面
1. TMB(四甲基联苯胺);拍照固定显
   出的指纹。
2. 茚三酮,加热加快显现速度;拍照固
   定显出的指纹。
3. 氨基黑染色法;拍照固定显出的
   指纹。
无孔客体表面
1. 如果整个指纹被血液污染:
   a. DFO;拍照固定显出的指纹。
   b. 激光/多波段光源;拍照固定显出
      的指纹。
   c. 氨基黑;拍照固定显出的指纹。
   d. 物理显影剂(仅限于实验室条件
      下使用);拍照固定显出的指纹。
2. 如果指纹部分是血,部分是潜在的:
   a. 指纹粉末法;拍照(请勿提取)固
      定显出的指纹。
   b. 氨基黑;拍照固定显出的指纹。
   c. 物理显影剂(仅限于实验室条件
      下使用);拍照固定显出的指纹。

皮肤上潜在和显在指纹的显现	
保存条件	指纹类型
新鲜/室温	可见指纹
(1) 氰基丙烯酸酯(熏显 0.5~1.0 小时)	(1) 拍照
(2) 荧光染料	(2) 转印至光面纸
(3) 多波段光源	(3) 碘熏,转印至银板
(4) 碘熏,转印至银板,紫外照射 14 小时	(4) 四氧化钌
(5) 四氧化钌	
低温保存	凹凸不平的指纹
(1) 碘熏	(1) 拍照
(2) 转印至银板,紫外照射 14 小时	(2) 硅胶牙科材料
(3) 四氧化钌	

复习题

1. 潜在指纹是肉眼看不见的,必须使用<u>合适的媒介进行显影</u>以使印痕可视化。
2. 显在指纹是指那些<u>能用肉眼观看</u>到的指纹。
3. 目前,<u>没有可靠的方法</u>来确定潜在指纹遗留的确切时间。
4. 指纹遗留物质中通常包含<u>水溶性</u>或<u>水不溶性</u>的物质。
5. 除皮肤分泌物外,潜在指纹可能部分或全部由<u>污染物</u>组成。
6. 仅当所有人员都穿着<u>个人防护设备</u>时,才可操作激光灯。
7. 现场首先考虑的是所有在场人员的<u>安全</u>。
8. 具有潜在指纹的客体表面性质会影响显现潜在指纹<u>方法顺序</u>的选择。
9. 在对任何表面进行潜在指纹处理之前,分析人员应仔细<u>检查</u>要处理的表面。
10. 重要的是要使用<u>系统</u>的方法以最大限度地提高发现和收集可用印痕的可能性。
11. 应确保在处理潜在指纹时使用的每个步骤不会<u>干扰流程</u>中的后续步骤。
12. 当用指纹粉末显现潜在指纹时,应该用刷子<u>轻轻地旋转蘸取</u>粉末。
13. 当使用氰基丙烯酸酯熏显指纹时,需将要处理的物品放置在<u>熏显室</u>中。
14. 如果潮湿的表面不能用适当的方法干燥,那么可以用<u>小颗粒试剂显现法</u>处理该类型表面。
15. 在犯罪现场,分析人员在使用茚三酮试剂时只能将其溶解在<u>非易燃性溶剂</u>中。
16. 在犯罪现场处理潜在指纹时,第一步是<u>光学</u>检验法,可以使用<u>激光</u>或<u>多波段</u>光源进行检验。
17. 在处理指纹前应该对存在的可见印痕以及任何微量物证进行<u>固定提取</u>。
18. 提取指纹前,应该在提取卡片上画出潜在指纹的草图,图中显示潜在指纹的<u>方向</u>和<u>位置</u>。

延伸阅读参考文献

Beavan, C. 2001. *Fingerprints* (*The origins of crime detection and the murder case that launched forensic science*). New York, NY: Hyperion.

Cowger, J. F. 1992. *Friction Ridge Skin*. Boca Raton, FL: CRC Press.

Hebrard, J., and A. Donche. 1994. Fingerprint Detection Methods on Skin: Experimental Study on 16 Live Subjects and 23 Cadavers. *Journal of Forensic Identification* 44: 623－621.

Lee, H. C., and R. E. Gaensslen, eds. 2001. *Advances in Fingerprint Technology*. Boca Raton, FL: CRC Press.

Margot, P., and C. Lennard. 1994. *Fingerprint Detection Techniques*, 6th rev. ed. Lausanne, Switzerland: University of Lausanne, Institute of Police Science and Criminology.

Menzel, E. R. 1991. *An Introduction to Lasers*, *Forensic Lights and Fluorescent Fingerprint Detection Techniques*. Salem, OR: Lightning Powder Co.

Report of Special Committee for Safety. 1986. Alameda, CA: The International Association for Identification.

Scene of Crime Handbook of Fingerprint Development Techniques. 1993. London, England: Police Scientific Development Branch, Home Office.

附录5-A 表5-1中的首字母缩写词词汇表

AG　银或硝酸银。硝酸银与汗液中的氯化物反应形成氯化银(AgCl)。可能会增强茚三酮显现的指纹。不推荐将其用于纸张,因为茚三酮与物理显影剂结合的方法对于纸张更有效。

AL　铝;指纹铝粉。

ALT　多波段光源(替代激光的光源),包括高强度光源和特定波长的滤光器。

AMBL　氨基黑;萘黑;用于显现潜血指纹的蛋白质染色剂。必须按一定顺序使用,因为它不能检测除蛋白质以外的指纹成分。对大多数法庭科学检验方法有干扰。在用氨基黑显现之前,必须采集血清样本。

8-ANIL　8-苯胺基-1-萘磺酸钠,用于油渍表面指纹的显现。

ARD　阿德洛克斯970-P10。用于氰基丙烯酸酯熏显后的荧光液体染色剂(加拿大阿德洛克斯有限公司)。

BR28　碱性红28。用于氰基丙烯酸酯熏显后的荧光染料。

BY40　碱性黄40。用于氰基丙烯酸酯熏显后的荧光染料。

BZFL　苯酮黄酮(7,8-α-萘基黄酮,7,8-苯并黄酮,α-萘基黄酮)。碘熏指纹的固色剂。

CA　氰基丙烯酸酯(通常为乙酯),也称为强力胶。过度熏显可能会丢失指纹的细节,尤其是在荧光染色之后。染色前应放置一整夜,以使聚合物充分硬化,以免在染色过程中丢失指纹。

CV　结晶紫(龙胆紫)。作为胶带粘面上指纹的染色剂,以及氰基丙烯酸酯熏显后指纹的染色剂(有毒)。

DAB　二氨基联苯胺。血液测试试剂和血迹染色试剂。

DFO　(1,8-二氮杂-9-芴酮)。在室温下显示强荧光。浸渍,干燥,再次浸渍,然后在100 ℃下干燥20分钟。随后可以进行茚三酮、茚三酮类似物或锌(Zn)或镉(Cd)试剂操作。

DMAC　(4-二甲基氨基肉桂醛)。针对多孔客体表面,显出深红色指纹后必须立即拍照。与指纹遗留物中的尿素发生反应。仅适用于显现新鲜指纹。指纹遗留物中的尿素扩散后,会使显出的指纹模糊。

GRIT　(玻璃提取研究技术)。用玻璃片从皮肤上提取潜在指纹,随后进行物理或化学方法显现。

IOD　碘蒸气(油和脂肪酸物质)。经过3~5天后的指纹显现的质量会很差。箱式熏显或熏显管熏显。显出的指纹用7,8-苯丙黄酮进行固定(可以在现场临时配制使用)。

LAS　用以显现指纹的激光,在荧光粉末处理前后进行使用。

LUM DYE　用于对氰基丙烯酸酯熏显后的指纹进行染色的"发光"(或荧光)染色剂。

MAG POW　磁性指纹刷显粉末。

MMD　多金属沉积(胶体金加物理显影剂)。先浸没在氯化金(蛋白质、肽、氨基酸)溶液中,随后浸没在改性物理显影剂中。

NBD-CL　7-氯-4-硝基苯并-2-氧杂-1,3-二唑。与氨基酸和胺反应,形成肉眼不可见的发光指纹;由于背景发光,需要进行特殊照明。

NIN　茚三酮。与氨基酸反应。产物颜色为深紫色(鲁赫曼紫)。随后加入能与鲁赫曼紫形成络合物的金属盐(金属指锌、镉或汞,通常是锌或镉)。

NINLOG　茚三酮类似物。灵敏度与茚三酮相当,但经过金属盐处理后,比茚三酮显现的指纹具有更强的发光性(苯并茚三酮、5-甲氧基茚三酮和其他正在研发,但尚未上市的物质)。

PD　物理显影剂(纸张和未处理的木材)。银、亚铁/铁系统、缓冲液和清洁剂的水溶液。银优先沉积在潜在的指纹上,乳突纹线呈深灰色,背景呈浅灰色。可以优化茚三酮显现的指纹或显现茚三酮没有显出的指纹[茚三酮对水溶性物质成分敏感,而银对非水溶性物质成分(皮脂分泌物)敏感]。应该系统地应用在纸张上的任何显现方法序列之后。

PHOT　拍照固定任何显出的指纹。

POW　普通指纹粉末,通常指标准指纹粉。

R6G　罗丹明6G。一种荧光染料,用于染色氰基丙烯酸酯熏显出的指纹。

RADACT　放射性化合物。二氧化硫(S-35)、一氯化碘(I-128)、硫脲A(S-35)和硫化钠(S-35)。

RAM　罗丹明6G,ardrox(ardrox 970-P10),MBD[4-(4-甲氧基苄基氨基)-7-硝基苯并呋喃]的混合物。

RH6G　罗丹明6。

RTX　四氧化锇和四氧化钌。与不饱和有机物(皮脂)反应。利用该试剂的蒸气在熏显室中熏显1~12小时。尤其适用于显现纸币之类的纸张,因为纸币会与茚三酮发生反应。不能与大多数显现方法混合使用(不兼容)(锇是一种毒性极高的物质)。

SIL CAST　硅树脂牙科材料(例如,Mikrosil)。

SPR　小颗粒试剂(湿粉法)。与潜在指纹的非水溶性部分作用。二硫化钼悬浮液。

SUD BL　苏丹黑。蛋白质,肽和氨基酸的一般染色剂。

TEC　羰基铕螯合物。用于染色CA熏显指纹的荧光染料(长波UV;吸收波长=350 nm,发射波长=614 nm)。

TMB　四甲基联苯胺。检验血液和显现潜血指纹用的成色化合物。

UV(紫外线),长波紫外线(伍德氏灯)。

VMD　真空金属沉积(真空金属镀膜)。金在真空下蒸发形成薄层(不可见);以相同的方式沉积第二层锌或镉。锌优先沉积在裸露的金上,但不会渗透到指纹沉积物上,从而使摩擦脊纹透明。当所有其他显现方法都失败时,该方法可能会有效。

XRAY　铝粉刷显,随后进行XRF拍照(X射线荧光照相法)。

附录 5 - B　潜在指纹显现的安全预防措施[22]

以下现场和实验室安全指南改编自国际鉴定协会(IAI)安全特别委员会报告[23]中关于显现潜在指纹所用的化学和物理方法的建议(有关生物危害的安全建议,请参阅第七章)。安全委员会的报告对分析人员而言是一个极好的资源,从 IAI 获得的价格非常合理,对此感兴趣的个人也可从此处获取。

一般安全指南

化学品的处理

许多显现潜在指纹的化学技术都有极大的危险性,只能由合格的化学家或训练有素的技术人员在实验室中进行使用。分析人员在接受充分的培训之前,切勿尝试该技术。培训内容包括如何使用该技术,该技术的安全要求,以及如果发生意外泄露应该采取的紧急处理程序。

个人防护设备

在使用化学或物理技术方法时,必须在室外或实验室穿戴个人防护设备(PPE)。防护设备应包括护目镜、外衣(例如连身衣或实验室外套),在接触化学试剂期间均需佩戴具有抗化学腐蚀和生物渗透性的手套,处理尖锐物品时佩戴的防刺穿手套。

禁止饮食和/或吸烟

在犯罪现场或其附近或实验室内禁止饮食和/或吸烟。进食、饮水或吸烟只能在远离这些区域的地方进行,并且只能在移除所有个人防护装备并彻底洗手和洗脸后进行。在重新进入犯罪现场或实验室之前,必须穿戴新的个人防护装备。

化学和生物危险材料

化学和生物危险材料必须使用职业安全与健康管理局要求的处理袋进行处理。危险材料的处置应通过消防部门的危险材料小组进行协调。

对正确处理程序的怀疑

当对任何程序的安全预防措施或技术的正确使用有疑问时,分析人员应审查该程序的安全预防措施和技术以及该方法中使用的所有化学品的材料安全数据表。

犯罪现场的安全指南

个人防护设备

在使用化学或物理技术方法时,必须在现场佩戴个人防护设备。防护设备应包括护目镜、外衣(例如连身衣或实验室外套),在接触化学试剂的期间均需佩戴具有抗化学腐蚀和生物渗透性的手套,处理尖锐物品时佩戴防刺穿手套。每当地板上存在生物材料时,例如流血的犯罪现场,都应穿戴鞋套。外衣应为一次性或商业洗涤的,以确保去污效果。

喷洒或加热蒸发化学药品

在现场喷洒或加热蒸发化学药品时要求穿戴个人防护设备,包括连身服、眼镜、全罩式面罩、手套和全罩式呼吸器。使用粉末时需要佩戴防尘口罩,以避免分析人员吸入粉末。

化学清洗和去污程序

化学清洗程序和完整的去污程序应该是犯罪现场处理程序的组成部分。犯罪现场设备清单中应包括适当的处置设备和袋子,犯罪现场勘查车辆和补给容器中应保持各项物品的充足供应数量。

定期检查和维护设备

必须定期检查现场使用的所有设备是否存在安全隐患。这包括电气设备、喷涂设备以及在现场使用的任何其他可能构成安全隐患的设备。

犯罪现场车辆/工具包中的安全设备

急救包、化学或生物泄露净化包和灭火设备等安全设备应是犯罪现场勘查车辆物品的组成部分。

小型工具和器具

证据收集或处理的小型工具和器具每次使用后应丢弃或消毒。

实验室安全指南

文书和证据接收区

文书和证据接收区必须保持清洁并定期消毒。实验室的例行安全检查应包括接待区。

化学品的处理

在处理化学品时,必须使用护目镜、手套、口罩和外套。

挥发性化学物质、超细粉末

仅在通风橱中且穿戴好个人防护设备时才能处理挥发性化学物质或超细粉末。

化学品的安全和应急措施

分析人员在未充分了解化学品的安全危害并采取适当的处理技术之前,不得使用任何化学品。分析人员必须了解接触该化学品后应采取的适当应急措施。化学品材料安全数据表中应含有安全和应急措施信息。

区分生物材料通风橱和化学试剂通风橱

生物材料和化学试剂的通风橱应分开。通风橱应定期清洁和消毒,应为每个通风橱保存一份安全检查和消毒的永久记录。

密封化学处理过的物品

任何在实验室经过化学处理的物品都应该密封,以防止其暴露给后续的操作人员。必须使用带有适当"危险"警告标签的透明袋包装在法庭上呈现证据,以防止在法庭工作人员和陪审团面前暴露化学处理过的物品。

化学品的存储

化学品必须始终存放在适当的柜子中(例如,易燃液体存放在贴有易燃标签的柜子中,放射性化学品存放在贴有放射性标签的柜子中,生物制品存放在贴有生物危害标签的冰箱中,等等)。使用适当的柜子或带有防摔保护的架子将少量工作溶液存储在实验室区域。

生物危害防护指南

关于生物危害的安全指南,请参见第七章附录7。

尸体解剖时的安全指南

有关杀人犯罪现场的安全指南,请参见第十四章,附录 14 - A,针对尸体检验的安全指南,请参见附录 14 - B。

第
六
章 微量物证

关 键 词

微量物证,转移证据,二次转移,线粒体 DNA,生长期,退行期,休止期,毛发色素,毛表皮,皮质,髓质,毛发样本,天然纤维,合成纤维,染料,纤维分类,密封带,缝合处损失,纤维粘取胶带,折射率,密度,物理匹配度,转移涂料,矿物学特征,助燃剂,挥发物,催化剂,火三角,燃烧四面体,点火器,控制样本,背景控制。

学 习 目 标

■ 总结毛发和微量物证的由来。
■ 分析微量物证的重要特征。
■ 讨论合理收集微量物证。
■ 论述实验室分析对微量物证检验的重要性。

引　言

　　微量物证的概念蕴含了"微量"的两个定义:第一个定义是指"某人、某物或某事先前存在或通过的可见标记或标志"[1];第二个定义是指"微量"[2]。这两个定义都适用于法医学中的微量物证一词,因为"转移证据"是指洛卡德转移交换原理中包含的物质的转移,并使用"微量物证"一词来表示很小的物理证据。在后一种定义中,"微量物证"一词意味着该证据需要通过显微镜或电子仪器或两者相结合进行检验。微量物证的检验可在各个实验室完成,可根据检验的证据类型、检验人员的专业类别或根据对证据的检验类型(显微镜、光谱学等)进行分类。

　　洛卡德转移交换原理中体现的"转移证据"不仅包括将微量物证从一个人或物体转移到另一个人或物体,还包括对微量物证的二次转移。证据的二次转移是指微量物证从其最初转移到的地方到另一个地方或事物的后续转移。例如,从受害人毛衣转移到攻击者衬衫上的纤维,随后可以从攻击者衬衫上转移到攻击者所坐椅子的织物上,从而成为二次转移的纤维。

6.1　毛发证据

6.1.1　毛发证据简介

由于毛干线粒体 DNA(脱氧核糖核酸)分析技术的发展,毛发的证据价值发生了革命性的变化(有关 DNA 类型的说明,请参见第七章)。以前,DNA 分析仅限于那些具有一部分毛根附着在毛干上的毛发。这种情况下毛发是被强行从身上拔下的,法医可对粘附在毛发上的毛囊细胞中的核 DNA(每个细胞核中的 DNA,称为 nDNA 或 nuc-DNA)进行分析。近年来,已经出现了线粒体 DNA(称为 mtDNA)分析技术。线粒体 DNA 存在于细胞核外的细胞中,因此可以分析没有细胞核的细胞(毛发、指甲、脚指甲、表皮)中的此类 DNA。这一发展大大提高了毛发证据的价值,因为可以利用常规显微镜技术检验并比较毛发,然后分析其线粒体 DNA 类型。有关线粒体 DNA 分析的更多讨论,请参见第七章。

毛发证据包含动物毛发和人类毛发。犯罪现场调查人员遇到的大多数毛发证据都是人类的毛发,但不应忽略可能存在的动物毛发,因为动物毛发也偶尔会作为证据出现。作为证据最常出现的人类毛发是头发或阴毛。有时也会有其他体毛,例如伴随袭击(刺伤、钝器袭击或防御措施)而出现的体毛。毛发在头皮和阴部大量存在,常可作为证据使用。研究人员对毛发感兴趣的主要原因是其特征之一:毛发承受严酷环境条件或分解的能力很强。但是,毛发的活细胞(附着在一些毛发上的毛囊部分)非常脆弱,需要特别注意以保存活细胞材料进行基因鉴定。

毛发是表皮的产物,由死细胞组成。毛发有三层:(1) 鳞片的外层(表皮层);(2) 中间层称为皮质层;(3) 内核称为髓质层(有时是零碎的或不存在)。毛发的结构与铅笔类似:毛发的表皮层(鳞片)类似于铅笔外部油漆层;皮质层(毛发的中间层)类似于铅笔的木制层;毛发的髓质层(毛发的中心部位)类似于铅笔的笔芯(见图 6-1)。毛发从皮肤的毛囊中生长出来分三个阶段,分别是生长期、退行期和休止期。在毛发生长阶段,毛囊会主动产生毛干并通过皮肤挤出。第二阶段退行阶段是导致第三阶段休止阶段的过渡阶段,在此阶段,毛发停止生长并"静止",直至其从皮肤掉落或被其替换的毛干推出为止。

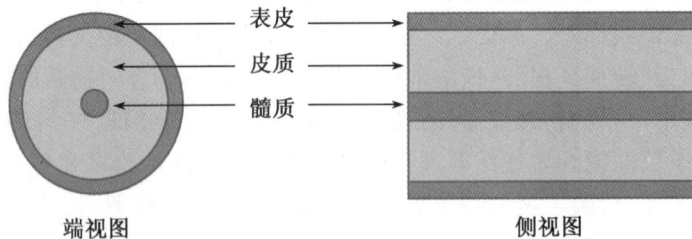

图 6-1　人体毛发结构

头皮毛干的横截面形状有圆形、扁平或带状,而胡须的横截面是三角形。横截面形状与头发的卷曲度有关。直发的横截面为圆形,波浪形头发的横截面为椭圆形,卷曲的头发横截面是扁平的。横截面形状和波纹度与人类头发的种族特征相关,尽管种族之间存在很大的重叠[3]。亚洲人、美洲原住民和西班牙裔种族群体都拥有横截面为圆形的直发。非洲种族群体的头发呈卷发状,具有类似丝带的横截面[4]。欧洲种族的头发有直发,也有非常卷的卷发,在卷曲度方面与其他两个主要种族群体有相当大的重叠。例如,一些欧洲人的长、直、黑的头发几乎与亚洲人的头发没有区别,而一些欧洲人的黑色密卷发,与非洲人的头发类似。

　　所有人种阴毛的横截面都是扁平的,非洲种族的阴毛最卷曲,而亚洲种族的阴毛卷曲度最小。亚洲种族群体的阴毛只有轻微的卷曲,并呈波浪状。非洲种族群体的阴毛很卷。欧洲种族群体的阴毛介于亚洲和非洲种族群体之间,卷曲度介于很卷和微卷之间。阴毛的颜色通常与头发颜色相关,但也有可能与头发颜色有很大差异。

6.1.2　毛发的显著特征

　　对于研究人员和实验室分析人员而言,毛发最重要的特征是毛发的颜色。毛发有颜色是因为毛发中存在两种色素:真黑色素(棕色)和褐黑色素(红色)(参见表 6-1)。假定有第三种颜色(黄色),但尚未确认。在绝大多数人中发现的黑发实际上是非常深的棕色,肉眼看上去是黑色的[5]。金色的头发实际上是非常浅的棕色头发,肉眼看上去像"金色"。红棕色的头发颜色是由于红色和棕色结合而产生的,组合可以有很多种,呈现从非常深的红棕色(有时称为"赤褐色")到非常浅的红棕色("略带金黄的红色")。由于人眼具有出色的区分色泽的能力,因此各种颜色的色泽对于观看者来说都是显而易见的。在比较显微镜下,实验室检查人员可以轻松地区分颜色差异。"白发"是指毛干中没有色素的头发。

表 6-1　人体毛发的宏观(肉眼可见)特点
毛发颜色和色调
(颜色也是毛发的微观特征)

白色("白色"毛发实际上是无色的,因为皮质中缺乏色素)		
金色	棕色	
淡黄色	极浅棕色	深棕色
中黄色	浅棕色	非常深棕色
暗黄色	浅至中棕色	极其深棕色("黑色")
	中棕色	
	中至深棕色	

红色/棕色(深红色/棕色也称为"赤褐色")	
金色/非常浅红色	中棕色/非常浅红色
金色/浅红色	中棕色/浅红色
金色/中红色	中棕色/中红色
金色/深红色	中棕色/深红色
金色/非常深红色	中棕色/非常深红色
浅棕色/非常浅红色	深棕色/非常浅红色
浅棕色/浅红色	深棕色/浅红色
浅棕色/中红色	深棕色/中红色

(续表)

浅棕色/深红色	深棕色/深红色
深棕色/非常深红色	深棕色/非常深红色
长度(宏观)	卷曲度(宏观)
<2.5 cm	直
2.5~7.5 cm	波浪
7.5~15 cm	卷曲
15~30 cm	非常卷
>30 cm	紧卷

对于研究人员和毛发检验人员而言,毛发的其他重要特征是毛发的长度和卷曲度。毛发的长度是观察者容易看到的特征,并且可能包含在特征列表中,这些特征有利于调查人员刻画刑事案件中的可能嫌疑人。在实验室中,证据毛发的长度是毛发检查人员在做毛发鉴定时的重要特征。例如,最近剪过的证据短发与近期未剪过发的人的长发不匹配。毛发的长度可能暗示了其来源的性别,但是男性和女性的毛发长度有相当大的重叠,基于毛发长度的性别判别存在困难。

6.1.3　人体毛发的微观特征

毛发的大多数其他特征本质上都是微观的,只能在显微镜下观察到。只能通过显微镜才能看到的特征包括色素颗粒、髓质、皮层梭(小气囊)、表皮鳞屑、根部特征、毛发损伤和毛干直径。毛发检查人员可以使用这些特征中的任意一个,对可疑毛发和已知来源的毛发样本进行比较。这些特征互相组合可使毛发检查人员区分来自不同个体的毛发。表 6-2 列出了人体毛发中的微观特征。

表 6-2　人体毛发的微观特点

色素特性		
密度	尺寸	分布
缺失	缺失	缺失
稀疏	细微	均匀
少	中等	有关髓质
中等	大	单边
密	非常大	簇
髓质特点		
缺失		
连续/不透明	中断/不透明	碎片/不透明
连续/半透明	中断/半透明	碎片/半透明
连续/不透明/半透明	中断/不透明/半透明	碎片/不透明/半透明

毛干特点			
发干变化	最大直径	头	根
不变	细(<0.04 mm)	自然锥度	缺失
细长/平滑变化	中等(0.04~0.08 mm)	近期剪切	萎缩
发干变化	最大直径	头	根
宽/平滑变化	粗(>0.08 mm)	圆形	球状/无鞘
细长/突然变化		圆形/磨边	球状/鞘
宽/突然变化		分叉	
		破碎	

皮质特点和夹杂物		
皮层梭	卵形体	皮质纹理
缺失	无	光滑
存在一根	稀疏	条纹
稀疏—干	惯常	很多条纹
惯常—干	密	颗粒状
密—干		

护理	表皮边缘
无	光滑
染色	稍有锯齿状
脱色	锯齿状
卷曲/烫发	

1. 表皮

毛发的表皮由围绕毛干的许多鳞片组成。组成表皮的大量鳞片以类似于屋顶板的方式重叠。在显微镜下观察,除非毛发受损,否则只能观察到边缘。鳞片的外观("样式")有时有助于实验室进行毛发的鉴定,且有助于人体毛发的判断,这是由于动物毛发鳞片的图案与人的明显不同。鳞片的裸露尖端指向毛发的尖端,这使得分析人员可以在没有毛发根部和尖端部分的情况下判断毛发近端及远端方向。

2. 皮质

人体毛发的皮质由角化细丝组成的细长纤维构成。由于角化蛋白质的特性,毛发非常结实,类似于指甲中的物质。皮质中含有分析人员用来比较毛发的大多数特征:色素颗粒、皮质梭、卵形体和其他微观特征。色素颗粒是皮质内的离散颗粒,并含有黑色素,黑色素使头发呈现褐色阴影(红色色素可能溶解在皮质中,红色色素颗粒在光学显微镜下看不到,尽管可用扫描电子显微镜观察到)。

皮质梭是小气囊,通常呈球形至卵形。顾名思义,卵形体是椭圆形的小体,具有浅棕色的特征。

3. 髓质

当人体毛发的髓质充满空气时,其在显微镜下呈现暗淡或不透明状。如果髓质充满液体,可能会呈现浅棕色或半透明。髓质可能不存在,它在整个毛干中可能是连续的,也可能是间断的,可能出现在毛干的某些部分,而不出现在其他地方。髓质的形状是无定形的,即为"无形状",因为该形状沿毛干变化,每个人的髓质形状可能具有不同的外观。另一方面,动物毛发中的髓质在大多数物种中具有明确的形状,可与其他特征一起用于毛发的种类鉴定。人体毛发中的髓质很窄,通常小于毛干直径的三分之一,而在动物毛发中,髓质可能几乎和毛干一样宽。

6.1.4 毛发的其他特征鉴定

在毛发的法医鉴定中,所使用的其他特征包括毛发的卷曲程度、毛干的最大直径和发梢的特征。毛发分析人员使用可疑毛发的这些特征与已知毛发样本的相同特征进行比较。毛发的直径和卷曲度与毛发来源个体的种族群体有关,而毛发的长度和尖端的外观则是修整的结果。尖端的外观与剪发的方式、修整头发的类型和频率以及剪发后的时间长短有关。毛发的处理方式也使得毛发检查者具有可进行鉴定的特征。漂白和染过的毛发具有独特的外观,如果毛发上保有发根,则检查人员可以估算出已漂白和染色的时间。毛发的表皮可能会因美发处理而受损,这可为检查人员提供额外的鉴定标准。表 6-2 中列出了毛发检查人员使用的毛发比较的微观特性类型。检察人员可比较表中所列的每个特征,以便找到可疑毛发与调查人员提交的样本毛发之间的相似性。注意,毛发的颜色(参阅表 6-1)也是毛发检查者用于毛发比较的微观特征。毛发的颜色是由光学特性、毛发色素颗粒(黑色素)的大小、密度和分布以及毛发中红色素的含量共同作用的结果[6]。

6.1.5 毛发证据的实验室检测

毛发证据的实验室检测包括两种主要方法:(1) 微观检测,将可疑的毛发与已知的毛发样本进行比较;(2) 遗传标记分析,包括毛囊物质存在时的 DNA 分析和可能的毛干 DNA 分析(参阅第九章中关于线粒体 DNA 的讨论)。微观检测包括以下内容。

1. 肉眼和立体(低倍)显微镜检测

毛发类型的常规检测是长度、卷曲度和颜色。对毛发的外表检测也包括对其上痕量物证的检测,如纤维和虱子虫卵。这些特征为调查人员提供了调查信息,也为毛发检测人员提供了比较信息。

2. 高倍显微镜检测

用高倍显微镜检测毛发,检测是否有污染物、焗油膏以及可能存在的任何异常特征。存在的微量物证都可以进一步表征。

3. 比较显微镜检测

使用比较显微镜对毛发微观特征(参见表 6-2)进行检测,包括对证据毛发与已提交的样本(已知毛发来源)之间的比较。该比较可以使检查人员对可疑毛发和样本毛发进行并排比较,以记录两者之间的相似之处和不同之处。

4. 毛发 DNA 分析

使用细胞核 DNA 分析技术对毛发根鞘中的 DNA 进行检测。测定毛干中线粒体 DNA

的技术用以检测毛发中线粒体 DNA 类型。

6.1.6 毛发证据收集[7]

毛发证据可以通过以下方式收集：(1) 收集单根毛发；(2) 收集带有毛发的物体；(3) 使用"胶带粘取"技术收集；(4) 通过梳或刷收集(如果是阴部区域的外阴毛)；(5) 用吸尘器清理疑似含有证据毛发的区域。根据现场的具体情况，每种方法都可以使用。收集单根毛发是最好的选择，因为可以根据现场的特定位置或特定的对象来识别每根毛发。但是，在某些情况下，例如所覆盖的区域较大或试图防止由于大风天气而把毛发吹掉时，完全可以接受用胶带粘取毛发和纤维的方法。

1. 证据毛发收集注意事项

在尝试以下列表中的特定收集程序之前，请注意以下事项。

将单根毛发装在单个容器中。 单根毛发应先装在纸包裹、半透明信封或小瓶子里，之后放在纸质信封里。纸包裹/半透明信封/小瓶子和纸信封均应标有标准识别数据。

不包装湿证据。 在把毛发或含有毛发证据的物品放入适当的容器之前应让其风干。生物检材会随时间降解。如果将湿的物品密封在不透气的容器(例如塑料袋)中，会加快这一过程。请勿使用风扇或吹风机吹干毛发或物品，因为它们可能会导致毛发丢失。

毛发应放在干净的、铺有纸张的平面上以供观察。 不要将毛发直接放在桌面上。将毛发放在桌面上之前，应先在工作区(例如桌子上)铺上新纸。为避免所有证据和对照样本之间的交叉污染，每次只处理一个证据，且始终做好清洁工作(在处理每个证据时更换手套和一次性工具或彻底清洁工具)。

用标准识别数据标记每个证据容器。 每个容器都应至少具有以下数据：提交者的姓名缩写、案件编号、物品编号、来源和日期。记录保管链。

2. 现场收集

可见且固定在无生命物体上的毛发。 在适当位置拍摄毛发(如果可行)。保持物体上的毛发完整无损，绘制并记下粘附在每个物体上的毛发的确切位置和数量。将物品包装好，以免毛发在运输过程中掉落。给物体及其包装贴上标签，然后送到实验室。

可见但不固定在物体上的毛发。 收集前先拍摄毛发(如果可行)。绘制并记下毛发的位置和数量，然后用一次性或干净的镊子或戴手套的手小心地取下毛发，并包装好。将毛发放在小药盒、玻璃小瓶或其他密封的容器中。毛发也可以放在折叠的纸质包裹中(见图 6-2)，然后装在信封中。用标准标识数据标记包装，并在笔记中附上收集资料。

方法 1：

(1) 用便利贴粘住毛发或纤维。

(2) 把便利贴贴在包装纸上(图 6-2a)。

(3) 将底部折叠在便利贴上(图 6-2a)。

(4) 将侧面($\frac{1}{3}$处)折叠到中间(图 6-2b)。

(5) 在顶部折一条向下折叠(图 6-2c)。

(6) 用证据胶带密封(图 6-2c)。

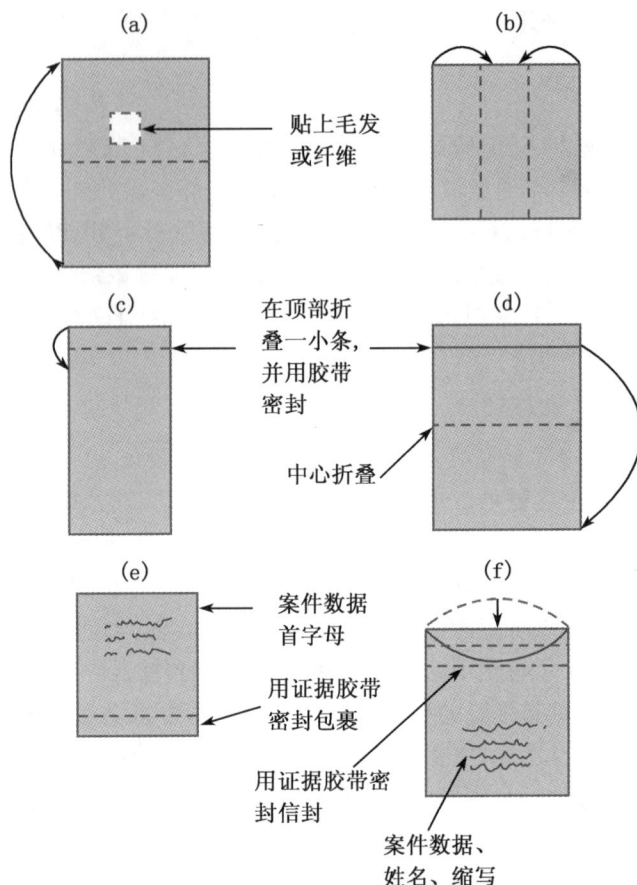

图 6‑2 毛发和纤维的包装及固定

(7) 将上半部折叠到下半部(图 6‑2d)。

(8) 用证据胶带密封包裹(图 6‑2e)。

(9) 在包装上标记上案件编号、物品编号和收集人的姓名缩写。

(10) 将包裹放入信封口涂胶的信封;用证据胶带密封信封口(切勿舔封条);在信封上标记案件编号、物品编号、收集人(印刷的)的名字,以及首字母或徽标(图 6‑2e,f)。

(11) 在证据日志中输入物品编号和描述。

方法 2:

(1) 使用纸张(无贴纸)执行方法 1 中步骤(3)和(4),创建一个信封。

(2) 将毛发放入创建的信封中。

(3) 按方法 1 步骤(5)~(10)进行。

毛发可能转移到受害人或嫌疑人的衣物上。包装之前,请确保衣物干燥,以保存生物检材。每件衣物分开放置,以免存在的微量物证交叉污染。避免接触可能粘附在衣物上的土壤、灰尘、血液、污渍或其他异物。如果上述证据材料明显存在,请参阅相应的章节以获取有关这些证据收集的详细说明。在现场记录笔记或物品包装上绘制痕量物证在物品上的位置。潮湿的衣服风干后,小心地将每件物品分别折叠、包裹和包装在纸袋中(不要使用塑料袋)。折叠衣物时,请在衣物的折叠处放置干净的新纸,以防止微量物证转移到衣物的其他位置。在包装上注明存在的微量物证。

指甲屑/剪下的指甲。 从嫌疑人和受害人处取得指甲屑。使用干净的工具,例如指甲剪、锉刀或新牙签等清洁工具进行刮擦。使用一个单独的折叠纸包裹收集碎屑。将折叠的带标签的包裹放在单独的药盒、玻璃小瓶或纸信封中。

尸体胶带粘取。 当尸体上有毛发或纤维时,分析人员可以选择用胶带在尸体上粘取。(请参阅第十四章"凶杀案调查"中有关尸检的部分。)如果死者身上有单独的或可见的毛发或纤维,调查人员应先拍照,然后用便利贴或胶带将它们收集起来,固定在包裹上或包裹中(见图6-2)。

可能含有发根附着在毛干上的毛发。 如果发现毛发并且发根物质粘附在毛发上,则可以检测到血液蛋白/酶和DNA类型。这些毛发的处理方法应与体液相同。风干样本并将其正确包装在纸中。一旦干燥和包装后,一些实验室可能会首选冷冻方式来保存证据。受害人和犯罪嫌疑人的标准血样也应提交给实验室(有关标准血样的采集,请参见第七章)。

使用吸尘器收集微量物证。 当区域内(如车底板或座椅处)含有大量毛发和/或纤维时,可用吸尘器收集该区域中的微量物证,用胶带粘毛发和纤维,也可以收集地毯/内饰上的毛发和纤维。一定不要使用家用吸尘器收集证据,因为极有可能会和其内含的物质发生交叉污染。使用带过滤收集室的证据吸尘器可以降低交叉污染的风险。如果可行,建议在使用吸尘前先从表面收集所有可见的毛发和纤维。作为预防措施,也有必要在吸尘后检查该区域,以找到被卡在表面的毛发。吸尘器收集室收集的材料应密封在塑料袋或信封内的纸包裹中,以免收集的材料丢失。要粘贴物品时,取一条宽胶带,将其粘贴到表面上,提起并重新放置胶带几次,以覆盖整个表面。可能需要重复粘贴几次以收集所有具有证据价值的物品。将胶带折叠起来,或粘贴在透明的衬纸上,例如赛纶包装纸。在胶带上标明收集毛发和纤维的位置,然后将胶带正确包装在纸袋或信封中。

6.1.7 毛发样本的标准/对照

1. 头发样本

样本收集的首选方法按以下顺序进行:(1) 拉毛,(2) 梳毛,(3) 剪(靠近皮肤)毛。只要将收集的头发剪到非常靠近皮肤的水平,就不必拔头发作为样本,但是实验室更倾向按指示的顺序收集头发样本,因为在检查中可能需要考虑到头发的生长期(生长阶段是通过检查毛发根部来确定的)。调查人员应记录头发的整体颜色(即灰色、红色、深棕色、淡红色等),他/她的年龄以及头发护理的迹象。取头皮上存在的每种颜色的样本进行比较。

头发样本也应从与该案件有关的其他人处收集,这些人也可能是收集到的毛发证据的来源。找到毛发证据来源人的家庭成员或经常与其同居的人,收集这些人的头发样本以消除嫌疑。这种预防措施可以节省实验室大量时间,也可以解决与受害者或嫌疑人不匹配的头发来源问题。在通过消除与嫌疑人或受害者不匹配的毛发的未知来源作为辩护的案件中,这一步可能很重要。

梳毛样本。 应使用新的(未使用的)塑料梳子收集头皮所有部位的散发。梳子只能用于一个人,且与毛发样本一起包装保存。向后轻轻地梳理头发。用一张大纸收集掉落的头发,折叠包裹,把包裹和梳子一起放入信封中。合理密封并贴标签。梳理头皮将有助于收集存在的外来毛发,还可提供从头皮掉落的毛发样本。

拉或剪头发样本。头发样本应代表整个头皮,并且应包括来自头皮的正面、左侧、右侧、冠状区域和背面的样本(取样位置见图 6-3)。每个区域要取 15～20 根头发,总计 75～100 根头发。

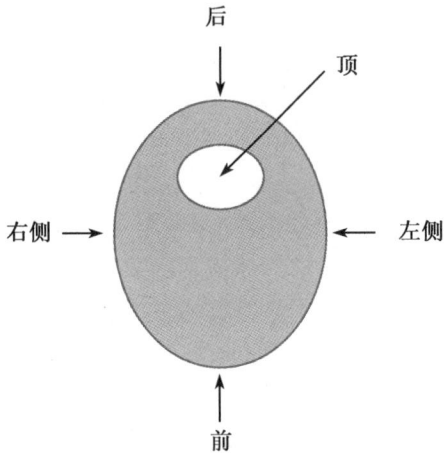

图 6-3 头发样本的取样位置

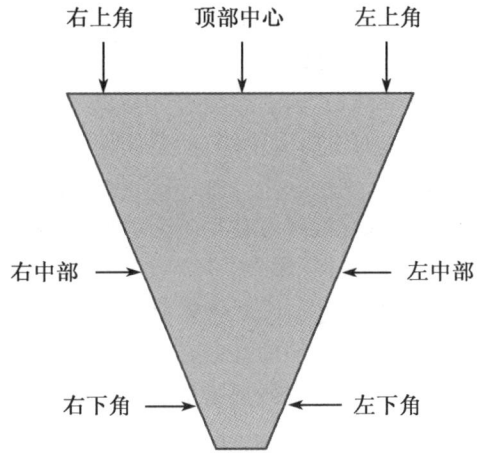

图 6-4 阴毛样本的取样位置

2. 阴毛样本

通过从阴部区域的左上、右上、顶部中心、左中和右中分别收集大约 10 根毛发,总共收集大约 50 根毛发(见图 6-4)。最好收集拔下的毛发,尽可能接近皮肤处剪取的毛发可能也足以进行实验室检查和比较,这需要先与当地实验室联系。

3. 其他体毛样本

从紧邻适当区域处收集体毛(建议每个区域收集 20～30 根毛发)。每个区域使用单独的容器收集,并在每个容器上标明收集样本的确切位置。应该注意的是,除了头发和阴毛以外,对人类其余毛发的研究很少,因此实验室分析人员可能无法通过检查和比较这些类型的毛发得出强有力的结论。

4. 动物毛样本

梳理和拔下总计约一百根毛发(优选拔发,因为某些动物需要利用毛发根部来鉴定物种)。毛发样本应从动物的头、背、尾巴和肋骨处收集。标记每个样本在动物上的位置,并合理包装。所有样本都必须包含粗毛(动物皮毛上的长外毛)和细毛(内层毛发)。如果动物是斑块状或条纹状,则所有主要颜色区域的样本都应包括在标准样本中。

6.1.8 毛发检测的实验报告

实验室检测可以揭示什么

毛发属于动物还是人体? 如果毛发是动物毛,则分析人员可能能确定毛发来源于哪种动物。

毛发类型。几乎所有的法医人体毛发鉴定都涉及头发或阴毛。通过对其他体毛进行检查得出结论的数据很少。

调查线索。毛发证据的调查线索包括作为证据呈现的毛发的颜色、长度和形状(直发、波浪形、卷曲、高度卷曲)。这些要素可以使调查人员推断出犯罪嫌疑人毛发的颜色、长度和形状。此外,毛发的形状可能有助于推断出犯罪嫌疑人的种族群体(非洲、亚洲、欧洲)以及性别(尽管长发在男性和女性中都很常见)。如果有可见的肉附着在毛发根部,调查人员可认为毛发是被强行从其发源处除去的。

案　例

"毛发拯救"

在 People v. 杰克逊案件中,笔者曾担任被告律师的顾问。杰克逊被判处四次强奸"系列"罪名成立,每一个案件都有确凿的证据,然而经正确解释后,应宣告被告无罪。在对杰克逊的初审中,他在这四起案件中均被定罪,并在获得假释资格前被判处 33 年有期徒刑。排除杰克逊为四名受害者责任人的物证包括毛发、精液类型和指纹。在重审听证会上,第一位受害人案件的毛发证据使法院下令进行新的审判。

在第二次审判中,被告深信,其中一名受害者的证词令人信服,足以定另一项罪名,因此他对四项罪行全部认罪。被判刑后,其中一名受害者案件中的潜在指纹证据被确认来自另一个人,该人目前在旧金山因强奸罪而入狱。旧金山警察局自动指纹识别系统(美国首例)通过受害者三案件中的潜在指纹识别出该罪行的真正犯罪人。

受害者一

在受害人被强奸的床单上发现了非洲传统阴毛(见图 6-5)。唯一已知在受害者一号家中住过的传统非洲人是强奸她的人。将床单上的非洲传统阴毛与杰克逊的阴毛进行比较后,分析人员确定,这种毛发不可能源自被告杰克逊。这一结论本应排除杰克逊为本案中的犯罪人。然而,在杰克逊的第一次审判中没有引入这一证据,因此杰克逊因强奸受害者一而被定罪。

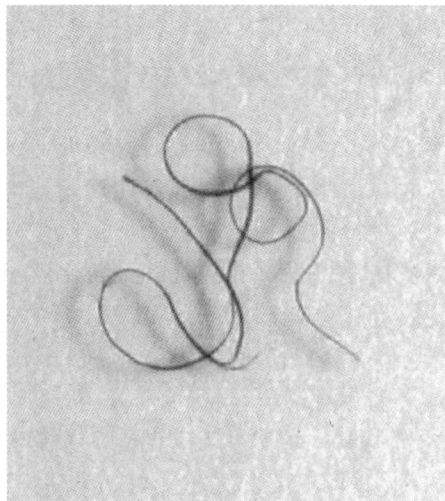

图 6-5　受害人住所床单上的非洲传统阴毛
(小罗伯特·R.奥格尔提供)

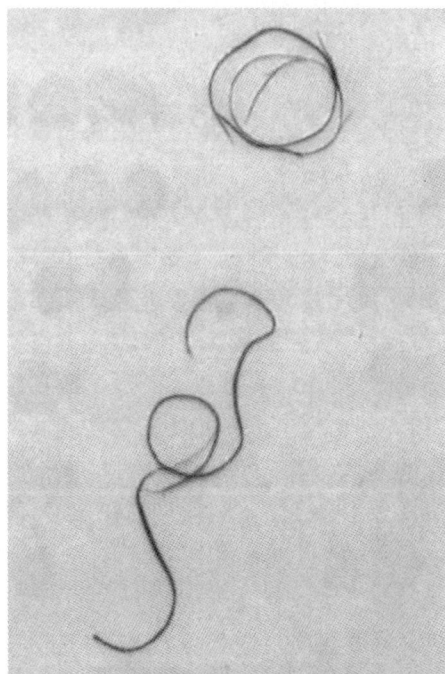

**图 6-6　受害者二阴部梳理收集到的
两根非洲传统阴毛**
(小罗伯特·R.奥格尔提供)

受害者二

从对受害者二的阴部梳理过程中收集到了两根非洲传统阴毛(见图 6-6)。请注意,受害者二案件中发现的阴毛与受害者一案件中发现的阴毛之间具有高度相似性。检查过这些毛发的分析人员认为,不能排除这两根毛发来源于被告杰克逊,尽管分析人员排除了受害人一案件床单上的非洲传统阴毛来自杰克逊。笔者认为,这些毛发的检查结果应排除这两根头发来源于杰克逊。除毛发证据外,受害者二案件中的精液类型也可以排除杰克逊为此案的犯罪人,因为被告杰克逊是"A"分泌型,这意味着他的分泌型能在受害人的阴道拭子中发现,但在阴道拭子中未发现"A"型。

受害者三

受害者三的阴道拭子显示出与受害人不同的 PGM 亚型。这一发现表明,拭子中有足够的精液以获得 ABO 分泌物类型的阳性结果,因为阴道性交后,ABO 抗原的持续时间长于 PGM 酶。该实验室分析人员在阴道拭子中未发现"A"型分泌精液,这与被告杰克逊的精液不一致。一个独立实验室的重新检查发现,阴道拭子上的精液来自非分泌物,从而排除了精液来自杰克逊。

受害者四

在受害者四案中,犯罪者爬上空调,移开纱窗,通过窗户进入受害者的住所。在窗户旁边的排水管上发现了犯罪嫌疑人的可识别手掌印,在纱窗框架上发现了潜在指纹(见图 6-7)。犯罪现场调查人员根据排水管上的掌纹和纱窗框架上的潜在指纹以及窗台上的其他手掌印痕,将此窗口确定为进入点(POE)(由潜在指纹和掌纹重建现场的示例)。

通过将指纹输入旧金山警察局的自动指纹识别系统,最终确定窗台上潜在指纹的来源(见图 6-8)。由于这一潜在指纹的识别,杰克逊被允许保留有罪认罪,其余案件

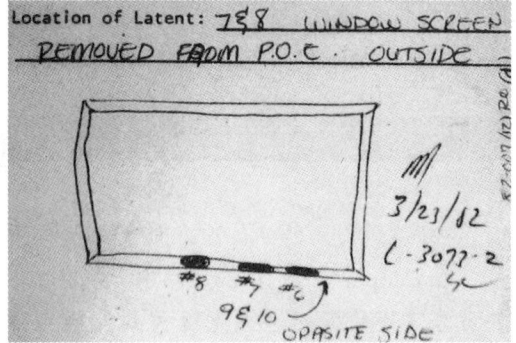

图 6-7　受害者四住宅入口处纱窗上的潜在指纹

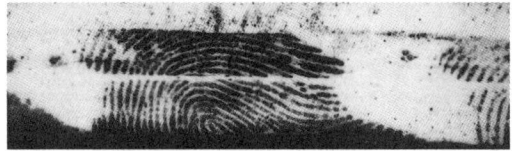

图 6-8　"受害者四号"住所纱窗上的潜在
指纹,来自真正的罪犯
(小罗伯特·R. 奥格尔提供)

被撤销,允许杰克逊离开监狱,因为他已经为一个受害者服了足够的刑期。

由于受害者一案件中的毛发证据,被告杰克逊接受了新的审判,此外,还为笔者提供了继续进行调查的动力,从而使得潜在指纹被识别,并使得杰克逊被释放,这是一个"毛发拯救"的案件。

毛发是否与可疑来源相匹配。如果说毛发与提交的样本"匹配",则分析人员在报告中应指出,毛发"可能与样本来自同一客体"。毛发类型不是唯一的(极少数案件除外),所以毛发识别是一种条件识别。证据价值的强弱直接和证据毛发以及匹配人毛发的稀有性相关。如果毛发是稀有类型,则匹配的强度要强于涉及普通毛发类型(例如,来自亚洲种族的头发)的匹配。请注意,没有针对不同毛发类型频率的硬性数据,因此检查人员用毛发比较解释数据时必须谨慎。

如果毛发与可疑来源不匹配。当可疑毛发与提交的样本毛发没有相似性时,检查人员可以得出结论,可疑毛发与提交的毛发样本不是来自同一个人。这排除了可疑毛

发来自受试者的可能。

毛发比较尚无定论。有时,毛发检查人员可能无法就证据毛发与收集的毛发样本是否来自同一人得出结论。对此鉴定可能有以下几种解释:可疑毛发是不完整的,因此不足以进行比较;提交的毛发样本在质量或数量上可能不足;可疑毛发可能与毛发样本具有某些相似之处,但也存在一些差异,这些差异抵消了相似之处带来的重要性。

毛发中的 DNA。如果证据毛发在强行拔出时附着皮肉,可以使用 PCR 技术分析皮肉组织中的核 DNA。如果根部没有皮肉物质,仍然可以分析毛干中的线粒体 DNA(mtDNA),有时也称为 mito DNA。线粒体 DNA 仅从受试者的母亲那里继承而来,并不能像核 DNA 那样确切地识别受试者,但允许分析人员指出证据血样来源于特定母亲的其中一个孩子。

6.2　纤维证据

6.2.1　纤维证据简介

作为证据的纤维可能是纺织纤维(用于制造布料的纤维)、地毯纤维或用于绳索和绳索制造的纤维。纤维的分类方法有多种,最常见的纤维分类方法是将纤维分为天然纤维或合成纤维(见表6-3)。然后将这些类别细分为天然或合成纤维中的各种类型纤维。除了纤维成分外,还有许多染料添加到纤维中为成品上色。往纤维中添加染料为纤维提供了进一步的特征,实验室分析人员可以使用这一特征来区分不同来源的纤维。最初,用于纤维的染料是天然的,但是现代染料几乎都是专门为要染色的纤维而设计的合成染料。

表6-3是各种纤维类型的部分列表,不包括一些很少见的纤维或一些纤维类型的许多亚型。某些类型的纤维可用于制造纺织品、地毯和绳索,而某些类型仅限于纺织品、地毯或绳索的使用。例如,麻通常用于绳索制造,而尼龙则用于纺织品、地毯和绳索制造中。有时会利用纺织品、地毯和绳索纤维来对纤维进行分类,但是基于纤维成分的纤维分类对司法检察人员更有用。

表 6-3　按种类和成分对纤维的分类

天然纤维		
植物纤维	动物纤维	金属纤维
棉花	绵羊毛	石棉
亚麻(经过半漂)	羊驼毛	
亚麻	安哥拉山羊毛	
麻	骆驼毛	
黄麻	丝绸	
剑麻		
合成纤维		
醋酸纤维、三醋酸纤维	丙烯酸纤维	尼龙
芳纶(如凯夫拉)	特氟龙	玻璃纤维

合成纤维		
改性聚丙烯腈纤维(如迪尼尔)	人造丝	金属纤维
烯烃织物(如聚乙烯纤维)	氨纶	
聚酯纤维(如涤纶)	维尼昂	

6.2.2 纤维证据发现

纤维证据出现在各种犯罪中,尤其是罪犯和受害者之间有接触的那些犯罪。由于一个人与另一个人或物接触,纤维经常发生转移。纤维转移的例子包括:地毯纤维转移到与地毯接触者的鞋子或衣服上;罪犯和受害者之间衣物纤维的转移;衣服纤维从个人衣物转移到进入口和/或出口;袭击时纤维从衣服转移到武器。纤维因此被称为"转移""链接""关联"或"接触"证据,因为它们倾向于显示参与纤维转移的物体之间的接触或关联,并在两者之间建立联系。尽管通常无法确切识别纤维本身的特定来源,但是两个物体之间多种不同纤维类型的双向转移提供了强有力的间接证据,表明这两个物体有时会接触。纤维不会在质地坚硬的服装面料上长时间保留,但是可能会在粗面织物上保留一段时间,例如大多数纤维类型的羊毛服装或毛衣。因此,至关重要的是,在事故发生后应尽快收集衣物,以使实验室检查人员能够最大限度地回收纤维。

纤维除了从一个物体转移到另一个物体的初次转移之外,还可以进行二次转移,如前面在"微量物证"部分引言中所讨论的。

6.2.3 纤维证据的实验室检测

纤维证据的实验室检查涉及将可疑纤维与提交的纤维样本进行比较。根据纤维类型、颜色、微观形状、横截面形状和染料的组成,对可疑纤维和样本纤维进行比较。纤维的检查包括利用立体显微镜的低倍显微镜、高倍显微镜检查,使用偏振显微镜检查以及使用比较显微镜对可疑纤维和已知纤维进行比较。纤维中的染料通过化学分析和现代光谱学方法进行检查。

首先用低功率立体显微镜检查纤维的形状和颜色,以及可能具有的可进行法医学鉴定的粘附材料。去除所有粘附材料进行进一步检查。然后将纤维分离成单纤维后进行其他检查。

在用立体显微镜检查之后,检查人员可以使用偏光显微镜来识别纤维类型。偏光显微镜使偏振光穿过纤维,分析偏振光和纤维之间的相互作用可以使分析人员区分各种纤维类型。

然后借助比较显微镜比较纤维,判断证据纤维与样本纤维之间的相似程度。比较颜色、尺寸和形状,查看可疑纤维和已知纤维是否"匹配"。如果纤维在比较显微镜中"匹配",分析人员将使用红外分光光度计检查纤维,以确定可疑纤维和样本纤维化学性质是否相同。

如果使用红外分光光度计发现可疑纤维和样本纤维化学性质相同,分析人员将比较两者的染料化学性质是否相同。可用两种方法比较染料。一种是使用薄层色谱法或 TLC 对它们进行比较,另一种是使用分光计测量纤维染料对可见光的吸收。后一种技术日渐普及,可能最终取代薄层色谱法作为比较纤维染料的首选方法。

如果可疑纤维和已知纤维在所有比较标准中均匹配,那么可疑纤维和已知纤维可能源自同一客体,即它们都具有相同的类别特性。尽管只是间接的证据,但是当一种以上的纤维转移时,这种鉴定就得到了加强。在一些案件中,每个客体上可能有多种纤维转移,从而进一步加强间接证据的证据价值。例如,纤维可能会从罪犯的衣服转移到受害者的衣服,也可能从受害者的衣服转移到罪犯的衣服;除了受害者和嫌疑人之间的纤维转移外,现场的纤维也可能转移给受害者或嫌疑人。

6.2.4 纤维证据收集[8]

收集纤维证据的主要困难在于定位单根纤维。例如,在身体上找单根纤维需要仔细搜索,以免遗漏。应在强光下扫描要搜索的表面,并改变光线照射表面的角度,以最大限度地看到纤维。此外,应用紫外灯和激光/交替光搜索表面,因为许多纤维在紫外线和其他光源下显示出很强的荧光性,使其更加容易观察到。

可以根据证据纤维的位置,以多种不同方式收集。可以用镊子、戴手套的手或纤维胶带或使用真空收集系统收集纤维。松散的纤维或松散的纤维束可以用便利贴拾起并用胶带包裹或用便利贴将其固定到纸上(参见图 6-2)。收集纤维需注意的主要是避免在收集或包装过程中丢失或污染纤维。收集纤维时应格外小心。手术钳(镊子)有助于紧紧夹住纤维,避免丢失。戴手套的手可以收集一些纤维,但将其放入包装材料时可能会丢失。将纤维证据装在纸包或信封中时,必须用胶带密封纸包和信封,以免在接缝处将其丢失。密封接缝处,确保纤维在存储或运输过程中不丢失或被污染。另一种有用的方法是将纤维包起来放进气密瓶中,然后用胶带将小瓶盖封好。每个包裹及其包装或小瓶都应粘贴可识别数据,以便收集者之后正确识别证据。

1. 固定物体上的纤维(窗台,光滑的地板)

用胶带粘取纤维以收集。 从光滑表面收集纤维的一种方法是使用纤维胶带(例如,苏格兰品牌♯355)粘取纤维,然后将其置于透明的塑料表面(如赛纶包裹纸)上。这样,纤维就被固定,方便实验室分析人员对其进行观察,且不会丢失。此外,可以将胶带折叠,或者用便利贴将纤维固定到包裹上(参见图 6-2)。

对可见纤维进行拍照,然后画出纤维的位置,并在现场笔记和证据列表中注明纤维的收集位置。把每根纤维或纤维束都包起来,密封,然后放在小瓶、药盒或信封中。确保药盒或信封的接缝密封,以避免在储存和处理过程中丢失或污染。

2. 衣服上的纤维

对于衣服上的纤维,最好的方法是用牛皮纸包好整件衣服,将其放在纸袋中,并注意避免与其他衣服或表面接触。如果衣物沾有精液或血迹等生物污渍,则必须先风干,然后包装在纸袋中,并确保用胶带密封袋子接缝处,以免在袋子处理时丢失证据。如果无法立即将衣物风干,则可以将其包装在塑料袋中,冷藏保存,移至工作站或实验室后立即取出并风干(这是不应使用塑料袋包装带血衣物规则的少数例外之一)。如果纤维证据位于收集的衣服上,请在物品的包装上注明存在纤维证据及其所在位置。

3. 车辆、地板、地毯中的纤维

首先,用戴手套的手或镊子收集可见的比较大的纤维。将纤维固定或包裹(参照图 6-2),放在信封中,密封信封,然后在信封上添加案例数据。可以使用胶带或真空收集装置收集剩余的纤维,将收集的碎屑进行包裹,然后密封在马尼拉信封中,注意用胶带将信封的所有接缝密封,以免纤维从接缝开口处丢失。

6.2.5　实验分析所需的纤维对比样本

纤维证据的检查主要涉及将纤维与从可疑来源中取得的证据纤维(已知纤维)进行比较。实验室检查的质量受制于与证据纤维进行比较的样本质量。因此,最关键的是要收集足够的纤维样本,并将其与要检查的证据纤维一起提交到实验室。尽可能将证据纤维来源的整个可疑物品整件提交给实验室。以下指南适用于处理指定可疑来源的可疑纤维。

1. 地毯纤维样本

从地毯的每个不同区域收集大量的纤维样本,使得样本足以代表地毯的纤维类型和颜色。如果可疑地毯上有污渍区域,则应分别从污渍区域和未污染区域收集样本,供实验室进行测试对照。通常,一个样本大约要覆盖地毯面积的四分之一才足够(从较大范围的多个位置上切下几股,以免损坏地毯)。从地毯的每个区域采集样本,这些样本可能显示出不同的磨损/处理历史。在接近衬底的位置将纤维线剪下,放入新的小瓶或包裹中,标记来源,并记录和绘制样品的收集位置。

2. 服装纤维样本

收集整件衣服,如果怀疑有生物污渍,确保衣服是干燥的。用纸袋包装,并用密封胶带密封所有可能掉落纤维的接缝。小心处理衣服,以免在包装过程中丢失粘附的纤维。将整件衣服交给实验室检查。

6.3　玻璃证据[9]

6.3.1　玻璃证据简介

玻璃作为证据的价值并不总是被人们完全认可。窗户、汽车玻璃、碎瓶子和其他玻璃制品可能是入室盗窃、谋杀、肇事逃逸事故以及许多其他类型犯罪的重要证据。众所周知,当玻璃破裂时,站在玻璃附近的人身上会有玻璃碎片,特别是衣服或鞋子上。因此,在窗户被打碎的案件中,盗窃嫌疑人的衣服上通常会保留微小的玻璃碎片。通常,肇事逃逸事故会造成大灯透镜和其他灯破碎,在现场和被撞人衣服上会留下玻璃碎片。挡风玻璃破裂不大常见,但也有可能。对现场和受害者衣物中存在的玻璃碎片进行分析,可能会提供将肇事车辆与犯罪联系起来的证据。在某些情况下,破裂的前照灯透镜有可能以"拼图"的形式与前照灯中剩余的碎片进行物理匹配,从而提供现场玻璃碎片来源的确凿证据。

6.3.2　玻璃证据实验室检测

1. 断裂边缘匹配

如果可以用拼图的方式使一块碎玻璃的断裂边缘与玻璃样本的边缘相匹配,则可以得出肯定的结论,即这两块玻璃以前是同一块窗玻璃或部分玻璃的一部分。即使是与销钉头一样小的玻璃碎片也可以进行比较,尽管在大多数情况下,只有较大的碎片才能断裂匹配,尤其是前灯透镜破损的部分(见图 6-9)。除了"拼图"匹配之外,还可以比较断裂的边缘,目的是找到贝壳状条纹与其他称为锯齿痕纹之间的匹配,以此确定这些痕迹彼此对应。贝壳状条纹沿破裂玻璃碎片的断裂边缘出现(参阅第十五章),并且在断裂部分边缘上具有相同痕迹的镜像。

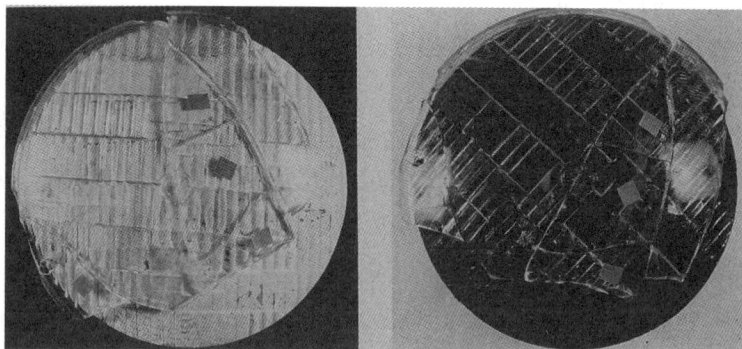

图 6‑9　汽车事故中,现场前大灯镜片碎片与可疑车辆大灯中残留镜片碎片的断裂匹配
(杜艾恩·狄龙博士提供)

2. 力方向、冲击顺序和热断裂

如果窗户受到钝器(例如,石头、棍子或拳头)撞击,则实验室分析人员有可能确定撞击面和所涉及力量的性质。如果窗户已经被子弹穿透,则可以确定其发射方向。如果两个或更多个弹孔非常接近,则可以确定发射的顺序(有关玻璃破裂分析的详细信息,参见第十五章)。如果玻璃曾被火烧过,通常仍可以确定玻璃是由受热还是受力而破裂的,这一事实在纵火案件中可能很重要。

3. 玻璃物理性能的比较

实验室关于证据玻璃与提交样本之间的比较涉及两个材料物理性质的比较。玻璃碎片的颜色使分析人员能够快速筛选出不同颜色的碎片,因为不同颜色的碎片不可能源自同一客体。其他特征(例如表面曲率、厚度和表面纹理)使分析人员可以快速筛选出不是源自同一对象的样品。如果可疑玻璃检材和标准玻璃样本具有相同的物理特性,则分析人员会比较玻璃样本的物理性质。玻璃证据中最经常比较的两个物理性质是样本的折射率和密度。玻璃的折射率用于测量光线通过玻璃时的弯曲程度。密度是单位体积中某种物质的质量的度量(例如,一立方英尺的铁比一立方英尺的玻璃重)。即使是玻璃小碎片,也可以在实验室中非常精确地测量这些特性。

4. 实验室玻璃比较得出的鉴定意见

如果发生断裂匹配,分析人员可以给出肯定的鉴定意见,即可疑碎片和已知样本原先是同一玻璃物体的一部分。当可疑玻璃检材和标准玻璃样本的物理性质匹配时,分析人员只能指出两者可能来源于同一个物体。

6.3.3　玻璃证据收集

1. 含有玻璃碎片的衣物

当某人弄碎一块玻璃时,通常会在其衣服(包括鞋子)上发现微小尺寸的玻璃碎片。肇事逃逸事故受害者的衣服上可能还包含破碎的前大灯镜片的玻璃碎片。为了避免衣服上的玻璃碎片丢失,要小心处理衣服。将每件衣服用牛皮纸包好,放在单独的纸袋中密封,并用标准识别数据标识每个纸袋。湿的或沾有血迹的衣服应先晾干,然后包装在纸袋中(参阅第七章中有关带血衣物的包装部分)。

2. 含有玻璃碎片的工具或其他物体

小心地将带有玻璃碎片的物体放在适合放置物体的最小容器中(例如,子弹可以放在小药盒中,鞋子和工具可放在鞋盒中)。请勿与棉布或其他直接接触物体的防护材料一起包装。为防止嘎嘎作响,可将物体包装在牛皮纸中并密封,然后用瓦楞纸或包装材料包装。将包装完全密封,不留任何孔或缝隙,以免玻璃从物体上散落丢失。在容器上贴上标准识别数据,指明玻璃证据可能蕴含的信息,然后将容器送至实验室。

3. 可见的大碎片玻璃

可见的大碎片玻璃有可能实现物理匹配(拼图),因此,应收集所有存在的碎片,以重建车窗玻璃或头灯。如果需要确定断裂力的性质或方向,则必须收集所有可用的碎片。应根据所收集碎片的大小,将玻璃放在密封的纸制包裹或折叠密封的纸/塑料袋中;或将碎片放入带有盖子的药盒或类似盒子中。为防止进一步损坏,请用缓冲材料(例如,瓦楞纸或"泡沫包装")包裹纸袋或塑料袋,然后将其放在较大的容器(最好是纸板箱)中,请勿使用玻璃容器。如果为了确定子弹的撞击方向或进行其他断裂分析,需要对玻璃检测,应记录玻璃窗框内剩余玻璃的哪一面在外面。将一小段胶带贴在一个表面上并贴上标签,就可以完成此步骤。

4. 玻璃对照样本

窗玻璃的玻璃样本。收集尽可能多的碎玻璃作为对照样本。如果由于尺寸限制无法收集所有玻璃,务必收集撞击点附近区域的样品。从玻璃框而不是地面上收集窗玻璃样品,因为地面上的玻璃可能来自其他玻璃制品。对照样本与可疑碎片分开放置,放在单独的容器中,并贴上正确的标签。

玻璃瓶的玻璃样本。收集尽可能多的瓶子碎片。有时,有必要把瓶子重新组合起来以显现其表面的潜在指纹。收集的碎片越多,从瓶子表面获取潜在指纹的机会就越大。

汽车大灯的玻璃样本。可能需要将汽车前灯上的玻璃与事故受害者衣服上的玻璃碎片进行对照,或确定所涉及车辆的品牌。从路上收集尽可能多的碎片。如果车辆处于静止状态,则应收集留在灯罩中的整个前灯。

6.4　油漆证据[10]

6.4.1　油漆证据简介

油漆是最为常见的物理证据之一。在大多数肇事逃逸交通事故和盗窃案中,都可以找到油漆证据,它们可能具有重要价值。尽管有时可能会将房屋油漆和其他表面涂层油漆作为证据,但提交至实验室进行比较和鉴定的大多数证据都是汽车或其他车辆上的油漆。油漆证据可能是车辆被另一车辆撞击后表面的污迹,或事故现场留下的小片油漆,或肇事逃逸交通事故中责任车辆上脱落下来的较大薄片。可以将入室盗窃现场使用的撬杆上的油漆与现场撬痕上的油漆进行比较。笔者经手的一个杀人案件中,在用来击打受害者的管子上发现了油漆。现场发现的管子上的油漆,与受害者遇害房间墙壁上凹痕的所有油漆层相匹配。尽管大多数油漆识别不能确定可疑油漆的来源,但找到的油漆与可疑来源的油漆层相匹配,可以证实油漆承痕体与油漆可疑来源之间有联系。

油漆属于称为"防护涂层"的一类物质。保护性涂层包括用于涂覆表面以免内层物质受环境损害的多种材料,并且通常也为涂覆表面提供了装饰性外观。对于汽车而言,涂料除了具有装饰性的价值外,还可以防止车体生锈和其他腐蚀。

6.4.2 肇事逃逸案件:车撞人

转移到行人受害者衣服上的油漆通常以微小形式存在,要么是油漆污点,要么是嵌入织物中的小薄片。这样的油漆至少会显示责任车辆的部分颜色。但是,许多现代汽车具有不止一种颜色,并且转移的油漆仅代表与受害者接触的汽车特定区域颜色。有时可以由转移的油漆得知车辆的品牌和年份。当需要进行这种类型的研究时,获得有关责任车辆的所有可用信息有利于实验室开展研究。警方的警情报告通常有助于实验室检查。现场调查还应包括现场发现的其他证据,例如破损的塑料镜片或其他车辆零件,它们本身也可能表明车辆的品牌和年份。

有时油漆会整块转移到衣服上。如果这些薄片包含多层,特别是来自重新喷漆的汽车,那么当找到责任车辆时,此类证据可能具有重要价值。在撞击点附近的地面上也可能会发现油漆碎片。在一些案件中,如果油漆碎片够大,则事故现场发现的碎片与嫌疑人车辆挡泥板中残留的油漆有可能实现物理匹配(见图 6-10)。这种物理匹配提供了确凿的证据,证明可疑车辆涉嫌肇事逃逸。

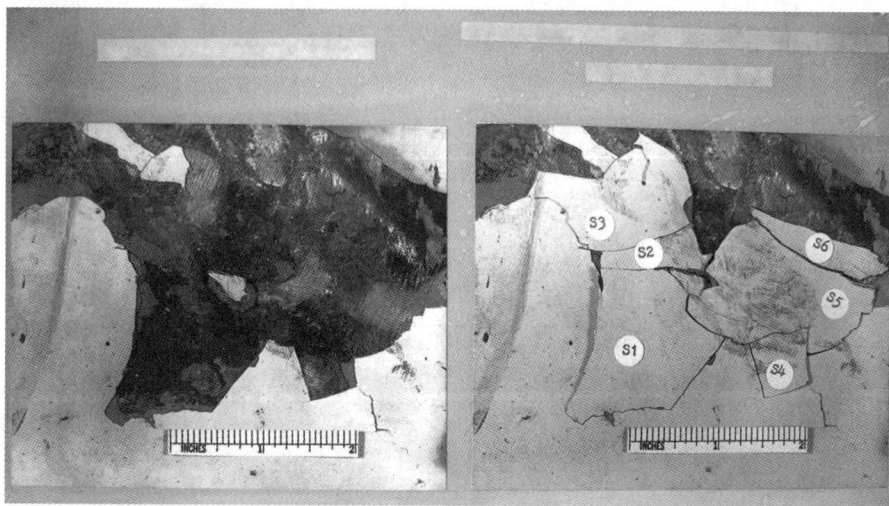

图 6-10 事故现场的油漆碎片与可疑汽车损坏区域显示断裂边缘匹配("拼图"匹配)
(犯罪学家史蒂夫·奥耶纳提供)

6.4.3　肇事逃逸案件:车相撞

从一辆车转移到另一辆车的油漆污迹称为"油漆转移"。油漆的交叉转移(油漆从责任车辆转移到受害者的车辆,反之亦然)通常发生在两辆或更多车辆相撞的交通事故中。如果可以找到责任车辆并收集合适的油漆样品,则可以通过实验室检查来记录受害者车辆和责任车辆上的油漆交叉转移。

6.4.4　盗窃案件

用来进入房子或打开保险箱的工具通常含有油漆痕迹或其他物质,如灰泥或绝缘层。必须注意不要丢失此类微量物证。如果可能存在这种转移,请将含有此类材料的所有工具包装在纸袋中,并用塑料胶带密封以防止丢失。切勿尝试拿工具去嵌套已发现的痕迹或印痕。如果这么做,工具上发现的痕迹和转移油漆或其他微量物证将失去其证据价值,因为在尝试嵌套过程中,工具痕迹的比较特征可能会发生变化,微量物证可能会发生转移。工具本身可能包含油漆或其他涂层,其痕迹可能会留在工具痕迹上或犯罪现场。应仔细搜查每个工具痕迹中是否有此类证据。

6.4.5　油漆证据实验室检测

油漆证据的实验室检查包括对提交样本的微观性质检测和化学分析。首先,借助立体(低倍)显微镜检查含有油漆证据的可疑物品。一旦在提交的物品上发现油漆痕迹,要将其提取下来进行光学、化学和光谱分析。光学方法包括用立体显微镜检查颜色、油漆层数、表面纹理、层边缘。如果分析人员确定可疑油漆和已知油漆样本的这些特征相匹配,再通过化学和光谱方法对它们进行进一步分析。

油漆的化学分析包括油漆溶解度的湿化学法,从而可以知晓样品中存在的基本油漆类型。然后可以使用分光镜方法检查油漆,进一步表征油漆的类型,并为可疑样品与已知样品之间的比较提供其他标准。如果可疑车辆不明,可将化学分析数据与油漆参考样本(美国标准局针对最新型号的美国汽车所准备的)进行比较。这些数据除了可以使分析人员明确车辆颜色以外,还可以知晓所涉车辆的特定品牌。

6.4.6　油漆检测的实验报告

实验室报告可能会指出,可疑车辆的油漆与行人受害者衣服上的油漆或受害者车辆上的转移油漆不匹配。在这种情况下,分析人员可以排除可疑车辆是油漆转移的责任车辆。通过将可疑油漆与汽车制造商的油漆面漆分析数据进行比较,分析人员可能提供可疑车辆的制造清单。

如果分析人员发现可疑车辆的油漆与受害者车辆涂片中的油漆相匹配,则报告需指出,在所有检测中,该涂片中的油漆与可疑车辆中的油漆相匹配。这是有条件的识别,因为车辆上的油漆不是该辆车所独有的,也有可能来自具有相同油漆类型的其他车辆,因为车辆是批量生产和批量喷涂的。当发现油漆中的各层之间均匹配,特别是如果来自几个具有不同颜色/层顺序区域的样本匹配时,这能为已多次重漆的车辆或住宅的认定提供更有力的证据。

6.4.7　油漆样本收集

1. 车辆油漆样本

从每个损坏区域获取大量的转移油漆样本,并在每个损坏区域附近获取标准油漆样本,对其进行比较(见图6-11)。这一步非常重要,因为即使外部颜色相同,涂料在不同位置的类型或成分也可能不同。如果可以稍微弯曲金属将油漆剥落,则以这种方式提取。如果不能,使用新的刮刀刀片刮下油漆。确保收集到金属所有层的样本。将从不同区域收集的各个样品放在单独的容器中。样品的面积至少应为0.25英寸乘0.25英寸,从而为实验室检查和鉴定提供足够的材料。取样越多越好,应尽可能多地取样。如果车辆上有松散的油漆屑,以拍照和绘图的方式记录它们的位置,然后尝试将其取下并装在折叠的纸包裹中。

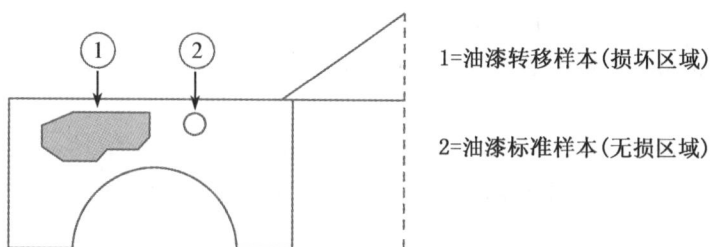

图6-11　车辆油漆样本收集

从车辆、墙壁或类似位置获取的油漆样本可用以下方法包装:使用透明胶带或指纹胶带将马尼拉信封固定在要采样的区域正下方的表面(见图6-12)。将油漆样品刮到信封中后,可以将信封取下来,顶部折叠几次,并用胶带密封。

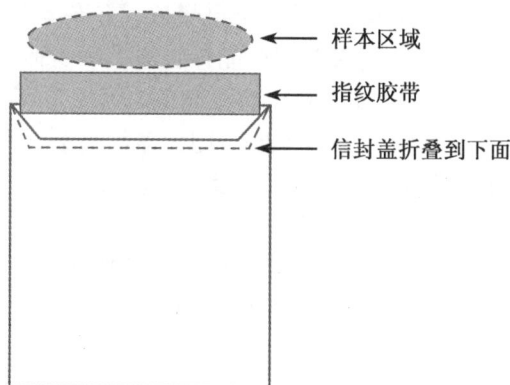

图6-12　从车辆或墙壁表面获取油漆屑的方法

2. 衣物上的油漆样本

衣服上的油漆样本应通过收集整件衣服来收集。如果衣服潮湿或带血,请在包装前将衣服完全晾干(注意:带血的衣服干燥后只能包装在纸袋中)。小心地把每件衣服用纸卷起来分别包裹,并将每件衣服放在单独的纸袋中后送至实验室。用胶带密封袋子的接缝,以免小颗粒的油漆从接缝处丢失。在包装上注明衣物上可能含有油漆。

3. 工具痕迹中的油漆样本

从工具在犯罪现场可能接触过的所有区域中收集油漆样本。这些样品应包括所有存在的油漆层。如果样品非常小或难以收集,最好的方法是将整个样品送至实验室,因为它可以使分析人员分析工具痕迹中的所有油漆转移,而不会有遗漏。如果不将包含油漆的整个物品提交给实验室,务必刮下或以其他方式提取所有油漆层或其他材料。

4. 油漆样本的包装

小玻璃瓶或硬纸板药盒是理想的油漆容器。也可使用小的塑料袋或小瓶,但是实验室分析人员从中取下小碎片会很困难。尽可能使用包装好的纸包裹代替塑料袋。然后将纸包裹放入密封的塑料袋或小瓶中,以防止丢失随附的碎片。除非样品尺寸很大,否则不要使用纸信封来提交油漆样本。如果使用这样的信封,要用塑料胶带(透明胶带或指纹胶带)密封四个角,以防丢失。标签、信封或其他容器上的标记应包括案件编号、物品编号、收集者姓名、收集日期和时间以及样品的具体来源(例如,"L/F 挡泥板 1970 福特,蓝色,许可证号:ABC 123"),可以参考警方的笔记和示意图。

避免将任何结论或检查要求直接放在装有油漆样品的信封上。尽可能附上警方关于事件的报告,该报告将有助于指导实验室开展检查,并建议实验室分析人员进行其他检查。

6.5 土壤证据[11]

6.5.1 土壤证据简介

天然土壤是由生物体、腐烂的有机物、空气、水以及相对稳定的岩石和矿物碎片(例如粘土和沙子)组成的复杂多变的混合物。尽管在给定状态下有许多不同类型的土壤,但是特定局部区域所包含的种类相对较少。每种类型可能存在于数平方码或数平方英里,单一土壤的变化非常有限。因此,精确确定特定天然土壤样品的来源并不可行,但是将其与发生区域相关联是可行的。除非是涉及挖掘坟墓的犯罪,否则大多数用于土壤比较的样品来自土壤的上表面。通常,土壤证据可在车辆的轮胎或盗窃、性侵以及凶杀嫌疑人的鞋底上发现。

土壤样品中也可能含有来自人类居住或工业生产的碎片。在土壤中发现的这类碎片(例如油漆滴、煤渣、化学药品或纤维等),如果足够多样且独特,则可能对样本个体识别会很有价值。包含此类异常特征的土壤样品可能是出色且意想不到的物证。因此,应提交所有土壤样品,以期这种罕见情况发生。土壤的特性和组成不仅在横向上变化,而且也随深度而变化。对于调查人员而言,幸运的是,大多数犯罪都发生在人类居住区附近,在土壤中可发现人类活动的碎片。人类活动留在土壤中的这些碎片提高了其作为证据的价值,因为与地理上远离人类活动区的土壤相比,从一个小区域到另一个区域的土壤夹杂物将表现出更大的差异。

土壤证据有助于确定可疑土壤最可能的来源区域。相关专业的生物学家可以识别生物夹杂物(如植物、昆虫或它们的生长阶段),从而指出土壤的可能来源。土壤专家也许可以通过识别土壤类型来查明样品最可能的来源区域,有这些特征的土壤可能存在于调查人员管辖的有限区域内。

尽管土壤的颜色和质地在地面上看起来似乎没有变化,但土壤中化学成分和夹杂物可在短距离内发生很大变化,因此,其在确定土壤样品来源方面可能具有重要作用。应提交足够的样本以建立犯罪现场及其周围特定类型土壤的正态分布。

6.5.2　土壤证据实验室检测

1. 可疑和已知土壤样品的颜色对比

实验室对土壤证据的检查包括对可疑土壤和样本土壤(提交给实验室的)进行比较。土壤的特性是构成比较分析的基础,故用于土壤样本分析比较的技术手段很多。土壤比较时最重要特征之一是干燥和过筛后的土壤颜色。土壤样品的颜色为分析人员提供了一种快速对土壤进行分类的方法,确定了哪一些土壤需要进一步检查以进行比较,哪一些土壤可以排除是可疑样本土壤的可能来源。即使可疑样品的颜色与已知样品的颜色匹配,分析人员仍需考虑相似性以及可疑样品和已知样品的其他属性,从而得出土壤是否具有相同起源的结论。

2. 土壤颗粒的密度分布

土壤样品中存在的每个颗粒都有特定的密度,具体取决于颗粒的化学组成。将一小部分干燥筛分后的土壤样品加到密度梯度管中(装有液体的管,其底部非常重,顶部较轻,从上到下的密度梯度平滑改变),每个土壤颗粒将漂浮在与之密度相匹配的梯度液体层中。由于土壤中含有许多密度不同的颗粒,基于每种矿物的密度不同,矿物碎片在管中漂浮的高度不同,因此粒子会在管中产生图案(参见图 6 - 13)。密度梯度技术是区分不同地点土壤的有效方法。

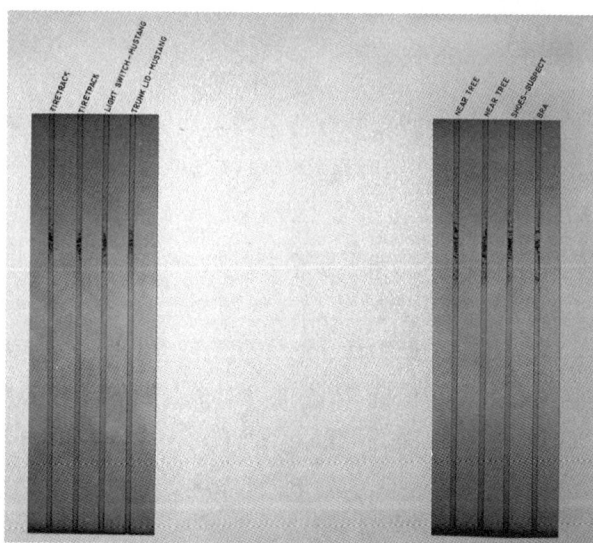

图 6 - 13　使用梯度管方法比较土壤样本
(史蒂夫·奥耶纳提供)

图 6 - 13 说明了现场土壤与犯罪嫌疑人车辆中的样本土壤之间的匹配情况,以及现场样本与犯罪嫌疑人的鞋子和受害者胸罩之间的土壤在密度梯度管中的匹配情况。

3. 矿物学特征

可以使用偏光显微镜识别土壤样品中存在的各种矿物质,在显微镜下显示每个粒子的光学特性。可以通过计数方法确定土壤样品中矿物的频率分布。土壤样本中各种矿物的频率分布称为"矿物学特征"。一个地方到另一个地方的土壤矿物学特征差异很大,这种特征是区分土壤样品的有力工具。

4. 其他土壤比较技术

用于土壤比较的其他技术包括样品中酶的测定和生物碎片的鉴定,常见的生物碎片如昆虫、花粉和植物碎片[12]。尽管在土壤比较中不经常使用,但是某些昆虫、花粉和植物碎片的鉴定为确定土壤来源区域提供了调查线索。

6.5.3　土壤证据收集

1. 压痕中的土壤

确保使用倾斜的照明设备(已放置刻度尺)对土壤中的压痕(例如脚印或轮胎胎面花纹)进行拍照,并在压痕被破坏之前制作石膏模型。压痕证据相较于土壤而言,通常能就个体识别问题提供更有用的价值(参阅第九章)。不要试图清除石膏模型上的土壤,因为粘附在模型上的土壤可能是犯罪嫌疑人鞋底上出现的土壤类型的最佳样本。用硬纸(例如牛皮纸)包裹石膏模型,然后将其密封在坚固的纸袋或纸板箱中。可以提取模型上的土壤,并将其松散进行包装,交给实验室的分析人员进行分析,以用作证据土壤。如需从压痕区域获取土壤样品,则要在铸模完成后再进行采样。

2. 可疑样品

一汤匙土壤足够用于土壤比较。如果土壤牢固地附着在某些物体上,请勿先提取土壤,而应风干该物体并将其放置在纸袋或其他合适的容器中,并密封贴上标签。可以将松散的土壤或沙子清扫到一张干净的纸上,然后将其折叠以包裹样品,并在完全干燥后将其密封在适当的容器中,对其来源进行标记。

3. 对照(标准)样品

从犯罪嫌疑人已知或被认为活动过的现场的每个区域(包括提供的任何"犯罪现场"点),获取至少三汤匙的土壤样本。对照样品必须代表收集区域的土壤类型。例如,如果已收集嫌疑人的鞋子并且鞋子上存在土壤,应收集与土壤在鞋子上的物理位置相对应的鞋印区域中的土壤样本。如果鞋上的土壤似乎来自发现的鞋印区域表面,收集表面土壤(四分之一英寸以上)用作样本。

如果土壤是由于某种类型的挖掘带出的,需收集不同深度的样本,并标出收集的深度。建议还要从犯罪现场附近的其他地方收集样本,以便实验室可以确定该地区土壤的变化程度。例如,在院子中,收集院子中多个区域以及毗连房屋中的土壤作为标准样品。

在空旷地区,可以使用以下系统方法进行土壤样品收集:从第一个点开始(足迹、轮胎印痕、有明显扭打的地方),到第十一个点依次收集土壤样本(见图 6-14)。从示意图参考点对每个采样点进行准确的测量,并将测量结果记录在示意图上。

将每个干燥的土壤样品密封在药盒或小瓶中,并在容器上标明样品的收集位置、样品收

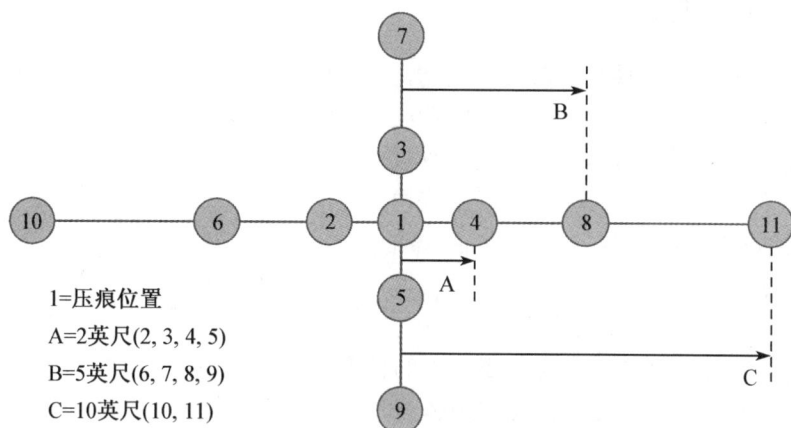

图 6-14　标准土壤样品收集的建议方案

集人员姓名、日期、时间以及样本项目编号(用于标识样本网格上收集样本的区域)。在最终包装之前,请确保土壤样品是干燥的,否则会发霉(样品可以在现场临时包装,返回工作站或实验室后干燥)。记录收集土壤样品的实际位置(例如沟),并注意附近的任何异常情况(例如靠近石油罐)。

　　案件发生后,在场地发生变化之前,应尽快收集土壤样品。尽快亲自提交或邮寄样品到最近的鉴定机构。

6.6　纵火助燃剂证据[13]

6.6.1　纵火调查简介

　　纵火调查是一项复杂的工作,需要训练有素且经验丰富的纵火调查员来负责调查。纵火调查人员在确定起火原因是偶然还是故意时主要考量几个因素。纵火调查员接受过培训,知晓如何解释火的"燃烧模式",这将指出是否使用助燃剂(通常称为"添加的易燃物")来引发和蔓延大火。调查人员还将寻找意外起火的原因,例如布线错误或炉子上的材料无人看管。烧伤区域中存在促进剂是纵火现场调查人员确定发生纵火案的重要因素。因此,调查人员要尽一切努力查找并收集促进剂残留物以进行实验室分析,从而帮助确定犯罪行为。然后可以将使用的特定类型的促进剂与从犯罪嫌疑人处收集的标准样品进行比较,以将犯罪嫌疑人与纵火案联系起来。

　　犯罪现场调查员在纵火现场调查中的作用通常是协助纵火调查员进行现场记录和收集物证。在某些情况下,通过纵火调查员认证的犯罪现场调查员,也可能胜任纵火调查工作,这样他或她也担任纵火调查员,分析现场的纵火证据并收集必要的物理证据样本以协助确定是纵火案件还是自然原因引起的火灾。在这种情况下,其他犯罪现场调查人员将协助纵火调查人员记录现场情况并收集物证。

6.6.2　挥发性易燃物性质

"挥发性"是指液态物质易于转化为气态,从而在液体表面上方形成气体。有些液体极易挥发,但不易燃,例如氯仿,而有些液体则既易挥发又易燃,例如汽油。纵火中使用的挥发性易燃品最常用的术语是"助燃剂"。用来纵火的挥发性易燃物被称为"助燃剂",因为它们会加速燃烧,导致燃烧迅速扩散并破坏建筑物。在纵火案件中经常用作助燃剂的包括汽油、煤油、火机油和无铅汽油。

燃烧过程需要三个要素才能发生:热量、氧气和燃料,通常称为"火三角"。当这三要素中的任意一个不存在时,火将熄灭。火不会燃烧固体或液体(通常),而是燃烧在其上方形成的气体。热量起到蒸发液体或固体的作用,将其转化为气体,然后与氧气结合,在液体池上方"燃烧"。因此,当易燃液体渗入材料或进入"裂缝"时,就会缺乏足够的氧气来支持燃烧。可以通过收集液体浸泡过的材料来收集易燃物质的残留物。2011 年将燃烧过程中发生的化学反应过程加入燃烧三角中,故目前将燃烧三角称为"燃烧四面体"(见图 6－15)。

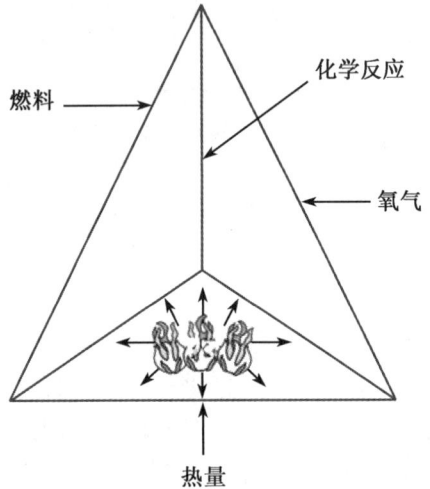

图 6－15　燃烧四面体

6.6.3　纵火现场

1. 纵火现场的注意事项

谨记在可疑纵火现场可能存在多种物证。调查人员应始终考虑是否存在潜在指纹、工具痕迹、鞋印和微量物证(如毛发和纤维)。如果纵火犯在犯罪时受伤,则现场可能会有血迹。应收集可疑入口处的玻璃碎片送至实验室检查,以确定玻璃是被纵火犯打碎的还是被燃烧的热量弄碎的。纵火"套件"或疑似纵火物品,如火柴、火柴盒等,应与助燃剂证据一起收集并提交。在纵火现场常见的一种"点火器"是用来引火的火柴。图 6－16 显示了在纵火现场收集到的一根部分烧毁的火柴与从嫌疑人处得到的火柴盒的对比。来自犯罪现场的火柴盒(左上图)、断裂火柴、火柴中夹杂物与从嫌疑人处缴获的火柴盒中剩余的相近部分都进行了比较。

同样重要的是,在指派给案件的纵火调查人员评估现场的燃烧方式之前,现场应保持不受干扰。纵火调查人员评估存在的燃烧方式后,在进行收集程序之前,应先用拍照、绘图和笔记方式记录含有助燃剂残留的可疑区域。此措施是进行犯罪现场调查的标准做法,这将有助于确保司法程序中调查人员的报告和证词具有专业性。调查人员还应对围观火灾的人群拍照,因为纵火犯有时会留在现场或返回现场观察火势。

多起点是加速火灾的典型特征。纵火犯通常会在多个地方倾倒易挥发的可燃物,以确保火势会迅速蔓延并吞没整个建筑物。过量使用助燃剂通常意味着在灭火后仍会有足够的助燃剂残留物供调查人员收集。因此,重要的是从每个可疑的起源点收集样本并进行适当的控制,以帮助建立这些起点之间的联系。由于实验室分析人员使用浓缩方式回收残留物,

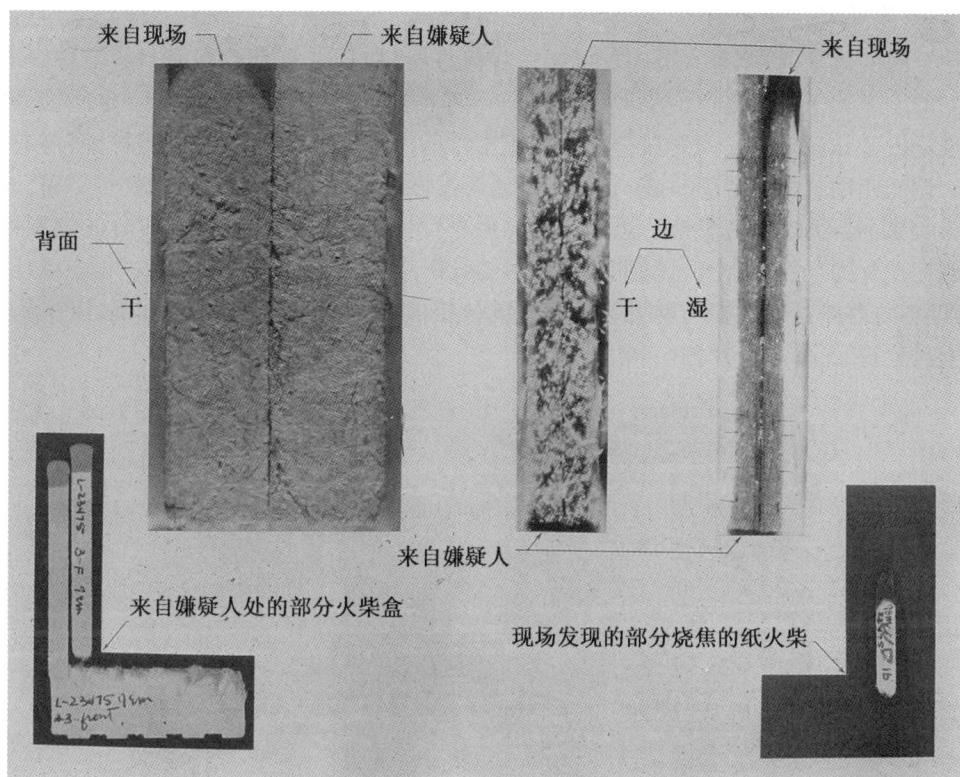

图 6–16　比较从纵火现场找到的部分烧毁的火柴和从嫌疑人手中缴获的火柴盒
（图片由杜艾恩·狄龙博士提供）

并使用仪器对残留物进行分析，因此实验室分析所需的量很小。

2. 查找证据

应由经验丰富的纵火调查人员确定可疑起火点，结合可燃蒸气探测器以及调查人员的专业经验和纵火调查培训技能进行个人观察。经过训练的警犬可以在可疑的纵火现场找到纵火催化剂，并且提供给调查员。经过训练的警犬也可以在可疑的纵火现场找到纵火助燃剂，为调查人员服务。纵火调查人员的技能和经验是确定起火原因的宝贵工具。例如，纵火犯在每个电源插座周围倾倒挥发性液体，使火灾看起来好像是由电引起的。如果没有经过专门培训的纵火调查人员，协助犯罪现场调查人员可能会错误地解释或遗漏模拟电源点。

报纸、家具、地毯和填充物，或堆积的垃圾可能起到使助燃液体与热量隔离的作用，否则液体会蒸发并燃烧掉。调查人员在现场时，应考虑这些证据来源。如果将液体倒在干燥的表面上时，它会像水一样，变湿、流淌、溢出、泄漏、滴落、汇集或扩散。在某种程度上，它会被多孔材料吸收。液体可能流淌或吸收的区域应视为收集助燃剂的来源区域。液体可能会向下流入裂缝，并沿着裂缝穿过孔洞，然后可能被地板、土壤或地板下表面的裂缝和接缝保留下来。

液体将保护它下面的表面，直到其蒸发完为止，因为液体蒸发时才会燃烧，此时积聚液体的区域会焦化。焦炭周围和下方未燃烧的区域可能仍含有足够量的可疑液体，可用于分析和鉴定是否存在助燃剂。

3. 收集证据

在合理的范围内,调查人员应尽可能多收集可疑材料,并将其放在密封容器中。通常,使用新的干净的一加仑宽口油漆罐(参见图 6-17)或不透气的玻璃罐即可。这些物品可从犯罪现场设备和耗材供应商处获得。不要使用以前用来存放易挥发的可燃物、溶剂或油的容器。请勿使用塑料瓶或塑料袋;它们可渗透挥发性易燃物,或者可能被助燃剂溶解。一定要记得收集不含助燃剂但燃烧后可能产生类似嫌疑证据中的含有助燃剂成分的控制标准。该控制标准有助于评估含有可疑助燃剂材料的分析结果。有些材料在燃烧过程中可能会产生副产物,这些副产物可能与助燃剂的某些成分相似,因此必须收集对照标准,以供实验室分析人员分析结果,进行评估。

图 6-17 用于收集和储存含有纵火助燃剂的可疑材料的金属漆罐
(图片由 Sirchie 指纹实验室提供)

通常规定不打包湿证据提交给实验室,但是纵火证据是个例外。如果收集的材料是湿的,则必须以这种状态包装。如果在包装之前风干,用于鉴别助燃剂的蒸气会消失。

4. 可疑助燃剂残留物的标签

从不同区域收集可疑纵火样本,将样本放在单独的有标签的容器中。不要忽视可能存在的其他类型的物证:指纹、鞋印、碎玻璃、工具痕迹或其他,这些证据可能有助于识别肇事者或确定纵火行为。

每个容器上至少标注以下数据:(1) 取样地点(提供样品在何处发现或获得的确切描述,示意图和照片在这方面有很大的作用);(2) 收集日期和时间;(3) 嫌疑人和/或受害者的姓名(如果知道);(4) 部门案件编号(消防和警察部门);(5) 证据收集者姓名(姓、名首字母)。

5. 助燃剂样本比较

始终尝试获取可能用作挥发性易燃助燃剂液体的比较样本(已知标准)。一盎司液体足以用于实验室分析和比较。还应获取现场其他未燃烧"燃料"(如地毯、窗帘、室内装潢)的背景比较标准(背景对照),因为它们可能包含在分析程序中检测到的残留物。收集一定数量的背景对照物,其数量大约等于可能含有助燃剂残留物的收集物数量。在可行的范围内,尽量在不受助燃剂污染的情况下,就近收集背景对照材料。用可燃气体检测仪筛查背景控制区域将有助于确定这一区域。

如果怀疑汽油是助燃剂,从可能购买助燃剂的加油站收集样本。如果怀疑有人从汽车油箱中抽取汽油,请附上该汽车油箱中的样品。这是重要的一步,因为油箱中的油可能是来自几个不同加油站的混合物,因此可能有额外识别特性。

将每个比较标准(背景控制和已知的可疑助燃剂标准)分别放在密封的玻璃或金属容器中。一定要像标记其他证据材料一样仔细和完整地标记每个比较标准(见前面)。在运输证据样本和对照标准物时,应确保可疑(证据)样本不会受到意外污染。

描述火灾现场、灭火情况和后续调查的叙述性报告应连同证据和对照样本一起提交给实验室,因为这些报告有助于指导实验室开展分析和解释。该报告还将有助于实验室检验人员确定可能需要哪些其他样本,以使实验室分析和报告更完整或更准确。通常,需要其他样本来澄清实验室数据中的差异(例如,另一个品牌的助燃剂)。

6.6.4 助燃剂残留物实验室分析

如果在残留物中有足够数量的挥发性易燃物,实验室可识别其种类。在一些案件中,由于液体在火灾期间或火灾后发生的变化,实验室可能无法识别所存在的特定类型的助燃剂。在异常或大量燃烧助燃剂的情况下,缺乏对照样本会使鉴定变得困难。易燃助燃剂可与提交的已知标准样品鉴别为"来源一致"。然而,除非存在异常的污染物,否则无法对一个品牌或批次进行绝对的识别,因为石油产品制造商是大批量生产产品的。

实验室将首先浓缩收集的助燃剂,以利于分析。用于浓缩助燃剂的方法有:(1) 蒸馏;(2) 溶剂萃取;(3) 从容器中清除蒸气并使蒸气通过装有捕集剂(例如木炭)的管子来进行蒸气浓缩。浓缩的蒸气通常使用气相色谱仪进行分析,气相色谱仪可以分离蒸气中的成分,可以将其与已知的助燃剂样品或调查人员提交的可疑助燃剂进行比较。

气相色谱仪/质谱仪(GC/MS,将气相色谱仪与质谱仪联用的仪器)和气相色谱仪/红外光谱仪(GC/IR,红外光谱仪与气相色谱仪联用的仪器)的推出使分析人员能更好地鉴别纵火残留物中存在的特定类型的助燃剂。大多数大型实验室会有一个或两个这类仪器。

总 结

1. **微量物证**
   毛发
   纤维
   玻璃
   土壤
   纵火助燃剂
2. **毛发证据**
   人体毛发的微观特征
    表皮

   皮质
   髓质
   其他特征
   毛发证据收集
   单根毛发用单独容器包装。
   不要包装湿证据。
   将毛发放置在干净、覆有纸张的面上进行观察。
   用标准识别数据标记每个装有证据

的容器。

用便利贴包裹包装。

现场毛发收集

肉眼可见并牢牢附着在无生命物体上的毛发。

毛发可见但未牢固附着在物体上。

毛发可能转移到受害者或嫌疑人的衣服上。

指甲屑/剪下的指甲。

用胶带从尸体处粘取。

发根可能附着在毛干上的毛发。

使用胶带粘取或用吸尘器吸取痕量物证。

毛发样本/对照样本

头发样本

- 梳下的毛发样本
- 拔或剪下的头发样本

阴毛样本

其他体毛样本

动物毛发样本

毛发证据实验室检测

常规检查

高倍显微镜

比较显微镜

毛发的 DNA 分析

毛发检测的实验报告

毛发属于动物还是人体

毛发属于哪个部位(头皮、阴部、胡须或其他)

调查线索,例如毛发的长度、颜色和"种族"特征

毛发是否与可疑来源"匹配"

毛发与可疑来源不匹配

毛发的对比尚无定论

发根的核 DNA(nDNA)分析

毛干的线粒体 DNA(mtDNA)分析

3. 纤维证据

纤维证据的性质/发现

纤维证据的实验室检测

纤维证据的收集

固定物体上的纤维

用纤维胶带粘取收集

可见纤维

衣物上的纤维

汽车板地毯中的纤维

纤维样本/对照样本

地毯纤维样本

衣物纤维样本

4. 玻璃证据

玻璃证据的形状/发现

玻璃证据的实验室检测

断裂边缘匹配

作用力方向

碰撞顺序

热断裂

玻璃物理性能的比较。

通过实验室对比玻璃得出的意见

玻璃证据收集

含有玻璃碎片的衣物

工具或其他包含玻璃碎片的物体

可见的大碎片

玻璃对照样本

窗玻璃

瓶

汽车大灯

5. 油漆证据

油漆证据的形状/发现

肇事逃逸案件:车撞人

肇事逃逸案件:车撞车

盗窃案件

油漆证据的实验室检测

油漆证据实验室报告

油漆样本收集

车辆油漆样本

衣物上的油漆样本

工具痕迹中的油漆样本

与样本收集对齐

6. 土壤证据

土壤证据的形状/发现

土壤证据的实验室检测

  颜色

  密度分布

  矿物质分布

  细菌分布

土壤证据收集

  印痕上的土壤

  可疑样本

  对照样本

7. 纵火助燃剂证据

  挥发性易燃物收集

  纵火调查

  挥发性易燃物性质

纵火现场

  纵火现场的注意事项

  多起点

  寻找证据

  收集证据

可疑助燃剂残留物的标签

  样本收集的位置。

  收集日期时间。

  嫌疑人和/或受害者的姓名（如果知道）。

  部门案件编号（消防和警察部门）。

  证据收集者姓名（姓、名首字母）。

样本对比

助燃剂残留物实验室分析

复习题

1. 由于线粒体DNA分析技术的发展，毛发证据的检查已经发生了革命性的变化。

2. 对于调查人员和实验室分析人员来说，毛发最显著的特征是毛发的颜色。

3. 毛发的长度可能暗示毛发来源个体的性别。

4. 毛发的表皮层由许多重叠的鳞片组成。

5. 黑色素是色素颗粒的主要成分，它使毛发呈现黑色。

6. 每个装有证据的容器上都应该贴上标准识别数据。

7. 建议在对某个区域进行真空吸尘之前先收集所有可见毛发和纤维。

8. 首选的头发样本由拉毛组成。

9. 梳理的毛发样本应用新梳子收集。

10. 头发标准样本应能代表整个头皮。

11. 头发标准样本应该包括大约75根头发。

12. 阴毛标准样本应该包括大约50根毛发。

13. 毛发的实验室检查主要包括对可疑毛发证据和已知毛发样本的对比。

14. 当证据毛发和提交的样本"相匹配"时，分析人员可以说毛发可能与提交的样本来自同一个人。

15. 当证据毛发与提交的样本毛发没有相似之处时，分析人员可以排除收集样本的个人为证据毛发的来源。

16. 最常见的纤维分类方法将其分为天然纤维和合成纤维。

17. 纤维证据尤其会出现在被害人和嫌疑人之间有接触的犯罪中。

18. 收集纤维证据的主要困难是找到单根纤维。

19. 必须用胶带封住装有纤维证据的活页夹或信封各个角。

20. 从地毯上采集的纤维标准应包括地毯各个不同区域的样本。

21. 当玻璃破碎时,边缘可能可以<u>拼图</u>的方式进行匹配,以表明它们曾经属于同一件物品的一部分。

22. 颜色、密度和折射率是玻璃的<u>物理</u>特性,可用于比较。

23. 在车撞人肇事逃逸案中,油漆可能会以油漆<u>污点</u>或<u>小薄片</u>的形式转移到受害人的衣服上。

24. 在车辆肇事逃逸案件中,应收集<u>转移</u>油漆和油漆<u>样本</u>。

25. 衣服上的油漆样本应通过收集<u>整件</u>衣服来采集。

26. 如果使用信封包装油漆薄片,应<u>密封</u>信封的接缝边缘。

27. 大多数土壤证据来自土壤的<u>表层</u>。

28. 印痕制模<u>后</u>,才可以收集印痕上的土壤证据。

29. 已知的土壤样本应至少包含从每个区域收集<u>三汤匙</u>。

30. "助燃剂"一词是指<u>加速</u>燃烧的物质。

31. 燃烧过程需要<u>热量</u>、<u>氧气</u>和<u>燃料</u>。

32. 燃烧的三要素通常被称为<u>火三角</u>。

33. 重要的是要记住,在纵火现场可能会出现<u>许多种类</u>的物证。

34. <u>多个起源点</u>是加速纵火的典型特征。

35. 含有助燃剂残留物的可疑碎片,应包装在一个新的、干净的<u>一加仑宽口</u>或气密<u>玻璃</u>罐中。

36. 除了收集含有助燃剂残留物的可疑碎屑外,调查人员还应收集每个碎片样本的<u>参照标准</u>。

37. <u>一盎司</u>的标准液体足以用于实验室分析。

延伸阅读参考文献

Bisbing, R. 2002. Chap. 5: The Forensic Identification and Association of Human Hair, in vol. 1 of *Forensic Science Handbook*, 2nd ed., ed. R. Saferstein. Upper Saddle River, NJ: Prentice Hall, Inc.

DeHaan, J. D. 2002. *Kirk's Fire Investigation*, 5th ed. Upper Saddle River, NJ: Prentice Hall, Inc.

Gaudette, B. D. 2002. Chap. 5: The Forensic Aspects of Textile Fiber Examinations, in vol. 2 of *Forensic Science Handbook*, 2nd ed., ed. R. Saferstein. Upper Saddle River, NJ: Prentice Hall, Inc.

Koons, R. D., et al. 2002. Chap. 4: Forensic Glass Comparisons, in vol. 1 of *Forensic Science Handbook*, 2nd ed., ed. R. Saferstein. Upper Saddle River, NJ: Prentice Hall, Inc.

Kubic, T. A., and N. Petraco. 2005. Chap. 16: Microanalysis and Examination of Trace Evidence, in *Forensic Science* (*An Introduction to Scientific and Investigative Techniques*), 2nd. ed., eds. S. H. James and J. J. Nordby. Boca Raton, FL: CRC Press.

Murray, R. C. , and L. Solebell. 2002. Chap. 11: Forensic Examination of Soil, in vol. 1 of *Forensic Science Handbook*, 2nd ed. , ed. R. Saferstein. Upper Saddle River, NJ: Prentice Hall, Inc.

Redsicker, D. R. 2005. Chap. 24: Basic Fire and Explosion Investigation, in *Forensic Science (Practical Aspects of Criminal and Forensic Investigation)*, eds. S. H. James and J. J. Nordby. Boca Raton, FL: CRC Press.

Saferstein, R. 2004. Chap. 8 in *Criminalistics*, 8th ed. Upper Saddle River, NJ: Prentice Hall, Inc.

Saferstein, R. 2009. Chap. 12: Trace Evidence I: Hairs and Fibers; Chap. 13: Trace Evidence II: Paint, Glass, and Soil; and Chap. 15: Forensic Aspects of Fire Investigation, in *Forensic Science (From the Crime Scene to the Crime Lab)*. Upper Saddle River, NJ: Pearson Education, Inc.

Thornton, J. I. 2002. Chap. 8: Forensic Paint Examination, in vol. 1 of *Forensic Science Handbook*, 2nd ed. , ed. R. Saferstein. Upper Saddle River, NJ: Prentice Hall, Inc.

第七章

生物体液污渍证据：血液、精液和唾液

我发现了！我发现一种遇血红蛋白产生沉淀的试剂，而且只在有血红蛋白时才产生沉淀。

——阿瑟·柯南·道尔《血迹的研究》，Bibliolis Books，© 2010

关 键 词

普遍预防措施，血迹图案解释，遗传标记类型，DNA（脱氧核糖核酸），核 DNA（nDNA），线粒体 DNA（mtDNA），推定测试，磷光，交叉污染，液体池，多孔表面，口腔拭子，拭子盒，尸体解剖学，血迹斑点的衣服，PCR（聚合酶链反应），CODIS，短串联重复序列（STR），精液，无精，精子，P-30 蛋白质，酸性磷酸酶映射。

生物证据注意事项

生物材料是危险的！要按照全面预防措施处理污渍。"全面预防"一词是指人们必须假定所有生物材料已被艾滋病毒、乙型肝炎或其他生物病原体污染，必须使用防护眼镜、防毒口罩、乳胶手套和防护服处理有生物污渍的材料（见本章附录）。

学 习 目 标

- 定义血迹证据；
- 论述生物污渍的分析；
- 说明个人防护设备和其他安全措施；
- 列举说明唾液和精液证据；
- 描述生物证据的收集和包装。

引　言

生物体液污渍证据包括血液、精液、唾液和其他混杂的体液，如呕吐物，在犯罪现场遇到的生物体液污渍大部分是血液、精液或唾液。血迹通常出现在暴力犯罪中，因受害者受枪伤、刀伤或钝器伤造成,精液和唾液污渍通常由性侵犯犯罪造成。

7.1　血液证据

7.1.1　血迹证据介绍

　　血迹证据可能在各种犯罪中作为实物证据而出现,如杀人、性侵犯、车辆肇事逃逸和盗窃。血迹的识别和分型有助于确定犯罪构成要素,以及对犯罪嫌疑人的认定或排除,在对犯罪过程的重构中,血迹也可以用来对主犯的陈述进行确证或反驳。正确收集血迹证据对从血迹中获得信息的数量和质量至关重要。

　　对犯罪现场侦查员来说,血迹证据有两大类重要的检查:(1)血迹图案的解释;(2)基因标记分型。第一类,血迹图案的解释往往会被侦查员和实验室人员所忽视,尽管血迹的图案与血迹分型一样很重要。在许多情况下,对血迹图案的解释可以确定是否发生了犯罪(谋杀、自杀或事故),也可以用来反驳或证实证人的陈述。遗传标记分型是解释血迹图案的一个组成部分,因为确定血迹图案来源于谁是十分重要的。

　　在犯罪现场的侦查员应首要考虑以合适的方式记录有关血迹位置和图案。在侦查员使用笔记、绘图和拍照记录污渍图案之前,不要收集血迹,以防后面无法解释图案。图案的位置、大小和外观必须经过仔细的测量、描画,并放置比例尺进行拍照。通常,在血迹被破坏之前要先观察血迹的图案,并对血迹图案进行解释,这是至关重要的。关于血迹图案的分析在第十五章中有说明。

7.1.2　血迹中的遗传标记

1. 现代和传统的基因标记测试

　　现代法医生物学实验室很少使用 ABO 血型系统、蛋白质和酶系统以及 DNA 限制性片段长度多态性系统进行基因标记检测。更具体地说,自从基于 PCR 的短串联重复序列(STR)系统成为 DNA 类型电子数据库(CODIS,后面的章节将对此进行说明)的基础,该数据库在美国实现共享,并成为各实验室的标准,法医实验室通常将基因标记检测程序限制在血液、精液和组织样本的短串联重复序列(STR)分析上。另外,STR 系统能够提供的有关可疑材料来源的信息比其他所有旧系统的总和还要多。此外,更多的实验室正在建立另一种基于 PCR 系统的线粒体 DNA (mtDNA)的基因标记测试手段。这里主要介绍传统的遗传标记分型系统的历史意义,其可以用对积案中发现的法医证据进行解释,其中一些在本文中用作案例介绍。

2. DNA 的性质

　　细胞中携带遗传物质的染色体是由 DNA 组成的,基因位于染色体上的特定位置或位点上,染色体是成对存在的,因此,基因也是如此。其结果是在任意一个人身上的特定位置都会出现两个成对的基因或其他 DNA 片段。基因是“多态”(即 polymorph,poly＝多种,morph＝形态)的,因此其可能以不同的形式或等位基因存在。在一般人群中,单一基因可能存在多种形式,这解释了为什么个体之间会存在许多特征差异。在一个基因座上的一对特定的等位基因决定了一个人的基因型。

　　DNA 是携带着代代相传的遗传信息的物质,其被称为"双螺旋",意思是 DNA 分子的结构是由两条链钩在一起并扭曲成螺旋状结构。整个结构看起来像一个梯子,在末端被扭曲形成螺旋。

　　根据是否存在细胞核,人体内的细胞(体细胞)分为两类(有细胞核的细胞见图 7-1)。有细胞核的细胞包括口腔细胞、肝脏细胞和肌肉细胞。有细胞核的细胞有两种类型的 DNA。第一种类型是核 DNA(nDNA),核 DNA 由来自双亲的染色体组成,包含来自双亲的染色体对中的一半,故称为"二倍体",它构成了人类的全部染色体对。另一种类型是线粒体 DNA(mtDNA),存在于细胞线粒体中(见图 7-1)。

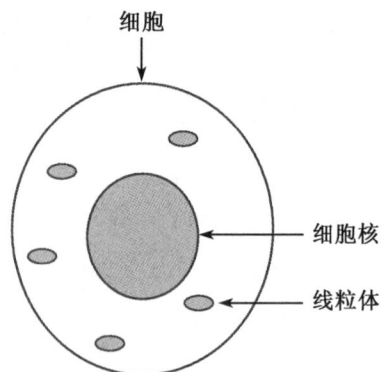

图 7-1　细胞内线粒体

　　无细胞核的细胞开始是有细胞核的,但在细胞成熟过程中,细胞核从细胞中被移除,形成了被称为"无核"或"去核"的细胞。没有细胞核的细胞有红细胞、表皮细胞(外皮肤层)、手指和脚趾的指甲细胞。生殖细胞(精子和卵子)是细胞的一个特例,卵巢中的卵子在成熟后会有一个细胞核,但是,其染色体被一分为二,形成了"单倍体"细胞(只有一对染色体中的一半)。卵子具有细胞的所有其他特征,包括有线粒体的存在,因此还携带着线粒体 DNA,而精子没有线粒体,因此缺乏线粒体 DNA。来自无核细胞的生物证据不能分析核 DNA,但可以分析线粒体 DNA。线粒体 DNA 是从母系遗传而来的,这一信息的重要性在于:如果需要从家庭成员那里收集 DNA 标准以协助进行刑事调查,那么一定要对家庭中的母系一方(母亲、姨妈、姐姐、女儿)进行收集。法医生物学上的这一创新,使得头发和其他生物材料或无核细胞污渍在证据价值上有了质的飞跃。

7.1.3　血迹的犯罪现场记录

　　在处理犯罪现场的血迹之前,必须对犯罪现场进行系统的记录,包括详细的笔记、拍照和绘图。血迹证据除了具有对其他类型证据所论述的要求外,还有一些特殊要求。在这些附加要求中,首先,必须遵守处理生物证据时的安全预防措施。其次,因为生物证据的性质需要对其进行特殊处理,以避免生物材料因微生物(如霉菌和细菌)的作用而分解。一般来说,血迹斑点证据应该在室温下干燥,然后冷冻,再被提交至法庭科学实验室;对于液体样本,应该冷藏而不是冷冻。对于所有类型的生物证据,越早将其运送到实验室就越有可能避免证据中信息内容的丢失。

　　1. 记录

　　要仔细记录犯罪现场的地点和血迹,如污渍的淤积、凝血、霉菌生长和其他特征等信息。血迹中存在的任何特征都应用附图和照片的方式在文件中注明。这有助于解释血迹的情况和从血迹分析中获得的实验室结果,还可能用于重构产生血迹图案的事件过程。

　　2. 拍照

　　可疑血迹照片应该是彩色的,因为黑白照片不能区分其他深色污渍和血迹,若两者没有进行区分,会妨碍对血迹图案的解释。拍摄照片的方式必须能够准确再现污渍的空间关系,以帮助解释图案。所有的血迹照片都需从它们存在的表面垂直90度（表面的"法线"）拍摄，以防止失真。在视野中分别拍摄带比例尺和不带比例尺的照片，以便可以验证污渍的大小（见第三章）。要记得拍摄包含血迹区域的整体照片，以保证每个区域都能与整体空间相关联。

3. 寻找血迹

寻找血迹通常是例行公事，因为血迹一般是可见的并具有典型的红褐色外观。那些看起来像血的污渍可以用血液筛选剂来检测，方法是将拭子轻轻湿润，并用拭子的尖端在污渍处轻轻摩擦（由于化学试剂高度敏感，各类拭子都足以实现检测），然后用血液测试试剂（如酚酞）检测拭子是否存在血液。然而，酚酞会破坏DNA，所以，只有在有很多污渍的情况下才能用这个试剂进行测试。如果血迹非常小，就不应进行该种检测，以便尽可能多地保存样本用于实验室分析。这些血液检测试剂可以从商业犯罪现场产品经销商处获得。非血迹的污渍不会与检验化学品发生反应，可以放心地认为不是血迹。那些与验血试剂产生阳性反应的污渍必须在实验室里被进一步确认为血液，因为检测试剂只是用于筛选可疑污渍。

使用 Abacus Diagnostics 开发的 ABAcard® HemaTrace® 测试方法既可以进行现场血迹的快速筛选测试，也可以在实验室中进行人类血红蛋白验证测试（见图7-2）。这项测试基于一种抗体遇到血红蛋白会产生沉淀，并且该抗体只能与人类（及高级猿类）血红蛋白发生反应。夏洛克·福尔摩斯似乎已经预见到了这一创新应用（见本章开头的引用）。

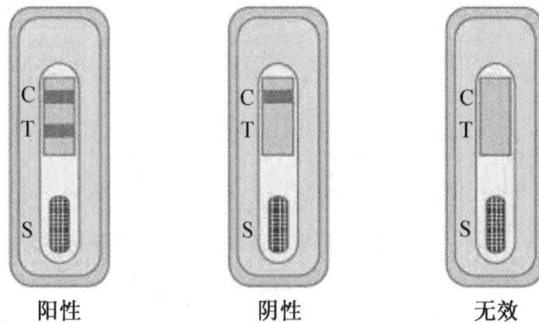

图7-2　HemaTrace® 测试
（图片由 Abacus Diagnostics 公司提供）

那些"看不见"的血迹（即已被清理或擦去），通常可以通过喷洒鲁米诺或蓝星并在黑暗中观察而使其被看见。鲁米诺和蓝星是血液筛选试剂，它们可与血液中的一部分血红蛋白发生反应，产生一种可在黑暗中发光的化学物质（磷光）。然后在房间变暗的情况下拍摄磷光。污渍照片将提供污渍和一切现场情况的永久记录。对于磷光照片及方位照片的拍摄，需将少量的光线引入场景中，以便观察磷光所处的区域位置。鞋子印痕、足迹、手指/手掌印以及清洗或擦拭过的污渍有可能存在"隐形"污渍，要在喷洒和照相后收集污渍样本，然后提交到实验室进行人体血液确认和可能的遗传标记分析。重要的是要知道鲁米诺和蓝星是不会破坏DNA的，所以这些药剂是检测已清理或不可见血液的良好选择。此外，在将化学品用于犯罪现场之前，应对药品进行检测，以确保它们仍然符合产品标准。

4. 血迹图案记录

血迹图案的记录需要在现场中精确绘图和拍摄带有标记的照片，根据按比例绘制的图可以对每张照片进行定位。犯罪现场侦查员首先要绘制总体图,并对带有血迹图案的整个区域进行总体拍照;然后,分析人员要拍摄中距照片,并为每个区域的血迹图案绘制放大图。总体和中距的图和照片将为所有重建工作中特写照片和图的组合提供框架。接下来,分析人员需要拍摄特写照片来记录血迹图案,拍特写照片必须在每个相框的视场中做标记,以便为图案提供测量数据。

赖尼尔森(Rynearson)[1]提倡使用由绳子和图钉组成的两英尺正方形网格来记录血迹的图案(见图7-3)。注意,网格线不允许接触污渍。方格按其在网格中的位置进行标记,然后用相机对每个方格在表面法向方向居中拍摄,以减少失真。在可行的情况下,应收集带有血迹的表面并提交到实验室。请注意,干燥的血迹很容易从光滑的表面脱落,所以即使收集了带有血迹的表面,也有必要对血迹进行拍摄。使用网格系统拍摄的污渍照片可以通过"拼图"的方式组合起来重建整个图案。

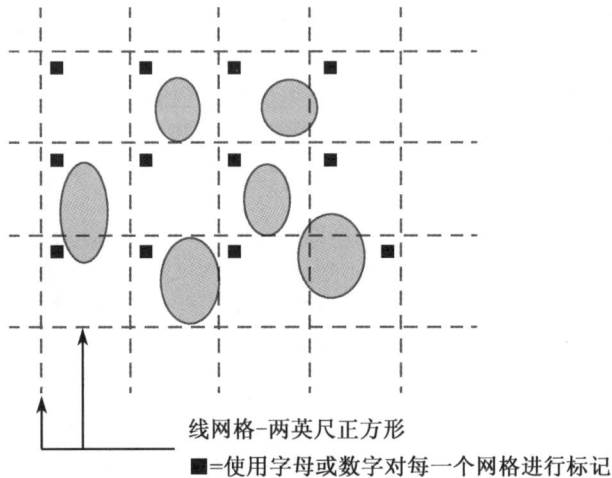

线网格-两英尺正方形

■=使用字母或数字对每一个网格进行标记

图7-3 血迹图案照片的线网格方法

当墙壁或地板上有大面积血迹时,线网格法特别有用。无论是墙壁的一个小角落,还是覆盖整个墙壁、地板和天花板,网格都可以根据血迹图案的区域大小来构建。如果血迹的范围较小,分析人员可以选择使用其他方法来记录血迹图案(参见图7-4和图7-5)。

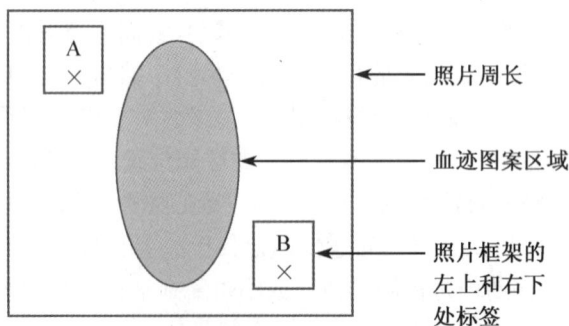

照片周长

血迹图案区域

照片框架的左上和右下处标签

A,B=标签上用于说明的字母名称

"×"=每个标签上用于计算到参考点距离的点(直角坐标系或三角形法)

图7-4 血迹图案照片的角标法

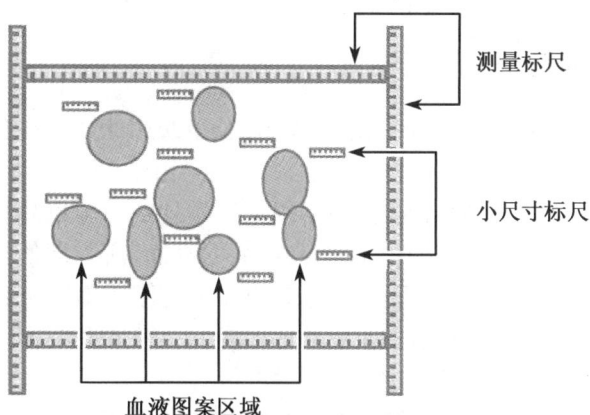

图 7 - 5 血液图案照片的周长测量标尺法

还可以通过在每个被拍照区域的左上和右下边缘放置字母或数字标记来记录血迹类型。每一个标签上的点都应该用一个"×"标记,作为对参考点进行测量的位置。对每个标记物的测量应记录在拍摄的血迹图案区域的图中(见图 7 - 4)。放大草图(见第四章,"犯罪现场草图")对于记录血迹图案特别有用,特别是对于有许多带有血迹图案的区域。拍照时必须垂直于表面(即胶片平面与表面平行),以减少失真。

沃尔森(Wolson)[2]主张在拍摄区域的周边放置测量标尺,以便为血迹图案提供参考点,并在每个血迹图案区域附近放置按顺序编号的较小的公制标尺(见图 7 - 5)。拍摄描绘周长标尺的整体照片,以显示两个周长刻度的位置以及放置在重点区域的按顺序编号的较小度量标尺,然后拍摄每个重点区域的特写照片,确保每个照片中包括至少一个小的公制标尺。利用特写照片和整体照片可以重建整个血迹图案。

在犯罪现场侦查员对照片中的参考点进行了精确测量的前提下,血迹图案拍摄中所描述的三种方法都足以记录血迹图案,以供之后的重建工作使用。这些照片可以组合成一幅带有血迹图案的拼接画,根据每张照片的测量值可以进行必要的重建工作。血迹图案照片记录方法的选择取决于几个因素,包括是否有大尺寸测量尺、现场是否可以提供援助、现场的几何因素以及所呈现图案的大小和数量。照片必须使用有色设置,而不是黑白模式,以便将血迹与可能出现在同一区域的其他污渍区分开来。

麦克唐奈(MacDonell)[3]提倡使用指纹提取胶带从表面移取血迹,就像显现潜指纹那样。注意:在尝试提取技术之前,必须像前面叙述的那样,用绘图和拍照这些常用方式记录下血迹。提取技术通常适用于坚硬、光滑的表面,也能用于其他能产生有用提升力的表面。每个提取的准确位置和方向必须记录在图和照片中。这项技术可以使在实验室测量每个血迹的形状得以实现。

拍摄完血迹的照片,分析员可能需要用酰胺黑或其他血液增强试剂处理血迹,以形成更明显的血迹图案。在用这些试剂处理血迹图案之前,应先拍摄图案照片来记录污渍的位置和情况。这种处理措施是必要的,可以向陪审团解释处理前后污渍的外观,以及增强后的污渍情况。增强和检测的不同之处在于:通过增强可以将血液中微弱痕迹(鞋子磨损或指纹)的细节显示出来;而通过检测,可以将在现场看不到的血液细节显示出来。在增强技术中要使用酰胺黑或考马斯蓝等,在检测技术中要使用鲁米诺和蓝星等。所有这些技术都不会破坏 DNA,这就可以保证所有擦拭过的污渍都可用于之后的分析。

7.1.4   血迹证据的收集

在血迹分析中引入 DNA 分型研究给犯罪现场侦查员带来了额外的挑战。证据样本的污染和交叉污染一直是犯罪现场侦查员最关心的问题,由于 PCR 技术具有高灵敏度,使用 PCR 技术对血迹进行 DNA 分型研究时,还必须采取额外的措施以防止血液样本证据的交叉污染。PCR 技术涉及存在于血迹中的 DNA 物质的复制,所以即使是少量的污染物也可能干扰实验室分析。而防止样本交叉污染的最佳方法是使用单独包装的无菌拭子采集血迹,并将每个采集了样本的拭子包装在单独的容器中。一般来说,应该对血迹斑点证据进行干燥和冷冻,以保存污渍中的遗传标记。

对于采用哪种收集血迹证据的特殊技术取决于血迹的性质,比如血迹是湿的还是干的,以及血迹所在表面的性质。一般来说,最好收集带有血迹的物体,然后将其交给实验室检验。然而,在许多情况下,带有血迹的物体是无法收集的,因此犯罪现场侦查员需要选用最适合该表面的血迹采集技术来收集血迹。下文的指导原则指出了带有血迹的不同表面所适合的采集技术。

1. 可能含有血迹的小物体

一般来说,需要收集带有污渍的整个物品(甚至可以剪出有污渍的部分),让污渍完全风干,然后用单独的纸袋或信封包装。注意:不要用塑料袋包装血迹,因为塑料袋会保留水分,促进微生物的生长。

2. 表面坚硬光滑的大型、固定的物体(金属、玻璃等)

对于大的、不能移动的物体上的血迹,应将拭子放置在湿的污渍中,或用蒸馏水稍微湿润拭子后擦拭污渍,尽可能用拭子收集多的物质。拭子采集后,应贴上标签(见图 7 - 6),然后风干,拭子尖要用包装纸包裹,并用马尼拉信封封好。或者,可以将拭子包装在特制的"拭子盒"中(可从供应商处购买),这样拭子可以在盒中干燥。图 7 - 7 所示为供应商制备的拭子盒。拭子盒要用适当的封条密封,以便储存在冰箱中。

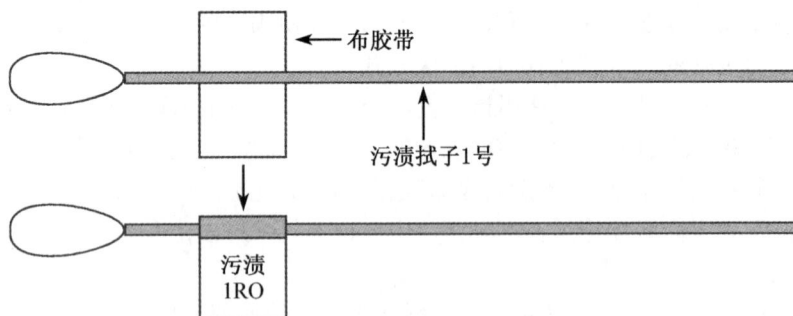

图 7 - 6   含有采集的血迹的拭子

实验室不需要额外的对照拭子(从没有血液的地方采集的拭子)。让拭子风干,然后将其包装在合适的带有标记的纸信封或折叠纸卷里。

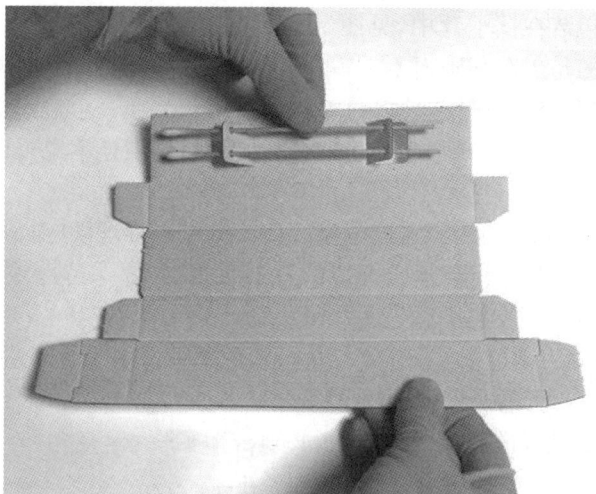

图 7-7　用于收集口腔拭子、血迹和唾液污渍拭子的拭子盒
(图片由 Sirchie 指纹实验室提供)

3. 大量的液体血池

液体血池的取样是使用无菌拭子吸收样本,并让拭子完全风干,然后用纸包好,将其封在纸信封或拭子盒里。此外,还可以使用无菌滴管采集样本,并将样本放置在为其准备的无菌容器中。液体样本需要在收集后立即冷藏,然后在可行的情况下尽快运送至实验室,接着冷冻。

4. 表面柔软多孔的大型物体(木头、地毯)

在收集之前,要让柔软、多孔表面上的污渍完全风干,然后剪下有污渍的地方,再将其装在纸袋或信封里。

5. 表面坚硬无孔的大型物体(砖墙、混凝土、路面等)

对于坚硬、无孔的表面,要使用微湿(含蒸馏水)无菌拭子收集污渍,然后让其风干,并将每个拭子包装在不同的信封或拭子盒里(见图 7-7)。

6. 衣服

应尽可能收集整件带有血迹的衣服。在包装前,应将衣服挂起来或放在新的干净的屠夫纸上晾干。要特别注意避免衣服折叠或皱缩,在干燥前将其按原来的形态放置,以避免污渍图案改变或从衣服的一处擦拭转移到另一处。还要特别注意避免衣服上痕迹的丢失或污染。衣服彻底干燥后,在衣服下面和上面放上干净的屠夫纸将其包好,然后折叠(如果衣服是用这种方式晾干的,就用晾干衣服的纸作为底板),可以进一步保护痕迹证据和血迹图案。每件衣服都要用单独的纸袋包装,并适当密封。

如果在医院收集到带血的衣服(医院工作人员通常把所有衣服放在一个塑料袋里),要把衣服从塑料袋里拿出来,让它们风干(或放在干燥柜里),然后分开包装。一定要注意保存医院的塑料袋,以防遗漏任何可能被留在袋子里的痕迹。

7.1.5　DNA 分型标准样本比较

活体 DNA 分型的首选标准样本包括口腔拭子。该样本是用无菌拭子擦拭口腔内部脸颊处粘膜,并将拭子包装在拭子盒中(见图 7‐7),拭子在包装后被干燥。当我们在两颊内侧擦拭时,我们收集的是皮肤细胞而不是唾液。通常用拭子擦拭每边脸颊大约 20 秒,注意一定要将收集到的口腔拭子分开包装。每个拭子盒应包装在一个信封里,以便空气流通(可配备拭子盒),标上标准说明资料,并用胶带密封。或者,标准样本也可以使用合适的含有抗凝剂的抽血管抽取血液样本(见表 7‐1)。

从活体受试者身上采集的用于血液分型、DNA 分型或毒理学(血液酒精和其他药物)研究的血液样本要用新的无菌真空管或类似的容器收集,并要保持冷藏直至提交到实验室。对于下列管子类型,至少各收集一管(5~7 mL):

(1) DNA 分型样品:紫色塞管(EDTA 管),紫色塞管适用于所有遗传标记测试;

(2) 血液酒精样本:灰色塞管(DUI kit)。

需要注意,如果受试者最近接受过输血,必须告知实验室。

表 7‐1　DNA 分析样本的保存

样本	保存
组织	冷冻(−20 ℃)
血液	
液体的	EDTA(紫盖)或灰盖管—冷藏
干的	保持干燥—冷冻
精液	
液体的	添加 EDTA(乙二胺四乙酸)—冷藏
干的	保持干燥—冷冻
唾液	
湿的	分离颊细胞—干燥和冷冻
干的	保持干燥—冷冻
骨头	
新鲜的	冷冻(−20 ℃)
干的	保持干燥—冷冻
尿液	
液体的	分离细胞材料—冷冻(−20 ℃)
干的	保持干燥—冷冻

改编自 FBI 的一份关于 DNA 的无标题材料。

将抽血管包装在一个信封中,然后密封,标记信息,并将信封包装在一个容器中,以防止抽血管破裂。每根抽血管应标记以下基本信息:

(1) 抽取血液的受试者的全名;

(2) 抽取血样者的姓名和首字母;

(3) 抽血的日期和时间;

(4) 保存样本者的姓名和首字母。

7.1.6　尸检血液样本

尸检的血样应从尸体的非体腔区域,如心脏或主动脉血管中提取。除了供尸体解剖病理学家研究死后毒理学所收集的血样外,还应收集用于法庭科学实验室分析的血样。用于法庭科学实验室分析的样本收集应与活体受试者使用相同类型的抽血管。医学检查人员如今用血卡而不是一小瓶血进行检测,但如果有需要的话,小瓶血仍可使用。

如果尸体已经开始分解和腐烂,除血液样本外,尸检病理学家还需收集一部分深层肌肉组织用于血型鉴定。肌肉组织可能比血液分解得少,因此是一种更好的血型检验样本。

如果受试者接受了输血,应告知法庭科学实验室,因为输入的血液可能会干扰标准血液样本的分型。该种情况下,受试者衣服上的血迹斑点可以用于血型鉴定,这是因为衣服上的血迹不会与输入的血液混合,因此,收集和保存这些衣物是很重要的。

关于血液样本的基本要求如下:

(1) 尽快(在 7 天内)将所有物品提交到您所在区域的实验室。

(2) 避免将生物证据暴露在高温、潮湿和光照环境下。

(3) 如果证据不能立即递交到实验室,则需要:

    ① 冷藏液体血液样本;

    ② 风干所有带血迹斑点的物品,不要受热;

    ③ 将沾有血迹的物品晾干后冷冻,直到提交到法庭科学实验室;

    ④ 将所有染血的物品用纸袋包装,避免霉菌滋生;

    ⑤ 如果有任何可能影响样品采集的可疑情况出现或实验室需要特殊的控制或标准,请与所管辖的实验室联系。

7.1.7 血迹的实验室分析

实验室对血迹分析的初步步骤:确定样本是否是血液,如果是,是什么物种的。初步步骤后,可对血迹进行 DNA 遗传标记分析。

7.2 生物污渍的 DNA 分析

7.2.1 实验室 DNA 分析

因以下几点原因,聚合酶链式反应(PCR)技术现已成为法医实验室的首选方法。首先,PCR 技术可以分析极少量的生物污渍,不需要高分子量(完整的)DNA;第二,PCR 技术可以分析由于环境破坏或年龄变化而退化的生物污渍(例如,用 PCR 技术分析来自木乃伊的样本);第三,PCR 技术可以提供染色体上的离散等位基因数据,这一点十分重要,因为这些数据的统计分析结果很容易向陪审团解释说明情况;第四,也是最重要的一点,因 CODIS 中的数据来自已知血液样本的 STR 分析(一种 PCR 技术),通过计算机搜索可以与未知生物污渍的数据进行比较;最后,PCR 技术可以测定生物污渍源的性别。

7.2.2 PCR 分析

PCR 是指生物样本中的 DNA(从技术上讲,是核糖的"聚合物")进行多次复制以产生足够数量的 DNA 用于分析。PCR 工作原理是利用 DNA 分子结构具有精确自我复制的能力。如果没有 PCR 技术,实验室将无法对那些已经被降解或者由于体积小,DNA 含量不能满足传统 DNA 分析方法的样品进行分析。

PCR 技术是使用部分 DNA 来确定遗传特征(例如,人类白细胞抗原,或 HLA),DNA 不被限制性内切酶切割,而是通过 PCR 过程复制 DNA 分子的特定区域(HLA 抗原基因的位置),从而产生大量的 DNA 片段供毛细管电泳分析。在只有 100 个精子的情况下,对性侵犯精液样本的 DNA 分析可以通过 PCR 技术进行。在发根上,PCR 技术可以对单个毛根毛囊鞘进行分析。

基于 PCR 技术最有用的是分析 DNA 分子的短串联重复序列(STR)系统,该系统是 CODIS 的基础(见下一段),美国使用 DNA 计算机数据库来寻找与 STR 数据匹配的未知血液或精液污渍。这个系统用于法医实验室分析,其用于血斑分析的 STR 系统已经实现标准化。STR 分析可以用平板电泳技术进行,但主要的分析方法是毛细管电泳,因为这种方法是以图形形式产生数据,可以使用计算机直接对未知的 STR 图形和已知的 STR 图形进行比较。

CODIS 是"组合 DNA 索引系统"的首字母缩写,是一系列特定 STR 等位基因的国家数据库系统,这是所有实验室输入数据或使用该系统从未知的血液或精液中寻找匹配数据的标准化操作,很像用于识别指纹的 AFIS 系统。美国大多数州正在实施一项关于获取所有因盗窃和暴力犯罪被捕个人的 STR 档案的项目。CODIS 帮助了许多被误判有罪的人(其中许多人被关在死囚牢)洗脱罪名,并通过找到与这些案件中的 DNA 匹配的 DNA 从而破获悬案。这一系统对法医学和刑事司法制度具有非常高的价值。

7.2.3　DNA 分析样品的保存

相比于从线粒体中分离出来的 DNA,从任何有核细胞的细胞核中分离出来的 DNA 被称为"核 DNA"。首要的证据样本包括从性侵受害者身上获得的阴道拭子、干燥的精液、衣服或拭子上的血迹,以及冷冻的组织。比较血液标准样本可以从 EDTA 管中新鲜抽取的全血或者(一些 DNA 实验室更喜欢)带防腐剂和抗凝剂的灰盖(DUI)试管内含物中获得。

保存好样本是极其重要的,必须要小心保证样本不受潮,因为 DNA 分子在潮湿的环境中会变质。证据样本应彻底干燥,并在−20 ℃的冰箱中冷冻保存,不要选择无霜模式,因为循环除霜过程对保持 DNA 的完整性是有害的。干燥后的样本需包装在密封容器(密封塑料袋)中冷藏。用于 DNA 分型的血液样本的保存方法见表 7-1。

组织样本和液体样本应按照表 7-1 的说明进行保存。对于采集用于 DNA 分析的液体血样,应在液体血样中浸入至少两个拭子,然后干燥、包装拭子,并按照之前论述的拭子使用说明进行操作。或者,可以将血液样本移入特制的拭子上,然后干燥、包装和冷冻。

7.3　精液证据[4]

7.3.1　精液证据介绍

精液被定义为男性的射精产物,也就是说,精液是由男性生殖道中许多腺体的分泌物组成的,包括考伯氏腺、前列腺、精囊、小腺(尿道腺)以及运载精液和精子的导管产物。精液中含有来自睾丸的精子,还含有一种来自生殖腺体的液体,称为"精浆"。"精液"一词是个模糊的术语,是既指精浆又指精浆和所含精子组成的混合液。那些做过输精管切除手术或因医学原因导致的输精管堵塞的男性精液中缺少精子,这种情况被称为"无精症"。精液的主要成分是精子(储存在精囊中并从精囊中射出)和前列腺中的液体,其中含有P-30蛋白质,因为这种蛋白质是前列腺所特有的,所以也成为精液所特有的。精液的这两种成分是所有现代方法用于鉴别污渍是否为精斑的依据。精子的鉴定被认为是证明精液存在的绝对鉴定。对于那些精液中没有精子的人来说,精液是通过识别P-30蛋白质来鉴定的,因为P-30蛋白质只存在于人类的前列腺及其分泌物中。P-30蛋白质的鉴定通常是通过将可疑样本与已知的蛋白质样本同时进行电泳或使用一种称为"交叉电泳"的技术来完成的。鉴定P-30蛋白质还有其他方法,但大多数实验室都只选择上述方法[5]。

7.3.2　精液证据的发现

在对性侵犯的调查中,精液证据通常包括从身体孔口处提取的拭子或抽吸物、织物上的污渍或非吸收性表面上的污渍。精液证据也可能在其他类型的案件中发挥作用,但是涉及精液证据的大多数案件是性侵案件。织物或非吸收性表面上的精斑呈灰白色至黄色,可能很难看到。随着精液的老化,它们可能会变成棕色的污渍。精斑摸起来是"硬的"或"糨糊状的",在犯罪学家看来其具有典型的外观。注意:不要在不戴外科手套和防尘口罩的情况下处理血液或精斑。干燥的血液或精斑在处理时可能已经形成了小薄片,这些薄片可能通过空气传播对侦查人员构成潜在危险。当精斑出现在深色的织物或表面上时,肉眼可能看不见,因此,要用激光或其他(法医)光源来加强对精斑的搜索。要收集所有被怀疑有精斑的衣服、表面或织物。实验室可以使用一种名为"酸性磷酸酶图谱"的化学技术来寻找污渍,而且不会破坏后续的检测程序(可以确定污渍是精液),也不会破坏DNA图谱等血型鉴定。

7.3.3　精液证据的收集

通常,精液证据的收集方式与血迹证据的收集方式大致相同,要记住处理生物证据的普遍预防措施。精液样本在包装前必须彻底干燥,以防止因为细菌和霉菌的生长破坏基因标记和精液中存在的P-30蛋白质。精子异常稳定,能抵抗生物有机体和化学物质的分解作用,但精子中的DNA在酶的作用下很容易被降解或破坏,因此,干燥和冷冻精液证据对保存精子中的DNA十分必要。一旦污渍变干,要将它们包装在纸袋里并储存在冰箱里,以保存污渍中的基因信息。一般来说,不要用塑料袋装生物证据,塑料袋和其他非透气性包装材料仅供实验室人员用于在冰箱中永久保存样本。注意:不要使用"无霜"冷冻箱储存,因为循环解冻会使温度不能一直保持在所要求的范围内。精液证据可在犯罪现场和对受害者进行医学检查时收集。

犯罪现场的精液证据

受害人在被袭击前/期间穿的衣服可能被罪犯强行拿走,这些衣物可能含有罪犯的血迹、精液、转移的毛发和纤维等证据。这些衣物也可能含有被强行从受害者身上取下的证据,如被撕破的布料或从衣服上撕下的纽扣。这些证据将为说明罪犯在攻击中是否使用武力提供有力证据。

如果受害者换了衣服,穿的不是袭击前或袭击期间的衣服,那么收集这套衣服也很重要,因为袭击后穿的衣服也可能粘有从受害人的身体表面转移到衣服上的精液、毛发或纤维。

（1）被褥（床单、毯子、被子）

用戴手套的手,把袭击发生时所有的被褥(除那些被最上面几层完全覆盖的被褥)向中心折叠(实际上,就是把被褥层做成一个"包裹")。在折叠之前,要用记号笔在左上角标记被褥在床上的位置,并在所有褶皱之间放上几层牛皮纸,这样可以防止交叉污染,保证污渍不转移。这个操作将防止床上可能存在的痕迹证据的丢失。将每一层垫被分别装入纸袋,要注意垫被的层序,以便可以在以后的任何时候重建层序,要小心处理每一件物品,以免丢失任何一个痕迹,如可能存在于垫层上的毛发或纤维。

（2）非吸水性表面（地板、墙壁等）上有血渍和精液

污渍按照血迹处理方法收集,用湿润的拭子收集疑似精斑,方法与收集血迹相同。在每根拭子的轴上贴一个可粘标签或白色布带进行标记(见图7-6)。必须晾干精液样本,并以与血迹样本相同的处理方式将其装在纸袋中,或者也可以用拭子盒收集并包装。由于精液在紫外线、激光或其他光源下会产生荧光,因此可以用它们来加强对精斑的搜查。值得注意的是,精液的荧光是非常微弱的,所以如果没有可见荧光可能并不意味着没有精斑。

7.3.4　精液证据的实验室检验

实验室对疑似精斑的检查主要是:(1)确定疑似精斑的位置;(2)确定精液的组成成分(如精子和精液P-30蛋白质),从而确定该污渍为精斑;(3)通过DNA检测确定精液的个体来源。实验室分析人员使用高强度的照明方法和化学筛选技术来寻找疑似的精斑。鉴别这种污渍为精斑的方法涉及电泳和显微镜下从污渍中提取精子。

1. 精液污渍的检测

实验室分析人员先使用高强度照明,用肉眼检查疑似带有精斑的物品。精液在长波紫外线照射下会产生荧光,所以可以使用长波紫外线(UV)寻找污渍,还有其他的光源,也可使精斑产生荧光。但在许多情况下,分析人员不会使用这些方法,而是使用一种名为"酸性磷酸酶图谱"的化学技术来查可能存在精斑的区域。这种技术是将一张大的、湿润的滤纸放在可疑精斑的区域,并按压滤纸,然后用化学药品对滤纸进行处理,用来检测精液中的前列腺酸磷酸酶。这项技术对精液的存在非常敏感,由于前列腺分泌物中这种酶的浓度非常高,因此可以检测到非常稀薄的精斑。阴性的结果几乎是确凿的证据,可以证明可疑区域没有精液。如果区域内存在精斑,图谱将勾勒出每个污渍的轮廓,从而提供需要进一步检测的区域的图谱。

2. 精液筛选试验

精液的筛选试验包括前面提到的酸性磷酸酶标测技术,以及用拭子或试管进行的酸性磷酸酶污渍试验(颜色试验)。一旦发现了可疑精斑,分析人员就需要继续进行测试,以提供确凿的证据证明该污渍确实是精斑。

Abacus诊断公司开发的ABAcard®P-30测试方法可在野外开展精液的筛选试验,或在实验室进行精液的确认试验,因为这种试验可识别P-30前列腺抗原,该物质只存在于人类前列腺的分泌物中。该测试类似于HemaTrace®测试(见图7-2),基于特异性抗体使P-30分子产生沉淀。

3. 鉴别可疑的精液痕迹

对可疑污渍中精液的鉴定是通过鉴别污渍中精子或 P-30 蛋白质来完成的。精子的鉴定包括对污渍进行提取,然后将提取液滴在显微镜载玻片上,并用生物染色剂对载玻片进行染色,这些生物染色剂将以一种特定的方式对精子成分进行染色。然后分析人员在高倍显微镜下基于大小、形状和染色特征可以对精子进行鉴定。如果发现污渍中缺少精子,分析人员需要使用抗血清对污渍提取物进行交叉电泳,用于检测是否有 P-30 蛋白质存在,因为抗血清仅与前列腺的 P-30 蛋白质反应。对污渍中 P-30 蛋白质的鉴定被认为是对精液的一种肯定鉴定,因为 P-30 蛋白质只存在于人的前列腺或其分泌物中。

4. 精斑的 DNA 测试

精斑的 DNA 检测与血液的 DNA 检测相同,需要对污渍进行初步处理,为 DNA 分析做准备。使用 PCR 技术成功进行 DNA 分析只需 100 个精子。精液中还可能含有足够多的生殖道脱落细胞,也可以成功进行 PCR DNA 分析。

7.3.5　精液染色 DNA 分析的标准比较样本

将未知精子的 DNA 与可疑来源的 DNA 进行比对时所需的 DNA 标准比对样本与血迹相同,获得这个标准比较样本的首选方法是使用专为此目的设计的口腔拭子试剂盒。当从精液污渍来源的嫌疑人处获得口腔提取样本后,要像保存其他含有生物材料的拭子一样保存该拭子。使用真空小瓶抽取的嫌疑人的血液样本也可作为标准比较样本,虽然有些人可能会反对使用针头抽取血液样本。对于性侵的受害者来说,为了减少对受害者的进一步伤害,尤其应使用口腔拭子。

7.4　唾液证据

7.4.1　唾液证据介绍

唾液是由口腔中的三个唾液腺(腮腺、颌下腺和舌下腺)产生的,它们将分泌物分泌到口腔中。唾液可以帮助保持口腔湿润、咀嚼和吞咽。它含有一种酶——唾液淀粉酶,可以把淀粉分解成麦芽糖(一种糖)和糊精(具有粘性)。唾液中还含有从脸颊和唾液腺脱落的细胞。这些细胞提供了对唾液进行 DNA 检测的条件。在可疑污渍中依次添加淀粉和碘与淀粉酶反应,这可为唾液的推定测试提供基础。唾液检测也可使用唾液识别卡来完成,这是由 Abacus 诊断公司开发的,类似于图 7-2 中的 HemaTrace® 卡。

7.4.2　唾液证据的发现

在性侵案件中常会遇到唾液证据,如罪犯咬受害者,对受害者进行口交,或以其他方式将嘴放在受害者身上。唾液证据还会出现在烟头、酒杯、邮票、信封盖、受害者的衣服和其他被人嘴接触过的表面上。这些唾液样本证据要通过拭子收集,或收集带有唾液污渍的整个物体。在性侵案件中,如果唾液污渍已经干了,则要用湿润的拭子对受害者身上的唾液污渍进行收集。

7.4.3 现场唾液污渍的筛查

对于烟头和其他物品上的可疑唾液污渍,不要对其进行唾液检测,因为这些唾液的数量可能只够进行 DNA 检测分析。对大多数可疑唾液污渍的筛查应留给实验室进行分析,因为筛查会造成唾液量的消耗,可能会使唾液量降低到 DNA 分型所需的水平以下。

7.4.4 唾液证据的保存

保存唾液证据的方式见表 7-1。

总 结

1. **生物污渍注意事项**
2. **引言**
3. **血迹证据**
   血迹证据介绍
   现代和传统的基因标记测试
   DNA 的性质
   犯罪现场血迹的记录
   　笔记;
   　照相。
   血迹寻找
   血迹图案记录
   　血迹图案照片记录的线网格方法;
   　血迹图案照片记录的角标方法;
   　血迹图案照片记录的周长测量尺法。
   血迹证据收集
   　含有潜在血迹的小物件
   　具有坚硬光滑表面的大型固定物体(金属、玻璃等)
   　大量液体血迹
   　具有柔软多孔表面的大型物体(木材、地毯)
   　表面坚硬无孔的大型物体(砖墙、混凝土、路面等)
   　衣服
   标准比较样本进行 DNA 分型
   　颊拭子:干燥并冷冻
   　液体血液样本
   　DNA 分型样本:带有紫色或黄色盖子的试管
   　血液酒精样本:灰色塞管(酒后驾车检测包)
   尸体的血液样本
   　DNA 分型样本:带有紫色或黄色盖子的试管
   　血液酒精样本:灰色塞管(酒后驾车检测包)
   　DNA 血卡
   基本要求
   　尽快(在 7 天内)将所有物品递交到所在区域的实验室
   　避免将生物证据暴露在高温、潮湿和光照的环境下
   　如果不能立即将证据提交实验室
   　　• 冷藏液体血液样本
   　　• 风干所有带血迹斑点的物品,不要受热
   　　• 将所有染血的物品用纸袋包装,避免霉菌滋生
   　　• 将沾有血迹的物品晾干后冷冻,直到提交至法庭科学实验室
   血迹的实验室分析
   　测定污渍是否为人体血迹
   　DNA 分析
   　PCR 分析
   　短串联重复序列
   　CODIS:"组合 DNA 索引系统"

DNA 分析样本的保存

4. 精液证据

精液证据介绍

精液定义：男性射精产物。

精液证据的收集

在犯罪现场

- 受害者的衣服上
- 床上用品（床单、毯子、被子）
- 有血迹和精液痕迹的非吸水性表面（地板、墙壁等）

精液证据的实验室检测

检测精斑

精液筛选试验

鉴别可疑污点中的精液

精子

P-30 蛋白质

精斑的 DNA 测试

DNA 分析所需的标准比较样本

5. 唾液证据

唾液证据的介绍

唾液证据的发现

唾液证据的筛选

唾液证据的保存

复习题

1. 当处理生物物证时，调查人员应该遵循"全面预防"。
2. 血迹证据主要有两类重要的检查：分别是血迹图解释和基因标记分型。
3. 犯罪现场调查人员在现场应该首要考虑的是合理做好有关血迹图的文字记录。
4. 血液中的各种血型被称为ABO 系统。
5. "分泌者"将他们的特有血型分泌到他们的分泌物中。
6. 通常，血迹证据首先应是干燥，然后冷冻保存样本。
7. 血迹照片应该用彩色胶卷拍摄。
8. 那些"看不见"的血迹，通常可以通过喷洒鲁米诺或蓝星来观察。
9. 小件物品上的血迹应该通过收集整个物品来采集。
10. 衣服上的血迹应该通过收集整件衣服来采集。
11. 应使用紫盖试管从活体采集血样进行血型鉴定。
12. 尸检的血样应从心脏或主动脉血管中提取。
13. 应尽快将血迹证据提交至实验室。
14. 液体血样应该冷藏保存。
15. 精液被定义为男性的射精产物。
16. P-30 蛋白质来自前列腺。
17. 精液证据通常包括从身体阴道口提取的拭子或抽吸物、纤维或非吸收性表面上的污渍。
18. 精液污渍出现在深色织物上时，肉眼可能看不到。
19. 普遍预防措施适用于精液证据和血液证据的处理。
20. 调查人员处理精液证据时应始终戴着外科手套。
21. 调查人员在寻找精斑时，除了使用肉眼外，还应使用其他光源。
22. 精斑在包装前必须干燥，防止细菌生长。
23. 精液中的 DNA 证据存在于精子中。
24. 受害人在袭击前/期间穿的衣服可能被嫌疑人强行脱下。

25. 受害人在性侵后穿的衣服可能有嫌疑人的<u>精液、毛发、纤维</u>证据。

26. 非吸收性表面的精斑应使用<u>湿润</u>拭子收集。

27. 用<u>酸性磷酸酶图谱</u>技术可以在衣服上寻找精斑。

28. 对可疑污渍中精液的鉴定可通过鉴别污渍中<u>精子</u>或P-30蛋白质来完成。

29. 遗传<u>标记</u>可以在精斑中鉴定出来。

附录 7　血液和生物体液的安全预防

1. 全面的预防措施

"全面预防"一词是指,必须将所有人类血液和某些人体体液视为可能感染了人体免疫缺陷病毒(艾滋病病毒 HCV)、乙型肝炎病毒(HBV)和其他血液传播病原体。

2. 其他潜在传染性物质(OPIM)

(1) 精液和精斑;
(2) 阴道分泌物和污渍;
(3) 所有体液;
(4) 未固定的人体组织或器官,或任何受感染艾滋病和乙肝病毒的培养基或组织。

3. 暴露控制计划

每个机构都应该有一份书面的暴露控制计划,说明必要的安全预防措施,以防止暴露于生物体液和污渍中。

4. 个人防护设备

当接触或处理生物体液和污渍时,必须穿戴个人防护装备。个人防护装备应包括:
(1) 手套(不透水的手套,如外科医生的手套);
(2) 口罩(防止吸入雾或气溶胶);
(3) 面罩或带有固体侧面罩的护目镜;
(4) 防护外衣,如连体衣、实验服或长袍,防护外衣可以是一次性的或经商业洗涤的类型;
(5) 鞋套或靴子(在血腥的犯罪现场或尸检现场);
(6) 手术帽(尸检时)。

5. 进食、吸烟、饮酒和使用化妆品

禁止在犯罪现场、实验室或尸检时进食、吸烟、饮酒和使用化妆品。

6. 进入或离开犯罪现场

进入犯罪现场、实验室或尸检室前,应再次穿戴个人防护装备。在离开犯罪现场、实验室或尸检室时,必须脱卸个人防护装备,并在从事其他活动前彻底洗手洗脸。

关 键 词

子弹,散弹枪弹,内径,种类特征,阳膛线,阴膛线,口径,捻度,枪口瞄准,射击残留物,功能,轨迹,射击顺序,痕迹物证,潜在指纹,枪击团,弹丸,中子活化分析(NAA),原子吸收(AA)分析,扫描电子显微镜/能谱分析(SEM/EDX),SEM,SEM圆盘,原子吸收(AA)拭子,目标射击残留物。

学 习 目 标

- ■ 讨论不同类型枪支的特点。
- ■ 解释射击残留物及枪支相关的痕迹物证。
- ■ 举例说明实验室在分析枪支物证中的作用。
- ■ 描述枪支物证的收集和保存。

安全规则:没有所谓的"空枪",对待所有的武器,要将它们都视为已经上膛!

引 言

枪支物证包括枪支本身、枪弹组件(包括击发的和未击发的)、目标上的射击残留物(GSR)、开枪的人或拿过已发射枪支的人手上的射击残留物。枪支物证通常出现在针对人的犯罪中,如杀人、袭击和抢劫。但是,枪支物证也可能出现在许多其他类型的犯罪中,比如入室行窃、强奸和毒品犯罪。在刑事案件中最常见的枪支是手枪(左轮手枪和半自动手枪)。图8-1所示为典型的左轮手枪的组件,图8-2所示为典型的半自动(自挂)手枪组件。刑事案件中偶尔也可能涉及长枪(步枪或猎枪)。图8-3所示为一些典型的长枪及其组件。

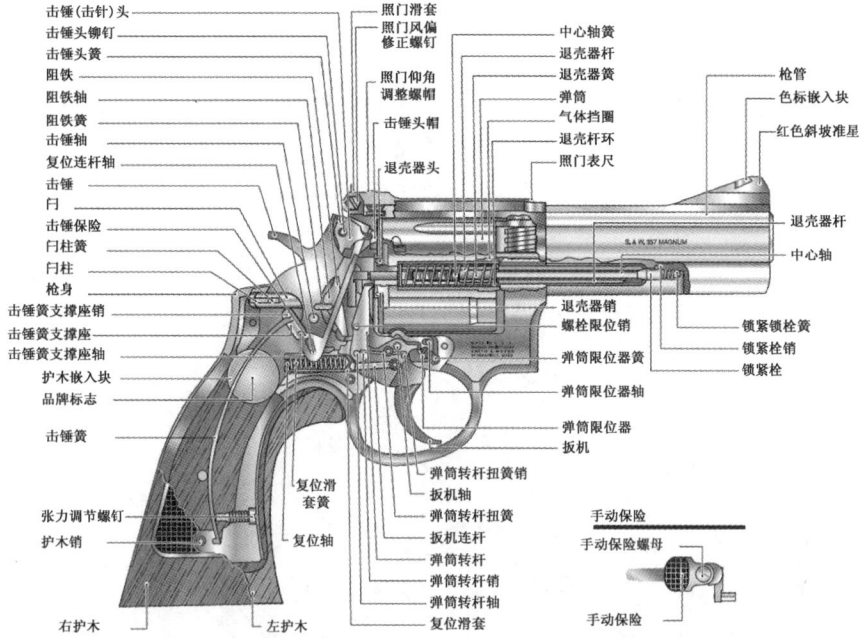

图 8-1 左轮手枪组件

［版权归史密斯-威森公司(Smith & Wesson)所有,获其许可后使用］

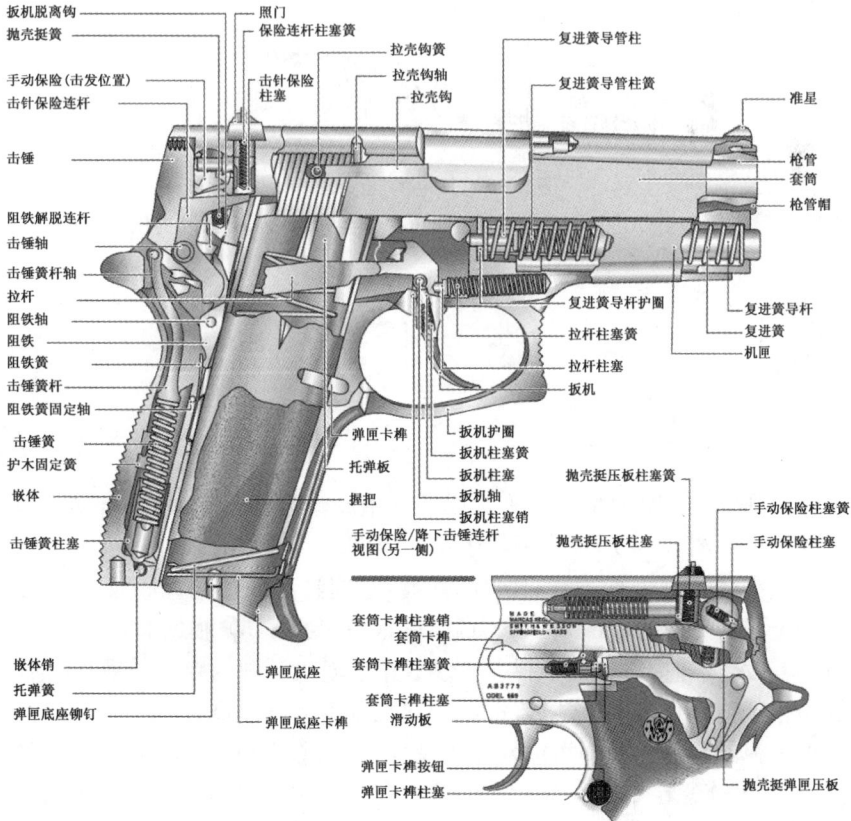

图 8-2 典型的半自动手枪部件

(版权归史密斯-威森公司所有,获其许可后使用)

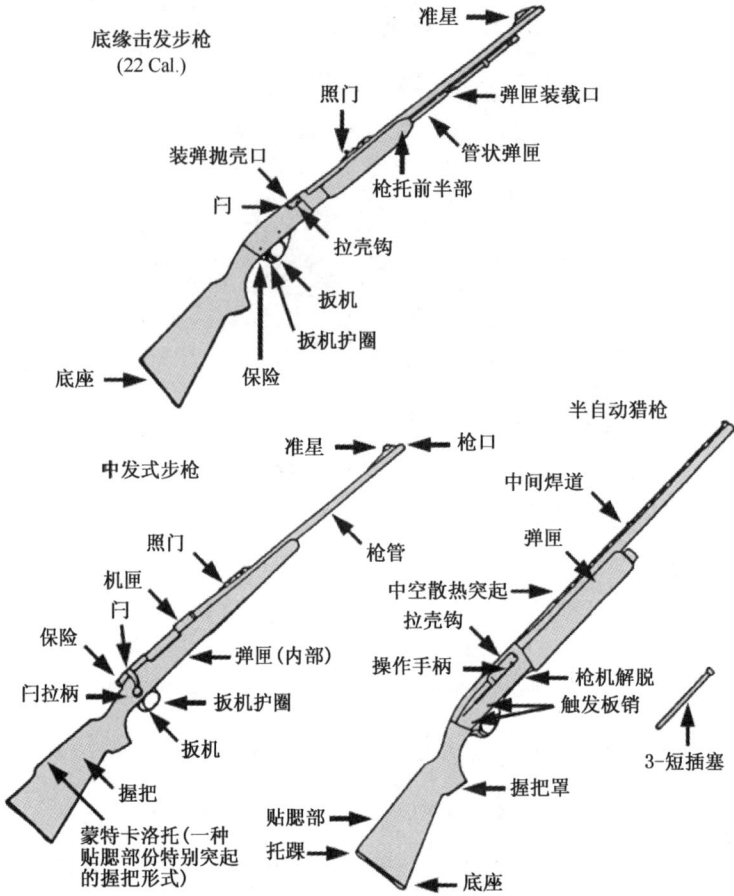

图 8 - 3　长枪的典型例子

[图片由安耐特制品公司和吕西安·哈格(Lucien Haag)提供]

8.1　子弹

8.1.1　射击子弹

现代子弹由弹壳、底火、发射药和弹头或弹丸组成。这些组成部分中的每一个都可能成为枪杀案中的物证。图 8 - 4 所示为现代子弹的组件。

对于中心发火(CF)和底缘发火(RF)的武器,它们具有多种配置和尺寸的枪弹,主要包括三种形状的金属弹壳(见图 8 - 5):(1) 直筒形;(2) 锥形;(3) 瓶颈形。

所有口径 0.22 英寸边缘发火子弹和大多数中心发火子弹的弹壳采用直筒形,而大多数中心发火的步枪子弹弹壳采用瓶颈形,锥形的弹壳基本上已经过时了[1]。

底缘发火子弹的起爆药混合物包装在底缘位置(见图 8 - 6),是直筒形状。中心发火子弹的起爆药混合物包装在中心"底火"中,可以是有边缘、无边缘或半边缘的弹壳(见图 8 - 6)。左轮手枪使用有边缘枪筒,枪筒的边缘卡在枪膛内。半自动手枪使用无边缘枪筒。无边缘特征能允许子弹装入武器的弹匣,并通过滑动机构作用进入弹膛。半边缘弹壳

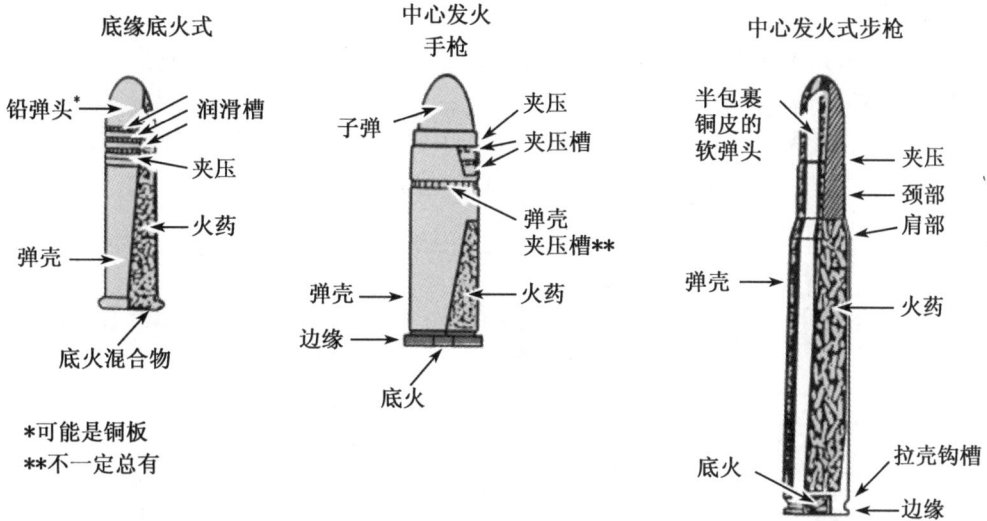

图 8‑4 射击子弹

（图片由安耐特制品公司和吕西安·哈格提供）

底缘底火式（左图标注）
- 铅弹头*
- 润滑槽
- 夹压
- 火药
- 弹壳
- 底火混合物

*可能是铜板
**不一定总有

中心发火手枪（中图标注）
- 子弹
- 夹压
- 夹压槽
- 弹壳夹压槽**
- 弹壳
- 火药
- 边缘
- 底火

中心发火式步枪（右图标注）
- 半包裹铜皮的软弹头
- 夹压
- 颈部
- 肩部
- 弹壳
- 火药
- 拉壳钩槽
- 底火
- 边缘

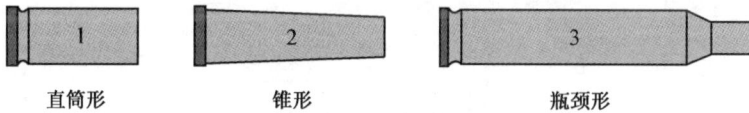

1 直筒形　2 锥形　3 瓶颈形

图 8‑5 金属弹壳形状

（图片由安耐特制品公司和吕西安·哈格提供）

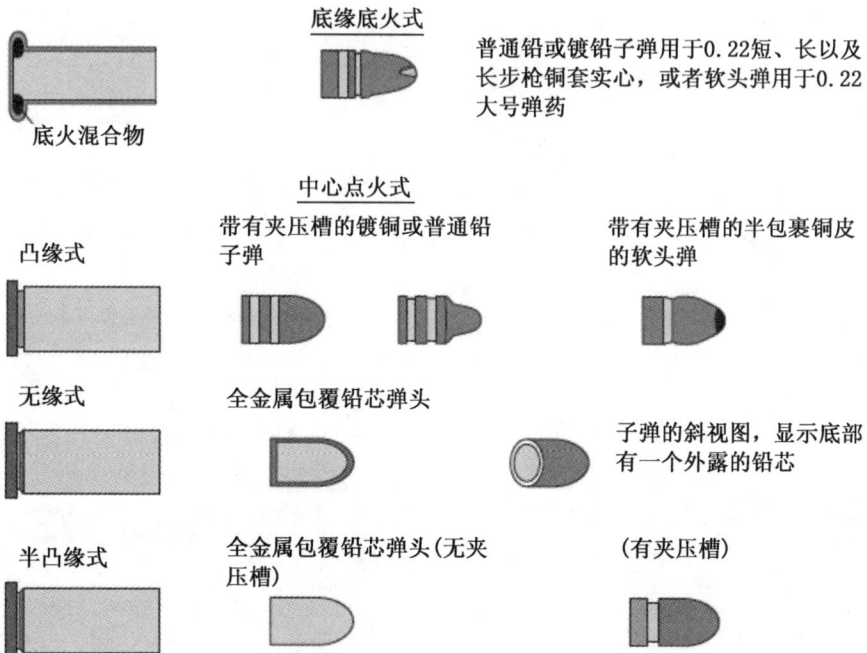

底缘底火式

底火混合物

普通铅或镀铅子弹用于0.22短、长以及长步枪铜套实心，或者软头弹用于0.22大号弹药

中心点火式

凸缘式　带有夹压槽的镀铜或普通铅子弹

带有夹压槽的半包裹铜皮的软头弹

无缘式　全金属包覆铅芯弹头

子弹的斜视图，显示底部有一个外露的铅芯

半凸缘式　全金属包覆铅芯弹头（无夹压槽）

（有夹压槽）

图 8‑6 底缘发火和中心发火手枪的弹壳和子弹

（资料来源：《枪支证据》/《现场应急测定》，版权所有：吕西安·哈格，© 1977，已获作者许可）

是为自动武器制造的。用于口径 0.22 英寸短形、口径 0.22 英寸长形和步枪弹药的底缘发火子弹有普通铅弹头或镀铅弹头。用于口径 0.22 英寸口径大形弹药的底缘发火子弹有铜套或软点的半套弹头(见图 8-6)。

　　大多数底缘发火子弹和中心发火子弹都有印章,用于识别子弹的制造商和型号。图 8-7 展示了一些口径 0.22 英寸底缘发火、中心发火手枪和中心发火左轮手枪子弹的印章。

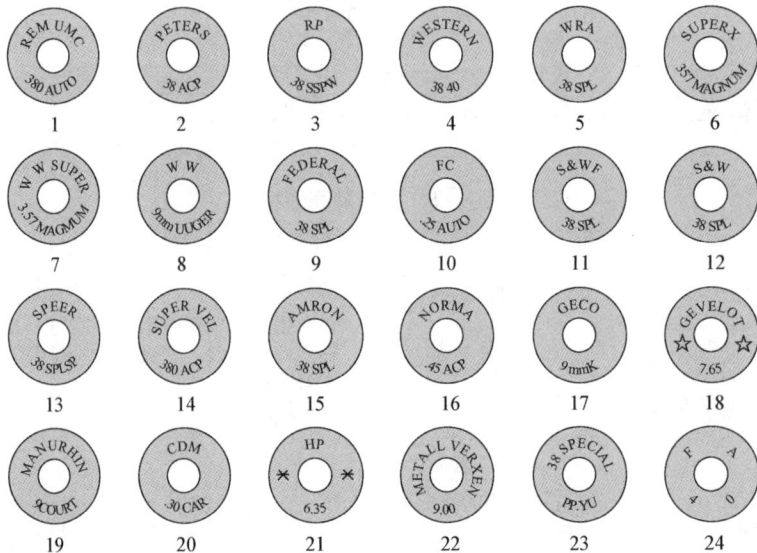

0.22 底缘底火式手枪
1　雷明顿彼得斯
2　5　温彻斯特西部
6　联邦弹药公司

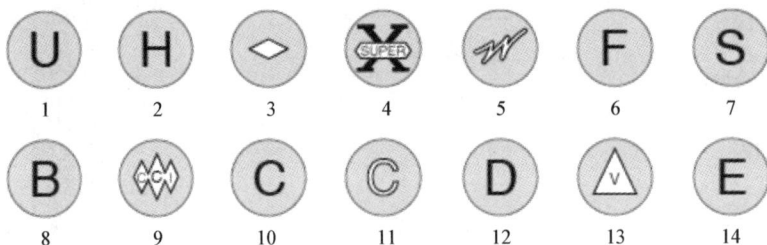

中心发火式手枪和左轮手枪

1　中心点火式手枪和左轮手枪弹药
2　3　中心点火式手枪和左轮手枪弹药
4　8　温彻斯特西部
9　10　联邦弹药公司
11　12　史密斯-威森(菲奥奇)有限公司
13　斯佩尔公司(印第安纳州刘易斯顿)
14　斯佩尔公司(印第安纳州刘易斯顿)
15　威斯康星州阿姆龙海湾西部系统公司
16　瑞典诺玛弹药工厂

关键
8　1974 年温彻斯特国防工业品供应中心制造伯朗宁自动手枪
9　11　"CCI 迷你弹夹"级联盒公司
12　加拿大自治联盟弹药部的 CIL
13　南斯拉夫进口的 VALOR
14　英国伯明翰伊利"特内克斯"
17　德国柏林古斯塔夫·杰内肖公司
18　法国巴黎盖夫洛特
19　法国米卢斯市马努汉
20　墨西哥库埃纳瓦卡武器公司
21　奥地利希尔滕贝格赞助商
22　瑞典斯德哥尔摩瑞典金属厂
23　南斯拉夫游击队工厂制造的 VALOR
24　典型的美国军工标印;兵工厂缩写、制造年份(弗兰克福德兵工厂,1940)

图 8-7　一些 0.22 英寸底缘发火、中心发火手枪和中心发火左轮手枪子弹的弹底标记
(资料来源:《枪支证据》/《现场应急测定》,版权所有:吕西安·哈格,© 1977,已获作者许可)

枪用子弹的发射药(火药)颗粒被制造成各种形状,用于底缘发火和中心发火弹药。发射药颗粒的形状会影响发射药的燃烧速率(见图 8-8)。

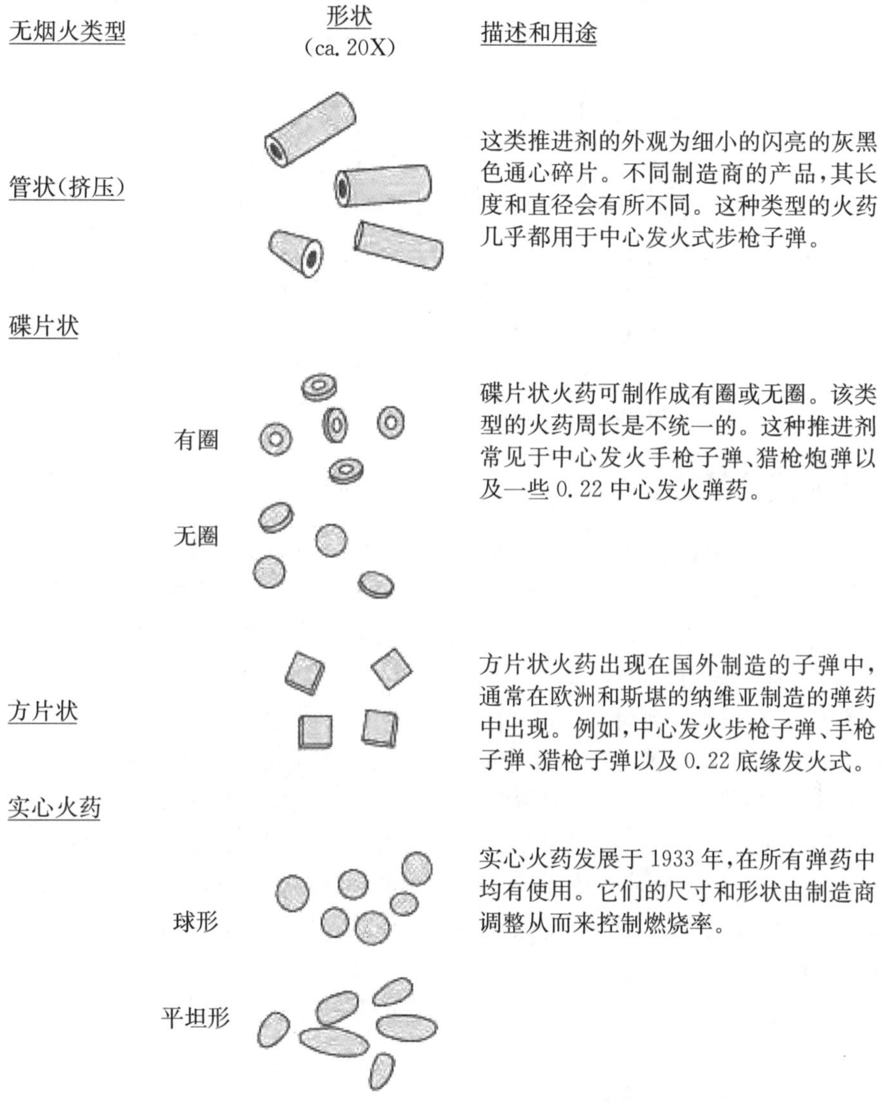

无烟火类型	形状 (ca. 20X)	描述和用途
管状(挤压)		这类推进剂的外观为细小的闪亮的灰黑色通心碎片。不同制造商的产品,其长度和直径会有所不同。这种类型的火药几乎都用于中心发火式步枪子弹。
碟片状 有圈 无圈		碟片状火药可制作成有圈或无圈。该类型的火药周长是不统一的。这种推进剂常见于中心发火手枪子弹、猎枪炮弹以及一些 0.22 中心发火弹药。
方片状		方片状火药出现在国外制造的子弹中,通常在欧洲和斯堪的纳维亚制造的弹药中出现。例如,中心发火步枪子弹、手枪子弹、猎枪子弹以及 0.22 底缘发火式。
实心火药 球形 平坦形		实心火药发展于 1933 年,在所有弹药中均有使用。它们的尺寸和形状由制造商调整从而来控制燃烧率。

图 8-8　小型武器(手枪和步枪)发射药的形状

(资料来源:《枪支证据》/《现场应急测定》,版权所有:吕西安·哈格,© 1977,已获作者许可)

图 8-9 展示了老式和现代的塑料散弹枪弹壳。更老式的纸质散弹枪弹壳使用纤维和粉末填充,而现代子弹使用一体式塑料填充。

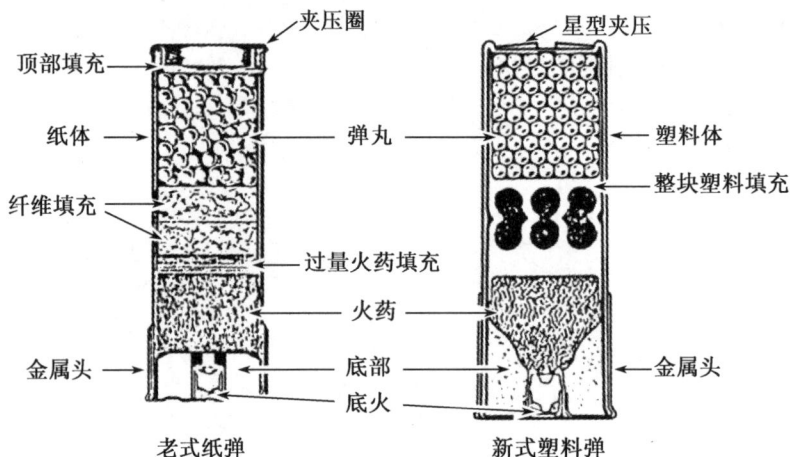

图 8‑9　猎枪散弹(散弹猎枪弹药)

(图片由安耐特制品公司和吕西安·哈格提供)

8.1.2　带膛线枪管的特点

带膛线枪管因在枪管中加工"膛线"而得名(见图 8‑10)。滑膛武器(散弹枪),与带膛线枪管武器相反,在枪管中没有膛线。膛线由阳膛线(阳线)和阴膛线(阴线)组成。膛线通过在枪管阳膛上刮出凹槽或通过拉模锻造压出凹槽而产生。阳膛线是膛线的凸起区域,由刮出凹槽或通过拉模锻造而产生。为了使子弹产生旋转,阳膛线和阴膛线在制造过程中加了一个扭转角度,在枪管中延伸,从而赋予子弹从枪管射出弹道的稳定性。

阴膛线可以等于、小于或大于阳膛线的宽度。不同的制造商使用不同的测量方法来测量枪管的阳膛线和阴膛线的宽度。阳膛线的宽度与阴膛线的宽度成反比关系,即阴膛线越宽,阳膛线越窄;或者阴膛线越窄,阳膛线就越宽。枪管的口径、阳膛线和阴膛线的数量、宽度和扭转方向构成了枪管的种类特征,构成了给定型号和制式手枪的种类特征。因此,具有六条阳膛线和阴膛线、膛线右旋、宽度特定的手枪与具有相同口径、旋转方向、阳膛线和阴膛线数量的手枪属于同一系列。

在美国,手枪口径通常是用内径"d"或阴膛直径"D"表示(见图 8‑10),以百分之一英寸

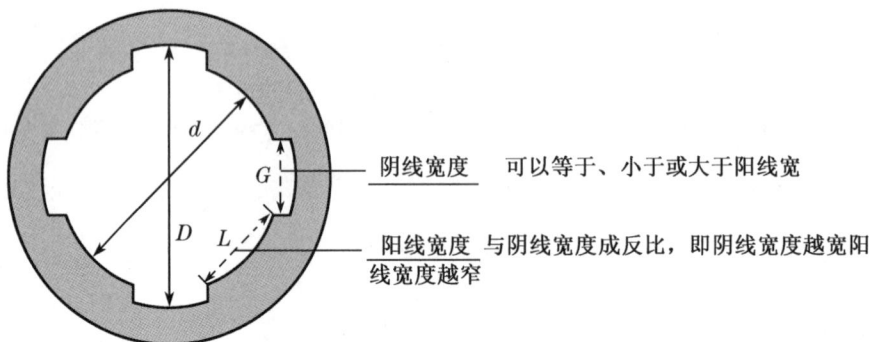

图 8‑10　膛线枪管的截面

(图片由安耐特制品公司和吕西安·哈格提供)

或千分之一英寸为单位[2]。在某些情况下,枪管的实际直径可能不同于公称口径(即命名口径)。例如,0.38英寸特殊口径手枪,其实际直径是0.36英寸。子弹的命名通常以手枪的口径开头,然后附加上描述性数据。有些制造商可能根据阴膛直径而不是内径来作为其子弹的名称开头(例如0.308温彻斯特手枪)[3]。

8.1.3　发射子弹的种类特征

发射子弹的种类特征是在发射过程中枪管的膛线被迫压入子弹外围的直接结果。枪管的阳线被压入子弹,当子弹通过枪管时,子弹物质流入枪管的阴线中。这些在子弹上的痕迹称为发射子弹的"阳线痕迹"和"阴线痕迹"(注意,子弹上的阳线压痕是凹痕,而阴线压痕是凸痕,也就是说,子弹的压痕是枪管膛线的反面反映)。因此,在已发射的子弹上所呈现的种类特征包括子弹的口径、所呈现的阳线和阴线的数量以及阳线和阴线印痕的扭转方向(参见图8-11所示的发射子弹的种类特征)。

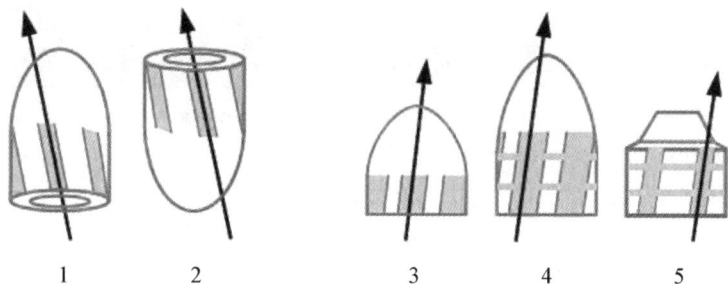

图 8-11　发射子弹的类型特征
(图片由安耐特制品公司和吕西安·哈格提供)

8.1.4　子弹种类特征的现场比对

研究者可以通过将已发射的子弹逐个放置进行现场比对(见图8-12)。这种实地比较可以快速估计同一武器是否发射了两颗子弹。此外,该方法允许通过与相对未损坏的子弹比较来估计严重损坏的子弹的种类特征。

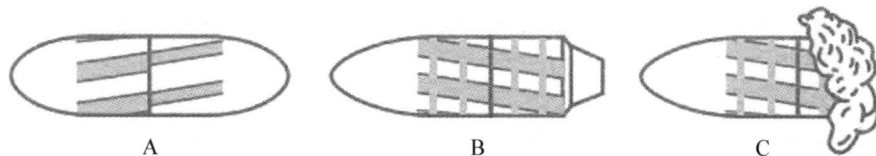

底对底比较可能发现:
A. 是否涉及不止一支枪。
B. 相同口径但品牌或设计不同的子弹是否是用同一枪支发射的。
C. 有微小损坏子弹上的阴线阳线数与近乎原始状态下的是否一致。

图 8-12　子弹底对底比较
(图片由安耐特制品公司和吕西安·哈格提供)

8.1.5　子弹口径的现场估算

如果子弹具有正常的形状(例如,在底部没有明显扭曲),通过对比图8-13可以估算现场回收的子弹的口径(口径估计器)。重要的是,首先要彻底检查子弹是否存在痕迹证据,以确保这些证据不会被口径估计器的比较所干扰。如果发现有痕迹证据,则调查员不应试图将子弹与口径估计器进行比较,而应将子弹提交实验室,由枪械检查人员转移痕迹证据并确定口径。

半自动和自动手枪发射的弹壳通常有因手枪组件而产生的印痕,包括:(1) 底部的印痕(底部的标识);(2) 弹壳在弹射时击针撞击的痕迹;(3) 抛壳挺产生的覆盖和凿刻痕迹(见图8-14)。由于子弹在枪膛中被迫移动和撞针印压,半自动、自动和左轮手枪的弹壳通常会有膛线纹(特别是在半自动和自动武器中)产生(见图8-14)。每一种痕迹都可以有足够的细节,以作为识别手枪发射子弹的基础。

口径	0.22	0.25	0.30	0.32	0.38*	0.40	0.45
尺寸(mm)	5.56	6.35	7.62	7.65	9*	10	11.25

＊实测－0.36口径(大多数标记0.38口径、9 mm的枪管实际上是0.36口径)。

图8-13　口径估计器

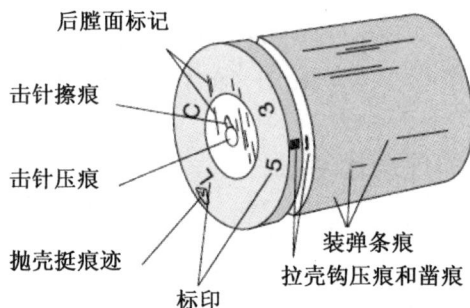

后膛面标记
击针擦痕
击针压痕
抛壳挺痕迹
标印
装弹条痕
拉壳钩压痕和凿痕

图8-14　来自手枪组件的弹壳上痕迹

(资料来源:《枪支证据》/《现场应急测定》,版权所有:吕西安·哈格,© 1977,已获作者许可)

8.2　枪支证据的实验室检验

枪支证据的实验室检验可分为以下几类。

8.2.1　对手枪发射的子弹或弹壳的识别

枪支检验中最经常做的包括将被检子弹与在可疑武器中发射的子弹进行比较。对比可能揭示子弹或弹壳是所提供的武器发射的,或者子弹或弹壳可能是所提供的这类武器发射的(一种种类特征的匹配,在这种匹配中没有足够的个别化特征,无法得出明确的意见),或者子弹或枪榴弹肯定不是所提供的武器发射的。

若经过检验发现所提供的枪支并非案发的发射部件,分析人员可能需要根据子弹上或者案件中标记的情况,提供一份匹配的手枪清单。检验室从犯罪实验室信息系统(CLIS)取得的清单是非常广泛的,除了那些在刑事调查如杀人、袭击和抢劫中经常遇到的枪支外,还包括许多不太常见的制造或制式的手枪。

8.2.2 枪口到目标的距离测定

确定枪口到目标的距离常常有助于枪击案件现场重建,特别是当案件存在是否为谋杀、意外事故或自杀的问题时。判断的依据是射出的子弹在衣服、被褥或在受害者皮肤上形成的粉末图案。在散弹枪的情况下,距离的确定很大程度上是基于长射程弹丸的分布情况。距离判定有助于调查人员判断案件中证人或涉事人陈述的准确性。

8.2.3 射击残留物检验

射击残留物鉴定需要从可疑开枪人的手上收集射击残留物。用试纸包裹收集残留物,进行原子吸收(AA)检验,用金属盘进行扫描电子显微镜(SEM)测试,或两者结合检验(有关这些技术的进一步讨论,请参阅关于枪弹残留物收集的章节)。

8.2.4 武器性能检验

在某些情况下,武器的性能可能是个问题。有些犯罪要求武器具有发射能力。涉及确定意外或故意射击的案件可能需要进行性能测试,以解决射击过程的重建问题,如武器是否具有意外发火的倾向。

8.2.5 子弹轨迹和/或射击顺序的确定

在子弹穿过墙壁或其他表面等情况下,可以确定发射的子弹的轨迹。子弹跳离表面时,运动方向往往可以根据弹跳痕迹的特征来确定(有关确定弹道的进一步信息,请参阅第十五章中的子弹轨迹部分)。

除极少数情况外,射击顺序的确定仅限于涉及左轮手枪的射击事件。射击的顺序是基于所涉及武器的弹仓内残存的已发射弹壳的位置,或者取决于是否存在来自同一制造商的不同品牌或不同类型的弹药(见图 8 - 15)。

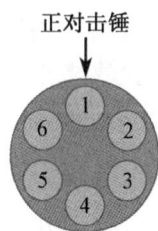

正对击锤

推荐的注释格式:

装弹位置	状态	子弹的标印
1.	待击发	REM-UMC
2.	待击发	REM-UMC
3.	待击发	PETERS
4.	待击发	PETERS
5.	击发	REM-UMC
6.	击发	PETERS

图 8 - 15 为警官恢复武器制作的图表

8.3　枪支证据收集[4]

8.3.1　引言

在收集枪支证据时,最重要的是考虑警官的安全。对待任何枪支,要将它视为已经上膛！在尝试拆卸枪支之前要评估每种情况。如果对枪支不完全熟悉,要找一个熟悉枪支的警官来执行拆卸。在大多数情况下,运送装有子弹的枪支是不明智的。在试图拆卸枪支之前,要仔细检查是否有指纹、血迹或其他痕迹证据。请注意,指纹可能是潜在时,而痕量证据和血迹可能只有实验室分析人员使用立体显微镜才能识别。因此,在卸枪时要特别小心,以保存可能存在的证据,如指纹、血液(特别是枪口周围)、毛发或纤维、枪口"光晕"以及枪管或转轮中的碎片。拿枪支时触碰那些不太可能留有潜在指纹的地方,如握把和滑轨上有滚花或方格的地方。不要在枪支上标记(转轮上的索引标记除外),因为完成标记所需的处理可能会抹杀或移除证据。使用证据标签贴在拆卸后的扳机保护装置上(见本章"记录和标记证据"一节)。

8.3.2　左轮手枪拆卸

在拆卸左轮手枪之前,要在枪筒上做标记,以指示找到它时的位置。标记转轮顶部 12 点的位置 (见图 8-16)。这一步可以通过在转轮顶部沿框架顶部带的每边放置一支笔或抄写标记来完成。这是为了表示转轮的顶部位置,所以当它被打开并旋转时,可以知道它的顶部位置。转轮放置见附录 8-A 表格。如图 8-15 所示,在字段注释中记录转轮中每个圆的位置。应处理所有未损坏的子弹或已拆卸的弹壳,以保存任何可能的指纹。参考现场记录,单独包装每个子弹/弹壳。不要在子弹或弹壳上标记,要在装有子弹和弹壳的密封袋上做标记。

图 8-16　十二点位置

8.3.3　自动上膛手枪(半自动)

在固定枪作为证据之前,记录发现的所有安全装置、待发指示杆、装弹室指示器、选择器或其他控制装置的位置。将枪指向安全的方向,拿掉弹匣。接下来,通过慢慢地收回滑动机构来清除腔室。将滑块移到后面,检查腔室确保腔内没有子弹。分开包装枪支,包括所有可拆卸的组件和提取到的子弹或弹壳。继续注意避免所有可能的指纹或痕迹证据被破坏。不要从组件上取下子弹或直接在弹壳上做标记,因为标记可能会抹去现有的证据。把组件装在密封袋里,并在密封袋上注明该组件的标识资料(参见附录 8-A)。

8.3.4　追踪证据和指纹

仔细检查枪支上可能存在的所有痕迹证据,如血液、毛发、纤维、组织或油漆,然后处理潜在的指纹。注意,指纹、血迹或痕迹证据可能是潜在的。如果怀疑可能存在痕迹证据,则不要处理指纹。亲自将枪支交给实验室,要求检查枪支的痕迹证据并保存,以备检查潜在的指纹和血迹。重要的是与每个部门的实验室人员交流(例如,指纹、血清学和追踪),当试图由实验室恢复所有这些额外的证据时,确定哪一种是最好的方案。实验室的工作人员会告诉你枪支各个部位证据提取的最佳顺序,以获得最好的效果。

8.3.5　水中发现的枪支

在水中发现的枪支应回收并放置在一个容器中,并用相同的水覆盖枪支。如果将枪支从水中移出并使其部分干燥,可能很快会开始生锈。基于这一原因,把枪支放在水中运送给枪支检验员是十分重要的,这样枪支可在实验室拆卸、清洗,以防止生锈。塑料箱最适合储存和运输这些证据。在标签上注明枪是装在发现它的水里的。

8.3.6　运送到实验室

个人运送枪支是首选的运输方式,千万不要运输上了膛的枪支。通常要让一名戴手套的警官在现场协助卸枪。在这个过程中拍摄照片,并记录发现这支枪时的情况。使用有塑料窗口的硬纸盒,用松紧带(松紧带护腕)将枪支固定在里面,使所有运输和接收武器的人能够看到它是安全的。松紧带应该穿过枪管,从枪口或转轮中穿出,以表明枪支是空的,不能发射。枪膛中的实弹、枪支的弹匣以及弹匣中的所有实弹都是需要单独包装的,但在枪支包装上要附上所有物品的标签(给枪支进行单独的项目编号,将实弹从枪膛中取出,弹匣从枪支中取出,实弹从弹匣中取出)。如果弹匣中的实弹有不同的标识,也需要给出单独的项目编号。最后,在枪支上贴一个带有案件信息的标签(纸)(包括案件编号、日期、案件类型、收集人员姓名、代理机构)。如果要邮寄枪支,必须拆卸,安全包装,并清楚地标明它含有未卸载的部分。发射的弹壳可以邮寄,但实弹不能通过美国邮件运输。如果有任何关于运输枪支或其部件的问题,请与当地邮政部门联系。未上膛的枪支和弹药组件可以通过商业包裹运输公司运输,如 UPS 或联邦快递。在运输枪支或弹药组件之前,务必让运输公司检查,以确保符合规定。

8.3.7　做记录和标记证据

在现场画一个草图,用来标示收集到的每个证据的位置。草图应包含参考一个固定的物体或参考点得到的位置测量值(见第四章草图的准备部分)。注意仔细观察枪支的状况和位置。除极端紧急情况外,应在改变枪支位置前对其进行拍照。注意枪支的制造商和序列号(一些老式步枪和猎枪可能没有序列号)。有些武器可能有标记可以帮助识别制造商。

建议不要在收缴的枪支上标记,以免抹去枪支上可能存在的指纹、痕迹证据和血迹。应通过记录的制造商、型号和序列号以及固定在手指护套上的标签来识别枪支。随着潜在指纹显现新方法的出现,现在有可能恢复枪支上的潜在指纹。血迹和痕迹证据可能是微小的,因此在枪支上做标记可能会破坏或抹去这类证据。在扣动扳机的防护装置上放置标签后,拆卸的枪支应包装在一个为包装枪支而设计的信封或盒子内,并将相应的信息贴在容器上。

在收缴的左轮手枪上,记得在枪筒顶部两侧的框架上放置索引标记,以明确每个子弹在弹仓中的位置。

8.4 发射弹药组件的回收

8.4.1 嵌入木头或塑料中的子弹

不要试图从木头或塑料中挖出子弹,因为这样会增加子弹的缺损。在取出子弹之前,要准确地画出弹孔的位置。通过切割或锯掉嵌有子弹的那部分材料来取出子弹。把包含子弹的部分整体送到实验室。

8.4.2 从死者身上取出的子弹

尸体解剖前应进行 X 光检查以确定子弹或碎片的位置。解剖医生取弹时应尽可能避免使用钳子,应用橡胶钳或戴手套的手指取出子弹或碎片,因为使用钳子可能会破坏子弹上的痕迹。先不要清洗提取的子弹,因为子弹上可能会有痕迹,也不要将它封在密封的包装中,因为湿气会腐蚀子弹上可识别的细节。用揉皱的铜版纸包好,封在贴有标签的纸信封或纸盒内,以确保湿气可以从盒子中逸出(纸质信封会让湿气逸出)。将每个子弹分开包装,不要在子弹上做标记,也不要让子弹被别人标记。在密封的容器上贴上包含子弹的说明和所有其他相关资料的标签。

8.4.3 弹壳

射击弹壳的位置可能对于枪击事件重建是很有价值的。射击者的位置可以通过分析射击弹壳的位置来确定。绘制一幅标有精确测量的所有弹壳位置的示意图(见第四章草图)。将每个弹壳分别包装并提供说明资料,从而将弹壳与记录和示意图联系起来。

8.4.4 射击范围

当霰弹枪发射时,子弹团跟随或者在发射药后面很近处。涉及近距离射击的情况,可能在受害者的身上或衣服上发现填充物。在现场,标注射出弹壳的方位来记录填充材料的位置,并按照与子弹相同的包装程序进行包装。

8.4.5 射击弹丸

对于镶嵌在木头、塑料等材料中的弹丸,遵循嵌入式子弹的相同程序。如果无法提供嵌入子弹的材料,可以把弹丸挖出来,但是必须要注意的是不要破坏它们。X 光片可以定位弹丸,以帮助从死者身上取出。应该使用橡胶钳小心将弹丸取出;然后洗净,并用软纸巾包起来,放在贴有标签的药盒或者小信封里。

8.4.6 实弹或子弹

收集所有与案件有关的弹药并提交到实验室。为确定距离,需要用同一厂家生产的相同弹药进行试射,要找到每一批弹药的文件。如果子弹数量少,可以用与发射的子弹相同的方式包装处理。如果子弹数量大,则需要装入纸板箱或木制容器内。如果需要将弹药送到实验室,注意在枪支组件"运输到实验室"这一节中的运输弹药的警告。

8.5 射击残留物[5]

8.5.1 引言

射击残留物(GSR)是由枪支发射造成的(见图 8-17)。这些残留物成分来自底火、火药、弹丸材料以及它们的燃烧产物。残留在射击者手上的通常是从枪支的开口(如枪口)中逸出的气体或颗粒,比如左轮手枪的转轮和枪筒之间的空间或枪管的末端。

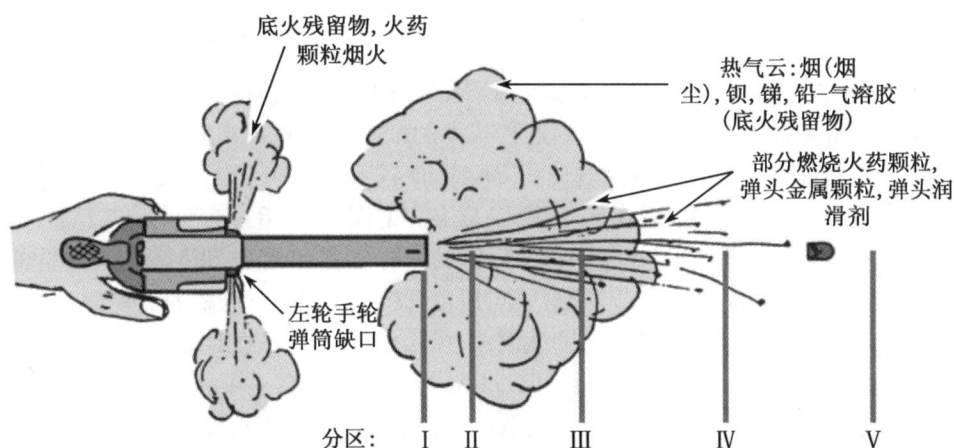

图 8-17　射击残留物的形成
(图片由安耐特制品公司和吕西安·哈格提供)

在手上的射击残留物数量因枪支、弹药和发射条件的不同而不同。劣质的或廉价制造的左轮手枪由于在转轮和枪管间具有更大的空间,从而使枪支射击产生的气体泄出,在射击者手上留下相当数量的射击残留物。高质量的左轮手枪因其枪管和枪膛之间的密封更加紧密,在良好的状态下会在射击者手上留下少量的射击残留物。半自动手枪具有良好的质量,在射击者手上留下的射击残留物更少,这是因为气体主要是通过喷口向外逸出,距射击者的手有一定的距离。

射击者使用步枪或猎枪射击时,枪支靠在脸颊上,可能会在射击者的脸颊上留下射击残留物。由于所使用的枪支自身性质的不同,这类枪支在射击者脸上或脸颊上残留射击残留物的数量也有很大差异。众所周知,枪栓—活动步枪倾向于在射击时更大程度地密封退壳口,在枪栓被激活之前,气体不能从端口逸出,此时枪支不能靠近射击者的脸颊。

然而,自动装弹步枪通常会当枪支还在射击者脸颊上时就弹出弹壳,因此在脸颊区域会留有射击残留物沉积。气枪和半自动猎枪也会在枪支紧贴脸颊时弹出弹丸,同样会在射击者脸颊上留下射击残留物沉积。

8.5.2　射击残留物实验室分析

　　射击残留物分析是在实验室中通过多种不同的方法开展的。在实验室中分析射击残留物的方式决定了必须用特定的方法收集残留物。实验室中对射击残留物的分析,最早是使用定量化学分析方法对所发现的残留物中的底火成分进行分析。一种较早的分析技术是中子活化分析(NAA),涉及用中子轰击残留物,然后用仪器分析接收辐射样品所发出的射线,这些仪器分析可以识别残留物中的成分,也可以确定残留物中每种物质的含量。目前,这种技术(NAA)几乎完全被原子吸收(AA)分析方法所取代,原子吸收分析法分析使用棉签擦拭得到的化学提取物。使用这些技术分析射击者手上的射击残留物主要是检测痕量的底火残留物(钡和锑)。由于不同类型的弹药有不同的底火成分,这些技术可能不适合某些缺少底火成分的弹药类型。

　　另一种方法为扫描电子显微镜/能量色散X射线分析(SEM/EDX),通常称为"SEM"分析。该技术的明显优势在于,不仅可以通过EDX对底火成分进行化学分析,还可以对取样盘收集的火药特征粒子进行扫描。但是这种技术的缺点是设备成本高,对小型实验室来说可能难以承受。许多大型实验室同时使用SEM/EDX和AA分析。为了适应实验室的需要,提供了几种不同规格的射击残留物取样包(见图8-18):(1)AA棉签试剂盒;(2)SEM/EDX圆盘试剂盒;(3)用于AA分析的取样棉签和用于SEM/EDX分析的圆盘组合包。这些试剂盒可以在市场上买到,也可以由管辖范围内开展分析的实验室制备。重要的是,使用所管辖的实验室推荐或生产的试剂盒收集射击残留物证据时,如果该实验室提供的说明与射击残留物收集部分中提供的说明不同,则应遵循实验室提供的说明。要与管辖范围内负责射击残留物分析的实验室联系,以获取该实验室发布的射击残留物收集的书面说明。

图8-18　射击残留物试剂盒
(图片由莎伦·普洛特金提供)

　　据报道,开枪数小时后,在射击者手上发现了射击残留物,但一般来说,在发射约六小时后不可能回收到残留物。在开枪后的第一个小时内,射击者手上的沉积物数量迅速下降。然而,自杀或凶杀案受害者手上的残留物可能会在枪击后持续存在数小时。无论哪种情况,正确的样本采集技术都是至关重要的。取样应在枪击案发生后尽快在受试者身上进行提取

（理想情况下，要在与现场受试者接触后立即进行）。对于凶杀案受害人，取样可在犯罪现场进行，或者用袋装保护后将尸体运送至尸检室再进行提取。

8.5.3　射击残留物的收集

注意取样前不允许受试者洗手或搓手。射击残留物可以很容易地从手上移除，因此，尽快处理受试者的手是十分重要的。如果不能立即处理，应将新的、干净的棕色纸袋盖在受试者的手上，并将纸袋绑在手腕上，以保护受试者的手。不要在活的受试者手上使用塑料袋，因为汗液的产生会破坏手上所有的残留物，但必要时可以在死者的手上使用塑料袋。当双手被套袋保护后，受试者应立即被运送到检验单位进行射击残留物处理。

在所有残留物取样之前，需要检查手、手腕和衬衫袖口是否存在射击残留物的迹象。在用扫描电子显微镜圆盘或 AA 棉签收集残留物之前，要对手上所有可见的残留物进行拍照。如果双手需要同时使用 SEM/EDX 圆盘和 AA 棉签进行处理，那么在使用棉签采样之前使用圆盘采样是至关重要的。因为残留物的物质数量非常小，必须要注意防止受试者的手沾染。重要的是，在对射击残留物进行取样之前，侦查员应记得洗手并戴上试剂盒中提供的手套。

1. 使用金属圆盘收集射击残留物的步骤(SEM/EDX)

（1）在进行 NAA 或 AA 分析之前，应先进行 SEM 圆盘取样。

（2）各个实验室对射击残留物的 SEM/EDX 分析可能与本书介绍的有所不同。请与所在地区的射击残留物分析实验室联系，了解可能与本书之间存在的不同之处。

（3）注意，不要触摸受试者手上可能提取到射击残留物的区域。

（4）在进行下一步之前要彻底清洗检验者的手和手腕，以防止任何污染转移到受试者的手上。在处理任何取样材料前，请戴上提供的一次性手套。

（5）选择标有"右手"标签的样本圆盘，然后取下其保护罩。除了受试者的手以外不要使任何东西接触圆盘。

（6）从一个人的手上收集残留物，要将圆盘暴露在外的粘性表面按照一个固定的模式按压在受试者的右手背上，重点是拇指、虎口和食指部分，并延伸至食指指尖（见图 8-19），直到圆盘失去粘性。注意不要在皮肤上滑动或旋转圆盘。

（7）在使用完粘性表面和手工取样完成后，将圆盘重新密封在提供的容器中。

（8）在手掌面重复步骤（6）和（7）（见图 8-19）。

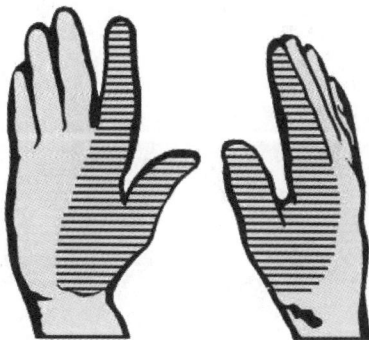

图 8-19　用金属圆盘提取射击残留物进行扫描电镜分析的手部区域

［图片由加州马丁内斯法医 CSI 用品公司（原名 Kinderprint）提供］

(9) 对左手重复步骤(6)～(8)。

(10) 将用过的圆盘保存在一个贴有合适标签的信封中(此信封可能在 SEM/EDX 工具包中)。[6]

2. 使用棉签采集射击残留物的步骤(NAA 或 AA 分析)

(1) 按照实验室要求,使用合适的射击残留物收集工具。

(2) 当同时使用 SEM 圆盘和擦拭操作时,擦拭操作要在圆盘取样之后进行。

(3) 在处理工具包之前,请戴上塑胶手套。

(4) 从标有"酸控制"的试管中取出棉签,在每个棉签上加四滴硝酸溶液,再将棉签放回试管(棉签朝下),把试管密封好。

(5) 从标着"右背"的试管中取出一支棉签,注意不要让棉签碰到任何表面。使用试剂盒中的滴管瓶,用四滴 5% 硝酸溶液湿润棉签的末端(不要过度湿润棉签)。

(6) 用棉签彻底擦拭右手拇指、虎口和连接的右手背面(见图 8-20)。均按一个方向擦拭,不要来回擦拭。

(7) 按照步骤(5)和(6),用第二根棉签擦拭右手背面的剩余部分。将棉签和棉梢放在标有"右背"的小瓶中。注意:旋转使用每个棉签的所有表面进行擦拭大约 30 秒,不要擦拭指纹区域。

(8) 使用标有"左背"的试管在左手重复步骤(6)和(7)。擦拭后,将两根棉签顶端朝下,放在标有"左背"的小瓶中。

(9) 从标有"右掌"的试管中取出棉签,按照步骤(5)准备棉签,用棉签彻底擦拭右手拇指和手掌的内侧(见图 8-20)。将棉签放入标有"右掌"的小瓶中,用小瓶中的第二根棉签重复上述步骤。

(10) 用标有"左掌"试管中的棉签在左手掌上重复第(9)步,然后将棉签放入标有"左掌"的试管中。

(11) 保留标有"空白棉签"的棉签不动,以此作为对照棉签。

(12) 如果存在弹壳,从标有"弹壳"的试管中取出一支棉签。用 5% 硝酸浸湿棉签头,并用棉签擦拭弹壳的内底部,然后将棉签放入标有"弹壳"的试管中,同时要避免抹去外壳上的任何潜在印痕。

(13) 填写射击残留物试剂盒要求的信息,并与相应的表格一起提交给实验室。[7]

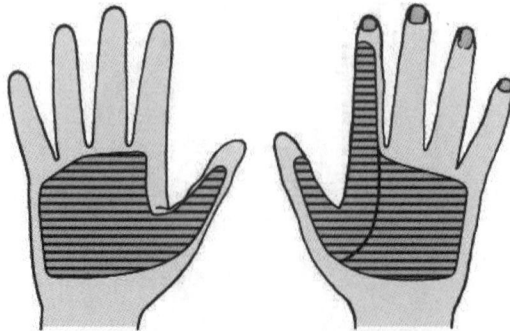

图 8-20 用棉签采样进行 AA 分析的手部区域

3. 微量金属检测试验(TMDT)

怀疑受试者接触或持有(未射击的)枪支时,可对受试者手进行检测,以确定是否存在源自枪支的微量金属(见图8-21)。痕量金属可以从枪支的握把、扳机保险或其他金属部位转移到受试者手上。当握住枪支射击的位置时,金属会转移到手掌表面,会产生一个特定制造和型号枪支所特有的图谱。该测试是通过在受试者手上喷洒微量金属试剂,然后将其暴露在短波紫外线下来产生颜色。一旦颜色显现出来,图案就被拍摄下来。痕量金属探测包可从供应商处获得。如果怀疑受试者开过枪,就不应进行痕量金属检测试验,因为痕量金属检测技术会干扰受试者双手的射击残留物检验。

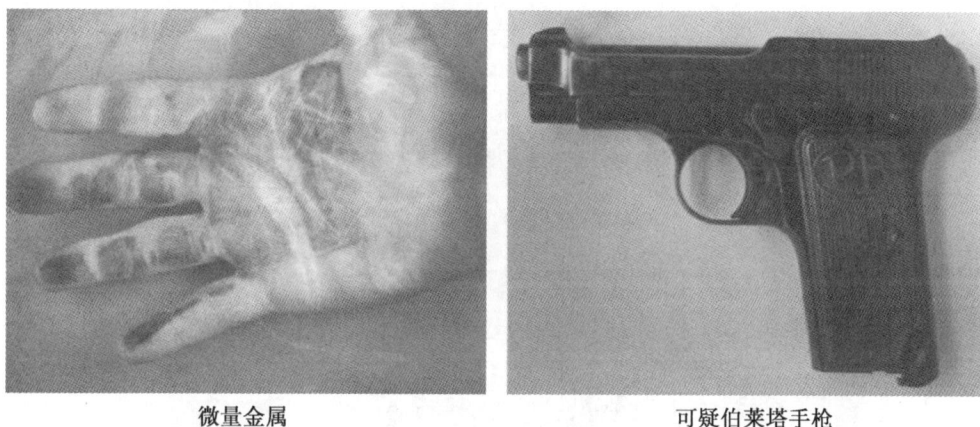

微量金属　　　　　　　　　　　　　　可疑伯莱塔手枪

图8-21　微量金属检测试验
(由加州康特拉科斯塔警局验尸处提供)

(1) 目标中的射击残留物

距离测定在某些情况下难以实现,如自杀和声称争夺枪支情况,枪口和受害者之间的距离可能难以测量,因此,最好要检查服装是否有粉末残留和其他近距离起火的迹象。为了在运输中起到保护作用,要将衣物晾干,并用纸将每个表面卷好,然后将每件衣服分开包装,以免弹孔周围的区域接触到其他物体或衣服。当子弹穿过衣服进入人体时,需要在每个伤口处放一把比例尺并对弹孔进行拍照。要提交枪支和所有与该事件有关的未发射弹药。使用相同弹药对于精确确定枪口到目标的距离是必不可少的。在可能的情况下,调查人员应尽一切努力从嫌疑人处收集射击所需的弹药。

射击时从枪口喷出沉积在目标上的火药残留物和烟灰,会形成点画图案,这种图案形状取决于枪口到目标的距离,这种沉积在衣服或其他目标区域的烟灰可以帮助确定枪支距目标区域的距离。分布得越近,越有可能是近距离射击。但接触枪伤例外,因为烟灰和粉末残留物会进入枪弹伤口。超过一定的距离(如24英寸,取决于环境),这种烟灰图案很可能消失(见图8-22)。

(2) 目标上残留物的收集

目标上残留物收集的一般注意事项。目标上射击残留物的形态是最有价值的,用于重建枪口到目标的距离。因此,在进行收集工作之前,用笔记、照片和示意图恰当地记录图案是非常重要的。无论是否考虑测量尺度,拍摄残留物图案照片都应垂直于承载残留物的表

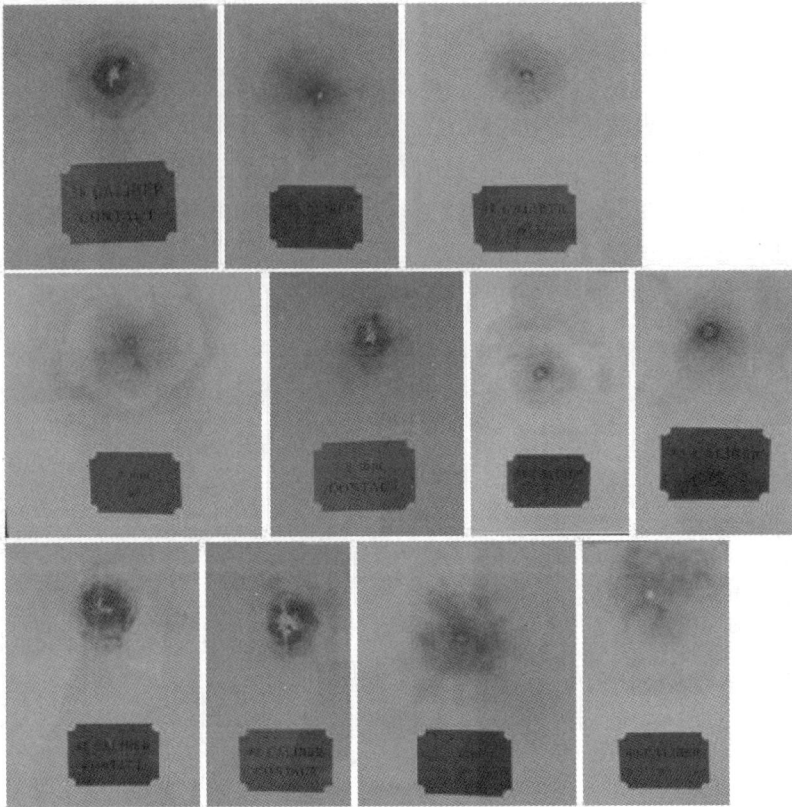

图 8‑22 点画图案

(图片由莎伦·普洛特金提供)

面。一旦图案被正确地记录下来,研究者就可以按照以下建议的步骤收集带有残留物的物体。

收集衣物上的残留物。收集衣物等表面上的射击残留物,应取走整件衣服,小心地用纸包裹,并用胶带封好。如果衣服上有血迹,应该将其悬挂或将其以自然的形状放在一张干净的屠夫纸上,让衣服完全晾干。一旦干了,可以将这件衣服用牛皮纸包装,并用胶带粘上,然后放在纸袋中密封。

收集床上的残留物。对于床上如毯子或床单上的目标残留物,应在其图案上放置牛皮纸来进行保护,然后用胶带把纸粘住。折叠前记得在每一层上都放上纸。然后,将被褥卷成捆状,比如血迹斑斑的被褥,然后用纸袋或纸板箱包装。

收集固体物体上的残留物。如果射击残留物的图案是在固体物体上,如墙壁上,在收集之前应用照片和示意图记录下来。该图案应通过移动含有残留物的区域来收集,并用胶带固定的纸板"帐篷"加以保护,然后运送到实验室进行分析。如果不能这样做,需要对该区域进行拍照,然后用棉签和蒸馏水擦拭。必须小心搬运,以避免在运输到实验室过程中损失或改变图案。

收集皮肤上的射击物残留物。分别在有和没有比例尺的情况下,中距离和近距离拍摄枪伤周围皮肤上的残留物,然后使用射击残留物试剂盒收集残留物。刑事专家在尸检时收集残留物对案件是有帮助的,因为刑事专家可能使用化学技术来定位和回收残留物,其中一些残留物可能是肉眼看不到的。

总　结

安全规则:没有所谓的"空枪",对待所有的武器,要将它们视为都已上膛!

1　介绍
左轮手枪组件
典型的半自动手枪部件
长枪的典型例子

2　枪支子弹
射击弹壳

3　弹壳形状
金属墨盒形状
底缘发火和中心发火的弹壳和子弹
一些 0.22 英寸底缘发火、中心发火手枪和中心发火左轮手枪子弹的弹头标记
小型武器(手枪和步枪)的发射药形状
散弹枪(散弹枪、散弹枪弹药)

4　带膛线枪管的特性
膛线枪管的横截面

5　射击子弹的种类特征
口径
阳膛线和阴膛线的数量
扭转方向
射击子弹时的类别特征

6　子弹种类特征的现场比较
子弹的底对底比较

7　子弹口径的现场估算
口径估计器

8　半自动手枪弹壳的印痕
由枪支组件造成的弹壳印痕

9　枪支证据的实验室检验
对枪支发射证据或已击发弹壳的识别
枪口到目标之间距离的确定
射击残留物识别

枪支功能检查
子弹轨迹和/或射击顺序的确定

10　枪支证据的收集
最重要的是考虑警官的安全
对待任何枪支,要将它视为已上膛
只有对枪支熟悉的警官才能拆卸
仔细检查指纹、血迹或痕迹证据
在不太可能保留潜在指纹的区域接触武器
不要在武器上做标记(除了转轮上的检索标记)

11　拆卸左轮手枪
标记找到时转轮的位置
记录每个圆柱孔在转轮中的位置
处理弹壳以保存指纹
将每个弹壳单独包装,并参考现场笔记
不要在弹壳上进行标记

12　拆卸半自动的枪支(半自动)
只有熟悉武器的警官才能拆卸
检查痕迹证据和指纹
在水中发现的武器
运输到实验室
做笔记和标记证据

13　回收已发射的弹药组件
嵌在木头或塑料中的子弹
从死者身上取出的子弹
弹壳
射击气团
弹丸
实弹或弹壳

14　射击残留物
在实验室进行射击残留物分析

复习题

1. 把所有的武器都当作上膛的武器来对待。
2. 现代子弹由弹壳、底火、发射药和弹头组成。
3. 大多数中心发火步枪子弹弹壳是瓶颈形的。
4. 子弹的种类特征包括口径、弹头和阳/阴线的数量以及阳/阴线印痕的旋转方向。
5. 子弹上的压痕是枪管内部的反向印痕。
6. 鉴定发射证据子弹的枪支是实验室检查人员的职责之一。
7. 根据已发射子弹的种类特征,实验室检查人员可能会提供一份匹配该子弹的武器清单。
8. 确定枪口到目标的距离可能有助于枪击案件现场重建。
9. 嫌疑人手上的射击残留物可能表明嫌疑人最近使用过武器。
10. 在拆卸左轮手枪之前,应标记枪筒位置。
11. 在水中发现的武器应放在装有相同水的容器中,运往实验室。
12. 在缴获的左轮手枪上,在枪筒顶部做索引标记,以保持每个子弹在弹匣中的位置。
13. 不要试图从木头或石膏中挖出子弹。
14. 射击弹壳的位置可能有助于重建射击场景。
15. 当使用步枪或散弹猎枪射击时,射击者的脸颊上可能会发现射击残留物。
16. 一般来说,六小时后射击者手上的射击残留物会消失。
17. 为了确定枪口到目标的距离,需要使用相同的弹药。
18. 通过收集整件衣服来收集衣服上的射击残留物。
19. 墙壁上的射击残留物应通过移除该区域或用拭子擦拭含有残留物的区域来收集。
20. 皮肤上的射击残留物应拍照保存。

延伸阅读参考文献

Haag, L. C. 2006. *Shooting Incident Reconstruction*. New York, NY: Academic Press.

Jackson, A. R. W., and J. Jackson. 2004. *Forensic Science*. Essex, England, U. K. : Pearson Education Limited.

James, S. H., and J. J. Nordby, eds. 2005. *Forensic Science (An Introduction to Scientific and Investigative Techniques)*, 2nd ed. Boca Raton, FL: CRC Press (Imprint of Taylor and Francis).

Saferstein, R. 2009. *Forensic Science (From the Crime Scene to the Crime Lab)*. Upper Saddle River, NJ: Pearson Education, Inc.

White, P., ed. 1998. *Crime Scene to Court (The Essentials of Forensic Science)*. Cambridge, U. K. : The Royal Society of Chemistry.

附录 8 - A　枪支组件标识资料的表格

左轮手枪转轮装药位置

分类＿＿＿＿＿＿＿＿＿＿＿＿　案件编号＿＿＿＿＿＿＿＿＿＿＿＿

位置＿＿＿＿＿＿＿＿＿＿＿＿　时间＿＿＿＿＿＿＿＿＿＿＿＿

侦查员＿＿＿＿＿＿＿＿＿＿＿　日期＿＿＿＿＿＿＿＿＿＿＿＿

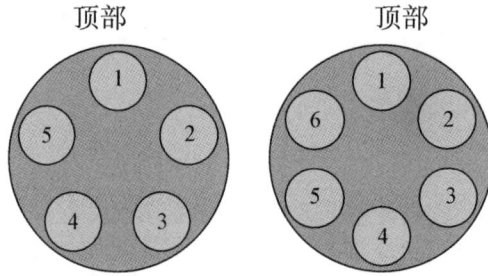

商标和样式＿＿＿＿＿＿＿＿＿＿＿＿＿＿　转轮类型

口径＿＿＿＿＿＿＿＿＿＿＿＿＿＿＿＿＿　1.＿＿＿＿＿＿＿

弹筒长度＿＿＿＿＿＿＿＿＿＿＿＿＿＿＿　2.＿＿＿＿＿＿＿

编号＿＿＿＿＿＿＿＿＿＿＿＿＿＿＿＿＿　3.＿＿＿＿＿＿＿

未用圆柱孔数量＿＿＿＿　已用圆柱孔数量＿＿＿＿　4.＿＿＿＿＿＿＿

转轮旋转:左旋＿＿＿＿　右旋＿＿＿＿　5.＿＿＿＿＿＿＿

情况＿＿＿＿＿＿＿＿＿＿＿＿＿＿＿＿＿　6.＿＿＿＿＿＿＿

犯罪现场技术员＿＿＿＿＿＿＿＿＿＿＿＿＿＿＿＿＿＿＿＿＿

（续表）

半自动的手枪/冲锋枪/步枪/猎枪

分类＿＿＿＿＿＿＿＿＿＿＿＿＿＿＿＿＿　　案件编号＿＿＿＿＿＿＿＿＿＿＿＿＿＿＿

位置＿＿＿＿＿＿＿＿＿＿＿＿＿＿＿＿＿　　时间＿＿＿＿＿＿＿＿＿＿＿＿＿＿＿＿＿

侦查员＿＿＿＿＿＿＿＿＿＿＿＿＿＿＿＿　　日期＿＿＿＿＿＿＿＿＿＿＿＿＿＿＿＿

制造商：＿＿＿＿＿＿＿＿＿＿＿＿＿

口径：＿＿＿＿＿＿＿＿＿＿＿＿　　编号：＿＿＿＿＿＿＿＿

击锤位置:向下：＿＿＿＿＿＿　向上：＿＿＿＿＿＿　1/2 向上：＿＿＿＿＿

血液/组织:结构：＿＿＿＿＿　把手：＿＿＿＿＿　滑膛：＿＿＿＿＿　I/S枪管＿＿＿＿＿

　　　　　O/S枪管 ＿＿＿＿＿

弹夹容量：　　　　　　　　　　　　　　安全： 是　否

枪膛容量：

弹壳类别和口径：1.＿＿＿＿＿　2.＿＿＿＿＿　3.＿＿＿＿＿　4.＿＿＿＿＿

　（从上至下）　5.＿＿＿＿＿　6.＿＿＿＿＿　7.＿＿＿＿＿　8.＿＿＿＿＿

　　　　　　　　9.＿＿＿＿＿　10.＿＿＿＿＿　11.＿＿＿＿＿　12.＿＿＿＿＿

　　　　　　　　13.＿＿＿＿＿　14.＿＿＿＿＿　15.＿＿＿＿＿　16.＿＿＿＿＿

　　其他：＿＿＿＿＿＿＿＿＿＿＿＿＿＿＿＿＿＿＿＿＿＿＿＿＿＿＿＿＿＿＿＿＿＿

＿＿＿

附注：＿＿＿＿＿＿＿＿＿＿＿＿＿＿＿＿＿＿＿＿＿＿＿＿＿＿＿＿＿＿＿＿＿＿＿＿＿

＿＿＿

＿＿＿

＿＿＿

犯罪现场侦查员：＿＿＿＿＿＿＿＿　单位：＿＿＿＿＿＿＿＿　证件号＿＿＿＿＿＿＿＿

附录 8 - B　手枪和其他武器的类别特征

表中手枪类型代码缩写

PB＝杆栓式手枪　　PI＝半自动手枪　　B＝冲锋枪或手枪(例如尤兹、毛瑟枪)

RA＝全自动步枪　RI＝半自动步枪(例如 M1 步枪,鲁格.44 卡宾枪)

RL＝杠杆作用式步枪　PD＝德林格(单筒或双筒)　PR＝手枪、左轮手枪

RB＝杆栓式步枪　RP＝泵动步枪　PS＝单发手枪

RC＝卡宾枪(bbl<20′)　RS＝单发步枪

表列表头缩写

Cal.＝口径

FT＝枪支类型(请参阅上面的枪支类型代码)

♯L&G＝阳膛线和阴膛线数量

TWIST＝膛线捻度为右或左(在枪管或已发射的子弹上可见)

　　注:此表所示为从法庭科学实验室信息系统数据库中提取的枪械类别特征。这个表格内容并不全面详尽,仅用于作为一些发现了弹壳,可能有枪支发射过子弹的犯罪现场的快速分析。若要获得有关收缴子弹的完整数据,请将该子弹递交给实验室进行所有类别特征的实验室检验,检验人员可在数据库中查询完整的被调查枪支清单。

公制当量(CAL→mm)

0.22＝5.56 mm　0.243＝6 mm　0.25＝6.35 mm　0.264＝6.5 mm　0.280＝7 mm

0.30＝7.62 mm　0.32＝7.65 mm　0.38＝9 mm　0.40＝10 mm　0.45＝11.25 mm

CAL.	弹壳	FT	♯L&G/ TWIST	制造商	模型
0.22	**22 LR**	PR	5R	H&R	PREMIER
				IVER JOHNSON	SEALED 8
				CENTURY ARMS	
		PI	6 L	COLT	HUNTSMAN, WOODSMAN
				ASTRA	2000
		RI	6 R	CHARTER ARMS	AR7
		PI	6 R	S&W	61 - 1
				HERBERT SCHMIDT	
				RUGER	AUTO PISTOL
				BROWNING	CHALLENGER
				BERNARDELLI	60
				HI STANDARD	103
				BERETTA	948
				UNIQUE	E1, E2, E3, D1~D3
				WALTHER	PP

（续表）

CAL.	弹壳	FT	#L&G/ TWIST	制造商	模型
				H&R	929
				COLT	
				ERMA	LA 22
		PR	6 R	H&R	SEVERAL
				HI STANDARD	SENTINEL DELUXE
				RUGER	SINGLE-SIX，BEARCAT
				REVELATION	99
				HI STANDARD	SENTINEL DELUXE
				S&W	
				HIGGINS	
				CLERKE	
				NASHVILLE ARMS	
				HIGGINS	
				IVER JOHNSON	
				TAURUS	
				GARCIA ROSSI	
				TALON	
				FIE	T－18
				REGENT	
				IMPERIAL PRODUCTS	
				UBERTI	
		PD	6 R	EIG	
				HAWES	
				SVENDSEN	LITTLE ACE
		PR	8 R	RG IND.	RG 14，23，63，66；10S
				BURGO	
				ROHM	RG 20，23，24
				DICKSON	CHEYENNE
				LIBERTY	21
				EIG	E15
				ARMINIUS	HW－5T，HW3
				VALOR	
				PIC	
				OMEGA	220
				EMGE	
				SPESCO	
				GECADO	
				TALON	

CAL.	弹壳	FT	#L&G/TWIST	制造商	模型
				FIEL	E15
		PD	8 R	BURGO	
		RI	8 R	MOSSBERG	SEVERAL
				REVELATION	100A
				ITHACA	72 SADDLE GUN
		PR	10 R	RG IND.	RGU2
				ROSCO	
0.22	WIN MAG RF	PR	4 R	FIE	E15
			6 L	COLT	BUNTLINE SCOUT, OTHERS
			6 R	H&R	SPECIAL
				HY HUNTER	FRONTIER SIX
				HI STANDARD	FRONTIER SIX-SHOOTER
				DM‐101	43, 48, 51, ETC.
				S&W	SINGLE SIX
				RUGER	
				LLAMA	SENTINEL MK IV
				HI STANDARD	WESTERN DUO
				WESTERN	E15
				EIG	21S
				HERBERT SCHMIDT	
		PD	6 R	HI STANDARD	DERRINGER, DM‐101
				HAWES	WESTERN
		RI	6 R	REMINGTON	16
				WINCHESTER	SEVERAL
		PR	8 R	ROHM	RG 66
				ARMINIUS	HW7
				EIG	E15
				RG IND.	RG63
		PD	8 R	HY HUNTER	FRONTIER
				OMEGA	DERRINGER
0.25	25 AUTO	PI	4 R	FRANZ STOCK	
				ZEHNER	
				RHEINMETALL	
				WALTHER	NO. 2
				LANGENHAN	
				KOMMER	
			5 R	H&R	SELF-LOADING

（续表）

CAL.	弹壳	FT	#L&G/ TWIST	制造商	模型
			6 L	COLT	POCKET, JUNIOR
				RAVEN	P－25
				ASTRA	ALL 25 AUTO PISTOLS
				ALLIES	
				FIE	GUARDIAN
				GABILANDO	
				STAR	1919
			6 R	LIGNOSE	EINHAND
				WALTHER	9，8
				BROWNING	
				MAUSER	
				RHEINMETALL	
				H&R	SELF-LOADING
				WEBLEY & SCOTT	
				BERETTA	950B，1919，BANTAM
				ORTGIES	
				BERNADELLI	
				RG IND.	RG－25
				FIE	TITAN
		PI	6 R	TITAN	
				BERETTA	
				WEBLEY & SCOTT	HAMMER
				STAR	& HAMMERLESS
				VALOR	
				SAUER	
				MAUSER	POCKET，1910
				DICKSON	SPL. AGT. DETECTIVE
				RIGARMI	
			7 L	DELU	VEST POCKET
				PHOENIX	VEST POCKET
			8 R	SPESCO	PHOENIX P－51
				VALOR	SM－11
				MAUSER	EP25
			10 R	RHONER	9
	25－20 WIN		6 R	COLT	SINGLE ACTION ARMY
0. 30	30 LUG	PI	4 R	LUGER	P08，1937，1912，P08
				SWISS IND.	P210－5
				WALTHER	HP

（续表）

CAL.	弹壳	FT	#L&G/TWIST	制造商	模型
	30 MAU	PI	4 R	RUSSIAN	
			6 R	MAUSER	
				STAR	8 SHOT
0.32	**32 AUTO**	PI	4 R	RHEINMETALL	
				SAUER 38 H	
				FRANZ STOCK	
				WALTHER	
				STANDARD	POCKET
				FROMMER	ATTILA
				H&R	
			5 L	BRITISH	SILENCED PISTOL
		PI	5 R	BROWNING	1900
				S&W	1903
				IVER JOHNSON	1900
				SAUER	
				THAMES	
			6 L	BAYARD	
				COLT LLAMA	POCKET, COLT AUTO
				HAERENS	
				IDEAL	
				IVER JOHNSON	
				UNIQUE	
				DICKSON	SPECIAL AGENT
				ASTRA	1916
				BROWNING	1900
				SPANISH	VESTA, 191J
				RUBY	
				OTHERS	
				BROWNING	1922
				H&R SELF-LOADING	
				COLT	
				MAUSER	1914
				SAVAGE	1910
				ORTGIES	
				STAR	I
				BERETTA	70, 70 NEW PUMA
				WEBLEY & SCOTT	

(续表)

CAL.	弹壳	FT	#L&G/TWIST	制造商	模型
				HECKLER & KOCH	HK 4
				LLAMA	X-A，ESPECIAL
				ASTRA	CONSTABLE
				SAVAGE	1917
				BERETTA	
				DICKSON	SPECIAL AGENT
				BERNADELLI	60
				WALTHER	4，PPK
				SIGARMS	
				SAUER	POCKET
				MANNLICHER	1908
				MANY OTHERS	
			7 R	REMINGTON	
0. 32	32 COLT L	PR	5 R	H&R	TOP BREAK
			6 L	COLT	ARMY SPECIAL, BISLEY
					POCKET
					POSITIVE
	32 COLT NP	PR	5 R	IVER JOHNSON	ALL 32 CAL REVOLVERS
				H&R	THE AMERICAN，732
			6 L	COLT	SEVERAL
	32 COLT S	PR	6 L	FOREHAND	
			6 R	H&R	
	32 L	PR	5 R	S&W	RIM FIRE
			6 L	COLT	POLICE
				LEE ARMS	RED JACKET #3
			6 R	STEVENS	ALL 32 RF MODELS
				CHURCHILL	
				KIMEL	5000
			8 R	EIG	
	32 LR	PR	5 R	S&W	RIMFIRE
	32 S	PR	5 R	H&R	YOUNG AMERICAN,
				WESSON &	BULLDOG
				HARRINGTON	AMERICAN BULLDOG RF
				IVER JOHNSON	
			6 R	IVER JOHNSON	DEFENDER RIMFIRE
		PS	6 R	WINCHESTER	SINGLE SHOT
			6 L	COLT	AUTO

（续表）

CAL.	弹壳	FT	#L&G/TWIST	制造商	模型
0.32	32 S&W	PR	5 L	LEE ARMS	
				HOPKINS & ALLEN	
			5 R	S&W	SEVERAL
				H&R	
				EASTERN ARMS	
				MERIDIAN	
				US REVOLVER	TOP BREAK
				HOPKINS & ALLEN	
			6 L	CLERKE	FIRST
				COLT	
				FOREHAND ARMS	
			6 R	ARMINIUS	POCKET
				HOPKINS & ALLEN	
				FIE	GUARDIAN
				H&R	732, VEST POCKET
					TOP BREAK
				FIEL	TITANIC
				KIMEL	
				HY HUNTER	
				ROHM	RG 13, RG 30
				RG IND.	30
				CHARTER ARMS	UNDERCOVER
				IVER JOHNSON	CADET 55, VIKING 67 - S
			10 R	GECADO	
				ARMINIUS	
				EMGE	
				BURGO	
				DICKSON	BULLDOG
				OMEGA	
32	S&W L	PR	5 R	S&W	SEVERAL
				LLAMA	
7.62 mm	7.62 3 39 mm	RI	4 R	CHINESE	AK 47, AKM 47S, AKS
				GUISASOLA	
				OSCILLANTE	
				MERWIN & HURBERT	
				H&R INA	THE AMERICAN TIGER
				IVER JOHNSON	

（续表）

CAL.	弹壳	FT	#L&G/ TWIST	制造商	模型
		PR	6 L	H&R	
				ALFA	
				COLT	MANY
				FOREHAND	
			6 R	FIE	TITANIC, GUARDIAN
				KIMEL	5000
				FIEL	TITANIC
				H&R	SEVERAL
				IVER JOHNSON	SEVERAL
				EIG	
				HOPKINS & ALLEN	DOUBLE ACTION #6
			7 R	WEBLEY & SCOTT	POCKET
			8 R	ROHM	RG－63
				ARMINIUS	HW3, HW5
				PIC	
				EMGE	
				MAUSER	
				RG IND.	RG 30
				ROHM	30
				CHARTER ARMS	
				OMEGA	
			10 R	BURGO	
				HAWES	
				EMGE	
				FAB-BOWER	
				GECADO	
				ARMINIUS	
32－20	WIN	PR	5 R	S&W	M&P, M&P TARGET
				ALFA	
			6 R	EL CANO	
				GALEF	REFORMER
			6 L	COLT	SEVERAL
				CLAIR	
7.62 mm	7.62 3 39 mm	RI	4 R	CHINESE	AK 47, AKM 47S, AKS
				RUSSIAN	RPD, SKS ASSAULT, AK－47
	7.62 mm NAGANT	PR	4 R	RUSSIAN	NAGANT 1919, 1931
				RADOM	NG30

（续表）

CAL.	弹壳	FT	#L&G/TWIST	制造商	模型
7.63 mm	7.63 mm MAU	PI	4 R	CZECH	52，ISSUR
			6 L	STAR	
			6 R	MAUSER	712
				ASTRA	902
7.65 mm	7.65 mm LUG	PI	4 R	SWISS IND.	P-210-6
				LUGER	
			6 R	SCHULTZ	
	7.65 mm MAS	PI	4 R	FRENCH	1935S
				MAS	1935
0.35	S&W AUTO	PI	6 R	S&W	1913
8 mm	NAMBU	PI	6 R	NAMBU	
0.357	357 MAX	PR	6 R	DAN WESSON	SUPER MAG
	357 MAG	PR	5 R	S&W	MANY
				IMI	DESERT EAGLE
				RUGER	SEVERAL
			6 L	COLT	PYTHON, TROOPER, OTHERS
				SECURITY IND.	POLICE POCKET
			6 R	BUFFALO ARMS	
				COLT	LAWMAN MK III
				HAWES	WESTERN MARSHAL
				SAUER	
				DAN WESSON	
				HI STANDARD	SENTINEL MKII
				RUGER	BLACKHAWK
				HY HUNTER	WESTERN SIX-SHOOTER
				INTERCONTINENTAL	
				ASTRA	
				HERTERIS	SINGLE SIX
				LLAMA	COMANCHE III
		PR	8 R	CHARTER ARMS	TARGET BULLDOG
				RUGER	BLACKHAWK
				ROHM	57
		PS	6 R	THOMPSON	CONTENDER
		PX	8 R	COP, INC.	4 BARREL DERRINGER
		PD	10 R	HERTERIS	WESTERN DERRINGER

（续表）

CAL.	弹壳	FT	#L&G/TWIST	制造商	模型
0.38	**0.38 L CLT**	PR	5 R	HAWES	WESTERN DERRINGER
				S & W	1899 ARMY
				SPANISH	
				GABILANDO	RUBY EXTRA
				GUISASOLA	
				ALFA	
			6 L	COLT	DA FRONTIER, 1892
			6 R	ALFA	
	38 S CLT	PR	5 R	H & R	
			6 R	IVER JOHNSON	
	38 CLT NP	PR	5 R	H & R	
			6 L	COLT	POLICE POSITIVE
	38 - 40 WIN	PR	5 R	S&W	38 - 40
			6 L	COLT	FRONTIER, NEW SERVICE
	38 S & W	PR	5 L	HOPKINS & ALLEN	
			5 R	S&W	SEVERAL
				H & R	SEVERAL
				US REVOLVER	
				HOLLIS	
				IVER JOHNSON	AMERICAN BULLDOG
			6 L	COLT	POLICE POSITIVE
					BANKER'S SPECIAL
				FRANZ STOCK	
				FOREHAND	
			6 R	H & R	925, 926, TOP BREAK
				HOPKINGS & ALLEN	
		PR	7 R	BRITISH	
				WEBLEY	MK I NO. 2
				ENFIELD	MARK I
				WEBLEY & SCOTT	GOVT. MK IV. 38
			8 R	RG IND.	RG 40
	38 S & W L	PR	4 R	HUSQVARNA	1887
	38 SPL	PR	5 R	S&W	MANY
				ARIZAGA	DREADNOUGHT
				INA	TIGER, NO. 1, 3
				ALFA	
				ALAMO	RANGER

CAL.	弹壳	FT	#L&G/TWIST	制造商	模型
		PR	5 R	ERRASTI	
				IRIS ORBEA	
				RUGER	SPEED SIX
				LLAMA	
		PR	6 L	COLT	MANY
				MIROKU	
				REGENT	
				GARATE ARITUA	
				EIG	SPECIAL POLICE
			6 R	GREAT	WESTERN
				EIG	
				ROHM	RG 38
				DAN WESSON	
				ASTRA	CADIX
				TAURUS	
				GARCIA ROSSI	
			8 R	ARMINIUS	TITAN TIGER
				FIEL	TITAN TIGER
				FIE	TITAN TROJAN
				CHARTER ARMS	
				ROHM	RG – 38S
		PR	8 R	RG IND.	RG 38
				BURGO	
				DICKSON	COMMANDER
				TITAN	TIGER
			10 R	ARMINIUS	TITAN TIGER
				FIEL	
		PD	5 R	ROHM	DERRINGER
			6 L	EIG	
			6 R	FIE	DERRINGER
				EIG	
				HY HUNTER	
				INTRATEC	TEC – 38 (DERRINGER)
			10 R	OMEGA	DERRINGER
				MADISON IMPORT	
				ROHM	RG – 17
				BURGO	DERRINGER

（续表）

CAL.	弹壳	FT	#L&G/ TWIST	制造商	模型
				MISSISSIPPI VALLEY	
38 AUTO		PI	6 L	COLT	AUTO, 1902 MILITARY COMMANDER, 38, OTHERS
				SHATTUCK	BCF‑66
				STAR	SUPER
				LLAMA	IV, V
			6 R	BERETTA	1934
				ASTRA	1921‑400
380 AUTO		PI	4 R	FROMMER	29M, 37M
			5 R	S&W	VICTORY
			6 L	UNIQUE	BCF 66
				COLT	1908, COMMANDER, OTHERS
				LLAMA	II, III
		PI	6 R	H&R	HK4
				FBN	
				INDIAN SALES	
				RPB IND.	
				TANFOGLIO	
				IVER JOHNSON	PONY
				HUSQVARNA	M‑07
				BROWNING	
				HANDY	
				BERETTA	1934, 70S
				BERNARDELLI 60	
				CESKA-CZ	
				ASTRA	
				STAR	STARFIRE
				WALTHER	PPK
				LLAMA	III-A
				MAUSER	HSC
				FIEL	MODEL D
				HECKLER & KOCH	HK4
				HI STANDARD G380	
				STERLING	DA
			7 R	REMINGTON	51 UMC
			8 R	ARCADIA	

（续表）

CAL.	弹壳	FT	#L&G/ TWIST	制造商	模型
9 mm	**BAYARD**	PI	6 R	ASTRA	1921 400
	9MM LUGER	PI	4 R	FROMMER	37，37M
		B	4 R	BROWNING	UZI
		B	4 L	MAT	MAT 49
		PI	4 L	FRENCH	1950
		BA	4 R	UZI	
		PI	4 R	MANNLICHER	1914
				FROMMER	37M
		PI	5 R	S&W	39 - 2
		PI	6 L	BAYARD	1914
				COLT	COMMANDER
				ASTRA	800 CONDOR
		PI	6 R	SIGARMS	P225，P226
				BROWNING	HI-POWER，1903
				BERETTA	1951
				WALTHER	P - 38
				ASTRA	600 M&P，1921，
				LLAMA	400，CONDOR
				STAR (SP)	III A，SPECIAL
				LUGER	
				SWISS IND.	
				RADOM	47/8
				GLOCK	35，WZ/35
				INTRATEC	17
				HECKLER & KOCH	TEC - 9，TEC - 9M，TEC - 9B
				MAUSER	HK - 4
				BERETTA	1912
				J & R ENGINEERING	1934，1938A
					M - 68
		B	6 R	STEN	MK II
				HECKLER & KOCH	HK MP5
				S&W	76
				UZI	
		PS	6 R	THOMPSON	CONTENDER
	9MM REV	PR	4 R	JAPANESE	26
	9MM STEYR	PI	4 R	AUSTRIAN	1916
0. 41	**41 L**	PR	6 L	COLT	LIGHTNING

（续表）

CAL.	弹壳	FT	#L&G/TWIST	制造商	模型
			6 R	RUGER	BLACKHAWK
	41 L CLT	PR	6 L	COLT	FRONTIER, DA
	41 MAG	PR	5 R	S&W	57, 58
			6 R	RUGER	BLACKHAWK
				INTERCONTINENTAL	SUPER DAKOTA
0.44	**44 – 40 WIN**	PR	5 R	S & W	44 – 40
			6 L	COLT	
	44 COLT	PR	7 R	REPLICA	
	44 MAG	PR	5 R	S & W	29 – 2, 58, 44 MAGNUM
			6 L	SAUER	
			6 R	RUGER	SEVERAL
				HY HUNTER	WESTERN SIX-SHOOTER
				HAWES	WESTERN MARSHAL
				INTERCONTINENTAL	SUPER DAKOTA
				SAUER	WESTERN MARSHAL SA
		PS	6 R	STERLING ARMS	X-CALIBER
		PS	8 L	THOMPSON	CONTENDER
		RC	6 R	RUGER	CARBINE
		RC	12 R	RUGER	CARBINE
		RL	12 R	MARLIN	1894
				WINCHESTER	94
	44 S & W SPL	PR	5 R	S & W	24TARGET, 44 MIL., 21 MIL.
			6 L	COLT	NEW SERVICE TARGET
			6 R	HAWES	WESTERN MARSHAL
			8 R	CHARTER ARMS	BULLDOG, BULLDOG 44 SPL
0.45	**45 AUTO**	B	4 R	US MIL. WEAP	M3, M3A1
				EAGLE ARMS	MARK 2
			6 R	AUTO ORD.	MIAI THOMPSON
				US MIL WEAP	1928A – 1
		PI	4 R	EAGLE GUN	
		PI	6 L	SIGARMS	P220
				US MIL. WEAP	1911, 1911 A1
				COLT	1911, GOVT. MODEL
				LLAMA	
				INGRAM	
				STAR	
				SPITFIRE	

(续表)

CAL.	弹壳	FT	#L&G/TWIST	制造商	模型
				WESCO	MK IV
		BA	6 L	UZI	45 AUTO
		PI	6 R	LLAMA	ESPECIAL
				INGRAM	
				STAR	
				SAVAGE	
		PR	7 R	WEBLEY	MARK I
		RC		MARLIN	M2
				EAGLE ARMS	
			6 R	VOLUNTEER	COMMANDO MK III
45 AUTO RIM		PR	6 R	S&W	US ARMY 1917
45 COLT		PR	6 L	COLT	1909 DA, NEW SERVICE SA ARMY, USN DA
			6 R	RUGER	
				S & W	1917，US ARMY9464
				RUGER	BLACKHAWK
				INTERCONTINENTAL	DAKOTA
			7 R	ENG/BRITISH	
		PS	8 L	THOMPSON	CONTENDER
455 WEB AUTO		PI	6 L	COLT	
			6 R	WEBLEY & SCOTT	
455 WEB MK II		PR	7 R	WEBLEY & SCOTT	BULLDOG, MK I-MK VI
				ENG/BRITISH	MK VI

第九章 印压痕迹证据

这部分是作者写的关于追踪足迹的专论,附带一些使用熟石膏保存足迹的相关论述。

——阿瑟·柯南·道尔《四签名》(兰登书屋出版,© 2012)

关 键 词

锯齿状印痕,复制印痕,转移印痕,痕迹,残留物印痕,条纹印痕,鞋子印痕,轮胎胎面印痕,拍摄,浇铸,油漆转移,工具痕迹,方位照片,工具痕迹浇铸。

学 习 目 标

■ 论述印压痕迹的实验室检验方法。
■ 总结断裂痕迹证据。
■ 说明印压痕迹和工具痕迹的收集方法。

引 言

印压痕迹证据是指承受客体表面上留下的印记。印压痕迹包括物体在较软的表面上造成的凹痕(压印或压痕),例如鞋子在软土上造成的压痕;以及残留物转移印迹(也称为"印迹"),这是残留物从造痕客体表面转移到承痕客体表面的结果("硬表面印记"),例如鞋底的土壤转移到地板上所产生的印迹。[1]残留物转移印迹也可能是通过物体接触表面移除物质的结果,比如将血液转移到鞋底,这就会在血迹被移除的地方留下印记。尽管理论上不是"印迹",但在犯罪现场勘验和法医学领域的大多数出版物中通常被称为印迹,因此在本文中将以同样的方式引用,除非为了清楚起见才使用更具体的术语"残印"。

在犯罪现场遇到的最常见的印痕类型包括鞋子印痕、工具痕迹、轮胎胎面印痕和潜在的指纹印痕。由于潜在的指纹印痕具有高度复杂性,所以已在第五章中单独介绍了潜在指纹印痕。鞋子和轮胎胎面印痕包括印压痕迹和残留痕迹,而工具痕迹通常由印痕组成,可以是工具形状压痕,也可以是条纹痕迹(也称"条纹"或"刮痕"),是由工具的工作表面对承痕客体表面刮擦产生的。对印痕特征的检验可以让分析人员识别或排除产生印痕的可疑目标。工具痕迹的证据价值通常很大程度上取决于印痕的质量,以及通过拍摄或铸模来记录印痕的水准。

9.1　印压痕迹证据的实验室检验

9.1.1　鞋印检验

　　鞋子印痕的实验室检验包括:(1)为调查目的而确定种类特征;(2)将可疑印痕与被怀疑的已知鞋子所留下的测试印痕进行比较。实验室分析人员可以根据现场拍摄的照片和铸模来确定鞋子的种类特征。这些信息可以帮助调查人员寻找嫌疑人所穿的特定型号和尺码的鞋子。可疑印痕和可疑鞋子的比较可以通过将印痕与所提供的鞋子鞋底进行直接比较,或者用所提供的鞋子制作一个测试印痕再进行比较。可疑印痕与已知鞋子的比较涉及鞋底的种类特征和个别特征。鞋底的种类特征包括鞋底的尺寸、磨损图样和表面样式。个别特征是指由于鞋底表面意外损伤而导致的鞋底特征,如由鞋底随机损伤而产生的割伤、撕裂和空腔。由于穿鞋者的行走方式具有一定的个性,所以磨损图样特征介于种类特征和个别特征之间。

　　图9-1所示为鞋底印痕的检验和比较。认为种类特征一致时,检验员需在已知的鞋子中寻找个别特征,比如在穿鞋过程中鞋底的意外受损特征。在已知的鞋子中发现的任何个别特征都要在可疑印痕的铸模中寻找。如果在未知印痕(鞋底铸模证据)中发现足够数量的个别特征与已知鞋(可疑鞋子)中的特征一致,而且两者的种类特征一致,那么检验员就可以得出结论:未知的鞋印是由提供检验的已知鞋子造成的。这些铸模是用熟石膏制作的,为了

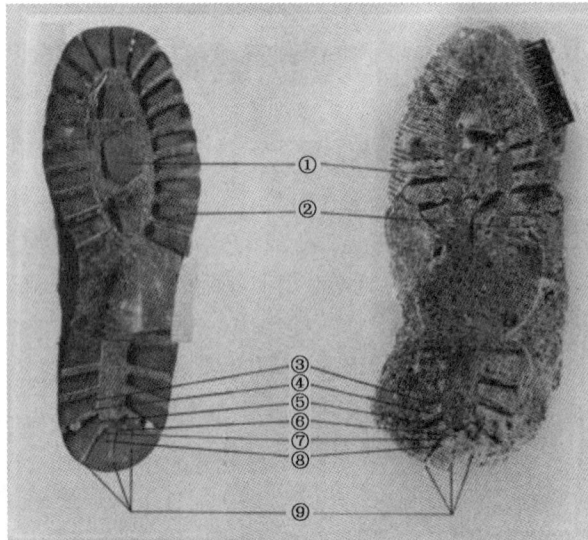

图9-1　浇铸鞋印证据与已知鞋子的比较
(图片由加州康特拉科斯塔县警局验尸处提供)

便于比较,熟石膏制作的铸件要注意许多细节。牙科石膏在很大程度上代替了熟石膏,成为鞋印模铸造的首选材料(见"印痕浇铸和提取"一节)。

案　例

在加利福尼亚康特拉科斯塔县调查的一个不寻常的案件中,刑事科学实验室的调查人员发现涉案的是一双袜子。在这起案件中,怀疑一名社区大学的教师殴打妻子致其妻死亡。嫌疑人声称受害者身上的伤痕是她醉酒时发生事故造成的。在受害者身上的许多伤痕中,有一处痕迹暗示是穿在脚上的袜子造成的(见图9-2)。刑事专家约翰·默多克利用从嫌犯身上缴获的袜子做了一些测试印痕。然后将受害者背上的印痕与用袜子留下的测试印痕进行比较(见图9-3),可以看出两者的图案很一致。因此,刑事专家默多克得出结论:受害者背上的印迹与穿那双袜子的人踢过所造成的印痕是一致的。

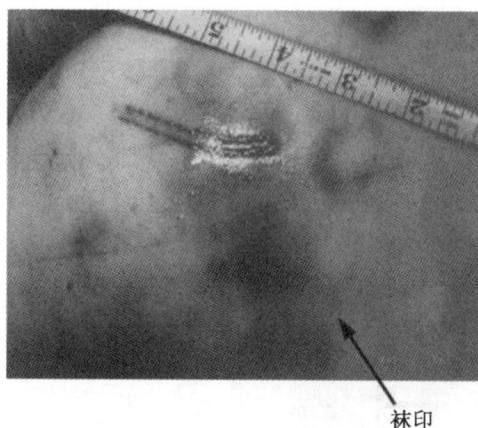

图9-2　受害者背部印痕图

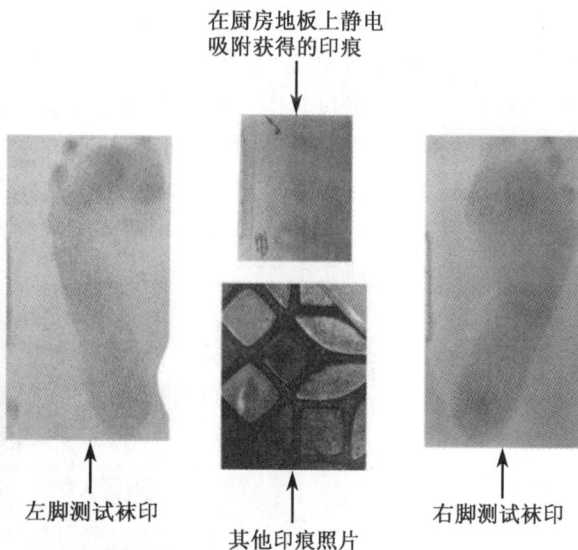

图9-3　嫌疑犯袜子的测试印痕与受害者背部印痕的比较
(由加州康特拉科斯塔县警局验尸处提供)

9.1.2　轮胎胎面印痕检验

轮胎胎面印痕的实验室检验在很多方面与鞋子印痕的检验相似。实验室分析人员可以在找到嫌疑车辆之前对可疑轮胎印痕的种类特征进行检验。该检验包括确定胎面花纹样式,将花纹与已知制造的样品或者国产和国外生产的轮胎胎面花纹的制作材料进行比较。如果嫌疑车辆已被缴获,实验室分析人员可以将印痕照片直接与被缴获车辆的轮胎进行比较,或者与用已知轮胎制作的样本印痕进行比较。与鞋子印痕一样,分析人员将发现的可疑印痕的磨损图案和胎面特征与所提供的轮胎胎面花纹进行比较,以确定它们是否一致。如果这些种类特征是一致的,分析人员还要比较轮胎上发现的个别特征是否一致。轮胎胎面的个别特征,像鞋子一样,是胎面在使用过程中意外损坏的结果,包括撕裂、割伤和刺穿。

9.1.3 工具印痕检验

1. 切割痕迹

对于工具切割痕迹的检验涉及工具种类特征(形状、尺寸)痕迹的比较。种类特征的比较可以使分析人员快速排除那些种类特征与工具痕迹的特征不同的工具。例如,一个具有一英寸宽刀头的撬杆不可能留下一英寸半宽的印痕。如果工具痕迹中的种类特征与可疑工具的种类特征相匹配,接下来分析人员就需要寻找工具痕迹的个别特征,比如不均匀的刀刃边缘,用于比较与可疑工具的特征是否匹配。如果工具痕迹中有足够数量的个别特征与可疑工具相匹配,分析人员就可以将该工具认定为产生工具痕迹的工具。

2. 条纹痕迹

条纹痕迹通常比锯齿状痕迹更难识别。在准备检验工具痕迹时,分析人员需要按照可疑工具痕迹与承受客体表面相同的空间关系定位嫌疑工具,因为工具相对于承受客体表面角度的改变会产生不同于可疑工具痕迹的条纹,尽管它们都是用同一种工具造成的。因此,对犯罪现场调查员来说,绘制可以显示最有可能产生工具痕迹的方位的示意图是很重要的。当工具的工作表面滑过其作用对象表面时,通常会产生条纹工具痕迹(参见图 9-4)。刀具工作表面的正常磨损和意外损伤会形成刀具的个别特征,在外力作用下通过工具的滑移将工具特征转移到作用表面上。使用嫌疑工具制作一个测试工具痕迹来鉴定工具,并将工具痕迹证据(或硅胶铸造的工具痕迹)与用该工具制作的测试痕迹(或硅胶铸造的测试痕迹)进行比较,如图 9-4 所示。

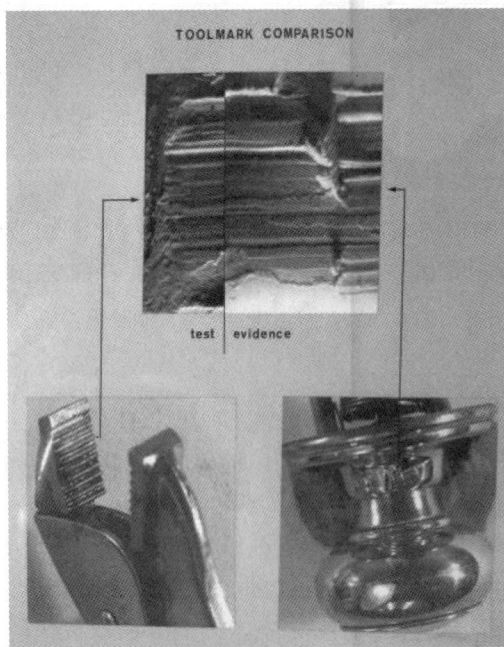

图 9-4 门把手上的硅胶铸造工具痕迹与用嫌疑工具制造的硅胶铸造测试痕迹的对比
(由加州康特拉科斯塔县警局验尸处提供)

案　例

在某些情况下,产生工具痕迹的"工具"可能不是普通意义上的工具,任何坚硬的物体,当接触另一个物体时,都可能产生类似于由工具产生的切割或条纹的痕迹。笔者协助调查一宗入室盗窃案件,窃贼从住户家中偷走了一个铁保险柜。窃贼将保险箱扔进小货车上逃离了现场。警察接到报警并进行追捕,但窃贼最终逃脱了巡逻警察的追捕。当巡逻队最终拦住窃贼的小货车时,他们已经把保险柜扔在了逃跑路线上。警官们找到保险箱时,笔者被要求取得证据,证明保险箱曾被放在货车上过。笔者在小货车车架壁上发现了几个带有条纹的凹痕,并制备了纹痕的硅胶铸模(见图9-5)。

当保险箱被送到实验室时,使用石蜡块在保险箱的每个角落制作检测痕迹(罐藏的蜡块)。将所得到的检测痕迹制备成硅树脂铸模,并将铸模与从小货车车架上得到的铸模进行比较。对比显示,条纹痕迹具有足够的一致性,可以确定小货车车架上的痕迹是由那个特定的保险箱造成的(见图9-6)。

图9-5　从小卡车车架上铸造的痕迹
(图片由小罗伯特·R.奥格尔提供)

安全转角的铸造检测印痕　　卡车货箱中留下的印痕铸模

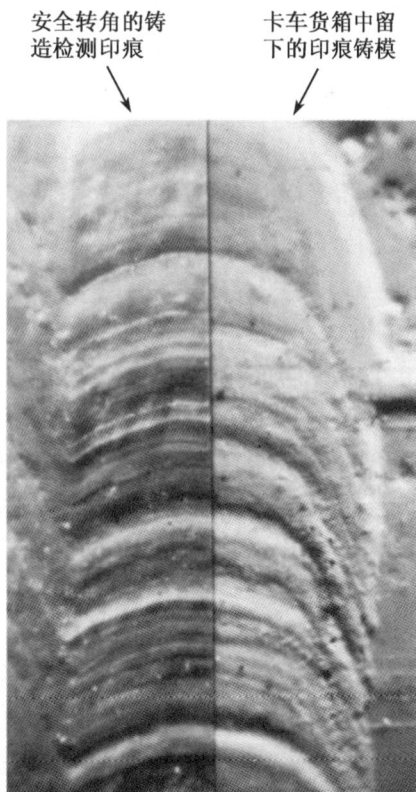

图9-6　货车货箱中留下的工具印痕与安全转角的铸模检测印痕的比较
(图片由小罗伯特·R.奥格尔提供)

9.2 印压痕迹证据的收集²

9.2.1 鞋印和轮胎胎面印痕收集

收集和保存鞋印和轮胎胎面印痕需要相同的技术:印痕的拍摄和浇铸。在现场,所有的印痕在试图浇铸固定之前,都要进行记录、绘图和拍照,印痕位置的示意图将帮助实验室分析人员以一种尽可能接近可疑印痕产生的方式来制作检测印痕。由于制作检测印痕方式上的细微差别可能会影响比较结果的准确性,因此,以上工作是实验室比对印痕证据的重要一步。照片和示意图有助于实验室的检验工作,也为调查人员在法庭上陈述犯罪现场证据提供了坚实的基础(连同调查人员的笔记和报告)。

9.2.2 鞋印和轮胎胎面印痕拍摄

对鞋印和轮胎胎面印痕进行充分的拍摄需要侦查员同时拍摄中景和特写照片。这些照片会记录印痕的位置和方向,从而协助实验室分析人员检验印痕证据。

1. 中景照片

拍摄印痕的中景照片可以显示印痕与场景其他特征的关系。这些照片可以帮助实验室分析员调整检测印痕,使得那些看照片的人知晓印痕在现场的位置。

2. 特写照片

特写照片需要尽可能多地记录印痕的细节。应该从正上方(90 度角)拍摄印痕,以便使胶片平面与印痕平面平行(即拍摄方向与印痕表面垂直)。三脚架对于拍摄特写照片是必要的,其可以确保胶片平面平行于印痕表面,并保证最佳聚焦。至少从两个方向使用彼此呈 90 度的斜(侧)光(见图 9 - 7 和图 9 - 8)。通过用强光或手电筒从不同角度照射来估计闪光装置放置的最佳角度,直到看到最清晰的印痕。可能有必要为被拍摄的区域提供强烈的阴影(或者等到黄昏),以使斜光更好地显示细节。

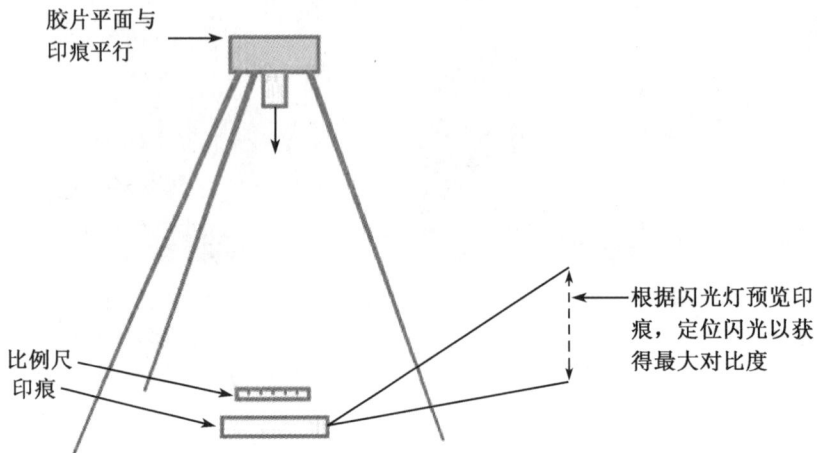

图 9 - 7 斜光拍摄印痕

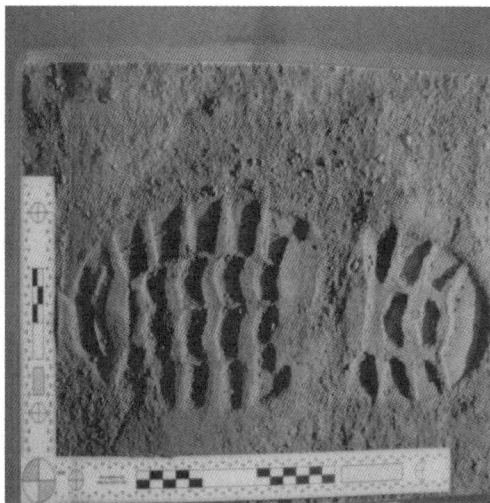

图 9 - 8　测量比例尺照片
（图片由莎伦·普洛特金提供）

在拍摄鞋印或其他印痕证据时，要使用相机上原始格式的数字图像。用相机拍摄的这种格式（非常大）的图像不会产生压缩，会保留图像原始状态的所有微小细节。在拍摄时一定要改变相机的设置（raw 格式），使刻度在与印痕证据相同的平面上，以 90 度的角度使图像以 1∶1 的比例被拍摄，保证不会失真。在拍摄 raw 格式的图片时使用单独的存储卡，因为这些图片需要很长时间才能加载到存储系统中。

如果鞋印是平面的（呈现为宽度和长度），则不能对鞋印进行铸模，但是正确地拍摄照片可以提供足够的鞋印细节，从而鉴定出造成鞋印的鞋子款式。图 9 - 9 显示了嫌疑鞋子的油墨检测印痕与现场可疑印痕的个别特征的比较。可以看出，可疑鞋印的种类特征（尺寸、鞋底花纹），以及个别特征与嫌疑鞋子的油墨鞋印特征一致。

左鞋油墨印痕　　　　　　　现场印痕照片

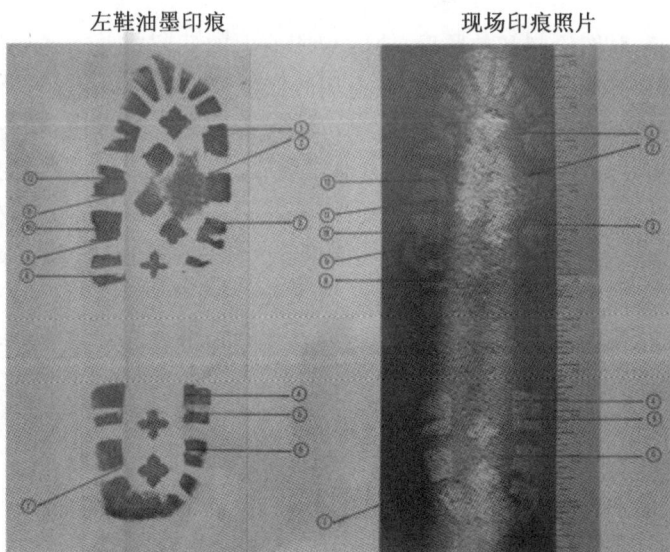

图 9 - 9　疑犯左鞋的油墨鞋印与犯罪现场可疑鞋印的比较
（由加州康特拉科斯塔县警局验尸处提供）

如果印痕是连续的轮胎印痕,先放置一个与印痕平行的实心卷尺(不要使用布胶带),然后拍摄至少八英尺长的(大约一圈的轮胎)印痕照片。这些照片用于现场记录参考,并记录在示意图中,以确保记录轮胎印痕的连续性。

9.2.3 车辆轴距和宽度测量

当测量轮胎痕迹时,在车辆轮胎两侧都留下印痕的情况下,需要测量轴距和前后轮宽度。图9-10说明了可采取的轴距和车轮宽度的测量方法。

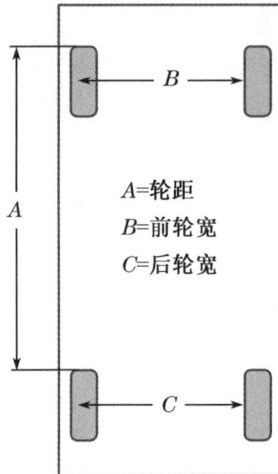

A=轮距
B=前轮宽
C=后轮宽

图9-10 轮胎轨道轴距和轮宽度测量

9.2.4 印压痕迹的浇铸和提取

1. 残留印痕的提取

在完成印痕的示意图绘制和拍照后,要收集印痕上的残留物并运送到实验室。印痕上的残留物应该用潜在提取胶带覆盖保护,或者用硬纸板和胶带在印痕上搭个"帐篷"来保护。如果印痕上的残留物不能被移动,印痕残留物可以用专门设计的提取材料来提取。如果可能,尽量避免使用临时的印痕提取材料,如玻璃纸胶带、橡胶指纹提取器和接触纸,相反地,使用高质量的印痕提取材料来提取整个印痕,比如"指纹"提取器。小心地将提取材料从印痕一端开始覆盖到另一端,如果使用干净的指纹滚轮将使提取过程更加容易,并且有助于消除里面的气泡。如果使用干净的提取材料,如指纹胶带,则应将其转移到白纸上,再用滚筒除去其中的气泡。灰尘印痕不要用指纹粉刷显,因为刷粉很可能会破坏印痕。凝胶提取器也可以用于收集物体表面(门)的印痕。

由于用指纹粉刷显残留印痕的后果通常是不可预测的,所以一般不推荐使用。然而,当印痕上的物品不能提交到实验室,而且证据无论如何都会被"清理"时,作为最后一种手段,指纹粉刷显可能是值得尝试的。在特殊的情况下,比如湿鞋接触到蜡表面,用指纹粉末刷显是有效的。如果用这种粉末能够显影或增强鞋印,需要重新对其拍摄,然后像前面描述的那样进行提取。

如果残留印痕是由灰尘组成的,则可以使用静电吸附仪来收集印痕。该技术是将提取膜放置在要处理的区域上,然后用仪器的探针给提取膜充电,灰尘会通过静电吸引转移到薄膜上,然后收集并保存薄膜并在实验室中进行检验。图 9 - 11 所示为用于提取灰尘印痕的静电吸附仪以及被静电吸附仪提取的灰尘印痕。

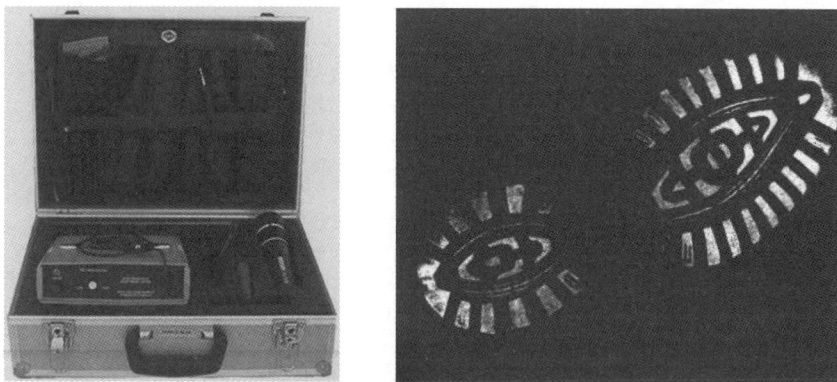

图 9 - 11　静电吸附仪和静电吸附仪提取的印痕
(由 Kinderprint 公司提供)

2. 鞋印和轮胎印痕的浇铸

在研究人员可用的记录印痕的方法中,只有浇铸可以捕捉三维印痕细节用于实验室比较。另一个好处是痕量证据可以附着在浇铸材料表面,这种情况下浇铸通常会收集证据,否则这些证据就不会被保存下来(例如脚印石膏模上的土壤)。检查印模中是否有木棍、石头和叶子,这些在印痕形成后会松散地落在上面,要用镊子小心地把这些碎片挑出来。不要取出任何被压入印痕土壤中的碎片,而应使其留在印痕中,因为移除过程可能会干扰印痕,少量的积水可以用一个小的滴管吸除。

当准备使用熟石膏浇铸时,建议在要浇铸的印痕周围放置一个围档。围档可以使用树枝、木板、油漆搅拌器等材料,但是使用商用预制浇铸框架(见图 9 - 12)会更简单、高效。当准备使用牙科石膏浇铸时,通常没有必要使用筑坝或浇铸框架,但不建议这么做。

图 9 - 12　鞋子和其他印痕的浇铸框架
(由 Lightning Powder 公司提供)

3. 用于鞋印和轮胎印痕的浇铸材料

铸模的方法非常简单,只需要练习和按照指示准备浇铸材料。熟石膏和牙科石膏是两种广泛用于鞋印和轮胎印痕的浇铸材料。牙科石膏与熟石膏相比可以产生更精细的细节,而且一旦被固定,通常会变成更坚硬的材料。总体来说,这两种方法都能产生足够好的铸模供实验室比较。犯罪现场侦查员要能熟练使用所选择的特定方法对案件中的印痕进行浇铸固定。下面是有关于熟石膏浇铸的说明,而用牙科石膏进行浇铸,调查者应该仔细按照牙科石膏浇铸印痕所需的特定说明进行。

希尔德布兰德(Hilderbrand)根据制造印模的介质情况设计了一张准备石膏浇铸的说明表(见表 9 - 1)[3]。表中所涵盖的介质包括湿土、泥、干土、沙、水和雪。

表 9 - 1 印痕介质和浇铸工艺[*]

介质	浇铸工艺
精细、均匀的湿土,可以产生具有高质量细节的印痕	1. 在印痕上撒少量的浇铸材料[**]以吸收多余的水分; 2. 浇铸材料混合后正常倒入; 3. 可能需要使用加速剂[***]; 4. 干燥时间 45~60 分钟。
精细、均匀的泥浆,可以产生具有高质量细节的印痕	1. 浇铸材料混合后正常倒入; 2. 干燥时间取决于泥浆的含水量;45~60 分钟。
像滑石粉一样的干土,可以在一定程度上保留印痕细节	1. 小心地用喷发胶喷印; 2. 喷漆可用于硬化和突显印痕; 3. 浇铸材料混合后正常倒入; 4. 干燥时间 20~30 分钟。
像硬包装一样的干土,可以在一定程度上保留印痕细节	1. 用喷发胶喷印; 2. 浇铸材料混合后正常倒入; 3. 干燥时间 20~30 分钟。
不同质地和均匀性的沙子,可以保留不同的细节	1. 用喷发胶喷印; 2. 喷漆可用于硬化和突显印痕; 3. 浇铸材料混合后正常倒入; 4. 干燥时间 20~30 分钟。
质地和均匀性各不相同的水中印痕,细节取决于水的多少和施加在地面上的压力,是时间消耗过程	1. 将印痕周围围起,如果需要的话,尽量控制水分或者除去多余的水分; 2. 在印痕上浇铸少量材料,直到覆盖; 3. 浇铸材料混合后正常倒入; 4. 可以添加加速剂; 5. 干燥时间为 60~120 分钟。
水中的印痕,细节取决于水对印痕施加压力的大小	1. 在印痕上浇铸少量材料,直到覆盖; 2. 浇铸材料混合后正常倒入; 3. 可以添加加速剂; 4. 干燥时间 60 至 90 分钟不等,取决于水的多少。
雪地上的印痕,雪具有不同的质地和粘性,印痕细节随温度的变化而变化。如果小心处理,精细的细节是可以再现的	1. 如果可能的话,要使用雪印蜡™; 2. 在印痕上撒少量滑石粉; 3. 喷黑色或灰色的漆; 4. 可添加加速剂; 5. 正常倒入; 6. 干燥时间为 60 至 90 分钟不等,也可能更长,取决于外部温度。

[*] 有关 Traxtone™浇铸材料的说明。如果使用其他浇铸材料,要按照该浇铸材料的说明操作。

[**] 注意:不要从未开封的 1.5 磅重的袋子中取出浇铸材料用于喷洒。

[***] 加速剂＝硫酸钾。

资料来源:Dwayne Hilderbrand, *Techniques in Preparing a Cast*, Scottsdale, AZ: R & P Enterprises, 1995)。由 Dwayne Hilderbrand 提供,版权所有© 1995 R&P Enterprises,已经许可。

4. 用熟石膏浇铸印痕

（1）印痕准备

用固定框架围绕要浇铸的印痕，应该避免使用超过两英寸高的固定框架，会妨碍石膏的浇铸。混合适当的石膏不需要用围挡来支撑，使用固定框架就可以。在混合石膏之前，应该找一些小树枝或其他支撑物来加强浇铸物，或者使用现成的销钉。

（2）混合石膏

准备石膏混合物时，先在一个 2 磅的咖啡罐或同等大小的容器中装入大约三分之一的水，然后慢慢地加入石膏，同时用搅拌器慢慢搅拌，以免结块或起泡。当混合物达到近似煎饼面糊的稠度时，在罐头的侧面轻敲出气泡，因为其可能会掩盖铸模中的细节。这些材料应该在非常靠近印痕的地方倒入。通常，在容器中太浓的混合物会很快变硬。一个典型的鞋印铸模将消耗 4 磅石膏和 1 夸脱水，固化需要 30 分钟的时间。浇铸材料的粘稠度要像做煎饼的面糊一样。

（3）把石膏混合物倒进印痕

"挡板"由纸包剪贴板、硬纸板或一个大腻子抹刀组成，应该倾斜成一个小的角度放置在印痕上方约两英寸的位置。然后将石膏混合物倒在挡板的顶部，使其均匀地流进印痕，避免石膏出现不规则流动或"波浪"（见图 9－13）。当第一次浇铸稳定时，将携带的细枝或木桩铺设在其表面，然后准备第二批石膏，将其倒在第一批石膏上形成强化石膏层。一旦顶层固化，可以用钉子或其他工具将说明资料划到铸模表面上。如果不使用挡板，建议一定要将浇铸材料从印痕的上部倒入印痕最深的地方（通常是脚跟），这样可以使浇铸材料流入印痕，而不是滴在它上面，因为滴入可能会抹去痕迹。完成之后，需要拿一张信息卡（在制作石膏材料批次之前），在上面写上制作者的名字、箱号、位置、北方向、时间和日期以及代理机构。然后把这张信息卡放在正在硬化的铸模顶部，以确保信息卡留在印痕上，这样可以保证在石膏处理完成时，信息卡会被固定在石膏上（记住印痕要在下面，这样不会消除任何信息）。

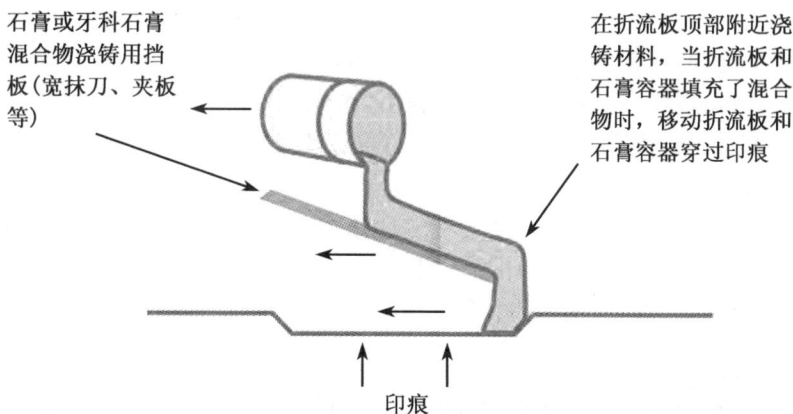

石膏或牙科石膏混合物浇铸用挡板（宽抹刀、夹板等）

在折流板顶部附近浇铸材料，当折流板和石膏容器填充了混合物时，移动折流板和石膏容器穿过印痕

印痕

图 9－13　将浇铸材料注入印痕

5. 石膏铸模包装

如果有必要，要彻底风干 24～48 小时或更长的时间。不要试图去除石膏铸模上的土壤或者清洗铸模，因为这样很可能会破坏印痕。此外，实验室分析人员还可以将粘在石膏上的

土壤与在嫌疑人鞋子上发现的土壤做比较。要将每个铸模分别用纸或纸袋松散地包裹（不要用塑料包裹或存放），然后将包好的铸模装入纸板箱，用胶带封好。如果铸模需要运输或者邮寄，要用减震或不排除空气的多孔包装材料包裹。

6. 牙科石膏浇铸

希尔德布兰德和米勒研究了熟石膏、模子石和牙科石膏在制备鞋印和轮胎胎面印痕时的效果[4]，得到的结论是，除了熟石膏，所有的石膏材料都是浇铸鞋子/轮胎胎面印痕极好的材料。他们研究发现，所有的石膏浇铸材料都具有优越的强度（不需要使用框架或者加固材料），耐用、容易清洗，并且可以很好地再现印痕细节特征[5]。根据研究结果，在制备鞋印/轮胎胎面印模时应该使用模子石或牙科石膏取代熟石膏。因此，建议用熟石膏制作印痕的部门改用模子石或牙科石膏浇铸材料。

每一个商业模子石和牙科石膏都有自己的浇铸材料准备说明。遵照这些说明准备浇铸是十分重要的，因为不按照说明操作可能导致制造出的铸模质量差或无法使用，印痕将会被改变，无法达到重现特征的程度，从而丢失有价值的证据。图 9 - 14 所示为一种市面上可买到的浇铸石膏产品。

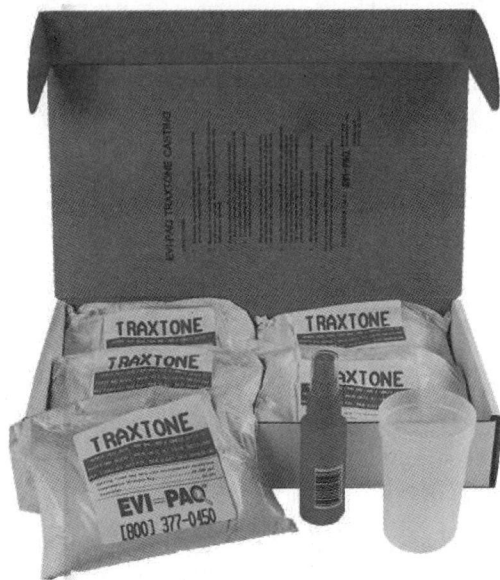

图 9 - 14　Traxtone™浇铸材料
（由 Lightning Powder 公司提供）

7. 在雪、水或灰尘中浇铸

通过使用之前概述的方法，我们可以收集灰尘、水下和雪中的印痕。对于水下印痕，在加入石膏混合物之前，应将多余的水排出或者用吸管或注射器除去。如果水不能被排走或从印痕上除去，则可以将干石膏轻轻地筛入印痕上面的水中。石膏下沉到底部，逐渐积聚，直到所有的水都被石膏渗透，然后再添加额外的石膏混合物至适当的厚度。石膏需要固定至少两小时后才能取出。

对于在雪中的印痕，需要使用一种称为雪印蜡的特殊产品。在加入石膏混合物之前，雪印蜡已经起到了很好的效果。首先在雪地上喷上两到三层雪印蜡，然后让它干燥约 10 分钟，图 9 - 15 展示了用雪印蜡在雪地上制备印痕铸模和最终的铸模。

8. 轮胎样本印痕收集

样本痕迹应在事故发生后尽快进行制作，将轮胎安装在可疑车辆上，使位置、磨损和装载情况与证据痕迹产生时的情况相同。样本痕迹制作最好由实验室人员在试验条件可以适当控制的地方进行。如果可疑车辆不方便移动，则必须在现场制作样本痕迹。应采取步骤如下：

（1）使用光滑、平坦的表面，如光滑的混凝土。

（2）在每个轮胎前放上 12 英寸宽的海报板，用于记录轮胎整个周长，要确保海报板或醋酸薄膜至少 6 英尺长，允许轮胎滚动一周。用粉笔在轮胎顶部做标记，这样当轮胎滚动时，就能明确轮胎何时滚动了一周。在海报板上要涂上指纹油墨。

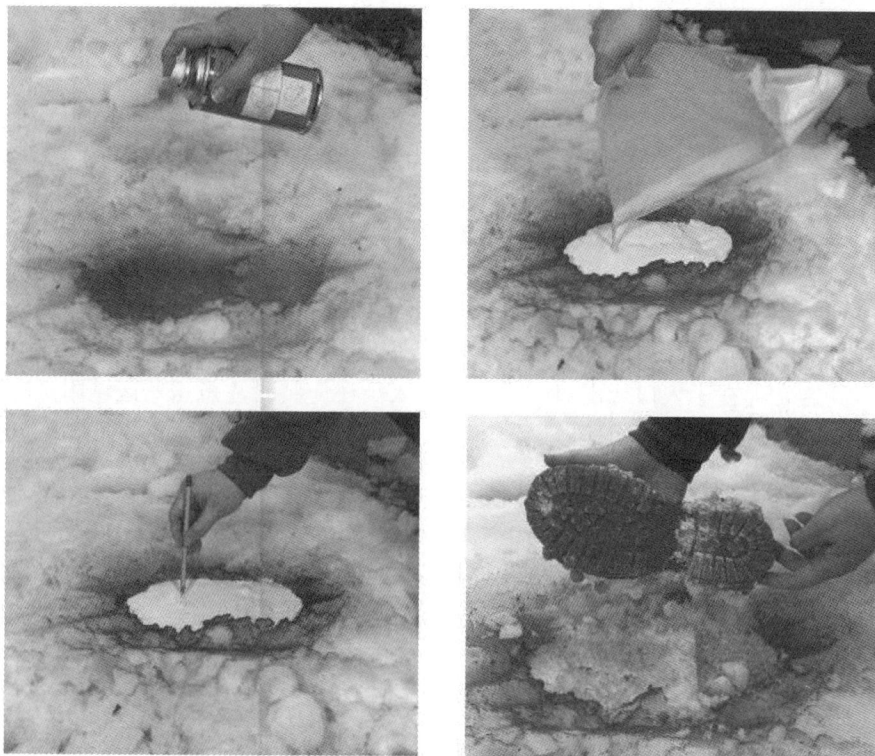

图 9 - 15　用雪印蜡制作的雪地鞋印铸模和浇铸材料

（由 Lightning Powder 公司美国装甲控制公司产品分部提供。雪印蜡™是 Lightning Powder 公司的商标。）

（3）不要启动汽车，让汽车处于空挡状态，一个人坐在驾驶座上，让其他人慢慢推汽车。让车辆滚过已涂有油墨的海报板，然后用清洁的海报板或醋酸酯薄膜替换涂有油墨的海报板。笔者喜欢使用醋酸酯薄膜，因为它可以卷起来放置在一个管中。这些醋酸酯薄膜卷可以用来覆盖犯罪现场的实际印痕。要问实验室分析人员更喜欢选择哪种。

（4）将涂有油墨的轮胎滚在干净的海报板上，制作样本印痕。

（5）在重新覆盖测试板之前，要对所有的"测试板"做适当的标注，用来识别和排序。滚动每个轮胎，并在每个测试轮胎上标记其正确的位置和信息（例如，前驾驶侧）。

9. 已知鞋子的收集

如果鞋子是湿的（有水、血等），包装前应该彻底风干，但不要使用人工加热方式干燥鞋子，然后用结实的纸袋、马尼拉信封或特卫克证据袋包装鞋子。要确认每双鞋的穿着者和获得的日期，并在每只鞋的内侧用永久性墨水记号笔标上说明资料。同时，在实验室检验申请表上注明是否需要检验鞋子有无土壤、玻璃、纤维或其他显微镜下的证据。如果要检验鞋子的痕迹，需要在外包装上注明"小心！痕迹"，以提醒实验室工作人员。

10. 已知轮胎的收集

最好将安装轮胎的可疑车辆直接提交到实验室，并在受控条件下测试痕迹。因为如果驾驶装有轮胎的犯罪嫌疑车辆,将会很大程度改变嫌疑轮胎的意外特性,所以要将嫌疑轮胎全部更换为其他轮胎后再驾驶,或用拖车运输犯罪嫌疑车辆。

9.3　工具印痕证据收集

9.3.1　工具印痕证据的特殊注意事项

1. 门、窗和其他开口

带有铰链或滑动的门、窗或其他开口不应被打开、关闭或以任何方式触摸,以免破坏潜在的指纹,其通常存在于入口或出口附近。调查人员还应特别注意这些区域附近有无破损、暴力痕迹或切断的锁、锁闩或螺栓。一定不要把工具放在印痕上看它是否能匹配,因为这一行为将完全破坏工具痕迹的证据价值。

2. 痕迹证据的存在

应该仔细检查工具痕迹是否有任何痕迹证据存在。在处理工具痕迹之前,应该仔细检查工具上是否有松散的附着颗粒,特别是从工具表面转移的油漆。如果有油漆涂片或薄片看起来松散地附着在工具痕迹的表面,可以用细刷子(如骆驼毛刷或未使用的指纹刷)将其刷入袋子中。如果转移的油漆是污迹,在固定痕迹时应该将油漆留在原处。浇铸介质将转移大部分污渍并将其保存于介质表面,供实验室分析人员移除。

3. 从客体表面转移到工具上的油漆

对于带有工具痕迹的油漆表面,表面的油漆也应提交给实验室。油漆可能不容易粘在工具上,但是,对该工具进行显微检查,可能会发现具有证据价值的微小颗粒。当工具痕迹在无法完全移动的表面上出现时,例如大型金属物体,应该收集金属样品并提交到实验室作为参考标准。除了油漆,金属颗粒也可能会附着在工具上,两者都可用于分析和比较。在运送到实验室的过程中,粘附在工具上的油漆可能会发生脱落,因此,要在工具的工作边缘末端用胶带固定一个塑料袋,以防止在存储和送至实验室过程中丢失或污染工具痕迹。

9.3.2　工具印痕证据的记录文件

1. 记录和示意图

工具痕迹在被移动和浇铸之前,应该在现场笔记中完全记录,并附上示意图和照片。笔记和示意图必须准确地将所有工具痕迹的位置反映到两个固定的参考点,并标记工具距离地板或地面的高度。

2. 工具痕迹的拍摄

实验室检验和法庭鉴定需要两类照片。

(1) 方位照片

方位照片应在中程拍摄,可以描绘带有工具痕迹的整个对象。照片应该包括可以定位工具痕迹的结构,以便可以估计工具痕迹是怎样造成的。这些照片,连同场景示意图,将协助工具痕迹检验人员定位工具方向来制作样本痕迹,用于与可疑工具痕迹进行比较。

(2) 显示工具痕迹细节的特写照片

特写照片仅用于识别和定位,通常不能用于实际比较,除非在某些情况下(例如,当照片清楚地显示种类和个别特征时)。这些照片应该显示门、窗和类似带有痕迹的物体的物理位置和排序,这些可以揭示工具的使用方向,以及确定工具是否能够形成痕迹。在这些照片中还应该包括一个比例尺。

3. 转移带有工具痕迹证据的物品的标注

作为证据,任何带有工具痕迹的物品都应清楚地标明案例号、缩写和转移日期。证据也要标记出内部或外部,顶部或底部,以及工具痕迹的表面。如果要移动带工具痕迹的物体,应包括一个足够大的周围表面区域,以防止弯曲、断裂或破坏从而对工具痕迹造成的损害。对于任何可拆卸的小物件,如门把手、门闩板或锁,侦查人员在拆卸前都应使用不褪色的笔标明其顶部和前部的位置或在提交的证据中附上一幅单独的图画。强行进入时会造成许多带有工具痕迹的物品分离,可以将其直接提交到实验室,包括窗户或门模子的一部分,如窗户、门框、闩、螺栓、锁,或门把手。当门把手扭曲时,要注意两边是否有东西(门柱、门闩)阻碍到门把手。如果痕迹出现在太大而不能送到实验室的物品上,准备使用 Mikrosil™ 或其他硅树脂铸造化合物对工具痕迹进行铸造。

4. 准备铸造工具痕迹

如果一个实际物品不能被提交到实验室进行工具痕迹检验,可以制作一个工具痕迹铸模。Mikrosil™ 是一种合适的铸造材料,由两种组分组成,可以重现微观比较所需要的非常精细的细节。铸造套件中提供了两种速度的硬化剂,其中慢速硬化剂适用于普通铸造,而快速硬化剂适用于非常寒冷气候下的铸造。铸造材料和硬化剂需要完全混合,混合好的材料会在一到两分钟起作用,大约十分钟可以移走铸模。由于经过硬化处理的 Mikrosil™ 铸件不能用钢笔永久标记,因此必须将铸件放在合适的容器中,并在容器上适当标记物品的编号、位置、日期和铸造人员的姓名(标准身份数据)。图 9 - 16 显示了由铸造基材料和硬化剂组成的 Mikrosil™ 铸造工具包。

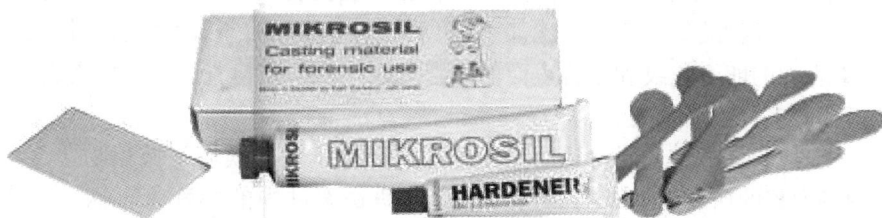

图 9 - 16　Mikrosil™ 铸造试剂盒

(由 Lightning Powder 公司提供。雪印蜡™是 Lightning Powder 公司的商标。)

5. MIKROSIL™ 铸造说明

(1) 准备一张 3×5 的卡片作为标签。

(2) 使用另一张卡片作为调色板,根据印痕的大小添加足够的基材料,添加硬化剂并充分混合。一定要使用相同长度(胶滴)的硬化剂(作为催化剂)和基材。

（3）小心地将少量的新鲜混合物擦入痕迹的表面,以消除气泡。

（4）将剩余的混合物添加到痕迹中。

（5）立即将3×5塑料卡片标签贴在新鲜铸件上,用额外的新鲜铸料进行固定。

6. 硅树脂铸造材料的其他用途

这些合成塑料制品也可用于从粗糙、不规则的表面(如木材)上移走指纹。用刷子和粉末显影后,就要立刻对潜在的印痕进行照相,然后用浇铸混合物进行浇铸,等到凝固后再抬起。以这种方式收集的复制品通常是完整的,并且没有外来的木材夹杂物。提取物铸模是标准胶带提取印迹的镜像,因此,在比较检验阶段应格外小心。

7. 带有工具痕迹证据的物品的包装

任何带有工具痕迹的物品在处理和包装时都应避免与其他物品发生进一步接触,以免改变或损坏原始痕迹。物品要用保护包装材料(如皱纸或塑料泡沫材料)包裹后,再装在一个坚固的容器(如硬纸盒)里。

9.4　分离痕迹证据

分离痕迹证据指的是在犯罪过程中被折断或撕裂的证据。本章之所以包括分离痕迹证据,是因为对分离痕迹证据所采用的检验类型与印痕证据类似。分离痕迹证据包括各种各样的材料,比如用来捆绑受害者的胶带,在攻击中打碎的钝器部分,在攻击中折断的指甲,肇事逃逸案件中从汽车上掉落的油漆以及许多其他类型的材料。

9.4.1　分离痕迹证据的实验室检验

实验室对分离痕迹证据的检验方法是多种多样的,具体取决于分离痕迹证据的类型。在大多数情况下,将物体的断裂边缘并排放置,以确定断裂边缘是否可以像"拼图游戏"一样合在一起。如果边缘吻合,则需要检验毗邻断裂处的样式是否符合种类特征(见图9-17)。如果断裂边缘吻合,并且样式的种类特征一致,那么检验者就可以得出结论:这两个(或更多)物体属于同一件物品的一部分。比如手套、手套手指部分的撕裂区域符合拼图模式且种类特征(手掌表面的卵石花纹和手背表面的光滑花纹)一致,则检查人员可以得出结论:撕裂的手套手指部分来自可疑手套。

在图9-18中,从事故现场找到的油漆碎片与可疑车辆的损坏区域相吻合。收集肇事逃逸事故现场发现的所有油漆碎片对于判断肇事逃逸案件中的嫌疑人车辆是十分必要的(见第十二章)。

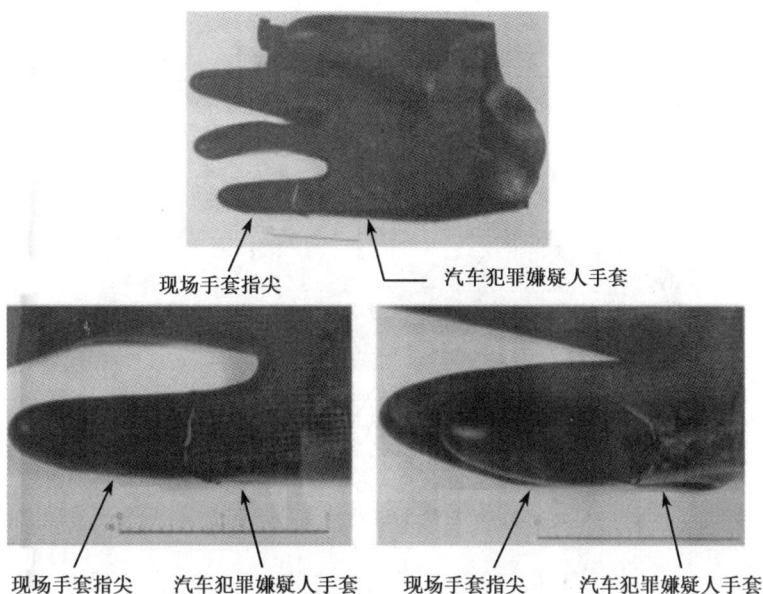

图 9-17　在犯罪现场发现的手套手指部分与嫌犯手套的材质匹配
（由加州康特拉科斯塔县警局验尸处提供）

放置在受损区域的现场发现的油漆碎片

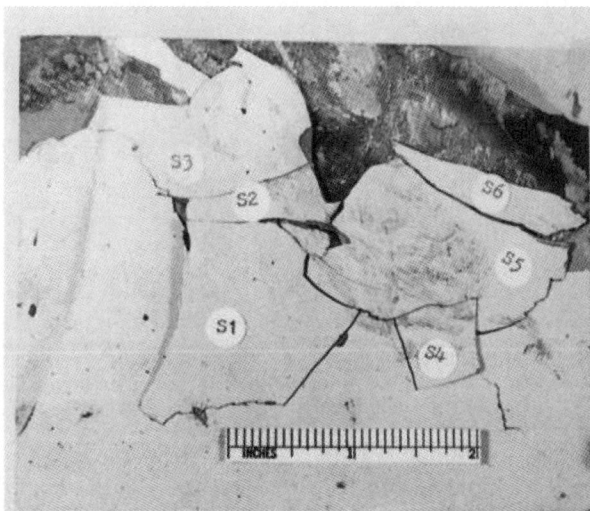

图 9-18　在事故现场发现的油漆碎片放入可疑车辆的破损区域

在图 9-19 中，在袭击现场发现来自受害者的指甲碎片。指甲的比较通常包括检验断裂边缘是否能够"拼图"和比较在指甲中发现的条纹。因为指甲上的纹路在整个生命周期中都是稳定的，并且每个人的每个指甲都是独一无二的，所以可用来识别指甲碎片的来源。

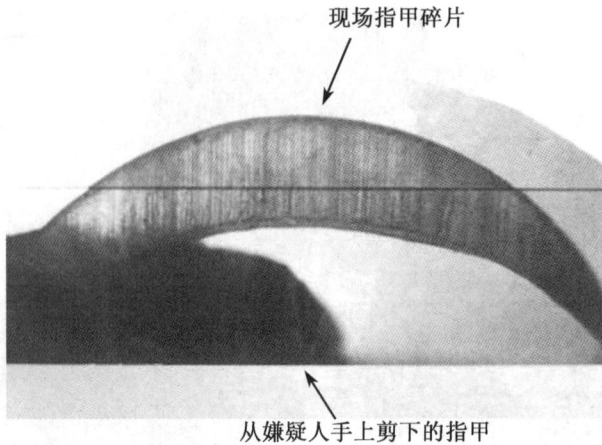

图 9‑19   在嫌疑人的车上发现的碎片纹路与受害者的指甲纹路的比较
(由加州康特拉科斯塔县警局验尸处提供)

图 9‑20 显示了一种不同寻常的裂缝匹配方法的应用。在一个肇事逃逸现场,一个路标(木柱子)被撞坏,并且丢失了一部分。当一辆可疑车辆被锁定后,在其格栅中发现了一块路标残片。现场立柱断裂端和车上立柱断面均用硅酮铸造材料浇铸,将嫌疑人汽车上的路标残片铸模和现场路标的铸模进行比较,发现是它们属于同一根柱子。

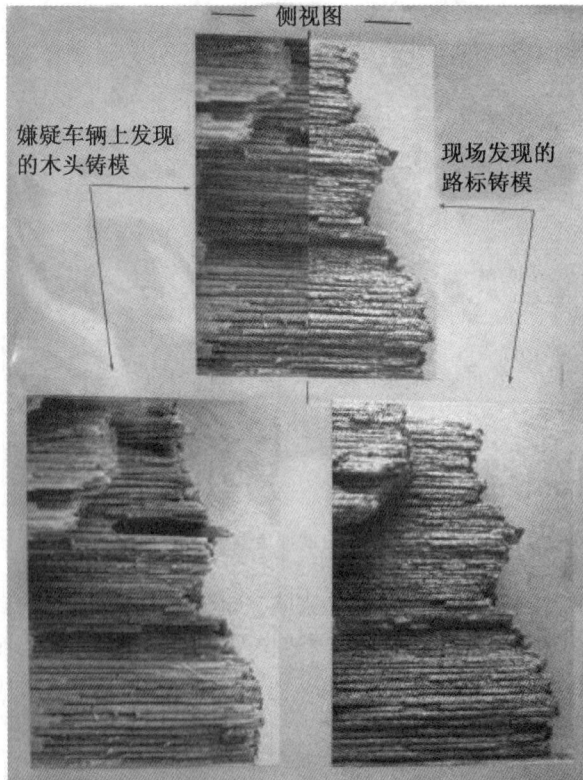

图 9‑20   从疑犯车辆上取下的路标残片的木纹图案铸模与事故现场木桩的木纹图案铸模的比较
(由加州康特拉科斯塔县警局验尸处提供)

案　例

在一宗涉及从受害人车中偷取收音机的案件中,把偷来的收音机与受害人的车辆连接起来对案件来说至关重要。因为通过比较车辆内无线电线绝缘层上的裂缝(已知的)和找到的无线电线绝缘层上的裂缝(可疑的)无法确定它们属于同一物体,所以笔者开发了一种方法,通过对线材内部进行浇铸,并比较每个线材与其他线材的线形来获得匹配结果(见图 9 - 21)[6]。

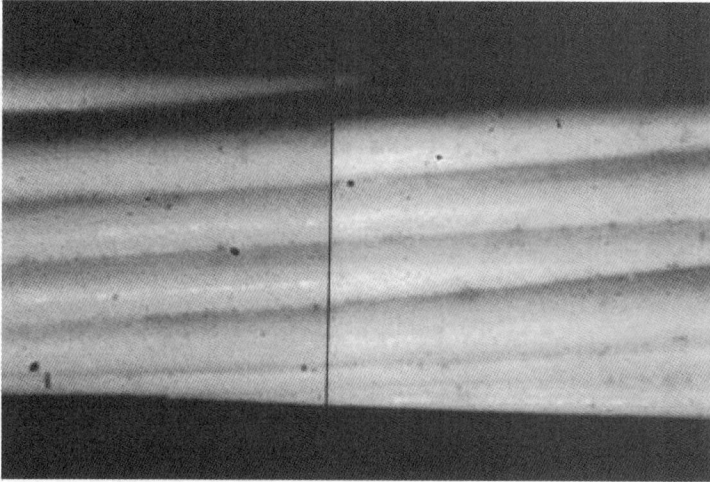

图 9 - 21　已知和可疑线材内部的图案铸模的比较
(小罗伯特·R. 奥格尔提供)

总　结

1. 印压痕迹证据引言

物体在承受客体表面上留下的痕迹,压痕痕迹(印痕或压痕)。残留物转移痕迹(也称为"印痕"),是由于与物体接触而从表面上转移物质的结果。

2. 印压痕迹证据的实验室检验

鞋印检验
种类特征的判断
　侦查目的
　与可疑鞋印来源的比较
个别特征
　与已知样本的比较
　可疑印痕的个别特征

3. 轮胎胎面印痕检验

大体与鞋印的检查相似。在找到可疑车辆之前要对印痕的种类特征进行检验(调查线索)。
　胎面花纹与已知制造样品或制作材料的比较
　与可疑车辆的轮胎进行比较

4. 工具印痕检验

锯齿状痕迹

种类特征检验(形状、大小)

- 调查线索
- 排除非源工具

个别特征

- 分析人员可以识别制作可靠工具痕迹的已知工具

条纹状痕迹

通常比锯齿痕迹更难区别

对于犯罪现场侦查人员来说,准备工具痕迹的示意图是很重要的,当制作可疑工具痕迹时,该示意图能显示工具最有可能的方向

5. 印压痕迹证据的收集

鞋印和轮胎胎面印痕收集

现场记录

拍照

浇铸

车辆轴距和宽度的测量

残留印痕的提取

鞋印和轮胎印痕铸模

用于鞋印和轮胎印痕的浇铸材料

用熟石膏浇铸印痕

石膏铸模的包装

用牙科石膏浇铸

浇铸鞋印和轮胎印的首选方法

在雪、水或灰尘中浇铸

雪印准备和浇铸材料

获取测试轮胎印痕

已知鞋子的收集

已知轮胎的收集

6. 工具印痕证据收集

工具印痕证据的特殊注意事项

永远不能将可疑工具放入印痕

存在的痕迹证据

从物体表面转移到工具上的油漆

工具痕迹证据的记录文件

笔记和示意图

工具痕迹的拍摄

方位照片

显示工具痕迹细节的特写照片

转移带有工具痕迹证据的物品的标注

准备铸造工具痕迹

Mikrosil™铸造说明

硅树脂铸造材料的其他用途

带有工具痕迹证据的物品的包装

7. 分离痕迹证据

分离痕迹证据的实验室检验

在犯罪现场发现的手套手指部分与嫌犯手套的材质匹配

在事故现场发现的油漆碎片放入可疑车辆的破损区域

在嫌疑人车辆中发现的指甲碎片上的指甲条纹与受害者的指甲条纹进行比较

从疑犯车辆上取下的路标残片的木纹图案铸模与事故现场木桩的木纹图案铸模的比较

已知和可疑线材内部的图案铸模的比较

复习题

1. 印痕证据包括<u>凹陷</u>印痕和<u>转移</u>印痕。
2. 鞋印的<u>种类</u>特征有利于调查的开展。
3. <u>个别</u>特征是鞋跟和鞋底表面意外损坏导致的结果。
4. 鞋印和轮胎印痕的收集包括<u>拍照</u>和<u>铸造制模</u>。
5. 印痕拍照既需要中景照片,也需要<u>特写</u>照片。

6. 应在有和无比例尺的两种情况下拍摄印痕照片。
7. 可以使用手电筒或高强度的光以最大的对比度照在印痕上，来完成印痕照片的预览。
8. 印痕制模是提供印痕三维视图的唯一方法。
9. 鞋印或轮胎印痕可用石膏或牙科石膏制模。
10. 在向印痕中浇注铸造材料时，应使用挡板，以避免损坏印痕。

延伸阅读参考文献

[1] Bodziak，W. J. 2008. *Tire Tread and Tire Track Evidence*. Boca Raton，FL：CRC Press.

[2] Jackson，A. R. W.，and J. Jackson，2007. *Forensic Science*. Essex，England，U. K.：Pearson Education Limited.

[3] James，S. H.，and J. J. Nordby，eds. 2005. *Forensic Science* (*An Introduction to Scientific and Investigative Techniques*)，2nd ed. Boca Raton，FL：CRC Press (Imprint of Taylor and Francis).

[4] Saferstein，R. 2009. *Forensic Science* (*From the Crime Scene to the Crime Lab*). Upper Saddle River，NJ：Pearson Education，Inc.

[5] White，P.，ed. 1998. *Crime Scene to Court：The Essentials of Forensic Science*. Cambridge，U. K.：The Royal Society of Chemistry.

第
十
章 | **毒品和酒精证据**

多喝一点和多喝很多没差别。

——谚语

关 键 词

受管制药物,成瘾,生理作用,麻醉药品,精神活性药物,镇静剂,镇定剂,中枢神经系统兴奋剂,酒精,天然,合成,半合成,DEA 分类药物类别一,DEA 分类药物类别二,DEA 分类药物类别三,DEA 分类药物类别四,DEA 分类药物类别五,防护手套,防刺容器,现场测试,推定,秘密实验室,酒精,酒后驾驶,耐受性,呼吸样本,血液样本,尿液样本。

学 习 目 标

■ 讨论管制物质的 DEA 一览表。
■ 解释秘密实验室。
■ 药物和酒精证据正确的收集说明。

10.1 毒品证据

10.1.1 引言

毒品证据包括受管制物质以及用于非法制造受管制物质的化学品和设备。美国联邦和州政府的法律都禁止公民拥有受管制物质,毒品强制管理局(DEA)和许多州政府根据药物可能上瘾的程度以及该药物是否具有合法的医疗用途,将各种药物进行分类,如后文所示。非法药物使用的情况会随着时间而变化,所以毒品药物名单每年都在变化。药物可根据其生理作用进行分类,非法药物的主要生理类别有:(1) 麻醉品(海洛因、吗啡等);(2) 精神药品(LSD、MDMA、MMDA 等);(3) 镇静剂(中枢神经系统抑制剂,如斯巴比妥、甲喹酮等);(4) 镇定剂(恶西泮、安定等);(5) 中枢神经系统兴奋剂(可卡因、甲基苯丙胺等)。另一类药物是酒精,这种物质在法律中是单独处理的,因为成年人拥有酒精[1]是合法的(这将在本章后面单独的一节中讨论）。由于酒精的滥用以及许多人在饮酒情况下驾驶造成死亡事故，所以酒精成为许多立法的主题。受管控物质按其来源分类：（1）自然产生的；（2）合成的；（3）半合成的[2]。天然存在的受管控物质有大麻（其活性成分为四氢大麻酚，简称 THC）、可卡因、吗啡、可待因、麦司卡林和裸盖菇素；合成物受管控物质有苯环己哌啶（PCP）、安非他明、甲基苯丙胺、巴比妥酸盐以及美沙酮；半合成的受管控物质有二乙酰吗啡（海洛因）和麦角酸二乙胺（LSD）。合成药物还包括被称为"设计药物"的药物，包括芬太尼类似物、杜冷丁类似物、"俱乐部药物"MDMA（二亚甲基双氧苯丙胺，或"摇头丸"）、GHB（γ-羟基丁酸）和迷药安眠药（"约会强奸"药物氟硝西泮）。从法律的角度来看，按来源对药物进行分类，比美国毒品强制管理局和各州法规对受管控物质进行法律分类更为重要。

10.1.2　受管制物质的 DEA 分类

如上所述，美国法律禁止的各种管制物质按美国联邦法（以及美国大多数州的州法）进行分类，下列五类按滥用的可能性和目前公认的医疗用途分类。

1. 药物类别一

类别一中药物有很高的滥用可能性，目前没有公认的医疗用途，也没有公认的在医疗监督下使用的安全标准，包括海洛因、LSD、大麻和甲喹酮等。

2. 药物类别二

类别二中药物有很高的滥用可能性，但是目前在美国可在医学专业人员的监督下被接受用于医疗。滥用药物可能导致严重的心理或身体依赖，这些药物需要一式三份的处方，包括吗啡、PCP、可卡因和甲基苯丙胺等。

3. 药物类别三

类别三中药物的滥用可能性低于类别二中的药物。这些药物目前具有公认的医学用途。滥用这些药物可能导致中度或低程度的身体依赖或高度的心理依赖，包括合成代谢类固醇、可待因、氢可酮和一些巴比妥酸盐等。

4. 药物类别四

类别四中的药物比类别三的药物具有更低的滥用可能性，并且目前具有公认的医疗用途。滥用这些药物可能导致有限的生理或心理依赖。此类中的例子有达尔丰、镇痛新、安定和阿普唑仑。

5. 药物类别五

类别五中药物滥用的可能性低，目前被接受用于医疗。滥用这些药物可能导致有限的生理或心理依赖，其中一个例子是咳嗽糖浆制剂中的可待因。

10.1.3　毒品证据收集

毒品证据的收集通常涉及搜查住所、车辆或个人。毒品证据可能隐藏在难以发现的地方，对犯罪嫌疑人的房屋、车辆或人身进行系统的搜查通常会发现证据。由于可能会存在皮下注射针头，搜索工作有些危险，因此侦查人员在搜索过程中需格外小心，建议在搜寻时戴上防护手套。通常，使用训练有素的警犬来定位毒品证据将会大大增加搜索的效率和效果。

毒品证据应包装在专门为此设计的容器中,针和其他尖锐的物品应包装在防刺的容器中,这样就不会使处理证据的其他人受伤。包装上应标明标准的说明资料(日期、箱号、项目号和警官姓名)和对内容物的描述。密封的包装应放置在合适的证据柜中或直接提交给实验室。

10.1.4 毒品证据的现场检验

一些药物现场测试包可用于可疑药物证据的现场推定测试。"推定"一词是指显示阳性反应,但不能证明所述物质存在于所测材料中。在使用这些试剂盒时,有几个重要的注意事项:(1)由于这些试剂盒中使用的许多化学物质具有腐蚀性、可燃性、毒性,或者同时具有这些性质,因此在使用这些试剂盒时必须穿戴个人防护装备(尤其是眼镜和手套);(2)必须严格遵守试剂盒说明;(3)使用少量材料进行测试;(4)本试验仅为推定试验,对于任何阳性反应,必须由有资质的人员以更具体的方法在实验室进行进一步确认。

用于药物现场测试的不同试剂盒是基于使用一些药物鉴定的测试试剂(试剂是用于化学生产的化学品或化学品制剂)。表10-1列出了在商业药物测试试剂盒中的一些比较有用的测试试剂以及这些测试的显色反应,这些结果表明可能存在某种受管控物质。

表 10 - 1　药物现场试验试剂及反应

试剂	显色反应	指示的物质
马奎斯	橙色	安非他明
		脱氧麻黄碱
		麦司卡林
	暗橙色	裸盖菇素
	紫色	海洛因、吗啡
硫氰酸钴	蓝色沉淀	可卡因
Dille-koppanyi	红紫色	巴比妥酸盐
埃利希	紫色	麦角酸二乙胺
Duquenois-Levine	紫色(在氯仿层)	大麻、印度大麻

10.1.5 秘密实验室

许多非法药物是在秘密实验室制造的。在秘密实验室最常发现的毒品是甲基苯丙胺、五氯苯酚和麦角酸二乙胺。用于生产这些和其他非法药物的化学品易燃、有腐蚀性、有毒、有爆炸性,或者同时具有这些性质。因此,秘密实验室的现场必须由那些配备了合适的设备并接受过专业培训的专业人员处理这些极端危险的物质。另一方面,秘密实验室现场也需要像其他犯罪现场一样认真准备文件,包括适当的笔记、示意图和照片。

秘密实验室现场会有大量的实物证据,包括潜在的指纹、印痕、如鞋印或印记、文件证据和痕迹证据。现场的化学品及其任何产物也是有价值的证据,因为这些材料是确定犯罪的要素。应该记录好现场存在的化学物质以及它们的数量,并且对每一种材料提取足够的样本,因为它们具有危险的性质,法院可能授权相关人员销毁这些材料。表10-2列出了用于生产特殊受管控物质的一些化学物质。

表 10‐2 化学品 * 与其制造的有关特定受管控制物质

化学品/试剂	生产的药物
乙醛	冰毒
苯甲醛	安非他明
苯酐	可卡因
苯甲酰氯	可卡因
苄氯甲酸酯	安非他明
溴	可卡因
溴黄樟油精	二亚甲基双氧苯丙胺(MDMA,摇头丸)
丁胺	安非他明
甲酯基丙酰氯化物	二甲‐4‐羟色胺
环己酮	苯环己哌啶(PCP)
二氯甲烷	甲撑二氧苯丙胺(MDA)
二乙胺	二甲基色胺(DMT)
1,3‐丙酮二羧酸二甲酯	可卡因
二苯基乙腈	美沙酮
麦角胺	麦角酸二乙胺(LSD)
乙基溴化镁	美沙酮
甲酰胺	安非他明
联氨	麦角酸二乙胺(LSD)
氯化氢气体	苯环己哌啶(PCP)
	脱氧麻黄碱
	安非他明
	安眠酮
吲哚	二甲基色胺(DMT)
异黄樟脑	甲撑二氧苯丙胺(MDA)
β‐酮戊二酸	可卡因
锂(金属)	安非他明、冰毒
氢氧化锂	麦角酸二乙胺(LSD)
麦角酸	麦角酸二乙胺(LSD)
镁(旋转)	甲基苯丙胺
	苯环己哌啶(PCP)
	二甲‐4‐羟色胺
氯化汞	安非他明
	摇头丸(MDMA,摇头丸)
	甲基安非他明
丙烯酸甲酯	芬太尼、芬太尼类似物
盐酸甲胺	二亚甲基双氧苯丙胺(MDMA,摇头丸)

(续表)

化学品/试剂	生产的药物
甲基-3,4,5-三甲氧基苯甲酸	麦司卡林
硝基乙烷	甲撑二氧苯丙胺(MDA)
甲基甲酰胺	冰毒
3,5-二羟基戊苯	四氢大麻酚(THC)
钯黑	安非他明、脱氧麻黄碱
苯乙腈	哌醋甲酯
苯丙氨酸	安非他明、冰毒
苯基溴化镁	苯环己哌啶(PCP)
苯基-2-丙酮	安非他明、冰毒
五氯化二磷	脱氧麻黄碱
	麦司卡林
哌啶	苯环己哌啶(PCP)
胡椒醛	甲撑二氧苯丙胺(MDA)
铂	脱氧麻黄碱
氯化铂	脱氧麻黄碱
氧化铂	脱氧麻黄碱
氰化钾	麦司卡林
高锰酸钾	可卡因
丙酸酐	芬太尼
吡咯	可卡因
钠(金属)	可卡因
	脱氧麻黄碱
2,5-二甲氧基四氢呋喃	可卡因
3,4,5-三甲氧基苯甲酸	麦司卡林
3,4-甲二氧基苯基-2-丙酮	甲基双氧苯丙胺(MDMA,摇头丸)
4-甲氧基吲哚	二甲-4-羟色胺

* 可能是生产过程中使用的试剂或者所生产药物的前体。

感谢加州康特拉科斯塔警局验尸处法医中心法医毒理学家尼万·吉尔的审核。

10.2 酒精证据

10.2.1 引言

酒精是执法中遇到的比较重要的物质之一,因为在驾驶之前饮用酒精会使驾驶员对其他驾驶员、行人及其财产构成危险。美国每个州都有一个血液酒精的标准水平,超过这个水平就会被认为是酒后驾驶(DUI)或醉酒驾驶(DWI)。在逮捕酒驾的人之前,警官会对司机进行现场清醒测试(FSTs),在某些情况下,还会使用便携式呼吸测试设备进行呼气检查。表10-3描述了血液酒精水平(BALs)或血液酒精浓度(BACs)的范围以及在这些范围内观察到的酒精对人的相应影响。请注意,每个人对酒精的反应是不同的,因此,对于耐受度低的人来说,这种影响在范围的下限就很明显,而对于耐受度高的人来说,影响在范围的上限是明显的。

表 10-3　血液酒精浓度及相应影响

测量的 BAC *	影响的描述
0.00~0.04	所谓的清醒范围:很少或没有明显的影响,一些在精细协调和判断方面的缺乏可以通过测试检测出来。
0.01~0.08	受损范围:少部分人在分散注意力** 任务中表现出最低水平的能力受损,大部分人在分散注意力任务中表现出最高水平的能力受损。
0.05~0.25	中毒范围:耐受性低的人在最低水平会表现出中毒症状,大部分人在较高水平都会表现出明显的中毒症状。
0.18~0.50	昏迷范围:低耐受性个体在较低水平时可能"昏厥"(变为昏迷),而高耐受性个体在达到较高水平时才会进入昏迷状态。
0.30~0.60	死亡:低耐受性个体可能在较低水平下死亡,高耐受性个体可能在较高水平下死亡(在极少数情况下,个体在 0.60 以上水平能够存活)。

* 血液酒精浓度用克/分升(g/dL)表示,这是酒后血液酒精浓度的标准单位。

** "分散注意力"指的是一个人必须同时监视和控制多项任务,这是所有驾驶情况中都存在的一种情况。

10.2.2　酒精影响的耐受性

如前所述,每个人对酒精影响的耐受性不同。通常情况下,个体被分为:(1) 高容忍度;(2) 正常容忍度;(3) 低容忍度。这些分类是为了便于调查人员检查,因为大样品数量下人的酒精耐受性是一个梯度连续体,其中类别之间的分界有一些重叠(见表10-3)。

10.2.3　影响驾驶的证据

酒后驾驶案件的证据包括:(1) 驾驶员的驾驶行为;(2) 现场清醒测试;(3) 现场呼气酒精检查测试(现场);(4) 血液和尿液标本的实验室分析;(5) 血液酒精水平证据测试的专家解释。

在酒后驾车案件中警官对驾驶人驾驶行为的观察是一个重要方面。驾驶员的驾驶错误、现场清醒测试的表现和现场呼吸测试仪的结果是对其进行逮捕的依据。对血液、呼吸或尿液酒精水平的分析和解释可以确定驾驶员能力损伤或中毒的程度。执行逮捕的警察对驾驶人驾驶行为的仔细记录,以及实验室分析人员对血液中酒精含量的准确分析和解释,为案件提供了确凿的证据,证明司机是酒驾。当司机血液中酒精含量不高时,通常会通过行政手段处理。

10.2.4 酒精样本的收集和保存

1. 呼吸样本采集

对法医酒精分析证据的酒精呼吸样本的收集有如下要求:(1) 受试者在采集样本前至少有 15 分钟没有进食或喝水;(2) 为了验证仪器的可靠性,测试必须在法医科学家的监督下进行。要求一的必要性在于,口腔或喉咙中的任何酒精都可能干扰对肺内空气的测量,而这段等待时间可以保证口腔和喉咙里的酒精慢慢消散;要求二的必要性在于,便于为专家解释由呼吸测试设备确定的血液酒精水平提供充分的基础。

2. 血液样本采集

对于活体受试者,应从其前臂静脉抽取血液以进行血液酒精测试,该位置是用于酒精分析的血液样本提取的标准位置。样本应使用含有抗凝剂和防腐剂的真空采血管(或者与之相当的容器)保存。在大多数司法管辖区,是使用含有合适的采血管和包装材料的商业试剂盒进行抽血。血液样本应尽快送往负责分析的法医实验室,不应长期存放在车辆或其后备箱中,因为车内的高温可能会破坏样本。如果样本不能立即运送到法医实验室,要在运送之前保存在冰箱中(不要冷冻)。

对于死亡受试者,血液样本应该从心脏或主动脉血管中抽取,要使用与活体受试者相同的抽血材料,且标本应尽快冷藏。

3. 尿液样本采集

尿液样本必须在膀胱排尿 20 分钟后收集,因为排空后再进行采集的尿液浓度代表一段时间内血液中酒精浓度的平均水平。当怀疑药物可能与受试者中毒有关时,也可以收集空白样本。样本必须收集在装有防腐剂的罐子中,以防止任何可能改变血液酒精浓度的细菌活动。商业试剂盒和由当地法医实验室制备的试剂盒均含有符合该要求的防腐剂。收集的样本应密封好盖子并装入防止破损的容器中,然后尽快将其送往法医实验室,或在运送前冷藏。

10.2.5 血液酒精样本的实验室分析

血液和尿液样本酒精浓度的实验室分析通常是使用气相色谱仪(通常是自动化的)来完成的,气相色谱仪既能确定被测物质为酒精,又能确定样本中的酒精浓度。该分析的方法经过严格测试,可以确保分析结果的准确性。

总　结

1. 引言

2. DEA 分类的药品

　　附表根据医疗使用的合法性和可能的滥用程度对药物进行分类

3. 药物按其来源分类

　　天然的
　　合成的
　　半合成的

4. 受管制物质的 DEA 一览表

附表一药物:滥用的可能性很大,目前没有公认的医疗用途,也没有公认的安全使用水平

附表二药物:滥用的可能性很大,目前在美国接受医疗专业人员的监督

附表三药物:被滥用的可能性低于附表二中药品,目前被接受在医疗中使用,可能导致中度或低程度的身体依赖或高度的心理依赖

附表四药物:滥用的可能性比附表三中药品低,目前被接受在医疗中使用,可能导致有限的身体或心理依赖

附表五药物:滥用的可能性低,目前有公认的医疗用途,滥用可能导致有限的身体或心理依赖

5. 药物证据的收集

在搜索中戴防护手套至关重要
要包装在专门为此设计的容器中,并且针和其他尖锐物品应包装在防刺的容器内

6. 药物证据的现场测试

可疑药物证据的现场推定测试
几个重要的注意事项:

使用这些工具包时必须佩戴个人防护装备(特别是眼镜和手套)
必须严格遵守工具箱说明
使用少量材料进行测试
只推定测试,任何阳性反应必须在实验室进行进一步确认

7. 秘密实验室

秘密实验室的现场必须由配备了合适的设备并接受过专门培训的侦查组或秘密实验室侦查组处理这些极端危险的物品
秘密实验室现场有大量的实物证据

8. 酒精的证据

引言
酒精是执法中重要的药品之一
血液中酒精含量的标准水平为0.08%,超过这个标准就被认为是酒后驾驶("DUI")
现场清醒测试(FSTs)
便携式呼吸测试设备
酒精的耐受性

影响驾驶的证据
驾驶行为
现场清醒测试
现场呼吸酒精检查测试(现场)
血液和尿液样本的实验室分析
由专家对血液酒精含量进行鉴定

酒精样本的收集和保存
呼吸样本收集的要求
受试者在样本采集前至少15分钟没有进食或饮用任何东西
测试必须在法医监督下用仪器进行
采集血液样本
收集尿液样本

思考题

1. 毒品证据包括管制物质和非法制造毒品所使用的化学品和设备。
2. 药物可分为药物强制管理成瘾和生理行为成瘾。
3. 海洛因属于一级管制药物。
4. 目前三级管制药物用于医疗用途是可接受的。
5. 针和其他尖锐物品应包装在防刺穿的容器中。
6. 药物的现场试验仅构成推定试验。

7. 在使用药物现场测试试剂盒或试剂时，必须穿戴<u>个人防护设备</u>。

8. 秘密实验室应由<u>秘密实验室侦查组</u>进行处理。

9. 首字母缩略词 DUI 的意思是<u>酒后驾车</u>。

10. 用于酒精分析的血样不应<u>冷冻</u>。

11. 用于酒精分析的尿液样本必须在膀胱<u>首次排尿</u>至少<u>20</u> 分钟后采集。

12. <u>过量</u>饮酒会导致<u>死亡</u>。

延伸阅读参考文献

[1] *Drug Identification Bible*. 2008. Grand Junction，CO：AmeraChem，Inc.

[2] Jackson，A. R. W.，and J. Jackson. 2007. *Forensic Science*，2nd ed. Essex，U. K.：Pearson Education Limited.

[3] James，S. H.，and J. J. Nordby, eds. 2005. *Forensic Science*（*An Introduction to Scientific and Investigative Techniques*），2nd ed. Boca Raton，FL：CRC Press (Imprint of Taylor and Francis).

[4] Saferstein，R. 2009. *Forensic Science*（*From the Crime Scene to the Crime Lab*）. Upper Saddle River，NJ：Pearson Education，Inc.

[5] Siegel，J. A. 1988. Chap. 3：Forensic Identification of Controlled Substances, in vol. 2 of *Forensic Science Handbook*，ed. R. Saferstein. Upper Saddle River，NJ：Prentice-Hall.

[6] White，P, ed. 1998. *Crime Scene to Court*（*The Essentials of Forensic Science*）. Cambridge，U. K.：The Royal Society of Chemistry.

第十一章 文件物证

福尔摩斯说:"这真是一件奇怪的事,打字机的特性如字迹一般多样,除非是全新的,否则没有两台完全一样。"

——摘自阿瑟·柯南·道尔《福尔摩斯探案集》之《身份之谜》

学习目标

- 讨论文件检验的作用。
- 描述如何正确提取和运送文件物证。
- 定义样本及其在文件检验中的用途。

引 言

阿瑟·柯南·道尔塑造的人物夏洛克·福尔摩斯简单地描绘了文件鉴定人员的两个任务:(1)查明打印文件的来源;(2)证实可疑笔迹或签名的作者。其中"可疑"是指对笔迹、签名、制作文件的打字机的来源未知或未经验证。除此之外,当代文件鉴定人员还会对可疑文件进行其他检验。

11.1 文件鉴定人员的职责

11.1.1 笔迹鉴定

文件鉴定人员最常见的任务是识别可疑文件中的笔迹或签名是否为犯罪嫌疑人所写。众所周知,个人的笔迹具有唯一性,这是因为书写人通过长期的书写活动养成了习惯,形成了个人书写特点。其中个人书写字母和组合字母的方式与字帖不同,并深植于该人的肌肉记忆中。文件鉴定人员通过对可疑文件中的个人书写特征与样本中相同的字母和字母组合进行比对,一旦在检材和样本中发现足够数量的个性特征可以"匹配"(参阅第一章),鉴定人员即可得出结论:可疑文件中的笔迹为样本书写人所写。

11.1.2　打字机文字鉴定

对于可疑文件中的打字机文字,文件鉴定人员需要鉴别其使用的打字机品牌和型号,根据该调查信息可准备搜查令,以扣押拥有相同品牌和型号打字机的犯罪嫌疑人。一旦缴获可疑打字机,鉴定人员即可用来打样本文字,与可疑文件上的文字进行比对。除特殊情况外,文件鉴定人员能够鉴定可疑文件是否出自该台打字机。"滚珠"或"滚轮"打字机可通过更换滚珠或滚轮来更改字体,因此使用这两类打字机会使鉴定过程复杂化。

11.1.3　复印机、打印机和传真机检验

随着现代印刷技术的发展,较早的打字机已被各种印刷设备所取代,这给文件鉴定人员带来了新的挑战。乍看之下,这会阻碍可疑文件的鉴定检验工作。然而,对使用这些机器打印的文件,同样也可找到破绽,因此文件鉴定人员仍可鉴别制作可疑文件机器的品牌和型号,甚至可以识别制作文件的具体机器。用印刷方法制作的文件,其特征会随时间发生变化,文件的使用会使某些特征消失,后续印刷会增加新的特征。然而这些变化也会带来好处,因为鉴定人员可能从这些变化中知晓文件制成的确切时间。与其他类型的物证一样,新技术的发展限制了旧检验方法的应用,需要通过实验和创新提高文件检验技术来应对这一挑战。

11.1.4　添改、擦刮和消褪

文件鉴定人员需要确定犯罪行为中的部分文件是否有更改,可以利用多种技术手段来进行识别,包括对更改区域用显微镜观察,以青蓝光为激发源使墨水发射红外荧光。不同墨水的红外荧光明显不同,因此文件鉴定人员能够确定文件是否被更改。利用显微镜、紫外线、红外线、高对比度照相和压痕来检查确定擦刮的痕迹。

消褪文件通常使用显微镜、紫外线和红外线进行检验,也可使用电视电子视频系统,该系统可实时检验紫外线、红外线或可见光下的油墨[1]。

11.1.5　压痕字迹

在有衬页的书写页上写字时,衬页上会有文字压痕。文件鉴定人员可以使用测光检验法显示压痕字迹,或者使用静电压痕显现仪使墨粉优先与压痕吸附,从而使字迹显现。

11.1.6　墨水检验和比较

确定是否使用了多个书写工具制作文件,尤其是对文件是否进行了可疑修改时,文件鉴定人员需要进行墨水检验和比较。可以使用薄层色谱法(TLC)或可见显微分光光度计来比较检材和样本墨水的差异,也可以使用高效液相色谱进行比较。这些技术可以识别出墨水的成分,并且可以直接对可疑墨水成分和疑似可疑墨水来源的墨水成分进行比较。

11.1.7　鉴定纸张成分和制造商

可以使用中子活化分析(NAA)、X射线荧光和原子吸收(AA)等技术来分析纸张的化学成分[2]。这些技术可以鉴定纸张中的微量化学元素,这些元素是纸张制造中使用的原材料

的组成部分。由于使用了不同来源且在不同时间段生产的原材料,很少有制造商能生产具有相同微量元素组成的纸张[3]。因此,文件鉴定人员可以将可疑文件纸张的痕量元素特征与已知制造来源的纸样特征进行比较。

11.1.8 鉴定断离文件的来源

文件断离(或撕成小片)后,文件鉴定人可以通过比较断离边缘特征来鉴定是否属于同一文件。鉴定包括以与其他类型的物理匹配证据相同的拼图法对碎纸片进行整复。通常,鉴定人员能够确定碎纸片是否来自同一文件。

11.2 文件证据收集

11.2.1 可疑文件证据操作的注意事项[4]

(1) 请勿折叠、切割或撕裂文件;
(2) 请勿在文件上标记或书写;
(3) 请勿对文件使用回形针、装订或打孔;
(4) 在检查文件前,请勿处理潜在的指纹。

11.2.2 潜在指纹

可疑文件证据操作的注意事项,文件鉴定人员必须在处理潜在指纹之前进行文件检查。在收集可疑文件时,必须考虑文件上是否存在潜在指纹。文件上的多数指纹是不可见的,需要使用化学方法进行显现。由于沉积物已渗入纸张中,这些潜在指纹会在文件上持续很长时间。为了保护指纹,谨慎的做法是戴手套处理证据,如果没有手套要小心地处理每个文件,文件与手指表面接触尽可能少,或者使用镊子来处理文件。应将文件放置在专门的文件夹里,或者放置在足以避免文档折叠的纸信封中。这些文件应送到法庭科学实验室,并在包装的外部贴上"文件检验,潜在指纹"标签。

11.2.3 烧毁的文件

对于已烧毁的文件,必须尽可能小心地处理碎片,并将其放置在装有减震材料(例如棉或无静电气泡包装材料)的纸板箱中。

11.2.4 样本字迹

应与文件鉴定人员协商,采集样本字迹。样本字迹是一个人书写的范例,用来与可疑文件中的字迹相比较。鉴定人员可能要求调查员从犯罪嫌疑人处获得样本字迹。这些样本应体现犯罪嫌疑人当前的写作风格,且应包含可疑文件中出现的单词、短语和字母组合。需要犯罪嫌疑人的配合方可得到合适的样本字迹。犯罪嫌疑人通常会试图掩饰字迹,因此,需要得到犯罪嫌疑人日常生活工作中的字迹,例如银行记录、信件和其他书面记录中的样本。这些样本的缺点是它们包含的单词、短语和字母组合可能与可疑文件中的不同。在上述情况下,调查人员需要努力搜寻具有与可疑文件字迹特征相似的字迹样本。调查人员还应搜找与可疑文件同时制作的文件。

11.2.5 样本要求:要求、形式

希尔顿(Hilton[①])指出样本字迹的书写要求:(1) 材料必须由本人书写;(2) 必须仔细选择指定的文字;(3) 必须包含足够数量的文字;(4) 某些部分至少重复三遍;(5) 书写工具和纸张与可疑文件的类似;(6) 间隔一段时间进行书写;(7) 安排正常的书写环境用于样本书写。除书写样本外,文件鉴定人员还可以要求犯罪嫌疑人填写由鉴定实验室准备的样本表格。

11.2.6 业务样本

除书写的样本/完整的样本表格外,文件鉴定人员可能还需要嫌疑人日常业务中书写的其他样本字迹。表11-1列举了业务文件的出处。

表 11-1 业务文件样本的出处

写有地址的信封	私人/商务信件
宣誓书	人寿保险单
车辆产权、保险单据	贷款申请
银行提款单	结婚证申请
银行签字卡	医学/医疗保险单
银行存款单	军事论文
出生证明	抵押贷款文件
船/拖车登记	护照
商业合同和协议	邮政邮件收据
收费单	房地产(合同、清单、保修契约)
支票、签名/签注	社保卡/文件
民事/刑事法庭记录	纳税申报单
信用卡收费单	工作时间记录表
信用申请	交通罚单
契约	公共服务申请
工作记录	选民登记记录
病历	遗嘱
租赁协定	工伤赔偿记录

11.2.7 可疑文件保存

可疑文件应放置在塑料文件袋中,以保护文件免受指纹沾染、意外撕裂、折叠和污染。

---

① Hilton, Ordway. 1956. *Scientific Examination of Questioned Documents*, Callaghan & Company Chicago.

最好使用专门设计的市售文件袋,如若没有,优质的塑料支架也可以。受保护的文件应包装完好,以防止在传送给文件鉴定人员或法庭科学实验室途中发生意外折叠或撕裂。

总　结

1. 文件鉴定人员的职责

笔迹比较

打字机文字比较

复印机、打印机和传真机检验

添改、擦刮和消褪

压痕字迹

墨水检验和比较

鉴定纸张成分和制造商

鉴定断离文件的来源

请勿在文件上标记或书写

请勿对文件使用回形针、装订或打孔

在检查文件前,请勿处理潜在的指纹

潜在指纹

烧毁文件

样本字迹

样本要求:要求、形式

业务样本

2. 文件证据收集

可疑文件证据操作的注意事项

请勿折叠、剪切或撕裂文件

复习题

1. 可疑文件鉴定人员的主要任务之一是鉴别书写可疑签名的<u>人</u>(笔迹检验的主要作用之一是根据笔迹认定<u>作案人</u>)。
2. 个人笔迹特征间的差异称为<u>个别特征</u>。
3. 文件鉴定人员经常需要鉴定打印机的<u>品牌</u>和<u>型号</u>。
4. 文件鉴定人员经常要确定文件中是否存在修改、<u>擦除</u>和删除。
5. 如果在一张纸上写字时,这张纸<u>下</u>垫有另外一张纸,底下的这张纸上会出现压痕字迹。
6. 文件鉴定人员可能需要确定可疑文件上的墨水来源,以便与已知的墨水进行<u>直接</u>比较。
7. 文件鉴定人员可能会以"<u>拼图游戏</u>"的方式将撕破的纸张边缘与其他疑似属于同一份文件的纸张边缘进行比较。
8. 调查人员不应<u>折叠</u>、<u>剪切</u>或撕裂可疑文件。
9. 调查人员不应在可疑文件上做标记或写字。
10. 可疑文件的潜在印痕处理应在文件鉴定人员<u>检查</u><u>后</u>。
11. 潜在印痕在可疑文件上可以持续<u>很长</u>一段时间。
12. 文件上的潜在指纹需要通过<u>化学</u>方法显现。
13. 佩戴<u>手套</u>处理文件可以保护文件上的潜在指纹。
14. 烧焦的文件应装入放有<u>减震</u>材料的<u>纸板箱</u>里。
15. 样本字体可以是要求其书写的文字,或是<u>商务样本</u>上写的字。

延伸阅读参考文献

Brunelle, R. L. 2002. Questioned Document Examination in vol. 1 of *Forensic Science Handbook*, 2nd ed., ed. R. Saferstein. Upper Saddle River, NJ: Prentice Hall, Inc.

Harrison, W. R. 1958. *Suspect Documents (Their Scientific Examination)*. London: Sweet & Maxwell, Ltd.

Hilton, O. 1987. The Evolution of Questioned Document Examination in the Last 50 Years. *Journal of Forensic Science* 33:1310.

Hilton, O. 1992. *Scientific Examination of Questioned Documents*, rev. ed. Boca Raton, FL: CRC Press.

Robinson, E. W. 1991. *Fundamentals of Document Examination*. Chicago, IL: Nelson-Hall Publishers.

Saferstein, R. 2009. *Forensic Science (From the Crime Scene to the Crime Lab)*. Upper Saddle River, NJ: Prentice-Hall.

第十二章 车辆现场调查

有关事故的章节是本书中最长的一章。

——约翰·威尔克斯(John Wilkes)

关 键 词

车辆搜查,照片,驾驶员视野,目击证人,测量精度,绘图,撞击点(POI),血涂片,纤维压痕,纤维,油漆标准品,衣物,玻璃碎片,车辆相撞,灯开关位置,灯泡灯丝,灯和灯泡

学习目标

■ 讨论交通调查的作用。
■ 描述正确的车辆处理和搜查方式。
■ 解释如何记录车辆调查,包括照片和绘图。
■ 总结车辆调查中收集的证据类型及其在调查中的作用,例如车灯、玻璃碎片和灯丝。

引 言

车辆现场调查可能会包含犯罪现场调查(在该调查中,车辆本身是要处理的"现场"),交通事故(损坏仅限于车辆,而不涉及人员受伤),肇事逃逸案件,重大事故调查(涉及人员受到严重或致命伤害)。涉及车辆的犯罪,例如盗窃车辆和汽车劫持,在犯罪调查中也可能会包含车辆调查。不同的场景将会决定处理现场的响应团队级别。对于小型事故,现场通常由巡逻队员进行处理。对于重大事故,现场通常由训练有素人员组成的重大事故小组处理。因此,犯罪现场调查人员可能负责整辆车的事故现场处理,或协助重大事故调查人员对大型事故进行调查。无论事故严重与否,或是否涉及车辆犯罪,都必须妥善记录现场,以便后续调查人员能够确定犯罪的肇事者和/或对事故负责的人。

12.1　常规汽车处理与搜查

　　当车辆涉及犯罪活动,或被强行开走,通常需要搜查令对车辆进行搜查。如果没有搜查令,由于《第四修正案》反对条例,从车里收集的物件可能无法作为证据。但是,警察机构在拖车或固定车辆前,可能会从车内收集物品。一般车辆搜查与其他犯罪现场的处理方式类似。需要对车辆进行拍照,绘制示意图,有关行动的适当说明和收集的证据应放置在现场记录中。在拖车或处理其他物证之前,应仔细检查处理车辆上的微量物证和潜在指纹。切记,在保护室外现场证据时,可能有调查人员无法控制的因素(如恶劣天气),因此一定要快速有效地收集所有脆弱的证据。建议犯罪现场调查员从车辆外部开始,在完成处理之前,可能需要移动车辆。

　　根据车辆参与犯罪的性质(肇事逃逸、汽车劫持、车辆盗窃),要尽可能在车辆事故发生的原始位置进行拍照。完成这一步骤后,应在现场或在安全的指定地点(警察机构或固定拖车设备)对车辆进行处理。一旦得到车辆,首先收集 DNA 和指纹,再对车辆进行搜查。用蒸馏水润湿的无菌棉签擦拭所有内部门把手和按钮(每门一个棉签)、方向盘、换挡杆来收集DNA。不要忘记查看历史案件记录,以确定是否要对大灯旋钮、单选/交流(AC)按钮等进行擦拭收集。之后,处理车辆上的潜在指纹。完成指纹收集后,对车辆进行搜查。搜查应顺时针围绕内部进行(参见图 12-1),包括每个区域的车底板(图 12-1 中 1a、2a 等)和仪表盘下的区域。

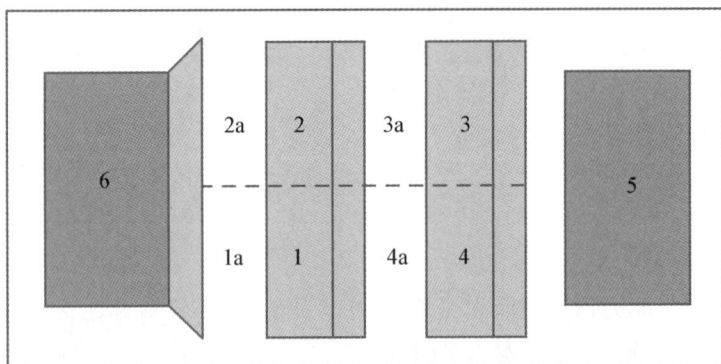

拖车之前对整个驾驶员区域内外部进行微量物证和指纹处理;
对车辆进行顺时针或逆时针的系统搜查,以确保搜查的彻底性

图 12-1　常规车辆搜查模式

(改编自 U. S. Department of Justice, LEAA, NILE/CJ, *Crime Scene Search and Physical Evidence Handbook*. Washington, DC: GPO, October 1973)

　　完成车辆内部搜查后,对车辆后备厢和发动机罩内部区域进行搜查。搜查模式的特定顺序并不是严格要求的,只要调查员在搜查过程中坚持系统的流程(例如,车辆搜索也可以逆时针进行)即可。如果调查员一遍遍系统地执行任务,那么就会把责任牢记于心,从而减

少错误发生。尽管犯罪现场案件各不相同、变化多端，但仍有许多任务可以系统地完成。关于搜查中遇到的每种特定类型证据的收集，请参阅描述该类型证据的章节。

最后不要忘记从车辆的授权使用者身上收集口腔拭子和指纹样本。重要的是，不要通过受害人或其他相关人员来确定嫌疑人，而应努力进行调查、分析，从而锁定目标。

12.2　交通事故调查

犯罪现场调查员可能会被叫到交通事故现场协助调查。对车辆犯罪现场调查员的主要要求是通过拍照和绘图记录现场，以及对物证进行收集。在车辆事故中，通常会遇到大灯和尾灯玻璃、灯泡灯丝、涉案车辆的转移油漆、打滑痕迹等物证。事故重建专家对每辆车的位置和打滑痕迹的准确测量对事故的重建至关重要。因此，犯罪现场调查员应使用已知精度的测量设备进行测量，以确保测量的可靠和准确。

12.3　事故现场拍照

12.3.1　现场概貌照片

与其他现场一样，应首先拍摄整个现场的概貌，以显示每辆车与其他车辆的关系以及事故发生的位置。不要忘记拍摄路标或其他标识符的方向照片，以帮助查看照片的人确定现场的位置。

12.3.2　撞击点照片

拍摄车辆撞击点（POI）的远距离、中距离和近距离照片。对位于撞击点的每个证据或一组证据进行特写拍摄。照片应与撞击点绘图类似。

12.3.3　车辆停留位置照片

完成概貌照片后，应拍摄每辆车的照片，以说明每辆车停留的位置。这些照片应参照现场的整体照片，显示每辆车与现场以及其他车辆的关系。

12.3.4　车辆损坏部位照片

按标准，每辆车损坏部位的照片应拍摄到车辆的轴线（通过与轴线平行的透镜的视线）。与车辆轴线成一定倾斜角度拍摄的照片不会显示车辆损坏的程度和方向，而这些数据对现场重建至关重要。如图12-2所示，每辆车的照片应从与车轴成直线中心的两侧（左和右），与车辆中心和两侧成直线的两端（前和后）进行拍摄。根据需要拍摄尽可能多的照片，以准确、全面地显示整辆车和所有侧面。

如果需要，可以拍摄其他照片，但犯罪现场调查员应确保拍摄每辆车基本位置的照片，以便进行事故重建。

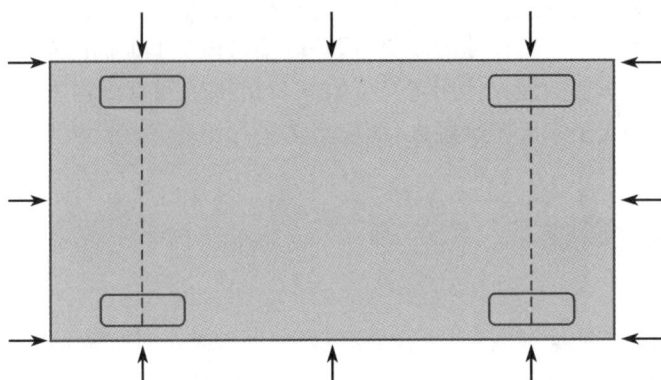

图 12 - 2　事故现场照片的拍摄角度

12.3.5　驾驶员接近事故现场时的视野照片

应拍摄每个驾驶员接近事故现场时的视野,并参照现场绘图。应特别注意视线中有交通标志和其他车辆的驾驶员。当驾驶员接近事故现场时,应从该驾驶员的角度拍摄所有妨碍其视野的障碍物。为了记录驾驶员位置的视图,应从地面测量照相机的高度来拍摄驾驶员的角度。

12.3.6　事故目击者的视野照片

应从每个目击证人视线角度拍摄照片,以表现其视角下的事故。这些照片能帮助调查人员判断每个证人是否能如其所声称的那样目击事故发生。

12.4　事故现场绘图

12.4.1　测量精度

测量精度对事故的重建至关重要。应尽可能使用质量良好的金属胶带进行测量。如果使用轮式步行机(wheel walker)进行长距离测量,应对其定期校准,最好在对每个现场测量之前都进行校准。如果现场需要非常高的测量精度,与计算机相连的激光绘图系统可以生成精度极高的绘图。由于该系统的成本很高,其使用通常仅限于事故调查组,如加州公路巡逻队多学科事故调查组(MAIT)。

12.4.2　预先设计现场绘图格式

事故现场绘图有许多预先设计的格式。这些格式提供绘图的背景框架,以便于绘制。对于格式不足的情况,可能需要使用额外的绘图来进行补充。制作这些示意图的注意事项与其他现场相同(有关示意图绘制技术,请参阅第四章)。

12.4.3　事故现场示意图类型

现场绘图应包括概貌（布局）图、整个现场的详细图和撞击点放大图（参见第四章），以便为证据的特写照片提供测量结果。这些绘图将为事故的重建补充数据。

12.4.4　成品图

成品图可手绘，或使用计算机辅助绘图和设计程序（CADD）进行绘制（参见第四章有关内容）。拥有符号库的CADD程序可轻松完成复杂示意图的绘制。用CADD程序可容易地按比例尺进行绘图，并可从符号库向绘图添加适当的元素，从而生成精确示意图，且与肉眼所见接近。加上大量的现场照片，后续调查人员、律师和司法人员将对现场有完整的了解。

12.5　肇事逃逸调查：车撞人

12.5.1　现场调查

1. 现场绘图

请参阅上一节有关事故现场绘图。

2. 现场照片

拍摄现场的概貌（远程）照片，包括所有打滑痕迹，以及来自责任车辆的碎片，如玻璃和金属碎片。每个物件的位置可用照片中的证据标签说明（在有和没有标签的情况下拍照）。这些建立了每个物品与现场其余物品之间的关系。应拍摄适中的照片，以说明现场每个较小区域内物品之间的关系（例如，碎衣服、沿着滑行痕迹的血迹）。

3. 每个证据的照片

在有和没有标签两种情况下，对每个证据进行拍摄。每个证据应参照现场绘图和犯罪现场技术人员/分析人员的记录进行拍摄。照片必须以90度角拍摄，以防止失真。

4. 撞击点照片

如果撞击点（POI）确定，应对其进行拍摄，以表明是否存在证据证实撞击点被准确定位，例如喷溅的血迹或血涂片，因撞击而脱落的衣物以及车上的材料。

12.5.2　可疑车辆

应对涉及行人的肇事逃逸的可疑车辆进行仔细搜查，以寻找油漆中的纤维痕迹，以及车辆前部和底盘上的血液和身体组织。最好使车辆处于悬挂状态以便于对底盘系统进行搜查。这种方式将有助于搜查以及对搜查过程中发现的证据进行拍照。也可以对车辆进行潜在指纹的处理。

1. 车辆油漆中的纤维痕迹

应首先拍摄车辆油漆中的纤维痕迹，以说明痕迹的位置和范围。然后，使用倾斜照明，拍摄没有和放有比例尺的痕迹特写照片。在拍照时,使用偏振滤波器可以大大减少表面的反射强光,从而增强痕迹的对比度。

由于灰尘痕迹很容易丢失,如果纤维痕迹被灰尘覆盖,建议使用数码相机增强照片的色彩,以确保图像得到保留。拍摄后应仔细检查纤维痕迹,以寻找嵌在油漆中的微量物证。由于撞击产生的热量和压力,被撞击衣物中的纤维通常以熔化或半熔化的状态嵌在油漆中。

2. 车辆上血液或身体组织的污迹

车辆上血液或身体组织的污迹在采集前应首先进行拍照,应包含没有和放有比例尺的照片。污渍可用棉板、棉签或棉线进行收集,用于实验室分析。在车辆的油漆或底盘上可能发现血迹。收集的拭子应在最终包装前干燥,并冷藏或冷冻,直到以与血迹拭子相同的方式送到实验室(见第七章有关生物体液污渍证据)。最后不要忘记从车辆的授权使用者身上收集口腔拭子和指纹样本。

3. 嵌在油漆中的纤维和其他微量证据

嵌在油漆中的纤维在收集之前应首先进行拍照(见之前章节),并绘制示意图,以记录其确切位置。如果纤维完好无损,可以小心地用钳子夹取,进行包裹,并放置在小瓶中,放进信封里,然后密封。如果纤维已被破坏或熔化,则以与采集转移油漆样品相同的方式刮擦粘附纤维的油漆表面(参见第六章图 6-11 和 6-12)。然后,实验室分析人员可以在立体显微镜下观察纤维。使用标准鉴定数据标记小瓶(袋子)和信封。

4. 油漆样本

在紧邻破损区域的周围,用锋利的刀或手术刀(参见第六章,图 6-11 和 6-12)从车辆的正面、背面和两侧采取油漆样本(车辆各侧油漆可能会有变化)。油漆样本应包含金属表层的所有油漆层。将油漆样本进行包裹,放置在小瓶、药盒或信封里,确保用胶带密封信封的接缝,防止丢失。

12.5.3 受害者的衣物、鞋子

受害者的衣物(有时候是鞋子)通常含有撞击的微量物证,如玻璃碎片、油漆转移、橡胶转移和可能的金属碎片。不要忘记收集受害者的口腔样本用于排除。

1. 转移油漆样本

事故发生时,受害者所穿的衣服上通常会发现责任车辆的油漆污迹(见图 12-3)。受害者在意外发生时所穿的所有衣物,应收集至实验室,要小心处理这些衣物以避免微量物证丢失。通常,油漆会以熔化状态或小片嵌入衣服的纤维中。熔化油漆的出现是证实油漆不是受害者在步行或跑步时撞到车辆的确凿证据。

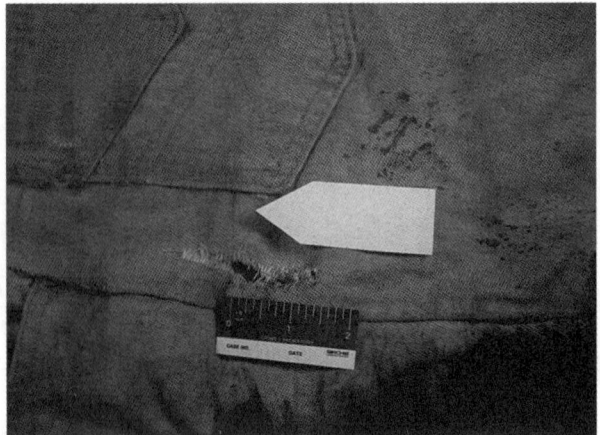

图 12-3　车辆肇事逃逸受害者裤子上的油漆
(由小罗伯特·R. 奥格尔提供)

2. 血衣

等衣物上的血迹干燥后,将每件衣服单独包装在纸袋中(有关血迹衣物的包装,参阅第七章)。在包装和用证据胶带密封之前,从干燥衣物中收集所有痕迹物证。

3. 玻璃碎片

肇事逃逸受害者的衣物通常含有来自责任车辆大灯的玻璃碎片。要小心处理衣物,以保存衣物中的所有碎片。在包装袋的储存和运输过程中,用胶带密封纸制衣袋以保留碎片。如果受害者衣物已被医护人员移除,请务必保留所有放置衣物的原包装袋。

12.5.4　受害者伤口

受害者伤口可能含有由责任车辆的格栅、装饰品或前灯集合产生的伤口的典型痕迹。以垂直于伤口的角度进行拍照(参见图 3 - 11,第三章),尽量减少因身体弯曲造成的扭曲。拍摄有和没有比例尺的照片。对受害者尸体拍照,防腐后重新对伤口进行拍摄可能更有用,因为有时防腐过程会增强伤口的清晰度和对比度。对幸存的受害者,应在事故发生的后一天拍摄照片,这时淤青已完全成型。使用交替的紫外线和红外摄影,可以进一步增强皮肤下方的伤口并拍照。

12.6　肇事逃逸调查:车撞车

现场调查

车辆相撞肇事逃逸的现场调查,需要在现场搜查车辆零部件,以及从责任车辆转移到被撞车辆的油漆。现场的每一件物品都应按原样进行拍照和绘图。分别包装从现场和车辆获得的每件物品。尽可能亲手把证据移交给实验室。如果要邮寄证据,请正确标记密封袋,并附上一封对所提交证据进行描述的文件。如果可以,再提交一份事故报告副本,因为它可能有助于实验室进行鉴定和事故重建。

1. 责任车辆的汽车部件

在收集责任车辆的零部件之前,先对其进行拍照且绘制每个部件位置的示意图(用字母顺序表示这些零部件,而不是尝试绘制它们,并包含描述字母引用的图例)。将每个零部件单独包装,确保为易碎物品提供包装材料。

2. 玻璃碎片

在现场收集尽可能多的玻璃碎片。小心地包装在带缓冲的卡板容器中,以防止玻璃进一步破损。现场记录玻璃碎片上制造商的符号。

3. 转移的油漆和样本

收集受害车辆和可疑车辆每个损坏区域上的转移油漆和样本(参见第六章中车辆油漆样品提取)。

4. 大灯和灯泡

请参阅以下车灯部分。

12.7　车灯[1]

通常车祸中,在密封光束断裂时,确定大灯是否打开还是关闭非常重要。还应收集运行灯、尾灯/制动灯和转向信号灯,供实验室鉴定。下列步骤涉及车灯或其他钨丝灯泡的处理。

12.7.1　现场调查

确定灯开关位置是打开还是关闭。如果开关处于关闭位置,请勿将其打开。若打开可能会永久破坏灯泡灯丝,并妨碍实验室进行有意义的鉴定。还要检查电气系统的保险丝是否熔断、线路是否断开、电池是否耗尽。对灯开关位置以及灯和灯泡情况的观察进行适当的记录、绘图和拍照。驾驶员关于事故发生时车辆灯亮的说法,可由开关位置说明或由实验室对灯丝的鉴定予以支持或反驳。

12.7.2　收集与包装

记录电气系统的状况后,应小心收集灯具和灯泡,注意收集的每个物品的位置(例如,"左前大灯""右后尾/刹车灯"等)。注意避免在收集过程中损坏证据。

1. 完整的灯和灯泡

应小心收集完整的灯和灯泡,并按照原样提交。需要使用棉布或皱褶纸将其放置在硬包装盒中,并在包装盒上标注每个灯或灯泡的具体位置(例如,"左后尾/制动灯""右前行灯")。

2. 破碎的灯和灯泡

对于破碎的灯,收集现场所有可找到的玻璃碎片,进行实验室鉴定。有时现场玻璃碎片与肇事逃跑车辆大灯中剩余玻璃碎片可以实现物理匹配。现场玻璃碎片与可疑车辆玻璃碎片的物理匹配,可确定该车辆与现场肯定有关联。小心拆卸车辆前照灯部件,确保包含所有灯丝、灯丝柱和玻璃。收集前照灯时,可能需要拆下前照灯安装支架及其硬件。

3. 大灯灯丝

确定灯丝是否附着在灯丝柱上。如果未附着,需要找到灯丝,因为大多数重要信息只能从灯丝上检测到。小心包装分离的柱子和灯丝,防止进一步损坏。使用一次性泡沫杯或小纸板箱进行包装以防止损坏。使用棉纱布或棉纸填充来缓冲柱子和灯丝。

12.7.3　实验室检查灯泡灯丝

如果灯泡完好无损,实验室鉴定可能会发现当灯丝打开时,会出现机械(冷)断裂或损坏(热断裂或拉伸)。冷断裂的发生与灯丝在关闭模式下断裂是一致的(但可能在之前的某个时间断裂)。热断裂(拉伸)表示灯泡在灯丝断裂或拉伸时处于打开模式。如果灯泡或灯坏了,灯丝和灯丝柱可提供证据以表明灯丝在断裂时是处于打开状态,因为灯丝或柱子上沉积着氧化钨(见图12-4)。如果灯丝在断裂时处于关闭状态,灯丝可能会出现冷断裂。

图 12 - 4　灯丝和灯丝柱上的氧化钨和熔化玻璃
（由小罗伯特・R. 奥格尔提供）

总　结

1. **引言**
2. **常规汽车搜找**
3. **交通事故调查**
4. **事故现场拍照**
   现场概貌照片
   撞击点照片
   车辆停留位置照片
   车辆损坏部位照片
   驾驶员接近事故现场时的视野
   事故目击者的视野
5. **事故现场绘图**
   测量精度
   预先设计现场绘图格式
   事故现场绘图类型
   成品图
6. **肇事逃逸调查**
7. **车撞人**
   现场调查
   - 现场绘图。
   - 现场拍照。
   - 概貌照片。
   - 每个证据的照片。

   - 撞击点照片。

   可疑车辆
   - 车辆油漆中的纤维痕迹。
   - 车辆上血液或身体组织的污迹。
   - 嵌在油漆中的纤维和其他微量证据。
   - 油漆样本。

   受害者的衣物鞋子
   - 转移油漆样本。
   - 血衣。
   - 玻璃碎片。

   受害者伤口
8. **车撞车**
   现场调查
   - 责任车辆的汽车部件。
   - 玻璃碎片。
   - 转移的油漆和样本。
   - 大灯和灯泡。
9. **车灯**
   现场调查
   - 确定灯开关位置是打开还是关闭。
   - 如果开关处于关闭位置,请勿将

其打开。

收集与包装

- 完整的灯和灯泡。

- 破碎的灯和灯泡。
- 大灯灯丝。

实验室检查灯泡灯丝

复习题

1. 车辆搜索应系统地进行。
2. 如果要移动车辆,在移动之前,驾驶员区域的外部和内部都要先进行处理。
3. 应拍摄概貌照片,以显示各车辆与现场的关系。
4. 应拍摄照片,以说明车祸现场各个驾驶员的视野。
5. 应以各个证人的视野拍摄照片。
6. 在车撞人事故中,应在倾斜光下拍摄车辆油漆中的纤维痕迹。
7. 在采集之前应对血迹或人体组织进行拍照。
8. 每辆车的油漆样本应从紧邻受损区域的地方采集。
9. 沾染血迹的衣物应在血渍干燥后用纸袋包装。
10. 犯罪现场调查人员在任何情况下均不得将电灯开关打开。
11. 断裂前灯丝的拉伸状态表明断裂时灯丝处于开启状态。

延伸阅读参考文献

Baker, J. S. , and L. B. Fricke. 1986. *The Traffic-Accident Investigation Manual*（*At-Scene Investigation and Technical Follow-Up*）, 9th ed. Evanston, IL: Northwestern University Traffic Institute. (Considered by many to be the Bible of traffic accident investigation).

Collins, J. C. , and J. L. Morris. 1967. *Highway Collision Analysis*. Springfield, IL: Charles C. Thomas.

Rivers, R. W. 1988. *Traffic Accident Investigation*. Institute of Police Technology and Management, University of North Florida.

Wheat, A. G. 2005. *Accident Investigation Training Manual*. Clinton Park, NY: Thomson Delmar Learning. (Written for truck crashes, but most information applies equally well to automobile and other vehicle accidents).

第十三章 性侵犯罪调查

关 键 词

急救人员,探员,SART,SANE,鞋印,犯罪现场调查员,潜在指纹,精液,唾液,微量物证,来自受害者的证据,头皮毛发或阴毛,现场的证据,瘀伤,咬伤,血液,绳结,法医学鉴定,拭子,口腔拭子,抽吸物,指甲刮片,肛门和直肠检查,来自犯罪嫌疑人的证据,受害者的衣服,阴茎拭子。

学 习 目 标

- 讨论物理证据在性侵犯罪调查中的作用。
- 对来自受害者、嫌疑人和现场的证据进行解释。
- 描述虐童检查的过程。
- 总结对受害人和犯罪嫌疑人的检查。

引 言

当代性侵犯罪调查要求采用多学科交叉的方法。调查小组包括急救人员、探员、犯罪现场调查人员、实验室分析师、性侵犯罪医学鉴定人员、强奸危机中心的受害者辩护律师以及区检察署的公诉人。调查的效率取决于调查团队之间的沟通、合作和协调情况。[1]调查团队的每个成员需要了解其他团队的角色和责任,知晓团队的协调方式依赖于团队成员之间的合作和有效沟通。在大多数调查中,探员将负责整个团队,将每个成员的信息整理成一个合理的案例,呈现给检察官。

在某些辖区(尽管不是全部),性侵犯罪案件可能会由性侵犯应急小组(SART)进行调查,该小组由急救人员、调查员、受害人辩护律师和指定强奸治疗中心或医院的性侵犯护理鉴定人员(SANE)组成。SART 的关键人物是法医类性侵犯护士鉴定人员,对其的培训包括依法收集证据,对性侵犯受害者予以恰当照顾,按类型收集科学证据并采用合适的方法保存证据。应急团队的其他成员也需接受适当的培训,以了解他们在团队中的任务,为顺利进行团队调查提供必要的沟通和合作基础。使用 SART/SANE 方法对性侵犯罪调查在收集物证,对受害者的护理以及检察官成功起诉性侵犯案件中罪犯各方面做出了巨大贡献。

13.1 当代性侵犯罪调查发展

20世纪70年代之前,刑事司法系统对待性侵犯罪受害者非常不公。通常,执法人员经常指责性侵案中的受害者:"她要求的""她应得的""如果她不穿这种性感的衣服,就不会受到侵犯"等等。20世纪70年代初期,加利福尼亚伯克利的一小群具有奉献精神的女性组成了一个名为"湾区妇女反对强奸"(BAWAR)的团体。这些女性中有许多人是强奸幸存者,她们为改善强奸受害者待遇,改进性侵犯调查方法以及最重要的改善执法人员对性侵犯受害者的态度而斗争。这些女性的努力在美国调查性侵犯案件方面掀起了一场惊人的革命,直接引发了全美强奸危机中心的发展、受害者/证人计划的形成、SART方案的形成,且通过培训和认证SANE的发展使得性侵犯受害者法医鉴定取得了巨大进步。这些改进的最终结果是大幅度增加了对性侵犯罪犯的起诉和定罪,更重要的是,显著改善了性侵犯受害者的身体和心理治疗。性侵受害者深深受益于BAWAR创办者。

13.2 物证在性侵犯罪调查中的作用

性侵犯罪案件中的物证可以帮助查明犯罪要素,确定或排除嫌疑人,并可用于证实或质疑委托人的陈述。在性侵犯罪案件中最常遇到的物证包括潜在的指纹印记、精液、头发、纤维和血液。所有其他类型的物证可能在性侵犯罪调查中起作用,但这些类型是调查人员最常遇到的。性侵犯罪调查中物证的主要来源是:(1)犯罪现场;(2)受害人;(3)罪犯。因此,收集实物证据需要进行适当的犯罪现场搜查以及对受害者和嫌疑人进行法医鉴定。对性侵犯犯罪的成功调查和起诉通常涉及使用这三个来源的物证。

犯罪嫌疑人在性侵犯罪案件中使用的两个主要辩护是:(1)受害人错认犯罪嫌疑人;(2)受害人同意进行性行为。在犯罪现场以及在对受害者和犯罪嫌疑人进行身体检查期间搜找到物证可能会提供反驳/支持这两种辩护的证据。犯罪现场可用来识别罪犯的物证包括潜在的指纹、血液或精斑、痕量物证(例如头发和纤维)以及痕迹物证(例如鞋印)。支持非自愿性侵犯罪的物证包含侵犯现场的血迹;在犯罪现场移动了家具(表明存在挣扎);受害者撕破的衣服;受害者的伤口,例如瘀伤和割伤(与非自愿性行为相一致)。应对犯罪现场进行系统的处理以获得上述类型的证据,用来识别罪犯,确定犯罪要素,证实或质疑委托人关于侵犯行为非自愿性质的陈述(有关犯罪现场搜查指南和现有物证文件说明,请参阅第二章"犯罪现场搜查原则")。

当犯罪现场技术人员对犯罪现场做出反应时(例如案件的事实),初步信息很重要,但是过多的信息会造成以下情况:我们可能希望使证据与我们所听到的内容相吻合。让现场说话。物证不会说谎,因此,如果不加以改动或破坏任其单独使用,该证据会陈述事实。在任何调查中,从受害者、嫌疑人和/或证人那里收集的物证要单独证实,这是至关重要的。

13.3　犯罪现场证据

13.3.1　急救人员

1. 保护受害人

应急人员的主要目标是保护受害人和现场以及逮捕犯罪嫌疑人。应急人员要建议受害人不要更换衣物、洗澡或淋浴，或进行其他卫生措施，因为这些行为可能会破坏调查中所需的宝贵证据。从受害人或受害人衣服上收集的证据可能有助于确定罪犯的身份（如果未知），并提供证据支持受害人的陈述，驳斥罪犯的陈述。

2. 保护犯罪现场

性侵犯罪现场应采用与其他犯罪现场相同的方式进行保护。保护现场至受害人检查完身体，因为犯罪现场的额外证据可能会通过身体检查期间发现的事实来指明。应当指出，在性侵犯罪案件中，可能有多个犯罪现场。

3. 犯罪现场记录

用笔记、照片和绘图记录犯罪现场，以识别证据并记录受害人的受伤情况（请参阅第三章和第四章）。犯罪现场的记录将为重建工作奠定基础，旨在确定嫌疑人声称是自愿进行性行为而不是性侵犯的真实性。应特别注意家具的移动，用于捆绑受害者的材料以及可能被用作武器的物件。

4. 私下采访受害者[2]

警务人员应与受害人建立融洽的关系（女性受害者可能更愿意让一名女警官来做笔录或有女性在场；男性受害者可能更喜欢男警官）。确定犯罪现场是否已被更改或污染。还要确定受害者是否更换了衣服；是否丢弃了被弄脏的物件，例如床上用品、毛巾或衣服；是否洗了澡，或者进行了冲洗。犯罪现场调查员（CSI）记录收集这些物品。

设计的采访应有助于恢复受害者的自尊心和安全感。

5. 启用警用电台（如果可以）

监控警用电台以确保犯罪嫌疑人描述的准确性。

6. 为受害人安排身体检查

确保性侵犯应急小组已经启动，且已通知将进行法医鉴定的人员。从强奸危机处理中心或受害者辩护中心安排一名受害者律师，陪同受害者到进行身体检查的医疗机构。该人员应建议受害者为检查更换衣服。在具有性侵犯应急小组程序的司法辖区中，这些安排是必不可少的。如果辖区没有性侵犯应急小组程序，则该案件的应急人员或探员应确保受害者带有可更换的衣服或为受害者提供衣服。

13.3.2　犯罪现场调查员

在某些辖区，犯罪现场调查员可能是急救人员；但在大多数情况下，犯罪现场调查员将是指定的探员,或者可能是犯罪现场部的犯罪现场专家。无论哪个人负责犯罪现场调查,重要的是要以与其他犯罪相同的方式系统有序地完成现场的处理。为了正确记录现场,标记物证位置,应合理记录、拍照和绘图。正确记录犯罪现场是有效重建犯罪现场的关键,有必要重建现场以回应犯罪嫌疑人的虚假陈述,或者在极少数情况下,回应声称受害者提出的虚假指控,驳斥虚假的陈述。注意:在当代性侵犯罪调查中,合理的调查认为,在任何性侵犯罪指控中都应相信受害者,以免劝阻受害者举报他们所受的侵犯。但是,调查人员必须牢记,调查可能会发现一些事实,表明受害人的指控可能是虚假的。物证的分析和解释可以提供有助于确定指控实际性质的证据。

1. 潜在指纹痕迹

当受害者不知道罪犯时,潜在的指纹痕迹证据仍然是识别罪犯的最佳证据。潜在指纹是嫌疑人在现场的永久记录。调查人员应始终考虑处理现场以获取潜在的指纹。如果显现了高质量的潜在指纹痕迹,可通过自动指纹识别系统(AFIS)快速识别未知嫌疑人。现场显现的潜在指纹可以通过与其他案发现场发现的潜在指纹相互比较,从而将同一罪犯实施的犯罪联系起来。调查人员应记住要排除受害者和通常可以进入现场的其他人的痕迹。

2. 鞋印、轮胎痕迹和工具痕迹

这些类型的痕迹物证可以通过识别嫌疑人的鞋、车辆或进入工具来识别罪犯,调查人员应始终考虑此类证据(有关收集和保存这些类型证据的详细信息,请参阅第九章)。鞋印可以提供跟踪数据,有助于犯罪现场重建。

3. 精液证据

随着 DNA 鉴定的出现,精液证据在性侵犯罪罪犯识别时,等同于潜在的指纹证据。美国许多备受瞩目的案件表明,精液证据也是排除被误判为性侵犯罪或强奸杀人罪嫌疑人的有力工具。调查人员应对犯罪现场进行全面搜查以寻得精液证据。使用激光或多波段光源可能非常有助于精液的搜查,因为在这些光源下精液会发出荧光。犯罪现场、受害人身体检查以及受害人衣物上的精液是调查人员不容忽视的重要证据。在某些情况下,从精液中提取的 DNA 可能会提供关键信息,从而可以成功地识别和起诉嫌疑人。应该指出的是,曾有犯罪嫌疑人的同伙在犯罪现场"植入"精液证据,试图为被告人开脱罪责。详细地记录犯罪现场将有效地识破这种诡计。

4. 唾液污渍

咬、舔或吮吸可能会在受害者的身上产生唾液污渍。如果受害者使用毛巾或纸巾擦去唾液,则应收集擦拭唾液污渍的物品并放置在纸袋中作为证据。受害者的衣服上也可能发现这种证据。唾液污渍可能会产生足够的 DNA 进行鉴定,其结果可与嫌疑人的 DNA 进行比较。调查人员不应忽视香烟、雪茄、口香糖等物品,这些物品可能包含犯罪嫌疑人的 DNA 证据。

5. 微量物证收集

认真搜索犯罪现场,以寻找痕量物证,例如罪犯的纤维、头发或带入土壤。多波段光源有助于检测微量物证,例如头发和纤维。根据第六章中微量物证收集指南,对得到的微量物证进行收集和包装。应特别注意具有完整根鞘的头发证据,需要将其干燥并冷冻直至送交实验室,以保留发根组织中的遗传信息,尤其是可能存在于发根鞘中的 DNA。如果是没有根的头发,可能成功进行毛干线粒体 DNA(mtDNA)鉴定。

6. 向实验室提交证据分析申请表

实验室分析申请表必须随附证据提交给法医实验室。性侵犯罪表格还必须与正在分析的证据一起提交。该表格包含与侵犯本身、证据收集和受害者经历相关的信息(见图 13-1)。这些表格可为实验室人员提供相关信息以及需要做的分析,还将有助于实验室分析人员联系负责调查的调查员以获得进一步的信息、证据控制,或样本来完成实验室鉴定。表格还可以使实验室分析人员想起犯罪现场可能存在其他类型的证据。

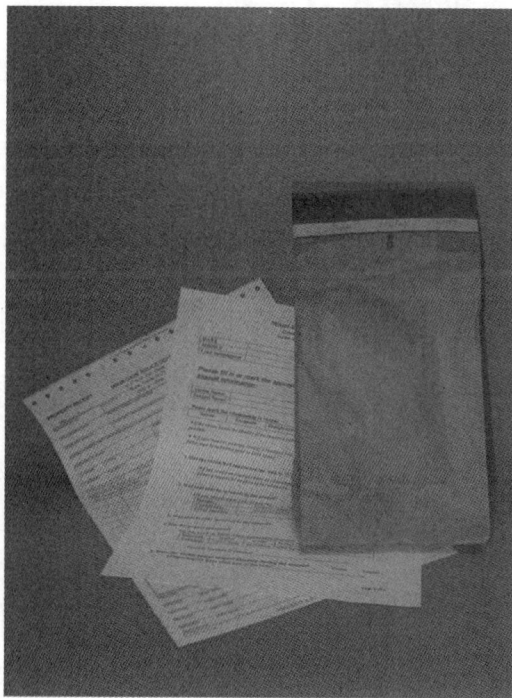

图 13-1　性侵犯罪案件表格
(由莎伦·普洛特金提供)

13.4　来自受害人(患者)的证据[3]

13.4.1　受害人证据的作用

受害人提供的证据有助于识别罪犯,也可以在审判中驳回受害人自愿的抗辩。受害人提供的可用来识别罪犯的证据包括精斑、唾液污渍以及从犯罪者的身体或衣服上转移到受害人身上的微量物证。罪犯的头发或阴毛可能会出现在受害者的身体上或粘附在受害者的衣服上。当现场不是受害者的住所或车辆时,可能从受害者的尸体或衣服上发现微量物证。例如,在受害者的头发、身体表面和衣服上可能会发现来自户外现场的土壤和植被。当受害者被绑架并挟持到罪犯的车里时,可能会在受害者的衣服或鞋子上发现犯罪嫌疑人车上的纤维。

受害人提供的证据包含医学检查中记录的受害人伤口以及受害人衣服受损,这些表明有挣扎,可用于证实侵犯行为的非自愿性质。受害者的伤口可能包括割伤、擦伤、捆绑痕迹和咬痕。对受害者衣服的损坏通常包括布料撕裂,衣服上的纽扣撕裂以及切断证据。这些证据中的每种都可以用来进行案件重建,从而证实受害者的陈述并质疑罪犯的陈述。细致的犯罪现场搜查,对受害者进行全面的医学和证据鉴定,以及犯罪实验室分析人员对物证进行恰当的实验室鉴定,将极大地帮助确定犯罪事实,并有助于确定犯罪要素。

13.4.2　性侵犯罪证据收集套件

性侵犯罪证据收集套件(受害人和嫌疑人的套件)既可由司法管辖区的法医实验室制备,也可以从犯罪现场供应公司购买。不管受害人是成年女性、男性,或儿童(有关成年女性的典型性侵犯罪证据收集套件,请参见图 13-2),套件里都应具有用于收集衣服的必要包装用品,以及用于收集和包装物证(从受害人或嫌疑人的法医学鉴定过程中收集到)的所有必要用品。在性侵害案件的调查过程中,需要在收集受害者或嫌疑人衣服后为其提供可更换的衣服。在这方面,受害者维护机构可能起重要作用,因为有些机构有为此目的而准备的可换衣服。如果没有,那么调查机构应将这种需求作为性侵犯调查指南的一部分。

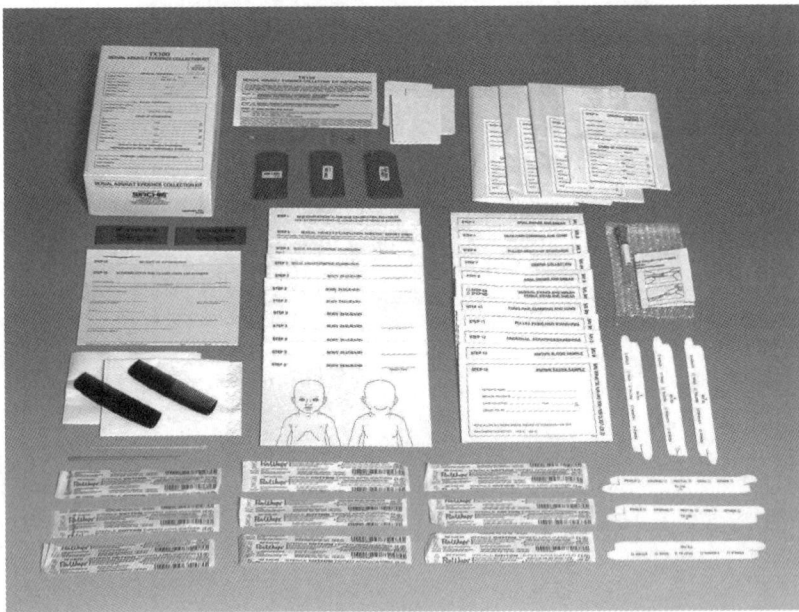

图 13-2　成年女性受害者性侵犯罪证据收集套件
(由 Sirchie 指纹实验室提供)

1. 受害者衣物

受害人在受侵犯之前/期间和之后所穿的衣服都应收集。受侵犯之前和受侵犯时穿着的衣服可能含有可证明侵犯暴力性质的证据,例如织物上的裂痕和撕裂痕迹、丢失的纽扣以及受害人和/或犯罪嫌疑人的血迹。受侵犯时穿着的衣服可能还含有微量物证,例如头发以及罪犯在侵犯时从其衣物上转移出去的纤维。侵犯后穿的衣服可能含有从阴道流出的精液,这可能成为主要的精液证据(阴道中的大部分精液通常会流失)。精液的回收量影响对精液进行测试的数量和种类,也影响从这些测试中获得的信息的数量和质量。衣服应作为受害者的医学和证据检查的一部分进行收集(参阅关于受害者的医学检查章节)。每件衣服应单独包装在纸袋中,以使所有污渍变干并避免微量物证在衣服之间交叉转移(有关衣服收集的详细说明,请参阅受害者的医学检查章节)。

2. 受害者伤口

作为身体检查的一部分,需要记录受害者伤口,例如瘀伤、割伤和咬伤。需要注意,在初次身体检查时,一些瘀伤可能不明显,因此在侵犯发生后的一周内,可能有必要对受害者每天进行一次后续检查,以提供受害者瘀伤记录。调查人员应注意受害者的每个伤口,评估是否需要进行后续身体检查,并记录瘀伤发展状况。数小时后,瘀伤呈淡蓝红色,几天后呈紫色,一周结束时呈绿—黄色,一周后呈褐色。瘀伤一般两到四个星期消失。[4]

3. 咬痕

咬痕可能含有两种证据,侵犯者的唾液和牙齿痕迹。唾液可能可用于 DNA 鉴定。侵犯者咬伤产生的牙齿痕迹可能是可识别的,可通过拍照进行记录,在某些情况下,可使用硅树脂浇铸材料获取模型。让法医齿科医师检查咬痕,准备拍照和制模记录是十分有用的。

4. 血液证据

侵犯者受伤可能会将血液转移到受害者的衣服或身体表面。受害人身体表面的血迹证据应在受害人的身体检查时收集。需要收集受害人和犯罪嫌疑人的血液样本,以便与从受害人处获得的血迹证据进行比较(参阅第七章中有关活体血液样本章节)。受害者受伤可能会将血液转移给侵犯者,因此应仔细检查所有嫌犯衣服上的血迹。

5. 微量物证:头发和纤维

性侵犯的暴力性质通常会造成微量物证(例如头发和纤维)从侵犯者转移到受害者,或者从受害者转移到侵犯者,或者从两者转移到犯罪现场。对受害者和犯罪嫌疑人的衣服进行检查,将会发现以上述方式产生微量物证。要牢记痕迹物证也会从犯罪现场转移到受害者和侵犯者的衣服和身体上,从现场的床上用品、地毯、家具和其他物品中收集合适的样本,以便与从受害者或犯罪嫌疑人身上收集的纤维进行比较。

在侵犯过程中,侵犯者的毛发可能会转移到受害者的衣服或身上。转移的毛发可能包括头发、阴毛或其他体毛。应收集嫌疑犯的头发和阴毛样本,以便与在身体检查过程中从受害者的衣服或身体表面收集的毛发进行比较。尽管头发或阴毛以外的其他毛发可能不适合用于比较,但也应收集侵犯者伤口附近的毛发。

6. 微量物证:土壤/植被

如果性侵犯发生在户外,土壤和植被可能会转移到受害者和犯罪嫌疑人的衣服上。需要收集犯罪现场的土壤和植被样本,以便与从受害者衣服中收集的证据进行比较(有关土壤收集步骤,参见第六章)。要确保用胶带将装有受害者衣服的袋子进行正确密封,以免丢失土壤或植被证据。

7. 潜在指纹痕迹

由于潜在沉积物和皮肤表面性质,很难从活体中显现潜在指纹痕迹。对于强奸杀人案,有可能(尽管不太可能)从受害者处获得潜在指纹痕迹。在极少数情况下,当处于最佳环境时,可使用强力胶(氰基丙烯酸酯)熏显(受害者已死)或磁性粉显现技术获得潜在指纹。如果成功显现潜在指纹,应在其旁放置比例尺进行拍照。和以往一样,记住在处理尸体之前,必须事先获得医学检查人员/验尸官的批准。

8. 受害人的捆绑

从绳结上切开几英寸使其余绳结保持完整。进行切割时,用标记表示要切割的位置,然后在放置的标记之间切入。这有助于显示切割的位置。胶带两侧可能都有潜在的痕迹,因此要小心地将其去除,保留从胶带卷上撕下的末端,以便与从犯罪嫌疑人处收集的胶带卷进行比较。

13.5 受害者(患者)身体检查

13.5.1 引 言

对性侵犯罪受害者的法医学检查通常包括身体检查及对伤口的治疗、性传播疾病检查和情感创伤治疗。一些州规定必须无偿向性侵犯罪受害者提供上述检查和治疗。本文严格遵循加利福尼亚州规定的性侵犯罪受害者的医学和法医检查程序。提供司法鉴定的医务人员应接受专门培训,培训包括性侵犯罪受害人的护理和治疗以及从受害人处收集和保存物证的适当方法。并且要培训这些医务人员使用专门准备的受害者性侵犯罪证据收集套件收集证据资料。

重要说明:切勿尝试用牙线清洁受害者的牙齿以从口腔中获得精液。只能使用无菌棉签从受害者的口腔中收集精液(参见"受害者身体检查"中有关口腔拭子的章节)。

13.5.2 标准识别数据

为医疗—法律目的收集的每一项证据(或装有证据的密封袋)必须具有充分的标注说明,以确保将来可以明确识别该证据。必须将每项证据标识为鉴定人员在特定日期和时间对特定病人进行检查时收集的具体证据。确保此标识所需的标识数据(本文中称为"标准识别数据")必须包括以下基本信息:(1) 案例文件号;(2) 项目标号;(3) 收集日期;(4) 证据收集人姓名;(5) 病人(受害人)姓名;(6) 保管该证据的人员。收集证据的人员应将其姓名首字母的一部分标记在证据带上,一部分标记在包装袋上,以确保证据带不被篡改且证据没有任何改变。此外,从受害人身上收集物证时,也应标记是从受害人哪个身体位置收集的。

13.5.3 保管链数据

司法证据的法律要求是,从收集证据之日起直至在法庭程序中将证据呈现,持有证据的每个人或团体都必须具有鉴定资格。该要求被称为"保管链"或"持有链"。保管链始于收集物品之时，一直持续到在法庭程序中提交证据为止。这种保管链是用"所有权收据"（property receipts）的使用来表示的。收集的物证必须存储在安全的设备或房间中，以便可以识别保管或使用该物证的人。此要求确保从收集证据之日起直至将其在法庭程序中提交之前，证据的条件一直保持不变，或者由确保负责更改的人（例如犯罪实验室人员）记录证据条件的更改。需要将房间锁住，并且能够识别出可以进入该房间的人以确保房间的安全性，在性侵犯受害者检查室中的证据不应处于无人看管的情况。

证据收集者应确保使用标准识别数据标识每个证据，正确填写保管链表格，并应在交出证据时从该证据保管员处获得签名的收据（保管链表格足以达到这个目的）。证据保管员的姓名以及保管转移的日期和时间应记录在鉴定人员的案件档案中。

13.5.4 衣物收集

应为受害者提供可更换的衣服。为了避免延误对受害者的检查和治疗，执法机构、受害者服务机构和医院之间应计划和协调，为进行司法检查的性侵犯受害者提供可更换的衣服。

1. 脱衣前

在进行医学检查和司法检查之前，受害者应穿着衣服。该步骤将有助于证据收集并确保所收集证据的完整性。

2. 脱衣

当受害人脱去衣服时，确保已为每个物品准备好牛皮纸袋，且在取得每个物品后将其放入牛皮纸袋中，防止交叉污染。

3. 脱鞋

受害者踩在纸上脱衣之前应先脱鞋，避免鞋底上的非证据性碎片造成不牢固的微量物证受到污染。根据案件情况，应分别收集和包装鞋子。

4. 观察受害者衣服状况

在受害者脱衣之前，性侵犯鉴定人员应观察受害者的衣服状况并记录在检查笔记中。请注意衣服上的裂痕或撕裂痕迹以及是否有异物。这些观察结果应记录在鉴定人员的检查文件中。衣服可用长波紫外线灯（通常称为伍德灯）扫描以检测荧光区域。精液在长波紫外光下具有微弱的荧光，许多纤维在长波紫外光下会显示出强荧光。使用光源检查之前，应确保将棕色纸放在物体下面。鉴定人员需戴手套更换每件物品的纸张。

5. 受害者衣服上的杂物

牢固附着在衣服上的异物不应去除，而应与衣服一起包装。

从衣服上掉下来的细小、松散的碎屑应收集起来并放在半透明信封中。信封上标记异物的来源。将从正面到背面或衣物上收到的材料分开，不要将异物放在一起。以防止交叉污染/交叉转移。

具有显著特征或看起来很重要的松散大碎片应单独包装在一个包裹中。包裹应该装在信封里，信封上应标有标准识别数据并密封。

所收集的异物应在鉴定人员的案例说明中注明。

6. 脱去受害者的衣物并收集

受害者应站在之前所描述的纸上脱衣，以收集从衣服上掉下来的松散异物。

由于可能存在阴道流出物和微量物证(例如头发、纤维和污渍),因此应收集在侵犯过程中或侵犯后穿着的所有外衣和内衣。

移动每件衣物时应将其折叠起来,以防止污渍或异物丢失,或从一件衣服转移到另一件衣服。

每件衣物应分别包装在单独的纸袋中。切勿将衣物包装在塑料袋中,因为它们会保留水分,这可能会使存在的生物证据霉变和腐烂。

在最终包装之前,必须先将潮湿的衣服交给执法人员,并安排对其进行干燥。

密封袋中的大包裹和所有单独包装的衣服应放入大纸袋中,标记标准识别数据,并用胶带密封。

案例记录中应记录是否从患者身上收集衣物。

13.5.5　身体表面检查

目视检查可使用长波紫外线灯来辅助。可用于扫描身体或衣物,以寻找干燥或潮湿的分泌物、污渍、白光下不易看到的荧光纤维或细微伤口。紫外线搜查应在暗房中进行。可以使用多波段光源对受害者进行搜查,确保房间中的每个人(包括患者)都戴着护目镜。这是在强奸治疗中心或医院完成的。

1. 精斑

干燥的精液污渍具有特殊的光泽、粘液状外观,并易从皮肤上剥落。在紫外线下,精液通常表现出淡淡的蓝白色或橙色荧光。荧光区域通常呈现为污点、条纹或飞溅痕迹。新鲜干燥的精液可能不会产生荧光,因此无论可疑区域是否发荧光,请分别使用棉签来擦拭它们(参阅后面关于收集的章节)。在紫外线下观察到的荧光区域可能不是精斑,法医实验室必须独立确认精液的存在才能将其鉴定为精斑。收集可疑污渍,将其提交给法医实验室进行分析(参阅后面关于收集干燥或潮湿污渍的章节)。

2. 细微伤口

借助于伍德灯可使绳痕、近期的擦伤和其他细微伤口更为明显。目视检查有助于区分创伤是旧的还是新的。注意,在进行司法检查时,瘀伤可能尚未完全形成,应安排每隔24小时进行一次后续检查。由于紫外线(UV)照片有时可能会揭示数码摄影无法看到的细节,因此还应考虑对瘀伤拍摄紫外线照片。

13.5.6　身体干渍或湿渍收集

应当通过常规身体检查,借助伍德灯或法医光源扫描来识别出干渍或湿渍。污渍分别包装收集,并标注取自身体的哪个位置。应按照以下建议的方式收集污渍。

1. 精液、唾液或血迹

精液、唾液或血迹应用无菌拭子取样,干燥,拭子头用防护罩或折叠纸捆扎起来,并放置在信封中。或者,可将拭子放置在拭子盒中(请参见第七章图7-7),密封(拭子盒可使拭子干燥),贴上合适的标签,然后密封在纸信封中。含有拭子包裹或拭子盒的信封应标有标准识别数据。

2. 阴毛中的精液

如果在阴毛中发现了精液或其他未知物质,检查人员应剪下带有该物质的毛发,并将其捆扎包装。包裹应放置在信封中,粘贴标准识别数据,并用胶带将信封密封。

3. 记录精液、唾液或血迹的位置

如果发现精液、唾液或血迹,检查人员应记录污渍在身体的哪个位置,并注意受害人的哪些伤口可能会出现血迹。

4. 湿渍或分泌物

检查人员应按照以下步骤收集受害人体内的湿渍或分泌物:

(1) 用干拭子收集湿渍或分泌物,以免稀释,应使用尽可能多的拭子收集整个污渍。

(2) 拭子应干燥,并以与干分泌物相同的方式包装(前面已经讨论过)。

(3) 使用图表记录分泌物在人体的位置。

13.5.7 受害者身上异物收集

1. 异物,例如纤维、毛发、草和污垢

身体各个部位的这些材料应用单独的纸盒包装。使用镊子,或用干净的压舌板或手术刀刀片的背面将物质轻轻刮入包装中。

2. 包裹和信封的标签

每个包裹应贴上材料的描述及其收集的位置信息说明,将其折叠,并用胶带密封,放在马尼拉纸信封中,并将信封密封。马尼拉纸信封应标有标准识别数据以及异物收集的身体部位。必须用收集人的姓名首字母对证据进行封章。

3. 用图表标出证据收集的位置

检验人员应使用图表记录体内发现的异物位置。这些图将有助于作证期间证据位置的描述。

4. 案例说明

检查人员应在案件记录中记录是否发现和收集了标本或异物。

13.5.8 咬痕和瘀伤处理程序

1. 照片证据和程序

照片可以按照医院的程序或由当地的执法机构拍摄(通常由执法人员拍摄)。

正确拍摄的咬痕和瘀伤照片可以帮助识别造成伤害的人或物。可以通过咬痕的形状来识别疑犯。处理这些案件时,应咨询法医牙医师(牙医),尤其是当咬痕凹陷或皮肤破裂/穿孔时。这些案件中,对痕迹进行硅胶铸模可能具有指示作用。

拍摄咬痕或其他伤口的特写照片时,拍摄平面应尽可能与物体表面平行,也就是说,相机的视角应垂直于身体表面("垂直于"表面)进行拍照(请参阅第三章中的图 3 - 11)。照片中还应包含比例尺或其他测量设备用以描述尺寸。

案件记录中应注明摄影师的姓名。

2. 咬痕拍摄的一般注意事项

照片可以作为案件档案的有力补充,且在无法以图表形式充分记录的情况下(例如,咬痕或重伤)可能是必要的。

考虑受害人对脱衣问题的敏感性,以决定是医院工作人员还是男性或女性执法人员拍摄照片。

所有照片中的患者应适当遮盖。

可以使用任何相机,只要其可以对焦,能拍摄不失真的特写照片即可。带微距镜头的SLR 相机特别适合拍摄特写照片。

侵犯后可能不会立即出现明显的瘀伤和咬痕。建议执法机构在瘀青充分发展后安排后续检查,拍摄额外的照片。随着时间的流逝,擦伤和咬痕可能会变得更加明显,且在照片中显示出更好的清晰度,因此应每隔 24 小时进行伤口拍摄,连拍六天。

最好由当地执法机构处理照片。

3. 咬痕中的颗粒碎片和唾液

每个咬痕和周围区域应分别用蘸有蒸馏水的拭子擦拭,以收集侵犯者的唾液残留物。拭子应贴有标签,并且在包装之前必须风干。

干的拭子应放在单独的信封或拭子盒中。每个信封都应贴上标准识别数据并正确密封。

检查人员的案件记录应反映是否从咬痕中收集了拭子。

13.5.9　强奸治疗中心或医院的指定工作人员对身体进行检查

1. 阴毛梳理

应在受害人臀部下方放一张干净的检查纸,以收取因梳理或擦拭而掉下的毛发或纤维。

应在强光和/或伍德灯下,仔细检查阴毛上是否有精斑。

含有可疑精液的阴毛应剪至靠近皮肤的位置,进行包裹,并分别放置在信封中。信封上应标有标准识别数据,检查人员应在检查记录中注明收集情况。

阴毛应该用全新未使用过的梳子或刷子梳理。获得的毛发以及使用的梳子或刷子,都应包装在信封中。所有信封开口均应使用胶带密封,以防毛发丢失。

臀部下面的干净床单应以捆绑方式收集,并用胶带密封。包裹应贴上标签,放入纸袋中,并在纸袋上贴标准识别数据。

2. 阴毛样本

检察人员应拔或剪下 40~50 根靠近皮肤的阴毛,从不同区域剪下 8~10 根阴毛(参见第六章图 6-4)。阴毛样本应密封包裹,并放在信封中。信封应密封并标有标准识别数据。

3. 头发样本

为了收集头发样本,从头的前、后、两侧和头顶几个区域中拔掉或剪下头发,每个区域拔或剪下 15~20 根,总计 75~100 根(参见第六章图 6-3)。与让检查人员拔头发样品相比,受害人自己拔可能会更好。如果受害人选择自己收集头发样本,应仔细指导受害人一次只拔几根。

4. 阴道拭子

(1) 样本采集的优先最佳顺序

具体顺序为：① 大阴唇和小阴唇拭子；② 阴道后穹窿液体沉积物拭子；③ 宫颈拭子（由于在性交后长达 7 天的时间内可在宫颈粘液中发现精子，因此通常应避免宫颈，除非侵犯已经过去了 72 个小时）。

应使用无菌拭子来擦拭大阴唇和小阴唇。拭子应风干并包装在信封或拭子盒中。信封上应标有标准识别数据。

(2) 阴道后穹窿物收集

应使用干燥的无菌拭子收集阴道后穹窿物的积聚液体。

要为收集的每个拭子准备涂抹玻片（slide smear）。每个成对的拭子和涂抹玻片均应标有标准识别数据（拭子标记可以通过将两英寸的胶带粘贴到拭子轴上并在胶带上标记）。

每个拭子都应在拭子烘干机中干燥（大多数拭子一个小时就足够烘干了）。干燥后，应将拭子包装在标有"阴道拭子"的信封或拭子盒中，并添加标准识别数据。

拭子的涂抹玻片应风干。每张载玻片都应贴上标签，以与该载玻片所用的拭子相对应，并包装在载玻片信封中。不应将防腐剂、固定剂或污渍涂在涂抹玻片上。

用拭子收集样品后，检查人员应抽吸剩余的阴道液体（如果有），并将抽吸液放在密封的小瓶中，例如红盖真空容器（redtop vacutainer）。应检查一滴这种抽吸物以检测是否含有活动精子，并将观察结果记录在案件说明中。

所有拭子应在拭子烘干机中彻底干燥（通常在拭子烘干机中一小时就足以彻底干燥）。犯罪现场设备供应商可提供拭子烘干机（参阅附录 13）。

干燥后，应将拭子包装在性侵犯检查工具包中带有合适标签的信封中。信封应密封，并在信封上标记标准识别数据。信封应放在检查包中，以运送到法医实验室。

5. 活动精子检查

检查人员应准备一张湿的载玻片，以确定性侵犯受害人阴道中是否存在活动或不活动的精子。阴道中活动精子的存在表明最近有侵入和射精。然而，没有活动精子并不能排除近期侵入和射精的可能性，因为在阴道环境中精子倾向于迅速失去活动性。由于精子运动只能在未染色的湿载玻片上观察到，因此作为急诊室检查的一部分，必须在显微镜下进行精子活动检查。载玻片也具有证据价值，应与从受害人那里收集的其他证据一起保存和提交。即使最初做精子运动性检查时，没有在未染色的载玻片中观察到精子，在随后对干燥、染色的载玻片进行检测时，也有可能发现精子，这是由于载玻片染色使精子的可见度增加。

阴道穹窿中未稀释的抽吸物是用于搜找活动精子的最佳样本（如果阴道中没有足够的液体进行抽吸，则应使用阴道灌洗样本搜找活动精子）。检察人员应把一滴抽吸液加在滴有一滴盐水或营养素的显微镜载玻片上，立即盖上盖玻片，并在显微镜下进行检查。如果没有足够的抽吸液来搜找精子，检查人员可以将一滴无菌生理盐水滴在载玻片上，将一根阴道穹窿拭子在这滴生理盐水中滚动，并盖上盖玻片进行检查。检查人员应立即（5～10 分钟之内）使用生物显微镜以至少 400 倍的放大倍数观察载玻片，以确定是否存在精子，及存在的精子是否活动。相衬显微镜或染色显微镜（如果有）对此很有帮助。用于搜找活动精子的载玻片应风干并包装在载玻片信封中。载玻片信封应标有标准识别数据。检察人员应在案件说明中记录精子是否存在,是否活动。

6. 口腔拭子(病史显示)

受害人可能不愿意报告口腔或直肠腔的侵入情况[5]。应该检查口腔是否有损伤以及口腔周围是否有精液痕迹。应特别注意舌下的系带,下唇根部以及咽部的渗出液、撕裂伤和挫伤,使用以下步骤检查:

(1) 应当擦拭口腔外部周围的区域,包括嘴唇。用蘸有蒸馏水的拭子收集干燥的分泌物;用干拭子收集潮湿的分泌物,以免稀释样品。

(2) 对于以下区域,应使用单独的拭子擦拭口腔:① 下牙和脸颊之间的区域;② 舌头和牙齿之间的区域(系带的两侧)。

证据保全步骤如下:

(1) 以与阴道拭子相同的方式准备干燥的口腔拭子。

(2) 将干燥的拭子包装在标有"口腔拭子"的信封或拭子盒中。

(3) 在密封的信封或拭子盒上贴上标准识别数据。

7. 血样

应从受害人身上采集以下血样:

(1) 用于 DNA 鉴定的血液,使用黄盖试管(ACD-B)或紫盖试管(EDTA)。

(2) 用于血液中酒精含量测定的血液,使用装有防腐剂和抗凝剂的灰盖试管、DUI 管或使用 DUI 试剂盒。

(3) 用于毒理学检测的血液(管控物质、氟地西泮、伽玛羟基丁酸等),使用灰盖试管。

使用血液进行酒精和毒理学研究是必要的,以证明当受害人体内某些药物或酒精水平较高时,其有无能力提供知情同意。

液态血液样本必须冷藏保存,直到移交给法医实验室。

8. 指甲屑收集

指甲屑可能包含多种证据材料,包括血液、组织、毛发、纤维,以及来自犯罪现场周围环境或侵犯者身上的其他异物。如果历史记录表明或观察到与侵犯者有关的异物,检查人员应按照以下步骤收集指甲屑:

(1) 使用干净的棍棒(使用无菌拭子木柄的一端)从指甲下方收集刮擦物,也可以用蘸有蒸馏水的拭子进行收集,每只手用一根拭子。

(2) 将每只手上的刮屑放入单独的包裹中。标记每个包裹,将其放入信封中,密封信封,并用标准识别数据标记。

(3) 在案件说明中记录检查结果和收集的证据。

9. 肛门/直肠检查和证据收集步骤

在涉及肛门侵入的犯罪中,检查人员应对受害人进行肛门和直肠检查。检查可能会发现受害人伤口和/或异物。

由于肛门/直肠的侵入可能因其是个让人不愉快的话题而被低估,因此建议检查机构在性侵犯检查中将此作为常规检查。

10. 伤口和异物检查

检查人员应检查臀部、肛门周围皮肤和肛门褶皱是否受伤以及是否存在精液、干燥或潮湿的分泌物、出血、粪便、润滑剂和其他异物。观察到的伤口都应记录在案件记录中并拍照。案件记录中应记录观察到的异物和污渍，并使用以下程序进行收集：

（1）从肛门周围收集干燥、潮湿的分泌物和异物。

（2）如果受害人病史和/或身体检查结果表明肛门有异样，请收集两次直肠拭子。直肠拭子的收集方法必须防止可存在于肛门周围区域的精液转移到直肠中。

为了防止在将拭子插入直肠的过程中拭子和肛门之间的接触，检查员应按以下说明进行操作：

（1）检查并收集证据后，清洁肛门周围区域。

（2）通过使用蘸有温水的、小的未润滑窥镜，或指示患者侧卧或俯卧膝盖至胸腔来扩张括约肌。

（3）当存在精液时，精液倾向于聚集在括约肌粘膜的皮肤粘膜接合处的肛门开口处。为了有效收集直肠中的精液，应将拭子缓慢插入肛门并旋转 360 度，这样比快速插入和拔出拭子更为有效。

（4）准备两片载玻片，每个拭子一片。

（5）标记并风干拭子和载玻片。对相应的拭子和载玻片进行编码，以使法医实验室能够确定是对应拭子制成的载玻片，例如，直肠拭子 1 号，直肠载玻片 1 号。

（6）将载玻片包装在载玻片包裹中，将拭子包装在拭子盒或信封中。在每个容器上贴上标准识别数据并密封。

如果怀疑直肠受伤，检查人员应评估是否需要进行镜检或内窥镜检查。

13.5.10　性传播疾病基准测试

检察人员应对性传播疾病（STD）进行基准测试。对于成年人，如果有病史记录，应从直肠收集用于淋病（GC）培养的样本作为基准，并为患者提供预防措施。按指示采取用于其他性病培养的样本。对于儿童，应从直肠收集样本用于淋病培养，以此作为基准并预防性病，并按指示采取用于其他性病培养的样本。

13.5.11　显微检查

可以用放大镜或阴道镜进行显微或放大检查，以确认生殖器部位是否有轻微损伤的迹象，如观察到轻微擦伤、裂痕、处女膜破裂、瘀斑和局部水肿。阴道镜的放大倍数为 5～30 倍，许多型号的阴道镜还具有照相功能，它们通常在提供妇科护理时使用。与所有检查一样，阴道镜检查只能由具有检查经验，且能对检查结果进行解释的专门人员进行。

13.6　医院/监禁设施中犯罪嫌疑人证据收集

犯罪嫌疑人的证据可用于将犯罪嫌疑人与犯罪现场或受害人联系起来。犯罪嫌疑人衣服上的痕迹可能会转移到受害人身上、衣服上或犯罪现场。现场可能发现嫌疑犯的血液或精斑，这可能提供可将犯罪嫌疑人与犯罪联系起来的 DNA 证据。犯罪嫌疑人提供的其他类型证据包括鞋印、潜在痕迹和微量物证，例如头发和纤维。通常在对嫌疑人进行证据检查时完成证据和对照样本的收集,但是衣物和某些对照样本(例如毛发样本)可以由调查人员收集。无论是由调查人员还是由进行证据检查的医学专业人员收集样本,都必须遵循收集和包装证据以及保管链的要求。

调查人员或进行证据检查的医务人员都需要从犯罪嫌疑人那里收集以下物品:(1) 侵犯时所穿的衣物;(2) 头发样本;(3) 阴毛样本;(4) 指甲屑(如果指甲断了就剪下);(5) 血样(由医务专业人员抽取);(6) 口腔拭子;(7) 新伤口的照片。

13.6.1 男性嫌疑人证据收集套件

通过使用当地法医实验室制备的犯罪嫌疑人收集套件或由犯罪现场供应公司组合的套件,可以加快犯罪嫌疑人衣物收集和包装的速度,也可以加快从证据检查中发现的证据的收集和包装速度(典型的男性嫌疑人证据收集套件,参见图 13-3)。

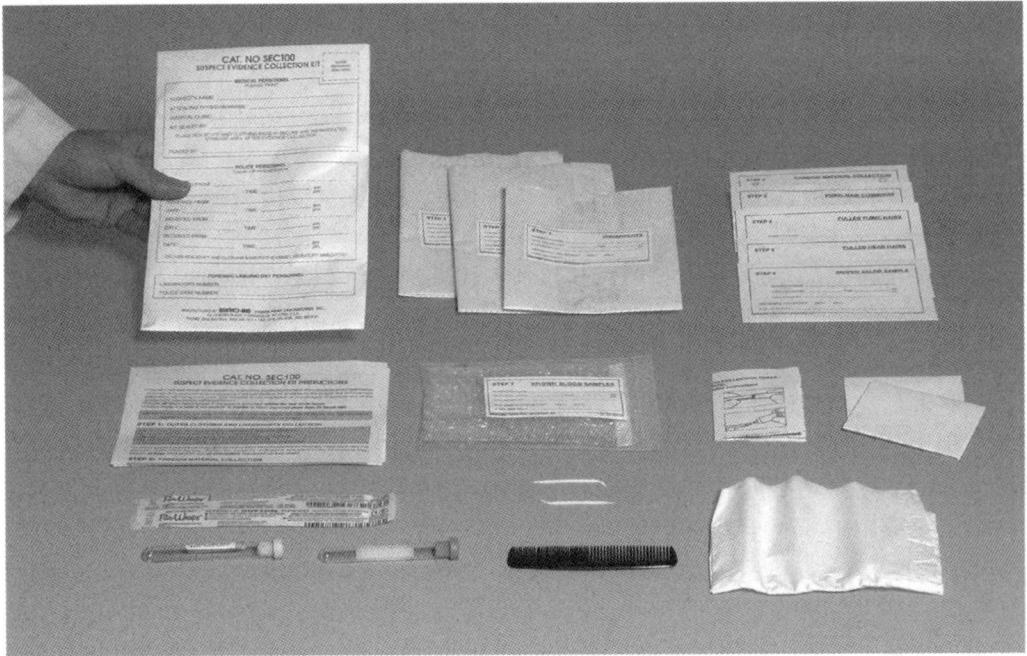

图 13-3 男性嫌疑人证据收集套件
(由 Sirchie 指纹实验室提供)

13.6.2 男性嫌疑人证据检查

必须防止受害人和犯罪嫌疑人之间的接触。一旦执法人员通知急诊室将要把嫌疑人带入,要确定受害者是否也会被带到医院。如果是,安排合适的房间或时间进行检查,以防止他们之间接触。

执法人员将嫌疑人带到急诊科时,应采取安全预防措施。尽快护送嫌疑人至私密房间,执法人员应始终与嫌疑人在一起。

对嫌疑人进行检查可能会提供有用的信息,特别是在侵犯案件发生后数小时内进行检查,但诸如割伤、挫伤和咬伤等伤口要在较长时间后才可以观察到。大多数证据的持久性取决于犯罪嫌疑人侵犯后的活动,例如洗澡或换衣服。

检查人员进行检查之前,应从执法人员处获取案件相关信息。此信息可指导检查人员寻找不易观察到的伤口和证据。应该提出以下问题:(1)侵犯是什么日期和时间发生的?(2)犯罪行为有哪些?(3)侵犯地点和周围环境是什么样的?(4)受害人提供的人体识别信息,例如疤痕、文身等有哪些?

从执法人员处获得的信息应记录在单独的工作表中,在检查期间用作参考。如果犯罪嫌疑人自愿,接受并记录他们的陈述。犯罪嫌疑人应得到与其他患者一样的尊重和治疗。医疗专业人员必须保持客观,并且必须避免假设犯罪嫌疑人有罪。

检查同意书/授权书。应取得调查执法人员的签名,以授权由公费支付进行证据审查的费用,或根据当地协议获得授权以支付检查费用。

病历。应获取患者病史的相关医学信息;获取过去60天内有关肛门生殖器受伤、外科手术、诊断程序或药物治疗的信息,以避免将先前的病变与涉嫌侵犯相关的伤害相混淆。

衣物收集。当嫌疑人到达检查室时,检查人员应注意涉嫌侵犯案件期间所穿衣物的状况。衣物收集检察人员应在地上放一张大纸,再将另一张类似尺寸的纸放在上面(建议使用三英尺宽的牛皮纸,或者可以使用标准检查室纸)。犯罪嫌疑人站在纸上之前,检察人员应让其脱下鞋子和袜子,以防止衣物受到污染。检察人员应在案件档案中记录是否收集了衣物。

13.6.3　常规身体检查

1. 身体检查

检察人员应对嫌犯进行全面的身体检查(从头到脚),以检查受伤情况,并提供侵犯事件的其他证据。

2. 一般外表

检察人员应在案卷中注明使用药物或酒精的迹象,例如气味、针刺痕迹、瞳孔反应、水平或垂直眼球震颤、言语不清或协调能力受损,以及右撇子或左撇子。

3. 生命体征数据

检查人员应记录血压、脉搏、温度和呼吸。

4. 一般描述数据

检查人员应记录嫌犯的身高、体重、眼睛颜色和头发颜色。

13.6.4　物证鉴定

1. 检查阴毛是否有干燥或潮湿的分泌物和异物

阴毛上干燥的分泌物应通过以下方法来收集:剪掉杂乱的毛发,把毛发扎成一捆放在信封中,在信封上记录标准识别数据,最后密封信封。

2. 阴毛梳

在梳理阴毛之前,应在犯罪嫌疑人的臀部下放一张新的检查纸,以收集掉落的毛发或其他微量物证。阴毛应该用新的、未使用过的梳子或刷子梳理。所有获得的毛发应和使用的梳子或刷子一起放入信封中。所有信封开口用胶带密封,并在信封上标上标准识别数据。

臀部下面垫的纸应该折叠成装订样式,标有标准识别数据,密封,并包装在纸袋中。纸袋应该用胶带密封,并在袋上标上标准识别数据。

3. 阴毛样本

从阴部的不同区域靠近皮肤的地方拔或剪下 40~50 根毛发(参见第六章图6-4)。

4. 头发样本

从头的前、后、两侧和头顶几个区域中拔或剪下头发,每个区域拔或剪下 15~20 根,总计 75~100 根(参见第六章图 6-3)。

5. 其他体毛

从犯罪嫌疑人在侵犯过程中可能掉毛发的所有地方取样。拔下可疑区域附近的 20~25 根毛发。将收集的毛发捆成一束,标上标准识别数据,并放置在信封中,用标准识别数据标记信封,并用胶带封住信封的所有开口。

6. 血样

用以下试管类型收集 5~7 mL 血样:(1) DNA(及其他遗传标记)类型,使用紫盖试管(EDTA);(2) 血液酒精,使用灰盖试管(DUI 套件)。

7. 性侵犯检查工具包中的多余拭子

性侵犯检查工具包中包含的多余拭子可以用作阴茎拭子。若发现受害人的阴道或口腔上皮细胞,可以做 DNA 检验。

8. 样本的发放和收据的获取

血样和生理污渍应提供给调查人员,并取得调查人员已签收所有材料的签名收据。调查人员应将生物材料冷藏并尽快送交法医实验室。

9. 指甲屑

如果侵犯史提示或观察到与侵犯有关的异物在指甲处,应收集指甲屑。指甲屑的收集应记录在案卷中。

10. 干燥或潮湿的身体分泌物

应当以与女性受害人相同的方式收集来自身体的干燥和潮湿的分泌物、污渍和异物,包括头部、头皮、面部和体毛。

11. 伍德灯(或法医灯)检查

应该用长波紫外线(伍德灯)扫描整个身体。每个可疑的污渍或荧光区域应用单独的拭子擦拭。也可以使用法医光源扫描身体表面,并确保房间中的所有个人(包括犯罪嫌疑人)都佩戴适当的防护眼镜。

12. 使用图表记录观察结果

应使用图表记录识别标记(例如疤痕、文身或胎记)的位置,伤口的位置、大小和外观以及异物的证据。受伤迹象可能包括红斑、擦伤、青肿、挫伤、硬结、撕裂伤、骨折、出血、咬伤、烧伤或污点。将在伍德灯下发现的结果标记为"W. L."。

13.6.5　口腔检验

检查口腔是否有损伤以及口腔周围是否有精液或阴道上皮细胞的证据。如果检查结果表明有，应擦拭嘴周围的区域。检查人员应在侵犯后六个小时内从口腔中用两支拭子擦拭收集精液。准备两片干燥的载玻片。

13.6.6　外生殖器检查

应检查阴茎和阴囊是否有损伤迹象，是否出现干燥或潮湿分泌物、粪便、润滑剂、异物和性病症状。注意是否割过包皮，是否有输精管结扎的迹象。

阴茎受伤可能包括咬伤和撕裂伤、龟头擦伤、尿道口粘膜皮肤连接处撕裂、指甲或牙齿造成的线性擦伤。在未割包皮的男性中，异物可能会保留在阴茎上，尤其是龟头或沟内。

13.6.7　阴茎拭子

至少应收集两个阴茎拭子，用蒸馏水润湿两根拭子，然后拭擦阴茎的外表面。收集分别擦拭尿道口以及擦拭龟头和轴的两根拭子（仅限医务人员）。如果有粪便，应注意。每个拭子贴上标签，标明提取地点，并将拭子风干包装在合适的试管或信封中。每个拭子包装在单独的试管或信封中。信封应标有标准识别数据并用胶带密封。

13.6.8　性病样本

仅应由医务人员从尿道收集淋病培养样本作为基准。应按指示提取其他性病样本。

13.6.9　记录发现和样本的收集

任何发现和收集的样本都应记录在案件笔记和准备的图表中。

13.6.10　医务人员治疗

如果合适，可以开始治疗损伤、性病和预防破伤风。如果未开始治疗且嫌疑人已被拘留，则应适当转介当地监狱或拘留所中的主治医生。

13.7　成年男性性侵受害者（患者）检查[6]

13.7.1　受害者检查

1. 受害者验伤分类

（1）立即进行受害者验伤分类。

（2）提供私密房间。

（3）分配病人协调员。

（4）与强奸危机中心或合适的机构联系，为受害者/证人提供服务。

2. 同意和通知

(1) 获得患者的同意以进行医学和证据检查。

(2) 根据法律要求通知合适的主管部门。

(3) 如果患者仅同意接受医学检查和治疗:

① 获取病史;

② 进行全身检查并治疗伤口;

③ 进行基准性病检查和/或提供预防措施;

④ 在一定程度上填写与患者治疗有关的授权表格。

(4) 如果患者同意医学检查和证据检查,请先进行医学检查(步骤 3 和 4),然后再进行下一节中讨论的证据检查。

3. 获取病史

4. 进行全身检查

(1) 将样本送往医院或相关的临床实验室。

① 从口咽提取基准 GC(淋病)培养样本;按照指示提取其他性病样本。

② 从尿道提取基准 GC(淋病)培养样本;按照指示提取其他性病样本。

③ 从直肠提取基准 GC(淋病)培养样本;按照指示提取其他性病样本。

(2) 使用合适的样本容器采集血样进行药物/酒精毒理学检查。

13.7.2 授权医务人员进行证据检查

1. 收集衣物(将每件物品放在纸袋中,贴上标签,并用证据胶带密封每个袋子)

(1) 注意在抵达后、收集之前衣物的状况。

(2) 让患者脱下鞋子(收集)并站在双层牛皮纸(或检查台纸)上。

(3) 收集外衣,将它们分别放在单独的纸袋中(性侵犯工具箱应有合适的袋子)。

(4) 收集衣服,将它们分别放在单独的纸袋中。

(5) 将患者站过的牛皮纸折叠包好,放在单独的纸袋中,并用证据胶带密封。

2. 进行常规身体检查

(1) 用伍德灯或多波段光源(ALS)进行全身扫描,确保所有在场人员都佩戴合适的护目镜。

(2) 收集指甲屑,放置在合适的容器中,贴上标签并密封。

(3) 收集体内干燥、潮湿的分泌物和任何异物,例如头发或纤维。将收集的材料放在合适的容器内,贴上标签并密封。

(4) 在案件笔记中记录发现的结果。

3. 口腔检查

(1) 检查口腔是否有损伤,在文件中记录发现的结果。

(2) 如果有病史,请用拭子擦拭口腔周围区域以检查干燥分泌物。

(3) 侵犯后 6 个小时内收集 2 个口腔拭子,使用 2 个干燥的载玻片。包装之前,将拭子放入烘干机进行干燥。

（4）取样本，用合适的培养拭子进行 GC（淋病）培养，放在合适的容器中。

4. 外生殖器检查

（1）检查生殖器是否受伤，在笔记中记录发现的结果，对伤口进行拍照。

（2）用伍德灯扫描，收集干燥、潮湿的分泌物和任何注明的异物。记录发现的结果。

（3）用剪刀剪下阴毛，进行收集，将其放置在合适的容器内。

（4）收集阴毛梳，在皮肤附近拉扯或用剪刀修剪以收集阴毛样本。

（5）检查阴茎和阴囊是否受伤和是否有异物，记录发现的结果。

（6）如果有病史表明受过伤害，应收集分别擦拭尿道口以及擦拭龟头和轴的两根拭子，在干燥机中干燥拭子，然后将其放置在合适的容器中。

5. 臀部、肛周和直肠检查

（1）检查臀部、肛周皮肤和肛门褶皱是否受伤，收集干燥、潮湿的分泌物和异物，记录发现的结果。干燥拭子并合理包装，将所有异物包装在合适的容器中。

（2）如果有病史表明受过伤害，收集两个肛门拭子，为拭子准备两个干燥的载玻片。干燥拭子并合理包装。

（3）取样本作淋病（GC）培养。

（4）如果怀疑受过伤，请进行镜检或手镜检查。

6. 临床和毒理学样本

（1）临床样本：用于梅毒血清学和 HIV 基准的血样。

（2）证据样本收集由医师和执法人员酌情决定（患者有权拒绝接受这些检查）：

① 血液酒精样本（灰盖管：使用 BA 试剂盒）。

② 血液毒理学（紫盖管：冷藏）。

③ 尿液毒理学（尿液样本）。

7. 相关样本（如果需要，可根据当地法医实验室程序，在之后收集）

（1）血型、DNA 标本（黄盖管）。

（2）阴毛样本：在皮肤附近拉扯或剪下 20～25 根毛发。

（3）头皮头发样本：从头皮的每个区域中拔或剪下 15～20 根，总计 75～100 根。

（4）胡须/体毛：当病史表明需要收集体毛时，从每个区域收集 20～25 根毛发。靠近皮肤处剪下胡须，体毛可以选择拔下来。

8. 后续程序

（1）安排性病、伤口治疗和转介心理护理。

（2）提供书面的后续说明，包括强奸危机中心的电话号码、受害者/证人计划以及有关受害者补偿的信息。

9. 衣物和运输

（1）连同执法机构和强奸危机中心，提供检查期间收集的鞋子和衣服的更换物。

（2）必要时安排运输。

10. 证据样本

（1）确保所有收集的样本都妥善记录在案以备后用。

（2）确保收集的所有临床和证据样本均已正确干燥，包装在合适的容器中，标有标准识别数据并正确密封。

（3）将证据的保管权移交给执法人员，在案件记录中注明保管链，并从负责证据保管的执法人员那里获得有签名的收据。

13.8　儿童性虐待检查[7]

受到性侵犯的儿童应由经过专门培训和认证的儿科医生或性侵犯护理鉴定人员对其进行性侵犯法证检查。

1. 伤员验伤分类

（1）立即进行伤员验伤分类。

（2）提供私密房间。

（3）分配病人协调员。

（4）联系强奸危机中心或儿童性虐待治疗项目组。

2. 同意和通知

（1）获得执法机构、儿童保护服务机构、父母/监护人或患者（12岁以上）的同意。

（2）通知当局已知或怀疑的虐待儿童行为。

3. 侵犯后的时间间隔

（1）侵犯后不到72小时且受伤的：立即在急诊室检查。

（2）侵犯后不到72小时而没有受重伤的：立即在合适的诊所或机构进行检查。

（3）侵犯后超过72小时：应尽快在合适的机构或诊所进行检查。

4. 衣物收集

（1）注意抵达时的衣物状况，记录衣物状况，以备不时之需。

（2）让患者脱鞋并将鞋子包装在单独的纸袋中后，再收集衣物。如果为了紧急处理伤口而已经脱掉衣服，请确保衣服已收集，并且每件衣服和鞋子放在单独的纸袋中。

（3）如果年龄和条件允许，让患者站在双层牛皮或检查台纸上脱衣服。

（4）收集外套和内衣。将每件衣服包装在纸袋中，贴上标签并密封。

5. 侵犯后的72小时内

（1）获取病史。

（2）进行常规的适宜身体和年龄/性别的肛门生殖器检查（请参阅下一节）。

（3）收集证据。

（4）在案件记录中记录受伤情况，如果条件允许，进行拍照。

（5）如果条件允许，用绘图和照片的形式把受伤情况记录在案件笔记中。

（6）在案件笔记中记录发现的结果和收集的证据，并且记录保管链和适当的拥有日志链。

（7）为受害者治疗伤口。

6. 侵犯后超过 72 小时

（1）获取病史。

（2）进行常规的适宜身体和年龄/性别的肛门生殖器检查（请参阅下一节）。

（3）女性/男性患者：检查腹股沟淋巴结是否肿大，检查大腿内侧和会阴部。

（4）对于男性：检查阴茎、阴囊、尿道口和睾丸。

（5）对于女性：检查大阴唇、小阴唇、尿道周组织/尿道口、处女膜周围组织（血管）、处女膜、后四孔、鼻窝和阴道。

（6）女性/男性肛门：检查臀部、肛周皮肤和肛门褶皱，如果怀疑直肠受伤，请进行肛门镜或内窥镜检查。

（7）如果条件允许，用绘图和照片的形式把新的或已治愈的伤口情况记录在案件笔记中。

（8）治疗伤口。

7. 证据检查和收集

（1）进行常规身体检查。

（2）用伍德灯或 ALS 扫描全身（在场所有人，在进行 ALS 检查时必须戴防护眼镜）。

（3）使用性侵犯工具箱中沾湿的无菌拭子收集体内发现的任何干燥或潮湿的分泌物，将拭子放在干燥箱架或纸板拭子干燥容器中进行干燥。

（4）收集发现的任何异物，包装在合适的容器中。

（5）青少年：剪下杂乱的阴毛并包裹，梳理阴毛以收集非自身的毛发、纤维或其他异物，将阴毛梳包装在合适的容器中。

（6）在案例笔记中记录发现的结果。

（7）青春期前的女孩（处女膜完整/阴道口正常）。

① 检查伤口和异物；无需窥镜检查。

② 用两根拭子从外阴收集样本。

③ 将拭子放入干燥箱或纸板拭子干燥容器中。

④ 从阴道口取样本进行淋病（GC）培养。

⑤ 按指示进行其他性传播疾病培养。

（8）青春期前的女孩（处女膜不完整和/或阴道口增大）。

① 检查伤口和异物。

② 只在怀疑有重大创伤时才对青春期前的女孩进行窥镜检查，并使用小儿窥镜。

a. 使用三根拭子从阴道池中收集样本；

b. 为拭子准备一片湿的载玻片和两片干的载玻片；

c. 检查湿的载玻片上是否有精子和滴虫；

d. 取样本进行淋病（GC）培养；

e. 在案件笔记中记录发现的结果，合理包装拭子和载玻片。

（9）男孩

① 检查阴茎和阴囊是否受伤和是否有异物，记录发现的结果并收集异物。

② 如果有病史表明受过伤害，应收集分别擦拭尿道口以及擦拭龟头和轴的两根拭子。

③ 取样本进行基准淋病（GC）培养。

④ 按指示进行其他性传播疾病培养。

(10) 臀部、肛周和肛门检查。

① 检查臀部、肛周皮肤和肛门褶皱是否受伤。

② 收集干燥、潮湿的分泌物和异物,在案件笔记中进行记录并合理包装。

③ 如果有病史表明和/或发现直肠受伤,收集两个直肠拭子并准备两个干燥的载玻片。在案件笔记中进行记录并合理包装。

④ 取样本进行淋病(GC)培养。

⑤ 如果怀疑直肠受伤,进行肛门镜或内窥镜检查。

(11) 临床试验。

① 梅毒血清学(红盖管)。

② 妊娠测试(红盖管)。

(12) 血液酒精/毒理学样本(由医生和执法人员酌情决定是否收集)。

① 血液酒精(灰盖管:BA 试剂盒),以证明罪犯饮酒。

② 毒理学(灰盖管),以证明罪犯服药。

③ 毒理学尿液样本,以证明罪犯饮酒或服药。

(13) 参考样本(如果需要,可在之后获取)。

① 用于 DNA 鉴定的血液(黄盖管)。

② 唾液样本(无菌纱布)。

③ 阴毛样本:来自阴毛代表区域的 20～25 根毛发。

④ 头皮头发样本:75～100 根头发(从头的前面、两侧、头顶和后面各取 15～20 根头发)。

(14) 完成证据检查。

① 确保收集的所有证据均已合理包装,加标签并记录在案卷中。

② 确保拥有链已正确建立。

③ 确保所有证据均已正确标记以进行运输和存储(即干燥、冷藏或冷冻存储)。

④ 从执法人员那里获得有签名的转交证据的收据,并签署所有证据链表。

(15) 后续程序。

① 性病、伤口、妊娠和心理护理的跟进。

② 对于家庭内遭受骚扰的受害者,咨询执法人员和儿童保护服务部门,以了解儿童是否可以返回家中。

③ 填写所有有关儿童虐待/骚扰/性侵犯的表格。

13.9　儿童受虐待的指标[8]

虐待儿童,尽管通常被狭义地定义为仅具有身体影响,但事实上包括身体虐待、身体忽视、性虐待和情感虐待。尽管虐待儿童的主题已远远超出了本文的范围,下文还是介绍了一些虐待儿童的指标,以使犯罪现场调查人员了解虐待儿童的身体表现类型(可能需要犯罪现场调查人员提供相应的文件)。表 13-1 列出了有关儿童的身体虐待、身体忽视、性虐待和情感虐待的身体和行为指标。

表 13-1　儿童潜在保护需求指标

	身体指标	行为指标
身体虐待	无法解释的瘀伤(在康复的各个阶段),伤痕,咬痕,秃斑	自我毁灭的行为
	无法解释的烧伤,尤其是香烟烧伤或沉浸式烧伤(类似手套)	孤僻或攻击性的极端行为
	无法解释的骨折、撕裂或擦伤	对身体接触感到不舒服
		上学早或晚,好像害怕回家
		慢性失控
		抱怨疼痛或移动不舒服
		穿着与天气不相宜的衣服以遮盖身体
身体忽视	抛弃	定期表现出疲劳或无精打采,在课堂上睡觉
	无人照料医疗需求	偷食物,向同学乞讨
	持续缺乏监督	报告说没有监护人在家
	长期饥饿,穿着不适当,卫生状况差	经常缺席或迟到
	虱子、胃胀、瘦弱	自我摧残
		辍学
性虐待	撕破的、污迹斑斑的或带血的内衣	孤僻或慢性抑郁症
	生殖器部位疼痛或瘙痒	魅力过度
	行走或就座困难	角色互换,过分关心兄弟姐妹
	外生殖器瘀伤或出血	自卑,缺乏自信,贬低自我价值
	性病	同伴之间的问题,抵制同伴的参与
	尿道或宫颈感染频繁	体重突然发生巨变(增加或减少)
		自杀未遂
		歇斯底里、情绪失控
		突发学业困难
		受到身体接触或亲密接触的威胁
		展现出不适当的性游戏或者有超乎年龄的性理解
		乱交
情感虐待	言语障碍	习惯障碍(吮吸、摇晃)
	身体发育迟缓	反社会或破坏性行为
	药物滥用	神经质特征(睡眠障碍、抑制玩耍)
	现有疾病(如哮喘或过敏症)的严重程度增加	被动或激进的极端行为
		违法行为
		发育迟缓

　　怀疑存在虐待儿童的最重要依据之一是,这个孩子向某人告知这一问题。重要的一点是,当孩子告诉某个特定的人,而这个人要举报儿童虐待时,该通讯不享有特权。根据法律,这个人必须报告孩子与他或她有什么关系[9]。在加利福尼亚州法律中,举报的人具有绝对的刑事和民事豁免权。这种豁免可能适用于也可能不适用于其他州或国家。

13.9.1　身体虐待

身体虐待可以定义为导致意外身体伤害的任何行为。造成人身伤害的行为通常是不合理的严厉体罚或不合理的惩罚。这通常发生在父母沮丧或生气时,并伴有殴打、摇晃或扔摔孩子。故意、蓄意攻击,如烧、咬、割、戳、扭曲四肢或以其他方式折磨儿童,也属于此类儿童虐待。[10]

身体虐待指标

身体虐待的指标包括受伤的位置、孩子的病史和行为指标(请参见表 13 - 1)。[11]

(1)伤口位置

造成伤害的主要目标区域是从颈部到膝盖的身体背面。此类伤害占已确认的虐待的最大比例。虐待造成的伤害通常不会发生在胫骨、肘部或膝盖上。

(2)病史

病史包含有关儿童和伤害的所有事实,包括:① 孩子说伤口是虐待造成的;② 知晓孩子的损伤在特定年龄段是不常见的(例如,婴儿骨折);③ 无法解释的损伤(例如,父母无法解释受伤原因,解释存在分歧,将责任归咎于第三方,或者解释与医学诊断不一致)。

(3)行为指标

虐待儿童可能导致以下行为:① 父母或看管人未寻求适当照顾;② 孩子过于消极、顺从或恐惧,或在另一个极端,过度暴力;③ 孩子和/或父母或看护人试图掩盖受伤处,表现为儿童穿着过多的衣服,尤其是在炎热的天气中,或者孩子经常缺课或不参加体育课。

13.9.2　性虐待

性虐待指标[12]

对儿童的性虐待可能通过大范围的身体、行为以及社会症状浮出水面(见表 13 - 1)。单独考虑其中一些指标,可能并不表示性虐待。性虐待的具体指标已列出在下文中作为指导,还需结合具体情境中儿童的行为和环境因素共同考量。性虐待的悲惨之处在于,在没有第三方举报的情况下,孩子经常因羞辱、恐惧和施虐者的威胁而选择保密。

(1)病史

孩子穿着撕破的、污迹斑斑的或带血的内衣

孩子的损伤/疾病在特定年龄段是不常见的

了解孩子先前或复发的损伤/疾病的病史

无法解释的损伤/疾病(例如,父母无法解释损伤/疾病的原因)

伤害的解释上存在差异

责任归咎于第三方

解释与医学诊断不一致

(2)行为指标

对性行为有着超乎年龄的详细理解(尤其是年幼的孩子)

与同伴或玩具之间有不当、不寻常或侵略性行为

对性问题或生殖器(自己和他人)的好奇心过强

与同学、老师和其他成年人格格不入

卖淫或滥交

　　　　对同性恋的过度关注(尤其是男孩)

(3) 幼童的行为指标

　　　　遗尿(尿床)

　　　　大便失禁

　　　　进食障碍(暴饮暴食、饮食不足)

　　　　担忧或恐惧

　　　　过度强迫行为

　　　　学校问题或学校表现(态度和成绩)发生重大变化

　　　　不合年龄的行为(例如假性成熟或退化行为,如尿床或吮吸拇指)

　　　　无法集中精神

　　　　睡眠障碍(例如,噩梦、害怕睡着、焦躁不安的睡眠模式或长时间睡眠)

(4) 大龄儿童和青少年的行为指标

　　　　不合群

　　　　临床抑郁症

　　　　过度合规行为

　　　　不卫生或过度洗澡

　　　　和同伴关系差,社交能力弱,无法交到朋友

　　　　表现出失控、暴躁、攻击或违法的行为

　　　　酗酒或吸毒

　　　　学校问题,频繁缺勤或学业成绩突然下降

　　　　拒绝穿体育课上应穿的衣服

　　　　不参加体育和社会活动

　　　　害怕淋浴、洗手间

　　　　通过早到或迟到,表现出对家庭生活的恐惧

　　　　突然害怕其他事情(例如外出,参加熟悉的活动)

　　　　特别害怕男性(在男性施暴者和女性受害者的案件中)

　　　　身体的自我意识超出了预期的年龄

　　　　突然获得金钱、新衣服或礼物而没有合理的解释

　　　　自杀企图或其他自残行为

　　　　无缘无故地哭

　　　　纵火

　　应该明白,许多这些症状可能与虐待儿童无关。单独或作为一组指标使用的许多指标也可以是临床抑郁症或其他精神状况的指标,尽管这些状况非常严重,需要及时就医,但可能与虐待儿童无关。重要的是,性侵犯和虐待儿童案的调查人员在调查期间应随时与胜任且合适的医务人员联系。

　　对儿童身体伤害的评价通常包括对伤害方式的评价,例如,咬痕可以由动物、其他小孩或成年侵犯者造成。由于动物(高等猿除外)的齿列与人类的齿列明显不同,特别是动物的犬齿突出,而不是小门齿突出,因此医务人员通常可以迅速做出是否是动物叮咬的诊断。动物咬伤通常还会撕裂肉体,而人咬会压迫肉(参见图 13 - 4)。

差 异

　　成人与儿童:如果犬齿(每侧的第三颗牙齿)之间的中心距大于3厘米,则最有可能是成年人或至少有恒牙(8岁以上)的人咬伤。这些可能在上齿和下齿之间也有所不同。

　　人与动物:咬伤,如狗咬之类的会撕裂肉,而人的咬伤只会压迫肉,造成挫伤。

　　通过法医牙医师确定人体上的咬痕。

图13-4　咬痕的差异特征

由于人的门牙基本上与犬牙一样突出,因此人的咬痕除犬齿印外还通常具有门牙的印痕。成人和儿童咬痕的区别在于咬痕的大小,可对痕迹两侧的犬齿中心之间的距离进行测量(见图13-4)。

有图案的伤痕通常会揭示造成伤害的侵犯者所持器械的类型。电线缠绕成圈时,会造成带有"圈痕"图案的伤害(见图13-5)。其他可能导致图案伤痕的器具包括铁线衣架、皮带扣、大指环等。

当用足够的力拍打孩子的脸、脖子、背部或臀部上时,会产生"拍打痕迹"伤(见图13-6)。对咬痕、带有图案的伤痕和瘀伤进行拍照,并在其附近放标尺后进行拍照(有关正确拍摄伤口的说明,参阅第三章)。

绳子痕迹

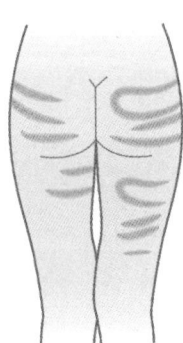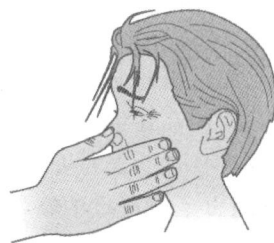

图13-5　圈痕　　　　　　　　　　**图13-6　拍打痕迹**

瘀伤是由于血液因直接打击或压伤引起组织损伤而渗入皮肤组织。瘀伤是最早也是最容易被发现的儿童受虐迹象。受虐儿童瘀伤的早期识别可以保护和阻止其受到进一步的虐待。[13]

在婴儿身上,尤其是在脸部和臀部上看到的瘀伤更容易引起怀疑,除非有其他证明,否则应将其视为非意外伤害。儿童上臂、躯干、大腿前部、脸侧面、耳朵和颈部、生殖器、胃和臀部的伤害(努力保护自己造成的)也很可能与非意外伤害相关。小腿、臀部、下臂、前额、手或骨突出物(脊柱、膝盖、鼻子、下巴或肘部)的受伤更有可能是意外伤害。[14]

每个瘀伤都应该在首次看到时就拍照,待数小时淤青成型后也应该对其拍照。瘀青会随时间变化颜色,因此,随着瘀青颜色的变化,应每隔一段时间拍摄一次照片(淡蓝红色为几个小时,深紫色为一周内,绿黄色为一周结束,棕色则大于一周),瘀伤两到四个星期消失。[15]紫外线和红外照相也可以用于记录表面可能观察不到的较旧的损伤。

总　结

1. 性侵案件调查

2. 物证在性侵案件中的作用
确定犯罪要素
识别或排除犯罪嫌疑人
对案件中当事人的陈述进行确认或辩
驳（例如，对当事人同意的抗辩）

3. 犯罪现场证据
潜在指纹
鞋印、轮胎痕迹、工具痕迹
精液证据
唾液污渍
微量物证：毛发、纤维、土壤等
案发的床上（精液、微量物证）

4. 急救人员
保护受害人
保护犯罪现场
记录犯罪现场
秘密采访受害者（可能由性侵犯应对小
组成员或其他调查人员进行）
启用警用电台（如果可以）
为受害人安排身体检查

5. 来自受害人的证据
受侵犯前/时穿的衣物
受侵犯后穿的衣物
受害人的伤口（有力的证据）：瘀伤、割
伤、咬伤和捆绑痕迹
血迹
精斑
微量物证（毛发、纤维、土壤、植被等）
对受害人的捆绑
体检中的拭子和抽出物
血样和毛发样本
阴毛梳
指甲屑

6. 来自犯罪嫌疑人的证据
侵犯时穿的衣物
头发和阴毛样本
血液和唾液样本
指甲屑
伤口照片
体检中的拭子和抽出物
阴毛梳

思考题

1. 在性侵案调查中，物证的三个主要来源是：<u>犯罪现场</u>、<u>受害人</u>和<u>罪犯</u>。
2. SART 是<u>性侵犯应急小组</u>的缩写。
3. SANE 是<u>性侵犯护理鉴定人员</u>的缩写。
4. 物证可用于<u>鉴定</u>或排除性侵案件中的嫌疑人。
5. 在性侵案件中，嫌疑人使用的两种主要辩护是<u>鉴定出错</u>和<u>事发前征得了当事人同意</u>。
6. 可能用于证实非经双方同意的性行为的证据包括受害人的<u>伤口</u>和受害人衣物的<u>破损</u>。
7. 性侵案中应急人员的主要目标是<u>保护</u>受害者、<u>逮捕</u>犯罪嫌疑人和<u>保护</u>现场。
8. 在对受害者进行<u>医学检查</u>之前，恰当的做法是保护犯罪现场。
9. 现场发现的<u>潜在印痕</u>可能将嫌疑人与其他案件联系起来。

10. 受害者身上来自罪犯的咬伤伤口可能会有唾液污渍。

11. 袭击前/期间以及后穿的衣服应收集起来以进行实验室检查。

12. 如果袭击发生在户外,则受害人的衣服上可能会发现土壤和植被。

13. 咬痕伤可能会有两种证据,来自罪犯的颗粒状碎片和唾液。

14. 性侵案件的暴力性质可能会产生微量证据的转移。

15. "保管链"要求,每一项证据的保管,从收集之日起,一直到作为证据提交至法庭,都必须记录在案。

16. 从受害人身上收集的每件衣服都必须单独包装在纸袋中,以避免霉菌生长。

17. 受害人在袭击之前/期间穿的衣服可能有嫌疑人的微量证据。

18. 受害人在袭击后穿的衣服可能有来自阴道排泄物的精液证据。

19. 受害人身上的精斑通常用无菌棉签收集。

20. 受害人身上的瘀伤可能不会立即显现,但可能会在几天内显现出来。

21. 阴毛样本应该在靠近皮肤处以拔或剪获取,总共 40～50 根。

22. 头发样本应从头皮的前部、后部、两侧和顶部取下。

23. 阴道拭子应风干并包装,以保存现有的生物材料。

24. 应立即收集阴道分泌物并运送至实验室。

延伸阅读参考文献

American College of Emergency Physicians. 1999. *Evaluation and Management of the Sexually Assaulted or Sexually Abused Patient*. Dallas, TX.

American Professional Society on the Abuse of Children. 1998. *Glossary of Terms and the Interpretation of Findings for Child Sexual Abuse Evidentiary Examinations*.

California Governor's Office of Criminal Justice Planning. July, 2001. *California Medical Protocol for Examination of Sexual Assault and Child Sexual Abuse Victims*. Sacramento, CA.

Hazelwood, R. R., and A. W. Burgess. 2001. *Practical Aspects of Rape Investigation*, 3rd ed. Boca Raton, FL: CRC Press.

Jackson, A. R. W., and J. Jackson. 2004. *Forensic Science*. Essex, England, U. K.: Pearson Education Limited.

James, S. H., and J. J. Nordby, eds. 2005. *Forensic Science (An Introduction to Scientific and Investigative Techniques)*, 2nd ed. Boca Raton, FL: CRC Press (imprint of Taylor and Francis).

Office of Criminal Justice Planning. 1991. *Training Curriculum for the Examination of Sexual Assault and Child Sexual Abuse Victims*. State of California, Sacramento, CA.

附录 13　拭子干燥盒

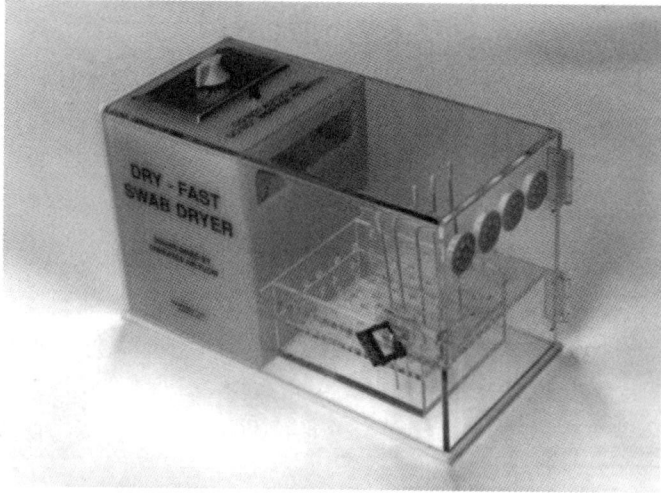

第十四章 凶杀案现场侦查

其他的罪只会说话,而谋杀却会尖叫。

——约翰·韦伯斯特《马尔菲公爵夫人》,第四章第二节

关 键 词

小组侦查,病理学家,伤口,裸体,痕迹证据,血迹,血迹图样,GSR(枪弹残留物)测试,尸检,概貌照片,特写照片,胶带提取,枪伤,探针,性侵杀人案,腐烂遗骸

学 习 目 标

- 解释凶杀案侦查响应小组的作用。
- 描述尸检。
- 总结凶杀案现场所需的其他人事专家。
- 讨论凶杀案现场的处理。

引 言

凶杀案犯罪现场的处理方式与其他案件大体相同,但凶杀案犯罪现场还需要考虑一些其他因素。在大多数司法管辖区内,副验尸官或法医必须出现在所有凶杀案现场。犯罪现场可能还会需要其他人员,特别是来自不同学科的法医科学家。这些人有助于重建犯罪现场或估计死者的死亡日期或时间。除犯罪现场外,凶杀案侦查还包括对受害人进行尸检,这一程序应以与犯罪现场相同的系统方式完成。凶杀案侦查本质上是由第一反应者、犯罪现场侦查员、侦探、法医实验室人员、法医和州检察官办公室组成的小组进行调查。

14.1 凶杀案侦查响应小组

在一个管辖区内成立凶杀案侦查响应小组(HIRTs)是确保犯罪现场得到有效处理的

最佳途径。由第一反应者、负责调查的侦查员或侦探、负责现场勘验的犯罪学家或犯罪现场监督调查员,以及犯罪现场调查员组成的小组通常会以最佳方式完成犯罪现场处理。凶杀案侦查响应小组的关键是对每名小组成员进行培训。凶杀案现场侦查的每名成员都应经过充分培训,在犯罪现场侦查中熟知自己和其他小组成员的职责,同时还需具有丰富的履职经验。在性侵犯响应小组中形成的培训班模式是非常可取的,将有助于确保凶杀犯罪现场进行缜密的调查,疏而不漏。

对于没有正式的凶杀案侦查响应小组的机构,凶杀案侦查员将担任小组组长,协调第一反应者、犯罪现场调查员、外勤官员和侦探的调查工作,以及物证检验鉴定和尸检。侦查人员必须与这些机构和个人建立良好的合作关系,保证凶杀案调查顺利和高效。在所有犯罪现场,包括凶杀案现场,牢记安全始终是第一位的(见附录 14-A 和 14-B)。

14.2 凶杀案现场经常需要的其他人员

14.2.1 犯罪学家和其他法庭科学家

必要时,通常是由犯罪学家或来自法庭科学实验室的其他法庭科学家完成犯罪现场重建。在现场进行犯罪现场重建是十分有利的,便于协助收集重建所必需的文件。这些专业人员通常拥有专门的仪器或设备,对重建工作有极大的帮助。在许多管辖区,凶杀案犯罪现场将由来自法庭实验室的犯罪学家组成的小组或由犯罪学家和其他法庭科学家(如犯罪现场调查员)组成的小组进行处理。在一些司法管辖区,犯罪现场监督调查员则负责现场勘查,使侦探能够自由地指导整个侦查,并执行侦查所需的其他任务。

14.2.2 病理学家

在许多情况下,进行尸检的病理学家可能会在现场协助侦查员。现场的第一手资料可以为尸检病理学家提供信息,方便其了解在后续尸检过程中应进行哪些必要的测试。

14.2.3 检察官(命案待命)

检察官在场或立即赶到凶杀案现场对涉及搜查和扣押等刑法中比较复杂的领域,以及某些需要搜查令的情况是非常有益的。这一办法使侦查员能够毫不拖延地获得法律咨询意见,并迅速准备搜查令。

14.2.4 法庭人类学家

对于埋葬现场的勘查,人类学家可以大大加强对埋葬现场的调查,以帮助挖掘掩埋的尸体。这些专业人员都接受过训练,对遗体的回收工作了如指掌,可使物证不受到损害。法庭人类学家能高效地寻找遗体,同时为犯罪现场侦查小组提供有价值的信息。

14.2.5 法庭昆虫学家

法庭昆虫学家可以帮助收集和解释昆虫证据,特别是涉及腐烂尸体和估计死亡日期和时间的证据。当没有充足的信息证明死者死亡日期和时间,同时现场出现了昆虫幼虫时,犯罪现场侦查员应考虑请一名合格的法庭昆虫学家到现场。昆虫的种类和幼虫阶段的鉴定使昆虫学家能够估计出尸体出现在其所在位置的时间跨度。通过对出现在尸体上卵和幼虫的物种识别,可以追寻到在产卵时受害人当时所处的位置(许多物种是特定区域的本土物种)。如果找不到法庭昆虫学家,侦查员应按照第十六章的建议收集昆虫证据。

如果法庭科学家无法及时到达犯罪现场,侦查人员必须拍照、记录和收集所有必要的相关证据,以便为后续介入的专家提供帮助。

14.3　凶杀案现场

14.3.1　注意事项

在凶杀案现场,大家通常会把注意力集中在尸体上,这样往往会影响现场勘查。现场的许多特征都至关重要。避免把注意力全部集中在尸体本身,并遵循一定的程序来处理现场,是一个很好的做法。这一策略有助于避免忽视关键证据以及重建犯罪事件的因素。为了防止犯罪现场被破坏,可设置无痕通道(可能是嫌疑人没有进入或离开现场的地方)。这个通道可以通过在地板上放置牛皮纸来创建。在法医或验尸官到达之前,不得移动或处理犯罪现场的尸体。

14.3.2　尸体/衣服/现场情况

1. 尸体的位置

尸体的位置对重建工作至关重要。通过拍照和绘图仔细地记录尸体的位置,特别要注意身体或四肢的异常位置。笔者经常对身体进行五到六次测量,包括双手、双脚、头部和躯干中心。

2. 尸斑

尸斑是指在尸体低下部位皮肤出现的紫红色斑,是由于死后血液循环停止,心血管内血液缺乏动力,因其本身重力而循血管网坠积于低下部位形成的。这种情形是不可逆的,所以当一具尸体被移到另一个地方重新放置时,尸斑的形态会表明尸体在死后被移动过。

尸僵指是死后肌肉僵硬的状态,在死亡后几个小时内开始。在死亡后的 8～12 小时内,肌肉会变僵硬,并在死后 24 小时内保持,尸僵也因人而异。在死亡后 24～36 小时,肌肉的硬度开始下降,四肢变得不那么僵硬。

尸冷指死亡后身体的冷却温度。一个拥有正常体重的人每小时温度会降低 1 摄氏度。然而,尸体只能冷却到与它所在环境相同的温度。

死者的健康、体重、疾病、年龄和环境(热与冷、室内与室外)等这些因素都会影响死后变化。

3. 尸体上的伤口和挣扎迹象(衣服撕裂)

在不侵扰尸体的情况下,要对其身体上任何可见的伤口进行记录、说明、照相和绘图。

出现伤口的类型对现场寻找凶器具有重要意义。受害者衣服的任何损坏痕迹都应在笔记中描述,并在尸体受到侵扰前拍照。同时,要确保初始照片中包含测量工具从而确定尺寸。如果没有比例尺或标尺,物体实际的尺寸很难确定。

4. 现场的挣扎痕迹

在很多情形下,家具等受到碰撞的物品的位置在犯罪现场重建中起着至关重要的作用。调查人员应准确地拍摄和绘制不在正常位置的物品或家具的方位,并在笔录中记录所观察家具物品的状况。

5. 死者是否留有遗书(可能是自杀)

细致处理任何一张或多张笔记,以保留潜在痕迹。口述笔记的内容存档或将笔记放在案件笔记中。将笔记装入马尼拉信封或文件夹中,并在信封外部注明"潜在指纹"。如果该笔记需要进行文件检验,应首先将其提交给文件检验员进行检验,然后再对文件中的潜在指纹进行化学处理。笔记中的血清也可以进行分析,顺序是先对潜在指纹进行检验,然后再进行血清分析,同时要在实验分析表格上注明这一点。

6. 裸尸

如果裸尸被移动,裸体应被视为物证的来源,如犯罪人的毛发、纤维和血迹,以及其他可能来源于犯罪人或凶杀现场的材料。

(1)在处理前,尽量减少对身体的侵扰。

(2)仔细检查身体表面是否有任何痕迹,如在处理尸体过程中可能遗漏的毛发或纤维。

(3)移除并包装任何未牢固附着在尸体上的痕迹证据。

(4)将尸体小心地放在一张新的床单上,并在放入尸体袋之前将其包裹牢固(参见后面章节中的"尸体搬运过程中的保护")。

7. 死亡时间的考虑因素

(1)用精确的温度计记录环境温度,测量不同表面和不同区域的温度。还要注意空调机组上的温度。笔者通常会拍摄并记录这些温度计及其读数。

(2)记录灯开关的位置(见第二章资料汇编表)。

(3)记录并拍摄厨房或餐厅内的所有食品材料。

(4)在进行任何搜查之前,笔者还拍摄了所有房间的所有抽屉。这有助于在搜查时找到其他证据,并且显示物品在位置改变前所处的原始状态。

8. 血迹和血迹图样

(1)绘图、拍照,并在笔记中描述现场出现的血迹。

(2)记录任何血迹的大小和状况。

(3)使用第七章所述的网格、角标签或周长比例法拍摄血迹图样。

(4)采集精选血迹和血迹图样的样本。

(5)在移动受害者之前,拍摄受害者或其衣服上的血迹。根据所在机构的规程和法医/验尸官的建议,可以在法医的协助下在现场脱掉受害者的衣服。但是,在接触尸体之前,必须得到法医/验尸官的批准。

14.3.3　尸体搬运过程中的保护

1. 尸体上的痕迹证据

采取适当的预防措施避免身体或衣服上的痕迹证据丢失。在移动尸体之前,应将现场所有松散的证据移走,以免丢失。

2. 受害者手上的射击残留物(GSR)测试

如果无法在现场进行 GSR 测试,将纸袋或塑料袋套在受害者的手上,并用证据胶带牢牢固定(切勿将塑料袋用于活体)。

在可能参与犯罪的生还者那里收集 GSR。由于 GSR 证据不易保留,因此向这些人取证时不需要同意书或搜查令。关键证据可能会在等待中丢失。同样地,在收集 GSR 时,一定要遵守所在机构的规定和程序。

3. 尸体的搬运

法医/验尸官负责到现场处理尸体的搬运。将尸体小心地提起并放在一张干净的新床单上。在把尸体放进新的干净的尸体袋之前,要用床单包裹尸体,以保留所有的痕迹和/或污渍。为了安全、准确地将尸体运送到停尸房,尸体搬运要遵循规程。如果现场有药物,可根据法医/验尸官的策略和建议,将收集的药物密封在符合规范的包装中,在尸体搬运时一起运送或在法医/验尸官要求之后运送。

4. 包裹尸体床单的保存

确保包裹尸体的床单需要折叠后保存,以保留在尸体移动和运输过程中脱落的痕迹证据。

14.3.4　尸体下面的区域

1. 检查尸体下面的区域

尸体被搬运后,要彻底检查尸体下面的区域以获取更多证据。检查该区域是否有痕迹证据、血迹图案和印压证据。这部分区域应被拍摄下来,用以描述某物曾经是否存在。

2. 证据的证明文件

在案件笔记中要拍照、绘制和记录所有证据。如果没有发现任何证据,记录没有任何发现。

3. 证据的分类

在每一项证据被记录、收集、标记和包装之后,要根据证据的类型对它们一一进行分类。

4. 血迹图样文档

用精确的测量方法将尸体下面的血迹图案通过拍照、绘图的方式记录在案件笔记中。(血迹图案的记录方法见第七章)。要确保获得每种血迹图案的样本(每个血迹图案至少有一个样本来自同一来源)。如果不能确定某个区域内的所有血迹图案是否是同一来源,则从该区域内具有代表性的位置采集多个样本。

5. 挖掘尸体下面的区域

如果受害者身上有穿透性的子弹伤,就在尸体下面进行挖掘。这种情形下,强烈建议使用金属探测器。另一方面,挖出的土壤需要网筛以回收小弹片。

6. 调查现场物证

在完成对尸体下面区域的勘查后,仔细检查尸体周围的区域,看是否有在最初的检查过程中遗漏的其他证据。

14.4　验尸指南[1]

14.4.1　验尸前会议

验尸前的会议是尸检的重要组成部分。会议成员应包括首席调查员、犯罪现场侦查员、在现场勘查或分析尸检证据的刑事专家以及尸检病理学家。来自犯罪现场的信息通常决定尸检时所要执行的程序。此外,在尸检过程中经常会要求在现场临时完成一些附加的任务。在实际验尸之前,验尸前会议应该对尸检程序进行缜密筹划。为了便于尸检,验尸负责人之间应制定一个计划周密的尸检方案,以便团队中的每个成员都能提前知道其他人需要哪些类型的信息。在司法管辖区内成立凶杀案侦查响应小组对验尸前会议有很大的帮助。尸检结束时的总结会议应涵盖验尸前会议的主题,以便复核。

对于那些没有正式的凶杀案侦查响应小组的司法管辖区,需要召开有法医病理学家参加的验尸前会议。虽然没有一个正式的小组,但凶杀案调查是团队合作的结果,同时法医病理学家也是凶杀案侦查小组的成员

凶杀案侦查人员应与验尸官或法医办公室联系,确保侦查人员获准与法医病理学家举行验尸前会议,以便获得尸检所需的信息,并确保有助于尸检的犯罪现场相关信息在验尸开始前被传送给法医病理学家。

14.4.2　尸检拍摄

美国不同的州针对犯罪现场侦查员是否有资格拍摄尸检照片有不同的规定。在佛罗里达州,除了那些在停尸房指定的摄影师之外,任何人都不允许对尸体解剖拍照。以下信息仅仅是对于所在的州允许执法人员拍摄尸检照片而言的。摄影是法医尸检的一个重要方面。在做出可能会改变现有证据状态的行动之前,以及在收集被害人的衣物和任何痕迹证据之前,应首先拍摄照片。尸检照片的记录应包括每张照片的详细说明原因。对相关区域进行简要拍摄将有助于撰写报告时回顾现场情况和开展后续调查。

1. 常规辨识照片拍摄

在清理前后,要拍摄面部正面、左右侧轮廓的照片。如果尸体已经进行防腐处理,也应考虑拍照,因为有些特征在防腐处理后可能会更加明显,比如钝器伤。身体的各个部位也要进行拍摄:头到躯干,腰到脚,还有前面和后面。

2. 尸体照片拍摄

(1) 概貌(总体)照片

拍摄一系列概貌(总体)照片以展示死者身上所有衣物的外观和状况。

（2）特写照片

对于那些含有痕迹证据或衣服损坏的区域要进行特写照片拍摄。如果有损坏的迹象，需要分别拍摄有标尺和无标尺的照片。

3. 痕迹照片拍摄

对于每个痕迹证据都要进行有/无标尺照片的拍摄。没有比例尺的照片会影响痕迹在视野中的比例所带来的重要信息。

4. 每件拍摄物品位置的记录和示意图

那些拍摄物品的记录和示意图将记载拍摄和收集时的每个物品的位置和外观。

5. 被害人衣物的收集

在拍摄完受害者照片后，应该小心地脱掉受害者的衣服，并把每件衣服单独地装在纸袋里。如果衣服上有未干的血迹，按照第七章关于血迹衣服的程序进行操作。在现场还是在法医办公室完成上述操作，取决于所在机构的协议和程序，以及验尸官和法医的建议。

6. 脱衣后尸体的拍摄

（1）全身概貌

受害者的概貌照片应包括身体前部和后部的所有身体表面。

（2）身体所有部位的特写镜头

身体部位的特写镜头在整体照片的描述中会提供更多的表面细节。照片的记录和标签应该与被拍摄的具体身体部位联系起来。给被拍摄部位做个概括，会使照片文档更加清晰明了。

（3）所有伤口有/无标尺的特写（放大）照片

每个伤口的位置和方位对重建工作至关重要。为了尽量减少视角的扭曲，所有伤口的特写照片都应垂直于体表拍摄（见第三章图 3-11）。照片应与验尸医生的记录和示意图相联系。

14.4.3　痕迹证据

在痕迹证据移除前进行拍摄（见前面的摄影部分），记录并绘图表示每个痕迹在身体上的位置。

如果希望收集比通常尸检时更多的特殊证据（附加的拭子等），请病理学家收集这些证据。病理学家将收集痕迹证据，密封在适当的容器中，并在容器上粘贴标准的识别数据。确保在你的物证清单上填上这些证据，并让病理学家签署所转移的所有物证。法医人员也会从病理学家处中得到物证，确保把那些物证也收起来。要让病理学家从每个伤口中收集所有的残骸或痕迹证据。根据相关协议和程序，病理学家将把每一项证据密封在适当的容器中，用标准的识别数据标记，并在每个标签上签上首字母。

可以考虑让病理学家切除伤口进行进一步研究。伤口痕迹可能会有衣物或中间目标的残骸。骨头上可能有刀斧等武器的工具痕迹。这些骨头可以收集起来并与工具痕迹进行比较。

14.4.4 裸尸的处理[2]

在真正的尸检开始之前，必须对裸尸上的痕迹证据进行处理，因为这种情况下不会有衣物所包含的痕迹证据。

任何关于身体的检查都应在法医在场的情况下进行，如果病理学家允许，可以在现场收集证据。

1. 身体检查

在自然光线下仔细检查身体表面，然后用激光或多波段光源进行检查。如果自然光线不足，可以用卤素灯加强，注意不要让其太靠近身体，因为卤素灯会产生强烈的热量，可能会损坏身体表面及其上存在的痕迹。纤维和某些生理性体液污渍会在激光或其他特定波长的光源下发出荧光。

2. 痕迹证据

如前文所述，对每个痕迹物证都要进行拍照，并绘制痕迹的具体位置。要将在犯罪现场没有被转移的所有痕迹证据提取、收集，或者让病理学家提取（见前面的摄影部分）。

3. 身体上潜在指纹的收集

如果要对尸体进行潜在指纹的处理，必须要在其他痕迹证据寻找提取完成后进行，因为潜在指纹的显现过程可能会影响其他痕迹证据的收集（毛发、纤维、植被等）。要牢记，擦拭的任何区域都可能含有外来的 DNA。

以上所有证据必须由病理学家收集或经病理学家批准后收集。

4. 胶带提取纤维和其他痕迹证据

胶带提取以下区域时，要对每个区域进行单独提取：（1）所有绳索痕迹（颈部、手腕、脚踝等）；（2）脸和手；（3）体表，包含① 上半身和下半身；② 胳膊和腿；③ 耻骨和胯部。

应使用从商业渠道购买的特制的痕迹证据胶带进行提取。一旦提取完成，可以将胶带放在干净的塑料上（比如厨房密封塑料膜），或放置在专门设计的塑料板上（可从商业渠道获得）。

14.4.5 毛发标准样品

注意，当从死者身上采集毛发标样时，必须收集足够数量的毛发，因为这可能是收集毛发样本的唯一机会。因此，建议从死者身上收集的毛发数量要超过活着的受害者。

1. 头发收集标准

收集 150～200 根头发，从左前、左后、右前、右后和顶部收集，每个区域大约收集 40 根头发（参见第六章图 6-3）。

2. 阴毛收集标准

收集 100～120 根毛发，对阴部的所有区域采样（参见第六章图 6-4）。

3. 体毛收集标准

取伤口附近的身体毛发样本，以及上臂、腿部、躯干和胡须的样本。

14.4.6 指甲碎屑

仔细检查每只手上的每个指甲,寻找诸如毛发、纤维、血液、皮肤和指甲撕裂等证据。将从每个指甲刮下来的碎屑分别包装在单独的信封或包裹中(一些实验室倾向于每只手用一个包裹)。

如果观察到撕裂的指甲,用锋利的剪刀尽可能快速剪下,用单独的信封/包裹进行包装,并相应地贴上标签。一定要向勘查人员和在报告中提到被撕破的指甲。撕裂的边缘可能与现场或肇事者身上发现的碎片相匹配。

14.4.7 射击残留物

有关枪射击留物(GSR)收集的详细说明,参阅第八章中相关章节。按照实验室规程,使用棉签套件或组合套件将可疑的残留物收集到铝盘上。如果是用组合套件,在使用棉签之前,要始终用铝盘取样。这些套件是由法医公司提供的。

14.4.8 枪伤

1. 伤口照片

在有和没有测量标尺的情况下拍摄每个枪伤。将相机垂直于身体表面放置(即胶片平面与伤口平面平行),并使伤口位于视野中心。

2. 伤口描述

在记录中描述每个伤口,并测量任何可见的射击残留物(描述应尽可能与尸检病理学家给出的描述一致)。

3. 收集松散残留物

与病理学家一起收集并保存尸体上任何松散粘附的残留物,包括伤口上的残留物。

4. 带有探针位置的伤口照片

在刚刚描述的照片完成拍摄后,应该用探针指示每个伤口的位置。带有探针位置的照片如果从受害者头部拍摄,使胶片平面与肩部平行。如果从侧面拍,胶片平面应与身体长轴平行(见图14-1和14-2)。照相机的视场应与每个或每组针头对齐。

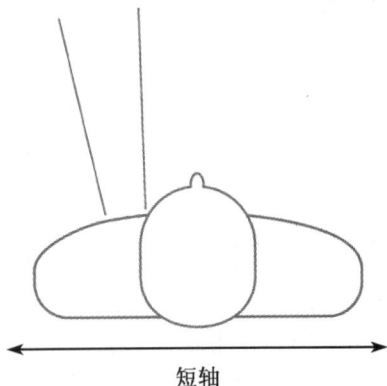

短轴

图14-1 受害者头部视角的伤口探针照片

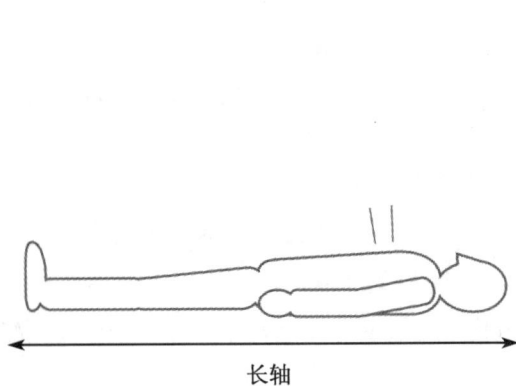

长轴

图14-2 受害者侧面视角的伤口探针照片

5. 头发剃后的照片拍摄

如果伤口在头发中,在病理学家剃掉头皮伤口周围的头发后,需要重新拍摄伤口有/无标尺的照片。保留剃掉的头发做 GSR 测试。

6. 收集 GSR

如果受害者死于枪伤,可用市售 GSR 套件或当地法医实验室提供的套件擦拭手上的残留物。当尸体从实验室运来时,确保双手都被袋子和胶带包好,袋子取下后要保存好。

7. 尸体清洗后重新拍摄每个伤口部位

清洗尸体伤口后,通过检查可能会获得更多信息。如果伤口在皮肤形状或文身方面看起来更清晰,则要重新拍摄有/无标尺的伤口照片。

8. 子弹回收

从回收的子弹上清理多余的血迹和组织。不要彻底清洁子弹,因为这样做可能会去除粘在子弹上有价值的痕迹物证(例如纤维、油漆、建筑材料)。在包装前要保证子弹彻底干燥,然后用笔记本纸进行包装(不要用棉花)。不要在子弹上做标记,但要用规定的标签对密封它们的容器进行标识。

9. 防腐后再次检查伤口

通常情况下,在防腐处理完成后,受害者的伤口会更清晰地显示钝器的种类特征。研究人员应在防腐处理完成后(对尸体使用化妆品之前)再次查看受害者,以确定是否需要再次拍照。

14.4.9　牙齿/假牙

收集任何断裂/脱落的假牙,与凶杀现场、嫌疑人衣服上或车辆凶杀案嫌疑车辆上的碎片进行比较。

14.4.10　指纹/掌纹/脚印

要把受害者的指纹油墨印痕作为其身份的永久记录。提取受害者手掌和脚趾/脚(如果没有鞋子)的油墨印痕。要提取多组印痕,因为可能不会有再次提取的机会。在收集 GSR 和手上的痕迹物证后,再提取手指/手掌/鞋的印记。

14.4.11　性侵凶杀案

对性侵凶杀案的尸体进行性侵证据的检查提取与活着的受害人提取方式相同。最好让性侵检查员(受过性侵检查培训的医生或护士)在尸检时与尸检病理学家合作,对受害者进行全面的性侵犯检查,这是一个尸检的理想方法。关于收集性侵犯证据的详细资料,见第十三章"受害者的检查"这一节。

检查员可使用商业或当地法医实验室准备的性侵证据收集套装,以提取受害者的证据和标样。收集套装应包含所需的容器和包装。如果需要收集更多的样本,可以使用犯罪现场工具包中的包装材料。

14.4.12　车祸致死

1. 衣物收集

如前文所述,小心处理衣物。仔细检查是否有任何粘附的油漆或玻璃碎片,将碎片回收并小心包装(见第六章和第十二章"玻璃证据"和"油漆证据"章节)

2. 体表痕迹

仔细检查尸体是否有来自车辆轮胎、护栏、前照灯和保险杠的压痕。对于任何痕迹,都要拍摄有/无标尺的照片。这些标记可能在防腐处理后变得更加明显,因此在尸体防腐处理完成后,要对尸体重新拍摄。红外线和紫外线照片可以帮助我们观察到皮下以及肉眼看不到的特征。

3. 玻璃或油漆痕迹的检查

要求病理学家检查所有受伤部位和头发是否有玻璃或油漆碎片。

4. 毛发标样

应收集面部、头皮和受伤部位的毛发标样,以便与嫌疑车辆找到的样品进行比较(见第六章)。

5. 毒理学样本

应收集血液或组织进行毒理学检查(该程序通常由尸检病理学家完成)。

6. 血液 DNA 检测和酒精分析

法医实验室应采集血液进行 DNA 检测。

14.4.13　腐烂的残骸

1. 遗骸的 X 光照片

在尸检前,应该对腐烂的遗体(以及所有其他遗骸)进行 X 光检查,以确定体内是否留有子弹、子弹碎片、刀片、冰镐末端等。放射科医生和法医人类学家还可以通过 X 光的检查识别身份不明的受害者和估计受害者的年龄。通过与受害者先前的 X 光进行对比,从愈合过的旧骨折中可以确定受害者的身份。X 光片所显示的生长阶段的骨头末端可以使法医人类学家精确估计受害者的年龄。

2. 手指/手掌/鞋底印痕

指纹的质量可能因腐烂而受损。在归还尸体之前,确保所有的指纹都清晰可辨。可能需要请求病理学家在实验室中移除缺损的皮肤,以获得清晰的印痕。确保每个手指在容器上都能准确识别数字皮肤(digital skin)的每个部分。如果皮肤严重萎缩,手指可能需要用皮下注射液体(通常是热明胶和甘油溶液)的方法使表皮膨胀。

3. 遗骸下的区域

在现场,应搜查遗体下方的地面,建议使用良好的金属探测器寻找因尸体腐烂而掉落的子弹。当金属探测器有反应时,应挖掘并筛选该区域。

4. 尸检时其他的法庭科学家

尸检时可能还需要以下法庭科学家：

(1) 法庭牙科医生(牙医)，通过齿列帮助识别身份或记录咬痕证据。

(2) 法庭人类学家，当物种识别存在问题时，鉴定骨骼的种类，并估计年龄、性别和种族。

(3) 法庭昆虫学家，基于在遗骸上发现昆虫幼虫的类型和生长阶段，协助估计死亡时间(见第十六章昆虫学)。

14.4.14 体液和毒理学标样

应检查犯罪现场的瓶子或其他容器上的标签。用于存放处方药的容器要进行编号，以便在药房进行检查以确定药物品种和剂量。这些信息应该提供给病理学家。

所有用于毒理学分析的样本必须在防腐前采集。接下来的样本都可以由尸检病理学家自动采集。

(1) 血液酒精测定样本

应使用含有防腐剂和抗凝剂的真空小瓶(灰色顶管)从心脏或主要血管抽取至少 3 mL 的血液。

(2) 血型鉴定样本

如果可能的话，最好从心脏抽取至少 5 mL 的血液样本，使用紫顶真空采集管™或含有 EDTA 抗凝剂的类似采集管(见第七章标准血样部分)。

(3) 毒理学样本

如果怀疑有药物或毒物，至少收集 25 mL 的血液和尿液。肝脏、胆汁、玻璃体体液和胃内容物也要保留。

14.5 总结会议

与在场参加验尸的所有人员召开会议，审查尸检：

(1) 是否已完成所有必要的程序？(参考验尸前会议)

(2) 所有物品是否正确包装并贴上标签？

(3) 在现场或目击者提供进一步信息之前，是否应将尸体保存在封装的袋子中？

(4) 团队中的成员是否还想到其他需要做的事情？

(5) 切记尸检完成后，可能不会有第二次机会收集证据！

总 结

1. 凶杀案犯罪现场准备

凶杀案侦查响应小组(HIRT)。在可行的情况下，每个司法管辖区都应该有一个训练有素、协调一致的凶杀案侦查响应小组。凶杀案犯罪现场的侦查效率会随着这些侦查小组的规划、发展和培训得到数倍的提高。

可能需要充实团队的其他专业人员。

犯罪学家。

病理学家。

检察官。

法庭人类学家。

法庭昆虫学家。

2. 凶杀案犯罪现场

现场记录。用笔记、照片和示意图来记录整个现场。如有必要或机构要求，可采取现场录像的方式

尸体/衣服/现场情况

尸体的位置。

尸体上的伤口或挣扎痕迹。

现场有挣扎的迹象。

是否留有遗书(是否真实)。

裸体

尽量做到不侵扰尸体。

巡视尸体表面，寻找痕迹证据。

清除并包装尸体上存在的任何松散痕迹。

将尸体放在一张新的床单上并包裹，再放入尸袋。

死亡时间考虑因素

用精确的温度计记录环境温度。

记录并拍摄厨房或餐厅区域内的所有食材。

记录任何血迹和血迹图案

绘制、拍照，并在笔记中描述现场出现的血迹。

注意任何血迹的大小和状况。

使用第七章所述的网格、角标签或周长比例法拍摄血迹图案。

收集每个血迹样本，如果血迹飞溅，则收取具有代表性的血迹样本。

在移动尸体之前，拍摄受害者身上及其衣服上的任何血迹。

搬运过程中尸体的保护

为了避免身体或衣服上的痕迹证据丢失，要采取一定的预防措施。移除并包装任何痕迹物证，以防在搬运和运输尸体过程中丢失。

对受害者的手进行射击残留物的收集。

将尸体转移到干净的床单上，并放入尸袋中。

保存包裹尸体的床单，以便进行实验室分析。

尸体下方区域

检查尸体下方的区域，以获取更多证据。

记录尸体下发现的任何证据。

对发现的证据进行分类，并妥善包装。

用适当的技术记录身体下的血迹图案(第七章)。

如果受害者有穿透性枪伤，则要挖掘现场。

重新搜查现场

重新搜查现场，寻找初次搜索过程中可能遗漏的任何证据。

保护好现场直到尸检完成。

3. 验尸

所有侦查小组成员要参加验尸前会议

如果法医办公室允许外部执法部门拍照和收集证据，以下是一些建议和指南

尸检照片

常规辨识照片。

尸体照片。

- 概貌(总体)照片。
- 特写照片(痕迹、衣物损坏的照片)。

痕迹照片。

每件拍摄物品位置的记录和示意图

被害人衣物的收集

小心地取下每一件衣物。

将每件衣服单独地包装在袋子中。

对于带有血迹的衣服,请按照第七章关于血迹衣服的包装程序进行操作。

脱衣后尸体的拍摄

全身概貌。

身体所有部位的特写镜头。

所有伤口的特写(放大)照片,包括有标尺和无标尺。

枪伤的照片(见下面关于枪伤的章节)。

痕迹证据

移除痕迹证据前拍照。

记录并绘制身体上每个需要拍摄部位的位置。

病理学家将收集每个痕迹证据,密封在适当的容器中,添加标准识别数据,并在容器上签名。确保在物证清单上填上所有收集的证据,同时也要保管好这些物证清单。

收集或让病理学家从每个伤口、包装和标签上收集所有的碎片或痕迹证据。

可以考虑让病理学家切除伤口,以便进一步研究。

裸尸的处理

在尸检开始前,必须对裸体进行痕迹证据的提取,以避免丢失。

结合病理学家的意见,用强白光扫描身体表面,然后用长波紫外线或替代光源进行扫描。

在寻找和收集痕迹证据后,采用胶带提取技术之前,可对尸体进行潜在指纹的处理。

胶带提取(分开提取)以下区域时,使用特制的胶带进行操作:

- 身体上所有的绳索痕迹。
- 脸和手。
- 上半身和下半身。

- 胳膊和腿。
- 耻骨和胯部(强奸杀人案的关键)。

头发标准样品。注意:必须从受害者身上收取足够的样本,因为这可能是收集头发样本的唯一机会

头发收集标准:150～200根来自头皮上所有的区域(见第六章)。

阴毛收集标准:100～120根来自阴部所有区域的毛发(见第六章)。

体毛:取伤口附近的身体毛发样本,以及上臂、腿部、躯干和胡须的样本。

指甲碎屑。

检查每个指甲上是否有痕迹、血迹、皮肤和破碎的指甲。

将每个指甲上的碎屑分别单独包装。用锋利的剪刀快剪撕裂的指甲,然后将每个样本单独包装。

枪伤

在有或没有测量标尺的情况下,将照相机垂直于伤口表面(胶片平面与伤口平面平行)拍摄每个伤口。

在现场记录中描述伤口,同时测量任何可见的枪弹残留物(应与病理学家的描述完全对应)。

与病理学家一起收集松散残留物。

拍摄每个伤口有无/指示位置探针的照片。

头发剃掉后,对头皮伤口及其周围拍摄有/无标尺的照片。收集剃掉的头发做GSR分析。

清洁身体后,重新拍摄每个伤口部位(伤口或文身的形状可能会更清晰)。

使用之前提过的方法回收子弹。

如果尸体已经过防腐处理,重新检查伤口。通常经过防腐处理后伤口会有更好的清晰度。

对于GSR的收集,使用铝盘和拭子

技术从手上收集。

牙齿和假牙

收集任何断裂或有脱落的假牙,以便与现场或嫌疑人的物品进行比较。

手指、手掌和脚印。

对含有摩擦脊的这些区域进行捺印,以便进行比较。

4. 性侵凶杀案

安排对受害者进行性侵检查,可由病理学家在尸检时进行

尸检的性侵犯部分检查应使用性侵犯证据收集工具箱

5. 车辆致死

衣物收集

小心处理衣物,避免痕迹证据的丢失。

仔细检查是否有松散粘附的油漆或玻璃碎片,提取后小心包装。

将每件衣服分开包装,并用胶带封装在袋子里,然后用胶带封住可能导致痕迹证据丢失的角落或接缝处。

在每个袋子上贴上标准的识别数据。

体表痕迹

仔细检查尸体是否有来自车辆的痕迹。

拍摄有/无测量标尺的痕迹照片。

重新拍摄防腐处理后的体表痕迹照片,因为印痕可能变得更清晰。

检查伤口是否有玻璃或油漆碎片

检查受伤的区域。

检查头发。

头发标样

面部毛发(胡须、胡子、眉毛)。

头发。

靠近受伤部位的头发。

毒理学样本

收集血液和组织样本进行毒理学检查。

6. 腐烂的残骸

对遗体进行 X 光检查以确定子弹和子弹碎片的位置

手指、手掌和脚掌的油墨印痕

尸检时其他的法庭科学家

法庭牙医,协助鉴定遗体。

法庭人类学家,鉴定物种并估计年龄、性别和种族。

法庭昆虫学家,协助估计死亡时间和确定尸体位置是否改变。

7. 体液和毒理学标样

血型鉴定样本

毒理学分析样本

血液酒精测定样本(可与毒理学样本分开),让病理学家使用 DUI 工具包

8. 总结会议(所有人都参加)

是否已完成所有必要的程序

所有收集的物品是否正确包装并贴上标签

在现场或目击者提供进一步信息之前,是否应将尸体保存于封装的袋子中

团队中的成员是否还想到其他需要做的事情

切记尸检完成后,可能不会有第二次机会收集证据或比对样本

复习题

1. 在大多数司法管辖区内,疑似命案必须告知验尸官。
2. 在凶杀案现场,避免把注意力全部集中在尸体上是一个很好的习惯。
3. 尸体的位置对于犯罪现场重建工作非常重要。

4. 侦查人员应采取预防措施,以避免凶杀受害者身上的痕迹证据<u>丢失</u>。

5. 血迹图案以<u>绘图</u>、<u>拍照</u>、<u>笔录</u>等方式记录。

6. 如果无法在犯罪现场对受害者的手进行 GSR 测试,双手应固定在<u>纸袋</u>中。

7. 在将受害者的尸体放入尸袋之前,应将其放在<u>新</u>的、<u>干净</u>的床单<u>上</u>。

8. 在尸体解剖完成之前<u>保护</u>犯罪现场是一个很好的做法。

9. <u>验尸前</u>会议是尸检的重要组成部分。

10. 在做出可能会改变现有证据状态的行动<u>之前</u>,应首先拍摄照片。

11. 应拍摄一系列<u>概貌</u>照片和<u>特写</u>照片以说明受害者身上衣物的外观和状况。

12. 每个伤口的特写照片都应该在<u>有标尺</u>和<u>无标尺</u>的情况下拍摄。

13. 建议从死亡受害者身上提取的头发标准样本的数量要<u>超过</u>从活着的受害者身上提取的数量。

14. 对于头发中的伤口,应将头发剃掉后对伤口重新拍照。

15. 性侵凶杀案受害者应进行<u>性侵</u>证据的检查提取。

16. 在尸检前,应该对腐烂的遗体进行 X 光<u>检查</u>,以确定体内是否留有<u>子弹</u>或者<u>子弹碎片</u>。

17. 尸检结束时,建议尸检参与者在离开前召开<u>会议</u>。

延伸阅读参考文献

Eliopoulis, L. N. 1993. *Death Investigator's Handbook*. Boulder, CO: Paladin Press.

Geberth, V. G. 1996. *Practical Homicide Investigation*, 3rd ed. Boca Raton, FL: CRC Press.

Haag, L., and A. Jason, eds. 1991. *Forensic Firearms Evidence* (*Elements of Shooting Incident Investigation*). Pinole, CA: ANITE Productions. (An instructional course consisting of two videos, a reference handbook, and a written examination.)

Jerath, B. K. 2001. *Homicide* (*A Bibliography*). Boca Raton, FL: CRC Press.

Saferstein, R. 2001. *Criminalistics*, 7th ed. Upper Saddle River, NJ: Prentice Hall, Inc.

附录 14 - A   凶杀案犯罪现场的安全注意事项[3]

1. 适用于所有凶杀案犯罪现场生物污染物的通用预防措施

犯罪现场侦查员应穿戴个人防护装备(PPE),以避免接触生物材料。当地板或地面有血迹时,防护服还应配备一次性鞋套。

2. 在现场处理血迹或带有血迹的物品时,应戴上外科手套

这一操作可以防止佩戴者暴露在外,也可以防止直接接触证据造成证据污染。当要搬运尸体时,建议使用双层手套或为此目的而设计的加强型手套。

3. 当要靠近尸体或腐坏的材料时,应佩戴口罩

这种预防措施是很必要的,可以避免暴露于空气中的病毒或证据侦查时用的化学品产生的烟雾。处理带有血迹的物品可能会产生微小的血气溶胶,这些微粒会被口罩过滤掉。

4. 抽烟、吃饭、饮水或使用化妆品。

现场禁止吸烟、进食、喝水或使用化妆品。这些活动只允许在现场之外进行,并且在此之前应清除个人防护装备并彻底清洗手和脸。再次进入犯罪现场时,应重新穿戴个人防护装备。

5. 犯罪现场的通风

应采取行动确保犯罪现场有适当的通风。适当的通风将有助于清除空气中的病毒和在化学处理过程中产生的气溶胶。注意通风时要小心,因为强烈的气流可能会移动或移走毛发或纤维等痕迹。

6. 防护装备的消毒

在犯罪现场处理完成后,所有防护装备应装入有适当标签的袋子中,运送至实验室完成一次性物品处理或对永久物品进行消毒。

7. 处理现场一次性的工具或物品

所有用于处理犯罪现场的一次性工具或物品应妥善装袋,并送回实验室处理。

8. 对犯罪现场进行化学清理

应制定在犯罪现场使用某些化学品的化学清理程序。

附录 14-B　尸检的安全注意事项[4]

1. 通用预防措施

生物材料的"通用预防措施"适用于所有的尸检。所有参与尸检的人员应穿戴个人防护装备（PPE），以避免接触生物材料。个人防护装备至少应包括防护外套（实验服、连体衣或手术服）、安全眼镜或面罩、过滤面罩和不透水手套。

2. 防气溶胶

某些程序可能会产生生物气溶胶，例如使用电锯。PPE 应包括防护眼镜和过滤面罩，以避免暴露于气溶胶。

3. 吸烟、进食、饮水或使用化妆品

尸检室禁止吸烟、进食、饮水或使用化妆品。在进行任何此类活动之前，应清除个人防护装备并彻底清洗手和脸。再次进入尸检室前，应重新穿戴个人防护装备。

4. 受害者身上沾满鲜血的衣服

由于纸袋在运输过程中可能无法防止血液溢出，因此应使用塑料袋将含有大量血迹的衣服运送到犯罪实验室。这是生物样本不使用纸袋包装的少数情况之一。将每件衣服用厚纸包好，以减少血渍或痕迹的移动，然后放在单独的塑料袋中运输。样本到达科室后，必须将其从塑料袋中取出并妥善处理（将带血迹衣服放在干净的厚纸上或挂在干燥区域晾干血迹，将液体样本放在冰箱中），以便长期保存。

5. 将液体样本运送至实验室

应在便携式冷却器中完成液体样品和污染物品的运输，并适当地标明容器中受污染的特殊物品。液体样本应先包装在防震材料中，然后放入密封的容器，以避免破损或和冷却器中其他物品的交叉污染。

6. 包装用过的防护服和装备

防护服和装备应适当包装，以便运回实验室进行一次性装备的处理或对可重复使用装备的消毒。

7. 尸体的氰基丙烯酸盐熏蒸

对尸体进行氰丙烯酸盐熏蒸后，尸检室要进行适当通风，以清除氰丙烯酸盐烟雾，使尸检继续进行。

8. 激光或法医（替代）光源使用

使用激光或替代光源时，需要使用防护眼镜以避免人眼暴露在光源下。

第十五章 | 犯罪现场重建

我对你说过多少次,当你排除了不可能,剩下的无论多么不可能,都一定是事实。

——阿瑟·柯南·道尔《四签名》

关 键 词

重建,事件,事件顺序,现场记录,合成,逻辑分析,实验,血迹形态,踪迹,抛弃,撞击表面,入射角(冲击角),长轴和短轴,正弦,反正弦,起源地,辐合区,摆脱飞溅,低冲击力,中冲击力,高冲击力,倒吹气,转移模式,擦拭血样,擦刮血样,枪口到目标的距离,弹丸弹道,偏差,跳弹,可能性区域,桡骨骨折,同心裂隙,贝壳状,弹坑,发射顺序

学 习 目 标

■ 讨论批判性思维和专业知识的作用。
■ 总结犯罪现场重建的基础。
■ 解释不同类型的重建,如血迹和枪械。
■ 描述犯罪现场重建的演示过程。

引 言

本章旨在使学生、侦探、犯罪现场侦查员、假释官和监管人员了解犯罪现场重建对侦查的价值。犯罪现场重建通常使侦查员能够判断在犯罪现场获得的案件陈述哪些是真实的,哪些是虚假的。犯罪现场重建可以帮助侦查人员确定死亡是由于自杀、意外事件还是谋杀造成的。犯罪构成要素通常可以通过犯罪现场重建来确定。本章不向读者提供进行犯罪现场重建所需的专业知识,犯罪现场重建的专业知识是在恰当的地点获得充分和适当的教育、培训和指导的结果。

15.1 专业知识的建立

在任何调查或专业实践领域,侦查员在负责处理案件工作之前必须获得必要的教育、培训和指导以形成专业知识。为了提高完成任务的熟练程度,更重要的是培养批判性思维的能力,避免因偏见或错误思维而产生的错误,这种专业知识的结构化发展是必不可少的。在刑事侦查、犯罪现场勘查和犯罪现场重建等领域,适当发展专业知识是关键,因为这些领域从业人员的行动会影响到他人的生活。在这些领域出现的错误,无论是由于个人欠缺能力还是缺乏批判性思维,在过去都曾导致无辜当事人被定罪,甚至令无辜一方被判死刑的案件也是有的。

15.1.1 专业知识的发展

1. 适当的专业知识基础

任何学科专业知识的发展都应从接受广泛的学术教育开始,然后经历与特定学科相关的培训课程,以及接受长期的个案工作指导经验。一旦这些要求得到满足,并且指导教师也认为侦查员已经具备必要的批判性思维和完成任务的能力,侦查员就可以在没有直接监督的情况下在现场展开案件调查。这种在从业者中发展专业知识的方法使从业者具备了真正的专业知识,它就像一个四边形的金字塔(图 15-1)。从几何的角度来看,这是所有结构中最稳定的,从专业知识的角度来看,它为从业者提供了最扎实的、具备批判性思维的基础。

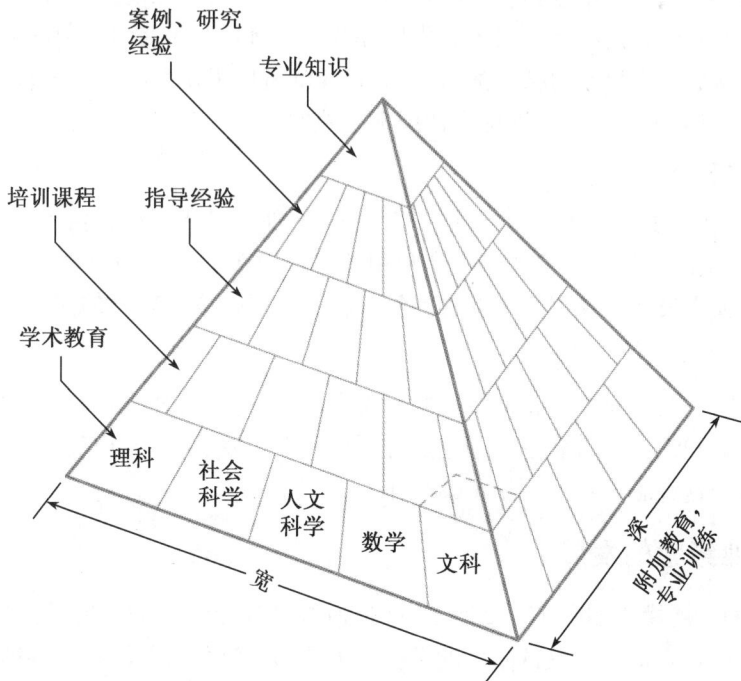

图 15-1 专业知识发展金字塔

2. 教育

广泛而深入的学术教育是所有专业的必要基础。在图 15 – 1 中,教育基础的宽度从左到右由水平块表示,教育基础的深度由从前到后的块表示。为了让侦查员获得不同思维领域中的批判性思维,学术教育的广度是至关重要的。侦查员至少应该学过自然科学、数学、社会科学、人文和艺术方面的入门课程。

侦查员还应对每个调查领域有一定深度的了解,如图 15 – 1 水平块所示。除了基本的入门课程,这些知识的深度是通过完成每个研究领域的课程获得的。这些附加课程将增加学生对各个思维领域的理解以及培养学生的批判性思维能力。

大多数学校、社区学院以及美国和其他国家的所有大学,都提供包含上述广度和深度的学习课程。任何犯罪现场侦查员的认证程序都应该把这些最低要求作为参与者认证过程中的基本素养。

3. 培训

专业知识金字塔中的第二层代表侦查员所进行的特定学科的培训课程。侦查员一旦获得了必要的批判性思维的教育基础,特定学科的培训班将有助于个人在该学科能力的提升。培训班可以涵盖该学科范围内广泛的主题,也可以只关注一个或两个主题。从业者应该在这个学科内完成许多培训课程,以获得广泛的技能、知识和能力,从而培养高水平的能力。从业者开始某一学科实践后,要继续学习其他教育和培训课程,以保持和提高这种能力水平。

4. 指导经验

我们所说的“经验”和“指导经验”有着明显的区别。没有指导的经验有很多缺点(见“专业经验发展”一节),而且效率和效果不如指导经验。导师的经验赋予导师对经验过程的判断,学习者可以从导师那里获得持续的指导,并且导师可以强调那些适用于特定案例的有效技巧。这样就可以避免徒劳无功地搜索适用于案件的技术,节省宝贵的时间。

5. 案例与研究经验

侦查员一旦获得了适当的教育、培训和指导经验,他就具备了独立执行案件的能力。案例经验应与侦查员所学特定学科的研究经验相补充。当案件工作中出现新的问题时,通常需要进行研究,侦查员在这项研究中获得的经验将有助于提高侦查员的能力。

6. 专业知识

如上文所述,一门学科中真正的专业知识是个人努力所获得的适当的教育、培训和经验的结果,并由专业知识金字塔表示。通过这种严格的专业发展方法,侦查员将具有坚实的批判性思维基础,而这种思维将适用于个案工作。

15.1.2　专业经验的发展

专业经验的发展模式如图 15 – 2 所示,这是侦查员专业知识的“烟囱”基础。在这种方式的培训中,应向侦查员提供最低限度的学科培训课程,然后通过反复训练获得学科实践中的“经验”(因此称为“实践”)。专业知识发展的“烟囱”模式没有为犯罪现场侦查和重建方面的专业知识提供稳定合适的基础,也没有为其他任何研究或专业实践领域提供专业的基础。

通过"经验"来尝试发展专业知识是不太合适的，原因如下：首先，"经验"是我们为错误赋予的名称，在日常生活中我们可以接受，因为我们自己是为错误付出代价的人。然而，在职业环境中，那些受到我们错误影响的人为我们的错误付出代价。这种责任和问责的划分在任何专业领域都是不可接受的，尤其是在审查员的错误可能会造成严重后果的领域。第二，经验式的训练方法是低效的，因为探索一种合适的方法并应用于即时案例会浪费时间。第三，经验式培训的受试者可能发现也可能没有发现任何犯过的错误（如图 15 - 2），因此，他们没有从错误中吸取到教训。最后，经验式的培训方法没有内部的质量保证或控制措施，因此经验的获得多少无法定性，同时也无法保证受训侦查员的能力和职业操守。

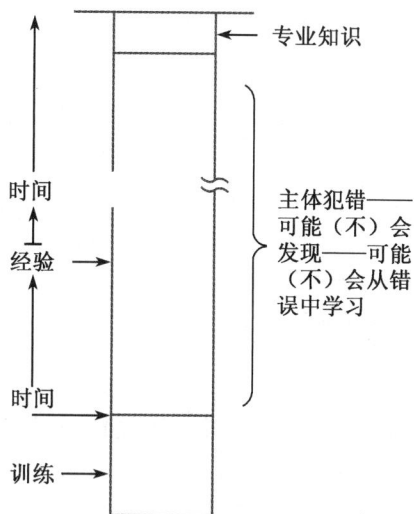

图 15 - 2　"烟囱"专业知识

15.2　批判性思维

批判性思维不是对一般事物或特定范畴进行批判的行为，而是以仔细、准确的评价和判断为特征的思维。[1]侦查员批判性思维的锻炼在调查事件或检验理论时是很重要的。具有批判性思维这一规定适用于任何领域的调查人员，对任何进行科学调查的人都是绝对强制性的。侦查员必须避免常见的逻辑错误，诸如过于简单化、草率下结论、带有偏见进行判断，或者从证据中筛选数据。侦查员在进行调查时也必须避免逻辑谬误。一些常见的逻辑谬误包括循环推理、忽略问题、统计谬论，通常还有"科学"谬论。谬论是一种思维上的错误，由偏见、过于简单化、过于情绪化或其他人类弱点引起。当这些思维上的错误导致一个人基于这些谬论之一进行论证（或专业意见）时，就会产生逻辑上的谬论。

15.2.1　循环推理

循环推理是指假设你的论点在你证明它之前已经被证明了。[2]这种谬论通常在陈述之前会说"每个人都知道……"，而事实上，这个断言从未以逻辑或科学的方式被证实过。解决这个谬论的方法是发现循环推理，然后忽略它或证明它。

15.2.2　忽略问题

忽略问题就是忽略枝节问题，如稻草人和人身攻击。[3]纠正这种谬误的方法是专注于任务或话题，并保持专注。

15.2.3　统计谬论

统计谬论是指在解决问题的过程中滥用统计数据、数字、百分比等等。[4]重要的是，不寻常的事件确实会发生,应该在建立工作理论(假设)时,或特别是在犯罪现场的重建中考虑这些非典型事件的可能性。

15.2.4 "科学"谬论

"科学"谬论是一种循环推理:如果它是科学的,那么它就是好的、真实的、可靠的等等。[5]这种谬论的使用通常会伴随着循环推理。比如,一个声称有科学依据的声明事实上从未用科学方法证明过。许多人没有意识到统计数据、某项研究或经验数据都不是论断的科学基础(参阅词汇表中的"科学方法")。

15.3 犯罪现场重建的基础

如第一章所述,犯罪现场重建是收集物证的主要目的之一。犯罪现场重建在此定义为"通过分析和解释现场的物证,确定在犯罪期间发生了哪些事件(通常是这些事件的顺序)"。需要注意在侵权案件中(民事过失)也可以完成现场重建。贝尔(Bell)对重建的定义如下:"重建是利用现场物证、物证的分析以及从这些分析中得出的推论来检验事件发生的各种过程。"[6]重建的其他定义有许多,在此不再赘述,因为大多数定义是此处两种引用的变化。重建可以包括确定是否发生单一事件或者确定是否发生一系列事件以及在某些情况下确定这些事件的顺序。重建可以提供确凿的证据,例如,一个人的死亡是凶杀、事故还是自杀。尽管重建可以协助尸检病理学家通过排除某些情境来确定自然原因导致的死亡,但是由自然原因导致的死亡需要由法医尸检而非犯罪现场重建来确定。在某些情况下,重建工作可能会向起诉律师提供证明犯罪者意图的证据,这通常是所犯罪行的要素。

犯罪现场重建始终是团队努力的结果,因为重建本身依赖于许多个人或团队的工作。重建可以由专业团队完成,也可以由具有从事犯罪重建任务资格的个人来完成,尽管这个人也是犯罪现场侦查团队中的一分子。犯罪现场重建很大程度上取决于犯罪现场侦查团队的工作质量。犯罪现场准确而详尽的现场记录对于重建任务至关重要。如果没有犯罪现场处理团队提供适当准确的照片、示意图和报告,通常不可能实现该现场全面而准确的重建。因此,要记住,犯罪现场的重建始于犯罪现场处理团队有系统的、细致的和称职的努力。因此,犯罪现场处理团队是构成重建团队重要的组成部分。

犯罪现场的重建通常依赖于实验科学家对现场物证的检验。对血迹的分析可以确定现场中的每个血迹来源于哪个人。枪口对准目标的确定可以证实枪击事件是自杀还是凶杀。对弹头和弹壳的分析可以确定在现场发射这些子弹的武器。嫌疑人和受害者手上射击残留物的分析为在案发期间哪些人可能开枪或持有枪支提供了证据。法医实验室科学家的分析通常是重建工作必不可少的,这使实验科学家成为重建团队的成员。

重建可能会依赖于来自广泛学科的专业人员的帮助,因为个人无法具备完成重建工作所需的所有专业知识。重建专家可能需要请工程师、医务人员、昆虫学家、人类学家或其他法医专家提供有关重建在某些特定方面问题的答案。

在笔者遇到的一起凶杀案中,最重要的是证明致命子弹不可能从墙壁弹开180度后仍然保留穿透死者胸壁的能量。通过法医工程师的实验确定了被告的这种解释是不可能的。

重建清单参见附录 15。

15.4　犯罪现场重建过程

犯罪现场重建分为多个阶段：(1) 认识重建所必需的物证；(2) 物证的适当证明文件；(3) 适当的证据收集；(4) 对重建工作必要的物证进行实验检验；(5) 对犯罪现场数据和实验室检验的数据进行分析；(6) 将数据合成为一个连贯的假设，解释所有已知的数据(对分析数据的解释)；(7) 假设一旦形成后，将对其进行逻辑分析或实验，以确定假设是否解释了所有已知事实。如果不是这样，分析人员必须重新制定新的假设，并且必须重复逻辑分析的循环，以解释所有已知事实，并且进一步排除其他任何假设。

15.4.1　犯罪现场重建组成部分

犯罪现场重建过程如图 15-3 所示，该图绘制了该过程的流程及其组成部分。该示意图适用于说明在一个现场发生的用致命武器袭击的简单犯罪。更复杂的犯罪将有更复杂的过程，但图 15-3 所示的框架基本保持不变。首先需要对犯罪现场和它的组成部分进行合适的记录，无论犯罪现场是一个还是多个。

1. 记录部分

在示意图中，对受害者头部的打击其实包含了一系列的单击过程，每个单击过程都构成一个事件。每个事件可进一步分解成几个元素：(1) 原始撞击产生的血液飞溅(头部重击)；(2) 飞溅的血滴撞击表面(最终撞击表面，通常称为"目标"表面)；(3) 血滴撞击后形成特征性的血迹形态；(4) 基于血滴撞击的几何方向和形状形成具有方向性的图案。每一个元素都需要通过记录、照片和示意图进行记载，这些文档将成为案件重建工作的基础。

2. 分析组件

正确记录犯罪现场案件及其元素后，继续进行这些案件元素的分析。务必记住分析是现场事件的逆推，因为分析的起点是案件发生后从犯罪现场记录中得到的数据。血迹的大小和形状可以得出血滴撞击时的速度(快速、中速或低速撞击)。速度的确定可以认定产生血溅的武器类型(大类)，中低冲击的血溅是由拳头或钝器产生的，而高冲击的飞溅则表示枪伤。

通过对血溅产生的图样进行分析，分析人员可以确定殴打次数以及在每次殴打过程中受害者的大致位置。在血迹形态中通常会存在空隙，该空隙指示了进行殴打时攻击者的位置。

3. 合成组件

当完成了对每个事件元素的分析后，要进行组件的合成。每个事件元素的分析结果被组合在一起，形成一个假设案情，该案情解释所有分析数据，这个过程叫作合成或者"把它们放在一起"。如果该案情未考虑所有的分析结果，则必须重新提出一个新案情以说明所有分析数据。最终案情确定后，将对其进行科学实验和逻辑审查，以测试其准确性和可靠性。

```
                    事件(犯罪)
              记录              重建
```

现场突围
现场1,2,3和其他现场

综合分析事件元素

单一现场事件
殴打头部

每次殴打过程中攻击者的位置/根据血迹形态的空隙位置确定

单一事件
殴打头部一次

殴打过程中受害者的位置/根据血迹起源区域确定

单一事件
组成要素

不同血迹形态的数量→殴打次数

产生血迹飞溅
(原始撞击)

武器类型/根据速度确定

飞溅的血滴撞击表面
(最终撞击)

血滴的尺寸、形状→力

血滴撞击形成特征性形态

血滴撞击形成方向性图案　→　分析

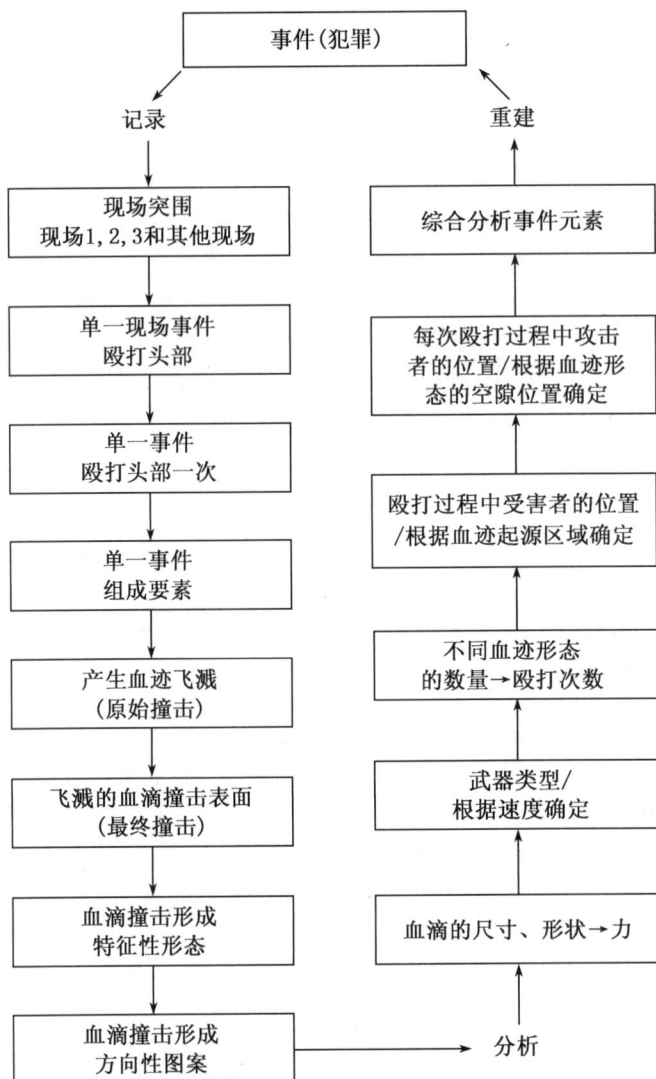

图 15-3　犯罪现场重建组成部分

15.4.2　物证的识别与记录

犯罪现场重建开始于到达犯罪现场的第一响应者。第一响应者和后续响应者对现场采取的行动在很大程度上决定了重建工作的质量。所有的重建工作都依赖于从细致的犯罪现场记录中获得的数据。犯罪现场处理团队必须识别存在的证据,这些证据将构成重建工作的基础,并且该团队必须用笔记、照片和示意图记录证据。事实上,任何一种类型的证据都可能成为犯罪现场重建的一部分,但是一部分类型的证据能经常在重建中发挥作用。本章将介绍通常作为犯罪现场重建基础的证据类型及其记录方法,确保让犯罪现场侦查员了解需要特别注意记录的证据类型。犯罪现场记录的不足可能会限制或阻碍重建分析师或团队的重建工作。第二章至第四章介绍了如何正确记录现场证据。

15.4.3 物证的收集和检查

物证一旦被识别,就必须以适当的方式进行收集,以确保实验室分析不受收集过程的影响。收集不当可能会影响或破坏证据中其他可用的信息。关于正确收集物证的介绍参阅处理具体类型的物证章节(第五章至第十四章)。

15.4.4 物证的实验室检验

要进行与重建相关的实验室检验,需要负责案件的侦查员、犯罪现场调查员、实验室分析员以及重建分析员或重建团队之间进行良好的沟通。所有来源的信息是必不可少的,并且该团队的每个成员都应遵守团队合作的三 C 准则:沟通(communication)、合作(cooperation)与协调(coordination)。

15.4.5 犯罪现场的数据分析

当正确记录犯罪现场并由实验室检验过实物证据后,重建分析师将试图通过分析现场出现的物证来确定犯罪过程中发生了什么,例如血迹形态、子弹轨迹、枪支证据、位置证据以及其他几种类型的证据。分析中使用的其他数据包括现场所有证人的陈述、侦查人员的调查信息以及从实验室分析人员处获得的信息。当确定了所有单个事件,分析人员就会提出假设情景说明所有事件以及这些事件可能发生的顺序。尽管假设的形成阶段是一个推测,但它并不是犯罪现场的"理论化"常识。相反,这是基于先前工作人员所获得的信息,基于个人或团队的直觉、训练、教育、经验以及洞察力做出的合理假设。

15.4.6 综合分析数据

假设情景一旦形成,就可以通过科学实验或逻辑分析来检测假设的组成部分,以确定该假设情景的可行性。对假设进行检测的分析师或一组分析师必须具备必要的教育、培训和经验,以进行假设分析。如果假设成功地解释了通过分析确定的所有事件,那么分析人员将对其进行严格审查,以排除事件的其他解释。如果没有其他的可行解释及发生顺序,则该假设可以被当作合理的重建。

将经过检测的单个事件组装成最终的假设情景就是将所有事件综合在一个连贯的情景中("将它们放在一起")。但是,与所有逻辑分析一样,当确立了新的事实时,重建可能需要修改,或者在某些情况下,还需要构建另一种假设,该假设也需要解释新的事实,然后进行相同的逻辑分析或实验。

15.5 重建类型

重建可以根据犯罪或违法行为的类型(例如,凶杀、交通事故、纵火),也可以根据重建涉及的证据类型(例如,血液和血迹形态、枪支和枪支证据、玻璃证据),或根据参与重建的特定专业领域(例如,弹道学、犯罪学、工程学)进行分类。尽管许多犯罪现场的重建涉及各种各样的物证,需要来自不同学科的人来进行重建,但是犯罪现场的重建通常是从重建所使用的证据类型的角度来进行的。在某些特殊情况下,重建可能会利用插图画家生成的犯罪事件动画向法庭上的法官或陪审团更好地说明情况。

15.5.1　交通事故重建

交通事故的重建通常由经过特殊培训的工程师来完成。此外,许多来自不同专业领域的人都在进行交通事故重建,例如,加州高速公路巡逻队的重大事故调查小组(MAIT)。这些个人或团队是经过特殊培训的警员,负责在重大事故中进行重建。通常参与交通事故重建的其他专业人员是具有不同学术背景的法医,也包括犯罪学家和物理学家。无论参与重建的专业人员有哪些类型,事故重建的成功与否是由处理现场的团队所主导的,因为事故现场的不当处理可能会导致关键数据缺乏而无法进行重建。

15.5.2　凶杀案重建

由于凶杀犯罪的严重性,可供凶杀案件分析的资源数量多。通常需要利用物证来确定案件的经过(在许多凶杀案中,在犯罪现场没有目击证人),因此大多数犯罪现场的重建都是在凶杀案中进行的。大多数凶杀案都是使用能产生物证的武器实施的,通过辨识、收集、分析和解释,可以使犯罪过程得以重现。枪支、钝器、刀和其他切割和刺伤武器都会留下物证,通过适当的解释,这些证据为犯罪现场的重建提供了基础。

15.5.3　性侵案重建

在性侵犯罪中,被告可以对性侵犯指控提出自愿性行为的辩护。在许多此类案件中,对犯罪进行重建可以提供确凿的证据,表明自愿性行为是假的。性侵现场,受害者的医学检查、受害者的衣服以及犯罪嫌疑人提供的证据都可能在重建过程中发挥作用。现场的物证可以提供令人信服的搏斗证据,从而驳斥嫌疑人自愿性行为的辩护。对受害者进行的医学检查能表明受到的伤害完全与自愿的性行为不符,却与强奸完全一致。嫌疑人的受伤提供了与受害人与之搏斗的补充证据,因此证实了性行为不是出于自愿的事实。检查受害者的衣服可能会发现布料上有撕裂或纽扣掉落,这是证实强迫行为的有力证据。

15.6　按证据类型分类的重建

15.6.1　基于血迹形态证据的重建

许多犯罪现场的重建完全基于对现场血迹特征证据的分析和解释。这些类型的重建通常存在于在杀人、严重袭击和严重性侵犯的案件中。

15.6.2　基于枪支证据的重建

基于枪支证据的重建通常涉及凶杀(通常是确定案件是事故、自杀还是凶杀)。重建中使用的枪支证据包括射击残留物、弹道、武器功能以及击发弹壳的位置。

15.6.3　基于其他证据或多种证据类型的重建

犯罪现场重建可能会使用两种或多种类型的物证进行分析和解释。犯罪涉及的武器通常不止一种,而重建工作会对出现的每种武器证据进行分析和解释。企图通过纵火掩饰凶杀的案件需要纵火调查人员分析燃烧率,血迹形态分析人员分析血迹图案以及枪支证据重建专家分析枪支证据。位置证据使分析人员可以确定在袭击发生时门是否打开,犯罪期间物体的位置以及是否被移动。

在以下各节中,将介绍基于血迹形态证据、枪支证据和其他类型的物证的犯罪现场重建,以使侦查人员和犯罪现场专家了解可利用的重建类型以及通过重建可获得的信息。后文将提供案例说明重建对侦破案件的价值。

15.7　基于血迹证据的重建

15.7.1　来源于血迹形态分析的信息

1. 产生血迹的方向

通过对血迹形态的分析可以确定血迹撞击的方向性。当血滴以低角度撞击平面时,形成的血渍将呈椭圆形,同时通常会从主要的血渍延伸开来,形成一个称为"尾巴"的部分,整体看起来像一个感叹号(如图 15-4)。延伸部分在血渍的侧面,远离血渍起源区域。由于产生"波动抛射",可能在尾巴上出现一个称为"卫星污点"的小液滴,是由于母液滴内的波动会产生波动抛射,从而从母液滴中推出一个小液滴。对于那些没有尾巴的血迹,撞击的方向是由远离起源方向的那一侧的血迹累积来确定的。当血滴撞击表面时,液滴中的大部分血液会向前推动,并留在远离起源方向的一侧(如图 15-5)。随着冲击

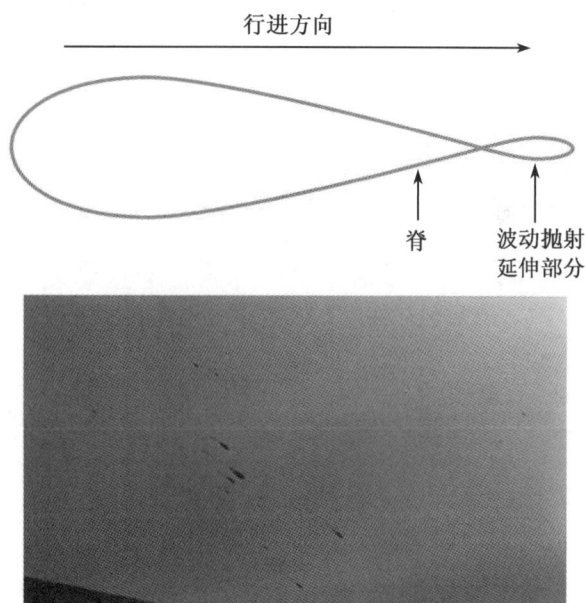

图 15-4　具有尾巴和波动抛射的撞击式血迹的方向性
(由莎伦·普洛特金提供)

角向 90 度增加,血迹形状的轮廓将逐渐变圆,并且在 90 度的冲击角下成为圆形。

2. 血滴撞击表面的近似角度

当飞行中的血滴撞击表面时,所得的血迹具有特定性角度的形状,该角度由血滴的路径和被撞击表面的平面决定(如图 15-6)。

当血滴撞击表面,从侧面观察时,液滴的飞行路线和撞击表面会有一个夹角,称为入射角(也称为撞击角)(参见图 15-7)。

入射角还定义了一个三角:由撞击表面侧面、血滴的飞行路线以及液滴飞行路线的垂线所形成。撞击角会产生椭圆形的血迹,这是该入射角的特征(请参见图 15-6)。

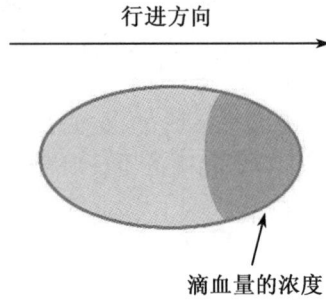

行进方向

滴血量的浓度

图 15-5 没有尾巴的撞击式血迹的方向性

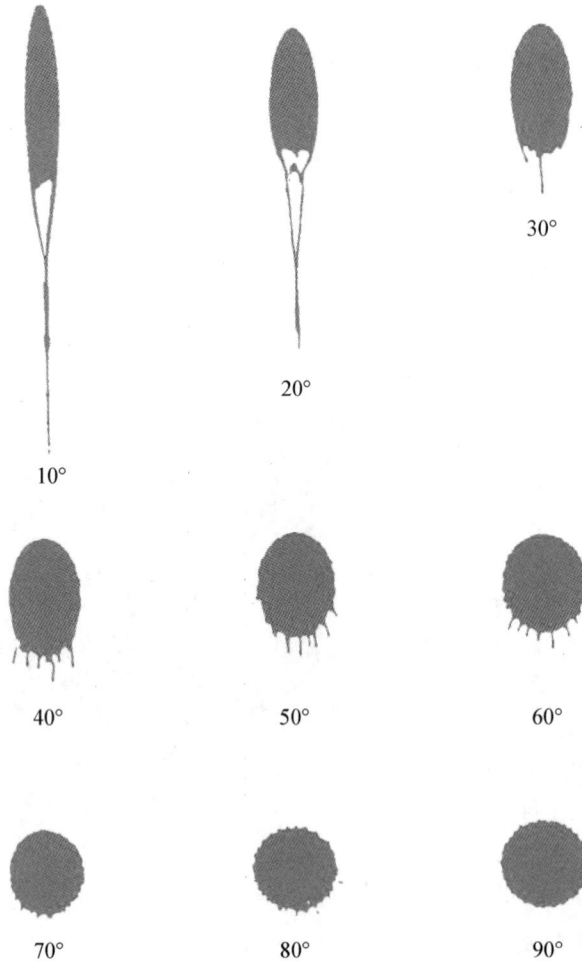

10°

20°

30°

40°

50°

60°

70°

80°

90°

图 15-6 血滴以不同角度撞击平面形成的血迹形态

资料来源:赫伯特·莱昂·麦克道内尔,《血迹形态》(纽约康宁:法医科学实验室,1993)。(赫伯特·莱昂·麦克道内尔,纽约康宁法医实验室提供)

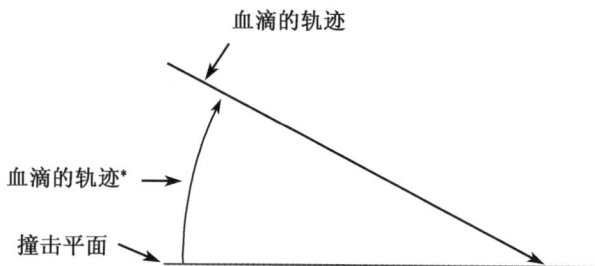

图 15－7　血滴在平整固定表面的撞击/入射角度

可以通过确定椭圆的长轴和短轴之比来计算血滴撞击表面的近似入射角（如图 15－8）。血迹的宽度（短轴）和长度（长轴）之比决定了角度的正弦。该比例的反正弦是该液滴的入射角（撞击角）。

3. 二维飞溅图样确定起源的区域（点）

对于表面上的二维血迹形态，血迹的起源可通过血迹长轴线的交汇区域确定。

该步骤是将血迹图样中的血滴的长

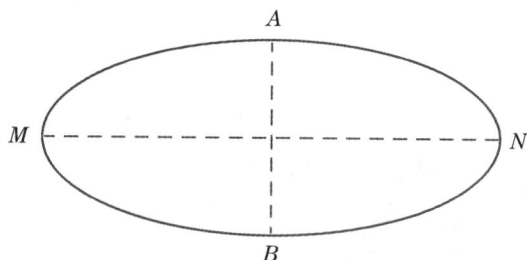

长轴为MN，短轴为AB

图 15－8　血迹长轴与短轴的比例

轴延长，线汇合的区域是血迹图样的起源区域（参见图 15－9）。通过计算这些血滴的冲击角和长轴汇合的区域（见图 15－10）来确定血迹的起源区域。

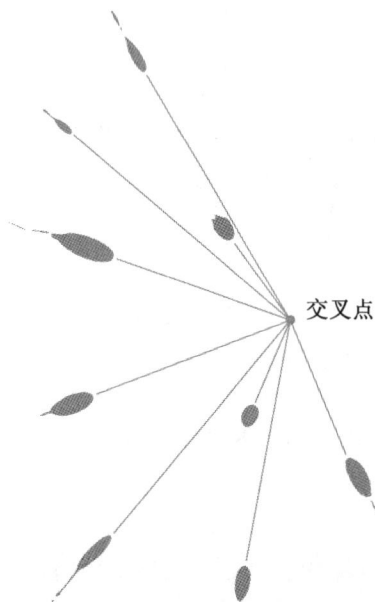

图 15－9　二维血迹交汇区域的确定

资料来源:赫伯特·莱昂·麦克道内尔,《血迹形态》(纽约康宁:法医科学实验室,1993)。(赫伯特·莱昂·麦克道内尔,纽约康宁法医实验室提供)

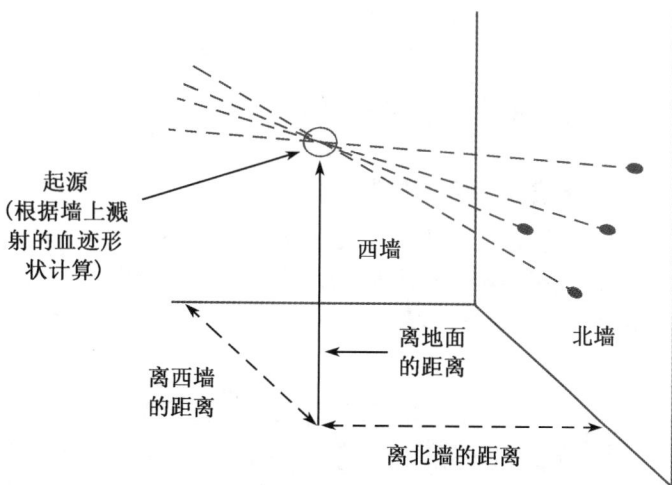

图 15－10　通过计算血滴撞击角确定血迹起源区域

4. 袭击时受害者的地点或位置

血迹形态的起源区域的确定可以认定受害者产生形成该血迹形态的伤口时的具体地点或位置。这些信息为确定证人陈述的真实性或虚假性提供了基础。麦克唐纳(MacDonell)报告,他认定某人在被殴打致死时是坐着而不是站着的,这证实了一个所谓的目击证人在伪造证词,并帮助两名被控有罪的警察免除责任。[7]

5. 血迹起源和目标表面之间的距离[8]

血滴起源与目标表面之间的距离通常可以确定一个比较合理的准确范围。血滴的形状和飞溅形态取决于血滴下落的距离和目标表面的性质。血迹形态分析人员能够基于对这些因素和血迹形状的分析确定血滴下降的距离。

应当注意的是,对于超过 25 英尺的滴落距离,所得的血迹形状将与 25 英尺处的血迹形状相同,这是因为血滴在该距离处达到其最终速度。[9]

6. 血迹来源者的移动

个人在流血期间的运动会在目标表面上留下特征性图案。血迹轨迹通常具有这些可以被犯罪现场重建分析人员解释的特征。在袭击过程中,由于一系列的击打存在多个起源区域,重建分析人员可以确定每次殴打时受害者的位置,在某些情况下还可以确定袭击者殴打过程中的相对位置。

7. 最小殴打次数

无论是击打本身,还是器械在向后摆动时所"抛射"的血液,钝器的每一击通常都会产生一种不同的血迹图案。通常可以通过确定抛射形态的数量或飞溅图样的血源区域的数量来重建最小殴打次数。由于使用器械弧形摆动,这些图案通常呈线性。

8. 抛射飞溅

带血的钝器或切割、刺伤的利器后摆会产生独特的血迹飞溅形态,称为"抛射"飞溅形态。既定的器械类型引起的抛射飞溅形态具有典型特征。产生的抛射血滴的大小会在后摆过程中,随武器沾有血迹的表面尺寸的增加而增加。例如,由棒球棍产生的抛射血滴的形态相比于刀片要大得多。

9. 袭击者的大概位置

用钝器击打时,所产生的血液飞溅可能会形成一个空隙,该空隙是被物体或攻击者阻挡的区域,可帮助确定在流血发生时攻击者的位置。飞溅图样被中断的区域可以使重建分析人员确定殴打时袭击者的位置。通过确定由武器摆动产生的每个抛射图样的聚集区域以增加这些数据。

10. 产生血迹形态冲击力的类型和方向

产生血迹飞溅形态的冲击力类型通常包括低冲击力(每秒小于 5 英尺)、中冲击力(每秒 5～25 英尺)或高冲击力(速度大于每秒 100 英尺)。[10]低冲击力效果就像是步入水坑而产生的飞溅。中冲击力是由钝器(如棒球棒)袭击产生的。高冲击力通常是由枪击产生的,同时具有射入伤和出口伤。

11. 枪击的血液回弹飞溅

由于枪击会产生高气压,非常近距离或接触射击,特别是对受害者的头部射击时,可能会在射手的手上和武器上产生回弹飞溅形态(如图 15 - 11)。有时回弹会冲击枪口并进入枪管本身。[11]由于这个原因,实验室分析人员在用立体显微镜检查枪口和枪管之前,不要接触枪支的枪口区域,因为血滴尺寸可能很小。枪口上有回弹飞溅的确凿证据表明枪支在击发时位置很近或近似接触。

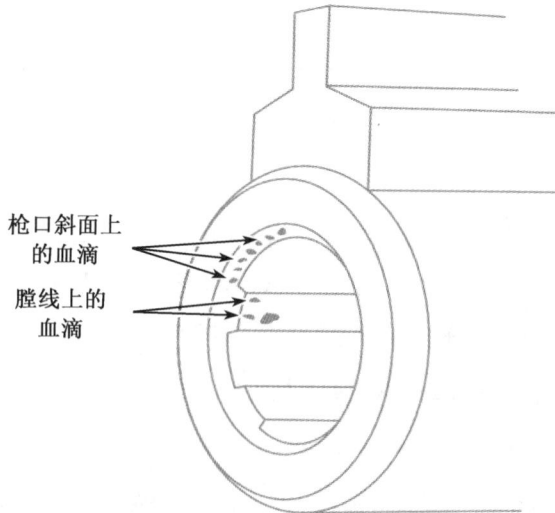

枪口斜面上的血滴

膛线上的血滴

图 15 - 11 枪管中的回弹飞溅

(摘自《射击案件重建》,版权所有© 2001,布鲁斯·莫兰,经许可)

15.7.2 血迹:鞋印、足迹和踪迹

血迹证据重建的另一个方面是带有血迹的鞋印、足迹和踪迹,这些都是不容忽视的。转移图样是在物体与血迹接触时形成的,这样就会将血液转移到所接触的物体表面上。这些痕迹和印记提供了犯罪者在犯罪期间和之后的活动信息。现场中痕迹的正确记录可以重建这些活动过程。

在发生流血事件的犯罪现场中还可能观察到其他血迹图样如擦拭血样。擦拭血样是指当带有血迹的物体与干净未沾污的表面接触时(手上的血液与桌面接触),表面上的血液发生了擦拭,某物穿过了它从而改变了血迹形态。

血迹鞋印的拍照细节与其他鞋印相似。然而,处理血迹鞋印还有其他方面的事项需要注意。在鞋印清晰可见并准备好进行拍摄之前,可能要通过化学处理对印痕进行增强。在尝试任何增强处理之前,应拍摄原始状态的印痕。通常使用氨基黑(Amido Black)对血迹进行增强处理,而使用鲁米诺或酶促血液检测化学品可能会发现现场不可见或已被清洗、清除的血液。选择使用哪种方法取决于现场情况和犯罪现场侦查员的判断。

15.8　基于枪支证据的重建

15.8.1　引　言

枪支证据通常在犯罪现场,特别是凶杀案犯罪现场的重建中起关键作用。

大部分凶杀是使用枪支的,这些罪行经常需要重建以排除意外枪击或自杀。枪支证据中很重要的方面包括枪口到目标的距离,现场击发弹壳的精确位置、弹孔位置、弹道和跳弹,发射每颗子弹的枪支辨识以及在嫌疑射击者的手上是否存在枪弹残留物。枪击重建经常要确定枪击的发生是意外、自杀还是故意杀人。重建也是证实枪击案目击证人真实性的一种手段。在笔者处理的一起案件中,一名目击证人声称受害人在被枪击时靠墙站立,案件重建却证明受害人在被射击时离墙壁很远,但离射击者很近。

15.8.2　来源于枪击案件重建中的信息[12]

1. 枪口到目标的距离

枪口到目标的距离的确定通常有助于侦查人员判断枪击事件是事故、自杀行为还是凶杀。除了一些罕见的案例,自杀涉及接触或近距离射击。许多凶杀也可能涉及接触或近距离射击,因此侦查人员还应考虑子弹的轨迹,受害人手上的枪击残留物,受害者被射击时的位置以及其他因素诸如自杀记录等,以确定是自杀还是凶杀。

2. 案件的最少参与人数

通过确定枪击案件中不同发射枪支的数量来确定案件的最少参与人数。通过对现场回收的击发弹壳和弹头进行实验室检查确定不同枪支的数量,进而确定参与人数。为了进行这一确认,假设案件中使用枪支的数量等于参与者人数。

在某些情况下,一个人可能使用多个枪支,但是这种情况很少见。

3. 涉案枪支的数量和类型

涉案枪支的数量和类型的确定与最少参与人数直接相关,但使用涉案枪支数量更为准确,因为每个参与者拥有一支枪的假设并不是结论的一部分。这一限制因素是恢复案件中所有击发弹壳和弹头的前提。

4. 弹道方向

弹道方向的确定涉及以下方面:(1) 弹孔的入口与出口;(2) 弹孔的撞击角(入射角);(3) 跳弹后弹头的方向。[13]子弹射入口和射出口的确定通常很简单,因为在大多数情况下,射入口是凹进去的,而射出口则表现出"锥形"效果,圆锥的较大端指向子弹飞行的方向。纤维织物上的子弹射入孔通常会在子弹撞击的一侧表面上有"子弹擦痕"。在某些织物中,由于织物的颜色,擦痕可能难以看清或看不到,但擦痕通常可以用化学方法显现。

在穿透了两层或两层以上的地方,最好用探针确定弹孔的撞击角(可能需要修正与第一表面碰撞造成的偏转)。探针的插入表明了撞击角度,可以用后面讨论的技术进行记录。此外,通过对同一类型的表面以不同角度发射相同的弹药、枪支组合,以实验的方式确定撞击角度。

弹头撞击表面(特别是喷漆的汽车金属表面)时的飞行方向可以通过表面的跳弹图样来确定。对于喷漆的汽车表面,油漆表面上的断裂图样可确定子弹行进方向,可直接拍摄说明,也可以先拍摄图样,然后撒指纹粉,拍摄显现后的图样,再用指纹胶带提取显现的图样。

5. 枪击期间参与者的位置

当只有一个射手时,可以通过重建子弹的运动轨迹,并在既定的运动轨迹上考虑射手的肩高和射手可能达到的最大高度,来确定射击者在枪击发生时最可能的位置。侦查员会考虑射手位置的"可能性区域"。这些射击位置被莫兰(Moran)指定为以下区域:(1) 最有可能;(2) 不太可能但可能;(3) 不可能。[14]

区域Ⅰ:最可能的位置。通过确定发射子弹的轨迹,然后沿路径定位小于或等于射击者肩膀高度的区域以确定区域Ⅰ(如图 15 - 12)。

图 15 - 12　射击者最可能的位置
(版权所有©布鲁斯·莫兰,经许可)

区域Ⅱ:不太可能但可能的位置(棘手)。射手在区域Ⅱ中是能够将枪管对准子弹路径,虽然方式棘手(不太可能)但是身体是可以做得到(见图 15 - 13)。

图 15 - 13　射击者不太可能但可能的位置
(版权所有©布鲁斯·莫兰,经许可)

区域Ⅲ：不可能的位置。由于无法达到足够高的位置或存在中间的障碍物，射击者实际上无法将枪支的枪管对准子弹路径。

图 15‑14　射击者不可能的位置
(版权所有©布鲁斯·莫兰，经许可)

6. 现场击发弹壳的位置

击发弹壳在现场的位置通常在枪击案件重建中起关键作用。击发弹壳的位置有助于确定射手在现场的位置。射击过程中物体的运动也可以从射出的弹壳情况推断出来。弹壳位置的数据，加上来自弹道分析的数据以及对发射每颗子弹的武器的识别，将为枪击案件的重建提供许多所需的信息。

15.8.3　子弹轨迹

对于短距离射击，例如在住宅内，可以安全地假设子弹的路径是直线轨迹。对于长距离射击，重建弹道还须计算子弹的下落。为了重建子弹弹道，需要时可以咨询弹道学(弹道科学)的专家。枪支专家(同时也是弹道学专家)使用计算机程序计算枪击案件重建过程中的子弹路径。

在射击现场对子弹弹道进行重建，重建分析人员可以将每把武器放在发射每发子弹时所在位置的一条线上。这类信息有助于确定射击者在这条轨迹上的一个位置。如果可以从射击者的武器中获得有关击发弹壳位置的信息，则重建分析人员可以针对回收的每个弹头将射击者放置在特定位置。这些信息通常对确定枪击案射击者的真实性至关重要，也可以测试案件证人的证词真实性。

1. 子弹弹道记录

子弹发射的轨迹可以通过多种方式记录。只要认真应用，每种记录方法都可以为发射的子弹提供准确的路径。子弹弹道的多种记录方法依赖于穿透的墙体两侧所产生的准确记录。记录子弹弹道(子弹穿透墙壁的两侧)的主要方法：(1)将适当大小的探针插入墙壁两侧的弹孔中，并用量角器测量产生的角度；(2)将探针插入墙壁，并从顶部、底部以及侧面拍摄探针的角度；(3)将探针插入墙壁，将一根细绳绑在探针上，然后将细绳拉到墙壁的对面，并通过目视定位细绳到达墙壁的位置;(4)向墙壁上的孔照射激光(或替代光源),并测量激光在墙上的位置。在某些情况下,可以通过使用测量设备或经纬仪结合的数据系统来确定弹道(这些方法可为弹道提供极高的准确性)。若子弹仅穿透墙壁的一侧或其他表面,大多数情况下插入探针仅能对弹道进行估算,铅垂线的使用也可以用来显示弹道。细绳可以允许拉更长的距离,并防止产生的弹孔被破坏(例如穿透玻璃)。索具针(用于钓鱼)有助于使细绳穿过座椅和比销钉棒小的孔。吸管还可以用来穿过玻璃钓线,而不会在原始弹孔上造成任何缺陷。

可以使用探针和量角器来测量穿透墙壁两侧子弹的弹道(如图 15 - 15)。一些供应商可以提供不同直径的探针,从而可以为子弹产生的孔洞选择合适尺寸的探针。探针插入后应紧贴孔洞以最大限度地减少测量误差。探针安装到位后,要测量子弹弹道与墙之间的水平和垂直角度。这两个角度将以从左到右和从上到下的维度描述子弹的轨迹,并通过个人完成的示意图来重建子弹弹道。

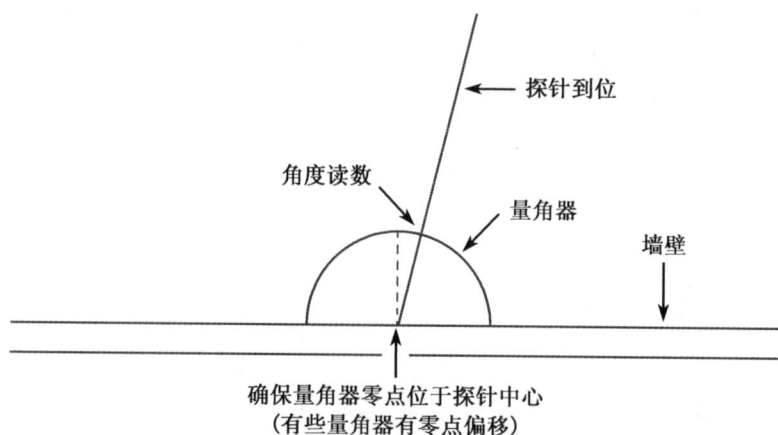

图 15 - 15　使用探针和量角器测量穿过墙的子弹弹道的角度

2. 拍照记录子弹弹道

子弹穿透墙壁或其他表面形成的弹道具有明显清晰的轨迹,可通过拍摄探针的位置进行记录(如图 15 - 16)。照片必须从侧面和顶部(或底部)拍摄。对于这两种视图,照相机应摆放在探针和弹孔接合处的居中位置。在冲洗的照片上使用量角器测量可重建弹头的入射角。量角器测量方法和照片记录方法都可以对子弹弹道进行粗略估计。如果想提高弹道测量的准确性,可以使用以下方法进行记录。

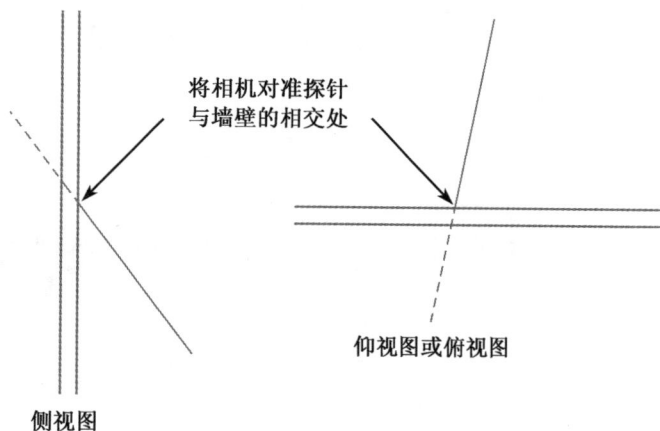

图 15 - 16　探针插入墙上弹孔的摄影方法

3. 销钉架线弹道测量法

如果操作正确,销钉架线弹道测量法将提高弹道测量的准确性。这种方法先要在弹孔中放置一个销钉或细绳,将细绳绑在探针上。然后,将绳子沿着探针的轴线拉伸,直到它碰到对面的墙壁(如图15-17),确保当细绳碰到墙壁时,绳子被拉紧并与探针在同一直线上。最后,测量细绳碰到对面墙壁上的点到地面以及最近邻接墙的距离(如图15-18)。相对于量角器和拍照记录方法,该方法的优点是绘制完成的示意图更容易重建弹道。架线包括使用细绳(彩色铅垂线)和架设弹头的飞行轨迹/弹道。要注意所用的任何销钉都不要造成弹孔的缺陷。这就是架线法可能会更偶然的原因。穿过玻璃架线时,笔者还会使用吸管以防止对弹孔造成进一步损坏。然后使用索具针(用于诱饵鱼,Ballyhoo索具就是一个例子),先将绳子绑在索具针一端,然后将针和绳子穿过吸管,使索具针穿过玻璃。当在车辆中进行弹道测量时,这种方法也很好用。在每个子弹飞行路线上放置的帐篷卡可以说明某一子弹可能的飞行路线(如图15-19)。

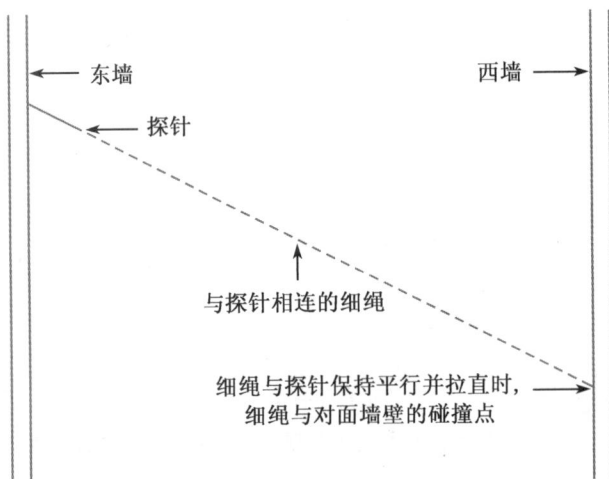

图 15-17   销钉架线法测量墙上弹道

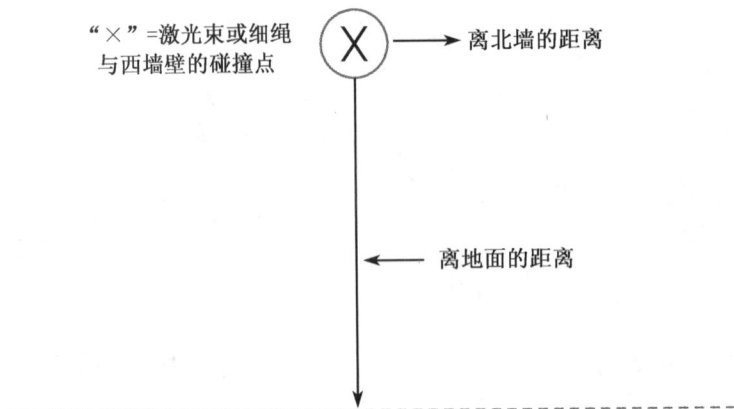

图 15-18   销钉架线法/激光法的测量记录

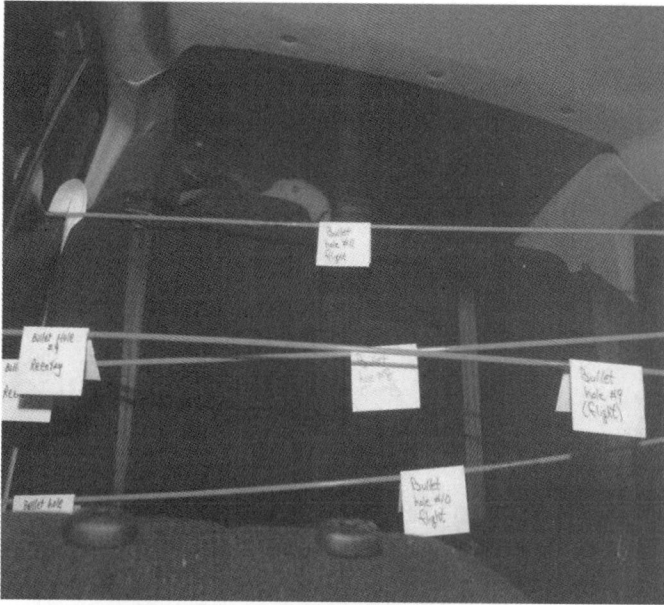

图 15 - 19 销钉弹道棒显示子弹飞行路线

［感谢克里斯·克鲁斯(Chris Kruse)对记录上述轨迹提供的宝贵帮助——莎伦·普洛特金］

4. 激光法测量子弹弹道

这种确定子弹弹道的方法与探针和架线法相似，只是用激光束代替了探针和细绳(如图15 - 20)。在墙壁的射出口(图15 - 21 中的"×"点)上放置一束激光，激光束直接穿过两个孔，射向对面墙壁上的一点。然后与探针和架线法一样，测量激光束射到对面墙上的点与地面和邻墙的距离。这一点和子弹击中对面墙壁的点确定了子弹的路径。

图 15 - 20 确定弹道的激光法

(由莎伦·普洛特金提供)

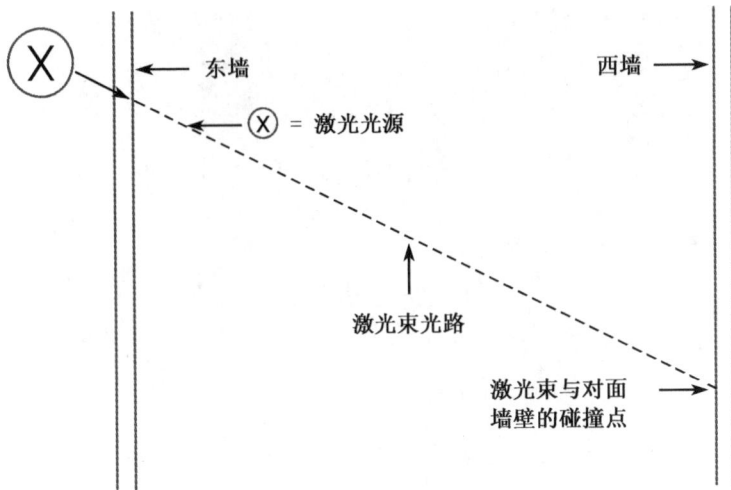

图 15‑21　激光法确定子弹在墙上的弹道

5. 车辆表面的子弹弹道

　　当子弹穿透车辆的金属外壳时,通常会被框架或金属外壳下的其他障碍物挡住。然而,有时子弹可能同时穿透车辆的外壳和内壁,从而允许插入探针来估测子弹弹道,可以使用墙壁上确定弹道的方法。侦查人员在解释探针测量的入射角时需要谨慎,因为在子弹击中下一个表面之前,金属会使子弹的路径发生一定的偏移。射入孔的形状也是入射角和发射子弹的武器、子弹组合的特征(如图 15‑22 和 15‑23)。为了依据入射孔的形状来解释入射角,有必要发射多枚子弹到相似车辆的表面进行测试,以确定特定武器在各种角度入射产生的几何特性。

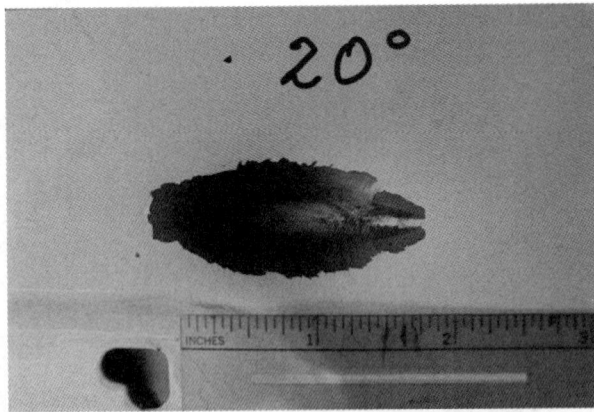

图 15‑22　子弹撞击表面 20 度时的子弹跳弹痕迹
(由小罗伯特·R. 奥格尔提供)

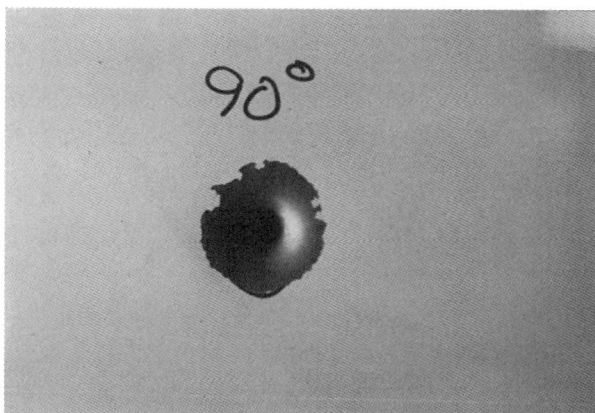

图 15‑23　子弹以 90 度撞击表面的入射弹孔
（由小罗伯特·R. 奥格尔提供）

案　例

在一起涉及副警长的枪击事件中，需要确认被告手中的猎枪是故意向副警长开枪，还是意外开枪。由于被告在案件中拿着猎枪下车，他被赶来的副警长开枪击中头部。被告声称当他取出猎枪要交给副警长时，他的头部中弹并被击倒在地。有必要确定被告是向副警长开枪，还是因为意外走火。猎枪子弹弹道重建和射击时猎枪位置的确定

（如图 15‑24、15‑25 和 15‑26）揭示射击时猎枪与路面发生接触。通过实验确定猎枪在事发时的位置如果撞击坚硬表面，猎枪就会开火。因此，确定了猎枪是在枪托击中人行道时意外开枪的。重建的其他要素确定副警长在事件中采取了恰当的行动，因此排除了对副警长或治安部门采取民事诉讼。

图 15‑24　猎枪子弹的射入口
（由小罗伯特·R. 奥格尔提供）

图 15‑25　放在猎枪的射入口中的圆柱体与弹道平齐
（由小罗伯特·R. 奥格尔提供）

图 15 - 26 将猎枪放在它发射时的位置

（由小罗伯特·R. 奥格尔提供）

15.8.4 子弹跳弹

在跳弹的情况下，子弹撞击表面的角度（入射角）很少与偏转角（表面与子弹偏离表面后弹道之间的角度，也称为出射角）相同（图 15 - 27）。

对于软子弹撞击坚硬的表面，如混凝土表面，入射角通常会大于出射角。对于软表面，如车辆金属，出射角可能超过入射角。[15] 对于每种子弹和弹性表面都会有一个临界角，在临界角以下，子弹会从表面弹开，大于这个临界角，子弹将穿透表面。对于金属、玻璃、墙板、水和其他表面，这个临界角有很大的不同。要记住当子弹击中表面时，子弹上可能会有重要的痕迹。穿透衣服的子弹可能会将衣服上的纤维压入子弹的表面。纤维的位置可以为子弹撞击表面时的方向提供证据，例如子弹底部嵌有纤维，这表明子弹击中衣服表面时正在翻滚。弹头上的织物痕迹或附着纤维可以表明子弹击中地面时并没有翻滚。从油漆表面弹射出去的子弹可能在弹头或其他表面嵌入油漆，在这种情况下，有必要收集被子弹击中的每个表面的油漆标样。

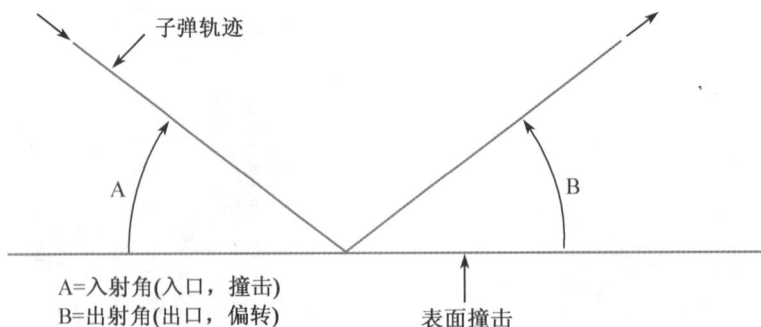

A=入射角(入口，撞击)
B=出射角(出口，偏转)

图 15 - 27 子弹撞击表面时的入射角与出射角

15.8.5 车辆上的子弹跳弹

在没有实验的情况下，子弹击中表面反弹后的角度是很难确定的。在跳弹的大多数情况下，必须通过使用相同的武器、子弹组合和相同的表面进行实验来估算入射角。由于子弹跳弹后的出射方向比入射角高还是低是由表面类型决定的,因此为了重建子弹跳弹后撞击另一个表面的轨迹,出射角必须通过实验来确定。这些实验应由有枪击案现场重建经验的犯罪学家或枪支鉴定员进行。

子弹在喷漆车辆表面上的跳弹方向可以用米托辛卡(Mitosinka)开发的方法来确定(图15-28)。[16]子弹的跳弹会在跳弹痕迹周围的油漆中产生细小的断裂线,用指纹粉喷洒到跳弹痕迹上就可以看到这些断裂线。为了避免对用 GSR 试剂盒收集的微量金属造成污染,在使用粉末显现技术之前,要完成跳弹痕迹的拍摄以及痕迹中微量金属的收集。使用 GSR 擦拭技术从跳弹痕迹上收集残留物。使用常用的指纹粉末在跳弹附近撒粉显现断裂线。在用指纹胶带粘贴和提取前后,都要对显现出的断裂线进行拍照。利用该技术显现得到的断裂线显示了子弹飞行轨迹的方向性特征。在撞击点,断裂线呈现圆形外观。其他的断裂线指向子弹运动的方向,就像箭头指向运动方向一样。

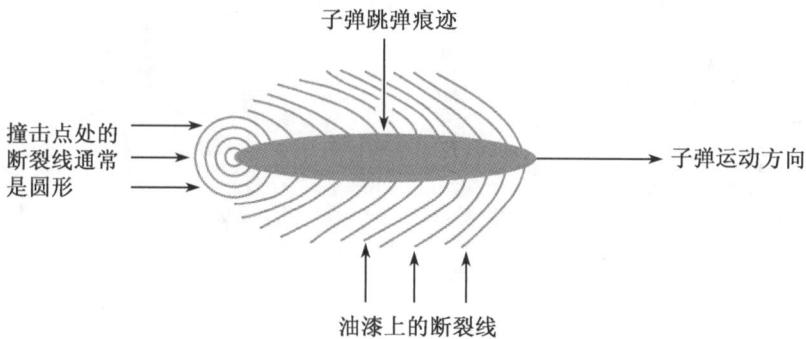

图 15-28　车辆上跳弹的子弹行进方向的确定方法

用探针测定车辆上的子弹路径

放置探针。当子弹穿透两个或多个表面时,车辆弹孔的弹道可以通过将探针放置在子弹穿过每个表面所形成的穿孔中来确定(如图15-29)。在某些情况下,特定子弹路径的孔之间的距离是很长的,需要更长的探针来架起桥梁。

图 15-29　将探针插入子弹路径孔中
(版权所有©布鲁斯·莫兰,经许可)

拍照说明子弹路径。子弹路径探针放置到位后,要从顶部对探针进行拍照(如图

15-30)。确保相机与地面平行,并使探针的中点位于中间位置。第二张照片是从侧面拍摄的,在地面和车辆长轴成直角的方向进行拍摄(如图15-31)。从顶部和侧面拍摄的两张照片可以从三维方向精确地重建子弹的路径。

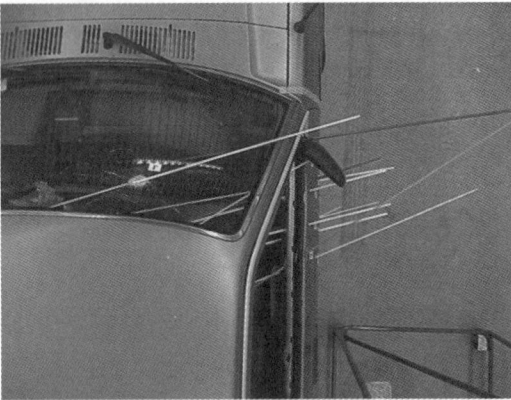

图15-30 从车辆顶部拍摄的子弹路径探针照片
(版权所有©布鲁斯·莫兰,经许可)

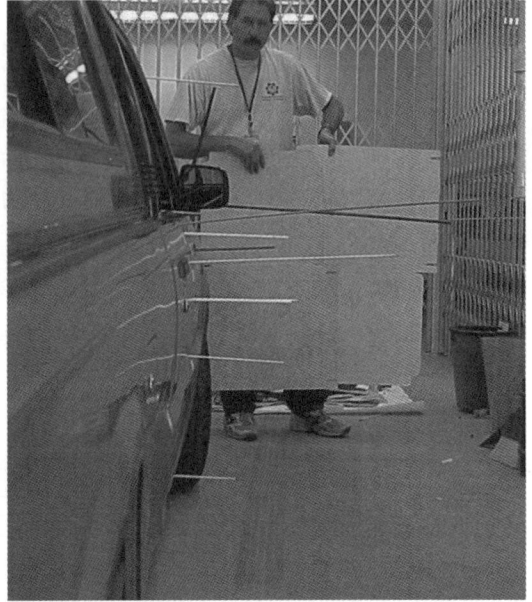

图15-31 从车辆侧面拍摄的子弹路径探针照片
(版权所有©布鲁斯·莫兰,经许可)

可以拍摄更多不同位置的探针照片来说明子弹路径(如图15-32和图15-33),要记住这些照片不能用于重建子弹路径。

图15-32 从车辆挡风玻璃观察子弹的路径
(版权所有©布鲁斯·莫兰,经许可)

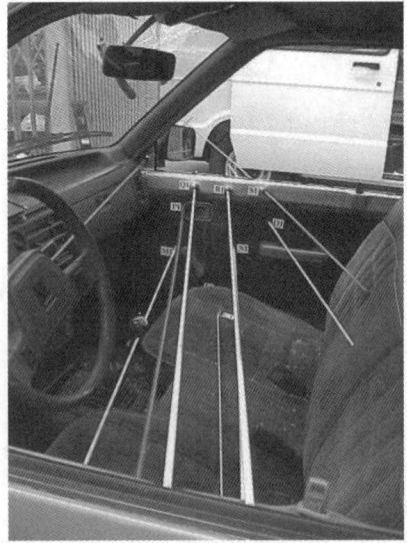

图15-33 从驾驶员侧门角度观察的子弹轨迹
(版权所有©布鲁斯·莫兰,经许可)

利用探针建立好子弹路径后,可以将重建的子弹路径放置在车辆的比例图上(如图 15-34)用于现场重建。将准备好的卡片像帐篷一样搭在销钉弹道棒上,两边都进行标记,可以帮助证明子弹的飞行路径(如图 15-19)。然后,将显示子弹路径的车辆比例图放置在枪击现场的比例图上(见图 15-35),以说明子弹路径与事件中潜在射击者的关系。

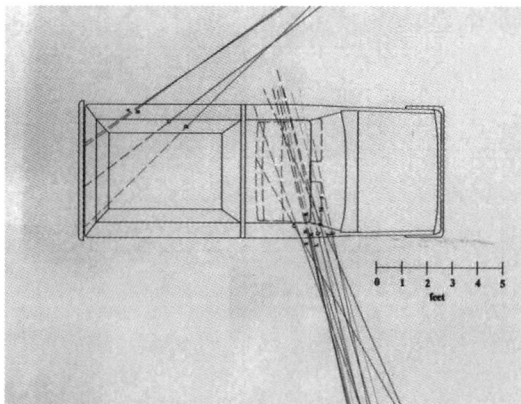

图 15-34 弹道在车辆比例图上的布局
(来自《枪击事件重建》,版权所有 © 2001,布鲁斯·莫兰,经许可)

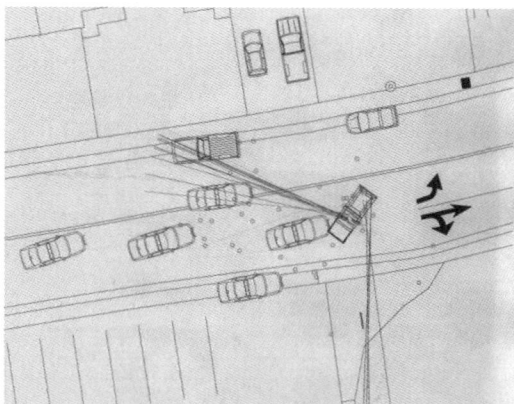

图 15-35 枪击事件比例图上车辆和子弹路径的布局
(来自《枪击事件重建》,版权所有 © 2001,布鲁斯·莫兰,经许可)

15.8.6 每发子弹或弹壳的枪械识别

如果枪击事件涉及一件以上的武器,重建往往需要确定在现场发现的每颗子弹是由哪支枪发射的。为了确定枪击事件中导致死亡的枪支或确定射击者的位置,这一步是必要的。鉴别发射弹壳的枪支对确定相关枪手的位置也很重要。击发弹壳的位置可以帮助确定枪支弹出弹壳时射击者的位置。当回收的子弹有足够的细节来确认发射子弹的枪支时,可以通过特定枪支指定子弹弹道。

15.8.7 嫌疑枪手身上的射击残留物

对嫌疑射击者手中的射击残留物的鉴定将有助于确定嫌疑犯是否真的开枪,或在开枪时是否离枪很近。尽管残留物很容易丢失或移除,但嫌疑犯手上射击残留物的确认可以提供嫌疑人在该事件中使用过武器的证据。在疑似自杀的案件中,受害者手上的射击残留物可以提供枪伤是自己造成的证据。疑似自杀受害者的手上没有射击残留物,这可能是一项强有力的证据,表明伤口是由另一方造成的。射击残留物是很脆弱的证据,所以一定要马上收集。在等待过程中,这些证据可能会丢失,而且由于它不具有侵入性(在体内),因此可以由执法人员收集。

15.8.8 目标残留物的距离特性——点状图

枪支产生的射击残留物形成的图案与枪支发射时从枪口到目标表面的距离有关。发射的组成产生了观察到的图样(如图 15-36),包括弹头、未燃烧和部分燃烧的火药颗粒、枪管发出的火焰、火药燃烧产生的烟(煤烟)以及膨胀气体。诸如锑、钡、砷、铅和铜之类的化学物质也会影响图案,并且可以通过化学手段进行检测。这些不同的射击残留物根据各自的物理特性会从枪口射出后行进不同的距离。随着与枪口距离的增加,大约 24 英寸外残留物形成的图案中的这些成分越来越少,残留物还取决于环境和其他条件。随着粉末颗粒不断地扩散以及各种残留物的逐步损失,会产生与枪口至目标距离、枪支/子弹组合相关的特征性残留物图样(如图 15 - 36 和图 15 - 37)。在远处,仅存的目标残留物是穿透撞击表面时在弹头表面产生的"擦划"或污点环。

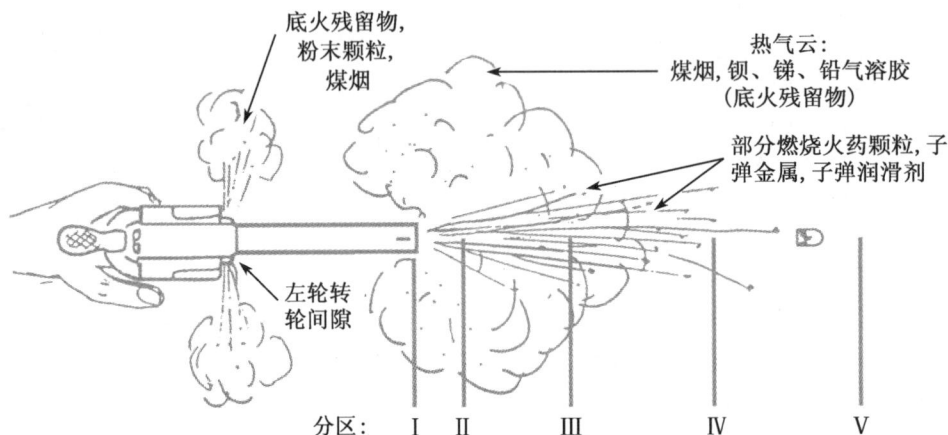

图 15 - 36　射击残留物的产生
(感谢安耐特制品公司和吕西安•哈格)

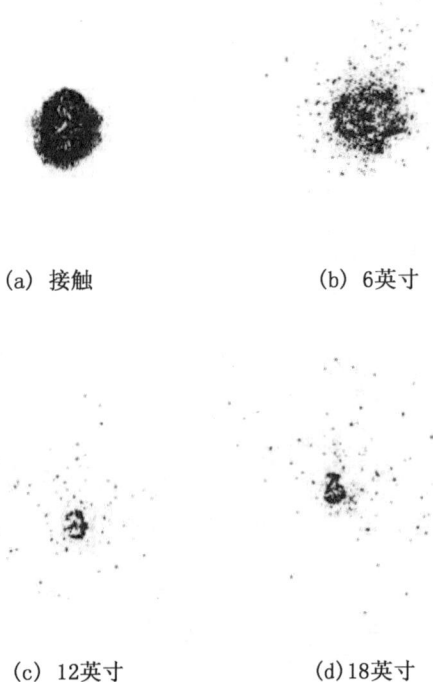

(a) 接触　　　　　　　(b) 6英寸

(c) 12英寸　　　　　　(d)18英寸

图 15 - 37　射击残留物图案
(感谢新泽西州警察)

目标残留物图案从枪口到没有发现任何射击残留物的区域是不断变化的。虽然在距离上图案产生的变化是连续的,但是为了方便描述枪口到目标一定距离范围内产生图案的典型特征,便将图案分类划分。哈格(Haag)以枪口垂直于目标时,将手枪目标残留物的距离特征划分为 5 个区域:接触(区域Ⅰ),近距离接触(区域Ⅱ),3~8 英寸(区域Ⅲ),6~36 英寸(区域Ⅳ),3~4 英尺(区域Ⅴ)[17]。

1. 区域Ⅰ:接触——射击时枪口与目标物接触

区域Ⅰ以枪口爆炸造成的破坏为特征,射入口周围的皮肤或衣服被撕裂。因接触性射击在皮肤上产生的伤口具有典型的"星状"(星形)外观(有些出射伤口也可能具有星状外观)。皮肤组织破坏和撕裂的程度与枪支、子弹的类型直接相关。小口径武器,例如,0.22 口径手枪很少会造成皮肤撕裂,然而,0.357 大口径手枪或 9 毫米的帕拉贝鲁姆(Parabellum)手枪则会造成皮肤撕裂和骨折。大威力步枪和猎枪由于射击时产生巨大的气体压力,会对接触伤口造成重大伤害。

粉末颗粒和煤烟会在衣服的内表面发现,有些也会被推进伤口。迪马乔(DiMaio)根据枪口与皮肤接触的对准方式将接触枪伤进一步细分为硬接触、宽松接触、有角度接触和未完全接触。[18]在硬接触的伤口,枪口密封了接触区域;因此,射出的残留物被推进到伤口,伤口的边缘被气体烧焦,被煤烟熏黑。在宽松接触的伤口中,枪口宽松地贴着皮肤,枪口到皮肤有一定空隙,这样气体就可以从枪口处逸出并在伤口周围沉积煤烟。在有角度接触的伤口中,枪管与皮肤成一个角度,产生异常的煤烟图案。未完全接触的伤口,由于皮肤表面是圆的,所以枪口不能做到密封效果。[19]

2. 区域Ⅱ:近距离接触——枪口到目标距离 1~4 英寸

区域Ⅱ的特征是弹孔周围有浓烈黑色的煤烟,未燃烧或部分燃烧火药颗粒的沉积物。在某些情况下,衣物和皮肤中可能存在一些爆燃产生的破坏。火药斑纹通常出现在皮肤表面。[20]迪马乔指出烧焦区域的煤烟进入了皮肤并且无法被擦掉,也称作斑纹。

3. 区域Ⅲ:枪口到目标距离 3~8 英寸

区域Ⅲ的特征是中到浅灰色的煤烟,在弹孔周围有近似"猎枪"的火药颗粒图案。火药斑纹仍然是可能存在的,特别是密集的或燃烧不良的火药。迪马乔将Ⅲ区和部分Ⅳ区伤口分类为"中程"伤口,其特点是火药斑纹(不是火药烧伤,因为斑纹是火药颗粒对皮肤冲击的结果,产生擦伤而不是烧伤)。[21]他指出这个区域大约从 10 厘米(4 英寸)开始。

4. 区域Ⅳ:枪口到目标距离 6~36 英寸

在这个区域没有可见的煤烟,广泛分散的火药颗粒通常松散地附着在接触表面上。在较近的距离分布形状大致是圆形的,但在较远的距离可能变得模糊。可以采用化学试验来显现火药颗粒图案。

5. 区域Ⅴ:枪口到目标距离 3~4 英尺[22]

根据经验在此区域之内或之外均未发现明显的射击残留物(无论射程如何,子弹擦划痕迹通常都会在射入口周围出现)。

然而,某些大威力武器、弹药的组合(尤其是猎枪和步枪组合)可能会在此范围内产生明显的图案。在某些情况下,尽管很少见,排放物可分布在超过 4 英尺的地方。

15.8.9 用于重建的枪支证据实验室分析

1. 枪口到目标物的距离确定

由实验室分析人员使用案件涉及的武器测定枪口至目标距离。试射是在不同距离的目标上进行的,使用的弹药类型与在调查中产生射击残留物图案的弹药类型相同。将在不同距离发射产生的煤烟和部分燃烧的火药的残留物测试图案与所质疑的枪伤和衣服上显示的残留物图案进行对比。分析人员通常能够将枪口到目标的距离定位在几英寸范围内的两个测试距离之间。然后,对确定的枪口到目标的距离进行解释:与当事人或证人的陈述是否一致,是谋杀还是自杀,射击距离是否与自杀伤口一致。注意射击距离测试只能进行一次,并且会破坏任何其他证据,例如血清,因此要确保进行测试之前先收集痕迹或血清证据。

2. 射击残留物的检验

通过使用中子活化分析(NAA)或原子吸收分析(AA)对嫌疑射手手上的射击残留物进行实验室分析。手上的射击残留物是通过棉签提取的。这些技术用于定量分析射击残留物可能存在的锑和钡。圆盘上射击残留物的分析可用扫描电子显微镜(SEM)来完成。这种显微镜可使检查员能够准确识别残留物中的火药小碎片。此外,SEM 通常附有一个能量色散 X 射线分析仪(EDX),以便分析人员可以测量残留物中存在的金属元素。

3. 鉴定发射弹头和弹壳的枪支

在涉及枪支的犯罪现场重建中,不可或缺的组成部分是确定发射每颗弹头和弹壳的特定枪支。枪支的识别使重建分析人员能够将每支枪放置在其开火时所在的位置,而且往往相当准确。在枪支未被回收的情况下,分析人员能够确定涉及武器的数量,以及哪些子弹构件来源于同一把枪。

NIBIN 是美国国家综合弹道信息网络(取代了 ATFE 的毒火数据库)。当弹壳从半自动手枪中弹出时,案件中的三个标识(枪机痕迹、击针压痕和抛壳痕迹)可将弹壳联系到嫌疑枪支。只有半自动手枪中弹出的弹壳进入了 NIBIN 系统,以将此类证据与其他刑事案件联系起来。

4. 回收武器的功能

在一些情况下武器的功能可能是很重要的,比如确定枪伤是意外射击还是故意射击造成的。有些武器在设计上存在缺陷,容易发生走火,但大多数武器都有防止走火的防护措施。在其他武器中,由于磨损或滥用,枪的状况不佳造成在某些情况下可能会发生意外走火的情况。实验室分析人员通过实验重现枪支发射时的条件,并通过侦查能够确定案件中枪支意外走火的可能性。

15.9 基于其他证据类型的重建

15.9.1 玻璃破碎的受力方向

破碎玻璃边缘的分析在与某些类型的犯罪案件重建中起着作用。当玻璃板发生破裂时,有两种类型的断裂线,径向断裂线和同心断裂线(如图 15－38)。径向断裂线从物体撞击玻璃板的位置向玻璃板的边缘扩散。同心断裂线是围绕撞击点的同心圆形裂缝。记录哪些线是径向断裂线,哪些是同心断裂线对于确定窗玻璃的哪一面受到了产生断裂的力是至关重要的。

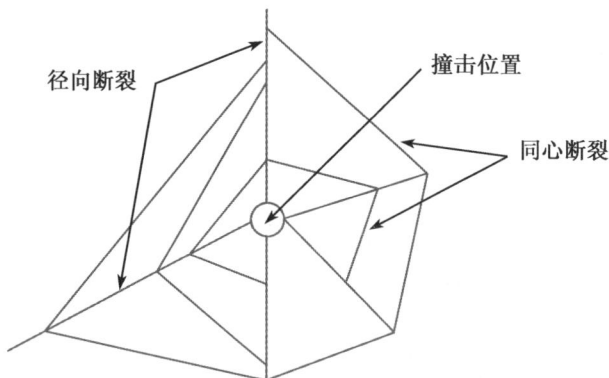

图 15－38　玻璃上的径向断裂线和同心断裂线

在模拟入室盗窃的情况下,住宅的窗户玻璃是被打破的,对留在窗框上玻璃破裂边缘的分析可以确定打碎窗玻璃的力的方向。断裂边缘有被称为"贝壳状"条纹的横纹图案,通过对图案的分析可以指出力的方向。贝壳状断裂线与玻璃板的一个平面会平行一段距离,然后向相反的表面弯曲,并在该表面以垂直终止(如图 15－39)。在径向断裂的情况下,垂线指向远离受到冲击的一侧,而在同心断裂线中,垂线指向受到冲击的一侧。

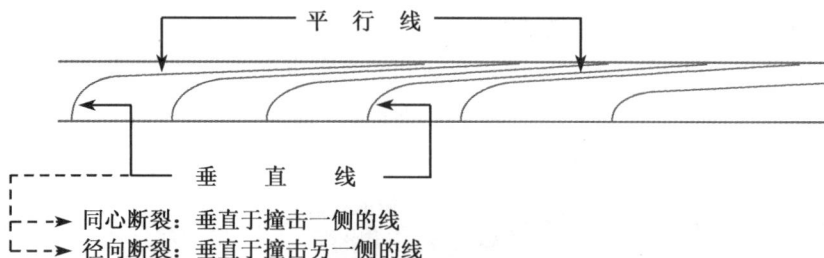

图 15－39　玻璃破裂边缘的贝壳状断裂条纹

当玻璃被弹头穿透时,弹头会在玻璃中产生特有的"弹坑"效应。被弹头撞击玻璃的一侧有一个小洞,小洞向相反一侧扩展以形成弹坑(如图 15－40)。这种弹坑效应也会产生于其他硬质材料(例如骨头),从而使重建分析人员可以确定产生弹坑的弹头的行进方向。

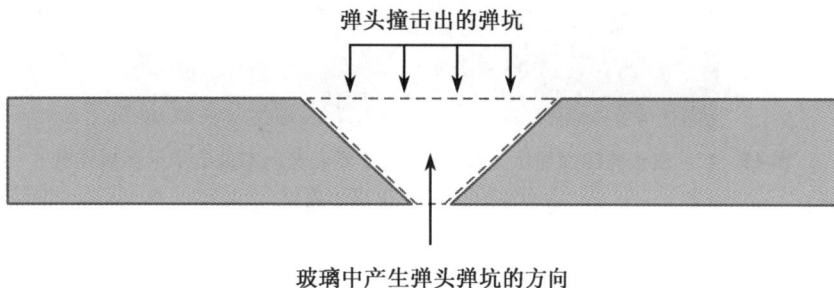

图 15－40　弹头在玻璃上留下的弹坑

15.9.2　枪弹射击的顺序

如果窗户已经被子弹穿透,则可以确定其发射方向。如果两个或多个弹孔非常接近,通常可以确定发射顺序(如图 15‑41)。第一发子弹的撞击在玻璃上产生径向和同心的断裂线。弹头在玻璃上产生的这些裂纹可能会与先前的弹头产生的裂纹相遇,这样就为分析人员提供了一种方法来确定子弹穿透玻璃的顺序。当径向断裂线在另一条断裂线上结束时,分析人员可以得出结论:径向断裂线被终止的这条断裂线是先前弹头撞击时留下的。里尼尔森(Rynearson)警告说,就挡风玻璃而言,随后产生的二次撞击和路面振动可能会模糊了弹头撞击的图案,并影响撞击顺序的精确判断。[23]

图 15‑41　弹头撞击的顺序

15.9.3　显示肇事车辆驾驶者的证据

有时在交通事故中车辆上的人员会被扔出,需要进行刑事诉讼或民事诉讼,以确定事故发生时车辆上的人员哪一位是司机。这个问题可以通过多种方式来确定。乘员所受的伤害可能与车辆内部的特定物品有关,这些物品只能伤害司机或乘客。

可以分析司机驾驶室里的血液或组织的 DNA 类型,从而确定司机座位上的人员。在笔者的一个案件中,车内人员向警察陈述司机和乘客同意交换角色,以避免对司机无证驾驶的起诉。通过头发比对、血型以及司机留在天窗操作杆上的组织,这个诡计很容易就被发现了(如图 15‑42 和 15‑43)。

图 15‑42　皮卡的侧面显示了撞击角度,使驾驶员向右撞击了天窗操作杆

(由小罗伯特·R.奥格尔提供)

图 15‑43 带有驾驶员毛发、组织和血液的天窗操作杆
（由小罗伯特·R.奥格尔提供）

15.9.4 涉及一种以上物证类型的重建

在许多情况下，犯罪现场重建涉及不止一种物证的分析和解释。重建工作经常涉及枪支和血迹证据；在某些情况下，几种类型的证据将在重建中发挥作用。

案　例

枪击事件重建：猎枪杀害男女受害者

由莫兰重建的这个案件（People v. Anderson），重建工作包括分析犯罪现场的枪支证据、现场的血迹形态证据（室内和室外）、从受害者尸检中得到的枪支证据以及使用由 Metacreations Poser 创建的基本图，在住宅的三维背景上使用 Broderbund 3D Home Architect 并用 Microsoft Word 进行注释。[24]案件的焦点是对屠杀期间发生的事件进行重建。

案情

1984 年，一名妇女和她的男友在他们的住所及其附近被该女性受害者分居的丈夫枪杀（如图 15‑44）。本案的主要问题是确定受害者在被枪击时是处于防御状态还是进攻状态。利用各种证据来重建每个受害者和嫌疑人在枪击时所在的位置。

莫兰在重建中得出的结论基于猎枪抛壳方式、枪口到目标距离、子弹伤口形态确定枪击时受害者的身体位置，以及血迹形态解释，弹道确定，痕迹证据分析，猎枪造成的损坏，证人证言和病理学家报告。

男性受害者的射击重建

1. 男性受害者的伤口

经确定这名男性受害者是在一次猎枪射击爆炸时受伤，情况如下：（1）左手掌穿孔（近似穿孔）；（2）右手有煤烟，但没有枪弹伤；（3）子弹以极锐的角度进入右前臂的伤口（弹道会聚在右手腕上方几英寸处）；（4）右臂上部的枪伤呈近乎垂直的角度；（5）右肩上前方有射入伤（回收的填料）；（6）右肩、右颈和面部广泛分布的小子弹射入伤；（7）右肩上方有四处擦伤，从右到左大约 40 度；（8）脸上的枪伤呈圆形，并以近乎垂直的角度进入。

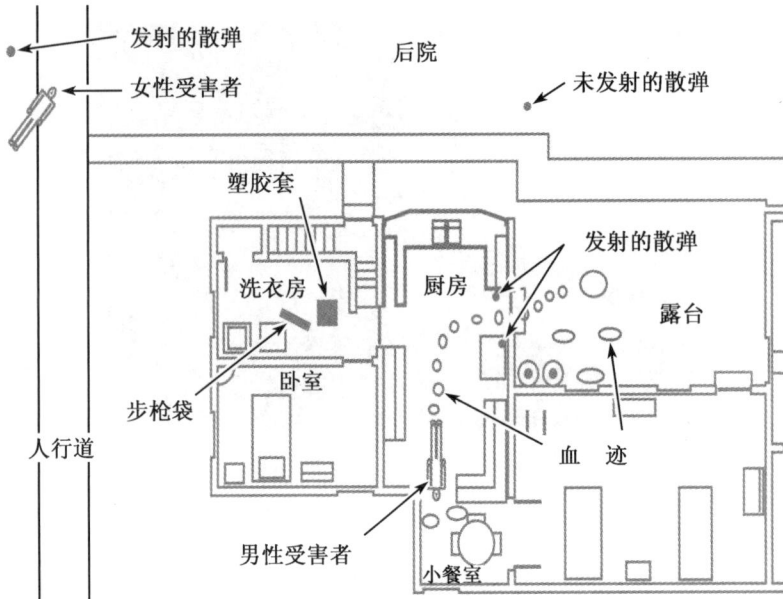

图 15－44   枪击事件概貌

［摘自《双命案的重建》，AFTE J(33)2，经允许］

2. 男性受害者伤口的解释

对伤口形态进行分析和解释后，再加上利用鸡肉和测试目标进行猎枪、弹药的实验，莫兰得出以下结论：(1) 受害者中了一枪，形成的枪伤通过左手掌进入受害人的上身；(2) 射击时左手掌与枪口接触或近似接触；(3) 右手处于张开的位置且靠近枪口，但不在枪口正前方；(4) 手臂上的弹道拍成直线表明左臂已完全伸展，而右臂已缩回；(5) 左手掌位于右手腕上方几英寸的位置；(6) 枪击来自受害者与肩齐高的右前方；(7) 子弹进入面部伤口的角度表明在开枪的瞬间受害者正直视着枪口(如图 15－45)。

3. 血迹形态的解释

在露台里观察到的溅起的、划过的、掉落的、滴下的和拖着的血迹表明受害者成俯卧姿势倒在露台上。头朝南墙，站起来，走过厨房门口，然后倒下了。

女性受害者的射击重建

1. 女性受害者的伤口

这名女性受害者大约在背部的中间处受了枪伤。角度为从右到左大约是 8 度，向下 45 度。

2. 女性受害者伤口的解释

受害者身上的伤口表明，她是在俯卧时被击中的，枪手在受害者上方。通过模拟伤口形态产生的条件，在两英尺范围内产生了类似于受害者背部的子弹伤口形态。这些实验证实射击者在开枪时正站在受害人身边，而且距离很近(如图 15－46)。

3. 枪击事件的重建

当两名受害者站在通向厨房的露台台阶时，嫌疑人手持猎枪在厨房门口与他们对峙。这名男性受害者首先被猎枪一次击中。他在院子里一下子倒下了，站起来，走进厨房，然后又倒下了。他的伤口表明当致命的一枪发射时，他试图用手抓住或使猎枪的枪口偏转。嫌疑人抓住女受害者，对她的头部进行了几次打击(猎枪的损坏和枪托下的一根头发都是证据)。然后，他将猎枪对准倒在地上的女受害者，朝她的背部开了一枪。莫兰的这次重建展示了在犯罪现场重建中枪支证据和血迹形态证据的运用。计算机辅助制图的运用提供了一种明确展示重建结果和得出结论的方式。

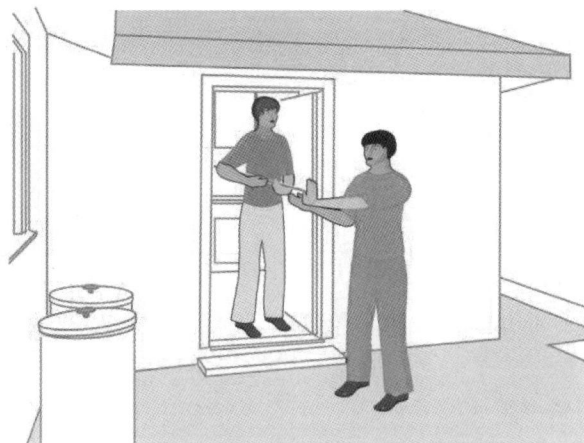

图 15-45 男性受害者在射击瞬间的位置
［摘自《双命案的重建》，AFTE J(33)2，经允许］

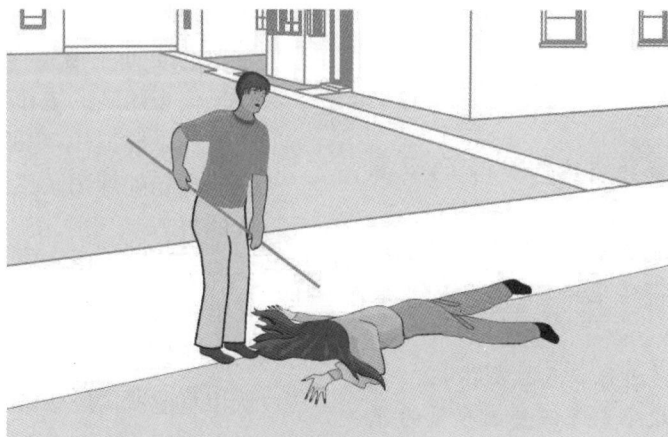

图 15-46 女性受害者在射击瞬间的位置
［摘自《双命案的重建》，AFTE J(33)2，经允许］

总 结

1. 引 言
　　本章向学生介绍犯罪现场重建的价值
　　本章不会向读者提供必要的专业知识
来进行犯罪现场重建

2. 专业知识的建立
　　教育、培训和指导经验的专业知识金

字塔
审查员必须在个案工作前获得必要的
教育、培训和指导经验
分层级的教育、培训和指导经验对发展
批判性思维的能力至关重要
从业者的行为通常会深刻地影响他人

的生活

错误导致无辜当事人被定罪,甚至在死刑案件中也是如此

真正的专业知识是适当的教育、培训和指导经验的结果

3. 专业经验的发展

通过反复试验,审查员会获得"经验"

"烟囱式"方法不能为专业知识提供稳定和适当的基础

通过"经验"发展专业知识是一种不恰当的方法

- "经验"是我们赋予错误的名称。
- 在日常生活中,这是可以接受的,因为我们是为自己的错误付出代价的人。
- 在职业中,受我们的错误影响的人会为错误付出代价。
- 责任感与责任的分离是不能接受的。
- 经验式的训练方法效率低下,效果不佳。
- 经验式培训项目的受试者可能发现也可能没有发现错误,不会从错误中学习。
- 没有内部质量保证或控制措施。
- 没有定性成分来保证受训人员的能力和职业操守。

4. 批判式思维

仔细准确地评估和判断

侦查人员锻炼批判性思维是必不可少的

适用于任何领域的调查人员

对于任何进行科学探究的人来说都是绝对必要的

必须避免常见的逻辑错误

- 循环推理(原先的"窃取论点")意味着假设你的论点在你证明它之前已经被证明了。
- 忽略问题:忽略枝节问题,如稻草人

和人身攻击。

- 统计谬论:滥用统计数据、数字、百分比等。
- "科学"谬论:如果它是"科学的",那么它就是好的、真实的、可靠的等等。仅仅声称一种"方法"是科学的并不能证明它是科学的。

5. 犯罪现场重建

收集物证的主要目的之一

此处定义为在犯罪(或侵权行为)期间对事件(通常是这些事件的顺序)的确定

完成现场物证的分析和解释

存在许多关于重建的其他定义

6. 犯罪现场重建团队

犯罪现场重建始终是团队努力的结果

重建的质量在很大程度上取决于犯罪现场侦查团队的工作质量

重要的是要记住,犯罪现场重建有赖于犯罪现场处理团队系统的、细致的和有效的努力

实验室的科学家

来自不同学科的专业人士的协助

7. 犯罪现场重建过程

认识重建所需的物证

对重建工作和法庭陈述至关重要的物证进行适当的记录

证据的正确收集

物证的实验室检验

犯罪现场和实验室检验的物证分析

将数据合成一个连贯的假设来解释所有已知的数据(对分析数据的解释)

假设要经过逻辑分析或实验来验证或否决

8. 犯罪现场重建组成部分

分析阶段

合成阶段

9. 重建类型

犯罪类型

证据类型

参与重建的特定专业领域

交通事故重建

凶杀案重建

性侵案重建

10. **根据证据类型分类的重建**

血迹形态证据

枪支证据

基于多种证据类型

11. **来源于血迹形态分析的信息**

产生血迹的方向

血滴撞击表面的近似角度

确定二维飞溅图样的起源区域（点）

袭击时受害者的地点或位置

流血时血迹起源和目标表面之间的距离

血迹来源者的移动

被钝器击打的最少次数

钝器或切割、刺伤的利器后摆产生的"抛射"飞溅形态

袭击者的大致位置

产生血迹形态冲击力的类型和方向

- 低冲击力
- 中冲击力
- 高冲击力

枪伤的血液回弹飞溅

12. **血迹：鞋印、足迹和踪迹**

13. **来源于枪击案件重建中的信息**

枪口到目标的距离

案件的最少参与人数

案件中涉及枪支的数量和类型

枪击案件中弹道方向

案件期间参与者的位置

枪击案件中事件发生的先后顺序

案件的最少参与人数

涉案枪支的数量和类型

14. **射击者位置的可能区域**

区域Ⅰ：最可能的位置

区域Ⅱ：不太可能但可能的位置（棘手）

区域Ⅲ：不可能的位置

15. **子弹弹道记录**

用探针和量角器测量子弹弹道

拍照记录子弹弹道

销钉架线弹道测量法

激光法测量子弹弹道

车辆表面的子弹弹道

16. **子弹跳弹**

子弹撞击表面的入射角和偏转角

确定车辆上跳弹的子弹行进方向的方法

17. **摄影说明车辆上子弹路径**

将探针插入子弹路径的孔中

从车辆顶部拍摄子弹路径探针

从车辆侧面拍摄子弹路径探针

18. **发射的每颗子弹或弹壳的枪械识别**

19. **嫌疑枪手身上的射击残留物**

20. **目标残留物的距离特性**

射击残留物的产生

不同间隔距离的射击残留物图案

21. **用于重建的枪支证据实验室分析**

枪口到目标物的距离确定

射击残留物的检验

鉴定发射弹头和弹壳的枪支

回收武器的功能

22. **基于其他证据类型的重建**

23. **玻璃破碎的受力方向**

玻璃的径向和同心断裂线

玻璃破裂边缘的贝壳状断裂条纹

弹头在玻璃上留下的弹坑

24. **枪弹撞击的顺序**

25. **显示车辆驾驶者的证据**

26. **涉及一种以上物证类型的重建**

复习题

1. 犯罪现场重建使侦查员能够判断在犯罪现场获得的案件陈述哪些是<u>正确</u>的,哪些是<u>错误</u>的。
2. 犯罪现场重建可以帮助侦查人员确定死亡是由于<u>自杀</u>、<u>意外事件</u>还是<u>谋杀</u>造成的。
3. 犯罪现场重建的主要目的是收集<u>物证</u>。
4. 犯罪现场重建在此定义为确定在犯罪期间发生了哪些<u>事件</u>。
5. 犯罪现场重建始终是<u>团队努力</u>的结果。
6. 嫌疑人和受害者手上<u>枪支残留物</u>的分析可以确定在犯罪现场谁开了枪。
7. 犯罪现场重建的第一步是要将物品视为<u>物证</u>。
8. 形成一个连贯的假设需要<u>综合</u>来自犯罪现场的数据和实验室的检验结果。
9. 假设<u>一旦</u>形成后,将对其进行<u>逻辑分析</u>或<u>实验</u>,以确定假设是否解释了所有已知事实。
10. 犯罪现场侦查团队必须用<u>笔记</u>,照片和示意图记录证据。
11. 在现场中物证的不当收集可能会影响或<u>破坏</u>证据中其他可用的信息。
12. 团队合作的三个 C 是<u>沟通</u>,合作与<u>协调</u>。
13. 重建可以根据<u>犯罪类型</u>,涉及重建的<u>证据类型</u>,或参与重建的特定<u>专业领域</u>进行分类。
14. 大多数犯罪现场重建都是在<u>交通</u>案件中完成的,因为其他案件缺乏<u>数据</u>。
15. 在性侵犯案件中,物证的检查可以证明表明原告<u>同意</u>的辩护是假的。
16. 血迹形态的分析可以显示血滴的起源<u>区域</u>。
17. 血迹形态的分析可以确定血滴的撞击<u>角度</u>。
18. 对于表面上的二维血迹形态,血迹的起源可通过血迹长轴线的<u>交汇区域</u>确定。
19. 血迹形态的起源区域的确定可以认定受害者在遭受袭击时的<u>位置</u>。
20. 血迹的形状可以确定血滴<u>下落</u>的距离。
21. 钝器的后摆会产生独特的血迹飞溅形态,称为"<u>抛射</u>"飞溅形态。
22. 近距离射击时在枪口上形成的飞溅形态称为回弹飞溅。
23. 枪击案件的重建可以确定案件中涉及枪支的<u>数量</u>和<u>类型</u>。
24. 枪口与目标的距离常常有助于侦查人员判断枪击事件是意外射击,自杀还是凶杀。
25. 当弹头穿过两个连续的表面时,最好用<u>探针</u>确定弹头的入射角。
26. 射击者位置的三个可能性区域分为<u>最有可能</u>,<u>不太可能但可能</u>,不可能。
27. 对于短距离射击,可以假设弹头的轨迹是一条<u>直线</u>。
28. 探针架线法相比单独用探针测量弹道更加准确。
29. 弹头的轨迹可以通过使用<u>激光</u>来确定。
30. 给定表面的临界角度是在该角度以下时弹头将弹跳,该角度以上时弹头将穿透表面。
31. 嫌疑人手上<u>射击残留物</u>的确认可以证明嫌疑人最近使用过枪支。
32. 目标距离残留物图案是在特定距离下特定武器弹药组合的特征。
33. 可以通过检查车辆油漆表面上的<u>断裂图样</u>来确定子弹撞击车辆跳弹后的行进方向。

延伸阅读参考文献

Chisum, W. J., and B. E. Turvey., eds. 2007. *Crime Reconstruction*. Burlington, MA: Elsevier Academic Press.

DiMaio, V. J. M., MD., 1998. *Gunshot Wounds*, 2nd ed. Boca Raton, FL: CRC Press.

Haag, L. C. 2006. *Shooting Incident Reconstruction*. New York, NY: Academic Press.

Haag, L. C. 1991. *Forensic Firearms Evidence (Practical Aspects of Firearms, Ballistics and Forensic Techniques)*, ed. A. Jason. Pinole, CA: ANITE Production.

Jackson, A. R. W., and J. Julie. 2004. *Forensic Science*. Essex, England, U. K.: Pearson Education Limited.

James, S. H., and J. J. Nordby, eds. 2005. *Forensic Science (An Introduction to Scientific and Investigative Techniques)*, 2nd ed. Boca Raton, FL: CRC Press.

James, S. H., P. E. Kish, and T. P. Sutton, eds. and authors. 2005. *Principles of Bloodstain Analysis (Theory and Practice)*. Boca Raton, FL: CRC Press.

MacDonell, H. L. 1993. *Bloodstain Patterns*. Corning, NY: Laboratory of Forensic Science.

Osterburg, J. W., and R. H. Ward. 2000. *Criminal Investigation (A) Method for Reconstructing the Past)*, 3rd ed. Cincinnati, OH: Anderson Publishing Company.

Rynearson, J. M. 1997. *Evidence and Crime Scene Reconstruction*, 5th ed. Redding, CA: National Crime Investigation and Training (NCIT).

Saferstein, R. 2009. *Forensic Science (From the Crime Scene to the Crime Lab)*. Upper Saddle River, NJ: Pearson Education, Inc.

White, P. ed. 1998. *Crime Scene to Court (The Essentials of Forensic Science)*. Cambridge, U. K.: The Royal Society of Chemistry.

附录 15　犯罪现场重建清单

现场

确保进行了细致的犯罪现场调查,包括调查人员的记录、系统的摄影和现场草图(请参阅第二章至第四章)。

对于进行犯罪现场重建的人员来说,亲临现场是非常有帮助的。

考虑请现场刑事专家、病理学家、人类学家、昆虫学家或其他可能参与犯罪重建的法医专家到现场。

血迹形态重建

按照有关章节的规定,拍摄和绘制所有血迹的形态。

确保所有的血迹形态都已用测量方法记录在案,以便血迹形态可以在实验室重建以供分析。

测量有代表性血渍的轴,然后用笔记和示意图进行记录。

在实验室中收集每种血迹形态的代表性样本,用于实验室基因标记分型。

当污渍外观表明可能不是血迹时,要在现场测量具有代表性的污渍。

枪击事件[25]

枪手和目击者对射击的解释说明。

参与者在枪击事件发生前的行为。

枪击事件发生前的事件。

事件期间参与者声称所在的地点和位置。

持枪的方式。

射击方式(非自动、自动、半自动)。

枪击事件发生后参与者的行为和发生的事件。

事发前枪支的储存、状况(清洁、上油、脏污、生锈、单独装弹匣)。

所用弹药的来源、类型(如果可以用作测试,则可作为范例)。

弹药的品牌、子弹类型和弹头的重量。

枪支上或里面的痕迹证据。

左轮手枪筒腔周围有烟晕。

枪膛中有子弹金属沉积。

弹壳的位置和击发顺序(左轮手枪)。

弹壳在弹匣中的顺序(半自动手枪)。

击锤的位置(如果存在)。

保险的位置。

滑动装置或枪栓的位置(连发武器)。

枪口表面或枪膛内有血滴。

确定弹头的射入口与射出口。

确定弹孔的撞击角。

确定弹头的撞击方向和跳弹方向。

对表面疑似的射击残留物进行格里斯(Griess)测试。

摄影、指纹粉末显现法、胶带提取和米克罗西™子弹跳弹的抛射。

参与者的服装。

弹药的比对样本。

弹头穿透、子弹跳弹的表面、中间目标的参考/对比样本材料。

重建工作准备

对现场进行直接检查或复查。

获取所有犯罪现场的报告。

获取在现场和其他相关现场所拍摄的所有照片和录像。

获取所有侦查报告,尤其是那些含有证人证言和嫌疑人陈述的报告。

获取死者的尸检病理学报告、尸检照片和毒理学报告。

获取受伤方的医学报告。

获取现场收集物证的报告和分析结果。

昆虫学证据

死亡并不是一个时刻,而是一个过程。

——贾森·伯德博士

关 键 词

法医昆虫学,最小死后间隔时间,定殖时间,丽蝇科,环境,幼虫,蛆虫,蛹,蝇蛆病。

学 习 目 标

- 概述昆虫学的历史、发展以及它的贡献。
- 论述现场中昆虫学证据的重要性。
- 解释昆虫学证据的收集程序
- 描述昆虫学报告的分析过程和重要性。

引 言

应用于法律事务的昆虫学被称为法医昆虫学,这一应用在法医科学中的重要性不断增加。[1-5]法医昆虫学的首次应用是鉴定凶器。[6]自 20 世纪 60 年代以来,法医昆虫学的研究主要集中在昆虫发育和基于定殖时间确定最小死后间隔时间(TOC)。[3,4,7-10]

除了确定定殖时间,法医昆虫学还可用于协助研究人员识别创伤部位,昆虫学指标可提供有关人体死前或死后处理的信息。昆虫学也可以用来建立犯罪嫌疑人、受害人和犯罪现场之间的联系(图 16 - 1)。昆虫毒理学利用昆虫作为毒理学标本,可以提供严重腐烂或白骨化遗体中药物或毒物类型的信息。[11,12]昆虫肠道内容物的基因分析可以确定幼虫食物来源的性质。[13,14]

法医昆虫学是法医研究不可或缺的工具,因此许多执法机构寻求法医昆虫学家的协助,以回答法律调查中经常遇见的问题。昆虫学不仅限于确定昆虫在遗体或伤口内的定殖时间。法医昆虫学家对昆虫地理分布的了解还有助于调查机构确定死亡或疏忽的地点,将嫌疑人与特定的环境栖息地联系起来,或确定汽车的行驶路线。由于特定昆虫物种的地理分布有限,是有可能确定案件发生的地点的。

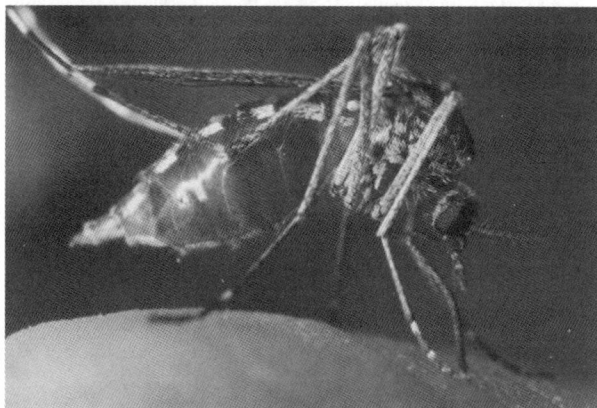

图 16 - 1　蚊子的肠道内容物可用来建立嫌疑人、受害者和犯罪现场之间的联系
(由亨里克・拉尔森/沙特斯托克提供)

16.1　历　史

　　尽管法庭科学本身是一个相对较新的科学领域,但节肢动物在死亡调查中的应用已经持续了数百年。法医昆虫学第一次应用被记录在案是在 13 世纪的中国。宋慈出版了死亡调查手册的早期版本,名为《洗冤集录》,其中他详细介绍了昆虫如何被用来破获一个小村庄的谋杀案。宋慈认为杀害一个村民的农具是一把镰刀,他最初询问村民,没有人承认。由于了解到苍蝇会被血液和腐烂的组织所吸引,宋慈让所有村民在天气炎热的时候把镰刀带到镇中心,然后把镰刀放在地上。他猜测由于刀身上会留下血迹和组织残留物,杀人用的镰刀会吸引飞虫。那天只有一把镰刀吸引了苍蝇,根据这一信息,镰刀的主人最终承认了罪行。[6]

　　200 多年后,昆虫再次被用于科学实验。意大利科学家弗朗西斯科・雷迪(Francesco Redi)试图反驳普遍接受的自发产生理论。他做了一系列实验,其中最著名的一个实验中,他把生肉放进三个罐子里。一个罐子是开着的,一个是用软木塞紧的,一个是用薄纱覆盖的。过了几天,苍蝇进入没有盖的罐子里,蛆虫直接出现在肉上。苍蝇对纱布覆盖的罐子也很感兴趣,最终蛆虫出现在纱布覆盖的上面。苍蝇似乎对瓶塞塞紧的罐子不感兴趣,这个罐子没有蛆虫出现。在出现蛆的两个罐子中,蛆只在与肉直接接触的罐子里存活下来,而在纱布上没有存活。随着生命周期的延续,雷迪注意到这些蛆最终变成了成年苍蝇。他利用这个实验来证明蛆和苍蝇不是自发产生的,而是苍蝇产的卵变成蛆虫,以罐子里的肉等食物为食,最终变为成虫[15](图 16 - 2)。

　　早期法医学的另一个里程碑式的出版物是 1894 年让・皮埃尔・梅宁(Jean Pierre Mégnin)出版的。他是最早发现与人体分解有关的昆虫演替规律的人之一,并在此书中做出描述。他特别提到了婴儿死亡的时间,通过计算婴儿死后每隔指定时间在尸体上发现的昆虫的数量来确定婴儿的死亡时间。他还为地表尸体和埋在地下的尸体建立了昆虫的连续波。他认为,地表尸体分解有 8 个昆虫演替阶段,而埋藏的尸体有 2 个。通过他们的研究可以确定尸体上不同形式(成虫和幼虫)的昆虫。梅宁还发表了在尸体上发现的不同形式(成虫和幼虫)的昆虫,以及通过什么可以确定这些昆虫。[16]直到 20 世纪末和 21 世纪初,法医昆虫学通过研究、会议、研讨会以及同行评议的出版物得到了更多专业化的关注。

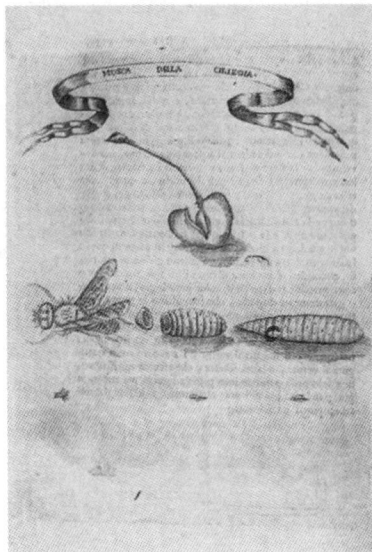

图 16-2　雷迪出版的一幅演示苍蝇生命周期的示意图
(由美国国立卫生研究院提供)

16.2　领域及应用

　　法医昆虫学作为一门学科主要有三个子领域:城市昆虫学、储藏物昆虫学和刑事医学昆虫学。法医昆虫学家通常只关注这些子领域中的后者,但在某些情况下,他们可能参与到其他更受关注领域中的案件中。城市昆虫学是昆虫学的一个领域,主要研究影响社会和环境的害虫,包括白蚁、蟑螂、跳蚤和臭虫(图 16-3)。法医昆虫学家通常负责鉴别这些破坏住宅的寄生害虫。他们也可能被要求协助控制或者清除这些害虫。储藏物昆虫学涉及食物产品被昆虫寄生,但并不是所有含有昆虫的食品都被美国食品和药物管理局(FDA)视为有问题。事实上,对于有问题的食物中所含昆虫的数量是有规定的范围的。因此,并非所有受虫害的食物都会做出责任裁定。相反,食品的不当处理,包装或储存导致虫害超出允许的限度将受到责任判定。刑事医学昆虫学是与法医昆虫学交流最多的一个分支领域,因为它研究昆虫的定殖分解遗骸。昆虫学在刑事案件中有许多应用,包括建立最小死后间隔时间(通常用来解决死亡后的时间问题),帮助确定死亡的原因或方式、忽视、虐待和其他。它通常用来解决死亡后的时间问题,帮助确定死亡的原因或方式。

图 16-3　消灭臭虫通常昂贵而费时——一个城市昆虫学家可能会卷入这种情况
（由 Avirid/Fotolia 提供）

16.3　定殖时间

执法部门最常见的是要求法医昆虫学家协助鉴定死后间隔（PMI）。死后间隔包含从死亡到尸体被发现的时间。[17]人死后，一系列复杂的生物和非生物过程独立或非独立地工作，最后导致所有软组织完全分解。大部分的这些分解过程都将受到温度或其他环境因素的影响，这些因素决定了这个过程的持续时间以及对遗体的影响。昆虫学证据就是这样一个与温度和环境有关的过程。众所周知，昆虫在人体死亡后会很快地到达腐烂的遗骸上并定居，这是死亡后软组织分解的主要因素之一。最先到达尸体的昆虫通常是各种各样的飞蝇，它们试图将卵产在尸体上。雌蝇利用嗅觉和视觉线索来找到用于产卵的残骸。由此产生的幼虫被称为蛆虫，蛆虫把这些残骸作为食物来源。

苍蝇通常能在人死亡后几分钟内找到遗体并定居下来，尽管腐烂过程正常进行，但还是需要几小时甚至几天的时间才会定殖。当用昆虫来确定死后间隔时间，这种定殖时间的变化就成了一个问题。因此，法医昆虫学家在分析遗骸上的昆虫时，必须建立一个定殖时间的估算。这个定殖时间要考虑到昆虫幼虫在分解组织上所用的时间。这可以根据从尸体中收集到的物种和它们已知的在犯罪现场记录的温度下的生长速率，或者通过了解昆虫在动物分解过程中不同时间的聚集情况来判断。[3,18,19]

定殖时间的估算可能等于死后间隔时间，但除非昆虫学家确切地知道所收集的昆虫在人死前或死后几天内没有在伤口上定殖，否则就不能称蛆虫在腐烂遗体上的时间为真正的死后间隔时间。将这段时间作为定殖时间，可以考虑到昆虫活动可能并没有在死亡发生的时候开始。与人类和动物遗骸分解有关的最常见的昆虫是丽蝇科[3]的吹蝇或瓶蝇（图 16-4）。这些苍蝇通常是最先出现在人类遗骸上的昆虫。成虫在数分钟内就能找到外伤和自然腔道部位，它们是遗体分解初期最活跃、数量最多的昆虫。苍蝇的幼虫蛆是主要的分解者之一，在温暖的夏季，它们会在不到一周的时间内消耗掉大部分的软组织。这些生物体的生长依赖于温度,人们对此已经非常了解并可预测,这使得法医昆虫学家能够可靠地估算定殖时间和最小的死后间隔时间。

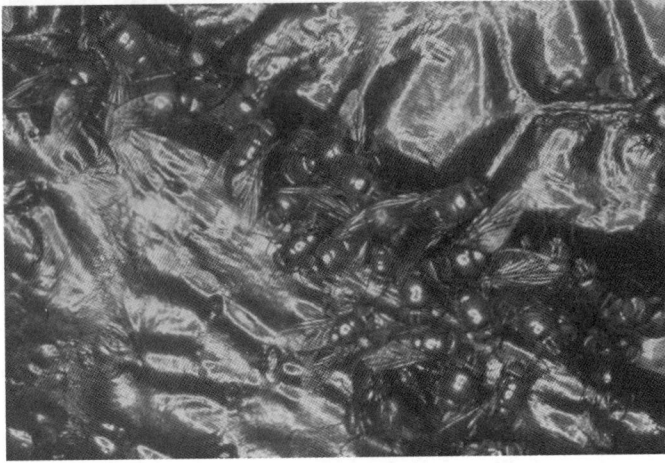

图 16‐4　丽蝇是寄生在人类遗骸上的常见昆虫之一
（由贾森·伯德提供）

16.4　现场昆虫学

16.4.1　温度

　　昆虫的生命周期依赖于温度,这使得现场温度采集成为昆虫学采集和犯罪现场后续分析的重要组成部分。温度越高,昆虫成熟得越快。同样地,温度越低,它们的发育就越慢。在比较室内和室外的犯罪现场和需要收集的数据时,这也是一个因素。对于室内犯罪现场,记录下温控器的设置是很重要的,窗户或门是否打开,风扇是否打开,或者便携式空调或暖气设备是否在运行,所有这些因素都可能影响昆虫的生长、寻找和定殖遗体的能力。对于室外的犯罪现场,尸体周围的环境信息必须通过照片和笔记的方式记录下来。一个好的做法是以 360 度视角围绕着尸体拍摄照片。直接拍摄尸体上方的天空照片,可以让作为顾问的昆虫学家更好地了解太阳的曝光度。在笔记中要详细地记录尸体是在农村、城市、森林还是野外,是完全暴露在阳光下,还是部分暴露或者在树荫下,是埋葬、悬挂、淹没在水里还是在水面上,这些环境条件都会影响昆虫的不同方面。同时也要记录下昆虫潜在的障碍物,如衣物或隐藏物,以及是否有食腐动物出现并与遗体接触。

　　在现场要与侦查人员确定最近的气象站,以便获得准确的天气数据。昆虫学家需要收集每小时的温度、每日最高和最低温度以及降水量的信息,以便确定昆虫在现场的生长速度。现场还应进行多处温度测量。这些温度测量包括如下:

　　1. 环境

　　如果可能的话,应在阴凉处立于胸前的高度测量环境温度。如果整个现场都在阳光下,比如在开阔的场地,那么在阳光下测量环境温度是可行的(图16-5)。

图16-5　收集昆虫学证据时,应在现场记录环境空气温度
(由贾森·伯德提供)

2. 体表

将温度探测器放置于尸体表面以测量体表温度。如果尸体被衣服或某种方式包裹隐藏起来,则将温度探测器放在包裹物或衣物的外面(图16-6)。

图16-6　应记录体表温度以帮助确定环境温度和体表温度的差异
(由贾森·伯德提供)

3. 尸体地面界面

将温度探测器轻轻地放在尸体和所躺的地面之间。在使用这个方法的过程中,要小心不要意外地刺穿身体或引入新的创伤(图16-7)。

4. 尸体下部

当尸体被移出现场后,测量尸体下土壤的温度。如果尸体在室内,这种操作是没有必要的。

图 16 - 7　尸体与地面的界面温度应被记录下来，因为这是一些昆虫喜欢去的区域
（由贾森·伯德提供）

5. 土壤

离尸体 10～20 厘米的地方，把温度探测器放入土壤中，然后读出温度。一般情况下，温度会低于环境温度。如果尸体在室内，这种操作是没有必要的（图 16 - 8）。

图 16 - 8　应记录土壤温度，因为许多种类的昆虫在其生命的大部分时间里都与土壤接触
（由贾森·伯德提供）

6. 蛆群

把温度探测器放在观察到的蛆群中心。如果有一个以上的主要定殖区，就在每个活动区测量温度，并记录每次测温的位置。

7. 其他

如果尸体浸在水中，则测量水温。如果尸体在室内，注意温控器的温度。如果尸体以某种方式封闭起来（如汽车），在发现人体后，打开门窗等使温度与外界环境温度相同之前，尽快测量外壳的温度。

16.4.2 收集工具箱

虽然可以购买商业化的昆虫学工具箱,但自己组装是一个相对简单的过程。以下是在现场使用的昆虫学工具箱必要组件的详细列表(图 16-9)。

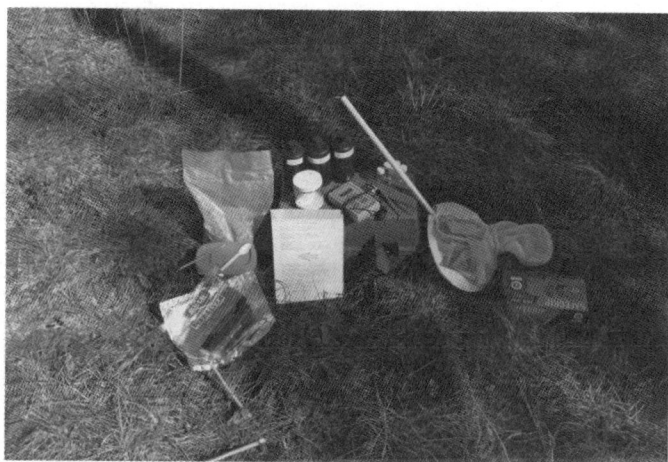

图 16-9 昆虫学收集工具箱中包含的基本必要组件
(由贾森·伯德提供)

1. 昆虫网

在现场需要用昆虫网收集苍蝇。一个很好的选择是"学生昆虫网",这是一种又小又便宜的网,可以分开便于储存。它有一个木制把手,连接一个尼龙网袋环绕的金属箍。网袋的外边缘用棉布加固,这使它更耐用并可以用来收集苍蝇。

2. 温度计

温度计是收集工具箱中最重要的元件之一,因为昆虫的发育过程是由温度决定的。有两种主要类型的温度计可用于昆虫学收集工具箱:双金属表盘温度计和电池供电的数字温度计。双金属温度计很有用,因为它们不需要电池,但模拟表盘表面很难获得精确的温度读数。数字温度计需要定期更换电池,但精度要高得多,通常是十分之一度,读数误差很小。两种温度计都适用于环境温度采集。

3. 收集瓶

现场使用密封的带有螺旋盖的小瓶收集和保存昆虫。收集瓶可以是玻璃或塑料的,可以从生物公司订购。

4. 防腐化学品

在现场采集软体昆虫时,必须妥善保存,然后运送给昆虫学家进行分析。现场保存昆虫的方法多种多样,但需要的基本化学品如下:

(1) KAA(煤油、酒精和乙酸的混合物),用于保存/修复软体昆虫。

(2) 80%的乙醇(EtOH),用于保存软体昆虫。

(3) 乙酸乙酯,用于"装填"杀虫罐。

(4) 热水,保存在 EtOH 之前用于杀死昆虫。

5. 轻磅钳

也被称为轻触钳,可收集软体昆虫而不用担心损害昆虫。它们提供轻微的张力,且边缘较钝,所以很难压紧或刺穿昆虫的身体。活体收集特别重要,因为太大的力将会杀死蛆虫,使它们无法长成成虫。

6. 杀虫罐

这些罐子是用来杀死成年昆虫的。杀虫罐是一个装有少量石膏(大约 0.5 英寸)的玻璃罐子,底部的石膏用来吸收杀虫液。将少量的乙酸乙酯倒入罐底,让石膏吸收,如果没有乙酸乙酯,可以用普通的丙酮代替(图 16-10)。杀虫罐可以商业购买,也可以用一个有密封盖的广口玻璃罐来制作。将数个浸有药液的棉球放入罐子底部,并把瓶盖密封好。昆虫放在任何一种形式的罐子里都将被同样的方式杀死。

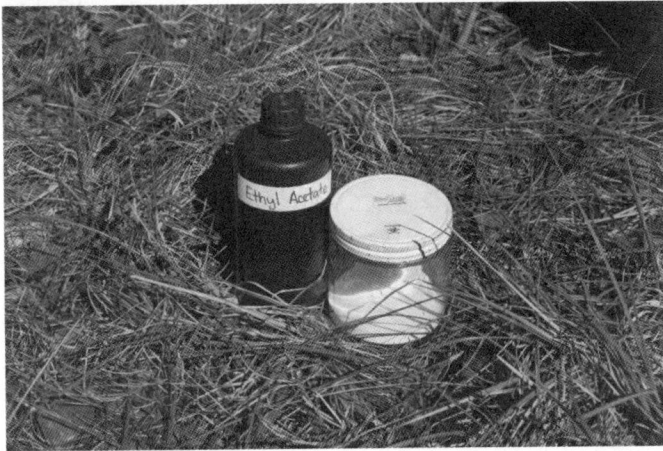

图 16-10 一个装有乙酸乙酯的"杀虫罐",用来收集成虫
(由贾森·伯德提供)

7. 塑料勺

虽然轻磅钳可用于收集个体昆虫,但它消耗时间较长。塑料勺可用来舀取大量的昆虫,如蛆群。

8. 塑料容器

小塑料容器,如特百惠,与铝箔、蛭石和食物一起使用,可以制作成一个运输容器。浅而宽的容器能让蛆虫有足够的空间活动,但是它们应该有一个紧密的盖子,以防蛆虫逃跑。

(1) 铝箔,将铝箔制作成袋子,用于运输存放活蛆和食物的容器。

(2) 蛭石,蛭石是一种轻质土壤替代品,在花园中很容易找到,用于存放蛆虫。它放在塑料容器的底部,可以让幼虫离开食物并化蛹。它能很好地吸收多余的液体,如果没有蛭石,可以用现场的沙子或泥土代替。确保使用的沙子或泥土与尸体保持一定距离,这样尸体就不会受到液体分解的影响。

(3) 食物来源,在存放蛆虫的容器中放入食物以供幼虫食用。牛肝是一个很好的选择,因为它富含蛋白质,而且经常带血,也可以用湿的猫粮罐头来代替。

9. 标签

寄标本给昆虫学家时，必须同时包括普通纸标签和自粘标签。两种标签上都应包含重复的信息，活的和保存的样本都要标记。样品容器外应贴有胶粘标签，内应贴有普通纸标签。

10. 铅笔

应使用石墨铅笔在标签上书写信息，因为保存溶液会导致墨水污损。

11. 泥铲

在室外现场，可用泥铲挖掘土壤表面下迁移的幼虫或挖洞的蛹。如果需要，它也可以用于收集土壤样本。

12. 手套

一次性乳胶或丁腈手套可用于现场。

13. 直尺或比例尺

在现场拍摄证据照片时，应使用比例尺或其他测量设备。经常使用 ABFO 2 号显微摄影测量器，因为它提供公制测量，18% 的灰色区域用于颜色校正，圆圈用于失真校正。

14. 相机

带镜头和闪光灯的数码单反相机最适用于现场拍照。特别是栖息地和树木等场景，应该与昆虫学证据一起拍摄。

15. 运输容器

将现场收集的证据发送给昆虫学家时，可用带盖子的聚苯乙烯泡沫塑料容器或瓦楞纸箱。聚苯乙烯泡沫塑料容器是最好的选择，因为它们可以隔热，这对生物样品非常重要，然而瓦楞纸箱价格便宜而且容易买到。

16. 昆虫学证据现场表格

在每处现场，都要完整填写这个基本表格，并随证据一起运送给昆虫学家。它可帮助收集者准确记录现场情况，包括栖息地和温度。

16.4.3　收集程序

昆虫学家可利用现场收集昆虫的生长阶段来确定死后间隔时间。因此，尽可能多地收集不同生长阶段的样本是很重要的。苍蝇是寄生在尸体内的主要昆虫之一，它主要经历四个生长阶段。一开始成虫会排卵（产卵），这些卵最终会长成幼虫，也叫蛆虫。一般来说，这需要一到两天。然后这些蛆会变成蛹，在这个阶段它们会度过一生的大部分时间。蛹期结束后，蛹壳将会脱落，成虫将会出现，重新开始生命的周期。由于这些昆虫在不同的温度下以不同的速度生长，因此它们在每个生长阶段所花的时间可能不同。在现场应尽可能收集有代表性的卵、幼虫（蛆）、蛹和成虫。每个收集过程略有不同，可以归纳如下。

1. 成虫

在到达现场后不久，应收集成虫，因为一旦人为介入，它们将离开遗体。收集这些苍蝇最简单的方法是用昆虫网。以"8"字形的动作在身体表面来回扫，确保网不会碰到尸体，并收集尽可能多的成虫（图 16-11）。如果这种方法不成功，另一个方法是诱捕昆虫，缓慢地将网向下移动,停留在尸体表面或遗体附近地面的昆虫上面。将网的底部朝向天空,开口朝向地面(图 16‑12)。昆虫会向上爬到网的底部,这样就可以成功地收集它们。一旦成虫被困在网中,将昆虫网的网状部分放进杀虫罐,直到成虫不再移动便可收集放入罐子中。或者将罐子小心地放入网中,轻拍成虫使它们进入保存液中。成虫应使用 KAA 溶液保存,然后放入 EtOH 中运送给昆虫学家。除非特殊要求,否则没有必要让成虫活着。

图 16‑11　以"8"字形的动作在尸体上方挥动昆虫网以收集成虫
(由贾森·伯德提供)

图 16‑12　将网向上举起,然后慢慢向下移动到身体表面以收集成虫
(由贾森·伯德提供)

2. 幼虫(蛆)

苍蝇收集完成后,重点应转向幼虫样本的收集。在每个定殖区域都应收集 50 或 60 个活体和死亡的蛆虫样本。对于活体样本,必须用专门的运输容器来盛装。可在塑料容器底部放一些蛭石或疏松的土壤。如果使用的是土壤而不是蛭石,确保土壤是从离尸体有一定距离的地方收集。用铝箔做成小袋,将牛肉肝或猫粮等食物放入铝箔袋的中心(图 16‑13)。把铝箔袋放在蛭石或泥土上,然后用勺子或镊子收集蛆虫,并将它们直接放在食物

上。收集到适当数量的个体后,轻轻地关闭铝箔袋以庇护蛆虫,但不要关闭太严,避免它们窒息。把塑料罐的盖子盖上,再在盖子上戳几个小孔,但不要太大,以免昆虫逃走。

图 16-13 蛆虫需要用专门的运输容器盛装。这个容器要确保蛆虫存活下来,容器包括蛭石、铝箔、有盖子的塑料罐和食物来源
(由贾森·伯德提供)

保存死亡的蛆虫样本有几种不同的选择。用轻磅钳收集蛆虫后,将它们放入近沸水中浸泡约 15 秒使其变白,这样可以防止蛆虫自身腐烂。如果没有现成的热水,可以将它们放入 KAA 溶液中保存几秒钟。把蛆从热水或 KAA 中取出,把它们放在盛有 EtOH 的罐中。如果没有热水或 KAA,直接将蛆放入 EtOH 也是可以的,但一定要通知昆虫学家蛆虫在现场没有进行处理,以便到实验室中尽快对蛆虫进行保存。

如果有许多定殖区域,在每个区域都要收集活体和死的蛆虫。此外,如果蛆在形状、大小或颜色上看起来不同,它们很有可能是不同的物种或处在不同的生长阶段,所以要对现场出现的不同种类的蛆虫进行代表性的收集。

3. 蛹

尽管在某些环境下很难找到,但尽可能与蛆虫一样收集 50～60 个蛹。蛹很小,颜色较深,通常为黑色或棕色,有节状的坚硬外壳。因为蛆虫在化蛹前会离开尸体,稍微往土里钻,所以这些蛹可能不容易被发现。在户外现场中,可用铲子在土壤表层或岩石、草、树或尸体周围的其他地方挖几英寸。在室内,蛹可能会出现在毯子或护壁板下面。用轻磅钳收集蛹,将它们直接放入 EtOH 溶液中保存,没有必要放入热水或 KAA 中进行保存(图 16-14)。收集的活体样本首选方法是将蛭石或土壤部分填充到塑料容器中,然后将蛹直接放入容器中,并在盖子上开孔。蛹的收集既不需要铝箔,也不需要食物来源,因为它们不在生命周期的摄食阶段。

4. 卵

收集虫卵可能很困难,因为它们通常很小,很脆弱。它们也总是出现在每一个现场中。它们通常是灰白色的,而且常常是成团的,可能会被误认为是锯末或其他不重要的材料。

如果有卵存在,用轻磅钳轻轻地收集它们,在收集过程中要特别小心不要损坏它们。将部分卵放入 EtOH 溶液中,并保留部分活体卵,其处理方式和活体蛆虫相同,也要放入运输

图 16 - 14　往土里挖几英寸以确定蛹的位置并用轻磅钳收集
(由贾森·伯德提供)

容器中。

5. 其他

在某些情况下,通常是那些尸体处于高度分解的状态下,可能会出现甲虫。一些昆虫学家想要收集甲虫以及苍蝇、蛆虫和蛹。在到达现场之前,需要向昆虫学家咨询,以确定他们想要收集和分析什么。如果收集甲虫,千万不要把它们和苍蝇、蛆虫或蛹放在同一个容器里。某些甲虫是食肉动物,它们会吃掉其他证据。同时也要分开包装甲虫成虫和甲虫幼虫。

16.4.4　标签

所有在现场收集的样本都应含有两种标签:一个写在普通纸上并放在罐子或容器内,另一个写在自粘标签上并贴在罐子或容器的外部(图 16 - 15)。

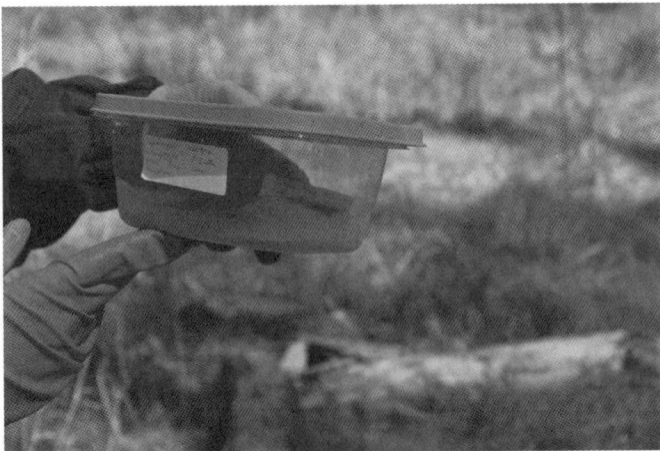

图 16 - 15　所有类型的昆虫学证据都应包括重复的标签,一张写在普通纸上放
入容器内,另一个写在自粘标签上放在容器外部
(由贾森·伯德提供)

两种类型的标签都应包含重复的信息,包括案件号、侦查机构、收集者姓名、收集日期、收集时间以及确定样本类型信息(采集的尸体位置和昆虫类型)。请务必用铅笔填写标签,因为酒精和其他防腐剂溶液会导致墨水污迹变得难以辨认。

16.5　昆虫学分析

当法医昆虫学实验室收到样本时,有几项事务需要及时解决。首先,昆虫学家要将重点放在活体采集的昆虫上,并将它们放在具有充足食物来源的较大饲养容器中,以使蛹前期能自然而然地发生。将这些活的幼虫置于温度控制的环境中,以便能够监测它们的生长情况。现场保存的软体幼虫必须放在 KAA 中,如果在现场没有完成,可以用热水烫一下。

饲养完成后,活体采集的样本已达到成虫阶段,昆虫学家将对样本进行尽可能低的分类鉴定。确定物种可以让昆虫学家从相关文献中获得其生长发育信息。一旦从相关文献中收集到生命史信息,就可以从当地的国家气象局记录站获得气象数据。获得气象数据将有助于比较犯罪现场和记录站位置的气候。然后利用这些信息确定收集到昆虫的可能的年龄。除蝇蛆病或死亡前的其他定殖情况外,昆虫的年龄等于定殖时间,即最小死后间隔时间。

16.6　案件报告信息

对于法医案例,基本案件报告信息应包括以下内容。昆虫学报告应包括案件号、提交机构和机构联系信息。还应包括一份简短的案件摘要,记录从提交机构收到的案件信息。如果可能的话,报告中的一节应包括所收集昆虫的科、属和详细的鉴定。应提供气象数据来源的文件,如气象站位置和识别号。报告还应包含昆虫学家对昆虫年龄估算的结论,该估算是针对定殖时间还是最小死后间隔时间的其他估算。

16.7　结论

昆虫学证据不会出现在所有的法律调查中。在有昆虫学证据的案件中,它可能无法提供侦查员所寻求的所有答案。在收集和利用昆虫学证据的案件中,很可能无法获得结论信息。对于犯罪现场侦查员来说,收集昆虫学证据并不困难、昂贵或耗时。因此,侦查机构几乎没有理由不收集标准犯罪现场中的昆虫学证据。利用本章详述的设备和方法,侦查员现在应具备在犯罪现场中收集昆虫学证据所需的基本技能,包括收集到昆虫、环境数据和足够的现场照片,将材料打包并运送给有资格的法医昆虫学家进行分析。在提供所需信息后,侦查人员会收到昆虫学家的详细分析报告,这份全面的案例报告中详细说明了估算的最小定殖时间。

总 结

1. 引 言
本章向学生介绍法医昆虫学的价值。
本章不会为读者提供法医昆虫学分析所需的专业知识。

2. 历史
在法律调查中利用昆虫的想法自 13 世纪以来就有记载。
法医昆虫学的大多数思想起源于 19 世纪的欧洲。
20 世纪 60 年代,法医昆虫学的研究在美国获得了广泛的认可。

3. 领域及应用
法医昆虫学的三个子领域:城市昆虫学、储藏物昆虫学和刑事医学昆虫学。
昆虫学证据可用来代替毒理学或 DNA 样本。
昆虫学证据最常用于定殖时间的估计,这提供了最小死亡间隔时间的确定。

4. 定殖时间
定殖时间是指成年昆虫将幼虫或卵沉积在遗体上的时间。
定殖时间可能等于,也可能不等于死亡间隔时间。

5. 现场昆虫学
昆虫学采集应当在犯罪现场进行,并在尸体解剖期间完成补充采集。
活体采集和保存采集都应进行。

温度
- 幼虫的发育取决于温度。
- 环境温度、幼虫群体温度和土壤温度都应记录。
- 所有的温度读数应避免阳光直射,用温度探测器测量。
- 要记录活体样本的温度。

收集工具箱
- 昆虫学证据需要准备好合适的收集工具箱。
- 收集工具箱可以用商业的,也可由侦查员定制。
- 收集工具箱应包含记录、收集和保管昆虫学证据所需的所有材料和设备,以及证据清单和保管表格。

收集程序
- 收集程序会因现场的情况、环境条件、发现的昆虫种类和调查的需要而有所不同。
- 所有昆虫的有代表性样本都应收集。
- 每次使用前应彻底清洁收集工具箱,以防止交叉污染。

成虫
- 成虫应收集起来并立即保存。
- 一些法医昆虫学家不会在现场收集成虫。
- 成虫可能有助于确定所收集幼虫的种类。

幼虫(蛆)
- 苍蝇的幼虫被称为蛆。
- 苍蝇的幼虫通常用来确定定殖时间。
- 成虫可能有助于确定所收集幼虫的种类。
- 幼虫的生长受到环境温度的严重影响。

蛹
- 蛹经常在远离尸体的地方发现。
- 蛹壳在成年苍蝇出现后可能会在环境中保留多年。

- 蛹和蛹壳可以用来帮助确定最小死后间隔时间。

卵

- 白色至黄色，长度在1~2毫米。
- 通常首先在创伤部位发现。
- 通常在身体自然的腔道或其周围发现。

标签

- 标签应该用铅笔填写。
- 标签上的信息应包括机构、案件号、样品号、收集名称、收集日期、收集时间和收集地点。
- 每个收集样本要有两个标签。一个自粘标签贴在容器的外面，一个普通标签放在容器里面。

6. 昆虫学分析

有资质的昆虫学家负责昆虫学分析。

分析应确定定殖时间、昆虫活动时间或死亡时间。

7. 案件报告信息

有资质的法医昆虫学家负责制作案件报告。

案件报告应包括案件总结、提交项目清单、报告中使用的昆虫样本的鉴定、气象资料和气象站的确定以及结论分析等内容。

复习题

1. 应用于法律事务的昆虫学被称为法医昆虫学。
2. 法医昆虫学首次应用于刑事侦查中是用来鉴定凶器。
3. 侦查人员可以利用昆虫学证据确定可能存在的创伤部位。
4. 以人或动物遗体为食的昆虫幼虫可用作替代毒理学或 DNA 样品。
5. 为了确定蛆虫吃的食物，可以对昆虫肠道进行基因分析，进而对食物进行确定。
6. 昆虫学证据与温度和环境相关。
7. 收集昆虫学证据时，应收集成虫和幼虫样本。
8. 苍蝇的幼虫被称为蛆虫。
9. 昆虫幼虫的生长取决于环境条件，例如环境温度。
10. 软体昆虫幼虫应保存在KAA中。

延伸阅读参考文献

Anderson, G. S. 2000. Insect Succession on Carrion and its Relationship to Determining Time Since Death, in *Forensic Entomology: The Utility of Arthropods in Legal Investigations*, eds. E. Castner and J. Byrd. Boca Raton, FL: CRC Press. 143–176 (Invited).

Benecke, M. 2004. Forensic Entomology: Arthropods and Corpses, in vol. 2 of *Forensic Pathology Reviews*, ed. M. Tsokos. Totowa, NJ: Humana Press Inc.

Erzinclioglu, Y. Z. 1983. The Application of Entomology to Forensic Medicine.

Medicine，Science and the Law 10：208 - 215.

Gennard，D. 2012. *Forensic Entomology：An Introduction*，2nd ed. Hoboken，NJ：Wiley-Blackwell.

Rivers，D. ，and G. Dahlem，eds. 2014. *The Science of Forensic Entomology*. Hoboken，NJ：Wiley-Blackwell.

本书各章注释

第一章

1. R. Saferstein, *Forensic Science* (*From the Crime Scene to the Crime Lab*) (Upper Saddle River, NJ: Pearson Education, Inc., 2009).

2. 同上。

3. 同上。

4. 同上。

5. 同上。

6. B. Fisher, *Techniques of Crime Scene Investigation*, 7th ed. (New York, NY: Elsevier Science Publishing Co., Inc., 2003).

7. C. E. O'Hara and J. W. Osterburg, *An Introduction to Criminalistics* (*The Application of the Physical Sciences to the Detection of Crime*) (New York, NY: The MacMillan Co., 1949).

8. L. M. Snyder, *Homicide Investigation*, 3rd ed. (Springfield, IL: Charles C. Thomas, 1977).

9. P. L. Kirk, *Crime Investigation* (New York, NY: Interscience Publishers, Inc. (a division of John Wiley & Sons, Inc.) 1953).

10. H. Higuchi and E. T. Blake. "Applications of the Polymerase Chain Reaction in Forensic Science," in *Banbury Report 32: Technology and Forensic Science*, eds., J. Ballantyne, et al. (Cold Spring Harbor, NY: Coldspring Harbor Laboratory Press, 1989), pp. 265 - 281.

11. "种族群体"是指人类遗产分类的广泛类别,例如,非洲遗产、欧洲遗产,或者亚洲遗产。一般来说,头发类型属于这些大类中的一类,但请注意,一个群体中的某些个体的头发类型可能被归类为来自另一个群体的个体。更多信息请参见 R. R. Ogle, Jr. and Michelle Fox, *Atlas of Human Hair Microscopic Characteristics* (Boca Raton, FL: CRC Press, 1999)。

12. 请注意,现代法医生物学提供了对头发进行线粒体 DNA(mtDNA)检测的能力,从而使头发可以对应到个人。

13. *The American Heritage Dictionary of the English Language*, 4th ed. (Boston, MA: Houghton Mifflin, September 2000).

14. 调查人员的笔记中必须记有鉴定数据。在证据条目上标有调查人员的首字母通常有助于指明证据的位置。

第二章

1. R. Ogle，"Command Personnel and Modern Crime Scene Investigation，" *Police and Security News* (March-April 1992).

2. U. S. Department of Justice，*Crime Scene Investigation：A Guide for Law Enforcement* (Washington，DC：GPO，2000)，p. 12.

3. 同上，12。

4. 同上，13。

5. 同上，11。

6. 同上，29。

7. 执法人员工具箱中的物品由其自己决定。这个工具箱是执法人员的备用工具，以确保当巡逻车里工具箱中不具备必要工具时，随身携带的工具箱在需要时可供执法人员使用。

8. 套件 A 的描述改编自：R. R. Ogle，Jr.，*Crime Scene Investigation and Physical Evidence Manual*，2nd ed. (Vallejo，CA：Robert R. Ogle，1995)；对套件 B—D 和专门套件的描述见：U. S. Department of Justice，*Crime Scene Investigation：A Guide for Law Enforcement*.

第五章

1. C. Beavan，*Fingerprints* (New York，NY：Hyperion，2001).

2. 同上。

3. 同上。

4. 同上。

5. 同上。

6. 同上。

7. J. Berry，"The History and Development of Fingerprinting，" in *Advances in Fingerprint Technology*，eds.，H. C. Lee and R. E. Gaensslen (New York，NY：Elsevier Science Publishing Co.，Inc.，1991)

8. P. Margot and C. Lennard，*Fingerprint Detection Techniques* (Lausanne，Switzerland：University of Lausanne，Institute of Police Science and Criminology，1994)；*Scene of Crime Handbook of Fingerprint Development Techniques* (London，UK：Police Scientific Development Branch，Home Office，1993)；and H. C. Lee and R. E. Gaensslen，eds.，*Advances in Fingerprint Technology*，2nd ed. (Boca Raton，FL：CRC Press，2001).

9. Police Scientific Development Branch，*Scene of Crime Handbook of Fingerprint Development Techniques*.

10. 同上。

11. 同上。

12. Lee and Gaensslen，*Advances in Fingerprint Technology*.

13. Police Scientific Development Branch, *Scene of Crime Handbook of Fingerprint Development Techniques*.

14. 同上。

15. 同上。

16. 同上。

17. 同上。

18. 同上。

19. Lee and Gaensslen, *Advances in Fingerprint Technology*.

20. 同上。

21. 选自 *Physical Evidence Bulletin：Preservation of Shoe, Tire, and Other Impression Evidence*, Attorney General's Office California Department of Justice.

22. 改编自国际鉴定安全协会委员会, *Safety Guidelines*（Mendota Heights, MN：International As-sociation for Identification, 1986）。

23. Police Scientific Development Branch, *Scene of Crime Handbook of Fingerprint Development Techniques*.

第六章

1. *The American Heritage Dictionary of the American Language*, 4th ed.（Boston, MA：Houghton Mifflin Company, September 2000）.

2. 同上。

3. 有关"种族群体"和头发类型的讨论,请参见 R. R. Ogle, Jr. and Michelle J. Fox, *Atlas of Human Hair Microscopic Characteristics*（Boca Raton, FL：CRC Press, 1999）。

4. "亚洲人""印第安人"和"西班牙裔"（例如,原属于中美洲和南美洲的人）都是同一个种族（东亚）。

5. 人发中的色素也可能含有黄色色素,但这还没有完全确定。

6. R. E. Bisbing, "The Forensic Identification and Association of Human Hair," chap. 5 in vol. 1 of *Forensic Science Handbook*, 2nd ed., ed., R. Saferstein（Upper Saddle River, NJ：Prentice Hall, Inc., 2002）.

7. *Physical Evidence Bulletin：Collection of Fiber and Hair Evidence*, California Department of Justice, Bureau of Forensics, January 1986.

8. *Physical Evidence Bulletin：Collection of Fiber and Hair Evidence*, California Department of Justice, Bureau of Forensics, January 1986.

9. *Physical Evidence Bulletin：Collection of Glass Fragments*, California Department of Justice, Bureau of Forensics, December 1998.

10. *Physical Evidence Bulletin：Collection of Paint Fragments*, California Department of Justice, Bureau of Forensics, March 1999.

11. *Physical Evidence Bulletin：Collection of soil samples*, California Department of Justice, Bureau of Forensics, March 1989.

12. J. I. Thornton and A. D. MacLaren, "Enzymatic Characteristics of Soil

Evidence," *Journal of Forensic Science* 20 (1975): 674 - 692.

13. *Physical Evidence Bulletin: Collection of Volatile Flammables*, California Department of Justice, Bureau of Forensics, March 1989.

第七章

1. J. M. Rynearson, *Evidence and Crime Scene Reconstruction*, 5th ed. (Redding, CA: National Crime Investigation and Training, 1997)

2. T. L. Wolson, "Documentation of Bloodstain Evidence", *Journal of Forensic Identification* 45(4), (1995): 396 - 408.

3. H. L. MacDonell, *Bloodstain Patterns* (Corning, NY: Laboratory of Forensic Science, 1993).

4. *Physical Evidence Bulletin: Collection of Physical Evidence in Sexual Assault Investigations*, California Department of Justice, Bureau of Forensics, October 2001.

5. 男性前列腺癌的 PSA(前列腺特异性抗原)检测源自 P - 30 蛋白(抗原)的法医学检测。

第八章

1. L. C. Haag and A. Jason, eds. *Forensic Firearms Evidence: Elements of Shooting Incident Investigation* (Pinole, CA: ANITE Productions, 1991).

2. 同上。

3. 同上。

4. *Physical Evidence Bulletin: Firearms Evidence Collection Procedures*, California Department of Justice, Bureau of Forensics, December 1984.

5. *Physical Evidence Bulletin: Gunshot Residue Collection*, California Department of Justice, Bureau of Forensics, May 1999.

6. 改编自加利福尼亚州马丁内斯 Kinderprint 公司提供的说明。

7. 同上。

第九章

1. P. L. Kirk, *Crime Investigation* (New York, NY: Interscience Publishers, Inc., 1953).

2. 本节的部分内容改编自加利福尼亚司法部,法证局,*Physical Evidence Bulletin: Preservation of Shoe, Tire, and Other Impressions* (November 1998);以及加利福尼亚司法部,法证局,*Physical Evidence Bulletin: Toolmark Evidence Collection* (February 1984)。

3. D. Hilderbrand, *Techniques in Preparing a Cast* (Scottsdale, AZ: R & P Enterprises, 1995).

4. D. S. Hilderbrand and M. Miller, "Casting Materials—Which One to Use!" *Journal of Forensic Identification* 45(1995): 618.

5. 同上。

6. R. R. Ogle，"Identification of Cut Ends of Multi-Stranded Wires," *Journal of Forensic Identification* 19(1974).

第十章

1. 在大多数情况下，"酒精"一词表示乙醇。当引用其他醇时，该术语可通过该醇的适当专业术语进行修改，例如，异丙醇、甲基醇和戊醇。

2. J. A. Siegel，"Forensic Identification of Controlled Substances," in vol. 2 of *Forensic Science Handbook*，ed.，R. Saferstein（Upper Saddle River，NJ：Prentice Hall，Inc.，1988).

第十一章

1. R. L. Brunelle，"Questioned Document Examination," in vol. 1 of *Forensic Science Handbook*，2nd ed.，ed.，R. Saferstein（Upper Saddle River，NJ：Prentice Hall，Inc.，2002).

2. 同上。

3. 同上。

4. 同上。

第十二章

1. 基于加利福尼亚州司法部，法证局，*Physical Evidence Bulletin：Automobile Lights* (December 1998).

第十三章

1. E. Ditmars，*Personal Communication*（June 1991).

2. 面谈可以由第一响应人、侦探或性侵检查医生进行，视特定司法管辖区的程序而定。

3. 注意，在医学环境中，性侵犯受害者称为患者，这是为了强调，除了法医证据的检查外，受害者还需要适当的医疗照顾。

4. J. C. Smith，et al.，*Understanding the Medical Diagnosis of Child Maltreatments* (Englewood，CO：American Humane Association，1989).

5. R. R. Hazelwood and A. W. Burgess，eds.，*Practical Aspects of Rape Investigation*，3rd ed.（Boca Raton，FL：CRC Press，2001).

6. 改编自《性侵犯检查人员培训指南》，加利福尼亚州刑事司法规划办公室，1991 年。

7. 基于 *California Medical Protocol for Examination of Sexual Assault and Child Sexual Abuse Victims*（Sacramento，CA：Office of Criminal Justice Planning，1986).

8. 选自 *Child Abuse Prevention Handbook*（Sacramento，CA：Crime Prevention Center，Office of the Attorney General，1988，1982 [rev]）；*Recognizing When a Child's Injury or Illness Is Caused by Abuse* [Washington，DC：National Criminal Justice Reference Service，2002 (rev)]).

9. Office of the Attorney General，*Child Abuse Prevention Handbook*.

10. 同上。

11. 同上。

12. 总检察长办公室,《防止虐待儿童手册》。本节的其他信息来自《性侵害受害人的检查,治疗和证据收集州医疗规程》(加利福尼亚州萨克拉门托刑事司法计划办公室,1985年)。

13. *Recognizing When a Child's Injury or Illness Is Caused by Abuse*：*Portable Guides to Investigating Child Abuse*（Washington，DC：National Criminal Justice Reference Service，December 2002），http：//www. ncjrs. gov/html/ojjdp/portable_guides/abuse_02/index. html.

14. 同上。

15. J. C. Smith，et al.，*Understanding the Medical Diagnosis of Child Maltreatments*.

第十四章

1. 本节的部分内容改编自 F. A. Spring(加州萨克拉门托县地方检察官法医实验室的刑事学家)制定的协议。

2. 本部分的内容改编自加利福尼亚州司法部法证局，*Physical Evidence Bulletin*：*Collecting Evidence from Human Bodies*（October 2001）。

3. 根据国际鉴定协会，*Report of Special Committee for Safety*；加州劳资关系部，*Bloodborne Pathogens Resource Package*；法医服务局和加利福尼亚司法部，*Bloodborne Pathogens Exposure Control Plan*。

4. 根据国际鉴定协会，*Report of Special Committee for Safety*；加州劳资关系部，*Bloodborne Pathogens Resource Package*；法医服务局和加利福尼亚司法部，*Bloodborne Pathogens Exposure Control Plan*.

第十五章

1. 见《美国传统词典》中 Critical 的第二个定义，*The American Heritage Dictionary of the American Language*，4th ed. （Boston，MA：Houghton Mifflin Company，2000）.

2. A. M. Tibbetts，with the assistance of F. Moake，*The Strategies of Rhetoric* （Glenview，IL：Scotts Foresman and Company，1969）.

3. 同上。

4. 同上。

5. 同上。

6. V. P. Bell，"A Proposed Definition of Homicide Reconstruction," *AFTE Journal* 23(1991)：740.

7. H. L. MacDonell，*Bloodstain Patterns*（Corning，NY：Laboratory of Forensic Science，1993）.

8. 术语"目标表面"用于避免混淆血滴撞击该表面的撞击部位和施加在受害者身上的打击或力的撞击部位。这个术语很可能起源于实验,实验中不同的表面是实验者产生的血滴的目标。

9. MacDonell, *Bloodstain Patterns*.

10. 同上。

11. MacDonell, Bloodstain Patterns, indicates that his research shows that blow-back into the weapon barrel is also the result of rapidly contracting gases in the barrel after discharge.

12. From "SHOOTING INCIDENT RECONSTRUCTION", copyright © 2001 By Bruce R. Moran, With Permission.

13. 同上。

14. 同上。

15. Rynearson, *Evidence and Crime Scene Reconstruction*.

16. G. T. Mitosinka, "A Technique for Determining and Illustrating the Trajectory of Bullets," *Journal of Forensic Science Society* 11(1971)：55-61.

17. L. C. Haag and A. Jason, eds. *Forensic Firearms Evidence：Elements of Shooting Incident Investigation* (Pinole, CA：ANITE Productions, 1991). Haag cautions that these zone descriptions are quite general and that specific gun and ammunition combinations may give markedly different results.

18. V. J. M. DiMaio, *Gunshot Wounds*, 2nd ed. （Boca Raton, FL：CRC Press, 1998）.

19. 同上. 照片和绘图请参见 DiMaio 中的图 4-1 至 4-4,这些照片和绘图说明了由接触伤口这些子类别产生的残留物。

20. 同上。

21. 同上。

22. 一些调查人员在 4 英尺以外的距离发现了目标残留物,但大多数武器/弹药组合不会在 4 英尺以外留下残留物。

23. Rynearson, *Evidence and Crime Scene Reconstruction*.

24. 案例和图表摘自 B. R. Moran, "The Reconstruction of a Double Homicide Involving Shotgun Related Evidence," *AFTE Journal 33* (Spring 2001)：135-141.

25. From "SHOOTING INCIDENT RECONSTRUCTION", copyright © 2001 By Bruce R. Moran, With Permission.

第十六章

1. J. Amendt, R. Zehner, D. G. Johnson, J. Wells, "Future Trends in Forensic Entomology," in *Current Concepts in Forensic Entomology* (Springer Netherlands; 2010：353-368).

2. M. Benecke, M. Leclercq, "Foundations of Modern Forensic Entomology Until the Turn of the Last Century," *Rechtsmedizin* 1999：9(2)：41-45.

3. J. H. Byrd, J. L. Castner, *Forensic Entomology：The Utility of Arthropods in Legal Investigations* (Boca Raton：Taylor & Francis, 2010).

4. E. P. Catts, M. L. Goff, "Forensic Entomology in Criminal Investigations," *Annual Review of Entomology* 1992：37：253 – 272.

5. J. K. Tomberlin, *Forensic Entomology：International Dimensions and Frontiers* (Boca Raton, FL：CRC Press/Taylor & Francis Group, [2015], 2015).

6. B. McKnight, *The Washing Away of Wrongs：Forensic Medicine in Thirteenth-Century China*, University of Michigan Center for Chinese Studies, University of Michigan, 1981 (ISBN 0892648007).

7. J. Amendt, C. P. Campobasso, E. Gaudry, C. Reiter, H. N. LeBlanc, M. J. R. Hall, "Best Practice in Forensic Entomology—Standards and Guidelines," *International Journal of Legal Medicine* 2007：121：90 – 104.

8. G. S. Anderson, "The Use of Insects in Death Investigations：An Analysis of Forensic Entomology Cases in British Columbia Over a Five Year Period," *Canadian Society of Forensic Science Journal* 1995：28(4)：277 – 292.

9. V. Bugelli, D. Forni, L. A. Bassi, M. Di Paolo, D. Marra, S. Lenzi, et al., "Forensic Entomology and the Estimation of the Minimum Time Since Death in Indoor Cases," *Journal of Forensic Sciences* 2014.

10. I. R. Dadour, D. F. Cook, J. N. Fissioli, W. J. Bailey, "Forensic Entomology：Application, Education and Research in Western Australia," *Forensic Science International* 2001：120：48 – 52.

11. L. M. L. Carvalho, "Toxicology and Forensic Entomology," in *Current Concepts in Forensic Entomology* (Springer Netherlands；2010：163 – 178).

12. F. Introna, C. P. Campobasso, M. L. Goff, "Entomotoxicology," *Forensic Science International* 2001：120：42 – 47.

13. C. Campobasso, "Forensic Genetic Analysis of Insect Gut Contents," *American Journal of Forensic Medicine & Pathology* 2005：26(2)：161.

14. K. Li, G.-Y. Ye, J.-Y. Zhu, C. Hu, "Detection of Food Source by PCR Analysis of the Gut Contents of Aldrichina grahami (Aldrich) (Diptera：Calliphoridae) During Post-Feeding Period," *INSECT SCIENCE* 2007：14.

15. F. Redi, *Esperienze Intorno alla Generazione degli Insetti* (Experiments on the Generation of Insects) 1668.

16. P. Mégnin, *La Faune des cadavres：Application de l'entomologie à la médicine légale* (Masson & Gauthier-Villars, 1894).

17. W. D. Haglund, M. H. Sorg, *Forensic Taphonomy：The Postmortem Fate of Human Remains* (CRC Press, 1996).

18. K. M. Barnes, D. E. Gennard, "The Effect of Bacterially-Dense Environments on the Development and Immune Defences of the Blowfly Lucilia sericata," *Physiological Entomology* 2011：36(1)：96 – 100.

19. K. G. Smith, *A Manual of Forensic Entomology*, 1986.

附录Ⅰ

1. W. A. Sabin, *The Gregg Reference Manual* (New York, NY: McGrawHill, Inc., 1985).

附录Ⅱ

1. 这一部分是由 R. J. Davis 提出的,他是一位法医学专家,也是为律师、犯罪学家和分析人员举办的培训研讨会上进行有效沟通和作证的讲师。

附录Ⅳ

1. 改编自 U. S. Department of Treasury, FBI, *Handbook of Forensic Science* (Washington, DC: GPO, 1994), with editing updates by the author.

附录Ⅴ

1. United States Secret Service, "The Best Practices for Seizing Electronic Evidence," 2002, http://www. secretservice. gov/electronic_evidence. shtml.

附录 I 犯罪现场报告撰写

引 言

犯罪现场报告是现场事实的"文字图像"。书面报告描述了现场采取的措施,提供了已拍照片的记录,并列出了查获的证据。此外,犯罪现场调查人员笔记中有关现场人员的数据和所有其他相关数据都应包括在犯罪现场报告中,以确保报告的完整性。要有技巧的书写书面报告,好的书面报告应具备以下三要素:准确、简洁和清晰。撰写报告对于犯罪现场调查以及所有执法人员都至关重要。这份报告不仅可用来帮助记忆,也可用作案件相关人(不在场人员,如州检察官、辩护律师、医学检查人员和其他警察)在准备审判时使用的工具。这份报告需要易于阅读且能快速收集信息,特别是当该报告的作者在证人席上作证的时候。

准 确

通过仔细地概述报告,使用犯罪现场注释作为报告中所有信息的基础,来填写犯罪现场调查的细节,从而实现报告的准确性。不管记忆力多好,都比不上书面记录。此外,报告中的每条记录都可参照犯罪现场调查人员的手写记录(属于案卷永久记录部分)进行鉴定。起草书面报告后,应参照现场记录,对报告中的每项内容进行重新验证,以使现场记录与最终报告之间不存在差异之处。两者之间的不一致有可能使调查人员在法庭上作证时被盘问。

调查人员应在报告中使用具体的词语,以免报告读者对调查结果产生误解。避免在报告中使用需要参照系来确定其含义的相关词。除非在句子中包括参照系作为比较参考,否则诸如"大"和"长"之类的词是没有意义的。和豌豆相比,篮球是一个"大"球体,而和地球相比,篮球却是一个小球体。可行情况下,请使用具有度量单位的单词(3 英尺、10 磅、14 码等),这样就不会对作者的意思产生疑问。如果在报告中使用相关术语,请提供参照系,以便报告的读者能够准确理解作者的意思(例如,"受害者左前臂内侧有一大块葡萄柚大小的瘀伤")。请注意,葡萄柚的大小有些不同,但是读者可以清楚了解瘀伤的相对大小。对于距离估算,请使用大多数读者都能理解的参照系(例如,城市街区)。在大多数情况下,最好带度量单位进行具体测量。在记录信息时,记住要实事求是,不要发表意见或主观信息(如,受害人大约 50 岁)。在指示物品或证据的位置时,请使用方向性信息(例如,在受害者以南约 3 英寸处有一个直径 9 毫米的 RP 外壳)。作者这样描写,可以确保无论是面向前方还是背对事物都无关紧要。

当手表是"金色"或"银色"时,作者也应避免使用诸如"金表"或"银表"之类的词语,除非该表实际上是由金或银制成的。措辞上的这些细微差别增加了报告的准确性。同样适用于可疑毒品(大麻被称为绿叶物质);血液被写为明显或可疑的血迹。实验室的法医会证实我们所怀疑的物品确实是血液或毒品。

简　洁

　　简洁意味着报告要简短,如果有些情况是不言自明的,或从报告的上下文可以清楚知晓,那么要避免对这些情况的冗长解释,简洁不应该被理解为一种生硬的表现,以至于给读者留下未解决的问题,要让读者从字里行间去揣测意思。简洁是一种没有杂乱无章、没有多余内容的写作风格。用项目符号列出一系列相关的事实或行动是一种既节省篇幅又使报告清晰的写作技巧。

　　示例:

　　"本报告附有以下内容:

- 某街道 123 号现场概貌。
- 某街道 123 号 1A 公寓东北角卧室的细节图。
- 现场拍摄的照片记录(两页)。
- 证据收集记录(三页)。"

　　像示例中那样使用项目符号列表,避免了对列表中每一项重复不必要的短语"所附是……"。此外,项目符号列表清晰可见,便于读者浏览报告。

清　晰

　　清晰是指使用对读者而言浅显易懂的语言文字。当我们写作时,我们确切地知道自己的意思和想要说什么。然而,由于使用了不确切的词,不同人对这些词的理解不同,因此报告的读者可能无法确切理解我们所要表达的意思。避免使用术语、首字母缩写词(除非普遍理解)或为了其效果而不清楚的词汇。谨记,报告的目的是传达信息,而不是展示作者的聪明才智。

　　清晰的报告要求拼写、标点和语法正确。语法的基本规则简单易学。正确语法和用法的最佳参考之一是《格雷格参考手册》(*The Gregg Reference Manual*)。该参考书易于理解,并包含许多正确使用词语的示例。大多数书店都可以买到。

　　避免使用冗长而复杂的句子,因为它们会使读者感到困惑(一个好的经验法则是将句子限制在 25 个单词以内)。用几个简短的句子表达含义好于用一个难以理解的长句表达。按照报告的提纲,用简短句子书写报告。这样,读者就能很容易地理解报告的主旨,而不用整理从较长句子中找到的信息。

　　测试报告三要素的一种绝佳方法是让另一个人通读报告草稿,此人对报告想要表达的内容没有先入为主的想法。对犯罪现场细节一无所知的"冷漠"读者而言,任何准确性、简洁性或清晰度的不足都是显而易见的。这种方法对训练犯罪现场调查员的报告撰写技巧是非常有效的。大多数情况下,审查报告是主管的职责。

　　示意图/照片记录/证据列表:这些列表可以合并到报告中,也可以单独附页。最好将它们单独附页,并在报告的正文中进行引用(请参见示例中的项目符号列表)。这种方法的优点是使书面报告更加简洁,并且还可以根据需要单独查找证据列表、照片记录或示意图,仅查找一个列表时无须查找整个报告。但是,只要采用的文体能够完全反映、准确传达现场所采取行动所需的信息,并且反映作者所在部门的书面报告政策,每个人的个人偏好都是可以接受的。

在为报告的最终稿进行审查和编辑时,确认自己报告的基本内容是有用的:谁、什么、在哪里、何时,最重要的是什么。这些基本问题应该作为阅读报告人的思考题,并将根据报告中所载信息对案件的走向做出重要决定。同样重要的是要记住,任何宣誓证词将基于该报告,任何未回答的问题将仅允许回答"我不知道",这种情况可能会降低证人的可信度,这时更仔细地撰写报告可能会消除报告中的缺失。撰写报告就像其他技能一样,必须通过练习和不断学习来提高。犯罪现场调查人员应寻求建设性的批评,并将有益的建议纳入他/她的写作技巧清单。频繁使用词典和词库以及参考诸如《格雷格参考手册》之类的书面手册将有助于避免拼写错误和严重的语法错误,这两种错误都会使报告显得不专业。这一建议不应被解释为报告应使用严格的正式英语语言撰写,因为正式英语语言由于其生硬的特点,其本身就是比较糟糕的写作。标准英语是针对混合阅读人群的报告的首选语言,因为标准英语对于报告的所有预期读者都是可以接受的。报告中提到的机构和个人应详细说明,并为每个提及的人加上适当的头衔(例如,"雷蒙德·戴维斯中士",而不是"戴维斯";"克恩县验尸官罗宾·泰布勒",而不是"罗宾";等等)。像 FBI 这种公认机构的首字母缩写是可以接受的,但在第一次提到这个机构的时候应该写全称,括号后面是首字母缩写。例如,联邦调查局(FBI)。

最后,每个机构都有自己的一套报告撰写规则,以及标准报告表格。无论作者的个人喜好如何,都必须遵守这些规则,因为既定的规则和表格是该机构可以接受的方法,任何偏离都会使读者感到困惑,并干扰报告及其组成部分的正确传送程序。该机构创建的表格有两个方面的用处:(1) 帮助记忆所需数据;(2) 不用在所有生成的报告中写入相同信息从而节省时间。

报告的每一页都应包含参考原始报告所需的基本数据。每页至少应包含以下数据:

(1) 机构案件档案编号。

(2) 报告书写人的姓名/职级。

(3) 报告书写日期(书写日期是可选的,通常是部门政策来决定是否记录时间)。

(4) 页码,可以是报告的页码,也可以是报告中报告总页数的页码;例如,"第 12 页,共 35 页"。当在同一天就同一事件编写多份单独报告时,后一种方法很有用。

下面是我作为一名犯罪现场调查员,在我 20 年的犯罪现场调查工作中所使用的报告撰写示例。

报告章节包括

概　要

这部分非常简短。例如:琼斯中士(SGT Jones)联系在家的我,让我对枪击事件做出回应。在我到达现场后,我见到了史密斯警官,他说发生了枪击事件,发现一名男性在住所内死亡,可能有枪伤。已保护好案发现场,并移交给侦查局和犯罪现场部门做进一步调查。请参阅史密斯警官的报告以了解更多信息。

现场和尸体描述

本章节是描述性章节。首先请注意现场,以及与现场相关的信息,包括其位置、结构类型、进/出，有多少间卧室和浴室，南北向的区域（例如：东南角卧室，大厅从西向东延伸，浴室位于此走廊的东端，等等）。对特定区域进行描述时，还要列出该区域证据所在的位置（东南角卧室中有一把 9 毫米长编号为 12345 的史密斯-韦森枪）。

尸体描述放在现场描述之后。描述完现场后，再描述现场中的尸体。描述死者时保持客观（无年龄、体重或身高信息）。如果需要知道这些信息，法医会告知你。请记住要告知头部、双手和双脚的指向，以及他们所穿的衣物和这些物品的位置（例如，左手无名指上戴有镶有透明宝石的金色戒指）。

处理过程

本章节描述你在什么时间做了什么事。不要写别人做了什么。例如：如果你协助将犯罪现场相关物品送至医院，请写下该内容，然后注明"查看他们的报告以获取更多信息"。

例如：大约在 12 时 30 分，我赶到了现场，见到了首席警探艾伦和史密斯警官，他们把案件的事实告诉了我。大约在 13 时（使用军事时间，也就是 24 小时制），我开始拍摄现场。大约在 13 时 45 分，开始收集证据，将锥体放置在适当的位置以进行绘图和测量。大约在 15 时，开始对现场进行粗略的示意图绘制和测量……

在现场收集的所有物品都应写在现场描述中，这样读报告的人就知道物品位置和现场布局。

证据收押/处置

本章节是告诉读者你收集了哪些证据，对这些证据做了什么。收集的证据必须在收物收据上注明被谁发现（姓名）、证据名称（描述）以及收押人员（确认）。此处列出的收集的证据都必须在现场描述中写明它们的位置，并在处理部分中记录收集这些证据的时间。记住，自己未收集的证据都必须写在此证据收集人的报告中，并声明在某一特定时间从证据收集人处收押了该物品。例如：大约 18 时，彼得斯警探在迈阿密警察局给了我一个枪击残留物工具箱。这件物品放在保管室里。

我喜欢以下面的标题开始每一章节，这使其易于理解。确保按照物品编号的时间顺序进行排列。例如：在现场收集了以下物品，并将其转交给迈阿密戴德（Dade）实验室的指纹、血清学和枪支科进行分析：

物品＃1——史密斯-韦森 9 毫米枪，序列号＃12345。

物品＃2——从物品＃1 中获得的弹药盒。

物品＃3——物品＃2 进行了 6 次 9 mm 实弹射击。

注意：每个物品可能会在实验室的不同部门进行分析检验，因此请确保在实验表和本章节中准确写下你希望实验室做的工作。

待处理

指陈述报告完成时尚未完成的事情。这包括在获得法院命令后获取受试者的 DNA 样本、最终示意图、航拍照片以及提交给实验室的证据的实验室分析。

附录 II 法庭证词

引 言

　　法庭上的证词是犯罪现场分析人员在犯罪现场的努力、犯罪现场分析人员的素质和经验以及该案发布的报告的总结。犯罪现场分析人员要能够传达从收集和分析的物证中获取的实质信息，否则所有这些努力都是没有价值的。物证分析和解释的可信性在很大程度上取决于犯罪现场分析人员是否有能力以可信的方式证明在法庭诉讼过程中作为证物提供的每件物品的真实性。有很多因素会影响犯罪现场分析人员证词的可信度。下文将探讨影响证人可信度的每个方面，以确保将物证的信息潜能正确地传达给事实审判者。

法庭程序

　　犯罪现场分析人员需要熟悉法庭的基本程序，以便分析人员出庭作证时能够恪守法庭礼仪。一旦分析人员被要求出庭作证，证人将由法庭书记员宣誓作证。书记员会询问证人是否会发誓或确认所提供的证词是真实的（证人的宗教信仰可能禁止其对证词的真实性发誓，但可能允许确认证词的真实性）。在此过程中，证人应站在书记员面前，并以清晰的声音回答问题。证人宣誓后，应坐在证人席。对于证人而言，熟悉法庭的布局比较好，以避免寻找证人席时出现混乱。一旦证人就座，传唤分析人员作为证人的律师（通常是控方律师）将询问证人的姓名、职业和住址，以便记录在案。除法官特别要求外，证人通常提供单位地址而非家庭地址。如果分析人员要以专家身份作证，律师还会询问有关证人资格的问题。一旦提出这些初步问题后，传唤证人的律师将在"直接询问"期间提出问题。证词的阶段称为"直接询问""交叉询问""转向询问"和"再询问"。通常，检察官会传唤分析人员作为案件的证人，当律师要求证人作证时，分析人员可以进行解释。检察官将提出一系列问题，旨在解释犯罪现场分析人员收集的证据的重要性（即直接询问）。在此阶段之后，辩护律师将提出问题，目的是澄清或质疑证人在检察官直接询问（交叉询问）期间所作的陈述。交叉询问结束后，检察官可以提出其他问题，以澄清在交叉询问过程中所作的回答。这个阶段是转向询问。转向询问结束后，辩护律师可能会在再询问阶段提出其他问题。该过程可以继续进行下去，直至双方对从证人处获得的信息感到满意为止。这时，法官准许证人离开，或者要求证人留下来做进一步的证词。如果得到法官许可离开，分析人员可以回去继续自己正常工作。

利于证人的提示

1. 仪表

证人的仪表会影响其在事实审判者眼中的可信度。要遵守的基本规则是穿着得体，这样才能不损害法庭的礼仪。着装要正式：男士穿西装打领带，女士穿商务套装或裙装。已有研究来查明个人着装对观众反应的影响，包括陪审员的反应。这些研究表明，某些类型的着装对陪审员的看法产生有利影响，而某些类型的着装则有不利影响。建议法庭着装得体，因为"太考究"和"不整洁"的外观会对事实的审判产生不利影响。

2. 证词准备

证词可信度最有价值的部分是适当准备。为了合理准备证词，必须采取下列若干步骤。

（1）安排与检察官的会议

审前会议是作证前的必要步骤。确保检察官了解你在此案中的角色，并已阅读了你的报告。如果律师希望你具备专家资格，请确保在犯罪现场你是作为一个专家对物证进行识别、收集和保存的（以及你在其他领域具备专家资格，例如，潜在指纹识别）。

如果你对某些领域知之甚少甚至不具备专业知识，就不要把自己说成该领域专家。如果试图让律师认为在你不具有资格的领域中是具备资格的，会降低你真正有资格作证的领域中的可信度。

（2）仔细检查报告

在审前会议之前，肯定在作证之前，应该非常仔细地检查书面报告、笔记、示意图和现场照片。这次检查将会帮你回忆，便于可以明智地讨论你在犯罪现场的行为，以及你正确识别物证、绘制示意图和拍摄照片的能力。你必须仔细检查书面报告，确保报告与现场记录之间保持一致。检查还应关注照片日志和示意图的准确性。在检查报告时发现抄写错误要比在作证时被指出错误好得多。

3. 被传作证时

记住，你的行为举止一直都在被观察！在法庭的整个过程中，无论是在法庭内还是法庭外，你的举止都会受人关注。因此，要时刻保持职业风范，避免不当行为发生。当陪审团成员和对方律师发现你在法庭外以非专业的方式行事时，试图在证人席上表现得专业将会是徒劳的。你离开证人席时留下的印象会影响到陪审员对你在证人席上的职业素养的看法。不管你在证人席上如何保持你的职业风度，那些在你被传唤到证人席之前观察过你滑稽行为的人，将在脑海中留下你以前的行为画面。

4. 要准时！

通常要等一段时间才能被传唤进法庭作证。但是，这种等待并不是迟到的借口。传唤你作为证人的律师会尽量按照预定的时间安排，但是许多不可预见的情况的发生会改变证人的时间安排。你的迟到不应该是这些意外情况之一！由于案件的陈述通常是事先经过深思熟虑的，如果你没有在适当的时间出庭，可能会影响你向陪审团提交案件的逻辑陈述，并可能降低你证词的有效力。

5. 作证前的紧张情绪

作证前紧张是一种自然现象。人体通过向血液中注入肾上腺素来应对压力，从而使大脑和身体做好应对环境所需行动的准备。肾上腺素的作用是众所周知的,包括血压升高、心跳加快、轻微出汗以及对周围环境的意识增强。这种情况实际上是对你有利的,因为你意识增强,且心理准备更敏锐。然而,重要的是你要努力利用这种精神能量,而不是让它产生明显的紧张迹象。紧张的常见症状很容易控制,有一些技术可以利用额外剂量的肾上腺素,同时减轻肾上腺素的负面影响。

6. 练习!练习!练习!

有人说,熟能生巧[文斯·伦巴迪(Vince Lombardi)]。完美被认为是无法实现的,所以这种说法可能会有点牵强。但是当你要为努力做好准备的时候,没有什么可以代替练习。在第一次作证(或以后的任何时间)之前,你需要经历一次模拟作证的练习,这是很有帮助的,这一环节可能由经验丰富的分析人员、法医专家或律师指导进行。这些练习环节应该是严格的,这样当你实际作证时,你会意识到你已经被问到了作证过程中遇到的最难的问题,并且你确信自己可以专业地回答任何可能被问到的问题。

作证注意事项

回答问题之前仔细完整地听每个问题。

不要回答你不完全理解的问题。律师使用的策略之一是故意问一些模糊或复合的问题。你对这类问题的回答会有多种解释,这可能会误导法官或陪审团对你的意思的理解。如果你不明白问题的意思,直接说出来,或者在你回答之前让对方把问题的意思讲清楚。

用容易理解的语言直接回答每个问题。避免使用陪审团可能不清楚的专业术语。记住,你的任务是协助陪审团和法庭充分了解你在现场行动的重要性,并充分了解证据的重要性。

不要使用回避策略来避免回答问题。回避的态度给人的印象是你在向陪审团隐瞒什么,或者你的回答不够真实。记住,你并不是为了帮助一方"胜诉"而出庭作证,你只是在提供事实信息,以帮助法庭和陪审团根据事实而不是推测来做出裁决。

直接回答问题,适当时用"是"或"否"回答(记住加上"先生"或"女士")。尽量避免添加不必要的言论或信息。你可以试图提供帮助,但多余的回答通常会打断你的证词,可能会给人一种你急于帮助一方的印象。

不要使用诸如"真实""诚实"或"坦率"之类的常见言语习惯,因为这些短语可能意味着你的其余证词不够诚实、坦率或真实。记住,你发誓要说实话,只说实话。

和说话的人进行眼神交流。当被律师提问时,最好回答提问者。让陪审团参与你的回答的一个很好的技巧是,首先与律师进行眼神交流,然后与陪审团进行眼神交流,最后再次与提问律师进行眼神交流来结束你的回答。这样,你就不会像木偶一样向陪审团寻求回应,就好像问问题的人根本不存在一样,同时,你也让陪审团知道你也考虑到他们。

法官问你问题时,要转向他(她),把你的注意力集中在他(她)身上,直到你回答完法官的问题。这种技巧不过是普通的礼貌加上对法庭的礼貌,是法庭礼仪的一部分。

不要回答律师提出的异议。等法官对异议做出裁决后再回答。如果不清楚你是否应在裁决后做出回应,礼貌地询问法官你是否可以回答。此外,如果你记不清问题,可以要求对方再把问题读一遍。

大陪审团

大陪审团对作证来说是一种特例,因为不一定总是遵循法庭的常规程序。大陪审团听证会上没有被告和辩护律师在场,因此,与在普通法庭上相比,证据的呈现进行得更加顺利、迅速。大陪审团听证会的礼节可能不如法庭礼节正式,但这种差异不应被视为对自己职业态度放松的默许。记住,诉讼是永久性的记录,因此证人专业行为上的任何过失都可能在随后的法庭诉讼中被揭露。

通常,陪审员可以问他们想问的任何问题,有些问题可能会让你不知所措。但是,请记住,你在法庭上的行为举止应该反映出你的专业素养以及你在其他法庭上的表现。如果陪审员提出的问题不能按照规定的方式回答,在试图回答问题之前,先礼貌地要求其说明问题。

法庭陈述、举止和清单

你作为急救人员、警探、犯罪现场调查员,或者实验室分析人员,已经工作了无数个小时来对案件进行调查。现在你接到通知说你的案子要开庭了。接下来做什么呢?

记住:如果你要出庭,那是因为你做了正确的事情。

相比于辩护律师和州检察官,你是有优势的,因为你在犯罪现场,而他们没有。所以,法庭上对你不利的东西,很可能都是你提供给他们的(通过报告、案卷、证词等)。

作证时要记住的事情

着装(西装或制服)比被告得体。

做好准备,检查你的案卷。你带进法庭的任何东西都被认为是可发现的,所以当你把它带到证人席上时,请选择案卷中的内容。可能需要根据案卷来回忆你不记得的具体信息。

使用通用语言。美国的平均教育程度是 8 年级,所以你的陪审员很可能就在这个教育水平之内。不要使用警察术语、俚语或任何有偏见的话语,除非你逐字陈述了案件中某人可能说的话。陪审员必须理解你的语言!

不要进行专业领域或工作职责范围之外的作证(例如,如果你被询问警探是如何进行逮捕,而你是急救人员,那么就让律师向警探询问这个问题)。

不要自大。当你犯错时,谦虚承认所犯错误,比试图想出一个你没有犯错的借口,更能让人信服。不要说你犯了一个错误,或是太忙了,没时间处理这个案子。学习如何用另一种方式表达,比如"先生,你是对的。我无意中错过了那张照片,在我清理完现场后,我才意识到了这一点。"在陪审员眼中,这种表述仍是称职的诚实表达方式。没有借口!

不要夸大你的资历。

州检察官是询问你的律师。当他们问你问题时,州检察官很可能就在陪审团旁边。辩护律师希望把你的注意力从陪审团席上移开。记住要看陪审团并回答他们的问题。笔者坐在证人席上,把自己的身体转向陪审团,即使我的注意力可能暂时集中在提问的律师上。简短回答辩护律师的问题(是,否),当州检察官提出问题时再详细说明。记住,你所说的每一句话都可能在法庭上对你不利。

如果你不确定如何回答问题,可以让律师重复一遍。这会给你额外的几秒钟时间来收集你试图回忆的信息。如果你需要查看你的报告,看向法官,询问这是否被允许。准确表达很重要。如果你不知道答案,就说你不记得了。

如果你没有做什么,请承认。信誉就是一切,不要伪造任何东西。

说实话!

陪审团决定案件的结果,而不是由律师决定,所以要始终保持眼神交流,大声说话,双手放在膝盖上,大声而自信地回答。

清　单

证人穿着得体吗?

证人是否使用了通俗易懂的语言?

证人是否准备好,并可以自信地出庭作证?

证人是否夸大了他们的资质?

证人的肢体语言如何?

证人是否在任何时候都显得不真实或不可信?

作为陪审员,你是否出于某些原因同情证人、相信证人的证词,或不喜欢证人? 为什么?

作为陪审员,你能根据证人的证词做出裁决吗? 如果能,那是什么? 请解释。

附录Ⅲ 法医学和潜在指纹参考文献

Abbott, J. R., and A. C. Germann. 1964. *Footwear Evidence*. Springfield, IL: Charles C. Thomas.

ATF Arson Investigation Guide. 1997. Washington, DC: Treasury Department.

Barnett, P. D. 2001. *Ethics in Forensic Science*. Boca Raton, FL: CRC Press.

Bodziak, W. J. 1999. *Footwear Impression Evidence*, 2nd ed. Boca Raton, FL: CRC Press.

Brenner, J. C. 1999. *Forensic Science Glossary*. Boca Raton, FL: CRC Press.

Byrd, J. H., and J. H. Castner, eds. 2000. *Forensic Entomology*. Boca Raton, FL: CRC Press.

Casey, E. 2000. *Digital Evidence and Computer Crime: Forensic Science, Computers, and the Internet*. New York: Academic Press.

Cassidy, M. J. 1980. *Footwear Identification*. Ottawa, Canada: Royal Canadian Mounted Police.

Clark, F., and K. Diliberto. 1996. *Investigating Computer Crime*. Boca Raton, FL: CRC Press.

Cowger, J. F. 1983. *Friction Ridge Skin*. Boca Raton, FL: CRC Press.

Curran, J. M., T. N. Hicks, and J. S. Buckleton. 2000. *Forensic Interpretation of Glass Evidence*. Boca Raton, FL: CRC Press.

DeForest, P. R., R. E. Gaensslen, and H. C. Lee. 1993. *Forensic Science: An Introduction to Criminalistics*. New York: McGraw-Hill, Inc.

DeHann, J. D. 2002. *Kirk's Fire Investigation*, 5th ed. Upper Saddle River, NJ: Prentice Hall, Inc.

DiMaio, V. J. M. 1998. *Gunshot Wounds*, 2nd ed. Boca Raton, FL: CRC Press.

DiMaio, V. J. M., and D. J. DiMaio. 2001. *Forensic Pathology*. Boca Raton, FL: CRC Press.

Dix, J. 1998. *Guide to Forensic Pathology*. Boca Raton, FL: CRC Press.

—. 1999. *Handbook for Death Scene Investigators*. Boca Raton, FL: CRC Press.

—. 2000. *Color Atlas of Forensic Pathology*. Boca Raton, FL: CRC Press.

Dix, J., and M. Graham. 1999. *Time of Death, Decomposition, and Identification (An Atlas)*. Boca Raton, FL: CRC Press.

Eckert, W. G. 1996. *Introduction to Forensic Sciences*, 2nd ed. Boca Raton, FL: CRC

Press.

Eliopoulous, L. N. 1993. *Death Investigator's Handbook*. Boulder, CO: Paladin Press.

Fisher, B. A. J. 2000. *Techniques of Crime Scene Investigation*, 6th ed. Boca Raton, FL: CRC Press.

Geberth, V. J. 1993. *Practical Homicide Investigation (Tactics, Procedures, and Forensic Techniques)*, 3rd ed. Boca Raton, FL: CRC Press.

—. 1996. *Practical Homicide Investigation (Checklist and Field Guide)*. Boca Raton, FL: CRC Press.

Goldstein, S. L. 1998. *The Sexual Exploitation of Children*, 2nd ed. Boca Raton, FL: CRC Press.

Hawthorne, M. R. 1998. *First Unit Responder: A Guide to Physical Evidence Collection for Patrol Officers*. Boca Raton, FL: CRC Press.

Hazelwood, R. R., and A. W. Burgess, eds. 2001. *Practical Aspect of Rape Investigation*, 3rd ed. Boca Raton, FL: CRC Press.

Hilderbrand, D. S. 1998. *Footwear: The Missed Evidence*. Windermere, CA: Staggs Publishing Company.

Hilton, O. 1982. *Scientific Examination of Questioned Documents*. Boca Raton, FL: CRC Press.

Huber, R. 1999. *Handwriting Identification: Facts and Fundamentals*. Boca Raton, FL: CRC Press.

Inbau, F. E., A. E. Moenssens, and L. R. Vitullo. 1972. *Scientific Police Investigation*. Philadelphia: Chilton Book Company.

Inman, K., and N. Rudin. 2000. *Principles and Practice of Criminalistics*. Boca Raton, FL: CRC Press.

James, S. H., and W. G. Eckert. 1998. *Interpretation of Bloodstain Evidence at Crime Scenes*. Boca Raton, FL: CRC Press.

Jerath, B. K., and R. Jerath. 2001. *Homicide: A Bibliography*. Boca Raton, FL: CRC Press.

Kirk, P. L. 1953. *Crime Investigation*. New York: Interscience Publishers.

—. 1974. *Crime Investigation*, 2nd ed. New York: John Wiley & Sons.

Lee, H. C., et al. 2001. *Henry Lee's Crime Scene Handbook*. San Diego: Academic Press.

MacDonell, H. L. 1993. *Bloodstain Patterns*. Corning, NY: Laboratory of Forensic Science.

Margot, P., and C. Lennard. 1994. *Fingerprint Detection Techniques*, 6th rev. ed. Lausanne, Switzerland: University of Lausanne, Institute of Police Science and Criminology.

McDonald, J. A. 1992. *The Police Photographer's Guide*. Arlington Heights, IL: PhotoText Books.

McDonald, P. M. 1989. *Tire Imprint Evidence*. Boca Raton, FL: CRC Press.

Menzel, E. R. 1991. *An Introduction to Lasers, Forensic Lights, and Fluorescent Fingerprint Techniques*. Salem, OR: Lightning Powder Co.

Nye, T. 1992. *Death Investigation Evidence Manual*. Warwick, RI: Northeast Law Enforcement Officers Association.

Ogle, R. R., Jr. 1995. *Crime Scene Investigation and Physical Evidence Manual*, 2nd ed. Vallejo, CA: Robert R. Ogle, Jr. Ogle, R. R., Jr., and M. J. Fox. 1998. *Atlas of Human Hair Microscopic Characteristics*. Boca Raton, FL: CRC Press.

Physical Evidence Handbook, 5th ed. 1993. Madison, WI: State of Wisconsin Department of Justice.

Redsicker, D. R., ed. 2000. *The Practical Methodology of Forensic Photography*, 2nd ed. Boca Raton, FL: CRC Press.

Redsicker, D. R., and J. J. O'Connor. 1996. *Practical Fire and Arson Investigation*, 2nd ed. Boca Raton, FL: CRC Press.

Report of Special Committee for Safety. 1986. Alameda, CA: The International Association for Identification.

Rudin, N., and K. Inman. 2001. *Introduction to Forensic DNA Analysis*, 2nd ed. Boca Raton, FL: CRC Press.

Rynearson, J. M. 1997. *Evidence and Crime Scene Reconstruction*, 5th ed. Redding, CA: National Crime Investigation and Training (NCIT).

Saferstein, R. 1987. *Forensic Science Handbook*. Vol. II. Upper Saddle River, NJ: Prentice Hall, Inc.

—. 1993. *Forensic Science Handbook*. Vol. III. Upper Saddle River, NJ: Prentice Hall, Inc.

—. 2001. *Criminalistics*, 7th ed. Upper Saddle River, NJ: Prentice Hall, Inc.

—. 2001. *Forensic Science Handbook*, 2nd ed. Vol. I. Upper Saddle River, NJ: Prentice Hall, Inc.

Scene of Crime Handbook of Fingerprint Development Techniques. 1993. London, England: Police Scientific Development Branch, Home Office.

Schwoeble, A. J. 2000. *Current Methods in Forensic Gunshot Residue Analysis*. Boca Raton, FL: CRC Press.

Staggs, S. 1997. *Crime Scene and Evidence Photographer's Guide*. Temecula, CA: Staggs Publishing.

Taylor, K. T. 2000. *Forensic Art and Illustration*. Boca Raton, FL: CRC Press.

U. S. Department of Justice. Office of Justice Programs. 2000. *Crime Scene Investigation: A Guide for Law Enforcement*. Washington, DC: GPO. http://www. ncjrs. org.

U. S. Department of Treasury, FBI. 1994. *Handbook of Forensic Science*. Washington, DC: GPO.

—. 1984. *The Science of Fingerprints*. Washington, DC: GPO.

Van Kirk, D. J. 2000. *Vehicular Accident Investigation and Reconstruction*. Boca Raton, FL: CRC Press.

Weston, P. B., and K. M. Wells. 1986. *Criminal Investigation: Basic Perspectives*, 4th ed. Upper Saddle River, NJ: Prentice Hall, Inc.

Wonder, A. Y. 2001. *Blood Dynamics*. London: Elsevier Publishers, Ltd.

物证表：物证的收集、保存和特殊说明

总 论

提交的每项证据至少应包含以下信息：警官的姓名缩写、案件编号、物证编号和日期。这些识别数据项称为标准识别数据(STD ID DATA)。本表中给出的数据仅作为快速参考使用。有关详细信息，请参阅相关章节或联系相关实验室(该实验室分析待检的特定证据)。

样本	数量	包装及注意事项
磨料：金刚砂、碳化硅等	1茶匙～1盎司。	在容器上标记标准识别数据；材料类型。使用药盒、火柴盒或夹子。密封以免丢失。
酸	1茶匙～1盎司	不要邮寄！操作时使用保护手套和护目镜！玻璃瓶、耐酸盖、胶带密封盖。
胶带	全部或1英尺	不要卷起来！放在蜡纸上。确保全部送出。注意指纹和痕迹证据！
碱类：氢氧化钠、碳酸钾、氨等。	1盎司	在包装上标记"腐蚀性"。不要邮寄！使用安全装置。像酸类物质一样包装。
弹药(实弹)	所有证据，嫌疑犯身上的相似弹药	不要邮寄！可能有潜在指纹！用软纸或软布包装后放入小纸板箱包装。
匿名信、勒索信	所有	不要徒手操作！不要折叠！放入纸质信封，用标签封好。在标签上写上日期和官员的姓名首字母。
纵火证据		不要邮寄！密封在干净的空油漆罐或带防溶剂盖子的玻璃罐中。如果可以，将容器装满。
• 火灾残余物	2～4夸脱	
• 可疑助燃剂	4盎司	将每个可疑样品密封在玻璃罐或耐化学药品腐蚀的塑料罐中，并盖上耐化学药品腐蚀的盖子。不要邮寄！
爆破雷管		致电实验室，不要带至实验室或邮寄！！
血		
• 用于DNA鉴定	1瓶(5～10 mL)	紫顶(EDTA)管。
• 用于酒精检测	1瓶(5～10 mL)	灰顶管。
• 用于药物检测	2瓶(10～20 mL)	EDTA管。
带血迹物品		(处理血迹或带有血迹的物品时一定要戴上橡胶手套) 干燥之前，将服装以自然形状铺在牛皮纸上。 风干24小时。
• 衣物	所有	服装未干前请勿折叠！ 干燥后，用干净的牛皮纸覆盖，小心折叠并胶带密封。 将每件衣服包装在单独的密封纸袋里。

(续表)

样本	数量	包装及注意事项
• 非吸收性物质	所有	处理前先对污渍照相。风干 24 小时。轻轻将每个单独的污渍区域刮到纸上。将每张纸折成活页夹,用胶带密封。用纸质信封包装(或将整个物品提交给实验室)。
• 武器	所有	用彩色胶片拍摄武器的各个侧面。小心地用纸包好,放在结实的纸信封里。立即提交给实验室。
• 拭子/污渍样本	所有	风干 24 小时。用马尼拉信封单独包装。
子弹(非弹壳)	所有证据	不要标记子弹!不要清理(痕迹证据)。如果有血迹,风干。用弄皱的纸包裹,不要用棉絮。密封在药盒或火柴盒中。在容器上完整标识标准识别数据。
弹壳	和子弹一样	可能有潜在指纹!像子弹一样包装。
烧焦的纸	所有	用柔软的棉布松散地包装。放置在刚性容器中,标记为"易碎"。在容器上标识标准识别数据。随身携带到实验室。
支票,类似文件支票保护	所有	小心处理潜在指纹。用硬纸板或塑料套包装,在包装上标识标准识别数据。
• 可疑支票	所有	请参阅上面的操作。
• 样例	几份	逐字逐句的完整顺序复制可疑支票。
衣服	所有	直接在衣服的腰带、口袋、衣领上标记姓名首字母、日期和案件编号。包装前,将所有污渍衣物风干。小心处理,避免丢失痕迹证据。将每件物品分别用活页夹和密封活页夹包装,并将每件物品密封在单独的纸袋中。
药物	所有	标记瓶子、活页夹等。将其密封在证据信封中,贴上完整的标签。
爆炸物		请勿携带或邮寄至实验室!打电话给实验室寻求指导!
纤维		
• 证据	所有	裸体:用白光和紫外光扫描身体,以寻找纤维。用镊子收集所有发现的东西,用纸包裹密封,并将其放入信封中,密封信封的所有角。用胶带收集看不见的纤维,将粘有纤维的胶带放在玻璃纸包装板上(例如 Saran Wrap)。用不褪色墨水在包装版上标注标准识别数据。
样本		
• 衣服	所有	将整件衣服送至实验室。
• 地毯	1 平方英寸	在地毯的多个区域取样,包括颜色的所有变化,通过在地毯背面附近切割的方法,相当于地毯一英寸见方的线数(每根线距其他线一小段距离,以避免损坏地毯)。
• 家具装饰	所有	将整件家具提交至实验室,以减少对物品的损坏。

(续表)

样本	数量	包装及注意事项
枪支		
• 证据	所有	任何时候要把所有的枪支都当作是上膛的！但是,所有武器在包装和送往实验室之前必须卸下并固定好。小心处理,以免丢失潜在的指纹、血迹和痕迹证据。
• 左轮手枪	所有	记录气缸位置、圆形位置。将序列号、筒体长度写在注释中。
• 半自动	所有	请勿处理弹药夹的侧面(可能会有潜在指纹)。卸下弹药夹,放入牢固的信封里,或牢固地系在纸板箱上。
• 步枪	所有	卸下,在扳机护环处使用证据标签,放入步枪盒进行包装。
玻璃		
• 玻璃碎片	所有	药盒、活页夹或塑料袋(密封包装材料的所有角落)。用缓冲材料进行包裹。
• 样本	1平方英寸	分别包装不同来源的碎片样本。用缓冲材料进行包裹。把证据和样本分开！
毛发		
• 证据	所有	纸张装订在信封上,胶带封边以防丢失。冷冻或立即提交至实验室以保存DNA和其他可能存在的遗传标记。
样本		
• 头发	78～100根	用新梳子将头发反梳到纸张上来获取头发样本。收集纸把梳子和头发包起来。然后从头皮前部、侧面、后部和顶部拔出15～20根头发(总共75～100根头发)。
• 阴毛	40～50根	从阴部区域的中上、上侧和下侧分别拔或剪10～15根阴毛(共50～75根毛发)
• 阴毛梳	所有	请医务人员将纸片放在臀部下面,然后将阴毛梳理或刷到纸上。把纸折起来封成活页夹。用马尼拉信封密封活页夹。
• 动物毛发	80～100根	从背部、颈部、腹部和腿部分别拔出10～15根毛发。确保包含每个区域的皮毛(细)和针毛(粗)。确保收集动物身上各种颜色的毛发。
材料		
• 元素分析	1盎司	用衬垫或硬纸板包装的牢固信封。
• 断裂匹配	所有	提交所有证据和带有断裂边缘的样本。
油		
• 证据	所有	尽可能多地(最多1盎司)装在防漏罐或小的新油漆罐中。
• 样本	1盎司	放入原容器或带防油盖的小玻璃瓶中提交。
油漆		
• 液体	4盎司	密封的油漆罐或罐子。
• 固体(碎屑)	0.5平方英寸	药盒、活页夹或塑料袋。如果小就整个提交。确保薄片上有所有的油漆层。用胶带把所有角落都粘上,以防丢失。
• 刮屑	所有	用活页夹封住每个区域的刮屑,放在信封里,用胶带封住信封的各个角。

样本	数量	包装及注意事项
石膏模型		
• 鞋印	所有	完全硬化之前,在石膏模型背面标记标准识别数据。请勿清除泥土或试图清理模型。用结实的纸袋或信封包装,盖上几层缓冲材料,用结实的箱子包装。
• 轮胎印	所有	像对鞋印那样处理和包装轮胎印。可行时,进行足够的制模,以显示轮胎的整个圆周。
绳、麻线		
• 绳索证据	所有	小心处理、包装,以保存所有痕迹证据。用胶带标记收集人员切割的所有端部。用纸袋或信封密封。
• 样本	1码	保留所有切割端。如上所述,标记收集人员切割的所有端部。
安全绝缘	8盎司	包装在盒子里,密封以防丢失。将标准识别数据粘贴到盒子上。如果知道,添加制造商的数据。
性侵犯		
• 证据		
• 衣服	所有	小心处理衣服,以避免丢失痕迹物证(毛发、纤维)。将衣服自然地放在新的牛皮纸上晾干24小时。给每件衣服标记标准识别数据。将另一张纸放在上面,小心地折叠成大活页夹并用胶带封住;将每件衣服放在单独的纸袋中,在袋子上附上标准识别数据。
• 拭子	所有	包装前风干所有棉签(使用棉签烘干机)。用纸质信封(非塑料)包装,在每个装有拭子的信封上标记标准识别数据。注意:取样口的每个区域的拭子都应如此标记(例如"阴道、阴道穹""口腔、舌下区域"等)。冷冻拭子或立即送至实验室。
• 床上用品	所有	把每件床上用品叠起来,以免丢失痕迹证据。用方向数据("顶部、左侧"等)标记每个物证,确保记下每个物证的层顺序。放入大纸袋中,用证据胶带密封,在每个袋子上标记标准识别数据。
• 污渍拭子	所有	用蒸馏水润湿每个棉签,分别擦拭每个污渍。像处理阴道拭子那样风干并包装。
土壤	2盎司	密封前,风干所有样本。密封在小盒子里以免丢失。
染色的衣服	所有	将物品放在牛皮纸上晾干或挂在新的衣架上。晾干前使衣服处于自然形状。不要弄成球状或卷起。晾干后,用牛皮纸盖好,仔细折叠,用胶带密封。把每件衣服装在一个单独的纸袋里进行密封。
工具	所有	分别包装每个工具。用纸板和胶带包裹工作刃。将标准识别数据放置在远离工作刃的区域。
工具痕迹	所有	请勿将工具放在痕迹上。提交整个承痕体。通过在带有工具痕迹的区域上粘贴纸板来保护工具痕迹。在承痕体上标记标准识别数据。

样本	数量	包装及注意事项
·　石膏模型	所有	用纸垫包裹模型，密封在药盒或类似容器中。在密封容器上贴上标签。
电线	1 英尺～所有	清楚地标记或完全扭转被警察割断的末端。牢固包装，将所有识别数据标记在密封包装上。
木材		
·　证据	所有	将警察的痕迹直接放在样本上，牢固包裹，然后放入盒子。
刨花、钻屑	所有	松散包装，避免碎屑破损，包装在盒子里，密封以避免丢失。

计算机证据

进行搜查和/或扣押

保护现场

(1) 警察的安全是最重要的。

(2) 保留潜在的指纹区域。

(3) 用合适的笔记、示意图和照片记录现场(请参阅第二章至第四章)。

(4) 立即限制只有需要的人员才能使用计算机,进行断网(计算机上的数据可以远程访问)。

保护计算机作为证据

(1) 如果计算机是关机状态,不要开机。

(2) 如果计算机是开机状态:

① 独立计算机(非联网):

a. 咨询计算机专家。

b. 如果没有计算机专家,请确保以下各项:

- 对计算机屏幕进行拍照,然后断开所有电源;从墙上和计算机背面拔下插头;
- 在每个驱动器插槽上放置证据胶带;
- 对现有连接的计算机组件背面进行拍照/绘图,并贴上标签;
- 在所有连接器/电缆端部贴上标签,以便根据需要重新组装;
- 如果需要运输,则将组件和运输/存储组件按易碎货物方式包装;
- 使所有物品远离磁铁、无线电发射器和其他不利环境。

② 联网或商用计算机:

a. 请咨询计算机专家以获取进一步的帮助。

b. 请勿拔插头。拔插头可能会导致:

- 严重破坏系统;
- 破坏合法业务;
- 使警察和警方担责。

词汇表

DRUGFIR 系统(DRUGFIRE)：是为美国联邦调查局开发的一个多媒体数据库成像系统，用于搜索识别子弹壳、子弹壳标记和子弹的图像等；所有的鉴定都要由一名合格的枪械检查人员进行核实。

P－30 蛋白质(P－30 protein)：前列腺蛋白，是由前列腺制造和分泌的蛋白质，在其他人体腺体或分泌物中未发现。在男性血液中少量存在，在前列腺癌患者中高浓度存在。这种蛋白质是男性 PSA(前列腺特异性抗原)〕血液检测的基础。在污渍中发现这种蛋白质被认为是有精液存在的证据。

SEM / EDX 圆盘(SEM/EDX discs)：用来从人的手上提取收集枪弹射击残留物(GSR)的金属圆盘，用于附带能量分散 x 射线装置的扫描电子显微镜的分析。

案件卷宗(Case file)：收集某一特定调查的有关资料文件。这些被收集的物品可能被保存在箱子、文件夹、活页笔记簿、盒子、文件抽屉、文件柜或房间里。子文件通常是案件文件中作为隔离和分组谈话、媒体报道、实验室申请和报告、证据文件、照片、录像带、录音带和其他文件的材料。

案例标识(Case identifiers)：用于指定识别特定案例的字母和/或数字字符。

案例文件数据(Case file data)：包括犯罪现场进行侦查的每个机构的案件档案编号、涉及的机构名称、对现场进行侦查的人员的姓名、受害者和已知的任何嫌疑人姓名等的数据。

包裹(Bindle)：折叠的纸或玻璃纸，用来存放微量痕迹证据，偶尔被毒贩用来包装少量毒品。

贝壳状断口标志(Conchoidal fracture marks)：玻璃断裂边缘的断裂模式，这些模式可以用来确定导致断裂的力的方向。

备用光源(Alternate light source)：一种具有特定波长滤光器的高强度光，用作激光的替代品，用于显示某些类型的证据(如生理液体、指纹、纤维等)。

背面溅射(Back spatter)：由于枪支近距离或接触射击，造成微小血液液滴经伤口向后喷出，产生的原因是高压气体迫使雾滴从伤口处向外喷射。

被动污渍(Passive stains)：血凝块、血滴、血流和血池，而不是由冲击或转移造成的血渍。

被动血流(Passive flow)：仅由重力产生的血液流动。

边界(Boundaries)：可能包含与犯罪有关的实物证据区域的边缘或边界。

标准样本(Standard sample)：具有已知来源和成分的材料样本(例如，来自特定个体的血液样本，通过特定枪支发射的子弹)；"已知"样本。

表皮层(Cuticle)：毛发的外层，由重叠的鳞片组成。

表型(Phenotype)：个体遗传结构的表现形式(例如，ABO 血型中"A"是个体拥有"A"基因的结果)。

波动抛射(Wave cast-off)：由母滴波浪状向前运动而产生的小斑点，又称"二次滴"或"随滴"。

不吸水表面(Nonabsorbent surfaces)：不能吸收潜在指纹成分的表面，如玻璃。

擦刮血样(Swipe)：流动的血源或物体上的血液转移到干净的表面或物体上(例如，一只带血的手触到干净的墙壁)。

擦拭血样(Wipe)：当物体穿过现有的血迹时所产生的血迹图案。

参考样本(Reference sample)：保存在同类物质集合中的标准样品，用于与证据物品比较以确定证据物品的类型；也可能表示在比较过程中使用的"已知"样品。

草图(Sketch):一种带或不带测量值的图表或画。

草图,犯罪现场(Sketch, crime scene):犯罪现场图样的几种类型之一。

草图,放大(Sketch, blow-up):面积较小的详细示意图,以显示比大尺寸示意图更多的细节和更精确的测量值,对包含大量证据的血迹图案或区域细节的描述很有用。

草图,分解(Sketch, exploded):将墙壁(有时是天花板)围绕地面轮廓平展的草图,用以说明场景中证据项目(如弹孔位置、血迹图案)之间的关系。

草图,概貌(Sketch, overview):在没有测量的情况下绘制的犯罪现场位置草图,用来说明现场的物理位置,并用来确定随后绘制的较小面积的现场草图的方位(又称为"布局"或"位置"草图)。

草图,海拔(Sketch, elevation):一种粗略的绘图(不是按比例绘制的),用来显示犯罪现场或附近相关位置的相对高度。必要时,建筑师或测量员可绘制精确的标高比例尺图。

草图,计算机绘图(Sketch, computer-drawn):用计算机辅助绘图与设计程序绘制的草图。商业上可用的程序能够绘制三维图像,旋转场景视图,在草图库中放置符号,并演示犯罪嫌疑人在场景中的移动和动作(对重建特别有用)。

草图,鸟瞰(Sketch, "bird's-eye"):从场景上方向下看的草图,就像从头顶飞过的鸟的有利位置看一样。

草图,完成(按比例绘制)[Sketch, finished (drawn to scale)]:按比例绘制的所有测量值的草图,以使草图中的空间关系准确;用于罪案现场重建及法庭陈述。可能需要电脑程序的帮助,并利用建筑师的尺度,或由专门的图形艺术家在法庭上进行陈述。

草图,完成(未按比例绘制)[Sketch, finished (not drawn to scale)]:附加到报告上的草图;比例近似但不精确,用来描绘现场的空间关系。

草图,细节(Sketch, detailed):犯罪现场的详细草图,显示了证据项目的位置、现场中相关的物体,按比例绘制的精确草图可以用于测量。

草图,显示(Sketch, display):按比例画的供法庭、简报或其他会议上展示的草图,可以手工绘制,也可以用计算机辅助绘图程序绘制。

测量比例(Measurement scale):表示标准长度单位的物体(英寸或毫米),用于证据的照相记录。

测量精度(Accuracy, measurement):测量的精度是由测量装置或方法的已知精度所决定的。测量精度在测量记录中会有说明,例如,9英尺 $2\frac{1}{2}$ 英寸表示测量精确到最小的半英寸;56.4华氏度表明温度测量精确到 1/10 华氏度。

差异(Variate):一类事物中的个体或对象各不相同的各种形式的个体特征。

车祸致死(Vehicular homicide):被车撞到而死亡;可能是谋杀、故意杀人罪、非故意杀人罪或无犯罪意图的意外事故。

车辆搜索(Vehicle search):对车辆进行系统的搜查以寻找证据。

车轮印痕(Tire tread impressions):车辆轮胎的印痕,可能是压痕或印迹。

初步检验(Initial survey):由第一反应人对犯罪现场进行第一次系统的巡视,以评估对现场的必要反应程度、潜在证据物品的位置以及保护证据的任何必要步骤。初步检验还为其他人员建立了间接途径。

大量血迹(Volume blood):不止是几滴血组成的血迹。

带状搜索方法(Strip search method):一种搜索方法,将要搜索的区域设置成各个通道或条带,每个条带由一个人搜索。适用于室内或室外任何规模的搜索。

弹道系数(Ballistic coefficient):弹丸的截面密度与其形状系数(形状因子)之比。它是一个特定弹丸在自由飞行中由于阻力或空气阻力而减速的指数(标量因子)。

弹道学(Ballistics):关于弹体飞行特性的研究。

弹道学,内弹道(Ballistics, interior):弹体在枪管内的发射动力学和弹体在枪管内的运动动力学研究。

弹道学，外弹道(Ballistics, exterior)：对弹丸飞行中的研究。对火器而言，是关于子弹离开枪管后的飞行动力学研究。

弹道学，终点弹道(Ballistics, terminal：对弹丸与目标相互作用的研究(包括目标表面和目标内部物质)。

弹壳(Cartridge)：弹壳、雷管、火药和弹丸形成一个整体，通常被认为是完好无损的，并准备从枪支中发射。

弹着点(Point of impact)：弹丸(子弹、血滴等)撞击表面的点。

低速撞击飞溅(Low-impact spatter)：血迹图案，血迹上有 4 毫米或更大的斑点，通常是从伤口或充满血液的物体上滴落的血滴，或高达每秒 5 英尺的力量产生的滴血。

滴落图案(Drip patterns)：从伤口或带血的物体上滴下的血迹。

第一响应人员[First officers (or first responders)]：最先到达现场的执法人员或其他官员。

电脑绘制草图(Computer-drawn sketch)：用计算机绘图程序(如计算机辅助绘图 CAD)绘制的草图。

电泳(Electrophoresis)：在电场作用下，通过分离溶解在介质中的成分来分析蛋白质(和其他物质)。

动脉喷射(Arterial spurting：从动脉伤口流出的血；由这样的伤口产生的图案，又称"动脉喷涌"。

毒品证据(Drug evidence)：被法律禁止拥有的毒品。

毒物学(Toxicology)：关于毒物及其鉴别的研究。

短暂证据(Transient evidence)：根据其性质或者现场条件，如不迅速保护收集，将失去证据价值的证据(例如，雨天的血迹)。

断面密度(Sectional density)：子弹重量与直径或者质量与直径(质量/直径)的比率。

对比标准(Comparison standard)：一种从已知来源收集到的材料或物体，用于与未知来源的物品进行比较(例如，用可疑武器发射的子弹与致命子弹进行比较，用油墨捺印指纹与犯罪现场的潜在指纹进行比较，用埋葬地点的泥土与嫌疑人车辆上的泥土进行比较)

对比分析(Comparative analysis)：将一个来源有疑问的物品的种类特征和个别特征(当存在时)与已知来源物品的特征进行比较的过程，以确定两者是否来自同一来源(例如，将子弹证据上的标记与从已知武器中发射的子弹上的标记比较)。

对照试样(Control sample)：在取样地点附近的区域采集的样本。用于确定背景(基板)对测试过程的影响(例如，在样本血迹旁边的基板拭子，衣物上被测试血迹附近的未染色部分)。

多个场景(Multiple scenes)：两处或两处以上与某一特定犯罪有关的实际证据场所(例如，在凶杀案中，受害人可能在一处被杀，然后被运送到另一处发现尸体的地点)。

多孔表面(Porous surfaces)：表面是多孔的，因此可以吸收潜在指纹印迹中的成分。

多孔容器(Porous container)：液体或蒸气可以通过的包装(如纸袋、布袋)。

二次参照点法(Secondary reference points method)：一种草图的测量方法，通过这种方法建立两个次要点，以便从证据项测量到次要点的距离，而不是测量到和证据项可能有一段距离的主要点的距离。

二次飞溅(Secondary spattering)：血滴从表面反弹。

发光(Luminescence)：光的发射，如磷光、荧光，利用非热源能量使生物发光；高能光源(如激光或备用光源)照射物质发出光。

发射角(Angle of departure)：射击时水平线和枪膛中心线之间形成的角。

发射线(Line of departure)：从枪膛轴线出发的一条直线，又称为炮口处轨道的切线，或相对于重力的偏离角。

反弹(Ricochet)：描述发射的子弹从表面反弹；通过对物体表面的撞击来改变物体的方向。

反弹污渍(Ricochet stain)：血液撞击物体并反弹到另一个二级表面。

反面印痕(Impression, negative)：产生印痕的物体的镜像印痕。

犯罪现场保护(Securing a crime scene)：为限制进入犯罪现场而采取的措施，例如在周边悬挂犯罪现场胶带,在进入地点设置警卫,以及在入口道路上阻断交通。

犯罪现场文档(Documentation (crime scene)]:通过笔记、草图和照片记录犯罪现场处理的细节,包括追回的证据和采取行动的细节。

犯罪侦查学(Criminalistics):从事物证检查、解释、鉴定和个体化研究的专业学科;通常被视为一门科学学科,因为在这个学科中使用的技术、方法和逻辑推理都有其科学和科学方法的基础。

方差(Variance):测量中正常的、预期的不准确性,一系列测量或假设中的一系列可能性。统计检验可以揭示测量的方差是否正常或超过可接受的参数。

方位草图(Layout sketch):见 草图,概貌。

方位角(Directional angle):在同一平面上,血迹的长轴与参考线之间的夹角;参考线是随意建立的,便于计算机分析血迹模式。

放大示意图(Blow-up sketch):见 草图,放大。

放大水平(Magnification levels):"宏观"是指用肉眼观察;"立体"是指用立体显微镜观察(低倍立体视觉显微镜放大 200 倍);"显微"通常指用高倍光学显微镜进行检查(放大倍数可达 1 000 倍)。"显微"这个词也可以指用电子显微镜进行检查(放大 25 万次以上)。这些术语也指需要分别放大才能观看的物体。

飞溅(Spatter):由推动血液滴到表面的力量造成的血迹飞溅。

飞溅图案起源(Origin of spatter pattern):溅血图案产生的特定区域,又称源头点或源头区,是由于对含血物体或在该特定区域的血迹物体的冲击或作用力而产生的血迹图案。

分解视图草图(Exploded view sketch):见 草图,分解。

分解遗骸(Decomposed remains):经过某种程度的微生物分解作用的死者的尸体。

分析(Analysis):将整体分离成各部分以供个别研究;对这样的研究结果进行说明;对一种情况或环境的检查,特别是通过分开检查各个部分来理解整体的运作;一种常用的说法,是"检查"的同义词。

概貌(或布局)照片[Overview (or layout) photographs]:在距犯罪现场中心点远处拍摄的照片,从相关的角度和距离反映犯罪现场的性质。用于对近距离拍摄的照片的定位和记录现场;又称"布局"或"远距离"摄影。

高速撞击飞溅(High-impact spatter):以每秒 100 英尺速度或更大的力碰撞冲击物体所产生的血滴飞溅 (通常来自枪声);污渍的直径通常为 1 毫米或更小。

个别特征(Individual characteristics):这意味着证据属于个别的来源,而不是一个群体,并允许个性化和识别。

个人防护装备(PPE): Personal protective equipment 的首字母缩写,一次性手套、口罩和眼睛等防护用品,这些物品可以提供一个屏障,防止生物或化学物质危害接触皮肤、眼睛和粘膜,同时可以避免调查员的物质污染现场。

个体化(Individualization):鉴定证据物品的个体来源(例如,鉴定形成潜在指纹的人、击发特定子弹的枪支、写特定签名的人)。

个体特征(Individuality):允许识别证据项来源的类和个体特征的集合或模式。

根源污渍(Parent stain):当被另一滴血击中时产生二次飞溅或形成星状飞溅源的表面上的一滴或一小滩血。

工具痕迹(Toolmark):工具在较软的表面上留下的痕迹;可以是压痕、条纹痕迹,或两者的结合。

工作理论(Theory, working):最初的理论(工作假说)是关于在犯罪现场发生了什么;可能会随着新证据和信息的出现而修改;根据对现场的初步调查推测现场发生了什么。

关键精度草图(Critical accuracy sketch):一种草图,其测量的准确性是至关重要的,可用于准确的犯罪现场重建过程。

关联三角(Linkage triangle):实物证据的转移可将嫌疑犯、受害者与犯罪现场联系起来的概念;用三角形的三个角来代表受害人、嫌疑犯和现场。

管有链（或保管链）[Chain of possession（or chain of custody）]：一种程序，用来保存和记录证据的时间顺序历史，包括从其收集到提交到法庭上的过程。文件应包括收集证据的个人的姓名或首字母、后面保管这些物品的每个人或实体、收集或转移物品的日期、机构和案件编号、受害者或嫌疑人姓名以及物品的简要说明。

贯穿（Perforate）：一路穿过，指枪伤或枪孔。

轨迹（Trajectory）：子弹离开枪支的枪口直到静止所经过的路径。对于短距离（例如，在住宅内，距离小于 50 英尺），轨迹是一条直线。对于较长的距离，由于重力和空气摩擦产生的阻力，轨迹为曲线。

海拔草图（Elevation sketch）：见 草图，海拔。

合成（Synthesis）：分析后将一事物或假设的各组成部分综合成一个连贯的整体。

合成纤维（Synthetic fibers）：用化学方法生产的纤维。

合成药物（Synthetic drugs）：用化学方法生产的药物。

核 DNA (n-DNA)]：核 DNA，又称 nu-DNA 或 nuc-DNA。见 DNA。

黑色素[(Melanin(s)]：褐色或黑色的植物和动物色素，是皮肤和头发颜色较深的原因。

横切基线方法（Transecting baseline method）：一种测量方法，现场被测量带横切（被测量带分成两个部分），测量每一证据项到纸带的距离（与纸带呈 90 度角），并记录垂直测量与纸带接触的位置。适用于较大的室外场景。

宏观（Macroscopic）：见 放大水平。

后坐力（Blow-back）：1. 从近距离或接近接触的射击伤口向后吹出的血溅；2. 由这个过程产生的血迹的图案，典型的是在枪管的枪口上形成的喷溅图案，通常延伸到枪管的孔内。

呼气血液（Expiratory blood）：由于呼气压力，血液被迫从口、鼻或呼吸系统流出；通常由雾状污渍组成，类似于高速碰撞污渍，但可能有小的带环形坑的气泡。

呼吸样本（Breath specimens）：为使用换算公式估计血液酒精水平，引入呼吸测试装置的人呼出的呼吸样本。

化学发光（Chemiluminescence）：在环境温度下由于化学反应而发出的光。

化学危险品（Chemical hazard）：接触、摄入、吸入或点燃可能造成身体伤害的化学品或化合物。这些化合物可能在秘密实验室中或在自制炸弹或容器泄漏（例如，乙醚、酒精、硝化甘油、硫酸铵、红磷、清洁用品、汽油或未标记的化学品）情况中遇到。

化学增强（Chemical enhancement）：使用可以与特定类型的证据（如血液、精液、铅和指纹）发生反应的化学物质来产生彩色的、荧光的或发光的化合物，以帮助检测和/或记录那些可能难以看到的证据。

挥发物（Volatile）：指容易蒸发的液体，如用于点燃纵火的挥发性可燃物。

激光（Laser）：light amplification by stimulated emission of radiation（通过辐射激发而形成光放大）的首字母缩写。

激光源（Laser light）：一种纯波长的高能量光，能在某些物体或化学物质中引起发光，用来可视化潜在的指纹、精液、其他生物液体、纤维，以及其他痕迹材料。

计算机辅助设计与制图（CADD）：computer-aided drafting and design programs（计算机辅助设计和制图程序）的首字母缩略词，又称为 CAD（计算机辅助设计）程序，但在执法中要避免使用该首字母缩写，以防止与广泛使用的计算机辅助调度程序混淆。

假定测试（Presumptive test）：一种用来筛查可疑物质的测试；难以生物降解测试；筛选试验。对阳性测试结果提出了推测，即材料存在问题。

间接通道（Pathway, indirect）：由第一反应者为紧急医疗人员、犯罪现场调查人员和侦探建立的通道，以最大限度地减少现场污染和因疏忽造成的证据破坏；随后前往犯罪现场的人员所走的保证对现有证据的干扰最小的通道。

鉴别（Identify）：确定某人或某物的身份；在司法鉴定中，有时指确定证据项来源的过程（即个体化）。

鉴定(Identification):确定对象的类型或类别的过程;有时用作"个性化"的同义词。

交叉污染(Cross-contamination):物证在两个或多个物证之间不必要的转移。

胶带提取(Tape lifting):用专门设计的玻璃纸带从表面提取纤维、头发和其他痕迹证据的程序。

胶状血(Clot, blood):由于血液中的化学物质的作用而形成了一种胶状物质,这种胶状物质在红细胞周围形成纤维状网,这一过程会留下从肿块中分离出来被血清包围的血块。

角蛋白(Keratin):是角质化表皮组织的化学基础,如毛发、指甲、鸟类的羽毛和动物的角。

接触伤口,不完整的(Contact wound, incomplete):一种接触伤口,其中皮肤的弯曲表面阻止了枪口对皮肤的密封。

接触伤口,角度(Contact wound, angled):一种接触伤,其中火器与皮肤成一个角度,产生一种偏心的烟熏图案。

接触伤口,松散的(Contact wound, loose):一种接触伤口,将枪口松散地贴在皮肤上,使气体从枪口上逸出,形成枪口到皮肤的间隙,并在伤口周围沉积烟灰。

接触伤口,严重的(Contact wound, hard):在接触伤口中,枪口紧紧地贴在皮肤上,封闭接触区域,使燃烧的产物进入伤口。

结晶紫(Crystal violet):可对胶带粘面上的潜在指纹进行染色,又称龙胆紫。

解释(Interpretation):解释的行为;解释的内容;在司法鉴定术语中,是对检查结果含义的解释(例如,当一个潜在的指纹"匹配"上墨印记时,检验者对这个结果的解释意味着潜在指纹是由同一根手指留下的)。

近端的(Proximal):指附肢最接近身体的部分(例如,手臂近端区域为上臂)。见 末梢的。

经验主义(Empirical):依赖于观察或实验;以实际经验而不是理论为指导。

精神活性药物(Psychoactive drugs):产生或改变行为的药物。

精液(Semen):用来描述男性射精质的术语,由许多腺体(前列腺、精囊腺、尿道球腺)的分泌物和睾丸的精子组成。

静止期(Telogen):头发从皮肤上脱落之前的最后生长阶段。

酒后驾驶(DUI):Driving under the influence(在酒精或其他药物影响下驾驶车辆)的首字母缩写。

酒精(Alcohol):指饮用酒精(酒精),除非注明为其他酒精(如异丙醇)。

聚合酶链反应(PCR):polymerase chain reaction 的首字母缩写,是一种在生物污渍样品中增加 DNA 数量的方法,是大多数 DNA 分型方法的初步步骤。

科学(Science):运用特定方法(科学方法)发现自然的基本原理(动态定义)的研究领域;通过科学方法获得的知识体系(静态定义)。在一般说法中,包括任何研究领域(不准确的用法)。

科学方法(Scientific method):科学家用来获得有关自然现象知识的经验方法。该方法通常采用的步骤如下:(1) 提出问题;(2) 提出可以回答问题的假设;(3) 设计实验来检验假设;(4) 根据实验结果接受或者拒绝假设;(5)(当实验支持假设时)公布实验结果和结论;(6) 对其他科学家发表的成果进行批判性审查;(7) 其他科学家重复实验;(8) 当实验经过独立研究人员验证时,接受假设为理论。如果这个理论被许多其他观察和研究人员的实验所证实,这个理论可能成为一个科学的"定律"。

可能性区域(Zones of possibility):基于对枪击事件的再现,射击事件中射击者可能处在位置的区域:第 1 区——极有可能;第 2 区——不大可能的,但还有可能;第 3 区——不可能区。

可吸收表面(Absorbent surfaces):能吸收潜在指纹成分的表面。

空白试样(Blank sample):收集的未受污染的化学物质或物质标本,用于与证据标本进行相同的检验来检验所收集材料的完整性。

口径(Caliber):枪管的口径,根据制造商的惯例或官方组织使用的惯例,以阳膛或阴膛的直径来测量。

矿物质描述(Mineralogical profile):在土壤样本中,每种被鉴定的矿物质所占的百分比。

捆绑物(Bindings):用来绑人的手和/或脚的材料(如绳索、绳子、胶带和电线)。

类别特征(Class characteristics)：定义类别的特征。根据对象中这些特征的识别将该对象放入已定义的类别中。

类别特征（发射的子弹）［Class characteristics (fired bullets)］：口径，阳膛线和阴膛线的数目，以及它们的旋转方向。

类别特征证据(Class-only evidence)：仅具有类别特征的物证，因此无法确定证据的个别来源（例如，毒品、纤维和玻璃）。

立体显微镜(Stereoscopic)：见 放大水平。

连续变异(Continuous variation)：与最近邻的变化不可区分的特性变化（例如，人类头发中棕色深浅的变化），其中有许多颜色的深浅肉眼不能分辨。

联合 DNA 索引系统(CODIS)：Combined DNA Index System 的首字母缩写，一个 DNA 数据库。

联系(Linkage)：嫌疑人与受害人或犯罪现场的联系；受害人与和犯罪嫌疑人有关的现场的联系；主要使用物证等将嫌疑人与一系列犯罪现场联系起来。

磷光现象(Phosphorescence)：在辐射和移去入射辐射后持续发出的光；有机发光（荧光）。比较 荧光。

逻辑分析(Logical analysis)：通过逻辑的应用来检验一个假设，与实验是相对的，或与实验是相联系的。

螺旋搜索方法(Spiral search method)：一种搜索方法，搜索从场景的焦点开始，并以扩大的螺旋图形向外延伸。适用于大型户外场景，当搜索的对象足够大时，容易被看到。

毛细管作用(Capillary action)：引力液体对与其接触的表面的吸引力，加上液体的表面张力。

美国法医齿科委员会量尺［ABFO (American Board of Forensic Odontology) scale］：法医学摄影中使用的 L 形测量标尺，用圆圈标记以辅助失真补偿，用 18% 的灰条测定曝光度。

美国国家综合弹道信息网(NIBIN)：原名 DRUGFIRE。

秘密实验室(Clandestine laboratory)：秘密从事非法毒品生产的实验室。

密度(Density)：单位面积或体积中物质的数目或数量（例如，头发颜色的深浅主要是由于头发色素的较高密度决定）。

密度分布图(Density profile)：密度梯度管中的土壤颗粒全部沉降到其密度与该位置的梯度相匹配的高度后出现的现象。

瞄准点(Point of aim)：与枪支前后瞄准器对准所产生的直线相交在目标上的点。

瞄准线(Line of sight)：通过枪支的瞄准镜从眼睛到目标或瞄准点的直线。

明显痕迹(Patent print)：肉眼可以看到的指纹（或其他物体）。

摩擦脊(Friction ridges)：在手指的抓握面、手掌、脚和脚趾的底部表面形成皱纹的皮肤脊。

末梢的(Distal)：指离身体较远的部位（如手臂远端是手和腕关节）。参见 近端的。

目标表面(Target surface)：滴血撞击的任何表面。

目标射击残留物(Target discharge residues)：被子弹击中并附着在表面的枪弹残留物。虽然"目标"一词意味着子弹的弹着点是预定目标，但情况并非总是如此。

目标射击残留物区域（Zones, gunshot target residue）：为枪支/弹药组合在特定距离上产生的射击残留物提供分类区域而定义的区域。

耐受性(Tolerance)：对某种药物的耐受性意味着服用该药物的个体必须随着时间的推移而增加服用量，以达到相同水平的效果。适用于许多药物和受管制物质。

尿液样本(Urine specimen)：在酒精（和其他药物）的法医学检验中，收集在装有防腐剂的罐子里的尿液标本（并不总是存在于临床标本瓶中）。

排除(Elimination)：审查员断定嫌疑物品与已知物品的来源不同的一种情况。

排除样本(Elimination sample)：从某人或某物中提取的已知来源的样本；排除这个人或事作为嫌疑对象来源（例如，入室盗窃案件中受害者的油墨指纹、犯罪现场个人的鞋印），或者证明现场的可疑物是无辜的(例如,正常居住者在住宅中产生的潜在指纹)。

排除印痕(Elimination prints):手指上的印迹,用于排除作为证据来源的某个人的潜在指纹。

抛出飞溅液滴(Cast-off spatter):在武器反复打击受害者的过程中被甩出的血迹或其冲击图案。

抛射轨迹分析(Projectile trajectory analysis):通过计算机分析确定物体通过空间的路径(例如,从枪支中射出的子弹的路径)。

抛射体轨迹(Projectile trajectories):见 轨迹。

碰撞角(Angle of impact):一滴血落在表面的角度,从侧面看表面为 0 度,碰撞角从 1 到 90 度。

碰撞角(Impact angle):见 入射角。

批判性思维(Critical thinking):以仔细和准确的评价和判断为特点的思维活动。

皮质层(Cortex):头发的中间层,含有赋予头发颜色的色素。

匹配(Match):比较中的一种状态,其中已知的和可疑的项目具有相同的类别和个体特征(当存在时),检验员认为所有被注意到的差异都不显著。

偏角(Yaw):子弹的纵轴和它的轨迹线之间的角度。

偏转(Deflection):弹丸以一定角度撞击表面,使弹丸从表面反弹而不是穿透表面。

偏转角(Deflection angle):弹丸在撞击后离开表面并偏离该表面的角度(又称为"反射角"或"出射角")。

飘移(Drift):子弹在飞行中的横向偏差。

平面(Plane):由空间中至少三个点定义的平面。对于人体来说,三个被定义的平面是冠状面(从头部到脚趾的平面,将身体分成前部和后部);矢状面(将身体分成左右两部分的平面);横向面(将身体分成上下两部分的平面)。每个平面与其他平面之间都是 90 度。需要注意的是,top/bottom 和 front/back 在生物学术语和人体解剖学术语中是不同的(在生物学术语中,front=腹侧,back=背侧,top=前部,bottom=后部;在医学术语中,front=前面,back=后面,top=上面,bottom=下面)。

泼洒(Splash):大量血液以最小的力量撞击物体表面时的结果。

普遍性防护(Universal precautions):指对待所有生物材料必须像对待被艾滋病毒或乙型肝炎等病原体污染的材料一样进行处理,并要求穿戴个人防护装备(PPE)。

起爆顺序(Sequence of firing):枪击事件中开枪的顺序。

起源地(Area of origin):指的是血液飞溅图案中血液起源的区域。又称"原点"。

潜印(印痕)[Latent print (of impression)]:不容易看见的指纹、手掌、脚趾或脚底印痕,由手或脚与某一表面接触而导致物质从皮肤转移到该表面而形成。

枪弹射击残留物分析[GSR (gunshot residue) analysis]:对人手上(或其他地方)的射击残留物进行分析,以确定是否有因人开枪而产生的物质。

枪口冲击波(Muzzle blast):沿着枪支、子弹或弹丸的轨迹产生的膨胀气体;能产生"雾状"或"雾化"的高冲击力血滴飞溅喷雾;在接触和近接触的枪伤中能够撕裂皮肤的力量。

枪支证据(Firearms evidence):由枪支、弹药部件和枪支发射后的残留物组成的证据。

倾斜角(Oblique angle):除垂直或平行外的任何角度。

清洁/消毒(Clean/sanitize):从工具、设备、工作环境中去除生物、化学污染物的过程(例如,使用由一份家用漂白剂和九份水组成的浓度为百分之十的漂白剂溶液)。

氰基丙烯酸盐粘合剂(Cyanoacrylate):强力胶,简称"CA",它的蒸汽与潜在的指纹发生反应,形成一种白色物质,然后可以进行拍照,或用化学物质处理,形成一种化合物,用激光或替代光源进行视觉化显现。

区域搜索方法(Zone search method):一种搜索方法,将要搜索的区域划分为矩形区域,先搜索一个区域,然后再搜索下一个区域。每个区域可以细分为更小的区域,以便进行更密集的搜索工作。适用于室内或小型室外搜索。

去铁胺(DFO):用来代替茚三酮或与茚三酮一起在多孔表面(如纸或纸板)上显现潜在的指纹。

全景照片(General view photographs)：见 概貌(或布局)照片。

燃烧(Combustion)：一种物质通过与氧气反应而消耗(即改变)的过程；需要足够的热量和氧气来消耗这些物质。

燃烧三角(Fire triangle)：又称火三角，以三角形表示燃烧的三要素：氧、燃料和热。

燃烧四要素(Fire tetrahedron)：燃烧的四元素几何表示(第四，维持火势的化学反应)已添加到原来的燃烧三要素)，以便在三维图中描绘出这四个元素。

人为现象(Artifact)：由于损坏或其他因素造成的特征，不是一个真正的特征。

溶血反应(Hemolysis)：红细胞暴露于比血浆渗透力低的液体(盐浓度低)时产生破裂的现象。

入射角(碰撞角)[Incident angle (impact angle)]：弹丸撞击表面的角度(又称为"撞击角""进入角")。

三角测量法(Triangulation method)：一种测量技术，通过测量每个证据项到房间的两个角，住宅(同一墙)的两个外部角，或现场的两个永久固定装置(如电线杆)的距离。

散弹枪弹丸(Shotgun shells)：散弹枪子弹。

扫描电子显微镜/能量色散 x 射线分析(SEM / EDX)：Scanning electron microscopic/energy dispersive X-ray analysis 的首字母缩写，枪弹射击残留物的显微检查方法，通常与能量色散 x 射线分析(EDX)结合使用。

伤口，拍摄(Wounds，photography)：应垂直拍摄伤口表面，即胶片平面要平行于伤口表面(估计)。

射出角(Takeoff angle)：血滴离开原点时的出口角度，与血滴撞击表面时的撞击角度相反。

射击残留物(GSR)：gunshot residue 的首字母缩写，指枪弹或炮弹发射时产生的残留物，包括底火、火药和枪弹射击燃气的残留物。

射击弹丸(Shot pellets)：霰弹枪子弹。

射击填料(Shot wads)：散弹匣中把子弹丸和火药分开的填充物。

射束校正(Camera alignment)：照相机胶片平面与被摄表面的对齐。

射状断裂(Radial fracture)：从断裂处向外延伸的断裂线。

渗透(Penetrate)：进入并留在被击中的物体中，指物体上的枪伤或射弹孔。

生物体液(Biological fluids)：源自人类或动物的液体(如血液、粘液、汗液、唾液、精液、阴道液体和尿液)。

生物危害品袋(Biohazard bag)：用于存放接触过血液或其他生物液体的容器，有可能被肝炎、艾滋病或其他病毒污染。

生物武器(Biological weapon)：用于威胁生命的生物制剂(例如炭疽、天花或任何传染病制剂)。

生物物证(Biological evidence)：来源于生物的证据(例如，血液、精液、组织、体液和头发)。

生长期(Anagen)：头发生长的活跃阶段(包括生长中期和静止期)。

生长中期(Catagen)：毛发从生长活跃期(生长期)到最终静止期(休止期)的过渡阶段。

生殖器，外部 Genitalia，external)：男性是阴茎和阴囊；女性是大阴唇、小阴唇、阴蒂和阴道口。

尸检(Autopsy)：对死者的尸体进行检查，以确定死亡的方式和死因；由于需要记录和收集证据，法医尸检工作非常广泛。

识别(Recognition)：是在犯罪现场收集证物过程中的第一步，如果某一物品不被认定为具有证据潜力的物品，该物品就没有被调查的价值。

实验(Experimentation)：运用科学方法来检验假设。

事后情况说明(Debriefing)：事件后侦查人员的面谈或会议。

事件(Event)：一个值得注意的事件，通常被认为是先前发生的事情的结果；在犯罪现场重建中，可被细分为更小单元以供深入研究或分析的事件。

事件顺序(Sequence of events)：按事件发生顺序排列的事件。

收集物证，正确地(Collection of physical evidence，proper)：利用那些可以保护证据完整性的方法来收集物证。

收敛点(Point of convergence)：见 收敛区域。

收敛区域(Area of convergence)：指一系列血溅的投射点的原点汇聚的区域，又称"汇聚点"。

首次撞击(Primary impact)：被子弹、血滴或其他射弹击中的第一个表面。

受控物质(Controlled substances)：药物(以及非法制造这些药物的材料)，如果没有医生的合法处方，则持有是非法的。

双向转移(Double transfer)：证据从被害人转移到嫌疑人和从嫌疑人转移到被害人的情况；也适用于现场与受害人或嫌犯之间的双向证据转移。

司法鉴定光源(Forensic light source)：狭义上说，是一种具有特定波长滤光片的高强度替代光源(可替代激光)；广义上说，是激光、交替光源或长波紫外光。

司法医学鉴定(Forensic medical examination)：对某人进行的医学检查，以获取身体证据和记录因攻击而造成的伤害。

司机视角(Driver's view)：司机在交通事故中看到的情景。

死亡时间[Time of death (TOD)]：对死者死亡时间的估计。

四甲基联苯胺[Tetramethylbenzidine (TMB)]：一种联苯胺衍生物，是用于血液检测的一种化学物质。联苯胺被发现是一种极强的致癌物，已被其他几种筛选试验所取代，包括四甲基联苯胺(TMB)。

速度冲击图案(Velocity impact patterns)：低，中，和高速污渍，特征是在图案中占优势的血滴或液滴大小。

酸性磷酸酶(Acid phosphatase)：前列腺分泌物中一种含量很高的酶(磷酸单酯酶)，这是精液筛查试验和用于寻找精液斑点的"映射"技术的基础。

髓质层(Medulla)：头发的中心管状层。

梭形(Fusiform)：两端尖细，纺锤形。

膛线(Rifling)：枪管内部刻痕或刮出的阳(膛)线和阴(膛)线。

特写照片(Close-up photographs)：对个别证据项目或一组项目(如血溅图案)拍摄的照片。当证据的大小是重要信息时，要在没有测量标尺和有测量标尺条件下拍照。

特征(Characteristic)：物体的特征、特性或属性；对类别或个体具有诊断性的特征。见 类别特征；个体特征。

特征(Feature)："特点"(characteristic)的同义词；属性，特性。

特征化(Characterize)：检查和描述一个物体的特征的行为。

条纹印痕(Striated impressions)：一个物体在一个表面施加压力并移动而在该表面上留下平行划痕的印痕证据(例如，枪管射出的子弹上的划痕，工具在撬开的表面上留下的划痕)。

同心裂隙(Concentric fracture)：撞击周围的裂缝类型，破裂线是环状的，撞击位置近似在裂缝的中心。

同一性(Identity)：一种特征的集合，通过它可以明确地辨认或知道一件事物；在取证应用中，指物理对象的类和个体特征集。

头发类型(Hair type)：具有特定遗传特征的人的头发结构特征；是人的基因组成的表现形式(表现型)。

头发样本(Hair standard)：从人头皮或根部获得的头发样本，用于与证据头发进行比较；包括拉扯、梳理、修剪头发，或者是这些的组合过程。

投射血(Projected blood)：在压力和体积作用下冲击表面的血液。

图案(Pattern)：一个单独的物体或事物所具有的特征或特征的组合；物体之间特定的空间关系(例如指纹的细节、血迹的形状和分布)。

图案转移(Pattern transfer)：当湿的、带血的物体接触到另一个物体表面时所产生的任何污渍(例如，带血的指纹，在物体表面擦拭血迹的武器)，又称接触转移。

团队调查(Team investigations)：调查工作是由团队来完成，而不是由个人来完成。一个团队通常是由多个具有特殊能力的个人组成，这些特殊能力使调查更有效。

脱氧核糖核酸(DNA)：deoxyribonucleic acid 的首字母缩写，它包含生物体中所有的遗传物质；可能是核 DNA(细胞核中的 DNA)或线粒体 DNA(线粒体中的 DNA，细胞内的小体)。

完成草图(Finished sketch)：见 草图，已完成。

网格搜索法(Grid search method)：一种搜索方法，将需要搜索的区域在一个方向上划分为多条线路，然后在与第一组线路成 90 度方向划分线路，由于线路的重叠，可以有效地形成矩形的"网格"。该方法适用于所有大小的室内或室外的搜索。

微观(Microscopic)：见 放大水平。

微观的(Microscopic)：极小的，用肉眼看不清楚的。

微量金属(Trace metals)：构成枪支的金属合金所含的微量金属，这些金属会转移到枪支操作人员手中。金属痕迹通过微量金属探测试验(TMDT)检测到。

微量物证(Trace evidence)：显微性质的证据，或其初级检查包括显微镜和(或)仪器分析方法(例如，头发、纤维、油漆、泥土、玻璃碎片和射击残留物)。

微小血滴(Droplet，blood)：血液容量小于 0.05 mL；液滴是由介质中速或高速撞击产生的；所产生的血滴的大小与所施加的力的能量成反比——所施加的能量越高，血滴的体积越小。

尾巴(Tail)：远离血滴撞击源头的血迹锥形边缘。

未知的嫌疑样本[Questioned (unknown) samples]：物证样品的来历不明，可能包括(1)恢复犯罪现场的样本，(2)在犯罪过程中可能转移给罪犯的物证，或(3)从多个犯罪现场找到的物证(可用于将同一个人或工具与每个现场联系起来)。

未知样本(Unknown sample)：来源不明的物品；又称有嫌疑的证据或犯罪样本。

位置证据(Positional evidence)：确定某人或某物在犯罪发生时或犯罪过程中的位置的实物证据(例如，门的边缘和门柱上的血迹飞溅图案，表明在产生血迹时，门是开着的)。

污染(Contamination)：从另一来源转移到物证上的不必要的转移物(例如，无意中接触到带有血迹的物品，手套上带有来自正在被检测的已知样本的血迹)。

无定型体(Amorphous)：从字面上来说，"无形"表示具有无法描述的或不属于已定义形式模式类别的对象。

无精(Aspermic)：指一个人的精液中缺少精子。

无孔容器(Nonporous container)：液体或蒸气不能通过的包装容器。

武器(Weapon)：通常指枪支；在更广泛的意义上，指任何不考虑伤害的严重程度而能够造成伤害的物品(如管子等钝器、刀、弩等)。

武器性能[Functionality (weapon)]：枪支发射子弹的功能。

物理匹配证据(Physical matching evidence)：当一个物体以某种方式被分离时所产生的证据，实验室分析人员可以通过拼接的方式匹配被分离部件的断裂面。

物证(Physical evidence)：与犯罪或侵权行为有关的实物(民事不法行为)。

雾化血迹(Atomized bloodstain)：由非常小的液滴组成的血雾喷溅造成的血迹，通常是由枪伤(高速撞击)造成的。

系统(System)：一组相互作用、相互联系或相互依赖的元素形成或被认为形成一个集体实体；一组相互关联的过程。

系统的(Systematic)：有序和精心的策划；一步步地进行的；有目的、有规律性；有条理。

纤维(Fiber)：用于制造纺织品、地毯和其他材料的天然或合成材料的线或长丝材料。

纤维痕迹(Fabric impression)：由于车辆撞击受害人衣服的力，使受害人衣服上的纤维印在嫌疑人的车漆上；可能是凹痕，因为织物纤维被冲击融化而形成或者是覆盖在车辆上的灰尘中形成。

纤维污点(Fiber smears)：车辆表面的纤维污点，是车辆与受害者的衣服碰撞的结果。

酰氨黑(Amido Black)：一种染料，能与血痕，如血指纹或血鞋印发生反应，产生可拍照的可见痕迹。

嫌疑物(Questioned item)：来源不明(有嫌疑)的物品。

显示草图(Display sketch)：见 草图，显示。

限制性片段长度多态性(RFLP)：restricted fragment length polymorphism 的首字母缩写，一种 DNA 分型的方法。

线粒体 DNA (mt-DNA or mtDNA)：见 DNA。

线网格(String grid)：一种用绳子设置的用来拍摄血迹图案的网格。

向量(Vector)：一个物体相对于地球表面或一个确定的表面或平面的水平、垂直和横向运动。

向前飞溅(Forward spatter)：一种力推动血滴朝着远离力源的方向喷射，如枪口伤口所产生的飞溅物。

小颗粒试剂 (SPR)：Small particle reagent 的首字母缩写，指在洗涤剂溶液中悬浮的硫化钼颗粒；主要用于在潮湿的表面印出潜在的指纹。

星状飞溅(Satellite spatter)：由母滴受到撞击而形成的星状溅射小液滴。

刑侦人员(Detective)：执法侦查人员的职务；常与描述从事许多其他领域工作的调查员互换使用。

形式系数(Coefficient of form)：表明弹丸总体轮廓的数值项。

性传播疾病(STDs)：sexually transmitted diseases 的首字母缩略词，通常指艾滋病、梅毒、淋病、衣原体、生殖器疣(人乳头瘤病毒)和生殖器疱疹。

性交(Coitus)：性行为。

性交后存留时间(Postcoital longevity)：精液成分沉积后，通常在阴道内可检测到的时间间隔。

性交后时间(PCI)：Postcoital interval 的缩写，指精液在阴道内沉积到法医检查收集精液之间的时间间隔。

性交后时间间隔(Postcoital interval)：性交和阴道取样之间的间隔时间。

性侵犯反应小组(SART)：sexual assault response team 的英文缩写，是一组专门负责调查性侵犯案件的受过专门训练的专业人员，通常由第一反应者、侦探、强奸危机中心的受害者辩护律师和一名性侵犯检验护士或医生组成。

性侵犯护理鉴定人员(SANE))：sexual assault nurse examiner 的首字母缩写，指在性侵犯受害者的法医检查方面受过特殊训练的护士。

性侵犯杀人(Sexual assault homicide)：性侵犯造成受害人死亡，受害者的尸检包括全面的性侵犯医学检查。

血滴(Drop, blood)：一滴血的体积约为 0.05 mL (0.05 cc)。

血迹(Bloodstain)：在表面上或内部干燥的血。

血迹图案(Bloodstain patterns)：指限定区域内的一组血迹的几何形状和空间关系，它们之间有特定的关系。

血迹图案的解释(Bloodstain pattern interpretation)：在记录了血迹特征并分析了血迹成分的物理特征之后，由专家对血迹图案的产生进行解释。

血涂片(Blood smears)：带有血迹的物体与表面接触留下痕迹，或者物体与湿的血迹接触涂抹形成痕迹。

血液(Blood)：由液体组分(血浆)和固体组分(红细胞和白细胞)组成的循环系统中的粘性流体；可以把气体和其他物质从身体的一个部位运到另一个部位。凝血后的血浆称为"血清"。

血液标准(Blood standard)：从一个人身上采集的血样，有其真实性的记录。

血液传播病原(Blood-borne pathogen)：可在生物液体(特别是血液)中发现或传播的传染性致病微生物。

血液飞溅(Blood spatter)：因力作用于血源而产生的血滴或小滴；由这些血液溅在表面上产生的血迹。

血液样本(Blood specimen)：从一个人的静脉中抽取血液而得到的血液样本。

血中酒精(Blood alcohol)：血液中酒精的浓度，通常用克/分升(g/dL)表示，指血液中酒精的百分比。

巡查(Walk-through)：对犯罪现场的全面调查或评估，通过巡视现场以评估情况、识别潜在证据并确定有效处理现场所需的资源。此外，还进行最后的调查，以确保现场已得到有效和完整的处理。

压痕(Impressed prints)：在柔软表面上施加压力产生的印痕证据，在柔软的表面上留下物体的印痕(例如在泥土或软土上留下的鞋印，用撬棍撬木头表面产生的工具压痕)。

验尸对象(Postmortem subjects)：死者(post = after, mortem = death)，死后的人。

阳膛线和阴膛线(Lands and Grooves)：见 膛线。

仰角(Angle of elevation)：枪支瞄准线到目标的视线与枪膛轴线之间夹角的对顶角。

样本(Exemplar)：用于比较分析的已知样品的一部分(例如，由已知个人撰写的文章，经化学成分分析的已知铅弹的一部分)；必须是已知样品的准确代表；一个例子。

咬痕(Bitemark injuries)：一个人咬受害者或其他物体(如奶酪)时，在较软的介质中留下的牙齿印痕。

遗传标记分型(Genetic marker typing)：个人DNA的产物(例如，根据DNA指令制造的人体细胞)和可分类的物质(例如血型，如ABO、Rh因子)；DNA本身或DNA的某些片段。

乙二胺四乙酸(EDTA)：ethylene diamine tetra acetic acid的首字母缩写，这种化学物质通常以盐的形式(乙二胺四醋酸酯)使用，它被添加到血液小瓶和管中，通过清除血液中的钙来防止凝血。

已知样本(Known samples)：为已知的、可证实来源的物理材料(例如，特定地毯上的纤维样本，特定车辆上特定位置的油漆样本，犯罪受害者的血液样本)，用来与未知来源的样本进行比较，以确定两者是否来自同一来源。

异常(Aberration)：不正常或不寻常的情况。

阴道拭子(Vaginal swab)：一种拭子，用来收集性侵犯受害者阴道内的精液证据。

阴茎拭子(Penile swab)：用来从一个人的阴茎表面提取样本的拭子，有时用来做(不适当地)尿道拭子(用于从男性受试者的尿道取样的拭子)。

阴影区(空白)[Shadow area (void)]：物体在飞溅路径上的存在，会在物体之外产生飞溅空腔，形成一个类似阳光下阴影的区域。

印痕(Imprint)：通过物体将物质转移到表面的印痕证据图案特征，又称"残留物印痕"。

印压证据(Impression evidence)：自身受到压迫而保持了其他物品特性的物品或材料；压缩印痕；痕迹；线条痕迹。

茚三酮(Ninhydrin)：一种用于在多孔表面上显现潜在指纹的化学物质。

荧光(Fluorescence)：由于吸收入射辐射而产生的电磁辐射，尤指可见光，只要刺激辐射持续就会持续。

油墨印(Inked print)：通过将指纹油墨涂在手指、手掌、脚底或者脚趾的底部摩擦脊表面，并将涂了油墨的表面按压在指纹卡或其他卡上而制成。

油漆样本(Paint standard)：已知来源的油漆样本；用于比较来历不明的油漆检材。

油漆转移(Paint transfer)：从一个表面转移到另一个表面的油漆。

有缩减的污渍(Skeletonized stain)：血迹有部分缺失(通常是擦拭造成的)，但仍保留其原始形状和大小。

瘀斑(Bruise)：由于该区域被钝器击中导致血管破裂而在皮下积聚的血液。

原点(Point of origin)：血滴或小滴的来源地在三维空间中所处的点(区域)。

极坐标法(Polar coordinates method)：一种测量方法，测量每个证据项目到轴心线原点的距离，以及从轴心线原点到证据项目的直线与轴线之间的夹角。

原型(Archetype)：原始的模型或类型，其他类似事物的仿制或进行真实性比较；一个样本。

原子吸收法(Atomic absorption)：又称AA吸收法，用于分析射击残留物中底火混合物中的痕量元素钡、锑的方法。

原子吸收拭子(AA swabs)：又称 AA 拭子，用于收集射击残留物进行原子吸收(AA)检验的拭子。

照片，视角(Photographs，point of view)：在犯罪发生时，从当事人或证人陈述的有利位置拍摄的照片，用以说明犯罪中的主要人物，证人或所谓的犯罪见证人的观点。

照片日志(Photograph log)：记录在犯罪现场拍摄的所有照片的完整清单的日志；包括所拍摄的每张照片的胶卷和相框号，以及照片所描绘的地区和物品的说明。

折射率(Refractive index)：测量光穿过物体的速度，与光穿过空气的速度相比较。

侦查线索(Investigative lead)：侦查人员发现犯罪嫌疑人或者解决案件的线索；物证常常能提供这样的线索。

镇静剂(Tranquilizers)：用于缓解焦虑和/或抑郁症状的一组药物(如安定)。

正视图(Normal view)：与被观察表面呈 90 度角的视图。在摄影技术中，垂直于表面的视图，使底片平面平行于被拍摄的表面。

正弦(Sine)：直角三角形一个角对边的长度与斜边的长度之比。

证据说明(Evidence identifiers)：用来识别证据的胶带、标签、容器和细绳标签，收集证据的人、收集证据的日期、基本的犯罪信息，以及对相关证据的简要描述。

证人视角(Witnesses' point of view)：基于证人对目击事件发生时其所处确切位置的描述。

直角坐标法(Rectangular coordinates method)：一种测量方法，根据这种方法，要测量每一证据项到相互毗连并垂直的两面墙距离。

指甲屑(Fingernail scrapings)：从人的指甲下面刮来的东西，用来寻找血液、组织和可能是争斗造成的痕迹。

指向性(Directionality)：血斑的几何性质，可用于确定产生血斑的血滴起源的方向。

中距照片(Medium-range photographs)：为说明证据物项的位置及其相互关系而拍摄的离现场较近的照片，而不是概貌照片；放置或不放置项目编号标记。

中枢神经兴奋剂(Central nervous system stimulants)：增加大脑活动的药物，如安非他命和可卡因。

中速撞击飞溅(Medium-impact spatter)：由物体或力量产生每秒 5 到 25 英尺的撞击所造成的血迹飞溅；污点的主要尺寸一般在 1 到 4 毫米直径之间。

中子活化分析(NAA)：neutron activation analysis 的首字母缩写，分析枪弹残留物和子弹铅中微量元素的方法，被扫描电子显微镜/能量色散 x 射线检查和原子吸收光谱法所取代。

种类特征(Family characteristics)：一类子组(族)所共有的特征。

重建(Reconstruction)：通过分析和解释现场的物证来确定犯罪过程中所发生的事件。重构过程可能涉及单个事件、一系列事件或这些事件顺序的确定。

重现(Re-creation)：对犯罪现场发生的一系列事件的口头或图象描述，可以用文字、图表或对事件进行的录像来表示。

周边(Perimeter)：犯罪现场的外部范围。

轴，长和短(Axis，long and short)：表示物体长度（长轴）或其宽度(短轴)的中心直线。

助燃剂(Added flammable)：一种被纵火犯添加到想要纵火的区域的可燃液体，也被称为"催化剂"，不过有些添加的可燃物只增加火灾的发生，而不会加速火灾的蔓延(例如，报纸棉絮)。

铸模(Cast)：通过在印痕中浇铸或铺设铸造材料并使材料凝固而制成的印痕复制品。

转向(Deflect)：改变物体与表面碰撞时的方向。

转移图案(Transfer pattern)：当一个带血的物体接触到一个干净的表面时所产生的图案，会把一些血转移到那个表面上。

转移证据(Transfer evidence)：从受害人转移到嫌疑人，从嫌疑人转移到受害人，从一个地点转移到现场，或从现场转移到其他地点的证据，如头发、纤维和血液。又称"联系证据""连接证据"或"关联证据"。

撞击飞溅(Impact spatter)：因物体或力的作用而冲击充满血或有血迹来源而产生的血喷，所产生的血滴的大小通常与物体撞击时的速度有关。参见 低速撞击飞溅、中速撞击飞溅、高速撞击飞溅。

撞击面（Impact surface）：被弹丸撞击的表面。抛射物可以是枪弹（子弹）、血滴或任何其他运动中的物体。

子弹掉落（Bullet drop）：由于重力作用，子弹在飞行过程中正常下落。

紫外光（UV light）：分为短波紫外线和长波紫外线，长波紫外线灯（伍德氏灯）用来寻找精液污渍、纤维和其他物质。

综合子弹识别系统（IBIS）：integrated bullet identification system 的首字母缩写，是美国烟酒枪械管理局开发的数据库，用于识别发射了可疑子弹或弹壳的枪支；所有的鉴定都要由一名合格的枪械检验人员进行核实。

作用，第二次（Impact，secondary）：弹丸首次撞击另一个表面（主撞击面）后的冲击；可以继续到第三次、第四次等。

作用，首次（Impact，primary）：运动物体的第一次撞击，如子弹或血滴，在表面上第一次碰撞目标物的后续影响分为第二次、第三次、第四次等。

作用点（Impact site）：一种力量（钝器、火器释放气体等）撞击血源的作用点；弹丸撞击表面的位点。

坐标测量系统（Coordinate measuring system）：犯罪现场测量系统需要测量物体到相邻的两堵墙的垂直距离。

坐标系（Coordinate system）：系统定位对象的确切位置与参考平面的原点，有一个轴（x 轴）向右扩展（正数）和原点的左边（负数）以及第二轴（y 轴）向上扩展（正数）和下行（负数），与 x 轴成 90 度。对象的位置用圆括号中的两个轴坐标（x，y）来指定，例如（4，7），这表示该对象在原点右侧 4 个单位，在原点上方 7 个单位。对于三维空间，添加了第三个轴（z 轴），用于描述相对于原点空间中任何对象的位置。z 轴向观看者延伸，并从观看者处与 x 轴和 y 轴成 90 度角。

索 引